登封双庙战国秦汉墓地

河南省文物考古研究院
武汉大学历史学院考古系 编著

科学出版社
北京

内 容 简 介

双庙墓地于1991~1992年进行发掘，共清理战国秦汉墓葬241座，可分为十期十四段，时间跨度从战国中期至东汉中期。墓葬形制包括竖穴土坑墓、带墓道竖穴土坑墓、斜坡墓道竖穴土坑小砖券墓、竖穴墓道洞室墓、组合墓道土坑墓。出土遗物约3100件，其中钱币约1951枚，依质地有陶、铜、铁、铅、琉璃、玉、玛瑙、石、骨、蚌器等。这批材料对于了解这一地区的战国秦汉考古学文化、丧葬制度及区域社会历史文化变迁，有十分积极的意义。

本书可供考古学、历史学等学科研究者，以及高等院校相关专业师生阅读、参考。

图书在版编目（CIP）数据

登封双庙战国秦汉墓地/河南省文物考古研究院，武汉大学历史学院考古系编著. —北京：科学出版社，2019.8
ISBN 978-7-03-061978-5

Ⅰ. ①登… Ⅱ. ①河…②武… Ⅲ. ①墓葬（考古）–登封–秦汉时代 Ⅳ. ①K878.8

中国版本图书馆CIP数据核字（2019）第158411号

责任编辑：王光明/责任校对：邹慧卿
责任印制：肖 兴/封面设计：张 放

科学出版社 出版
北京东黄城根北街16号
邮政编码：100717
http://www.sciencep.com

中国科学院印刷厂 印刷
科学出版社发行 各地新华书店经销

*

2019年8月第 一 版 开本：889×1194 1/16
2019年8月第一次印刷 印张：22 3/4 插页：36
字数：785 000

定价：358.00元

（如有印装质量问题，我社负责调换）

目 录

第一章 概述 ·· (1)

　第一节 地理环境与历史沿革 ·· (1)

　　一 地理环境 ·· (1)

　　二 历史沿革 ·· (1)

　第二节 墓地概况与发掘经过 ·· (2)

　　一 墓地概况 ·· (2)

　　二 发掘经过 ·· (2)

第二章 墓葬形制 ··· (4)

　第一节 竖穴土坑墓 ·· (4)

　　一 竖穴土坑墓 ··· (4)

　　二 竖穴土坑空心砖墓 ·· (19)

　　三 竖穴土坑小砖墓 ··· (20)

　第二节 带墓道竖穴土坑墓 ··· (22)

　　一 竖穴墓道土坑墓 ··· (22)

　　二 竖穴墓道土坑小砖券墓 ·· (23)

　第三节 斜坡墓道竖穴土坑小砖券墓 ·· (24)

　第四节 竖穴墓道洞室墓 ··· (24)

　　一 竖穴墓道土洞墓 ··· (27)

　　二 竖穴墓道洞室空心砖墓 ·· (37)

　　三 竖穴墓道洞室小砖墓 ··· (59)

　　四 竖穴墓道洞室小砖与空心砖合筑墓 ····································· (77)

　　五 竖穴墓道洞室小砖与石合筑墓 ··· (80)

　第五节 组合墓道土坑墓 ··· (80)

第三章 出土遗物 (86)

第一节 陶器 (86)

- 一 鼎 (86)
- 二 盒 (91)
- 三 合碗 (96)
- 四 壶 (97)
- 五 豆 (117)
- 六 钫 (117)
- 七 钵 (118)
- 八 盘 (120)
- 九 匜 (121)
- 十 盂 (123)
- 十一 三足盂 (123)
- 十二 盆 (123)
- 十三 洗 (124)
- 十四 耳杯 (125)
- 十五 樽 (126)
- 十六 熏 (126)
- 十七 瓮 (126)
- 十八 双耳罐 (128)
- 十九 无耳罐 (128)
- 二十 釜 (153)
- 二十一 仓 (155)
- 二十二 灶 (157)
- 二十三 井 (159)
- 二十四 圈 (162)
- 二十五 磨 (163)
- 二十六 车轮 (164)
- 二十七 人俑 (164)
- 二十八 狗 (165)
- 二十九 鸡 (165)
- 三十 器盖 (165)
- 三十一 陶器刻铭 (166)

第二节 高温釉陶器 (166)

第三节　铜器 (169)

一　鉫镂 (169)

二　鉴 (169)

三　釜 (170)

四　铜 (171)

五　洗 (171)

六　盆 (172)

七　盘 (172)

八　勺 (172)

九　带钩 (172)

十　印章 (178)

十一　顶针 (178)

十二　铺首 (180)

十三　环 (180)

十四　柿蒂叶饰 (180)

十五　釦 (181)

十六　铃 (181)

十七　璜 (184)

十八　削 (187)

十九　镞 (187)

二十　鐏 (188)

二十一　衡末 (189)

二十二　管 (189)

二十三　残片 (189)

第四节　铁器 (190)

一　鼎 (190)

二　壶 (190)

三　鉴 (190)

四　熏 (190)

五　勺 (190)

六　轮 (191)

七　鍪 (192)

八　镶 (192)

九　削 (192)

十　剑 (192)

十一　剪 ……………………………………………………………………（194）

十二　带钩 …………………………………………………………………（194）

十三　残器 …………………………………………………………………（194）

第五节　铅器 ………………………………………………………………（195）

梳 ……………………………………………………………………………（195）

第六节　琉璃器 ……………………………………………………………（196）

一　珠 ………………………………………………………………………（196）

二　塞 ………………………………………………………………………（197）

三　耳珰 ……………………………………………………………………（197）

第七节　玉器 ………………………………………………………………（197）

环 ……………………………………………………………………………（197）

第八节　玛瑙器 ……………………………………………………………（198）

一　环 ………………………………………………………………………（198）

二　珠 ………………………………………………………………………（199）

第九节　石器 ………………………………………………………………（199）

一　砚 ………………………………………………………………………（199）

二　黛板 ……………………………………………………………………（199）

三　石片 ……………………………………………………………………（200）

第十节　骨器 ………………………………………………………………（200）

一　珨 ………………………………………………………………………（201）

二　珠 ………………………………………………………………………（201）

三　环 ………………………………………………………………………（201）

四　饰件 ……………………………………………………………………（201）

五　骨片 ……………………………………………………………………（203）

六　龟甲 ……………………………………………………………………（203）

第十一节　蚌器 ……………………………………………………………（203）

一　珠 ………………………………………………………………………（203）

二　环 ………………………………………………………………………（203）

三　蚌壳 ……………………………………………………………………（203）

第十二节　漆器 ……………………………………………………………（204）

第十三节　铜镜 ……………………………………………………………（204）

一　羽纹镜 …………………………………………………………………（204）

二　星云纹镜 ………………………………………………………………（204）

三　四虺纹镜 (205)
　　四　草叶纹镜 (206)
　　五　铭文镜 (206)
　　六　博局四神镜 (208)
　　七　连弧纹镜 (210)

第十四节　铜钱 (210)
　　一　五铢钱 (210)
　　二　新莽钱 (214)
　　三　磨字钱 (220)

第十五节　铁钱 (220)

第十六节　铅钱 (220)

第四章　分期与年代 (221)

第一节　陶器组合分析 (221)
　　一　仿铜陶礼器组合 (221)
　　二　仿铜陶礼器与日用陶器组合 (224)
　　三　日用陶器组合 (227)
　　四　仿铜陶礼器与生活用器组合 (231)
　　五　模型明器组合 (231)

第二节　相对年代分析 (232)
　　一　组合整合 (232)
　　二　相对年代分析 (235)

第三节　分期与年代 (236)
　　一　双庙墓地分期与年代推定 (236)
　　二　双庙墓地各期段具体年代考证 (238)
　　三　双庙墓地合葬墓年代分析 (243)
　　四　双庙墓地考古学文化的分期与年代 (247)

第四节　双庙墓地各期文化内涵 (247)

第五章　相关研究 (255)

第一节　双庙墓地周秦时期文化结构及其形成 (255)
　　一　双庙墓地周秦时期主要文化因子讨论 (255)

二　双庙墓地周秦时期动态文化结构 …………………………………………（258）

　　三　双庙墓地周秦时期考古学文化变迁反映的区域历史 ………………………（258）

第二节　文化特征与埋葬制度 ……………………………………………………（259）

　　一　墓葬方向 …………………………………………………………………（260）

　　二　墓葬形制、结构 …………………………………………………………（260）

　　三　葬具 ………………………………………………………………………（262）

　　四　葬式 ………………………………………………………………………（262）

　　五　出土遗物与器用制度 ……………………………………………………（263）

　　六　墓主身份等级 ……………………………………………………………（265）

第三节　双庙墓地布局与形成 ……………………………………………………（271）

附表　双庙墓地墓葬登记表 …………………………………………………………（274）

后记 ……………………………………………………………………………………（344）

插图目录

图一　　双庙墓地位置示意图……………………………………………………………（2）
图二　　双庙墓地墓葬分布图……………………………………………………………（插页）
图三　　M18平、剖面图……………………………………………………………………（5）
图四　　M101平、剖面图…………………………………………………………………（5）
图五　　M99平、剖面图……………………………………………………………………（6）
图六　　M29平、剖面图……………………………………………………………………（6）
图七　　M88平、剖面图……………………………………………………………………（7）
图八　　M106平、剖面图…………………………………………………………………（8）
图九　　M123平、剖面图…………………………………………………………………（8）
图一〇　M25平、剖面图……………………………………………………………………（9）
图一一　M94平、剖面图……………………………………………………………………（10）
图一二　M169平、剖面图…………………………………………………………………（11）
图一三　M201平、剖面图…………………………………………………………………（12）
图一四　M208平、剖面图…………………………………………………………………（13）
图一五　M230平、剖面图…………………………………………………………………（14）
图一六　M128平、剖面图…………………………………………………………………（15）
图一七　M144平、剖面图…………………………………………………………………（16）
图一八　M122平、剖面图…………………………………………………………………（16）
图一九　M224平、剖面图…………………………………………………………………（17）
图二〇　M110平、剖面图…………………………………………………………………（17）
图二一　M252平、剖面图…………………………………………………………………（18）
图二二　M139平、剖面图…………………………………………………………………（19）
图二三　M19平、剖面图……………………………………………………………………（20）
图二四　M27平、剖面图……………………………………………………………………（21）
图二五　M112平、剖面图…………………………………………………………………（22）
图二六　M221平、剖面图…………………………………………………………………（23）
图二七　M182平、剖面图…………………………………………………………………（25）
图二八　M50平、剖面图……………………………………………………………………（26）

图二九	M125平、剖面图	（28）
图三〇	M253平、剖面图	（29）
图三一	M124平、剖面图	（30）
图三二	M127平、剖面图	（31）
图三三	M150平、剖面图	（32）
图三四	M234平、剖面图	（33）
图三五	M66平、剖面图	（35）
图三六	M167平、剖面图	（36）
图三七	M145平、剖面图	（37）
图三八	M209平、剖面图	（38）
图三九	M186平、剖面图	（39）
图四〇	M228平、剖面图	（40）
图四一	M141平、剖面图	（41）
图四二	M194平、剖面图	（42）
图四三	M89平、剖面图	（44）
图四四	M49平、剖面图	（45）
图四五	M132平、剖面图	（46）
图四六	M91平、剖面图	（48）
图四七	M109平、剖面图	（49）
图四八	M40平、剖面图	（50）
图四九	M40花纹砖	（51）
图五〇	M24平、剖面图	（52）
图五一	M47平、剖面图	（54）
图五二	M216平、剖面图	（55）
图五三	M222平、剖面图	（57）
图五四	M158平、剖面图	（58）
图五五	M156平、剖面图	（60）
图五六	M107平、剖面图	（61）
图五七	M126平、剖面图	（63）
图五八	M244平、剖面图	（64）
图五九	M245平、剖面图	（65）
图六〇	M248平、剖面图	（66）
图六一	M1平、剖面图	（68）
图六二	M12平、剖面图	（69）
图六三	M199平、剖面图	（70）
图六四	M243平、剖面图	（72）

图六五	M3平、剖面图	（73）
图六六	M34平、剖面图	（74）
图六七	M39平、剖面图	（75）
图六八	M173平、剖面图	（76）
图六九	M202平、剖面图	（78）
图七〇	M212平、剖面图	（79）
图七一	M236平、剖面图	（81）
图七二	M111平、剖面图	（82）
图七三	M48平面图	（83）
图七四	M48平、剖面图	（84）
图七五	M238平、剖面图	（85）
图七六	陶鼎	（87）
图七七	E型陶鼎	（90）
图七八	陶盒	（92）
图七九	陶盒	（95）
图八〇	陶合碗	（97）
图八一	甲类A型陶壶	（99）
图八二	甲类陶壶	（101）
图八三	甲类Ba型Ⅰ式陶壶	（102）
图八四	乙类A型陶壶	（104）
图八五	乙类陶壶	（106）
图八六	丙类Aa型陶壶	（107）
图八七	丙类Aa型陶壶	（109）
图八八	丙类陶壶	（110）
图八九	陶小壶	（112）
图九〇	乙类B型陶小壶	（114）
图九一	陶器	（116）
图九二	陶钵	（119）
图九三	陶盘	（120）
图九四	陶匜	（122）
图九五	陶盂、三足盂、盆	（124）
图九六	陶器	（125）
图九七	陶瓮	（127）
图九八	陶双耳罐、重沿罐	（129）
图九九	陶折沿高领折肩罐	（130）
图一〇〇	Bb型陶折沿高领折肩罐	（132）

图一〇一	Bc型陶折沿高领折肩罐（M157∶1）	（133）
图一〇二	甲类Aa型陶折沿高领圆肩罐	（134）
图一〇三	甲类Aa型陶折沿高领圆肩罐	（136）
图一〇四	甲类Aa型陶折沿高领圆肩罐	（137）
图一〇五	甲类Ab型陶折沿高领圆肩罐	（138）
图一〇六	甲类陶折沿高领圆肩罐	（140）
图一〇七	乙类陶折沿高领圆肩罐	（141）
图一〇八	陶卷沿矮领折肩圜底罐	（142）
图一〇九	甲类陶无沿矮领罐	（144）
图一一〇	甲类Ba型陶无沿矮领罐	（145）
图一一一	甲类Ba型陶无沿矮领罐	（147）
图一一二	甲类Bb型陶无沿矮领罐	（148）
图一一三	甲类B型陶无沿矮领罐	（150）
图一一四	甲类Bc型陶无沿矮领罐	（151）
图一一五	乙类陶无沿矮领罐	（152）
图一一六	陶釜	（154）
图一一七	陶仓	（156）
图一一八	陶灶	（158）
图一一九	Bb型Ⅰ式陶灶	（160）
图一二〇	陶器	（161）
图一二一	陶井	（162）
图一二二	陶器	（163）
图一二三	陶俑	（164）
图一二四	陶器盖	（165）
图一二五	陶器刻铭	（167）
图一二六	陶器刻铭	（168）
图一二七	高温釉陶壶	（169）
图一二八	铜器	（170）
图一二九	铜器	（173）
图一三〇	A型铜带钩	（175）
图一三一	B、C型铜带钩	（176）
图一三二	C、D型铜带钩	（177）
图一三三	D、E型铜带钩	（178）
图一三四	铜器	（179）
图一三五	A型铜铃	（182）
图一三六	B型铜铃	（183）

图一三七	铜铃纹饰拓片	（183）
图一三八	铜璜	（185）
图一三九	乙类铜璜	（187）
图一四〇	甲类铜璜纹饰拓片	（188）
图一四一	铜器	（189）
图一四二	铁器	（191）
图一四三	铁器	（193）
图一四四	铁带钩	（195）
图一四五	铅、琉璃、玉、玛瑙器	（196）
图一四六	A型玉环正背面纹饰拓片	（198）
图一四七	石器	（200）
图一四八	骨、蚌器	（202）
图一四九	铜镜	（205）
图一五〇	铜镜	（207）
图一五一	铜镜	（209）
图一五二	西汉五铢钱	（211）
图一五三	甲类东汉五铢钱	（213）
图一五四	乙类东汉五铢钱	（215）
图一五五	新莽钱	（216）
图一五六	新莽钱	（217）
图一五七	新莽钱、铅钱	（219）
图一五八	双庙墓地主要陶器分期图	（插页）

插表目录

表一　屈肢葬墓详情表 ……………………………………………………………………（263）

表二　一椁一棺葬具与墓葬规格、出土遗物及时序关系表 ………………………………（265）

表三　空心砖墓规格与出土遗物关系表 …………………………………………………（266）

表四　出土陶器墓葬一览表 ………………………………………………………………（266）

表五　不出土陶器墓葬一览表 ……………………………………………………………（269）

彩版目录

彩版一　　双庙墓地出土陶鼎、盒
彩版二　　双庙墓地出土陶器
彩版三　　双庙墓地出土甲类陶壶
彩版四　　双庙墓地出土陶罐、釜
彩版五　　双庙墓地出土高温釉陶壶、陶钫
彩版六　　双庙墓地出土铜器
彩版七　　双庙墓地出土铜器
彩版八　　双庙墓地出土铜勺、带钩
彩版九　　双庙墓地出土铜器
彩版一〇　双庙墓地出土铜环、铃
彩版一一　双庙墓地出土铜铃、璜
彩版一二　双庙墓地出土铜璜、衡末
彩版一三　双庙墓地出土器物
彩版一四　双庙墓地出土铁器
彩版一五　双庙墓地出土器物
彩版一六　双庙墓地出土器物
彩版一七　双庙墓地出土器物
彩版一八　双庙墓地出土铜镜

图版目录

图版一　　双庙墓地出土陶鼎

图版二　　双庙墓地出土陶鼎

图版三　　双庙墓地出土陶鼎

图版四　　双庙墓地出土陶盖豆、盒

图版五　　双庙墓地出土陶盒

图版六　　双庙墓地出土陶盒、合碗

图版七　　双庙墓地出土甲类陶壶

图版八　　双庙墓地出土甲类陶壶

图版九　　双庙墓地出土陶壶

图版一〇　双庙墓地出土乙类A型陶壶

图版一一　双庙墓地出土乙类陶壶

图版一二　双庙墓地出土丙类Aa型陶壶

图版一三　双庙墓地出土丙类Aa型陶壶

图版一四　双庙墓地出土丙类陶壶

图版一五　双庙墓地出土丙类陶壶

图版一六　双庙墓地出土甲类陶小壶

图版一七　双庙墓地出土甲类陶小壶

图版一八　双庙墓地出土乙类陶小壶

图版一九　双庙墓地出土乙类Bb型Ⅱ式陶小壶

图版二〇　双庙墓地出土陶器

图版二一　双庙墓地出土陶钵、盘

图版二二　双庙墓地出土陶盘

图版二三　双庙墓地出土陶匜

图版二四　双庙墓地出土陶器

图版二五　双庙墓地出土陶器

图版二六　双庙墓地出土陶熏、瓮

图版二七　双庙墓地出土陶罐

图版二八　双庙墓地出土陶罐

图版二九　双庙墓地出土甲类Aa型陶折沿高领圆肩罐
图版三〇　双庙墓地出土甲类陶折沿高领圆肩罐
图版三一　双庙墓地出土甲类Ab型陶折沿高领圆肩罐
图版三二　双庙墓地出土陶折沿高领圆肩罐
图版三三　双庙墓地出土乙类陶折沿高领圆肩罐
图版三四　双庙墓地出土甲类陶无沿矮领罐
图版三五　双庙墓地出土甲类Ba型陶无沿矮领罐
图版三六　双庙墓地出土甲类陶无沿矮领罐
图版三七　双庙墓地出土甲类陶无沿矮领罐
图版三八　双庙墓地出土甲类Bc型陶无沿矮领罐
图版三九　双庙墓地出土陶罐、釜
图版四〇　双庙墓地出土陶釜
图版四一　双庙墓地出土陶仓
图版四二　双庙墓地出土陶灶
图版四三　双庙墓地出土陶器
图版四四　双庙墓地出土陶器
图版四五　双庙墓地出土铜洗、带钩
图版四六　双庙墓地出土铜印章、环
图版四七　双庙墓地出土器物
图版四八　双庙墓地出土铜镜
图版四九　双庙墓地出土铜镜
图版五〇　双庙墓地出土铜镜、蚌珠

第一章 概 述

第一节 地理环境与历史沿革

一 地理环境

登封市位于河南省的中西部，西距洛阳市70千米，东北距郑州市70千米。境内多山和丘陵，山虽不大，但很有名气。如西部有少室山、太室山，著名的少林寺就在其山脚下。北部有中岳嵩山，南边有箕山等。境内河流较多但多较小，较大的颍河发源于太室山南麓，由西向东贯穿全境，又从东部流经禹州市、临颍县等，最后注入淮河。

告成镇位于登封市东南约11千米处的颍河北岸。周围是大小不一的小丘陵。镇北丘陵连绵，东边丘陵被当地人称为"卢医庙坡"。南边8千米处为箕山北峰。这里也是河流交汇处：颍河从告成镇南流经，石综河从东部3千米处的唐代武则天行宫处向西流到告成镇，发源于西部太室山东侧的五渡河从告成镇西边流经，三条河流均在告成镇相汇。这样，告成镇就形成了丘陵环绕、河流纵横的河谷盆地，东西长约3、南北宽约2千米。告成自古就是中原地区的一处交通枢纽，西通洛阳，东南到许昌，东北可达郑州（图一）。

二 历史沿革

告成历史悠久，文化底蕴深厚，文物古迹遍布。这里在春秋时期属郑国，在战国中期以后属韩国。历史文献记载和考古发现均证明，战国时期的东周阳城就位于告成镇东北，秦汉阳城县亦沿旧制，一直延续到唐代。告成镇西边有全国重点文物保护单位王城岗遗址，告成镇北边有全国重点文物保护单位观星台遗址。从现已掌握的考古材料来看，在告成镇周围，早期的新石器时代遗址和仰韶文化、龙山文化、二里头文化、商代、西周、东周直至唐代的文化遗存均有分布。

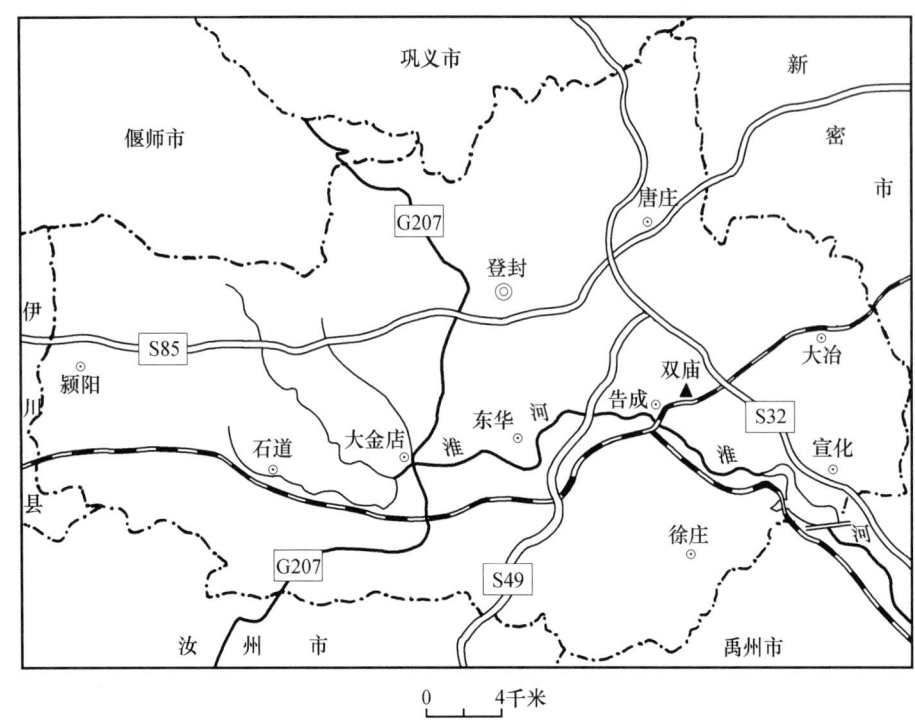

图一 双庙墓地位置示意图

第二节 墓地概况与发掘经过

一 墓地概况

双庙墓地位于登封市告成镇以东、双庙村以西的一大片农田上，地势北高南低，墓地南北宽约500、东西长约1000米。

1991年，告成煤田兴建办公区和生活区，其征地范围包括告成镇以东、双庙村以西、庙坡以南、石综河以北的区域，以告成至大冶公路为界分为工业广场和生活广场两部分。工业广场在北，即卢医庙坡的南半部；生活广场在南，位于南边较平坦的石综河北岸。

为了解这两个广场的地下文物分布情况，1991年3~5月，先对煤田的两个广场进行了考古钻探。经过钻探，对告成煤田的地下文物分布情况有了基本了解。在南部的生活广场分布有零星的战国遗迹和古墓葬。北部的工业广场因正位于卢医庙坡南半部，是古代比较理想的墓地，因此，经钻探发现的古墓葬较多；在其最东段（双庙村西边）还发现一处仰韶文化遗址。

二 发掘经过

1991年6月~1992年4月，在生活广场共布设5米×5米探方10个，发掘了其中的7个。清理灰坑9个、窑2座、墓葬1座。在工业广场，为了解仰韶文化遗址的情况，布设并发掘10米×10米探方2个。清理灰坑12个、墓葬18座。在仰韶文化遗址以西、告成镇以东、告成至大冶公路以北的庙坡南坡区域，共清理墓葬234座。以上共计清理各时期墓葬253座，时代涵盖东周、秦、汉、唐、宋、明、清（图二）。本考古报告是对其中241座战国秦汉时期墓葬的整理报道。

20世纪，考古发掘工作十分辛苦，考古工地设备十分简陋，防雨防冻设施基本没有。当时是配合煤田建设，要按煤田建设工期的要求完成发掘，在发掘人员缺乏、发掘任务量大的情况下，发掘工作不分冬夏坚持不停，骄阳下、雨雪中坚持工作乃是家常便饭。现在回想起来，颇多感慨。

第二章　墓葬形制

双庙墓地共清理战国秦汉时期墓葬241座，依据其形态结构可分为竖穴土坑墓、带墓道竖穴土坑墓、斜坡墓道竖穴土坑小砖券墓、竖穴墓道洞室墓、组合墓道土坑墓五种。

第一节　竖穴土坑墓

121座。据墓室建筑形式不同分为竖穴土坑墓、竖穴土坑空心砖墓、竖穴土坑小砖墓。

一　竖穴土坑墓

118座。依据平面形状与结构不同分为三类。

甲类　116座。长方形单室。平面呈近长方形，四壁竖直或斜收，墓底平整，或有二层台，或有龛。依据墓壁结构不同分为二型。

A型　29座。竖直壁。据墓底有无二层台分为二亚型。

Aa型　16座。无二层台。包括M17，M18，M20，M21，M33，M43（墓口略北宽南窄），M46（墓口略东宽西窄），M51，M52，M69，M99（头龛），M101，M102，M184，M193（略呈北宽南窄），M197。

墓葬举例如下。

M18

竖穴土坑墓，平面呈近长方形，北端略窄于南端，四壁竖直，墓底平整。西壁中段被M15打破。方向20°。墓口长280、宽76厘米，墓底长280、宽76厘米，深147厘米。

无葬具痕迹，单人葬，仰身直肢，面朝西，北向。随葬品5件，其中陶罐3、漆耳杯2件，出土于墓底北壁下（图三）。

M101

竖穴土坑墓，平面呈长方形，四壁竖直，墓底平整。方向15°。墓口长200、宽80厘米，墓底长200、宽80厘米，残深30厘米。

无葬具痕迹，单人葬，侧身屈肢，北向。随葬品有铜带钩2件，均出土于墓底东南部人骨架旁（图四）。

M99

竖穴土坑墓，平面呈长方形，四壁竖直，平底。南壁设头龛，龛平面呈半圆形，平底。顶被破坏、不明。方向190°。墓口长220、宽80厘米，墓底长220、宽80厘米，残深90厘米。头龛宽36、深36、残高32厘米。

有棺灰痕迹，单人葬，仰身直肢，南向。头龛内放1件陶折沿高领圆肩罐（图五）。

Ab型 13座。有二层台。具体如下。西、北两壁有二层台者：M29。南、北两壁有二层台者：M41（略呈北宽南窄）。东、西两壁有二层台者：M118，M123，M192，M225，M232。

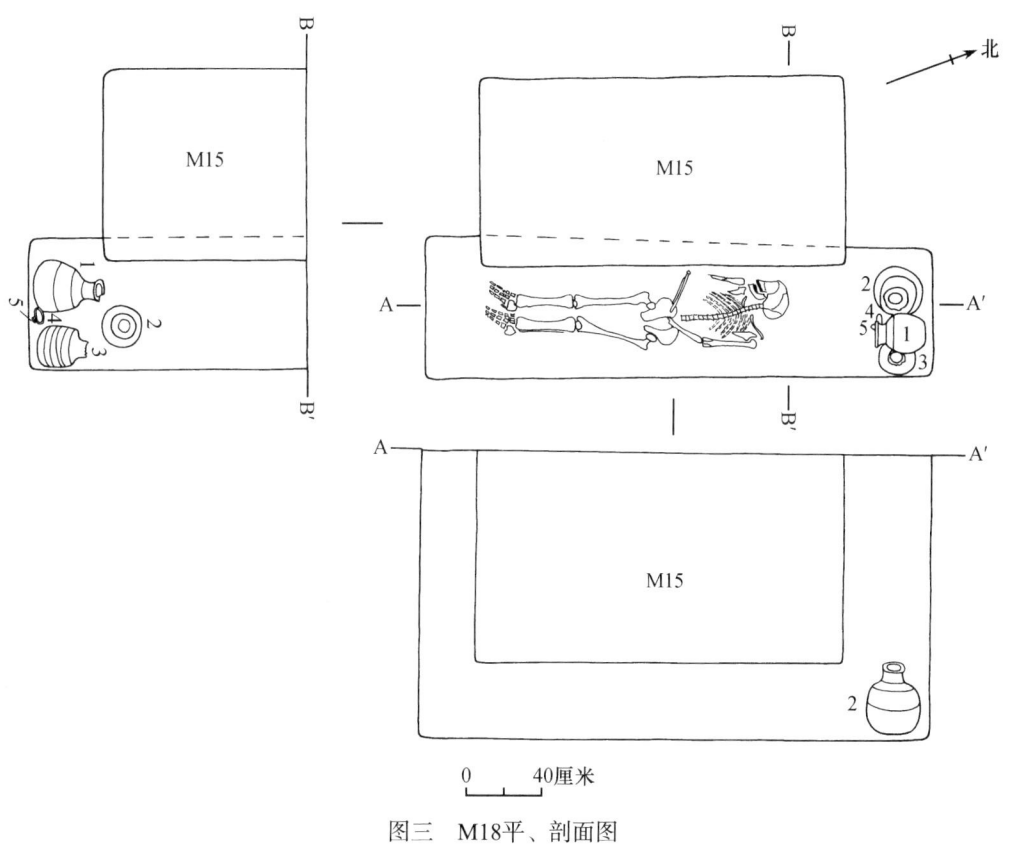

图三 M18平、剖面图
1~3.陶罐 4、5.漆耳杯

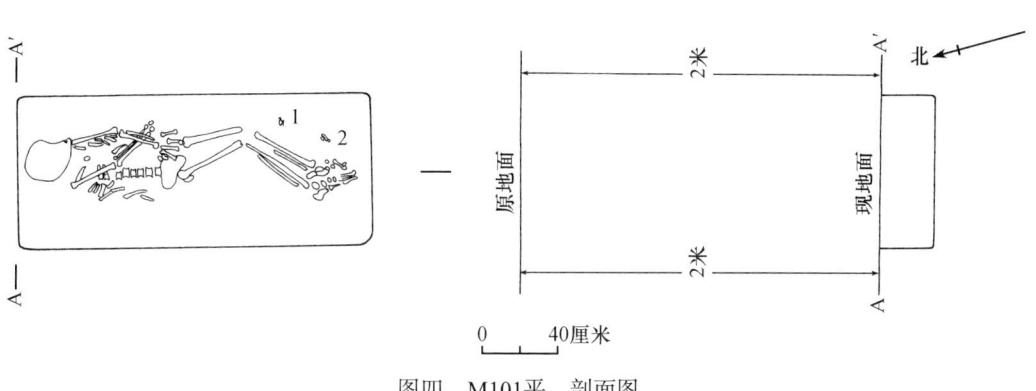

图四 M101平、剖面图
1、2.铜带钩

东、西、南三壁有二层台者：M55。四壁有二层台者：M54（头龛），M88，M106（头龛），M180，M249。

墓葬举例如下。

M29

竖穴土坑墓，平面呈长方形，四壁竖直，平底。墓底北端和西侧有生土二层台。方向20°。墓口长210、宽72厘米，墓底长182、宽60厘米，深200厘米，北二层台宽28、高12厘米，西二层台宽12、高12厘米。

葬具不详，单人葬，仰身直肢，北向。无随葬品（图六）。

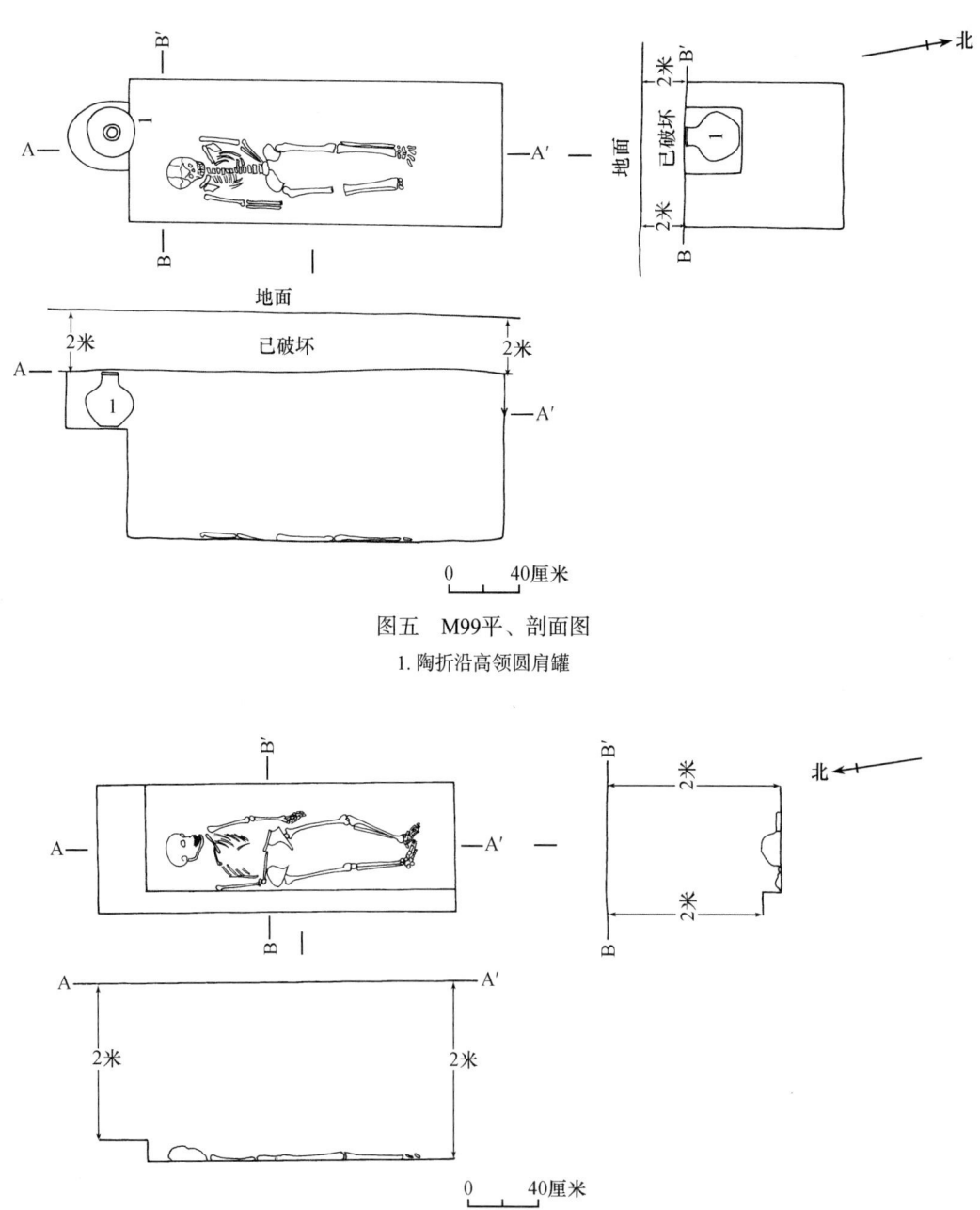

图五　M99平、剖面图
1.陶折沿高领圆肩罐

图六　M29平、剖面图

M88

竖穴土坑墓，平面呈长方形，四壁竖直，平底。底部四周有生土二层台。方向20°。墓口长230、宽144厘米，墓底长190、宽75厘米，深80厘米，二层台东宽43、高30厘米，南、北均宽20、高30厘米，西宽26、高30厘米。

葬具不详，单人葬，仰身直肢，北向。随葬品9件，东南角二层台上出土陶罐2、陶盂1件，墓底北端出土铜璜1、蚌珠4件，中部出土铜璜1件（图七）。

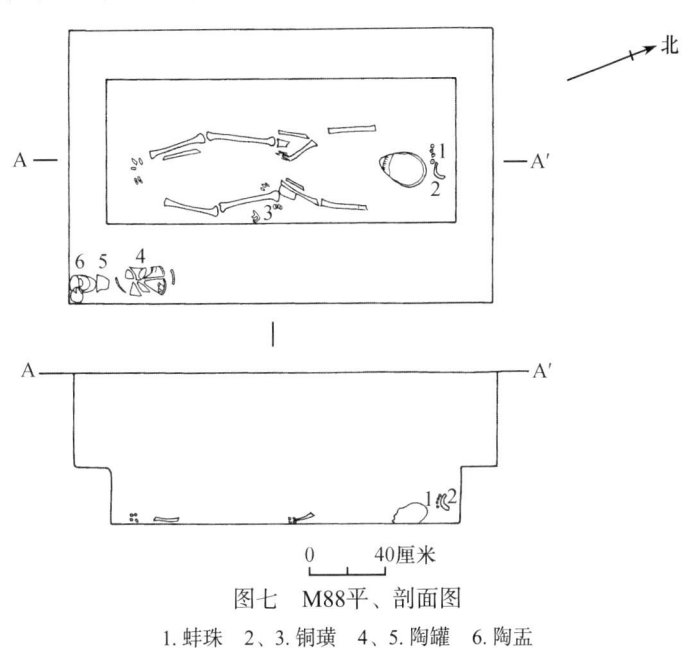

图七　M88平、剖面图
1.蚌珠　2、3.铜璜　4、5.陶罐　6.陶盂

M106

竖穴土坑墓，平面呈长方形，四壁竖直，平底。底部四周有生土二层台。南壁二层台之上设有一长方形头龛。方向193°。墓口长224、宽110厘米，墓底长200、宽54厘米，深80厘米，头龛高23、宽30、深33厘米，二层台东宽27、高35厘米，南宽10、高35厘米，西宽26、高35厘米，北宽14、高35厘米。

无葬具，单人葬，仰身直肢，南向。随葬品有陶盒1件，出土于头龛内（图八）。

M123

竖穴土坑墓，平面呈长方形，四壁竖直，平底。底部东、西两壁设有生土二层台。方向10°。墓口长200、宽136厘米，墓底长200、宽64厘米，深108厘米，二层台东宽36、高61厘米，西宽36、高61厘米。

无葬具，单人葬，仰身直肢，北向。随葬品有铁带钩1件，出土于墓底中南部偏东、人骨架左膝外侧（图九）。

B型　87座。四壁斜收。据有无二层台分为二亚型。

Ba型　58座。无二层台。包括M11，M14～M16，M25，M28，M31，M32，M36，M37，M42，M45（墓口呈梯形），M53，M56，M58，M60，M64，M65，M67，M68，M70，

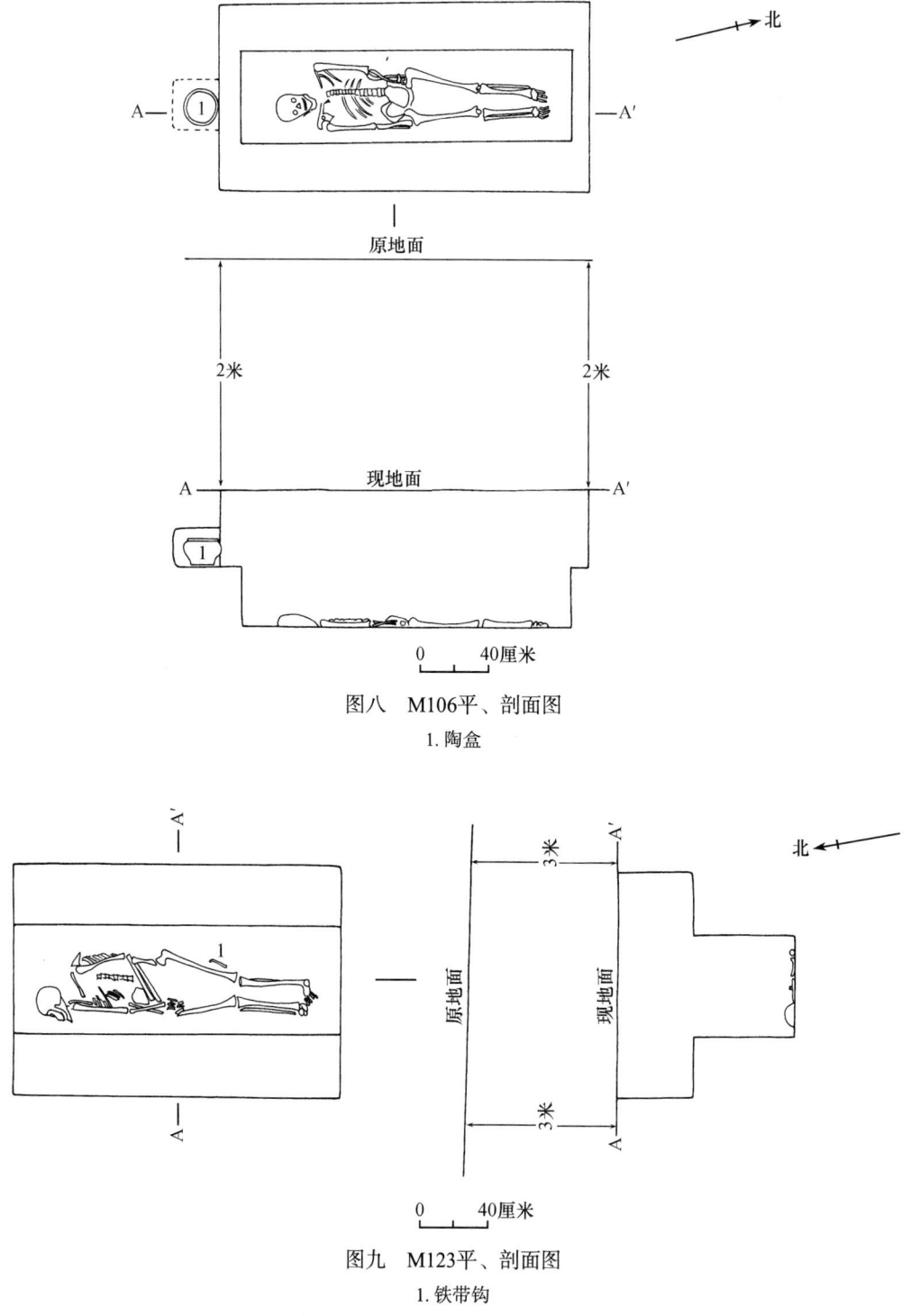

图八 M106平、剖面图
1. 陶盒

图九 M123平、剖面图
1. 铁带钩

M71，M73，M76，M79，M82（头龛），M83，M85，M90（头龛），M92，M93（头龛），M94（头坑），M96，M97，M100，M104（头龛），M108，M115，M129，M160，M166，M168，M169（墓口南壁略窄于北壁、头坑），M170（头龛），M172，M174，M183，M185，M195，M201（头龛），M203，M208，M211，M213，M223，M230（头龛），M235，M241。

第二章 墓葬形制

墓葬举例如下。

M25

竖穴土坑墓，平面呈长方形，口大底小，四壁斜收，平底。北壁东部有3个脚窝，东壁北端有4个脚窝，均为半圆形。方向10°。墓口长400、宽330厘米，墓底长304、宽240厘米，深326厘米。

葬具为一棺一椁，棺紧靠椁西壁。单人葬，仰身直肢，北向。棺长213、宽58、高24、厚5厘米，椁长235、宽144、高30、厚5厘米。随葬品12件，墓底椁内东部出土陶鼎2、陶盒2、陶壶2、陶高柄小壶1、陶盘1、陶匜1、陶罐1、铁镬1件，墓底棺内中西部出土铜带钩1件（图一〇）。

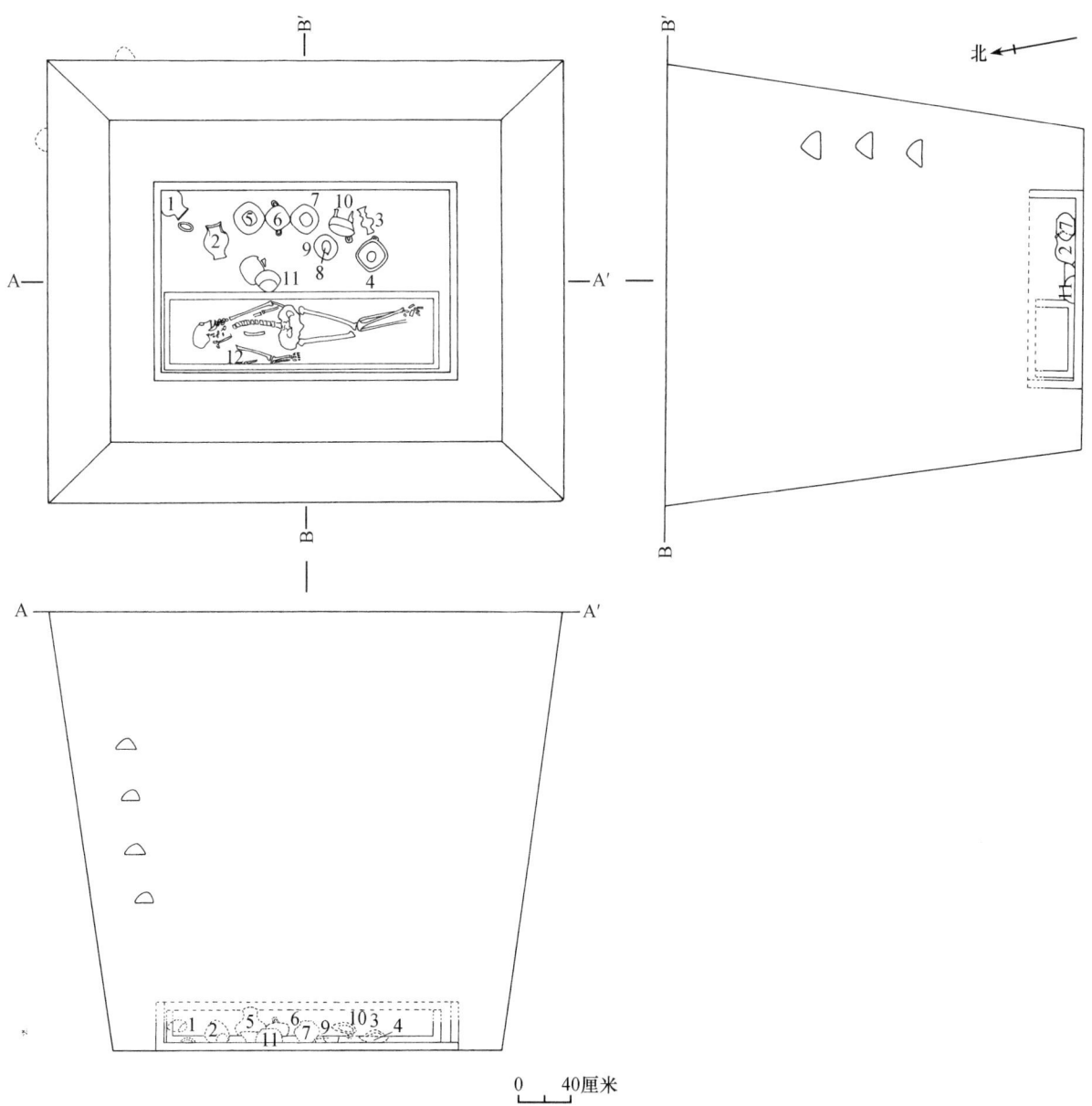

图一〇　M25平、剖面图

1.陶罐　2、5.陶壶　3.陶高柄小壶　4.陶盘　6、10.陶鼎　7、11.陶盒　8.陶匜　9.铁镬　12.铜带钩

M94

竖穴土坑墓，平面呈长方形，口大底小，四壁斜收，平底。底部北端中部设有一平面呈半圆形的头坑，坑壁竖直，坑底平整。方向20°。墓口长380、宽280厘米，墓底长275、宽220厘米，深170厘米，头坑东西长60、南北宽52、深16厘米。

有棺灰痕迹，单人葬，仰身直肢，北向。棺灰长193、宽86厘米，高度、厚度不详。随葬品2件，其中头坑内出土陶罐1件，墓底人骨架口腔内出土石片1件（图一一）。

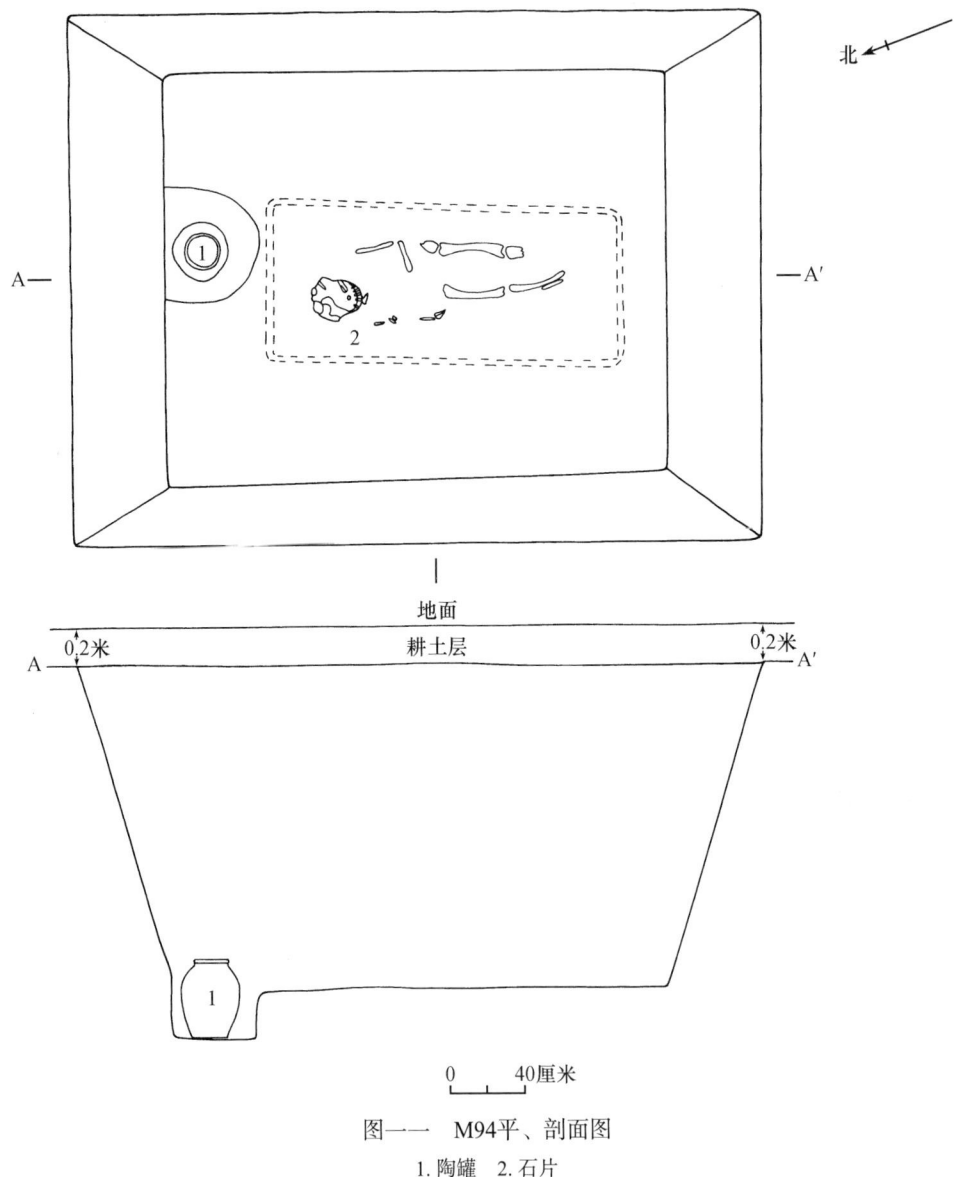

图一一　M94平、剖面图
1. 陶罐　2. 石片

M169

竖穴土坑墓，平面呈近等腰梯形，口略大于底，四壁略斜收，平底。墓底北部有一长条方形头坑，头坑弧壁、平底。方向15°。墓口长208、宽80~92厘米，墓底长200、宽70~80厘米，深135厘米，头坑长74、宽26、深10厘米。

葬具、葬式不详，单人葬，北向。随葬品16件，锈成一团，包括铜带钩1、铜璜6、铜铃3、骨环1、方形骨饰5件，出土于墓底中部偏东（图一二）。

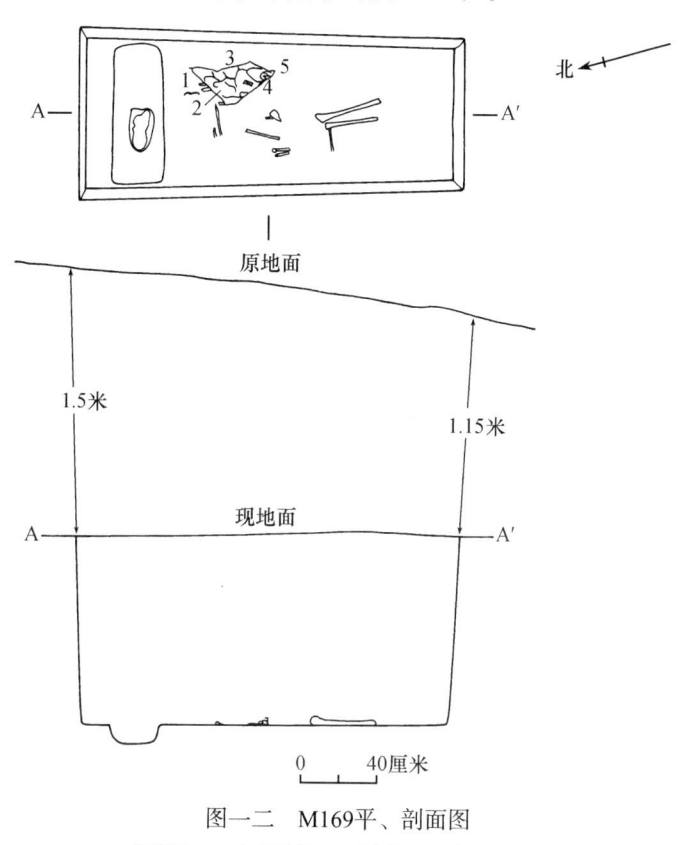

图一二　M169平、剖面图
1.铜带钩　2.方形骨饰　3.铜璜　4.骨环　5.铜铃

M201

竖穴土坑墓，平面呈近长方形，口大底小，四壁斜收，平底。北壁设有一长方形头龛。方向5°。墓口长310、宽240～242厘米，墓底长270、宽180～185厘米，深200厘米，头龛宽88、深48、高38厘米。

葬具为一棺一椁，椁变形严重。单人葬，侧身屈肢，北向。棺长200、宽70厘米，高度、厚度不详。椁厚3厘米。随葬品6件，头龛内出土陶鼎1、陶盒1、陶壶1、陶盘1、陶匜1件，人骨架左膝外侧出土铁带钩1件（图一三）。

M208

竖穴土坑墓，平面呈长方形，口大底小，四壁斜收，平底。东壁挖有3个椭圆形脚窝。方向4°。墓口长300、宽180厘米，墓底长240、宽154厘米，深440厘米。

有棺灰痕迹。单人葬，仰身直肢，北向。棺灰长206、宽98厘米，厚度不详。随葬品6件，均出土于墓底棺灰范围内，其中中北部出土陶器包括鼎1、盒1、高柄小壶1、盘1、匜1件，南部骨架足部出土铜带钩1件（图一四）。

M230

竖穴土坑墓，平面呈长方形，口大底小，四壁斜收，平底。东壁设有一长方形头龛。方向

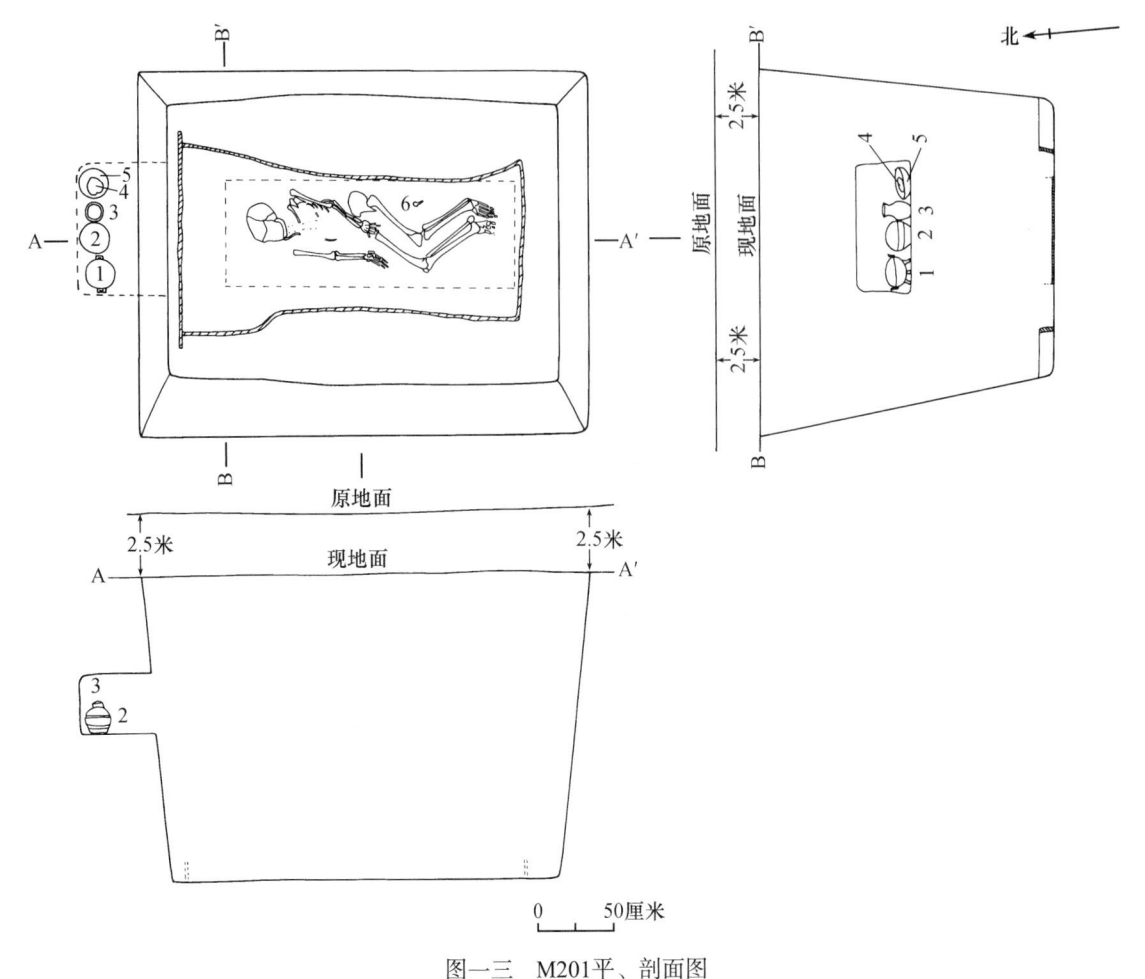

图一三　M201平、剖面图
1.陶鼎　2.陶盒　3.陶壶　4.陶匜　5.陶盘　6.铁带钩

105°。墓口长260、宽200厘米，墓底长230、宽170厘米，深200厘米。头龛宽72、深22、高46厘米。

葬具不详，单人葬，仰身直肢，东向。随葬陶器4件，包括鼎1、盒1、壶1、匜1件，均出土于头龛内（图一五）。

Bb型　29座。有二层台，多为生土。具体如下。东、西两壁有二层台者：M61，M62，M117，M119，M120，M128（头龛），M130，M144（两头龛），M151，M178，M204（略呈北宽南窄），M247，M251。南、北两壁有二层台者：M98，M121，M122（墓口呈近等腰梯形）。东、南、西三面有二层台者：M30，M154（头龛），M155（头龛），M176，M224（头龛）。四壁有二层台者：M87，M110（熟土二层台），M143，M162（熟土二层台），M191，M233，M242，M252（头龛）。

墓葬举例如下。

M128

竖穴土坑墓，平面呈近长方形，口大底小，四壁斜收，平底。墓底北壁下设头龛，龛平面呈近半圆形，弧壁，弧顶。东、西两壁设生土二层台，台壁斜收。方向9°。墓口长210、宽

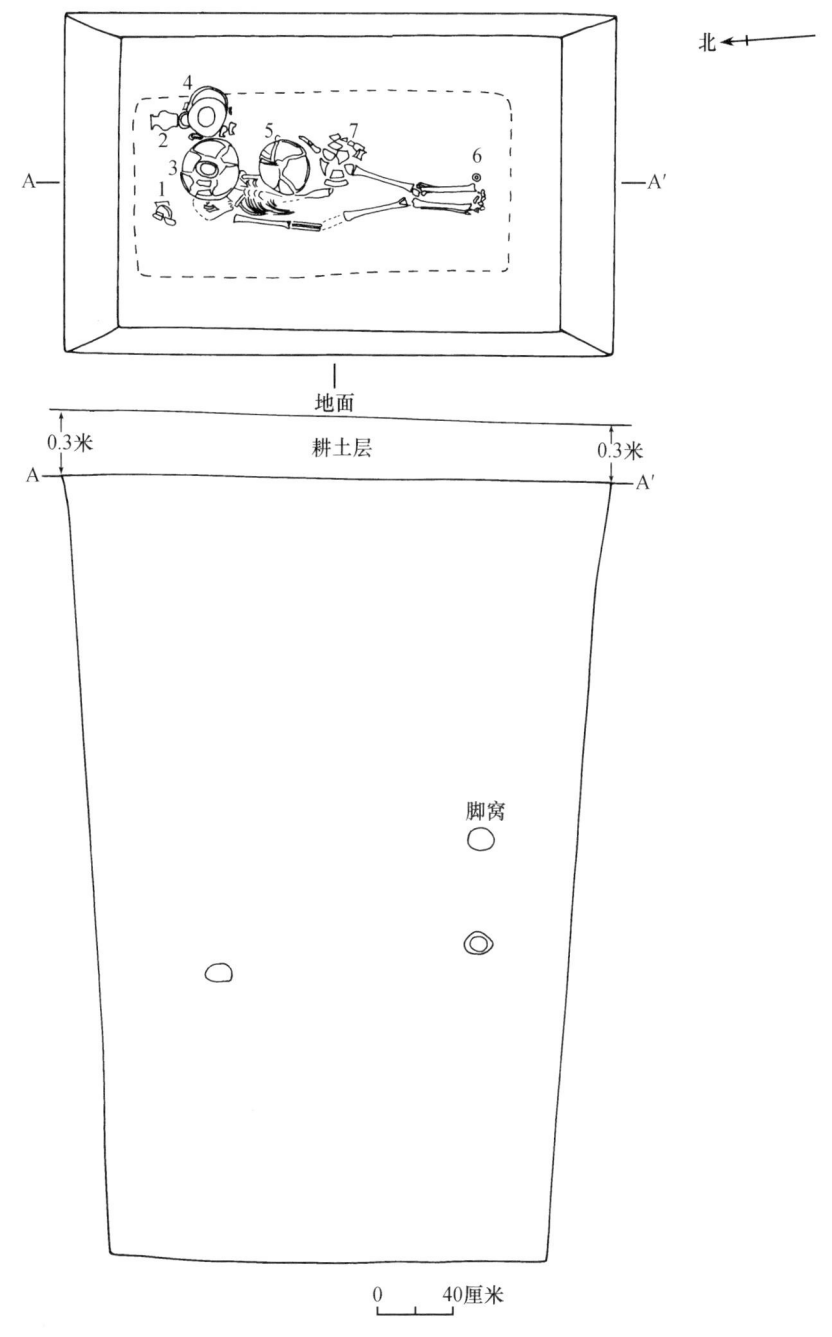

图一四　M208平、剖面图

1.陶匜　2.陶高柄小壶　3.陶盒　4.陶鼎　5.陶盒盖　6.铜带钩　7.陶盘

120厘米，墓底长200、宽60厘米，深130厘米，头龛宽52、高40、深30厘米，二层台均宽20、高64厘米。

无葬具，单人葬，仰身直肢，北向。随葬品4件，其中，头龛内出土陶合碗1、陶罐1件，墓底中北部人骨架颈部出土玛瑙环1件，右臂处出土铜带钩1件（图一六）。

M144

竖穴土坑墓，平面呈近长方形，口大底小，四壁斜收，平底。北壁上部及底部各设有一

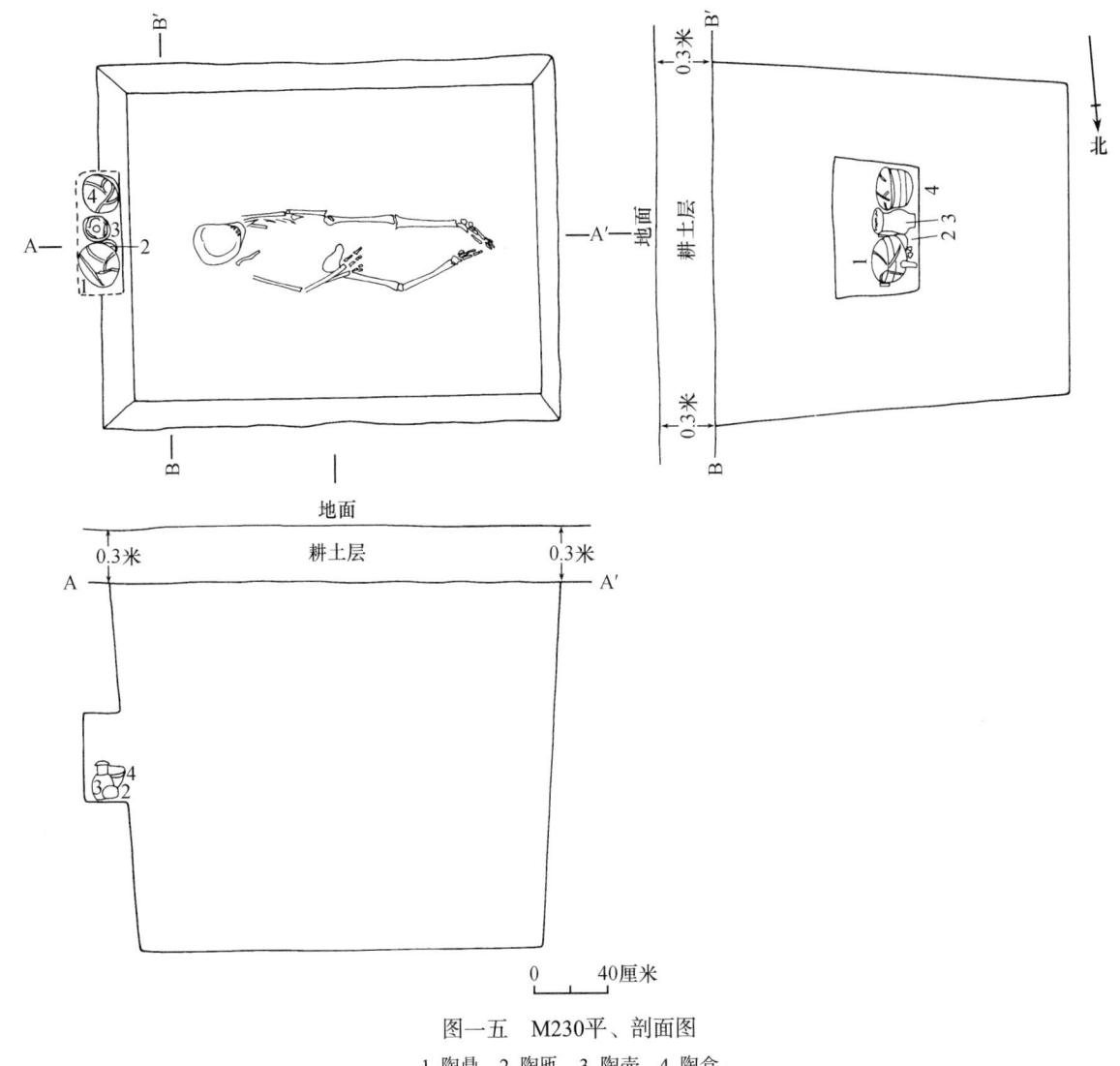

图一五　M230 平、剖面图
1. 陶鼎　2. 陶匜　3. 陶壶　4. 陶盒

长方形头龛，东、西两壁设生土二层台。西壁被M147打破。方向10°。墓口长221、宽120厘米，墓底长210、宽84厘米，深140厘米，上头龛宽70、深40、高35厘米，下头龛宽89、深40、高40~70厘米，二层台东宽12、高80厘米，西宽10、高80厘米。

葬具、葬式不详。随葬陶器9件，上部头龛内出土鼎1、盒1、壶1、盘1、匜1件，下部头龛内出土壶1、罐3件（图一七）。

M122

竖穴土坑墓，平面呈近等腰梯形，口大底小，四壁斜收，平底。底部南、北两壁设有生土二层台，台壁斜收。方向255°。墓口南长231、北长250、宽160厘米，墓底长190、宽64厘米，深170厘米，二层台均宽30、高70厘米。

葬具不详，单人葬，仰身直肢，西向。随葬品2件，其中，铜带钩1件出土于骨架左臂外侧，铁带钩1件位于骨架右肩外侧（图一八）。

M224

竖穴土坑墓，平面呈长方形，口大底小，四壁斜收，平底。北壁设有一近长方形头龛，

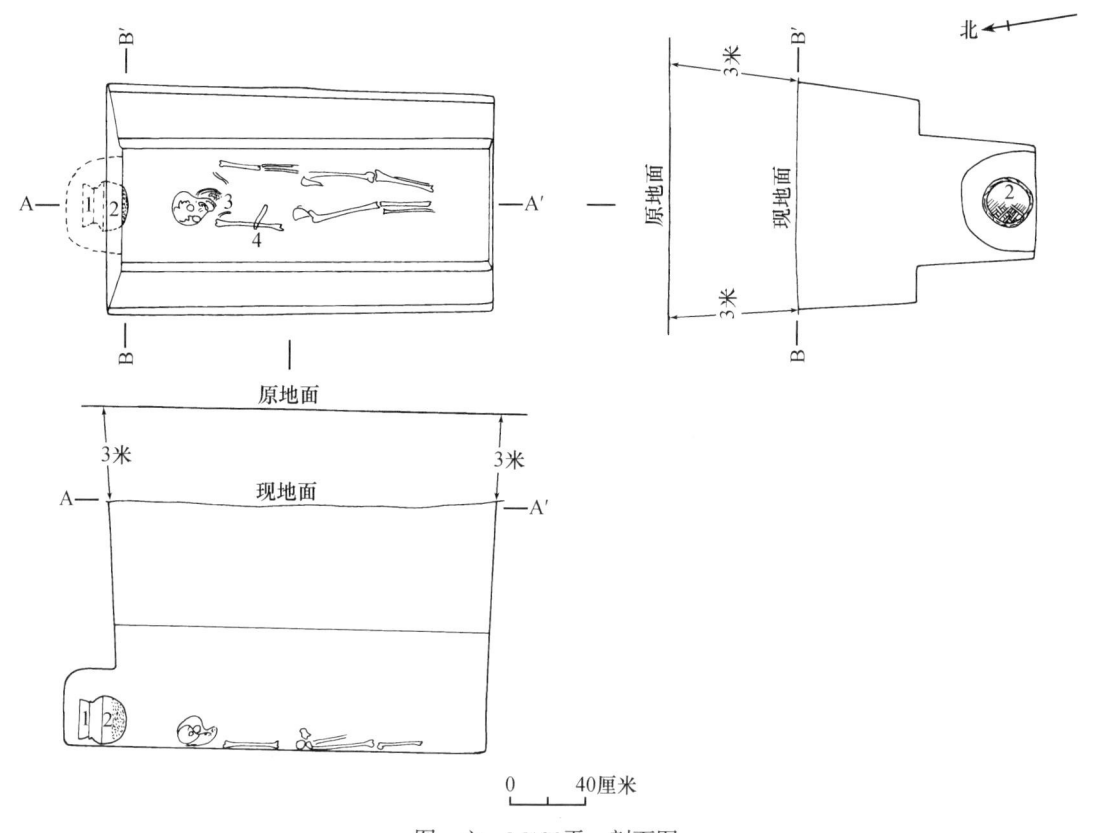

图一六　M128平、剖面图
1. 陶合碗　2. 陶罐　3. 玛瑙环　4. 铜带钩

龛后壁弧，平顶。底部东、西、南三面设有生土二层台，台壁斜收。方向8°。墓口长256、宽140厘米，墓底长216、宽100厘米，深150厘米，头龛宽44、高50、深40厘米，二层台东宽14、高90厘米，西宽13、高90厘米，南宽16、高90厘米。

少量棺灰，单人葬，仰身直肢，北向。随葬品4件，其中，头龛中出土陶器包括壶1、盆2件，人骨架右手旁出土铁带钩1件（图一九）。

M110

竖穴土坑墓，平面呈近长方形，口大底小，四壁斜收，平底。底部设有一周熟土二层台。方向15°。墓口长284、北宽210、南宽224厘米，墓底长250、宽164厘米，深312厘米，二层台东宽36、高26厘米，南宽35、高26厘米，西宽36、高26厘米，北宽30、高26厘米。

有棺灰，单人葬，仰身屈肢，北向。棺灰长184、宽90厘米，高度、厚度不详。随葬品见夹砂红陶残片，出土于墓底中东部、棺灰范围内（图二○）。

M252

竖穴土坑墓，平面呈长方形，口大底小，四壁斜收，平底。底部设一周生土二层台，台壁斜收。西壁二层台之上设一平面为长方形的头龛，龛弧顶。方向285°。墓口长290、宽204厘米，墓底长220、宽90厘米，深250厘米，头龛宽44、高44、深41厘米，二层台东宽6、高90厘米，南宽26、高90厘米，西宽6、高90厘米，北宽28、高90厘米。

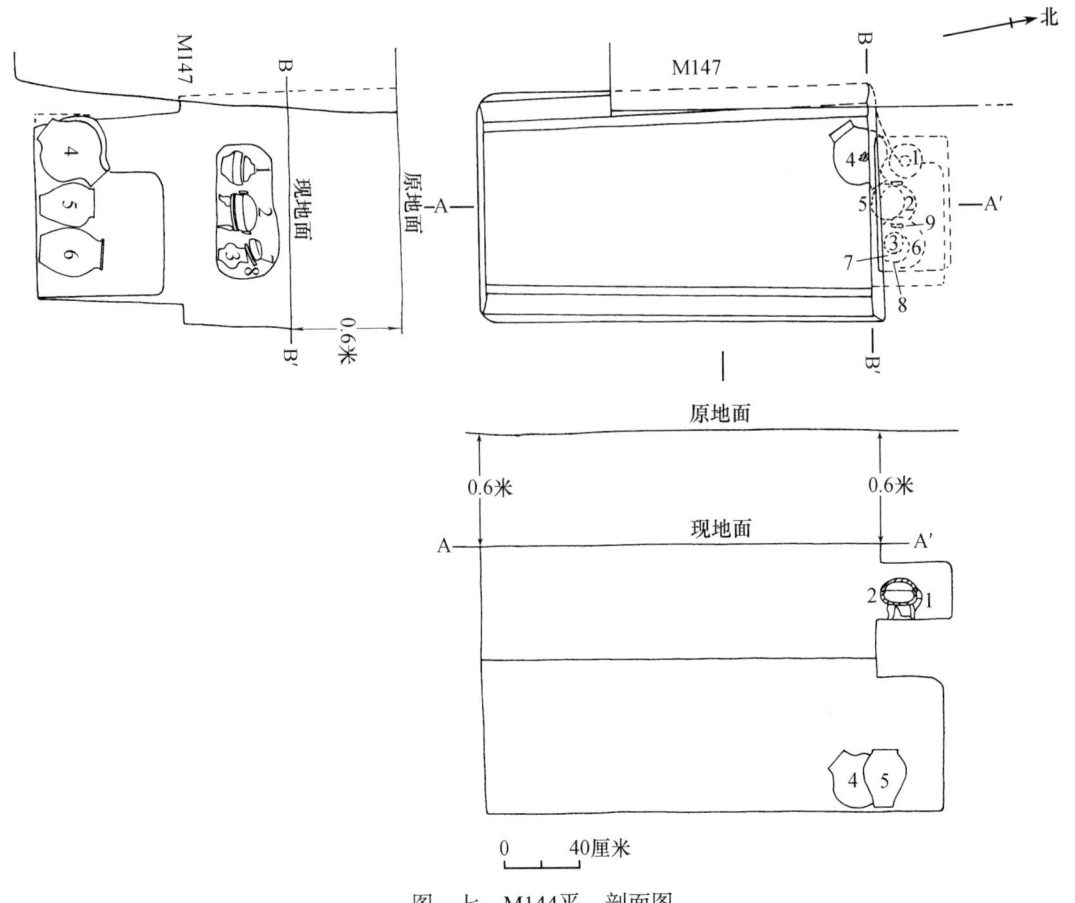

图一七 M144 平、剖面图
1. 陶盒 2. 陶鼎 3、4. 陶壶 5、6、9. 陶罐 7. 陶盘 8. 陶匜

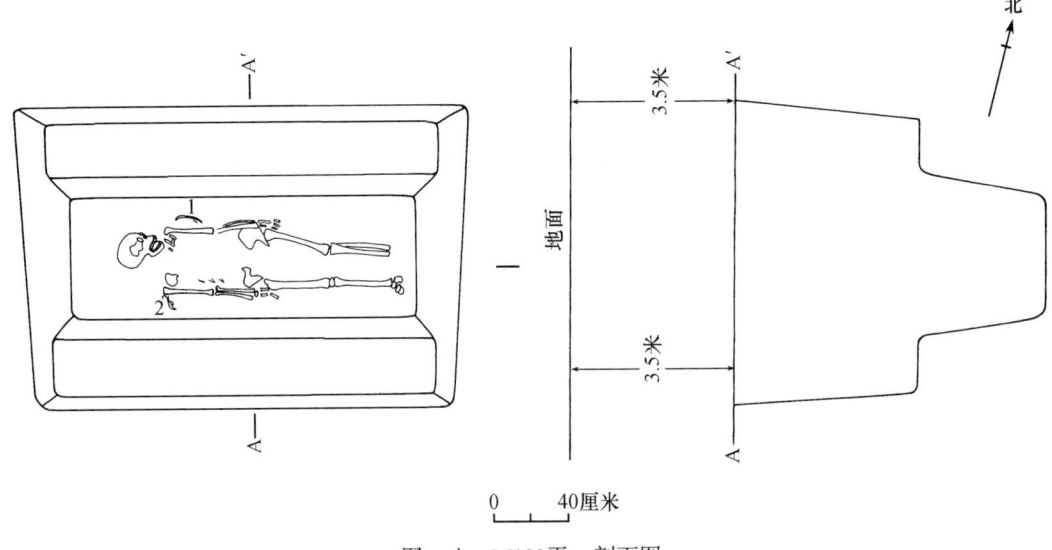

图一八 M122 平、剖面图
1. 铜带钩 2. 铁带钩

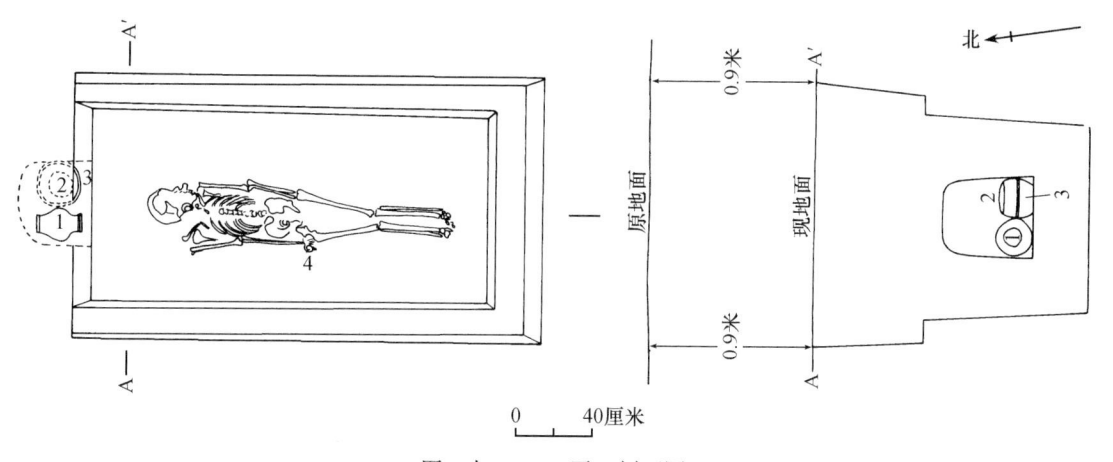

图一九　M224平、剖面图
1.陶壶　2、3.陶盆　4.铁带钩

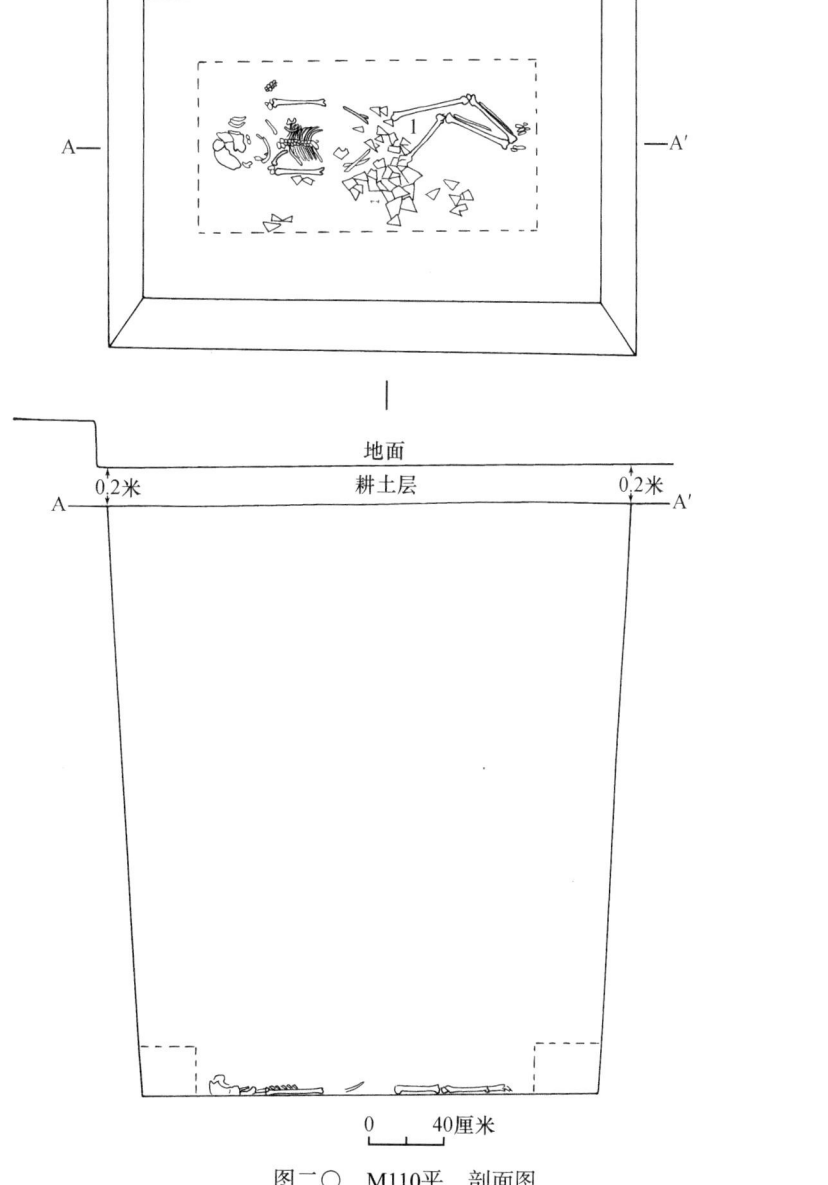

图二〇　M110平、剖面图
1.夹砂红陶残片

葬具不详，单人葬，仰身直肢，西向。随葬品2件，包括陶壶1、钵1件，均出土于头龛内（图二一）。

乙类　1座。长方形双室。M139。

M139

竖穴土坑墓，平面呈近长方形，东、西并列双室。西室平面呈长方形，三壁略有收分，平底，墓底高于东室约20厘米。东室平面为直角梯形，东壁略长，壁略斜收，平底。方向10°。西室墓口长215、宽80厘米，墓底长210、宽75厘米，深105厘米。东室墓口长215、北宽75、南宽95厘米，墓底长210、宽80厘米，深135厘米。

西室无葬具痕迹，单人葬，仰身屈肢，北向。随葬品15件，其中，铜环1、铜璜2、石片5、玉环2、骨环1、骨珠3、蚌珠1件，均出土于墓底中北部人骨架周围。东室无葬具，无骨架，随葬品有龟甲1件，出土于墓底西南部（图二二）。

丙类　1座。平面形状不规则。M19。

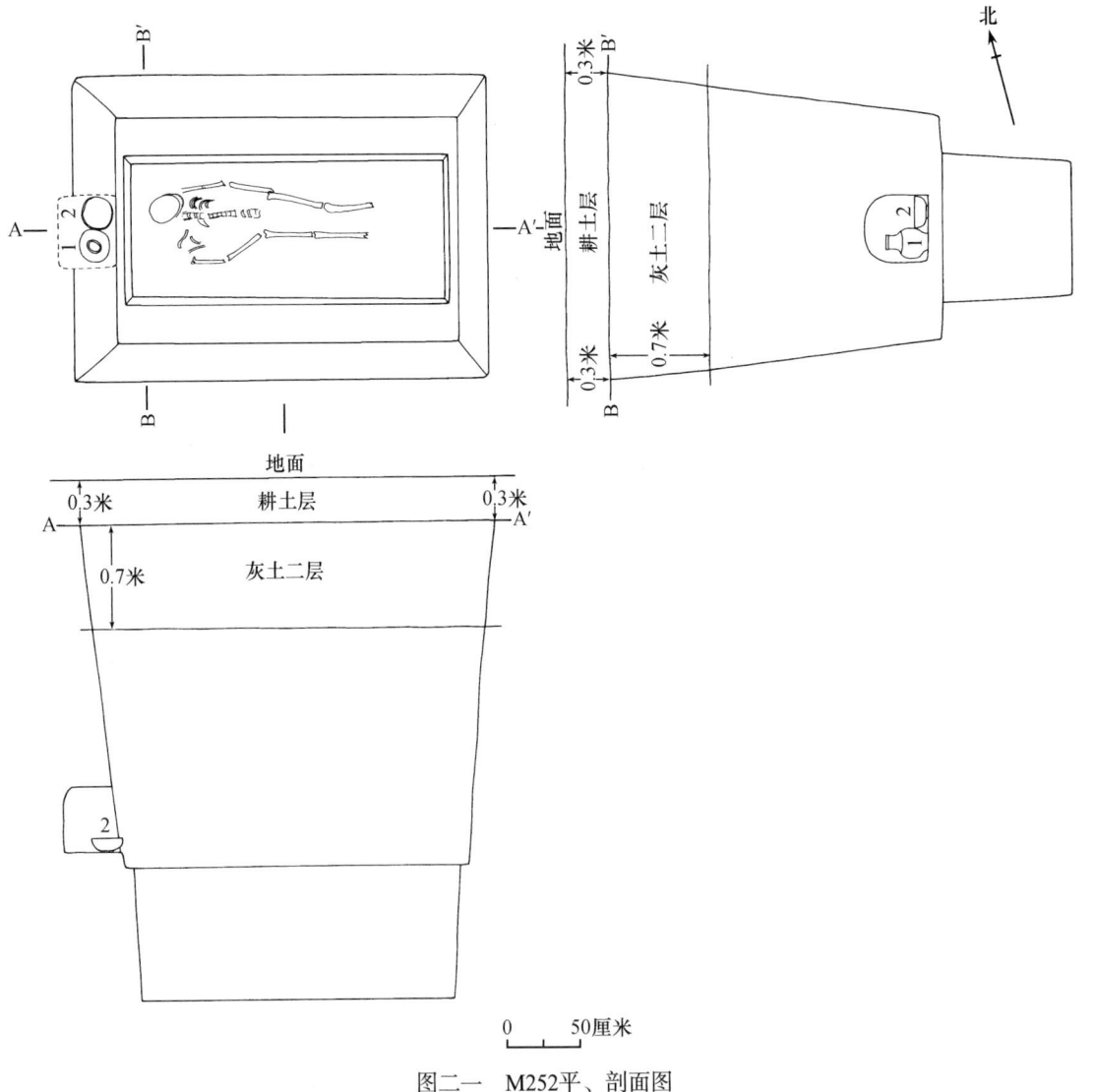

图二一　M252平、剖面图
1. 陶壶　2. 陶钵

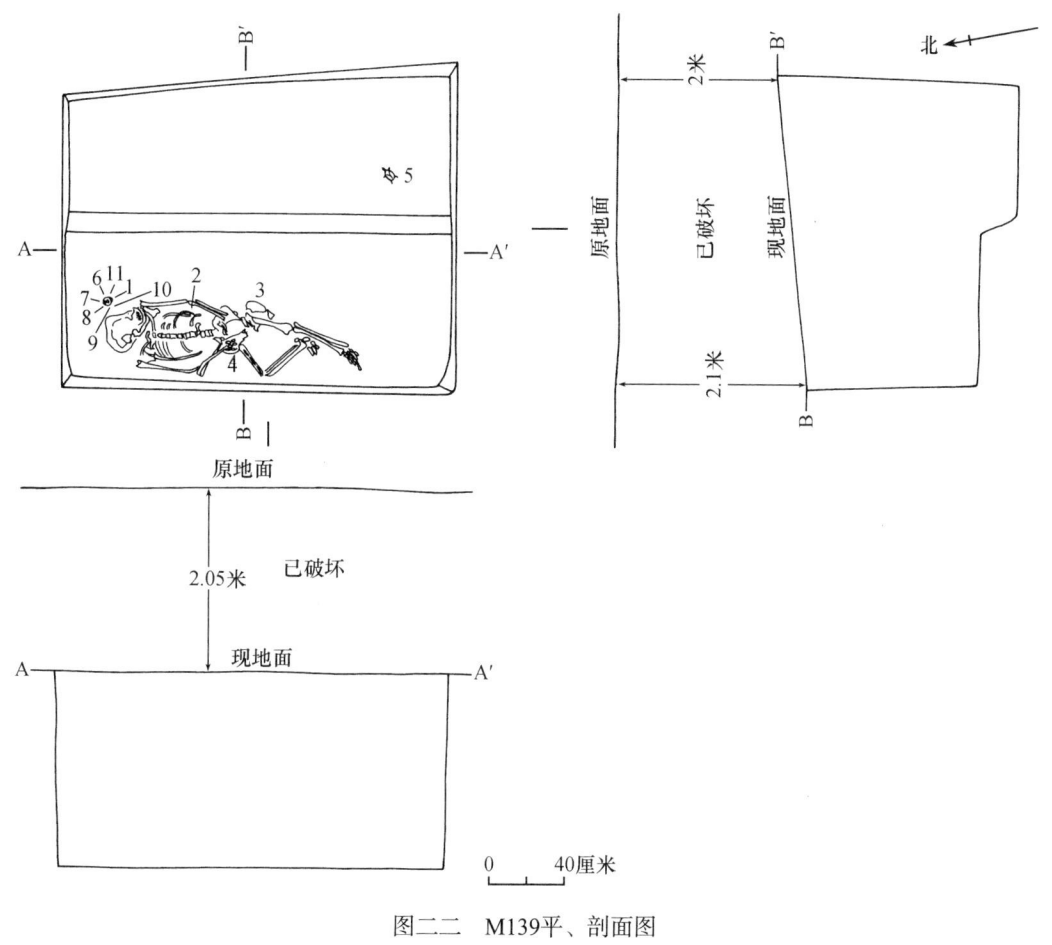

图二二 M139平、剖面图
1、6.玉环 2、11.石片 3、4.铜璜 5.龟甲 7.铜环 8.骨环 9.骨珠 10.蚌珠

M19

不规则竖穴土坑墓，平面略呈不规则椭圆形。弧壁，近底处呈弧形，平底。北部被一座现代墓打破。方向260°。墓口长250、宽210厘米，墓底长223、宽187厘米，深40厘米。

无葬具，单人葬，仰身直肢，西南向。无随葬品，仅墓底北部人骨架腿下出土有兽骨，似为猪骨（图二三）。

二 竖穴土坑空心砖墓

2座。竖穴土坑，于墓室底部以空心砖修建墓室。包括M5和M27。

墓葬举例如下。

M27

长方形竖穴土坑，无墓道。方向350°。墓坑四壁竖直，平底。墓底修建空心砖室。空心砖室顶部不明，底部横向平铺砖7块，东、西两壁各侧立2层、每层用砖2块，南、北两端各侧立2层、每层用砖1块。墓坑长278、宽154、深217厘米。空心砖室长268、宽116、高91厘米。

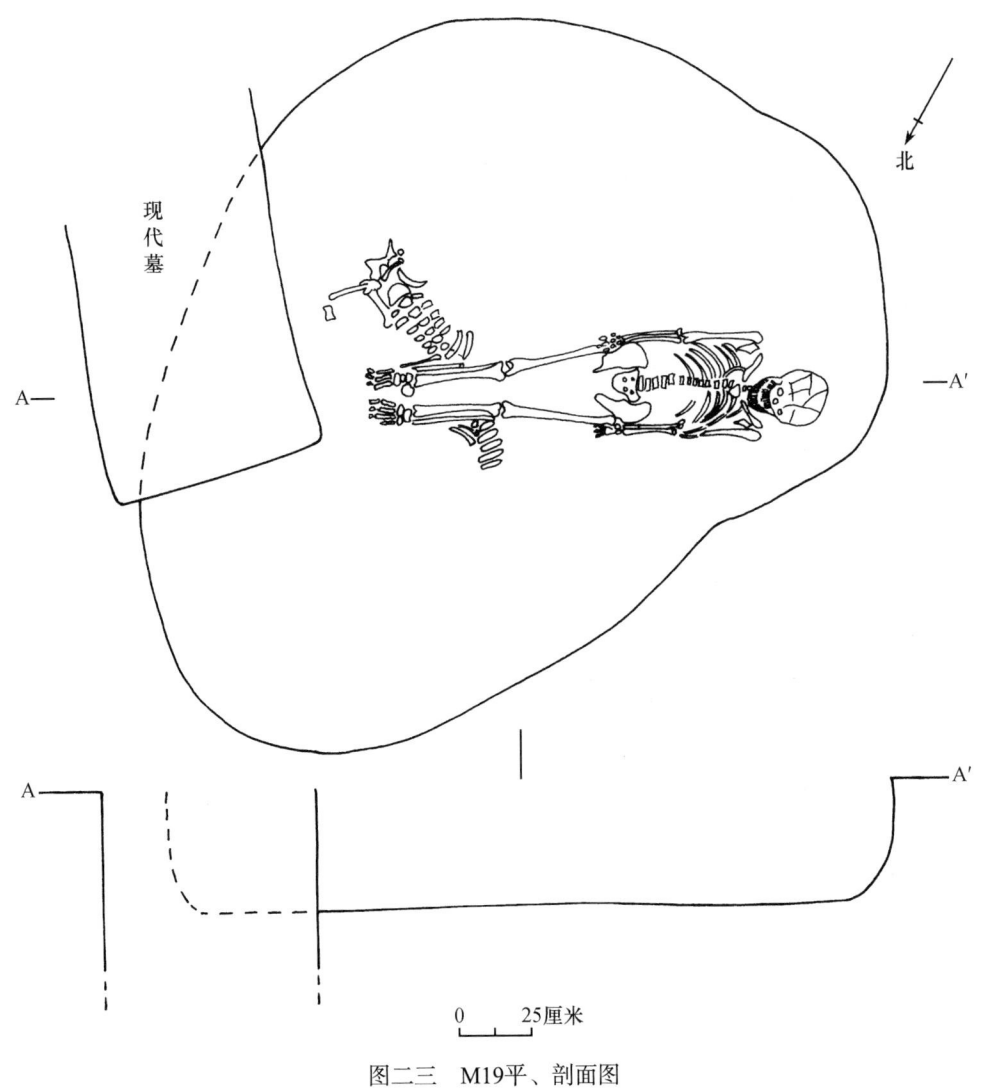

图二三 M19平、剖面图

空心砖长118、宽36、厚15厘米。

葬具可见木棺痕,人骨保存较好,仰身直肢,北向。随葬品7件,包括陶鼎1、陶盒1、陶壶1、陶盘1、陶匜1、陶器盖1、铁锸1件。铁锸出土于砖室内东南角,其余均出土于砖室内北端(图二四)。

三　竖穴土坑小砖墓

1座。M112。

M112

长方形竖穴土坑小砖墓。方向15°。墓壁由小砖错缝平铺直砌。东、西两壁由小砖平砌8层后由小砖竖排对缝起券;北壁由小砖平砌4层后错缝侧立3层;南壁由小砖平砌4层后错缝侧立2层。券顶塌毁。墓底由方砖对缝平铺。

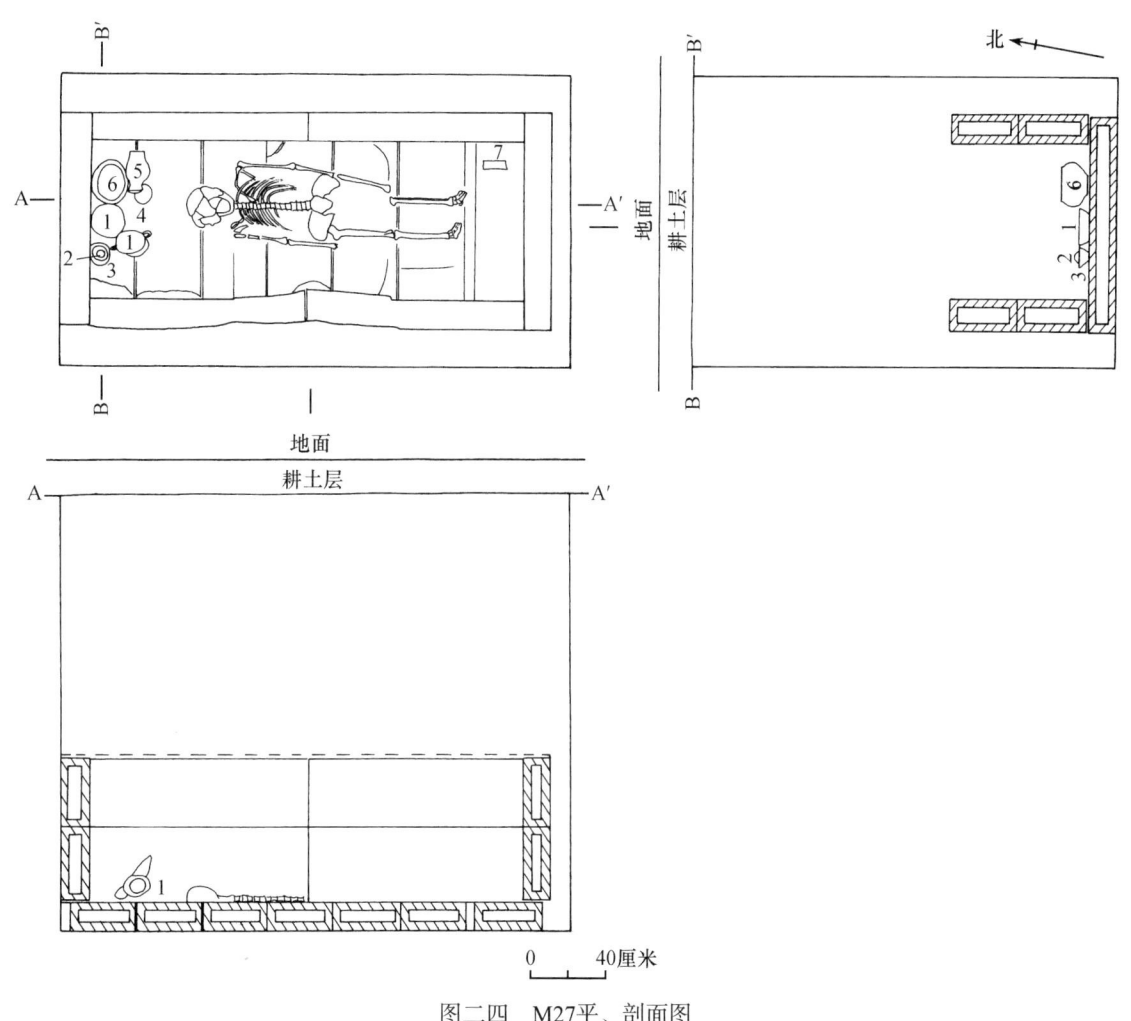

图二四 M27平、剖面图
1.陶鼎（带盖） 2.陶匜 3.陶盘 4.陶器盖 5.陶壶（带盖） 6.陶盒 7.铁锸

墓坑长332、宽132、残高82厘米，砖室长328、宽128、残高88厘米，砖墙高61、券顶残高27厘米。小砖有两种规格：长35、宽16、厚7厘米，长26、宽14、厚7厘米。铺地砖边长34、厚5厘米。

葬具可见木棺痕，长210、北宽63、南宽66厘米。人骨1具，仰身直肢，北向。随葬品419件，包括高温釉陶壶1、陶小壶1、铜镜1、铜钱413、铁片1、琉璃耳珰2件。高温釉陶壶和陶小壶位于墓室内东南角，其余均在墓室内棺灰范围内，集中在北部（图二五）。

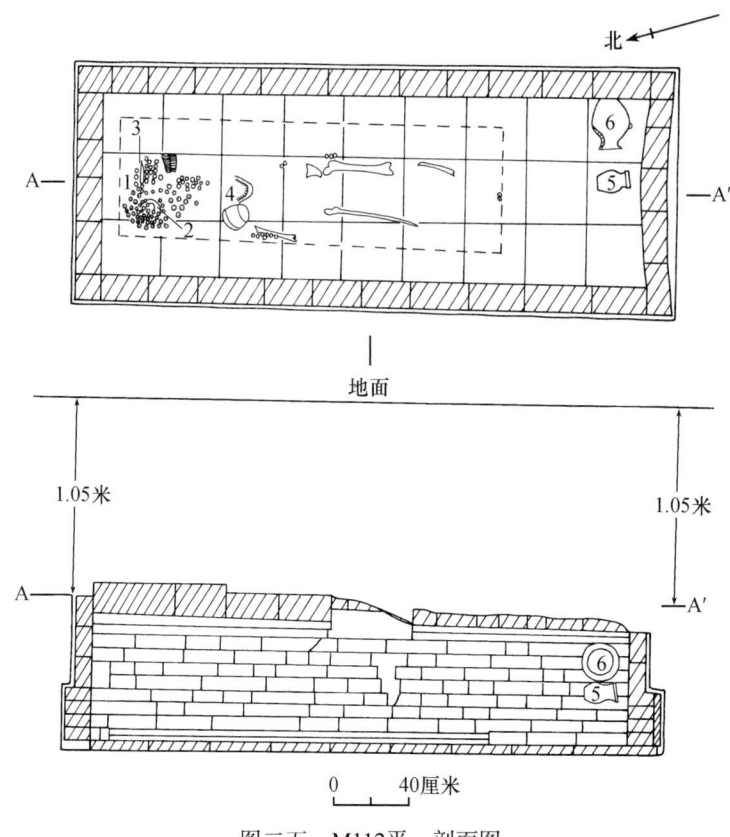

图二五　M112平、剖面图
1. 铜钱　2. 铜镜　3. 铁片　4. 琉璃耳珰　5. 陶小壶　6. 高温釉陶壶

第二节　带墓道竖穴土坑墓

3座。竖穴土坑，有竖穴或斜坡墓道。

一　竖穴墓道土坑墓

1座。M221。

M221

竖穴墓道土坑墓。竖穴墓道位于墓室南端，平面呈近长方形，三壁斜收，平底。墓室平面呈长方形，四壁斜收，平底。东、西、北三面设有生土二层台，二层台壁斜收，西壁二层台南端被挖去，用于放置随葬品。方向193°。墓道口长270、南宽100、北宽110厘米，底长250、宽90厘米，深200厘米；墓室口长330、宽190厘米，底长296、宽72厘米，深200厘米；二层台东宽42、高30厘米，西宽41、高30厘米，北宽10、高30厘米。

葬具、葬式不详。随葬品陶罐2件，均出土于墓室西南角（图二六）。

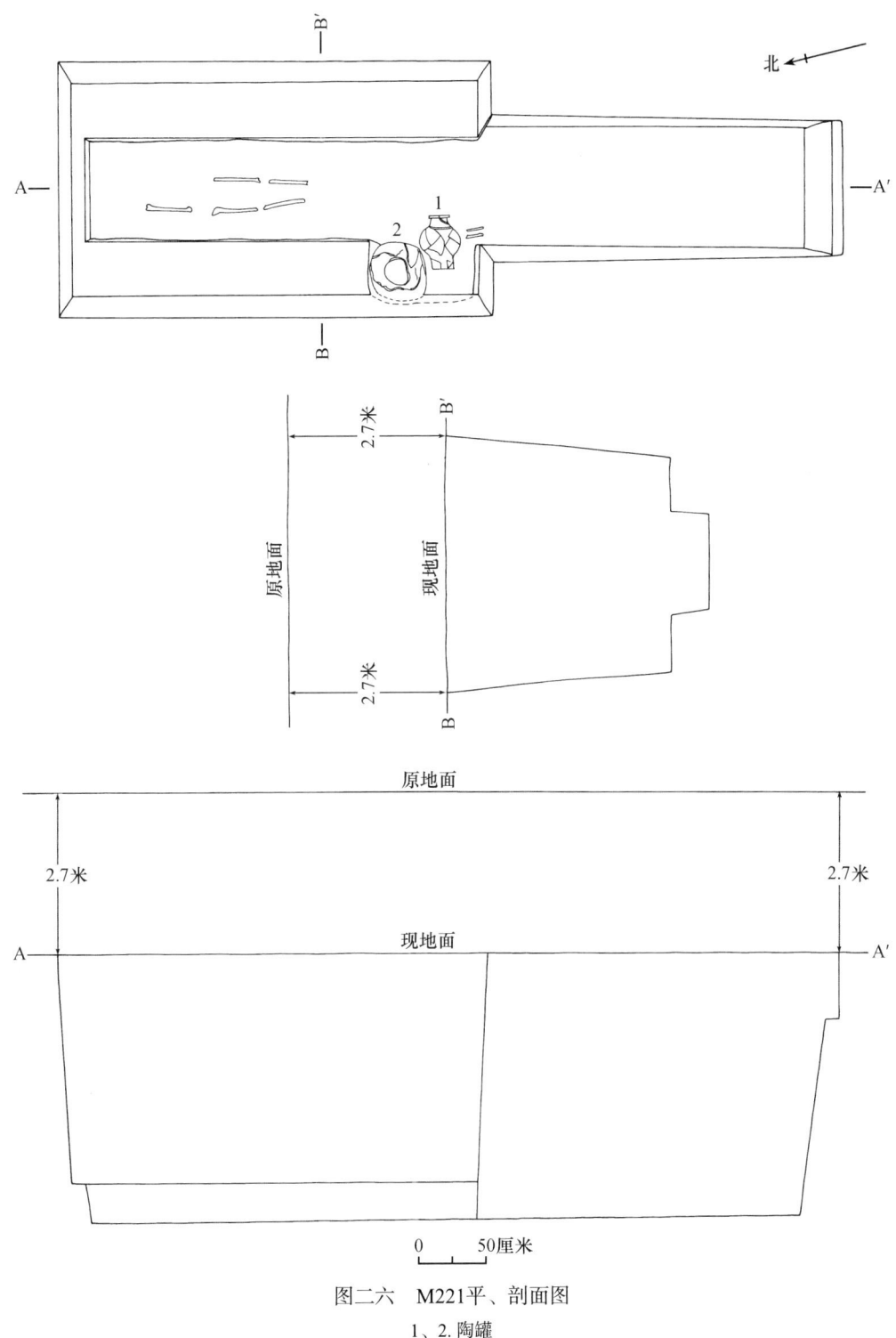

图二六 M221平、剖面图
1、2. 陶罐

二 竖穴墓道土坑小砖券墓

2座。竖穴墓道。包括M182和M198。
墓葬举例如下。

M182

竖穴墓道土坑小砖券墓。方向190°。由墓道与墓室组成。墓道位于墓室南端，底部南高北低，北端高于墓室底部6厘米。竖穴土坑墓室，口大底小，墓壁斜收。墓底修建砖室。砖室呈长方形，墓壁以长方小砖错缝平铺直砌，东、西两壁小砖平砌11层后由子母砖竖排对缝起券，残余7节。地面以小砖横排对缝平铺。北壁和封门均不存，结构不详。

墓道口长270、宽180厘米，底长260、宽160厘米，深190～200厘米。墓室土圹口长390、宽250～270厘米，底长370、宽230～250厘米，深200厘米；砖室长356、宽172、高184厘米，砖墙高88、券顶高76厘米。墙砖长40、宽12、厚6厘米。子母砖长44、宽14、厚7厘米。铺地砖分两种，长32、宽13、厚6厘米，长22、宽13、厚6厘米。

有棺灰痕，人骨不存。随葬品204件，包括陶灶1、陶器盖2、陶俑2、铜钱196、铅钱1、铜环1、铜釦1件。随葬品主要散落在墓室内中南部，仅铜钱位于北壁下（图二七）。

第三节　斜坡墓道竖穴土坑小砖券墓

1座。折曲状斜坡墓道。M50。

M50

斜坡墓道竖穴土坑小砖券墓。方向190°。由斜坡墓道、甬道和墓室组成，斜坡墓道与甬道和墓室不在一条直线上。斜坡墓道位于南端，南宽北窄，两壁竖直，底呈坡状。甬道紧接斜坡墓道，与墓道倾斜相交，长方形，东、西两壁由小子母砖错缝平砌13层后由大子母砖起券。墓室为竖穴土坑，坑底修建砖室。砖室呈长方形，墓壁以子母砖错缝平铺直砌。东、西两壁由小子母砖错缝平砌17层后由大子母砖对缝竖排起券，共9节。墓室后壁（北壁）由小子母砖错缝平砌而成。甬道和墓室铺地砖不详。封门位于甬道口，由长方小砖错缝平砌24层而成，墙面向外鼓出。墓砖为素面。

斜坡墓道口长394、宽95～114厘米，坡长420厘米，深280厘米。甬道长140、宽122、高145厘米。墓室土圹长404、宽217、深240～320厘米，砖室长372、宽215、高220厘米。大子母砖长56、宽13、厚8厘米。小子母砖长40、宽13、厚8厘米。小砖长32、宽14、厚8厘米。封门高178、宽132厘米。

两具木棺，西棺长214、宽60厘米，东棺长204、宽66厘米，棺内人骨已朽。随葬品658件，包括陶罐19、陶井1、铜洗1、铜镜1、铜钱635、铁钱1件（图二八）。

第四节　竖穴墓道洞室墓

114座。包括竖穴墓道土洞墓、竖穴墓道洞室空心砖墓、竖穴墓道洞室小砖墓、竖穴墓道洞室小砖与空心砖合筑墓、竖穴墓道洞室小砖与石合筑墓。

第二章　墓葬形制

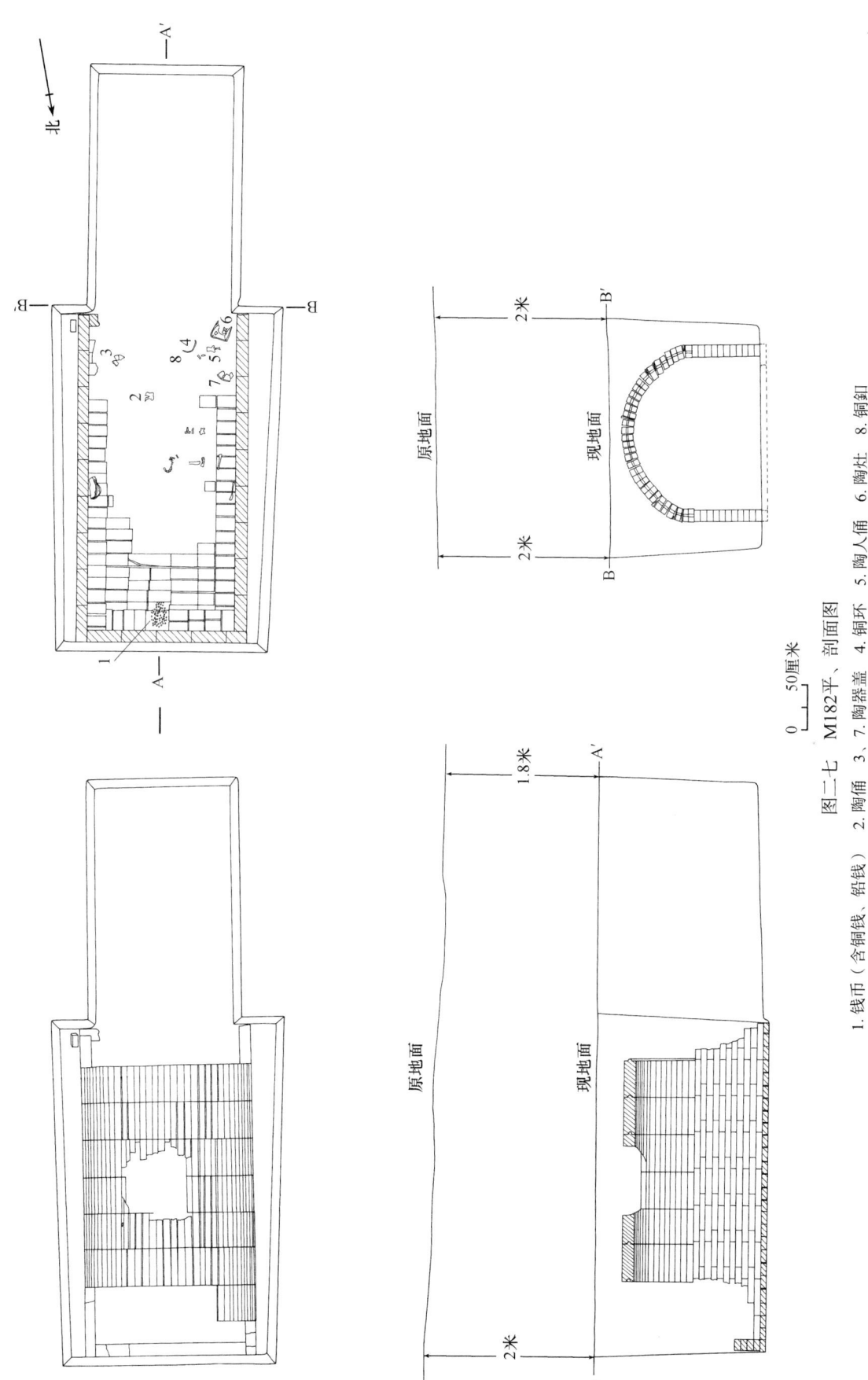

图二七　M182平、剖面图

1.钱币（含铜钱、铅钱）　2.陶俑　3、7.陶器盖　4.铜环　5.陶人俑　6.陶灶　8.铜钉

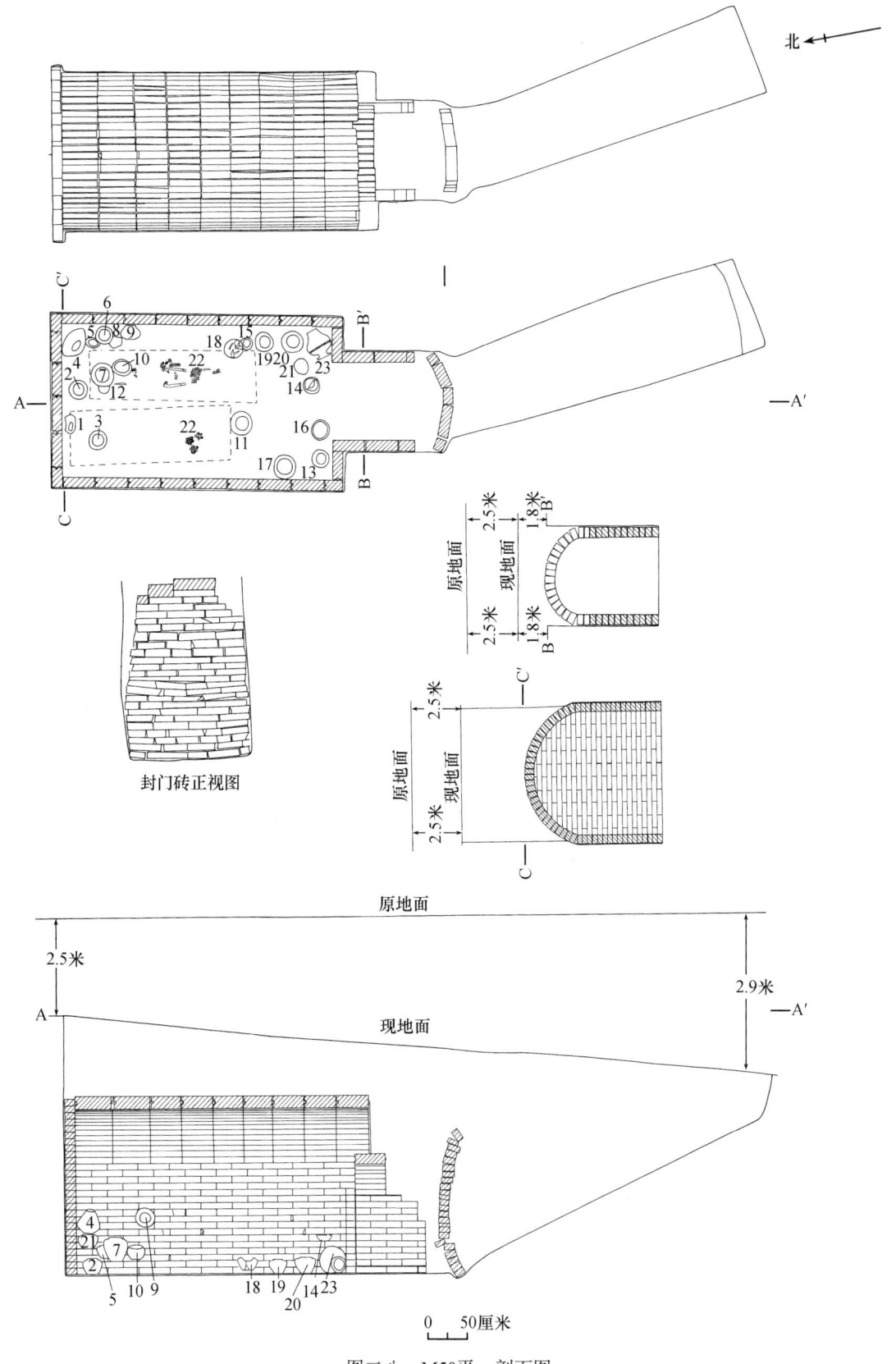

图二八　M50平、剖面图

1~11、13、14、17~21、23.陶罐　12.铜镜　15.陶井　16.铜洗　22.钱币（含铜钱、铁钱）

一　竖穴墓道土洞墓

32座。依据墓道和洞室宽窄比的变化，分为三式。

Ⅰ式　18座。墓道宽于洞室。包括以下情况。洞室平顶：M78（墓室平面呈梯形），M125（墓道底及洞室底呈斜坡状），M231（墓道底呈斜坡状），M253（有头龛）。洞室弧顶：M72、M124（洞室底呈斜坡状）、M127（头龛），M150（墓道底及洞室底略呈斜坡状，有木板封门），M175（墓道底呈斜坡状、洞室有小砖封门、方砖铺地），M196（墓道底及洞室底均呈斜坡状），M207（墓道底、洞室底及洞室顶均呈斜坡状），M229，M234（墓道底部低于洞室底部）。洞室顶部不明：M35，M142（墓道平面呈近梯形、墓道有壁龛），M147（墓道底及洞室底呈斜坡状），M148（墓道底呈斜坡状），M149（墓道及洞室底呈斜坡状、木板封门）。

墓葬举例如下。

M125

竖穴墓道土洞墓。方向190°。长方形竖穴墓道，口大底小，四壁斜收，底呈斜坡状，南高北低，宽于洞室。洞室开凿于墓道北壁，平面呈长方形，四壁竖直，平顶，底呈斜坡状，南高北低，与墓道为同一坡度。墓道东壁被M131打破。墓道口长278、宽230厘米，底长220、宽172厘米，深120~132厘米，洞室长240、宽110、高90~98厘米。

葬具不详，单人，仰身直肢，北向。随葬陶器3件，包括鼎1、盒1、壶1件，均出土于洞室底部东壁下（图二九）。

M253

竖穴墓道土洞墓。方向184°。长方形竖穴墓道，口大于底，四壁斜收，平底，宽于洞室。洞室开凿于墓道北壁，长方形，直壁，东、西两壁外张，北壁内收，顶近平，平底，底与墓道底平。洞室北壁上部有一方形头龛，龛直壁、平底、平顶。墓道口长240、宽178厘米，底长220、宽140厘米，深160厘米，洞室底长215、宽104厘米，顶长220、宽80厘米，高82厘米，头龛宽26、深30、高17厘米。

葬具不详，单人葬，仰身直肢，北向。随葬陶器2件，包括罐1、合碗1件，均出土于洞室底部西北角（图三〇）。

M124

竖穴墓道土洞墓。方向189°。长方形竖穴墓道，口大底小，四壁斜收，平底，宽于洞室。洞室开凿于墓道北壁，平面呈梯形，北宽南窄，四壁竖直，弧顶，底呈斜坡状，南高北低。墓道口长246~254、宽160~172厘米，底长220~240、宽136~144厘米，深84厘米，洞室长208~216、宽82~98、高85厘米。

葬具不详，单人葬，侧身屈肢，北向。随葬品5件，包括陶盒1、陶壶1、陶罐1、铜带钩1、铜印章1件。其中陶罐位于洞室底东北角，陶盒、陶壶位于洞室底西北角，铜带钩在洞室底北部、头骨下颚处，铜印章在洞室内墓底中部（图三一）。

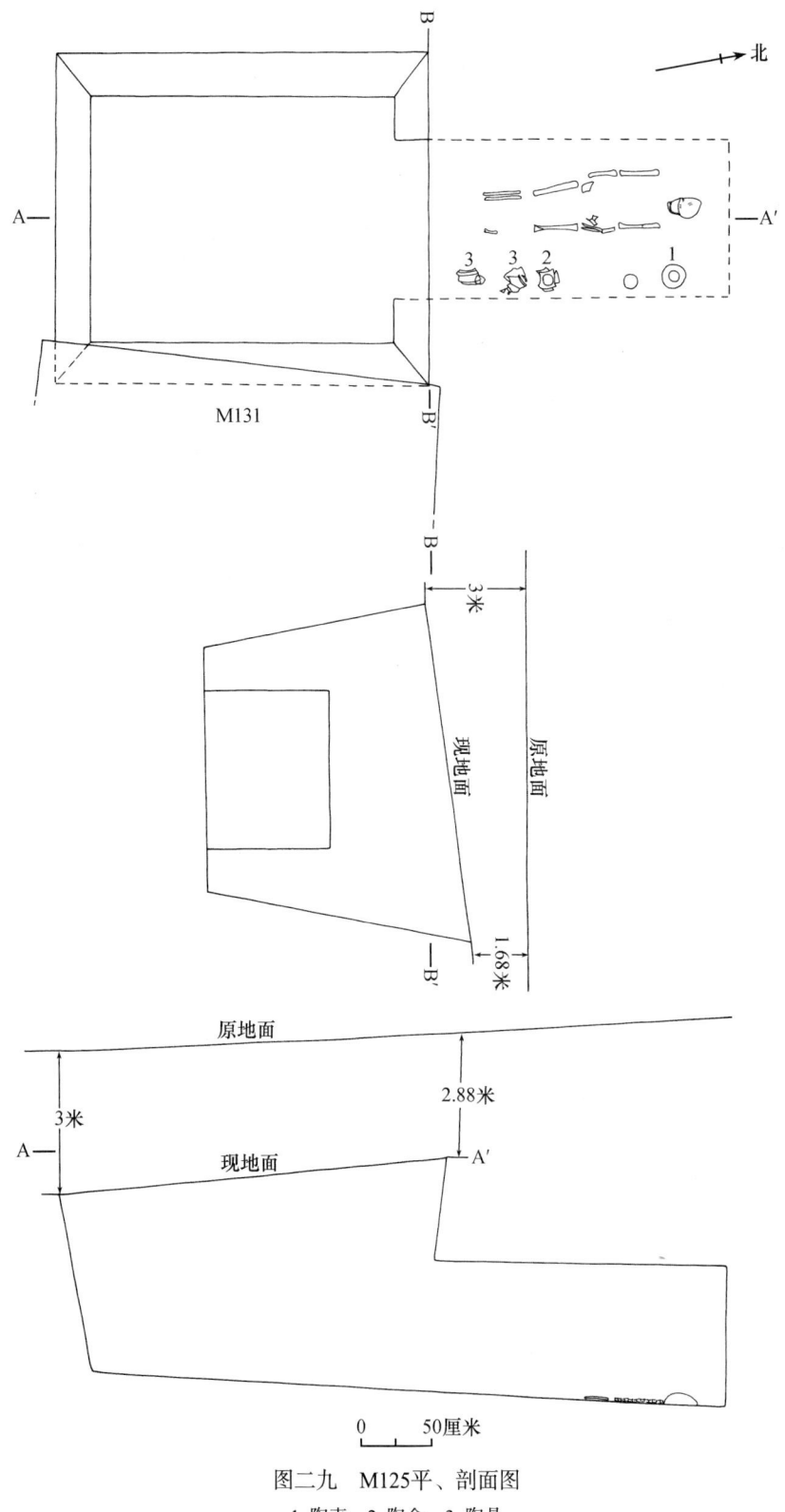

图二九　M125平、剖面图
1. 陶壶　2. 陶盒　3. 陶鼎

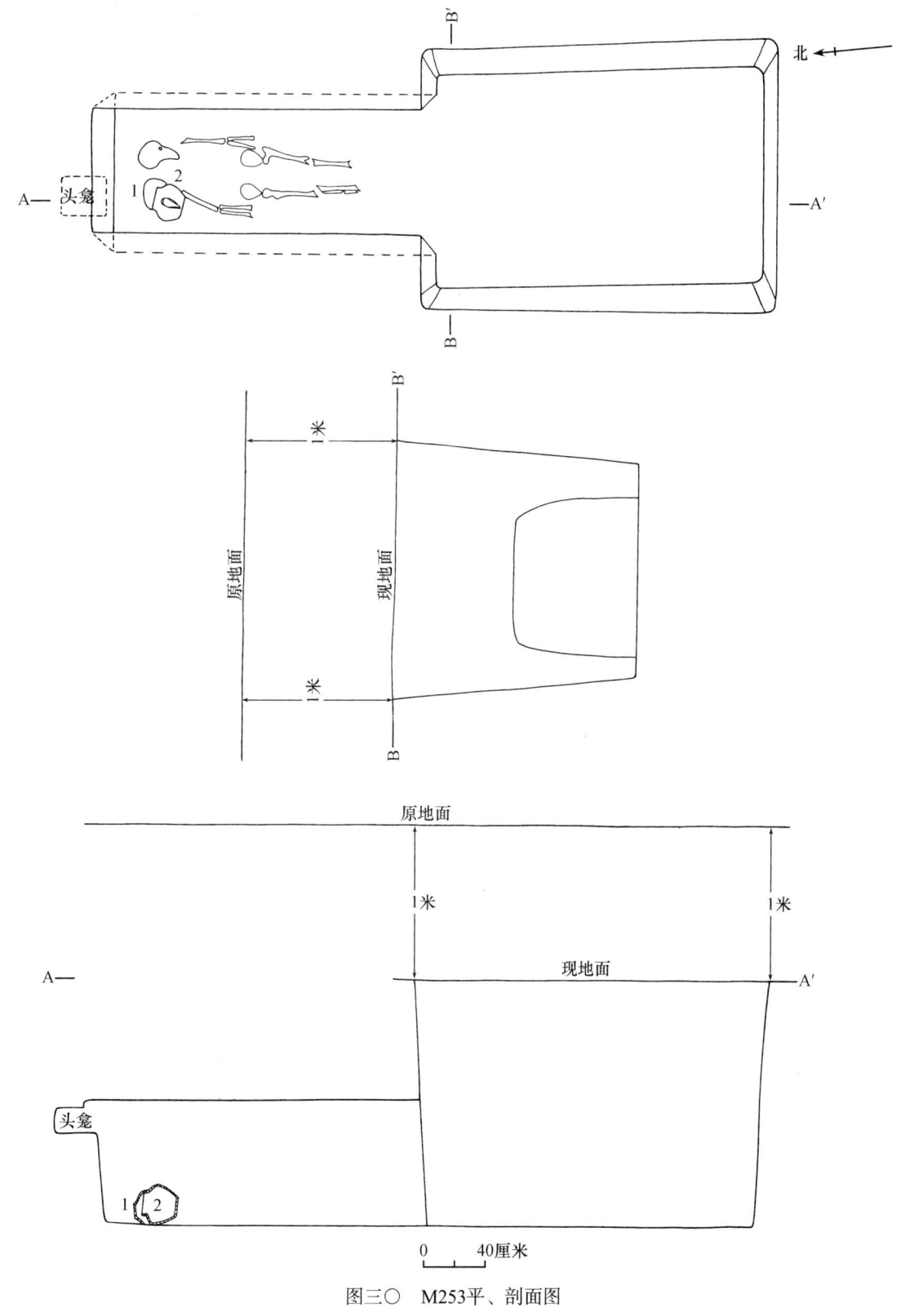

图三〇　M253平、剖面图
1. 陶合碗　2. 陶罐

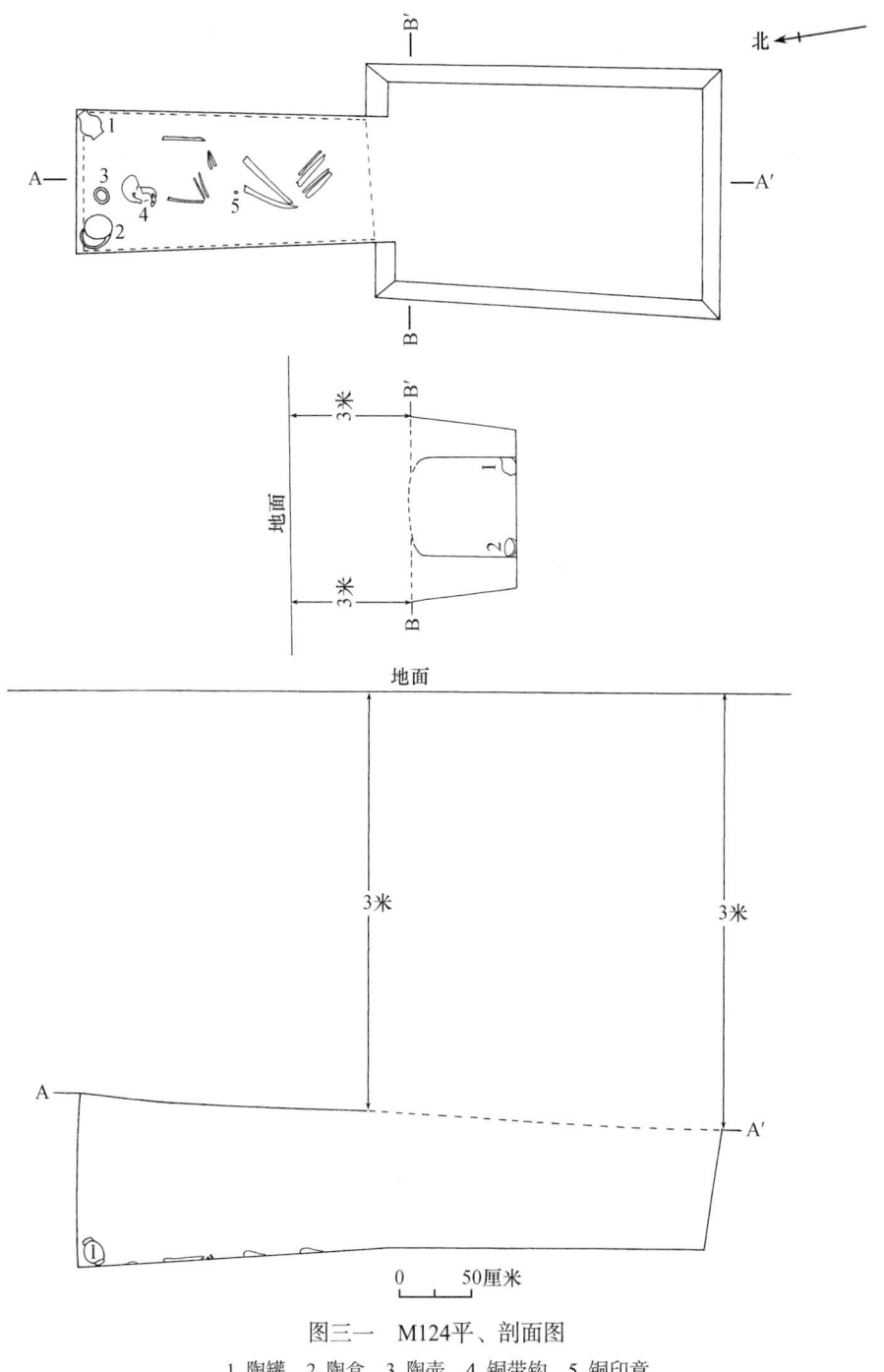

图三一 M124平、剖面图
1. 陶罐 2. 陶盒 3. 陶壶 4. 铜带钩 5. 铜印章

M127

竖穴墓道土洞墓。方向10°。长方形竖穴墓道，口大底小，四壁斜收，平底，宽于洞室，墓道底部低于洞室底部。洞室开凿于墓道南壁，平面呈近长方形，北宽南窄，东、西两壁斜收，弧顶，平底，东壁近门处设一长方形头龛。墓道口长244、宽142厘米，底长230、宽112厘米，深210厘米，洞室长240、宽87～107、高91厘米，头龛宽70、深20、高46厘米。

葬具不详，单人葬，仰身直肢，北向。随葬陶器3件，包括鼎1、盒1、壶1件，均出土于头龛内（图三二）。

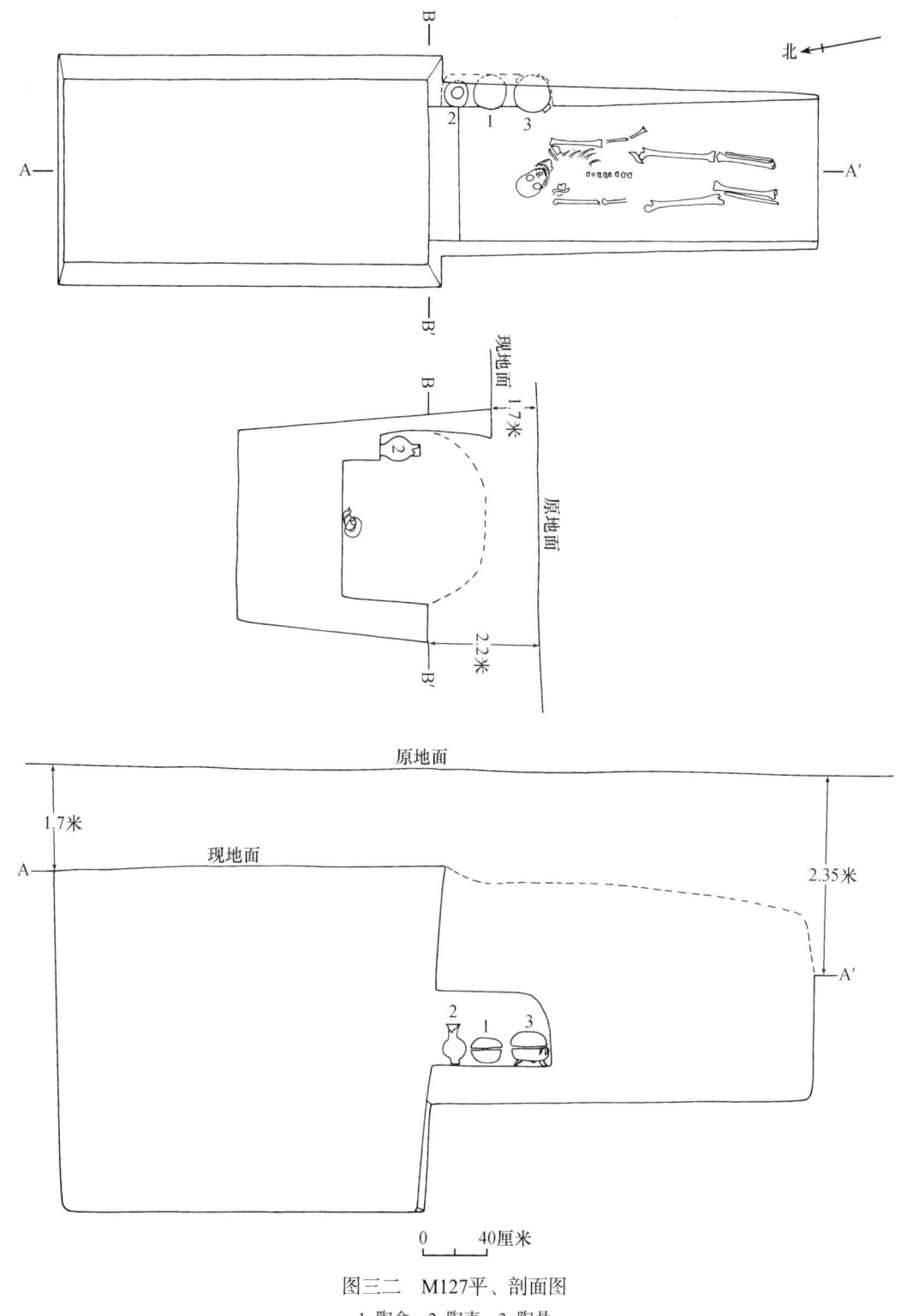

图三二　M127平、剖面图
1. 陶盒　2. 陶壶　3. 陶鼎

M150

竖穴墓道土洞墓。方向190°。长方形竖穴墓道，四壁竖直，底略呈斜坡状，南高北低，宽于洞室。洞室开凿于墓道北壁，平面呈长方形，四壁竖直，弧顶，底略呈斜坡状，南高北低。

以木板封门。墓道东壁被M145打破。墓道口长242、宽122~135厘米，底长242、宽122~135厘米，深138~142厘米，洞室长204、宽85~104、高85厘米，封门板灰宽70、厚7厘米。

单木棺，单人葬，仰身直肢。木棺长180、宽59、厚4厘米，高不详。随葬品4件，其中，洞室底南部出土陶合碗2、陶罐1件，中北部出土铁带钩1件（图三三）。

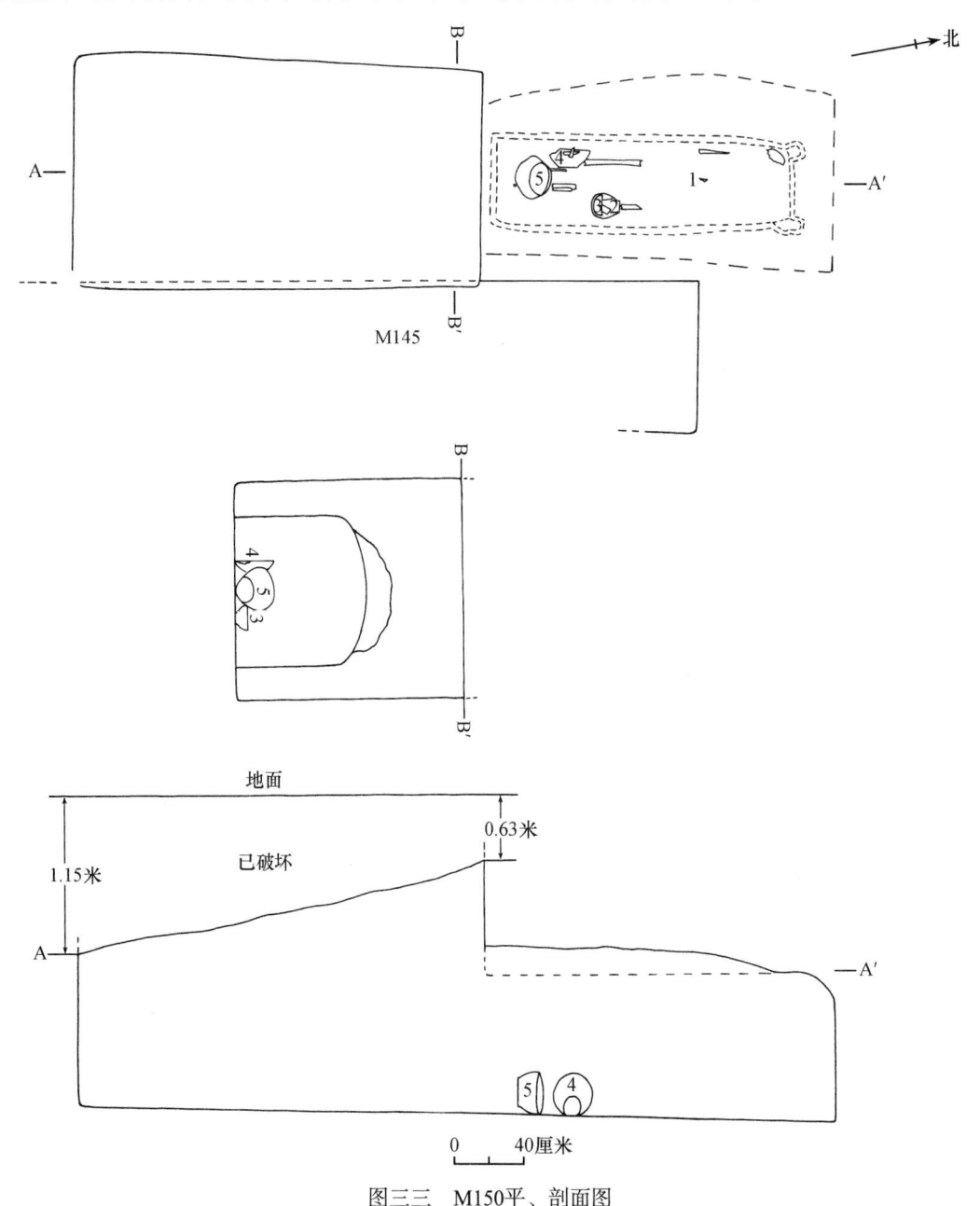

图三三　M150平、剖面图
1.铁带钩　2、3.陶合碗（同一件）　4.陶合碗　5.陶罐

M234

竖穴墓道土洞墓。方向190°。长方形竖穴墓道，口大于底，四壁斜收，底略呈斜坡状，南高北低，宽于洞室。洞室开凿于墓道北壁，平面呈长方形，直壁斜收，弧顶，平底，洞室底部高于墓道底部。墓道口长245、宽155厘米，底长230、宽140厘米，深208~218厘米，洞室底

长210、宽80厘米,顶长220、宽92厘米,高100厘米。

葬具不详,单人葬,仰身直肢,北向。随葬品8件,其中,洞室底部南端(门口)出土陶鼎1、盒1、壶1件,洞室底中南部出土铜带钩1件,中北部偏东出土铜铃2、玛瑙环1、蚌珠1件(图三四)。

Ⅱ式　11座。墓道和洞室等宽。包括以下几种情况。洞室弧顶:M38(有耳室),M59

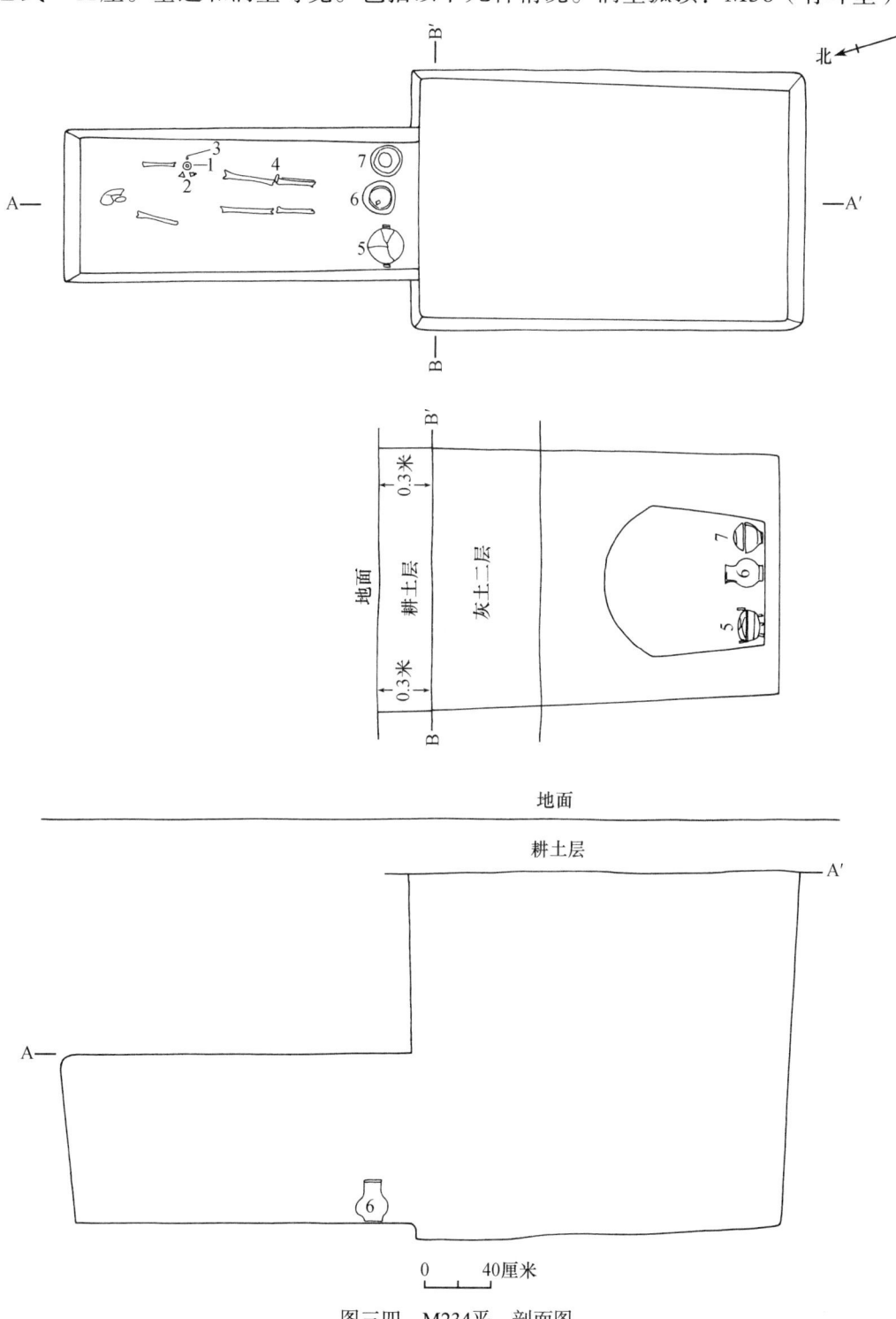

图三四　M234平、剖面图

1.玛瑙环　2.铜铃　3.蚌珠　4.铜带钩　5.陶鼎　6.陶壶　7.陶盒

（木板封门），M66（墓道底略呈斜坡状、空心砖铺地），M167（有耳室、空心砖铺地），M200（有耳室）。洞室顶部不明：M145（木板封门、有耳室），M171（墓道底略呈斜坡状），M188（有耳室），M205（墓道底略呈斜坡状），M206（墓道底略呈斜坡状、有耳室），M209（小砖封门）。

墓葬举例如下。

M66

竖穴墓道土洞墓。方向195°。长方形竖穴墓道，四壁竖直，底略呈斜坡状，南高北低，与洞室等宽。洞室开凿于墓道北壁，平面呈长方形，四壁竖直，弧顶，平底。底部纵向两排对缝平铺4块空心砖。空心砖纹饰为独立菱形纹，内填充同心圆及四瓣桃叶纹。墓道口长224、宽88~96厘米，底长228、宽88~96厘米，深196~208厘米，洞室长254、宽100、高110厘米，空心砖长118、宽37、厚14厘米。

葬具不详，单人葬，仰身直肢，北向。随葬陶器5件，包括罐2、釜2、钵1件，出土于洞室底南部门口附近，均在空心砖上（图三五）。

M167

竖穴墓道土洞墓。方向200°。墓道未清理，结构不详，位于洞室南端，与洞室等宽。洞室呈长方形，四壁竖直，墓顶呈弧形，平底。底部纵向一列平铺2块空心砖。洞室东壁有一长方形土洞耳室。洞室长270、宽80、高110厘米，耳室宽80、深36、高52厘米，空心砖长120、宽40、厚12厘米。

单木棺，单人葬，仰身直肢，北向。木棺长194、宽60厘米，高、厚不详。随葬品3件，其中，陶罐2件出土于耳室内，漆耳杯1件出土于耳室门口（图三六）。

M145

竖穴墓道土洞墓。方向5°。墓道东、西两壁竖直，北壁斜收，底呈斜坡状，北高南低，与洞室等宽。洞室开凿于墓道南壁，平面呈长方形，四壁竖直，顶部不存，平底，与墓道底平。洞室东壁近门处有一土洞耳室。以木板封门，设有木质门槛。墓道口长232、宽95厘米，底长224、宽95厘米，深100~152厘米，洞室长236、宽90厘米、高不明，耳室宽64、深36、高69厘米，木门槛灰高16、厚5厘米、宽度不详。

单木棺，单人葬，仰身屈肢，南向。木棺长215、宽70、厚5厘米、高度不详。随葬陶器4件，其中，壶2、小壶1件出土于耳室内，洗1件出土于洞室北部（图三七）。

M209

竖穴墓道土洞墓。方向10°。长方形竖穴墓道，口大于底，壁斜收，底呈斜坡状，北高南低，与洞室等宽。洞室开凿于墓道南壁，平面呈长方形，壁略斜收，顶不详，平底，底与墓道底平。以小砖封门，砌法杂乱，下部错缝平砌11层，其上两侧以小砖侧砌2层，中间平砌4层，然后平砌3层，最上层横向侧立1层。墓道底长200、宽106~110、深270厘米，洞室长312、宽96厘米、高不明，封门高158、宽110厘米，小砖完整者长37、宽14、厚8厘米。

单木棺，单人葬，仰身直肢，南向。木棺长212、北宽61、南宽68、厚2厘米、高不详。随葬品25件，其中，陶小壶2、罐2件出土于洞室东北角，紧贴东壁排成一列，铜钱21枚出土于洞

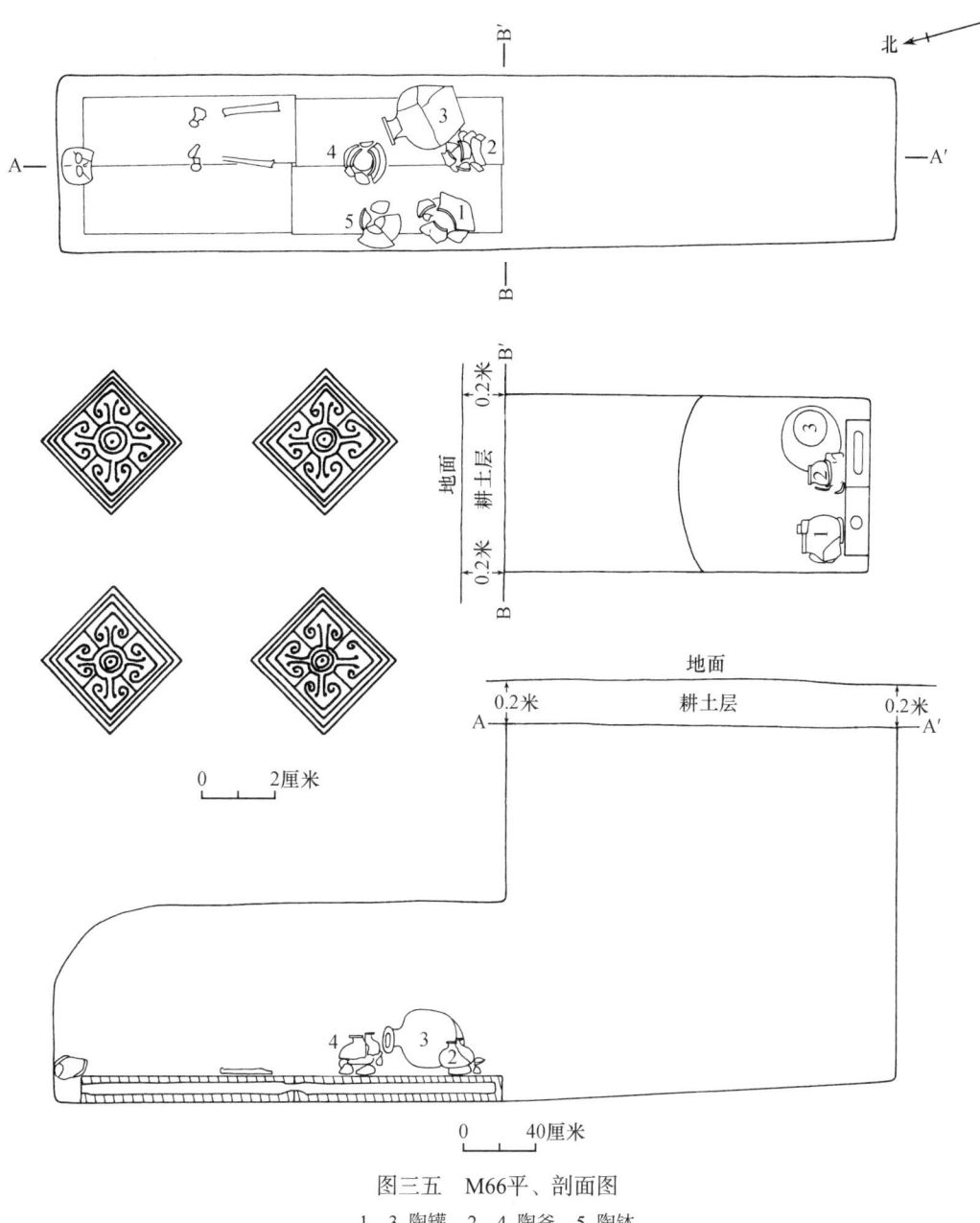

图三五　M66平、剖面图
1、3.陶罐　2、4.陶釜　5.陶钵

室南部棺内头骨旁（图三八）。

Ⅲ式　3座。墓道窄于洞室。

M186、M228、M240，顶部均不详，其中M228带耳室。

墓葬举例如下。

M186

竖穴墓道土洞墓。方向2°。长方形竖穴墓道，四壁竖直，平底，窄于洞室。洞室开凿于墓道南壁，洞室前端略窄，中后部拓宽，形状不规则，似经二次改造。四壁竖直，墓顶不详，平底，底与墓道底平。洞室西壁近门处有一平面呈梯形的壁龛。以小砖封门，多为碎砖，错缝平砌12层。墓道口长300、宽100厘米，底长300、宽100厘米，深210厘米，洞室长310、宽

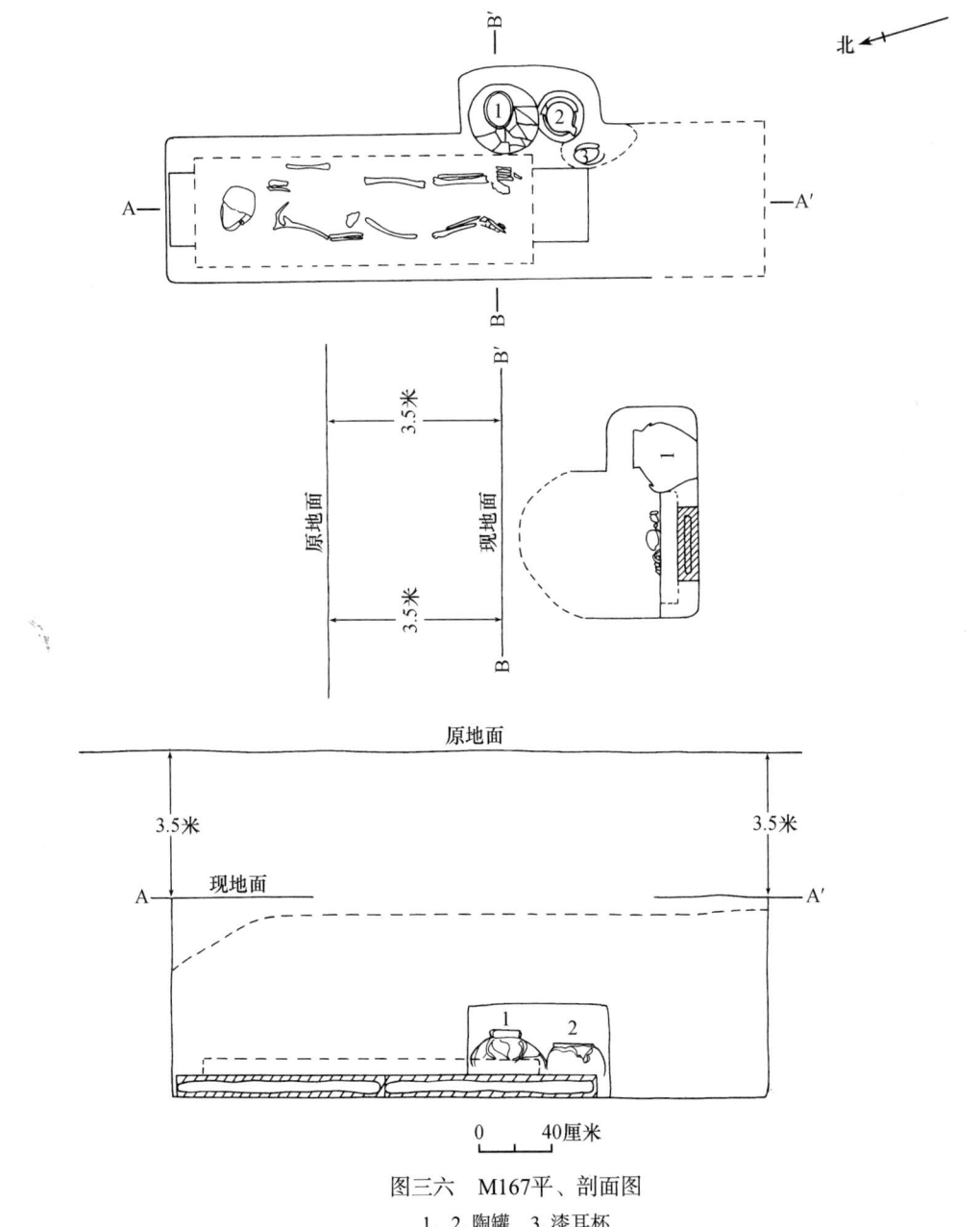

图三六　M167平、剖面图
1、2. 陶罐　3. 漆耳杯

115～156、高不明（现高110厘米），封门高97、宽107厘米，封门砖长46、宽17、厚14厘米，壁龛宽24～40、深34、高36厘米。

双木棺，双人葬，均仰身直肢，南向。西棺长215、宽76、高30厘米，东棺长188、宽48、高25厘米。随葬品21件，其中，耳室内出土陶罐3件，洞室东北部出土铜洗1件，西棺内骨架腹部出土铜货泉17枚（图三九）。

M228

竖穴墓道土洞墓。方向0°。长方形竖穴墓道，口大于底，壁斜收，平底，窄于洞室。洞室开凿于墓道南壁，平面呈长方形，东、西两壁略斜收，顶不详，平底，底与墓道底平。洞室东壁近门处有一长方形土洞耳室，壁斜收，弧顶，平底。墓道口长270、宽110厘米，底长

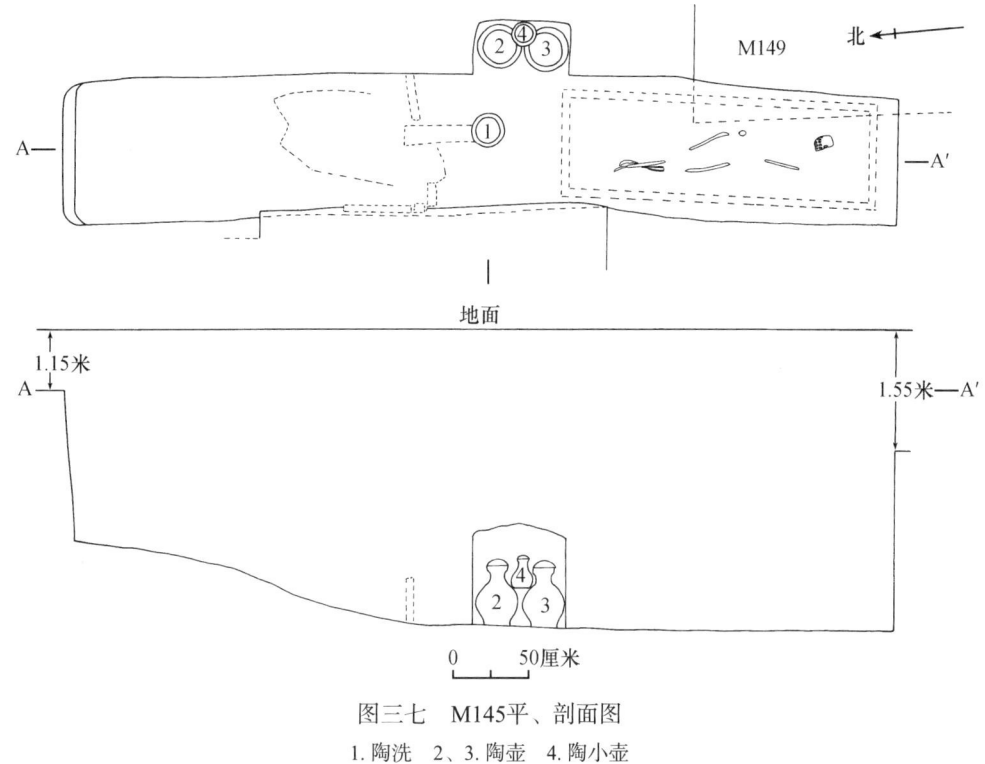

图三七 M145平、剖面图
1. 陶洗 2、3. 陶壶 4. 陶小壶

240、宽90厘米,深150厘米,洞室长274、宽160、高不明(现高130厘米),耳室长160、宽110、高110厘米。

葬具、葬式不详。无随葬品(图四〇)。

二 竖穴墓道洞室空心砖墓

共50座。极少数墓道壁修有脚窝。洞室内修建空心砖室,关于其结构,大部分墓葬基本相同:底部绝大多数横向平铺空心砖5～12块,以9块最为多见,其次为8块,其他偶见5、6、7、10、12块。偶见有以方砖铺地者。极少数墓葬底部不用铺地砖。两侧壁的砌法有两种。一种是侧立空心砖2层,每层视墓室长短不同为2～3块不等,且侧壁所用空心砖一般比其他部位所用砖长。绝大部分空心砖室属这种砌法。另一种是少数墓壁后部侧立空心砖,前部竖置1～2块空心砖,后壁一般为横向侧立空心砖2层,每层1块,但偶见竖立2块空心砖者。封门情况有三种。第一种是与后壁相同。第二种是并列竖立空心砖2块。第三种是两侧各竖立1根长条空心砖作为门柱,顶部横置1根长条空心砖作为门楣,中间竖置2块空心砖作为封门。顶部结构可见者大部分与底部相同,偶见有不盖顶砖者。凡有耳室者,皆在墓室的前半部。为留出耳室口,有两种处理方式。其一是于墓壁的下层只用半块空心砖垒壁,以留出耳室口。其二是用更小的空心砖残块垒筑于耳室两侧,以留出耳室口。M103、M190的竖穴墓道与洞室呈斜相交。根据墓道与墓室的宽度比,分为四式。

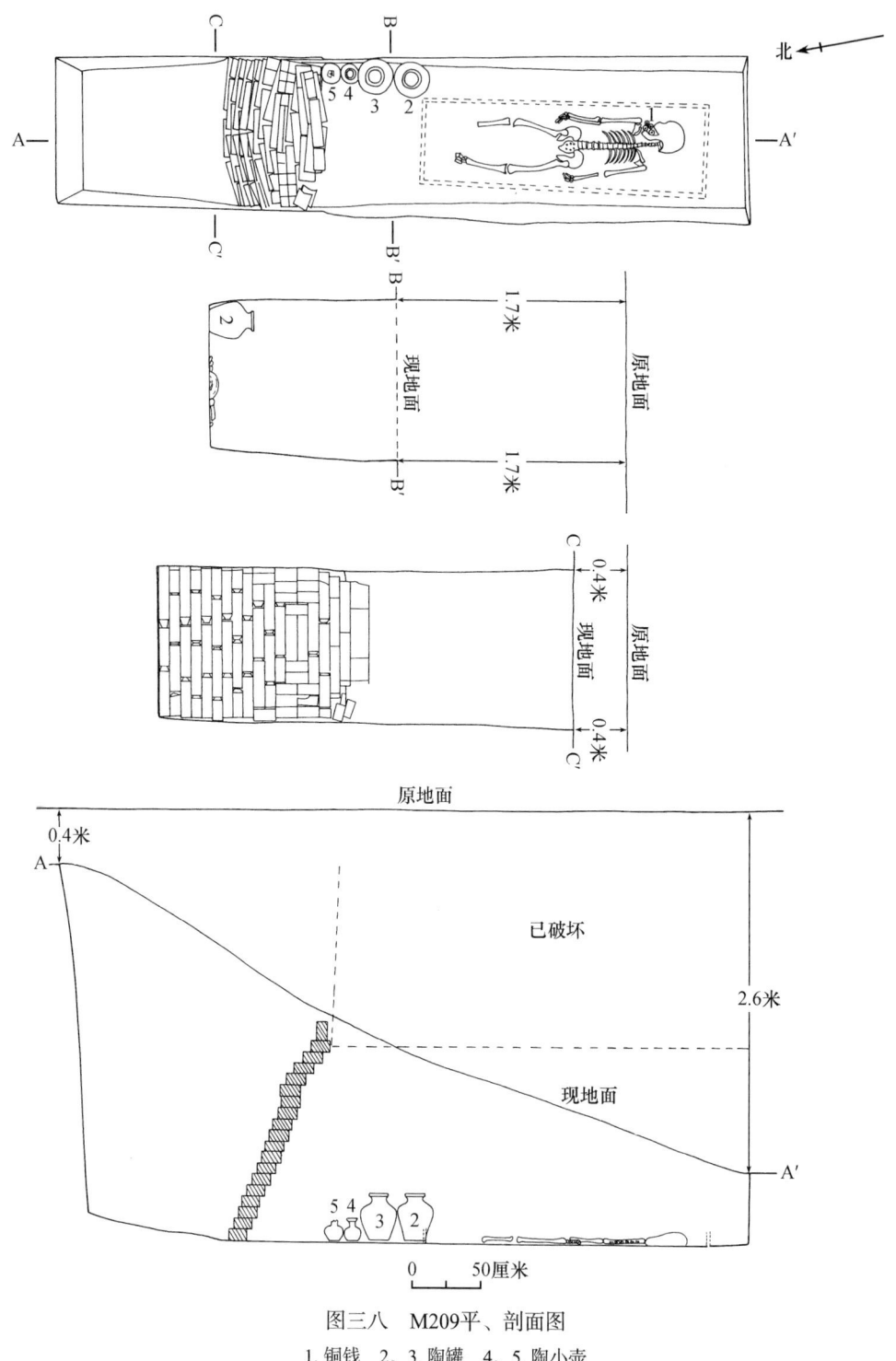

图三八 M209平、剖面图
1. 铜钱 2、3. 陶罐 4、5. 陶小壶

Ⅰ式 3座。墓道宽度大于墓室宽度，洞室为弧顶。包括M86、M141、M194。墓葬举例如下。

M141

竖穴墓道洞室空心砖墓。方向10°。墓道位于墓室北端，宽于墓室，口大于底，四壁斜

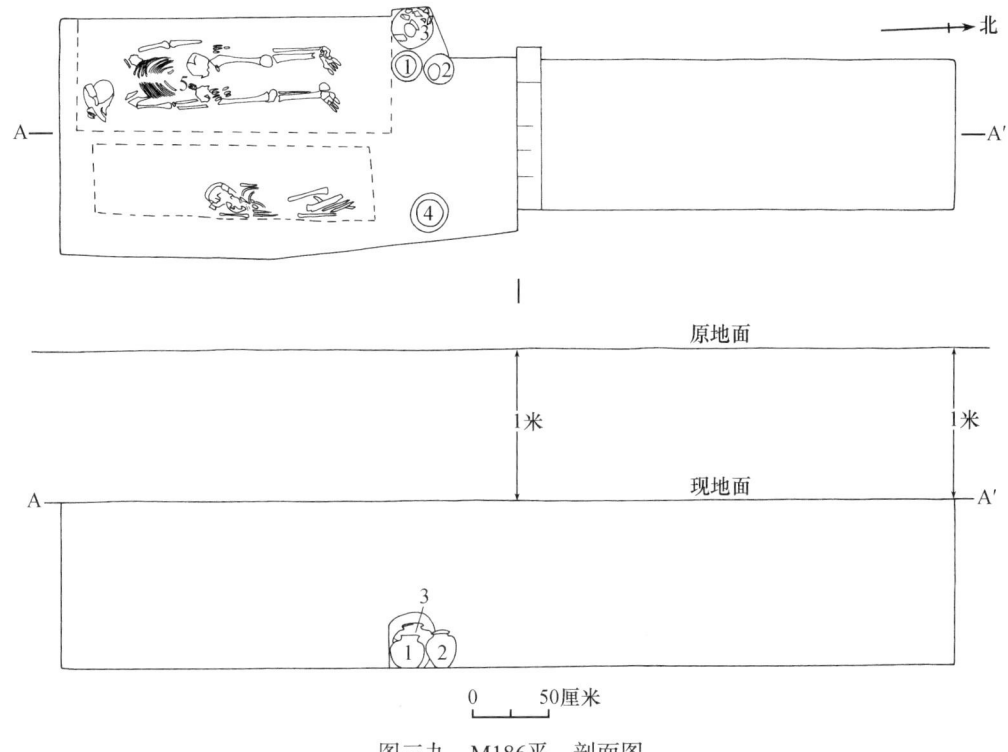

图三九　M186平、剖面图
1~3.陶罐　4.铜洗　5.铜货泉

收，底呈斜坡状。洞室呈长方形，直壁，平底，墓室底与墓道南端相接。墓顶纵向平顶，横向弧顶。洞室内修建空心砖室：底部横向平铺6块空心砖；东、西两壁各3块空心砖，其中后部2块侧立上下叠放，前部1块竖置；南壁上下侧立叠放2块空心砖；墓顶未铺砖。北端以3块空心砖上下侧立叠压封门。空心砖花纹有三种，第一种为方格内填五个乳丁纹；第二种为中心方格内有四叶纹，其周围四方格内各有一个水滴纹；第三种为中心方格内有同心圆，其周围方格内各填一个水滴纹。

墓道口长260、宽192~200厘米，底长234、宽160~170厘米，深150~180厘米。洞室长260、宽141、高142厘米。空心砖室长265、宽135、高98厘米。铺地砖长124、宽42、厚14厘米。南壁砖长116、宽42、厚16厘米。东、西壁砖分别长170、宽42、厚16厘米，长84、宽50、厚16厘米。封门高134、宽116厘米，封门空心砖长116、宽40、厚16厘米。

葬具及人骨不明。随葬品7件，包括陶鼎1、陶盒1、陶壶1、陶罐1、陶盘1、陶匜1、铜带钩1件，均位于砖室前部（图四一）。

M194

竖穴墓道洞室空心砖墓。方向0°。墓道位于墓室北端，宽度大于墓室甚多，口大于底，四壁斜收，平底。洞室呈长方形，直壁，平底，墓室底高于墓道底12厘米。墓顶纵向平顶，横向弧顶。洞室内修建空心砖室：底部横向平铺9块空心砖，东、西两壁各侧立4块空心砖，上下叠放2层，南壁上下侧立叠放2块空心砖，墓顶横铺8块空心砖，墓门两侧各竖立1根长条空心砖作为门柱，顶部横置1根长条空心砖作为门楣，中间竖置2块空心砖封门。

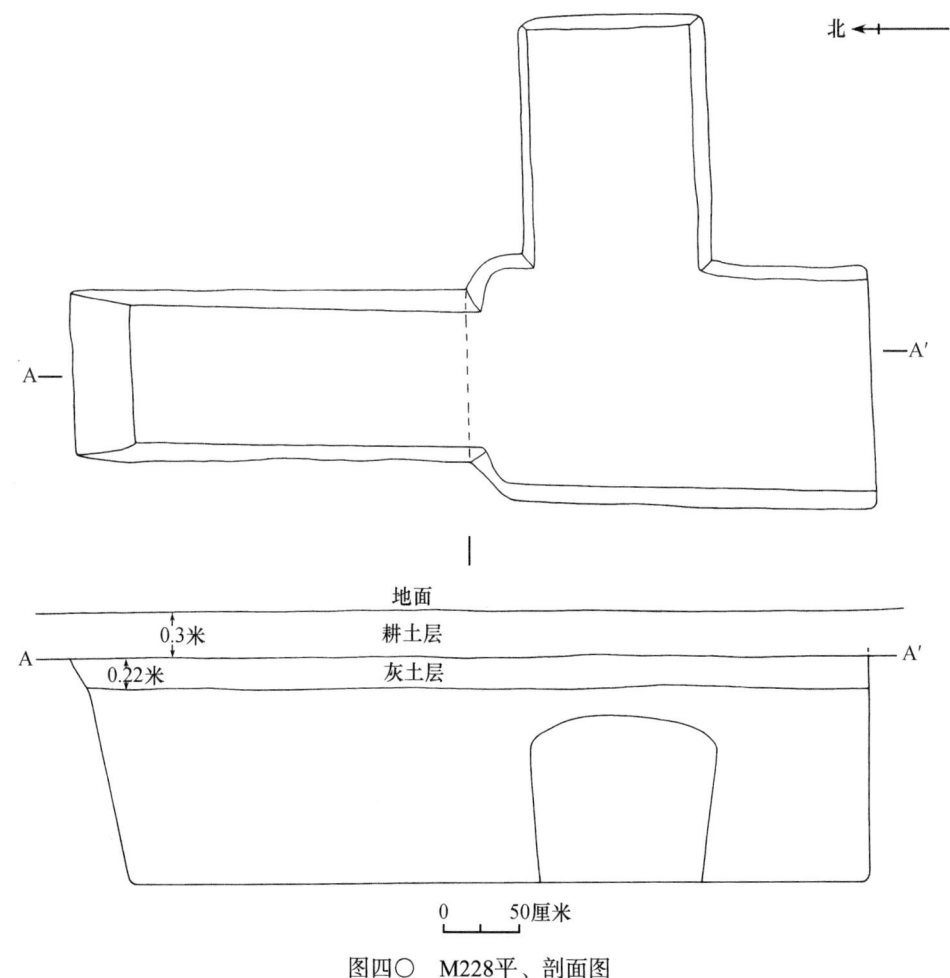

图四〇　M228平、剖面图

墓道口长320、宽240~253厘米，底长284、宽220~224厘米，深226厘米。洞室长326、宽145、高142厘米。空心砖室长330、宽132、高110厘米。空心砖：铺地砖长120、宽36、厚10厘米，东、西壁砖长150、宽42、厚14厘米，南壁砖长120、宽42、厚12厘米。封门高122、宽131厘米，门柱空心砖长88、宽22、厚13厘米，门楣空心砖长115、宽18、厚14厘米，封门空心砖长87、宽41、厚14厘米。

葬具可见有木棺痕，人骨1具，位于砖室内南部，仰身直肢，南向。随葬陶器4件，包括罐3、釜1件，位于砖室前端（图四二）。

Ⅱ式　1座。墓道略宽于墓室。M89。

M89

竖穴墓道洞室空心砖墓。方向190°。墓道位于墓室南端，略宽于墓室，四壁竖直，底呈斜坡状。洞室呈长方形，直壁，平底，墓室底与墓道北端相接。墓顶情况不明。洞室内修建空心砖室：底横向平铺10块空心砖；东、西两壁各侧立4块空心砖，上下叠放2层；北壁上下侧立叠放2块空心砖；墓顶横铺10块空心砖。墓门两边各竖立1根方柱空心砖作为门柱，其上侧立1块空心砖作为门楣，中间竖置2块空心砖作为封门。空心砖有纹饰但不详。

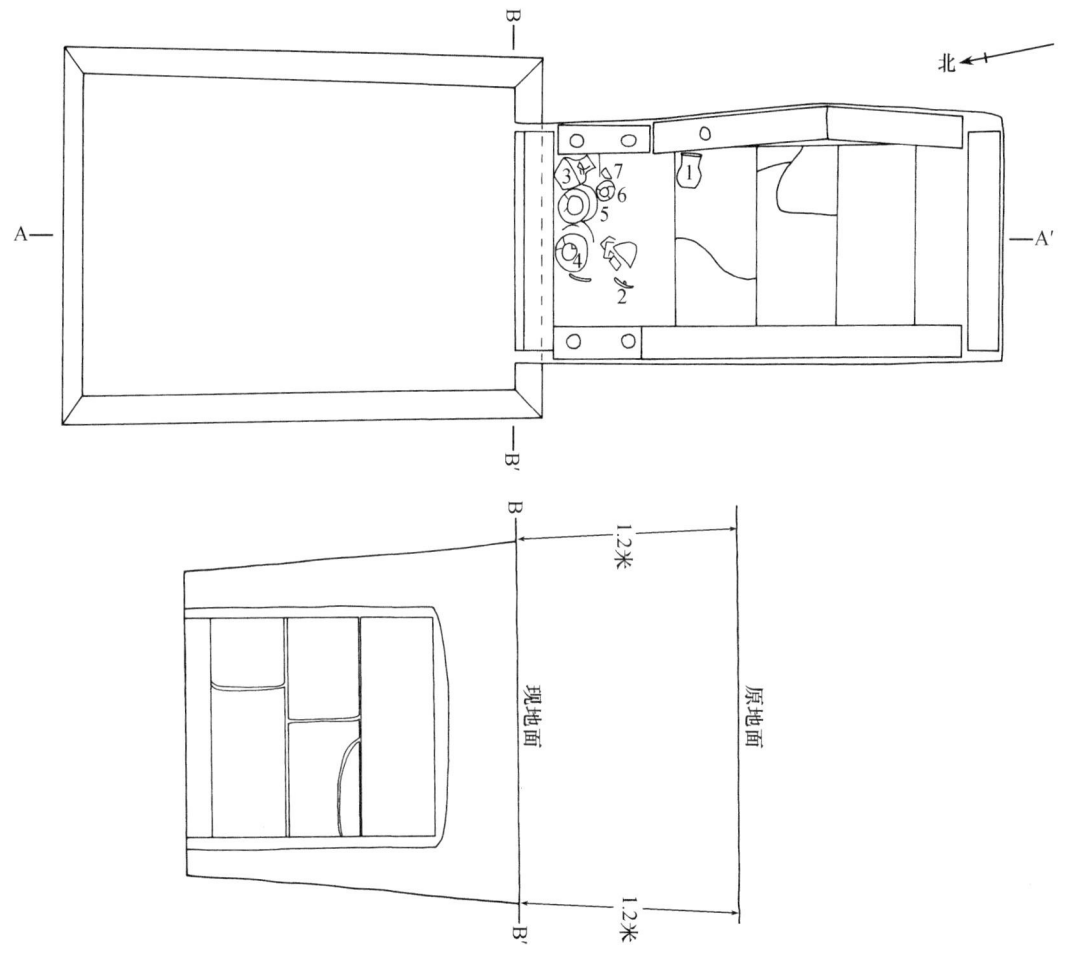

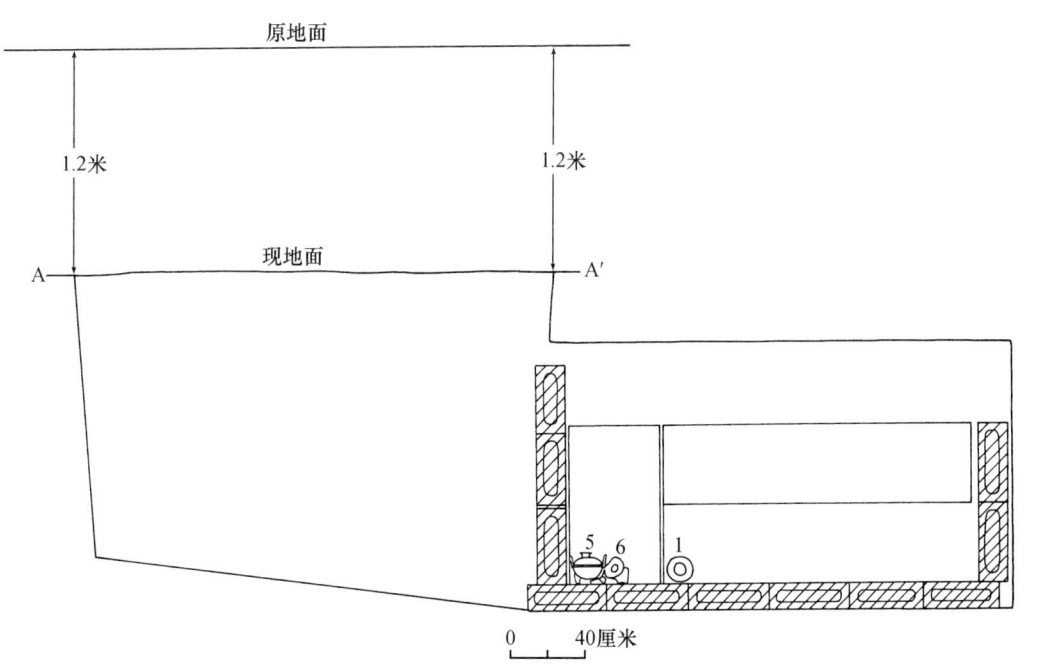

图四一　M141平、剖面图

1. 陶罐　2. 铜带钩　3. 陶壶　4. 陶盒　5. 陶鼎　6. 陶盘　7. 陶匜

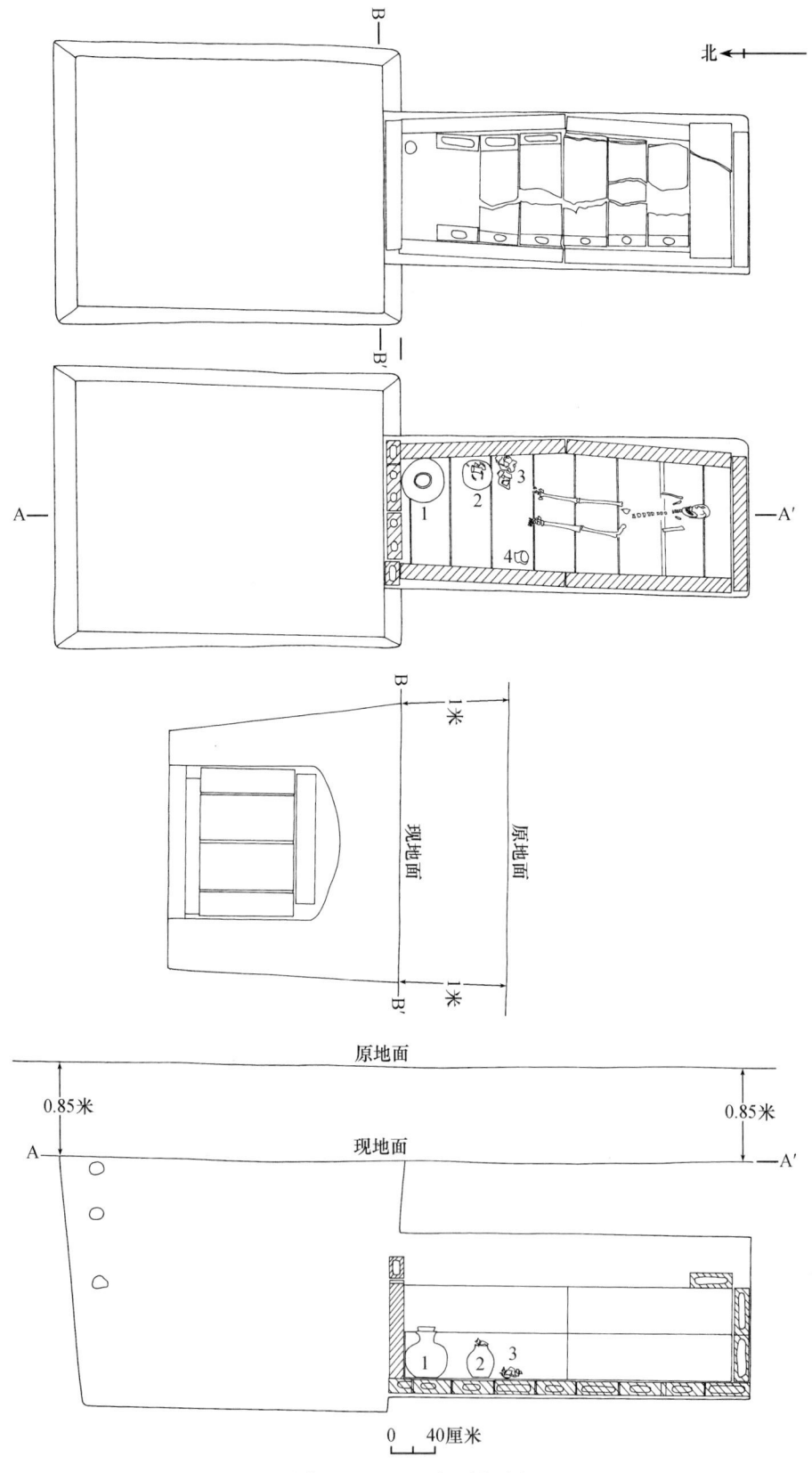

图四二　M194平、剖面图

1～3. 陶罐　4. 陶釜

墓道口长180、宽140厘米，底长180、宽140厘米，深388厘米。洞室长362、宽120、高152厘米。空心砖室长350、宽110、高118厘米。空心砖：铺地砖长110、宽34、厚14厘米，墓壁砖长158、宽45、厚12厘米。封门高142、宽162厘米，门柱砖长98、宽14、厚14厘米，门楣砖长162、宽30、厚14厘米，封门砖长98、宽46、厚14厘米。

葬具及人骨不明。随葬陶器5件，包括盒1、壶1、罐1、釜2件，均位于砖室前部（图四三）。

Ⅲ式　21座。墓道与墓室基本同宽。其中10座有单耳室，1座有双耳室（M40）。部分墓葬开始使用连柱空心砖构筑门框，大部分洞室顶部情况不明，可见墓顶者可分为弧顶和平顶两种情形。具体如下。洞室平顶：M40（双耳室），M49（墓道底呈斜坡状、耳室），M132（墓道底略呈斜坡状、无铺地砖、有耳室）。洞室弧顶：M91（墓道底略呈斜坡状），M109（墓道底呈斜坡状、有耳室）。洞室顶不明：M6（墓道底略呈斜坡状、耳室铺地空心砖2块），M80，M81（墓道底略呈斜坡状），M84，M113（墓道底略呈斜坡状、有耳室），M133（无铺地砖、有耳室），M134（耳室），M137（墓道底略呈斜坡状），M152，M153，M159，M164（耳室），M177（耳室），M190（墓道底略呈斜坡状），M215，M220（耳室）。

墓葬举例如下。

M49

竖穴墓道洞室空心砖墓。方向190°。由墓道、洞室、耳室组成，平面略呈"卜"字形。墓道位于墓室南端，口略大于底，东、南、西三壁收分，底呈斜坡状，南高北低。墓道东、西两壁的南端各有一行（每行8个）脚窝。洞室呈长方形，直壁，平底，平顶。墓室东壁近门处设一土洞耳室。洞室内修建空心砖室：底部横铺8块空心砖；底砖上西壁分2层、每层2块空心砖侧立；北壁2块空心砖分2层上下侧立；东壁北半部以2块空心砖分2层上下侧立，南半部的结构与耳室相关联。砖室顶部亦横向平铺空心砖为顶，已残缺，应为8块。洞室口两侧各竖立1根空心砖，其上横置1根空心砖作为门楣，门框内并列竖立2块空心砖作为门。耳室呈横长方形，耳室门外两侧各竖立1块连柱空心砖作为门柱，它们同时也构成了墓室东壁的南半部，门柱砖上置门楣砖，但已残断；门柱砖后各竖立1块空心砖，构成耳室的南、北两壁。墓室东、西壁空心砖面饰菱形格纹。

墓道口长290、宽140厘米，底长280、宽130厘米，深476厘米。洞室长344、宽138、高124厘米。空心砖室长331、宽126、高92厘米。空心砖：铺地砖长120、宽40、厚14厘米，西壁前部砖长170、宽40、厚14厘米，西壁后部砖长132、宽40、厚14厘米，东壁后部砖长126、宽20、厚13厘米，北壁砖长114、宽38、厚12厘米。耳室宽130、深60、高70厘米，砖长80、宽40、厚14厘米。墓门高120、宽128厘米，门柱砖长80、宽14、厚14厘米，门楣砖长128、宽20、厚13厘米，封门砖长86、宽36、厚14厘米。

有棺灰痕迹，人骨不存。随葬品7件，其中，铁鍪1件位于墓室北端，铜带钩1件位于墓室中北部，铁壶1件位于墓室东南角，陶壶1、小壶2、罐1件位于耳室内（图四四）。

M132

竖穴墓道洞室空心砖墓。方向195°。由墓道、洞室、耳室组成，平面呈"卜"字形。墓

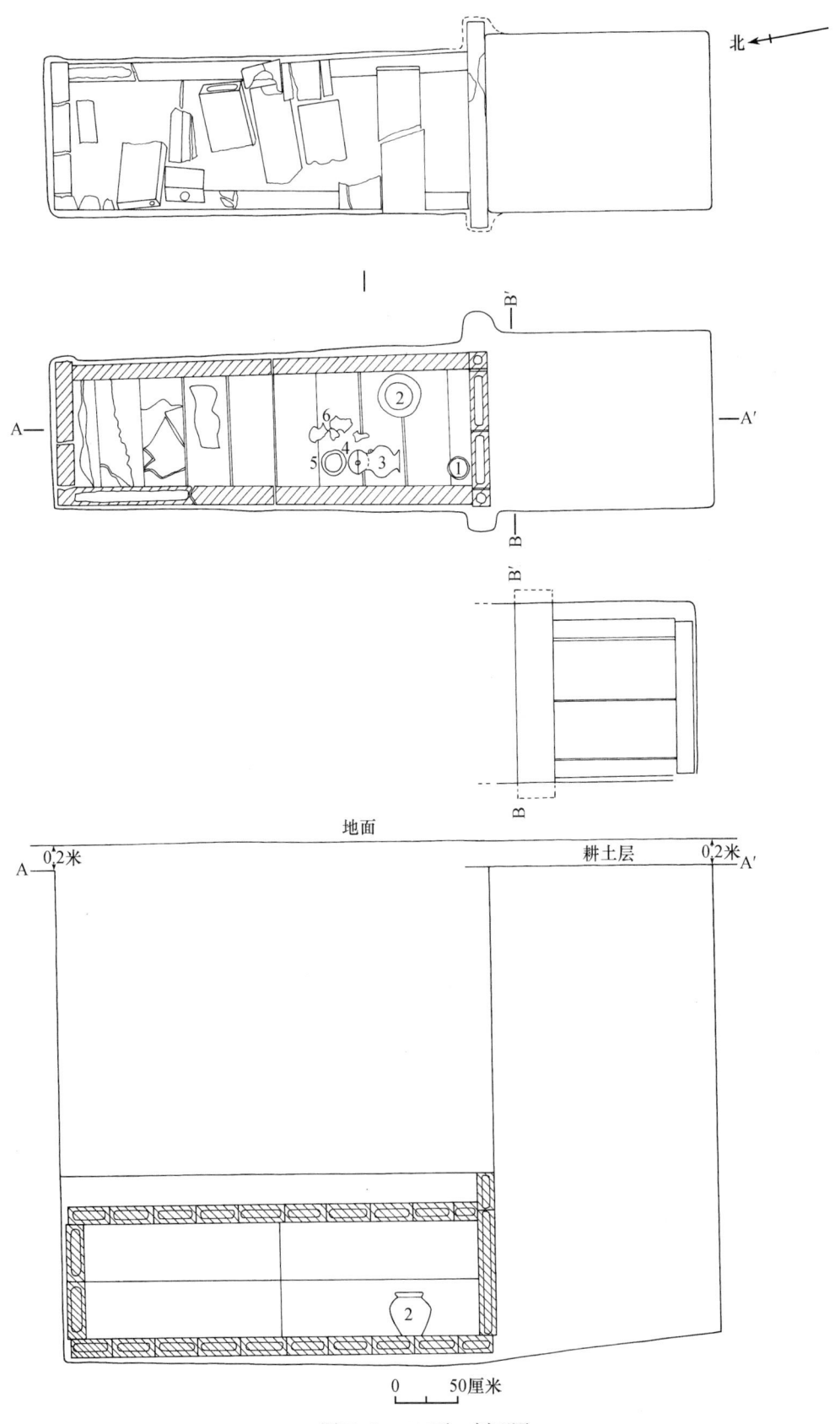

图四三　M89平、剖面图

1. 陶盒　2. 陶罐　3. 陶壶　4. 陶壶盖　5、6. 陶釜

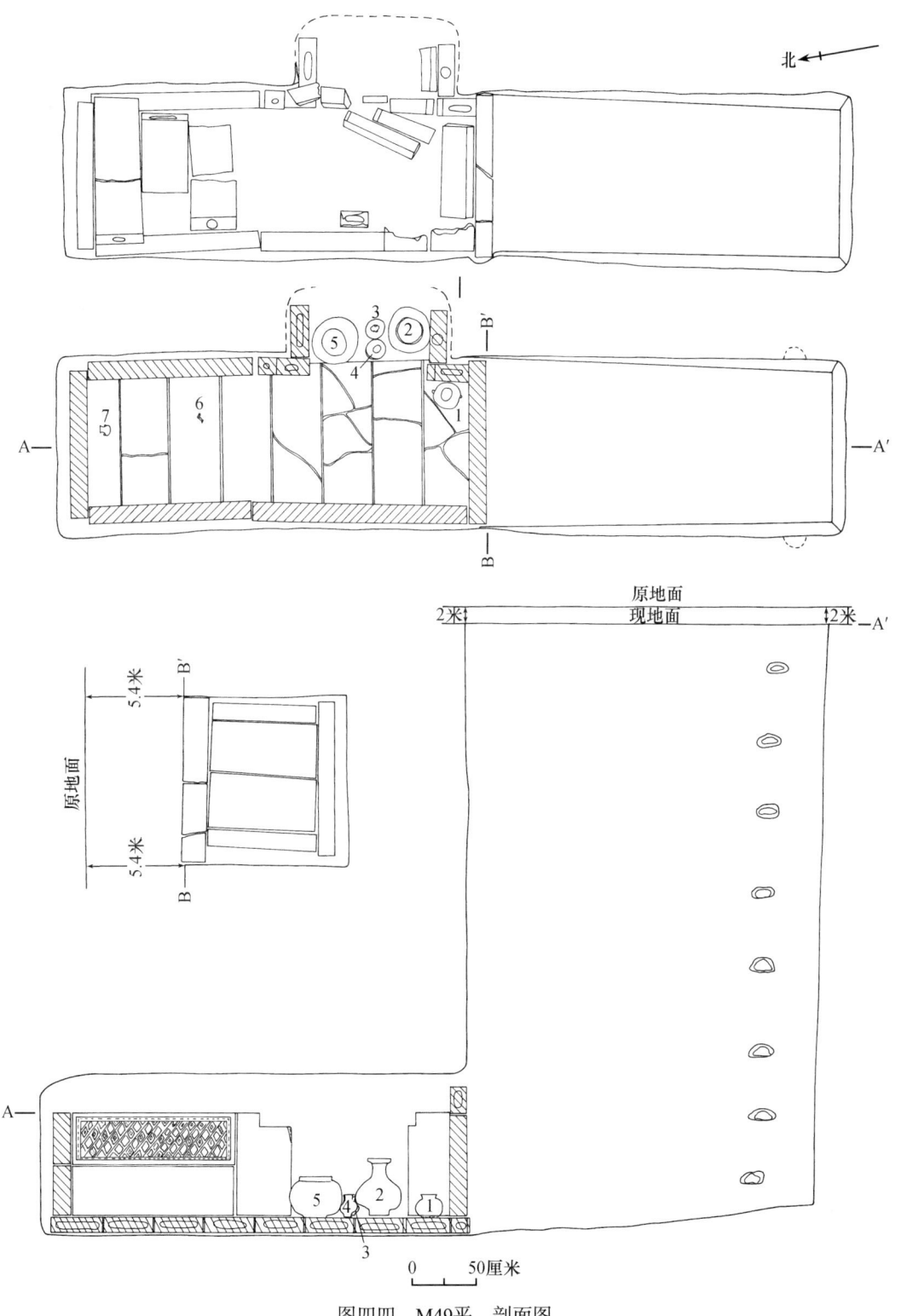

图四四　M49平、剖面图

1.铁壶　2.陶壶　3、4.陶小壶　5.陶罐　6.铜带钩　7.铁鍪

道位于墓室南端，与墓室等宽，四壁竖直，底略呈斜坡状。洞室呈长方形，直壁，平底与墓道底部北端相接，平顶。洞室内修建空心砖室：底部未铺砖；东、西两壁各侧立4块空心砖，上

下叠放2层；北壁上下侧立叠放2块空心砖；墓顶不详；墓门的左门柱为2块残砖上下竖立，右门柱竖立1块空心砖，中间并列竖置2块空心砖封门。墓室东壁近门处设一长方形土洞耳室。

墓道长250、宽110、深150厘米。洞室长332、宽120、高122厘米。空心砖室长330、宽114、高80厘米。耳室宽48、深42、高40厘米。墓室空心砖分两类，长130、宽40、厚12厘米，长114、宽40、厚12厘米。封门高110、宽108厘米，右门柱砖长80、宽40、厚12厘米，封门砖1块残长92、宽42、厚12厘米，另1块残长90、宽40、厚12厘米。

葬具及人骨情况不明。随葬品7件，包括陶罐4、陶盆1、陶钵1、铜釜1件。除1件陶罐位于空心砖室前部外，其余均位于耳室内（图四五）。

M91

竖穴墓道洞室空心砖墓。方向10°。墓道位于墓室北端，与墓室等宽。口大于底，东、北、西三壁略斜收，底略呈斜坡状。洞室呈长方形，直壁，平底。墓顶纵向平顶，横向弧顶。

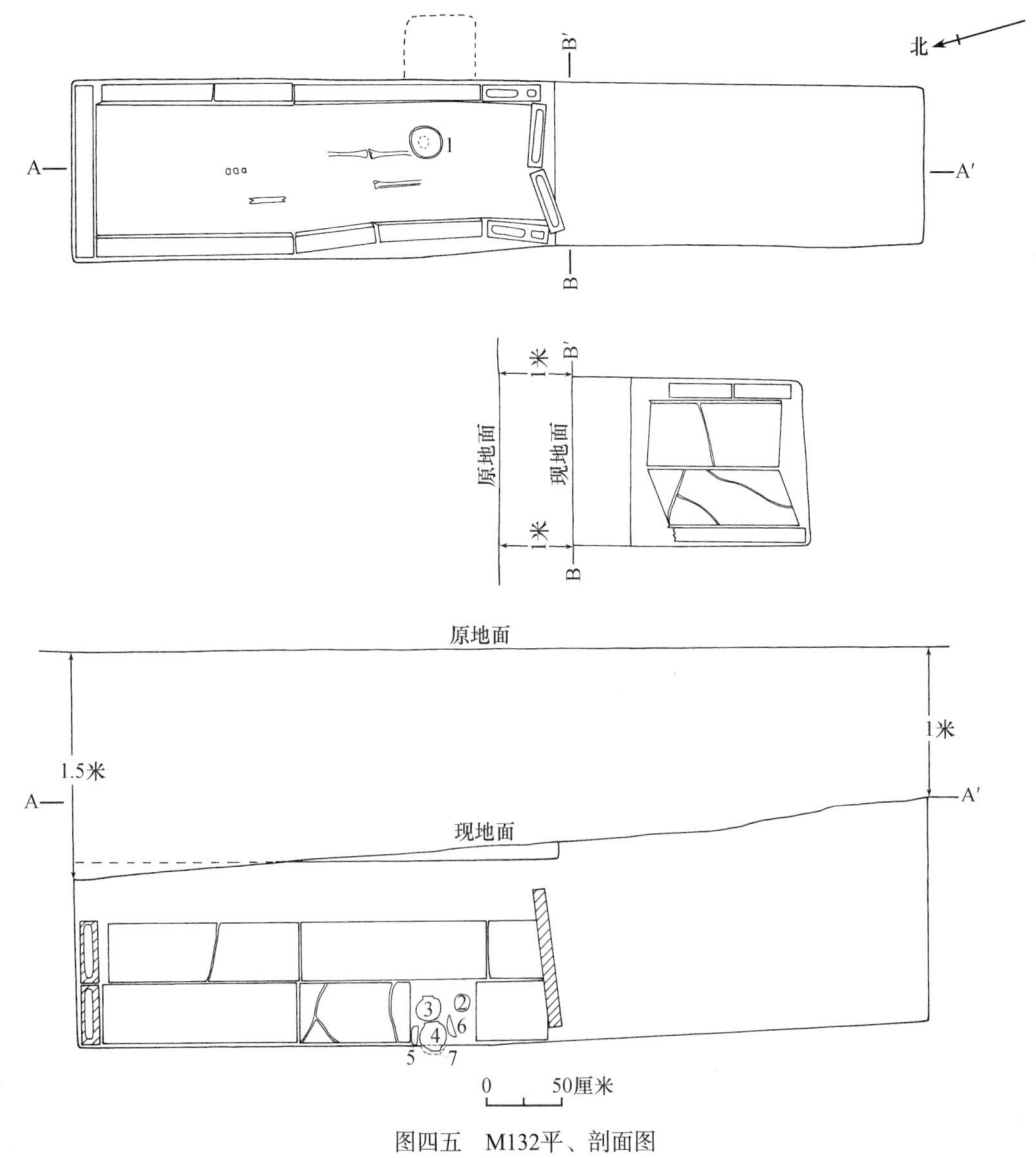

图四五　M132平、剖面图
1～3、7. 陶罐　4. 铜釜　5. 陶盆　6. 陶钵

洞室内修建空心砖室：底部横向平铺9块空心砖；东、西两壁各侧立4块空心砖，上下叠放2层；南壁上下侧立叠放2块空心砖；墓顶横铺8块空心砖；墓门两边各竖立1根方柱空心砖作为门柱，其上横置1块空心砖作为门楣，中间竖置2块空心砖封门。砖纹饰有三种，第一种为内填云纹的水滴纹，第二种为内填四叶纹的菱格纹，第三种为内填乳丁纹的菱格纹。砖边有斜菱格纹和波带纹。

墓道口长278、宽130厘米，底长262、宽104厘米，深200厘米。洞室长348、宽120、高144厘米。空心砖室长346、宽102、高138厘米。墓室空心砖：铺地砖长112、宽40、厚13厘米，东、西壁砖长154、宽44、厚14厘米，南壁砖长120、宽45、厚14厘米。封门高138、宽144厘米，门柱砖长97、宽16、厚16厘米，门楣砖长144、宽31、厚14厘米，封门砖长94、宽44、厚14厘米。

葬具及人骨不明。随葬陶器5件，包括鼎1、小壶1、罐1、瓮1、钵（罐盖）1件，均位于砖室内北端近门处（图四六）。

M109

竖穴墓道洞室空心砖墓。方向180°。由墓道、洞室、耳室组成，平面呈"卜"字形。墓道位于墓室南端，与墓室等宽，直壁，底呈斜坡状。洞室呈长方形，直壁，平底，墓底低于墓道底北端16厘米。墓顶纵向平顶，横向弧顶。洞室内修建空心砖室：底部横向平铺8块空心砖；东、西两壁各侧立4块空心砖，上下叠放2层；北端并列竖置2块空心砖；墓顶被破坏；墓门并列竖置2块空心砖封门。砖素面无纹。墓室东壁近门处设一长方形土洞耳室。

墓道长240、宽126、深100厘米。洞室长312、宽120、高134厘米。空心砖室长310、宽120、高102厘米。耳室宽50、深61、高60厘米。墓室空心砖：铺地砖长120、宽40、厚15厘米，东、西壁砖长154、宽44、厚15厘米，北壁砖长88、宽44、厚14厘米。封门高102、宽88厘米，封门砖长88、宽44、厚14厘米。

葬具有木棺痕，人骨情况不明。随葬品5件，包括陶罐2、陶钵1、铜盆1、铜釜1件。陶器置于耳室中，铜盆位于砖室前部，铜釜位于砖室中部（图四七）。

M40

竖穴墓道洞室空心砖墓。方向15°。全墓由墓道、东、西两耳室、墓室组成，平面形状呈"十"字形。墓道位于墓室北端，与墓室等宽，四壁竖直，底近平。洞室呈长方形，直壁，平底，平顶，底与墓道底平。洞室内修建空心砖室：底部横向平铺9块空心砖；东、西两壁各侧立4块空心砖，上下叠放2层；南端上下侧立叠放2块空心砖；墓顶横铺8块空心砖；墓门两边各竖立1块连柱空心砖作为门柱，顶端横置1块砖作为门楣，中间竖置2块空心砖作为封门。墓室两壁近门处各设一平面呈近方形的土洞耳室，西耳室西南角、东耳室东南角为弧形，两耳室北壁各侧立1块空心砖残砖。墓顶、墓底及封门砖均有纹饰，分为三类。第一类，砖面边缘饰一周短斜线交叉纹，正面排有数列菱形格纹，格内中部有一圆圈，其外有一周小圆圈及四条短线。第二类，砖面边缘饰一周短斜线交叉纹，正面排有数列菱形格纹，四个菱形中间夹一个圆圈纹，菱形纹中饰几何纹。第三类，除了无圆圈纹外，其余同第二类。

墓道口长220、宽100厘米，底长221、宽100厘米，深332厘米。洞室长320、宽106、高128

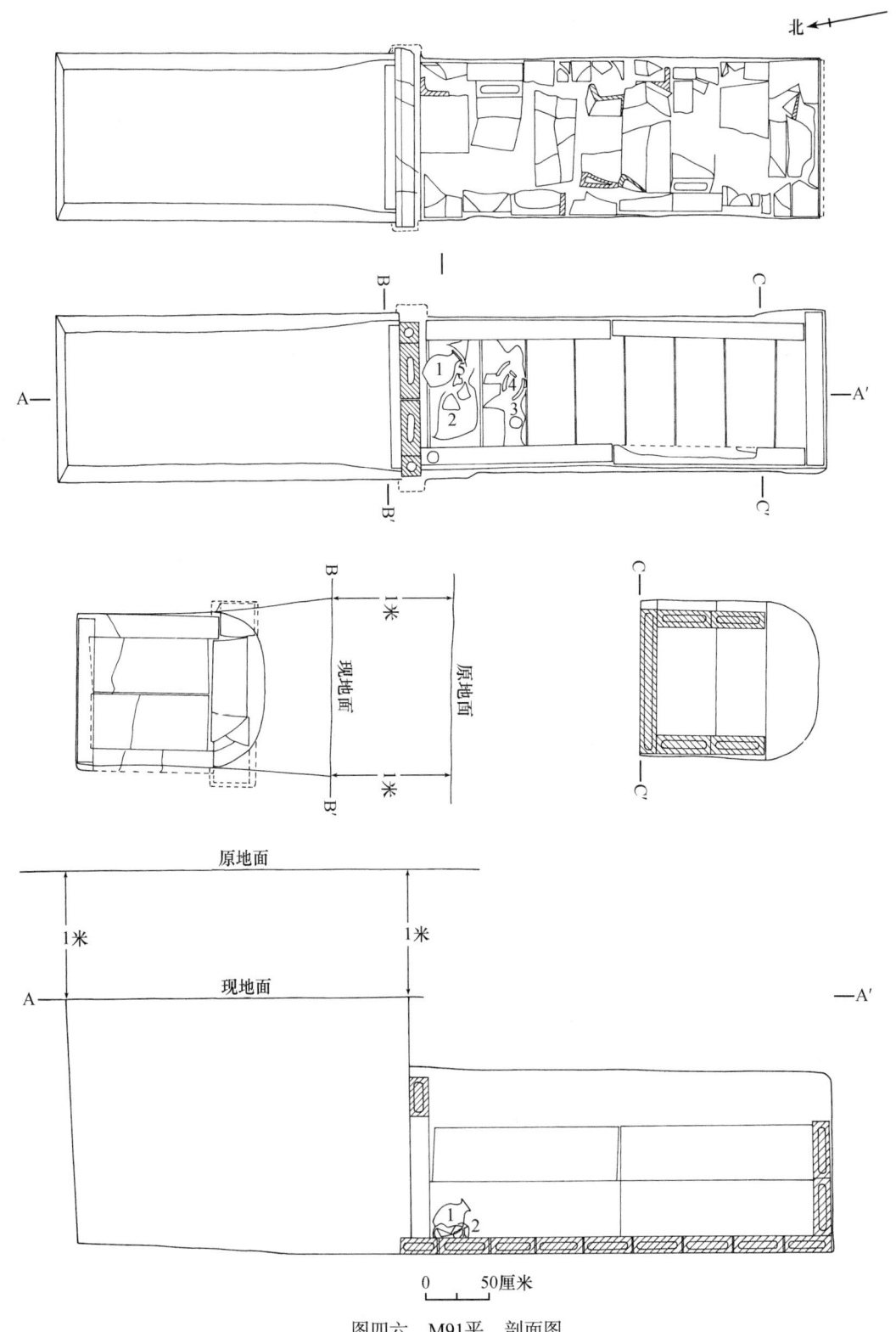

图四六　M91平、剖面图
1.陶罐　2.陶瓮　3.陶小壶　4.陶鼎　5.陶钵（罐盖）

厘米。砖室长316、宽100、高101厘米。耳室长84、宽64、高40厘米，耳室砖分别残长60、宽40、厚16厘米，残长68、宽40、厚16厘米。墓室空心砖：铺地砖、顶砖长100、宽34、厚12厘

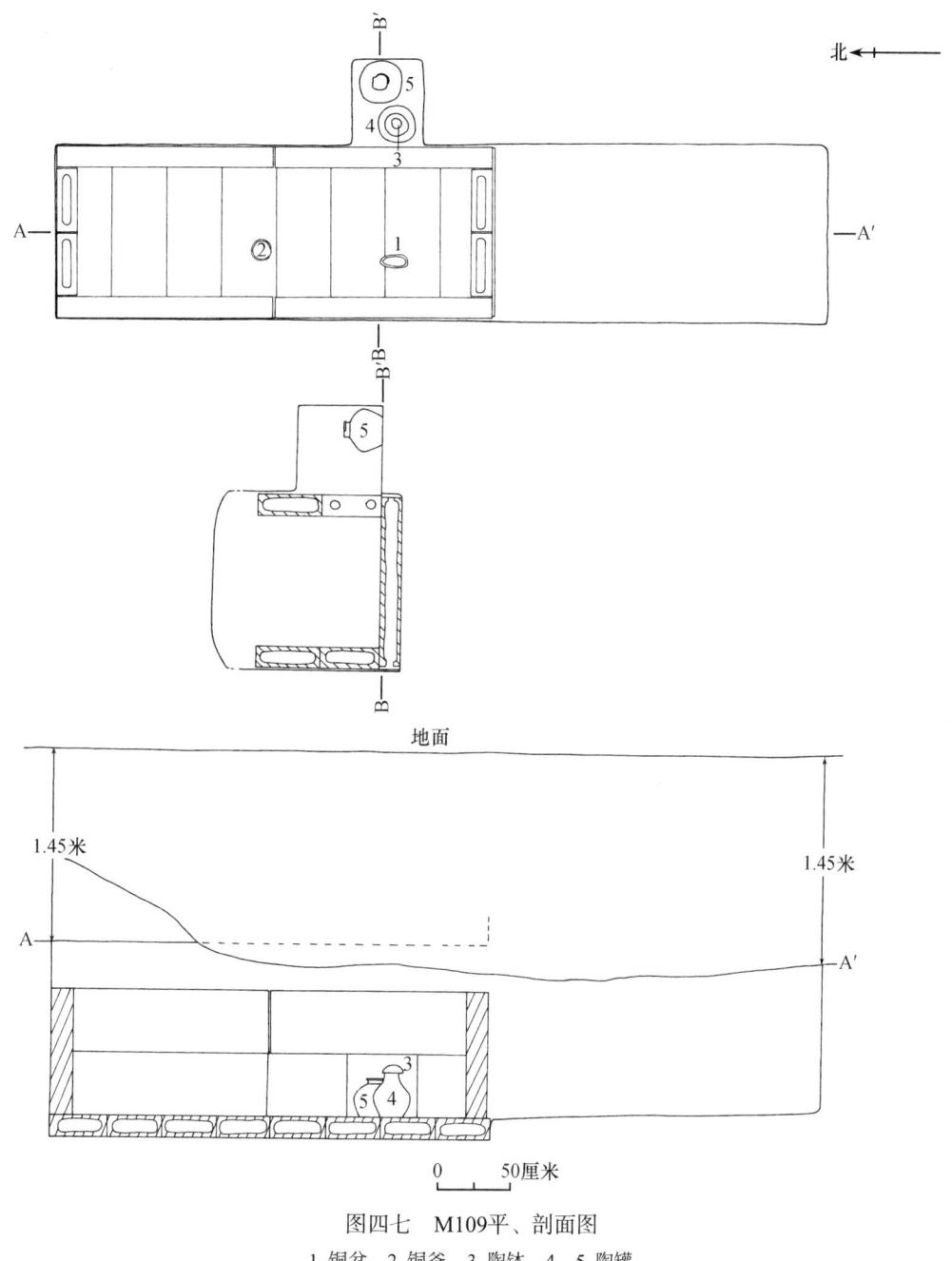

图四七 M109平、剖面图
1. 铜盆 2. 铜釜 3. 陶钵 4、5. 陶罐

米，东、西壁砖长132、宽40、厚10厘米，南壁砖长88、宽40、厚12厘米。封门高112、宽98厘米，门柱砖长84、宽38、厚12厘米，门楣砖长98、宽12、厚16厘米，封门砖长84、宽37、厚12厘米。

葬具有木棺痕迹，人骨1具腐朽严重，位于砖室南部，南向。随葬品7件，包括陶罐1、陶瓮1、铜盆1、铜镜1、铜带钩1、铁剑1、铁器1件。铜盆出土于墓门后，陶罐、陶瓮出土于东耳室，铜镜和铁器出土于头顶，腰部出土铜带钩1件，铁剑位于骨架左侧（图四八、图四九）。

Ⅳ式　25座。墓室宽度大于墓道宽度。此式墓葬的砖室，除M136、M138外，绝大多数在

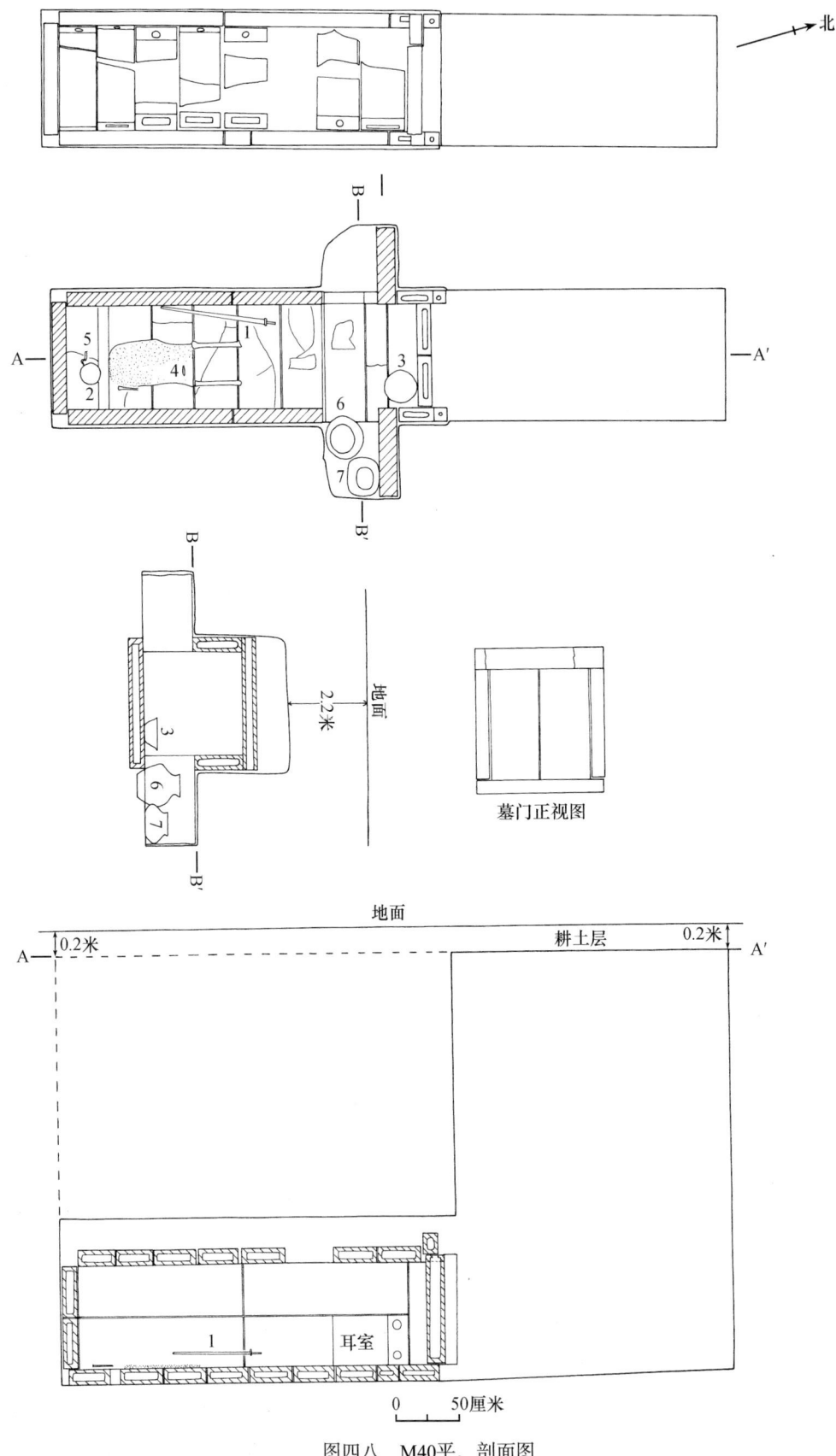

图四八　M40平、剖面图

1. 铁剑　2. 铜镜　3. 铜盆　4. 铜带钩　5. 铁器　6. 陶瓮　7. 陶罐

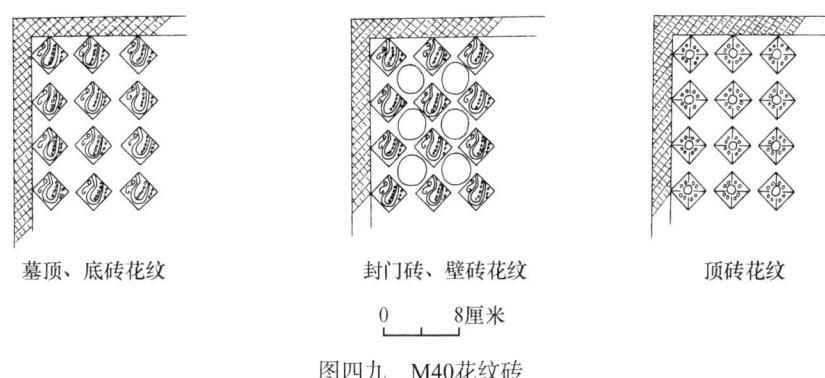

图四九　M40花纹砖

墓室两边壁前部各加竖1块连柱空心砖作为门柱。墓顶多不明，能辨者9座，其中平顶者8座、弧顶者1座。13座墓有耳室，其中2座墓葬（M157、M222）的耳室为长方形，空间较大，由空心砖砌筑，非常规整。具体如下。洞室平顶：M10（墓道底略呈斜坡状、有耳室），M24（墓道底略呈斜坡状），M47（墓道底呈斜坡状、有耳室），M103（墓道底略呈斜坡状、有耳室），M216（墓道底略呈斜坡状），M218，M219（墓道底略呈斜坡状），M222（墓室低于墓道、耳室似侧室、由空心砖筑）。洞室弧顶：M158（墓道底略呈斜坡状、有耳室）。洞室顶不明：M26（方砖铺地、有耳室），M44，M57（墓道底略呈斜坡状、有耳室），M63（墓道底略呈斜坡状），M75（耳室），M114，M116（耳室），M135，M136（墓道不明、有耳室），M138，M140（墓道底略呈斜坡状），M156（耳室），M157（耳室），M187（耳室），M189，M217（墓室底低于墓道底）。

墓葬举例如下。

M24

竖穴墓道洞室空心砖墓。方向190°。由墓道、洞室组成，墓道略窄于洞室，平面略呈"凸"字形。墓道位于洞室南端，四壁竖直，底呈斜坡状，南高北低。洞室平面呈长方形，直壁，平底，平顶。洞室内修建空心砖室：底部平铺9块空心砖，底砖上垒筑砖壁。东、西两壁结构相同，都是在两端各竖立1块空心砖，中间各以4块空心砖分上下2层、每层2块侧立垒筑。北壁以2块空心砖上下侧立垒筑。墓顶平盖8块空心砖，已塌毁。封门是以东、西两壁前端的竖砖作为门柱，其上横置一块空心砖作为门楣，门柱间并列竖立2块空心砖作为门扇。墓门砖有纹饰，饰方格纹，其内中间及四角各有一圆圈纹，四边各有一乳丁纹。

墓道口长210、宽118厘米，底长210、宽118厘米，深170厘米。墓室：洞室长320、宽130、高120厘米，空心砖室长302、宽118、高112厘米。空心砖：铺地砖、顶砖长118、宽36、厚14厘米，东、西壁中间砖及北壁砖长105、宽44、厚14厘米，东、西壁两端砖（前端即为门柱）长84、宽38、厚14厘米。封门高116、宽114厘米，门楣砖长118、宽22、厚14厘米，封门砖长90、宽42、厚14厘米。

葬具不详，仰身直肢，北向。随葬品7件，包括陶鼎1、陶盒1、陶壶1、陶小壶1、陶罐1、陶钵1、铜釜1件，均出土于墓室南部墓门处（图五〇）。

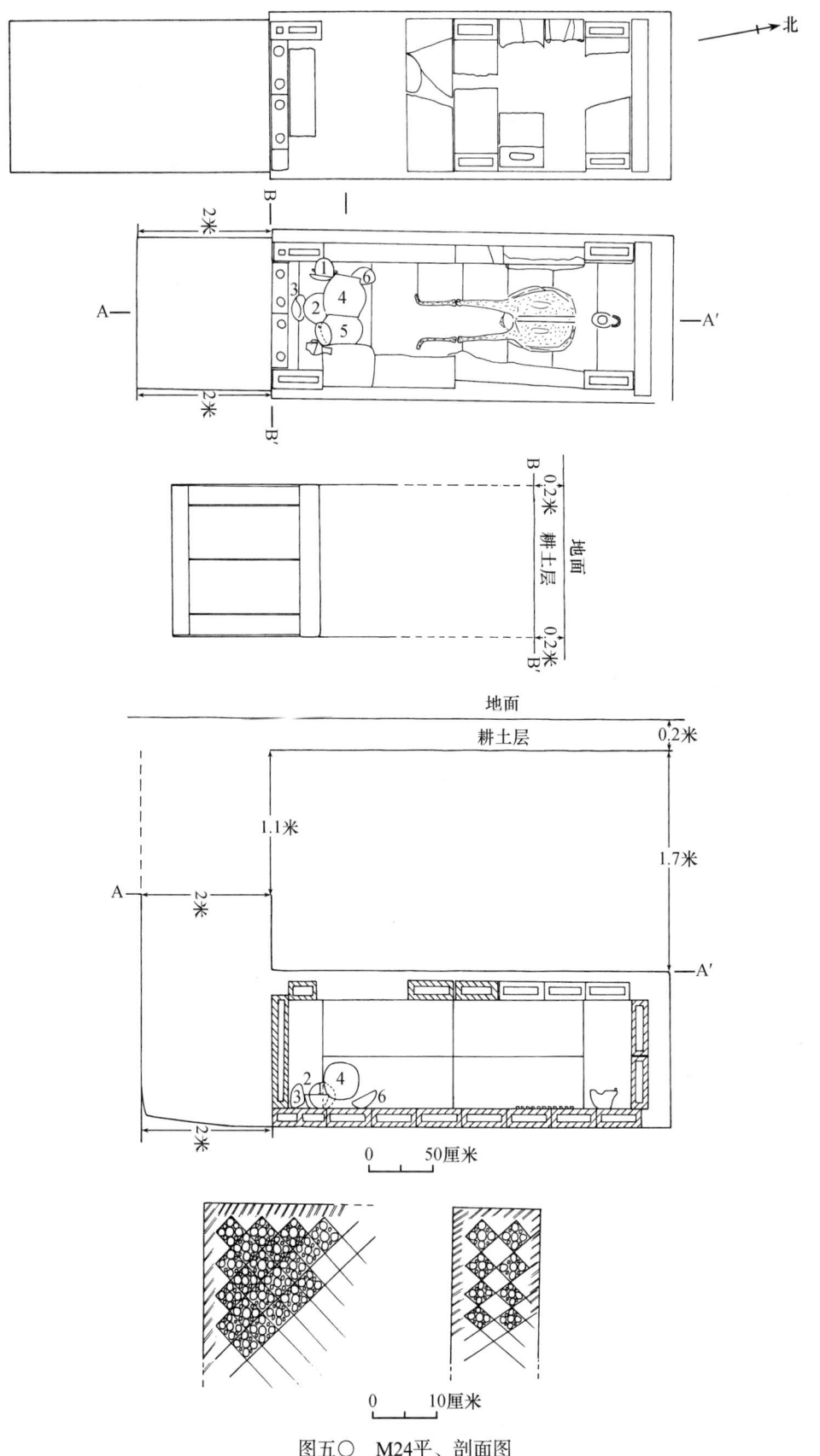

图五○ M24平、剖面图
1. 陶鼎 2. 铜釜 3. 陶盒 4. 陶罐 5. 陶壶 6. 陶钵 7. 陶小壶

M47

竖穴墓道洞室空心砖墓。方向190°。全墓由墓道、洞室、耳室组成，平面呈"卜"字形。墓道位于墓室南端，略窄于洞室。口略大于底，东、南、西三壁略斜收，底呈斜坡状，南高北低。墓道东、西两壁的南端各有一行（每行5个）脚窝。洞室平面呈长方形，直壁，平底，平顶。洞室内修建空心砖室：底部横铺9块空心砖，底砖上西壁以4块空心砖分上下2层、每层2块侧立垒筑。北壁以2块空心砖上下侧立垒筑。东壁后半部以2块空心砖上下侧立垒筑，前半部与耳室结构相关联。墓顶横铺7块空心砖，其中后部2块长方形顶砖间夹铺1根空心砖柱。墓室东壁近门处设一土洞耳室，耳室呈横长方形。耳室门两侧各竖立1块空心砖，其中左侧（南侧）1块为连柱空心砖，右侧（北侧）1块无柱，但在其顶端右侧平置1小根空心砖作为柱，门柱上横置1根空心砖作为门楣、已残断。耳室底部横铺2块空心砖为底。墓室封门的左（东）门柱利用了耳室的左门柱，右（西）门柱为1块竖向侧立的空心砖，门柱上横置1根空心砖作为门楣，门柱间竖置2块空心砖封门。封门砖上有纹饰。一类为菱形格纹，其内填充九个圆点纹。另一类为四个菱形格中夹一个水滴纹，水滴内填充三个圆点纹。

墓道口长250、宽114厘米，底长244、宽95厘米，深400厘米。洞室长336、宽117、高380厘米。空心砖室长330、宽103、高120厘米。耳室宽110、深88、高90厘米。空心砖：铺地砖长104、宽36、厚12厘米，壁砖长130、宽40、厚12厘米，耳室门柱砖左（南）长80、宽40、厚13，右（北）长68、宽36、厚12厘米，门楣砖长100、宽17、厚12厘米，耳室铺地砖长104、宽36、厚12厘米。墓门高126、宽118厘米，封门右门柱长86、宽39、厚12厘米，门楣长118、宽17、厚13厘米，封门砖长86、宽40、厚12厘米。

单木棺，190厘米×70厘米。葬式不详。随葬品7件，包括陶壶1、陶罐2、陶釜1、陶盆1、铜釜1、铁车轮1件。铁车轮出土于墓道填土中，墓室偏南部出土陶罐残片和铜釜、陶釜，耳室内出土陶罐、陶盆、陶壶（图五一）。

M216

竖穴墓道洞室空心砖墓。方向195°。墓道位于墓室南端，窄于墓室，口略大于底，四壁略斜收，底略呈斜坡状。洞室呈长方形，直壁，平底，平顶。洞室内修建空心砖室：底部横向平铺9块空心砖。北壁上下侧立叠放2块空心砖。东、西两壁各侧立4块空心砖、上下叠放2层；两壁前部各竖置连柱空心砖1块作为门柱，其上横置1块长条空心砖作为门楣，中间竖置2块空心砖作为封门。墓顶横铺空心砖，仅剩6块。砖为素面。

墓道口长278、宽86厘米，底长250、宽60厘米，深160～172厘米。洞室长324、宽118、高132厘米。空心砖室长320、宽110、高106厘米。墓室空心砖：铺地砖、顶砖长110、宽36、厚12厘米，东、西壁砖长133、宽40、厚12厘米，北壁砖长110、宽40、厚12厘米。封门高122、宽108厘米，门柱砖长88、宽35、厚12厘米，门楣砖长108、宽22、厚12厘米，封门砖长89、宽40、厚12厘米。

葬具有木棺痕迹，人骨情况不明。随葬品10件，包括陶小壶1、陶罐3、陶釜1、陶钵1、铜镜1、铁削2、铅梳1件，均位于砖室内西侧（图五二）。

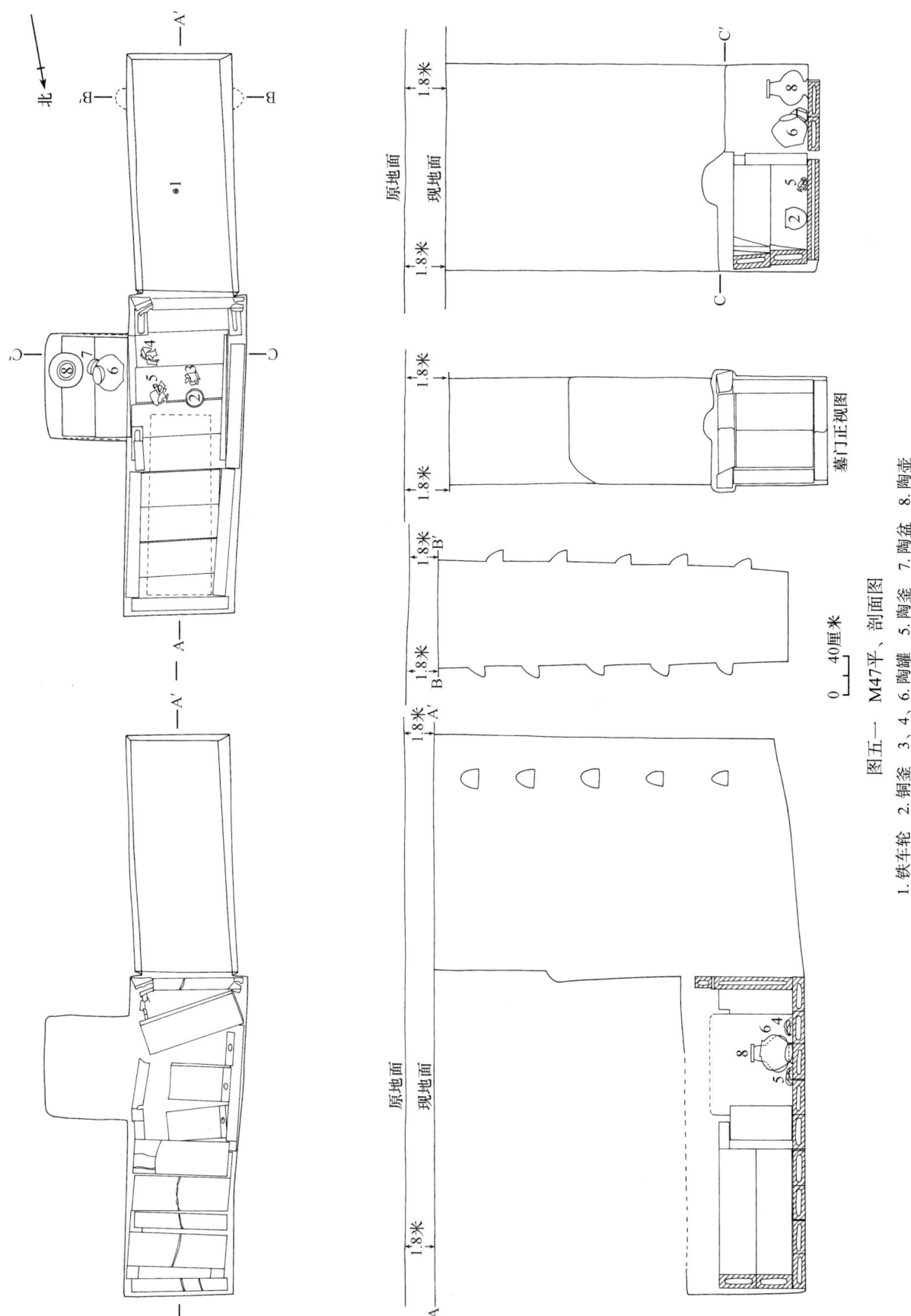

图五一　M47平、剖面图

1. 铁车轮　2. 铜釜　3、4、6. 陶罐　5. 陶釜　7. 陶盆　8. 陶壶

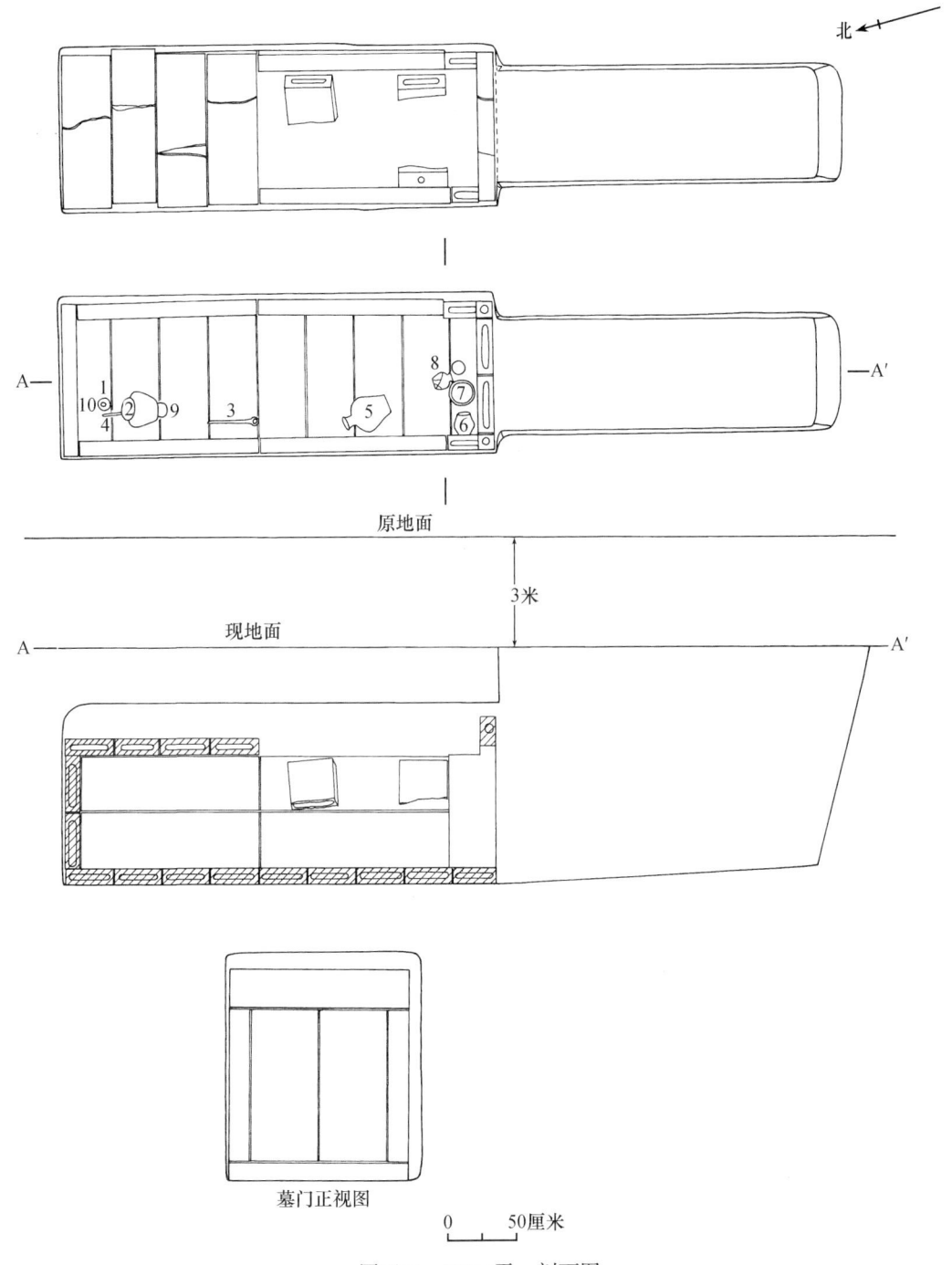

图五二　M216 平、剖面图
1.铜镜　2、5、8.陶罐　3、4.铁削　6.陶小壶　7.陶釜　9.陶钵　10.铅梳

M222

竖穴墓道洞室空心砖墓。方向192°。由墓道、洞室、耳室组成，平面呈"卜"字形。墓道位于墓室南端，窄于墓室，四壁竖直，底略呈斜坡状。洞室呈长条形，直壁，平底，平顶。墓室底部低于墓道北端底部10厘米。洞室内修建空心砖室：墓室底横向平铺12块空心砖；东壁北段侧置4块空心砖分2层上下叠压；南段为耳室的门结构；西壁侧立6块空心砖，上下叠放2

层；北壁2块空心砖上下侧立叠放。墓顶横向平铺13块空心砖。墓室前端两侧各竖立1块连柱空心砖作为门柱，其上横置1块方柱空心砖作为门楣，中间竖置2块空心砖封门。墓室东壁近门处设一长方形空心砖筑耳室。耳室底横铺5块空心砖，南、北两壁各侧置4块空心砖，上下叠放2层。东壁上下侧叠2块空心砖，顶的后部平铺5块空心砖，前部平铺2块方柱空心砖。耳室门的北侧竖置1块连柱空心砖，南侧竖置1块较短的长条空心砖，两者上方横置1根方柱空心砖，由此构成耳室门。砖均为素面。

墓道口长310、宽100、深440～450厘米。洞室长452、宽109、高105厘米。空心砖室长448、宽112、高120厘米。耳室：洞室长197、宽103、高120厘米，砖室长195、宽103、高104厘米。墓室空心砖：铺地砖长108、宽36、厚12厘米，西壁、东壁北段砖长122、宽40、厚12厘米，北壁砖长108、宽40、厚12厘米，墓顶砖长108、宽36、厚12厘米。耳室铺地砖长100、宽36、厚12厘米，壁砖分别长126、宽40、厚12厘米，长60、宽40、厚12厘米，长102、宽40、厚12厘米，顶砖分别长102、宽24、厚12厘米，长102、宽12、厚10厘米，门柱砖分别长80、宽36、厚12厘米，长64、宽20、厚12厘米，门楣砖长120、宽14、厚12厘米。封门高120、宽112厘米，门柱砖长94、宽48、厚12厘米，门楣砖长112、宽16、厚13厘米，封门砖长94、宽44、厚13厘米。

葬具可见木棺痕迹，人骨情况不明。随葬4件陶壶，均出土于耳室内（图五三）。

M158

竖穴墓道洞室空心砖墓。方向197°。全墓由墓道、洞室、耳室组成，平面呈"卜"字形。墓道位于墓室南端，口大底小，东、南、西三壁斜收，底部较墓室略窄，呈斜坡状，南高北低。洞室顶中部塌陷，平面呈长方形，直壁，平底，弧顶。墓室西壁前部设一土洞耳室，耳室平面为近半圆形，西壁被M157打破。洞室内修建空心砖室：底部平铺9块空心砖。底砖上东、西两壁以4块空心砖分上下2层，每层2块侧立垒筑；前端各再竖立1块空心砖。西壁前部下层壁砖截断64厘米一段为耳室入口。北壁以2块空心砖上下侧立垒筑。顶砖为8块空心砖平铺。砖室前端于地面横置1根空心砖作为门槛，两侧各竖立侧立1块连柱空心砖作为门柱，门柱上横置1根空心砖作为门楣，2块空心砖并列竖立作为封门。砖纹饰有两种。一种为一排内填四叶纹的菱格纹和一排内饰宽凹圆圈纹的菱格纹相间排列，砖边缘饰极粗绳纹。另一种为内填阳线四叶纹的菱格纹和一排内饰实心四叶纹的菱格纹相间排列。

墓道口残长262、宽110厘米，底长240、宽80厘米，深110～132厘米。洞室长328、宽118、高163厘米。空心砖室长326、宽116、高106厘米。耳室宽120、深95、高40厘米。空心砖：铺地砖长110、宽36、厚12厘米，盖顶及北壁砖长116、宽40、厚13厘米，东、西壁砖长136、宽40、厚13厘米。封门高110、宽114厘米，门柱空心砖长84、宽40、厚13厘米，门槛、门楣砖长110、宽14、厚14厘米，封门空心砖长84、宽40、厚13厘米。

单木棺，220厘米×72厘米。葬式不详。随葬品5件，包括陶罐3、陶盆1、铜釜1件。铜釜及1件陶罐位于墓室前端，其余在耳室内（图五四）。

M156

竖穴墓道洞室空心砖墓。方向195°。由墓道、洞室、耳室组成，平面呈"卜"字形。墓

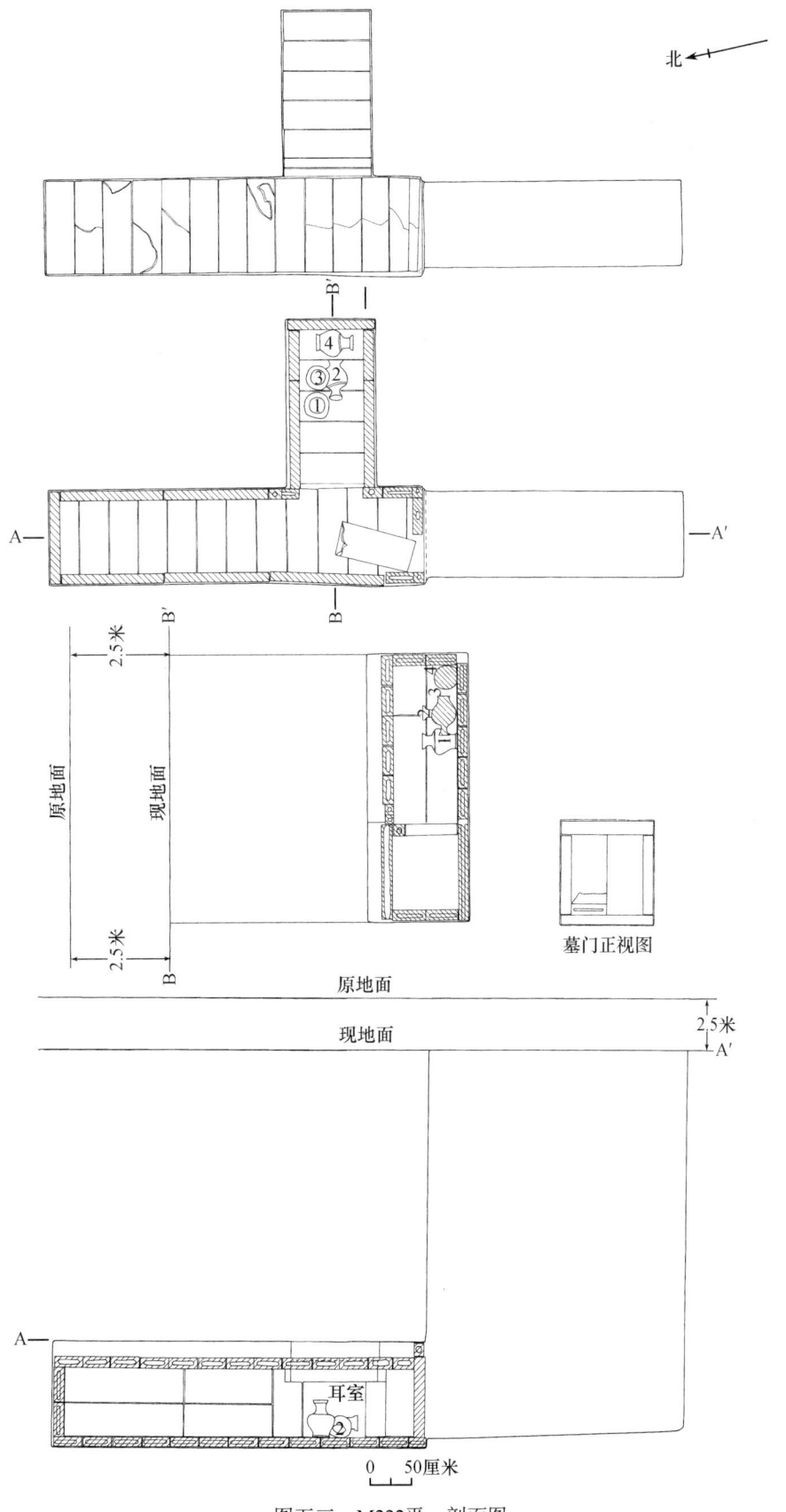

图五三　M222平、剖面图

1~4.陶壶

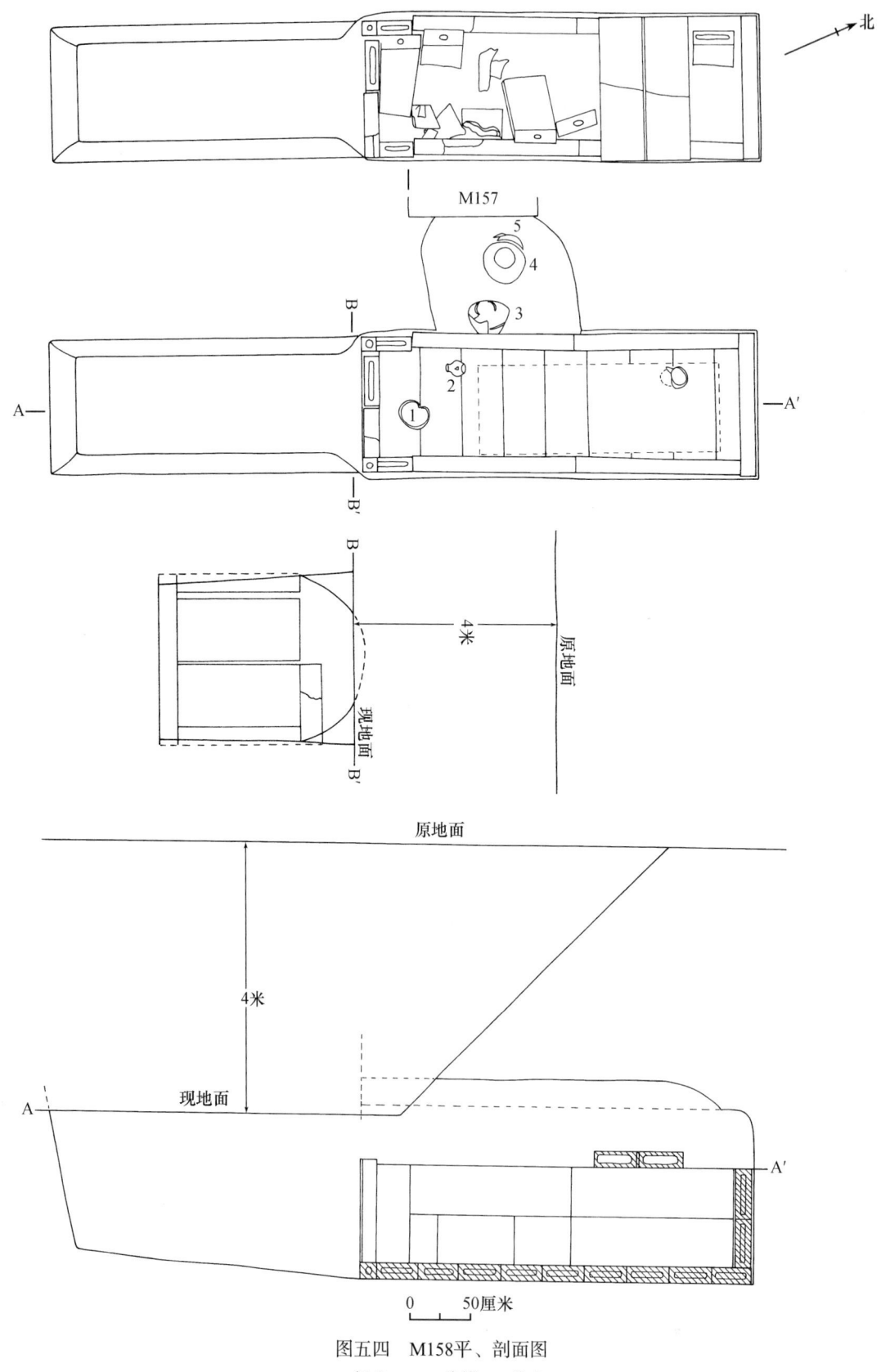

图五四　M158 平、剖面图
1. 铜釜　2~4. 陶罐　5. 陶盆

道位于墓室南端，略窄于墓室，仅清理靠近墓室的一部分。洞室呈长方形，直壁，平底，底低于墓道底14厘米，顶不明。墓室东壁近门处设一方形土洞耳室。洞室内修建空心砖室：底部横向平铺10块空心砖。北端无砖壁。东、西两壁各侧立4块空心砖，上下叠放2层；两壁前部各竖立1块连柱空心砖作为门柱，其上横置1根方柱空心砖作为门楣，中间竖置2块空心砖封门。顶不详。耳室平面略呈长方形，直壁，平底，顶不明，东壁前端下层空心砖截去一段作为耳室门。空心砖花纹有两种，均为斜方格纹宽边，主纹，一种为菱形纹内有四叶纹和水波纹相间排列，另一种为菱形纹内有方格纹和四叶纹相间排列。

洞室长362、宽118厘米、高度不详。空心砖室长356、宽116、高107厘米。耳室宽116、深84厘米、高不详。墓室空心砖：铺地砖长116、宽40、厚15厘米，东、西壁砖长150、宽45、厚14厘米，东壁近耳室砖长44、宽14、厚12厘米。封门高124、宽120厘米，门柱砖长100、宽44、厚14厘米，门楣砖长120、宽13、厚12厘米，封门砖长96、宽45、厚14厘米。

葬具有木棺痕迹。人骨1具，保存不好，北向，仰身直肢。随葬品13件，包括陶罐2、铜鍪1、铜釜1、铜盆1、铜盘1、铜镜1、铜带钩1、铁剑1、铅梳1件，另有漆器3件残朽不能取出。陶罐、铜盘及1件漆器位于耳室内，铜鍪及另2件漆器位于墓室南端近门处，其余器物出土于墓室中北部（图五五）。

三　竖穴墓道洞室小砖墓

30座。均为单主室，部分有耳室。以小砖砌壁，绝大部分为小砖错缝平铺直砌，极少数有以小砖或方砖侧砌者。券顶，均为小砖对缝纵向起券；部分墓葬顶部虽不存，但据墓葬的平面形状仍可知为券顶。铺地砖有方砖和长方砖两类，少数墓葬不用铺地砖。墓道均窄于墓室。根据筑墓所用材料的不同分三型。

A型　11座。墓壁、券顶均用长方小砖。竖穴墓道洞室。有1座墓葬有甬道，4座墓葬有小耳室。在砖壁砌法上，M244为错缝侧立直砌，其余均为错缝平铺直砌。有3座墓葬无铺地砖。铺地砖以方砖居多，有少数长方砖，均为对缝平铺。1座墓葬（M126）为双人葬，其余可知者均为单人葬。包括M2（墓道底呈斜坡状、长方砖铺地、与M1有通道相连），M107（无地砖），M126（墓道底呈斜坡状、墓底由宽长方砖铺地、有甬道），M163（墓道不明、长方砖铺地、小耳室），M227（砖室情况不明），M237（墓道及墓顶不存、小耳室），M239（无地砖），M244（侧砖砌壁、方砖铺地），M245（小耳室、方砖铺地），M246（墓道底有二层台、无铺地砖），M248（小耳室、方砖铺地）。其中M227墓已全毁，填土内有大量残砖及河卵石，可能与迁葬有关。

墓葬举例如下。

M107

竖穴墓道洞室小砖墓，洞室顶部已不存。方向15°。墓道位于墓室北端，口大底小，壁斜收，平底，口与墓室等宽，底窄于墓室。洞室呈长方形，其内修建砖室。砖室东、西两壁由小砖

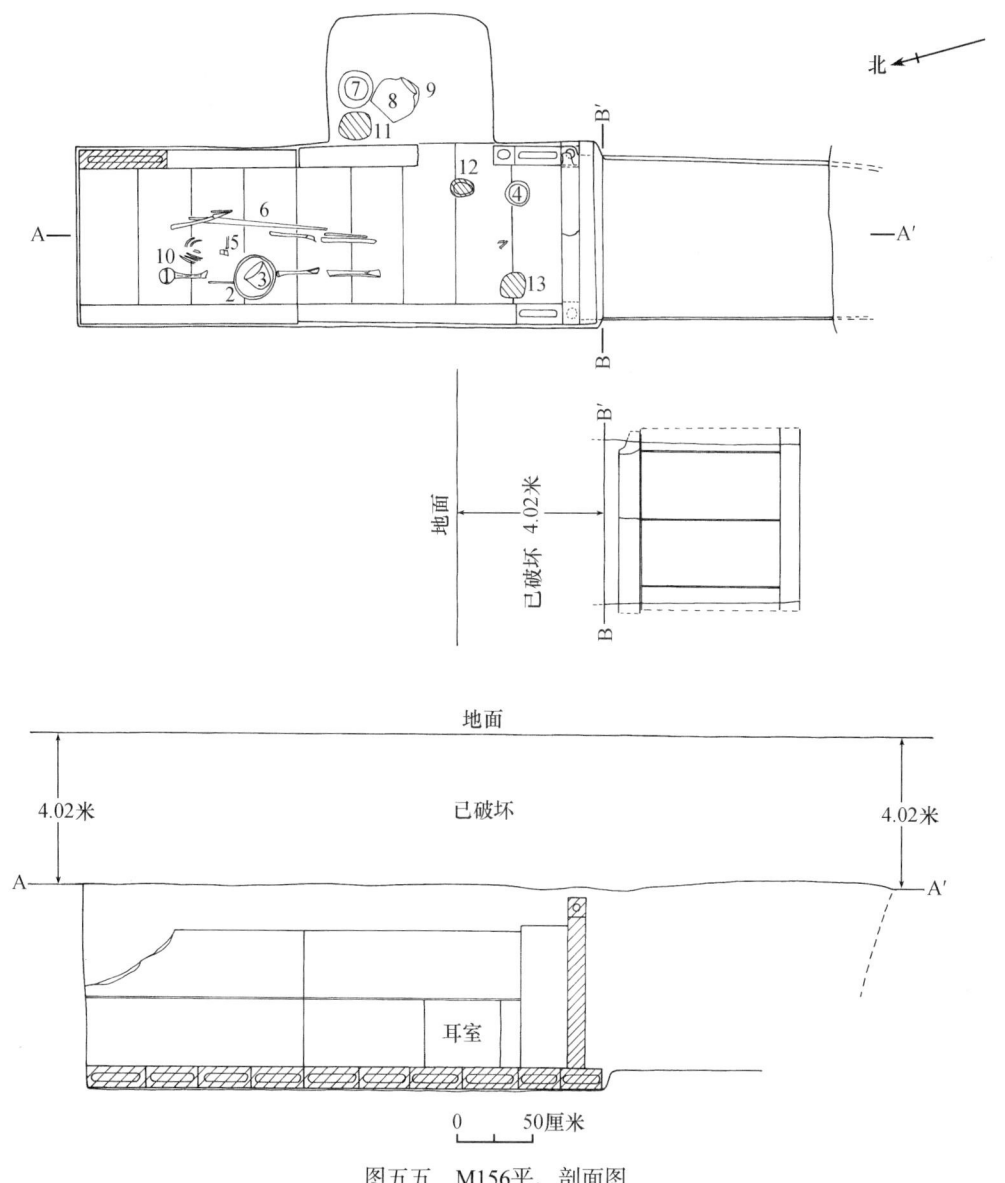

图五五　M156平、剖面图

1.铜镜　2.铜盆　3.铜釜　4.铜鏊　5.铜带钩　6.铁剑　7、8.陶罐　9.铜盘　10.铅梳　11～13.漆器

错缝平砌8层后由小砖竖排对缝起券，南壁由小砖错缝平砌15层，墓底未见铺地砖。封门不详。

墓道口长260、宽120厘米，底长250、宽92厘米，深110厘米。洞室长340、宽120厘米、高不详。砖室长336、宽120、高108厘米，砖墙高58、券顶高50厘米。小砖壁砖长26、宽14、厚6厘米，券砖长38、宽15、厚6厘米。

葬具、人骨不详。随葬品4件，包括陶壶2、陶小壶1、铜釜1件。均位于墓室近门处（图五六）。

M126

竖穴墓道洞室小砖墓，洞室顶部已不存。方向7°。由墓道、甬道和墓室组成。墓道位于甬道北端，壁略斜收，底部北高南低，与甬道等宽。甬道呈近方形。甬道北端由小砖封门，错缝平砌9层，略向外鼓出。洞室呈长方形，直壁，平底，顶不明，其内修建砖室。墓壁以小砖

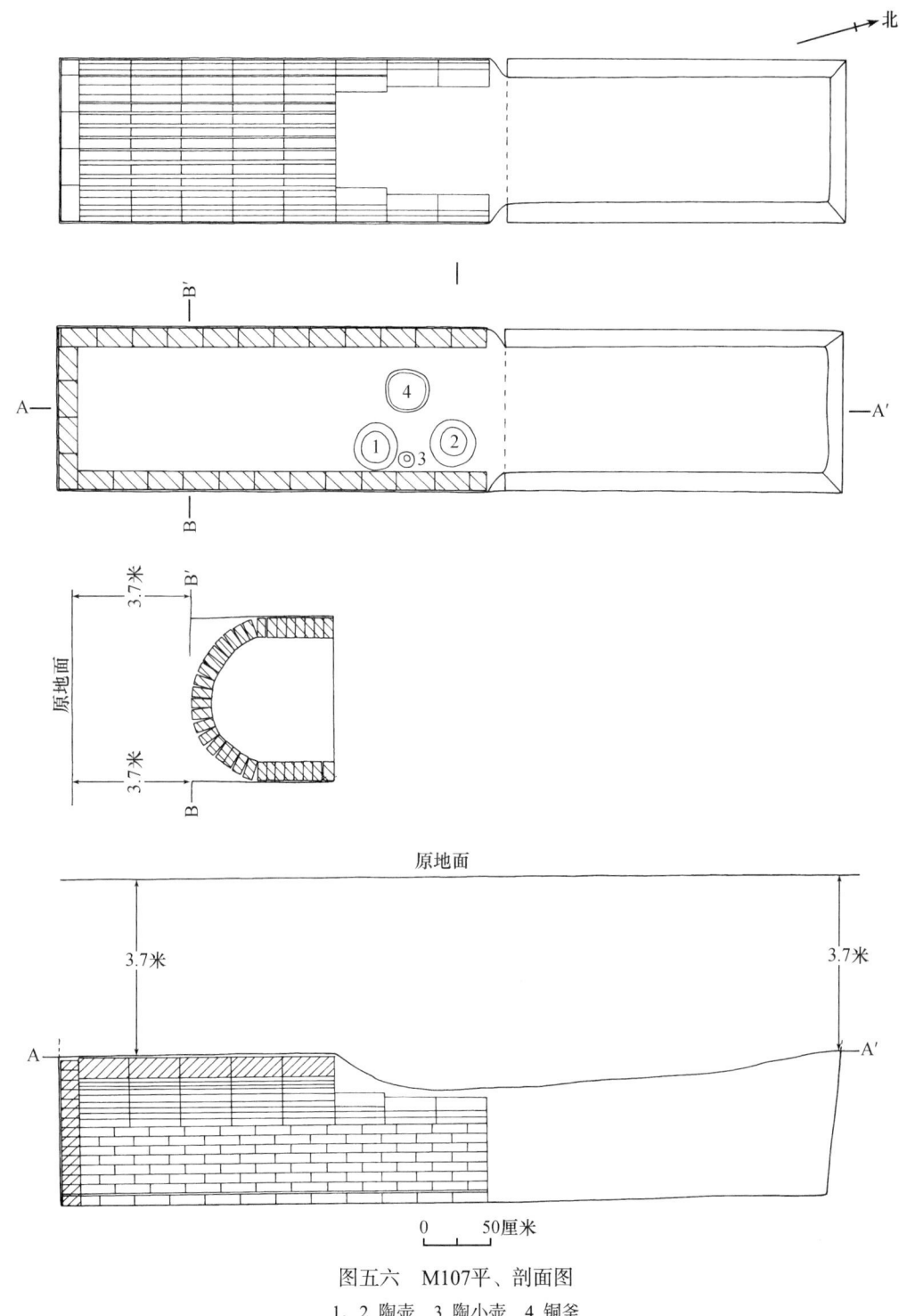

图五六　M107平、剖面图
1、2.陶壶　3.陶小壶　4.铜釜

错缝平铺直砌，东、西两壁残存10层，南壁残存3层。墓顶不存。洞室底部由宽长方砖铺地，南部两排为横排对缝平铺，其北均为竖排对缝平铺。

墓道口长190、宽92厘米，底长170、宽88厘米，深60~95厘米。甬道长80、宽103厘米、高度不详。洞室长540、宽192厘米、高度不详。砖室长530、宽186、残高80厘米。小砖长30、宽12、厚7厘米。铺地砖长38、宽28、厚5厘米。封门残高65、宽112厘米，砖长30、宽12、厚7厘米。

有棺灰痕，130厘米×71厘米。人骨2具，残朽、不详。随葬品31件，包括陶罐4、陶重沿罐2、陶灶1、陶三足盂1件和铜钱23枚。除1件陶重沿罐位于甬道内外，其余遗物散布在墓室内（图五七）。

M244

竖穴墓道洞室小砖墓。方向175°。竖穴墓道位于墓室南部，口大底小，壁斜收，底部南高北低，口与墓室等宽，底窄于墓室。洞室呈长方形，直壁，平底，顶不明，洞室内修建砖室。墓壁东、西、北三壁均由小砖错缝侧砌，残存4层。铺地砖为方砖对缝平铺。封门2层，内层小砖错缝平砌3层后再侧砌2层，外层由小砖错缝平砌7层，壁面向外鼓出，内外门上部不存。

墓道口长210、宽120厘米，底长205、宽100厘米，深100～110厘米。洞室长340、宽123、高153厘米。砖室长330、宽118、残高76厘米。小砖长45、宽15、厚8厘米。铺地砖边长32、厚8厘米。封门残高66、宽124厘米，砖长30、宽14、厚8厘米。

有棺灰痕。人骨1具，仰身直肢，北向。随葬品6件，包括陶壶1、陶罐4、铜镜1件，散布于墓室内（图五八）。

M245

竖穴墓道洞室小砖墓。方向190°。由长方形竖穴土坑墓道、耳室和墓室组成，平面呈"卜"字形。墓道位于墓室南端，窄于墓室，口大底小，壁略斜收，底部平整。洞室呈长方形，弧顶，平底。洞室内修建砖室。墓壁为小砖错缝平铺直砌，东、西两壁平砌10层后由小砖竖排对缝起券，残余2节；北壁由小砖错缝平砌16层。封门不存，结构不详。铺地砖为方砖对缝平铺。墓室西壁近门处设一长方形土洞耳室。砖皆为素面。

墓道口长230、宽100厘米，底长224、宽90厘米，深200厘米。洞室长360、宽150、高142厘米。砖室长348、宽142、高130厘米，砖墙高76、券高54厘米。耳室宽66、深60、高50厘米。小砖长32、宽14、厚6厘米。铺地砖边长33、厚4厘米。

有棺灰痕。人骨不详。随葬品9件，包括陶壶2、陶小壶2、铜镜1、铜钱4件，铜镜、铜钱位于墓室西北部，其余出土于耳室内（图五九）。

M248

竖穴墓道洞室小砖墓。方向185°。由长方形竖穴土坑墓道、耳室和墓室组成，平面呈"卜"字形。墓道位于墓室南端，窄于墓室，口大底小，壁略斜收，底部平整，高于墓室底7厘米。洞室呈长方形，直壁，平底，弧顶。洞室内修建砖室。墓壁由小砖错缝平铺直砌，东、西两壁由小砖错缝平砌12层后由小砖竖排对缝起券，北壁由小砖错缝平砌13层，其上由小砖错缝侧砌2层而成。墓室西壁近门处设一长方形土洞耳室，耳室顶部与墓壁接合处以2块小砖搭"人"字形顶。墓室地面由方砖对缝平铺。封门中间残余1块空心砖竖立，两侧小砖单排顺砌（西存10层、东存11层）。空心砖有纹饰但不详，其余砖为素面。

墓道口长230、宽100厘米，底长220、宽90厘米，深200厘米。洞室长410、宽166、高146

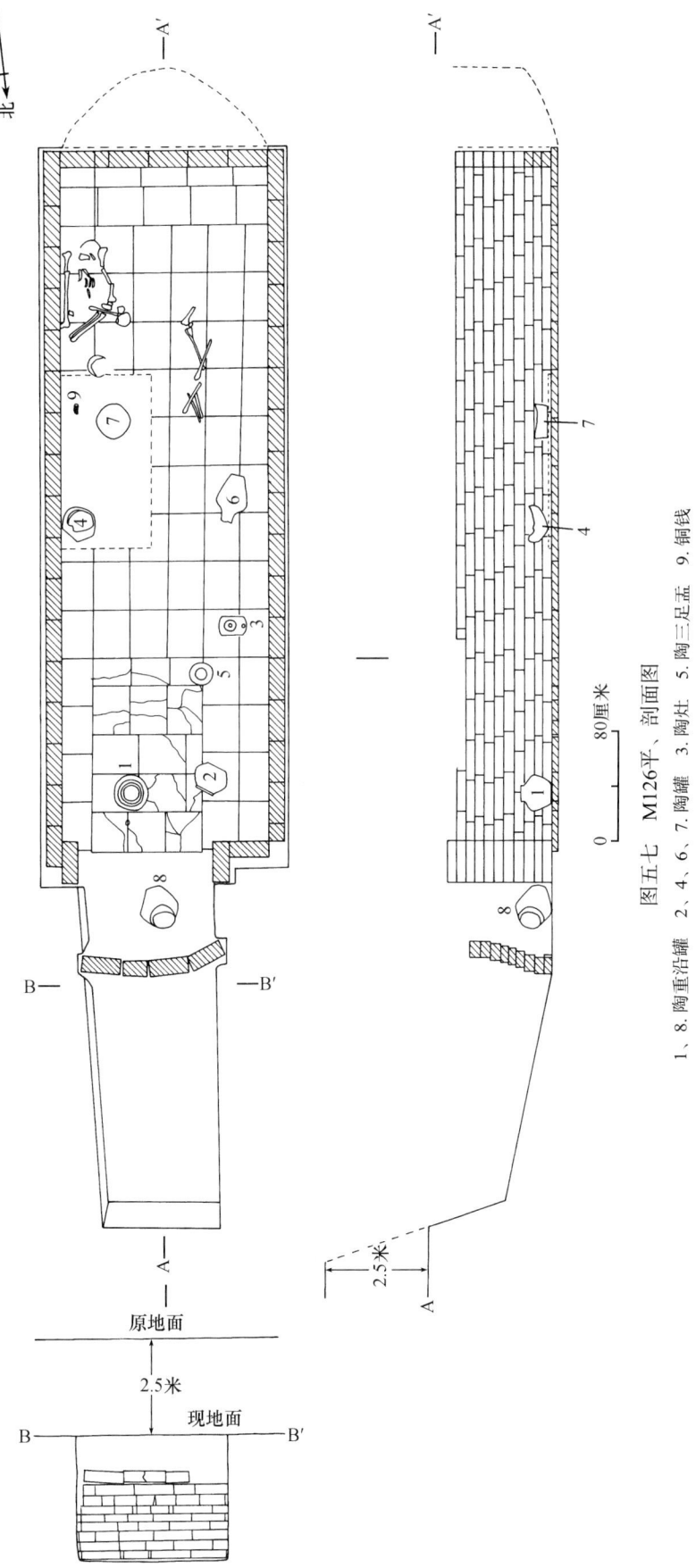

图五七 M126平、剖面图
1、8. 陶重沿罐 2、4、6、7. 陶罐 3. 陶灶 5. 陶三足盂 9. 铜钱

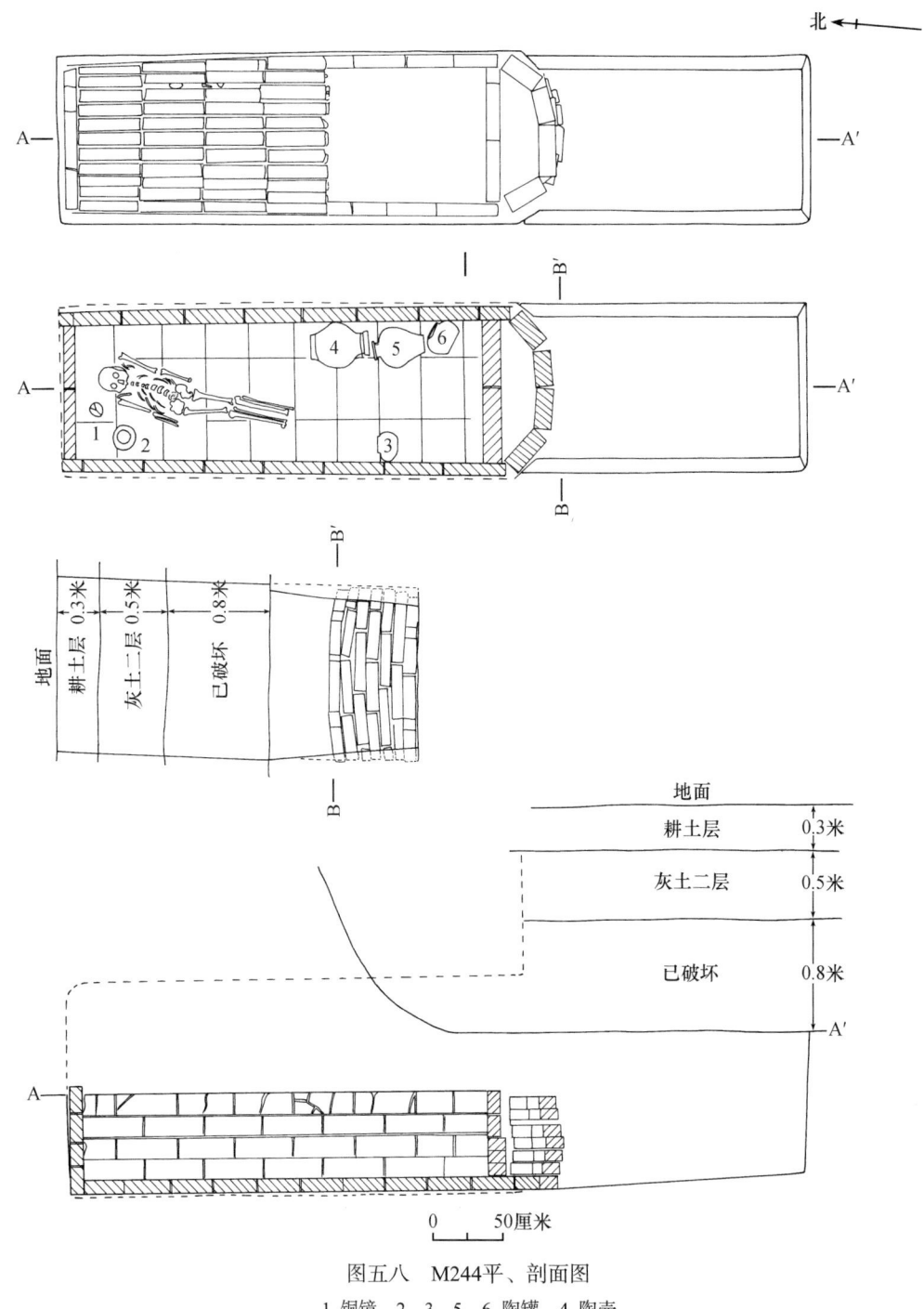

图五八 M244平、剖面图
1.铜镜 2、3、5、6.陶罐 4.陶壶

厘米。砖室长406、宽160、高140厘米,砖墙高97、券顶高44厘米。耳室宽54、深46、高50厘米。小砖长38、宽16、厚7厘米。铺地砖边长32、厚7厘米。封门残高88、宽122厘米,空心砖残长85、宽42、厚11厘米,小砖长36、宽18、厚7厘米。

有棺灰痕。人骨不明。随葬陶器5件,包括壶2、小壶2、罐1件,均出自墓室前部,陶罐及1件小壶在西壁下,其余在东壁下(图六〇)。

B型 9座。由长方小砖砌筑墓壁,子母砖起券。包括M1(墓道底呈斜坡状,墓底方砖

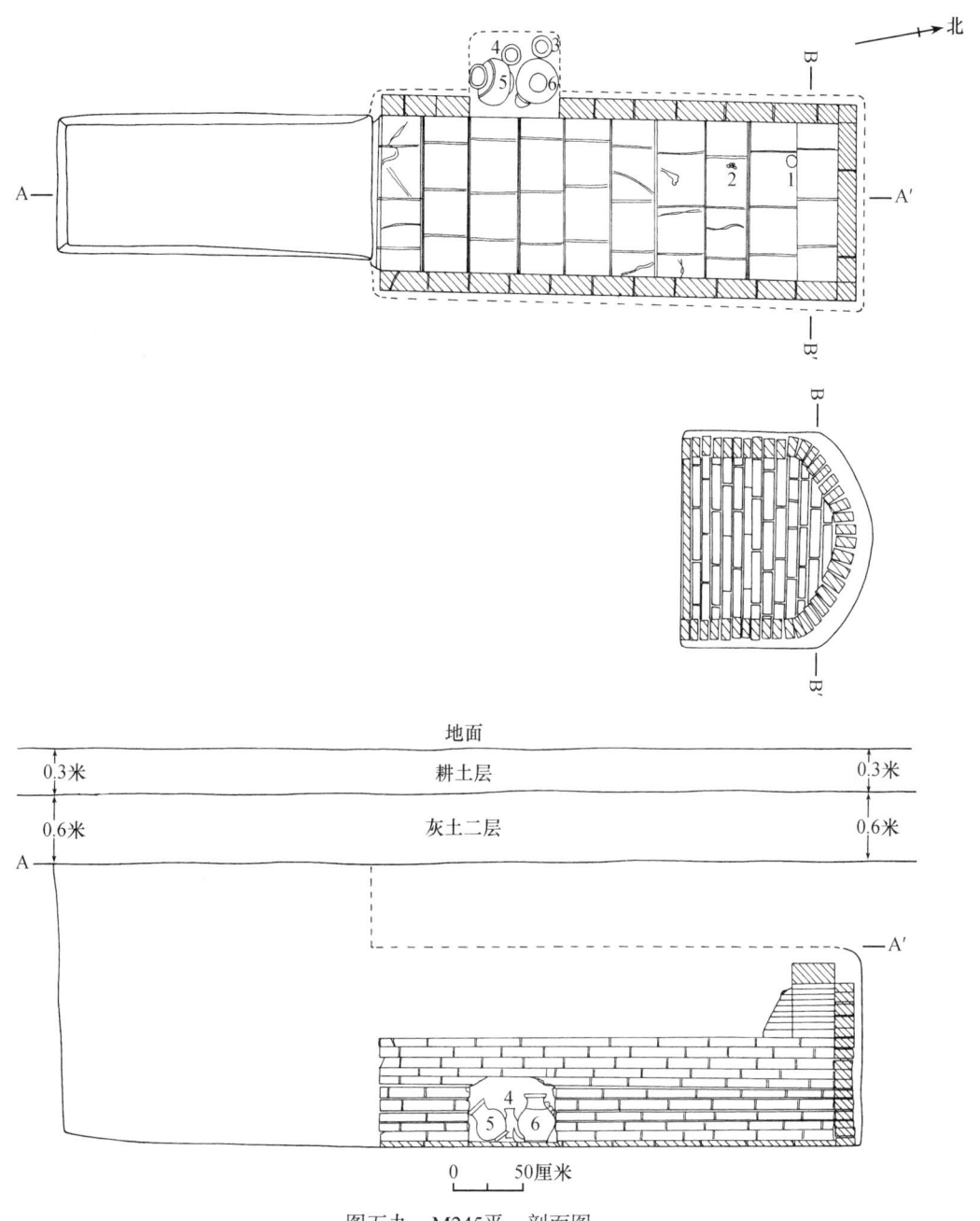

图五九　M245平、剖面图
1.铜镜　2.铜钱　3、4.陶小壶　5、6.陶壶

铺地、与M2有通道相连），M12（有耳室、墓道底略呈斜坡状、长方铺地砖铺法不明），M22（有耳室、墓道底略呈斜坡状、长方砖铺地），M23（墓道底略呈斜坡状、方砖铺地），M161（墓道底略呈斜坡状、长方砖铺地），M179（方砖铺地），M181（长方砖铺地），M199（墓道底呈斜坡状、长方砖铺地），M243（有耳室、方砖铺地）。

墓葬举例如下。

M1

竖穴墓道洞室小砖墓。方向190°。由长方形竖穴墓道、耳室和墓室组成，平面呈"卜"

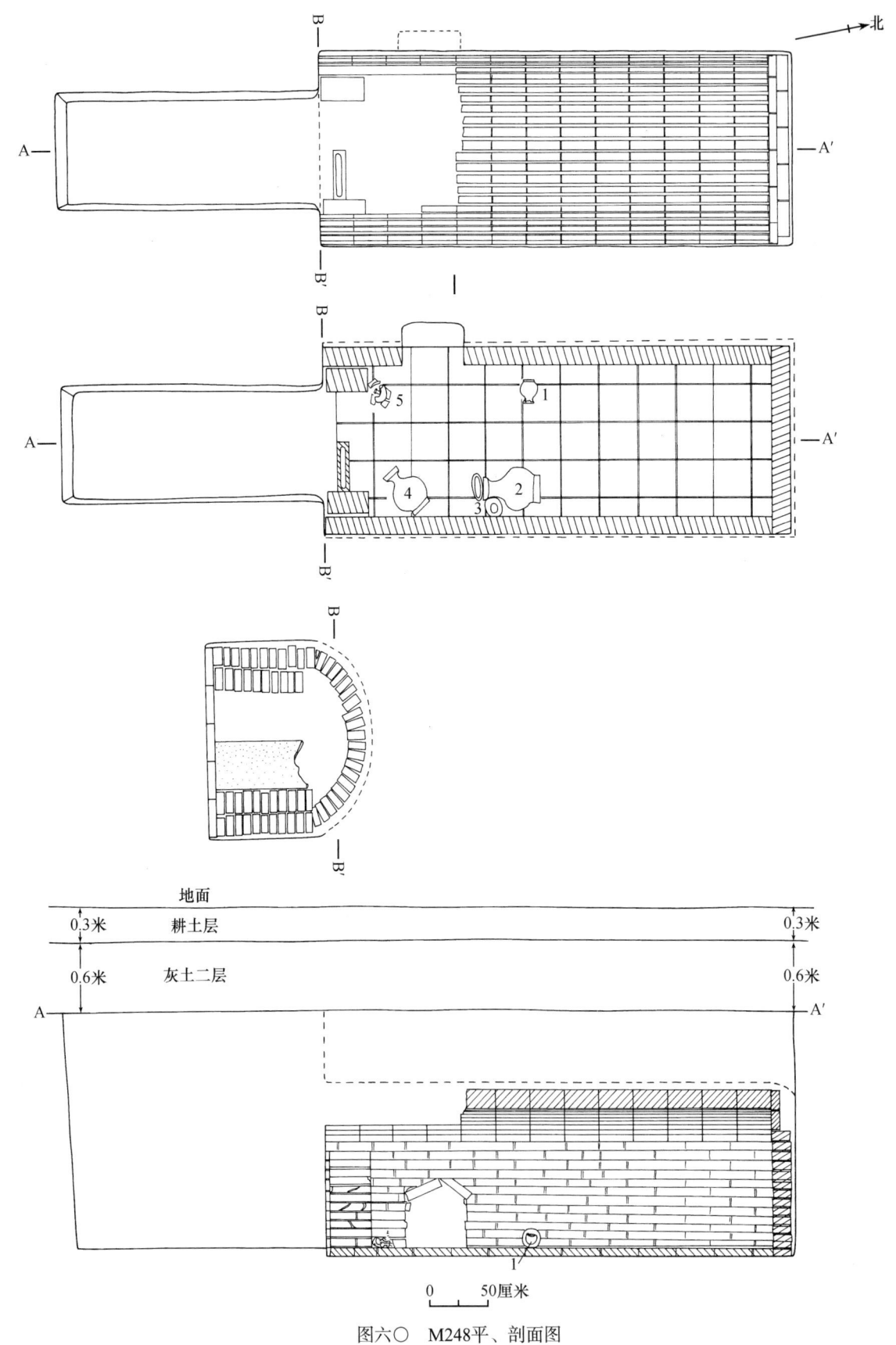

图六〇　M248平、剖面图
1、3. 陶小壶　2、4. 陶壶　5. 陶罐

字形。竖穴墓道位于墓室南端，四壁竖直，南端略窄，北端略宽，底呈斜坡状。洞室呈长方形，直壁，平底，弧顶。洞室内修建砖室。墓壁以长方小砖错缝平铺直砌，东、西壁平砌9层后以子母砖竖排对缝起券，12节。北壁平砌15层。墓底由方砖对缝平铺。墓室东壁近门处设一土洞耳室，与M2相通，耳室东、西壁以小砖平砌而成，顶部以两小砖搭成"八"字形封顶。由小砖封门，单层，下部5层错缝平砌，上部5层一顺一丁，共10层。墓砖为素面。

墓道口长224、宽84～94厘米，底长228、宽84～94厘米，深224～254厘米。耳室宽52、深48、高48厘米。墓室：洞室长383、宽134、高121厘米，砖室长353、宽125、高112厘米，砖墙高60、券顶高50厘米。子母砖长32、宽12、厚8厘米，铺地砖边长30、厚4厘米，小砖长24、宽16、厚6厘米。封门高94、宽90厘米，封门砖长26、宽12、厚6厘米。

葬具不详。人骨1具，仰身直肢，北向。随葬品9件，包括陶小壶2、陶罐2、铜釜1件和铜钱4枚。墓室东南角出土陶罐1件，墓室南部出铜釜1件，骨架右臂骨内侧出铜钱2枚，耳室内出土陶罐1件、陶小壶2件（图六一）。

M12

竖穴墓道洞室小砖墓。方向190°。由长方形竖穴墓道、耳室和墓室组成，平面呈"卜"字形。墓道位于墓室南端，四壁略斜收，平底略微向北倾斜，墓道尽头高出墓室底18厘米。洞室呈长方形，直壁，平底，弧顶。洞室内修建砖室：东、西两壁由小砖错缝平砌10层后用子母砖竖排对缝起券，共9节；北壁用子母砖双排侧立4层后，再在其上用小砖双排侧立1层后平砌2层。墓室由小砖铺地，方式不详。墓室西壁中段设一土洞耳室，耳室顶部与墓壁接合处以2块小砖搭成"人"字形顶。封门用小砖错缝平砌，存17层。墓砖为素面。

墓道口长242、宽100～116厘米，底长236、宽90～102厘米，深95厘米。耳室宽58、深30、高72厘米。墓室：洞室长336、宽122、高139厘米，砖室长318、宽118、高131厘米，砖墙高84、券顶高40厘米。子母砖券砖长38、宽14、厚6厘米，北壁砖长34、宽20、厚8厘米；小砖长36、宽14、厚6厘米。封门高120、宽104～120厘米，封门砖长32、宽12、厚6厘米。

有棺灰痕。人骨1具，残朽不明。随葬品40件，包括陶壶2、陶小壶2、铜釜1、铜镜1件和铜钱34枚。墓室东北角出土铜钱、铜镜，墓室中部出土陶壶2件，墓室东南角出土陶小壶2件、铜釜1件（图六二）。

M199

竖穴墓道洞室小砖墓。方向190°。墓道位于墓室南端，窄于墓室，口大底小，壁斜收，底部南高北低。洞室呈长方形，直壁，平底，弧顶。洞室内修建砖室：壁以长方小砖错缝平铺直砌，东、西两壁由小砖错缝平砌10层后用子母砖竖排对缝起券，共12节；北壁由小砖错缝侧砌7层而成；底部由小砖竖排对缝平铺。封门由小砖错缝平砌15层。

墓道口长250、宽106～113厘米，底长230、宽90厘米，深90～150厘米。墓室：洞室长364、宽124、高130厘米，砖室长351、宽120、高110厘米，砖墙高66、券顶高44厘米。小砖长28、宽14、厚6厘米，子母砖长30、宽14、厚6厘米，铺地砖长28、宽14、厚6厘米。封门高90、宽95厘米，砖长28、宽14、厚6厘米。

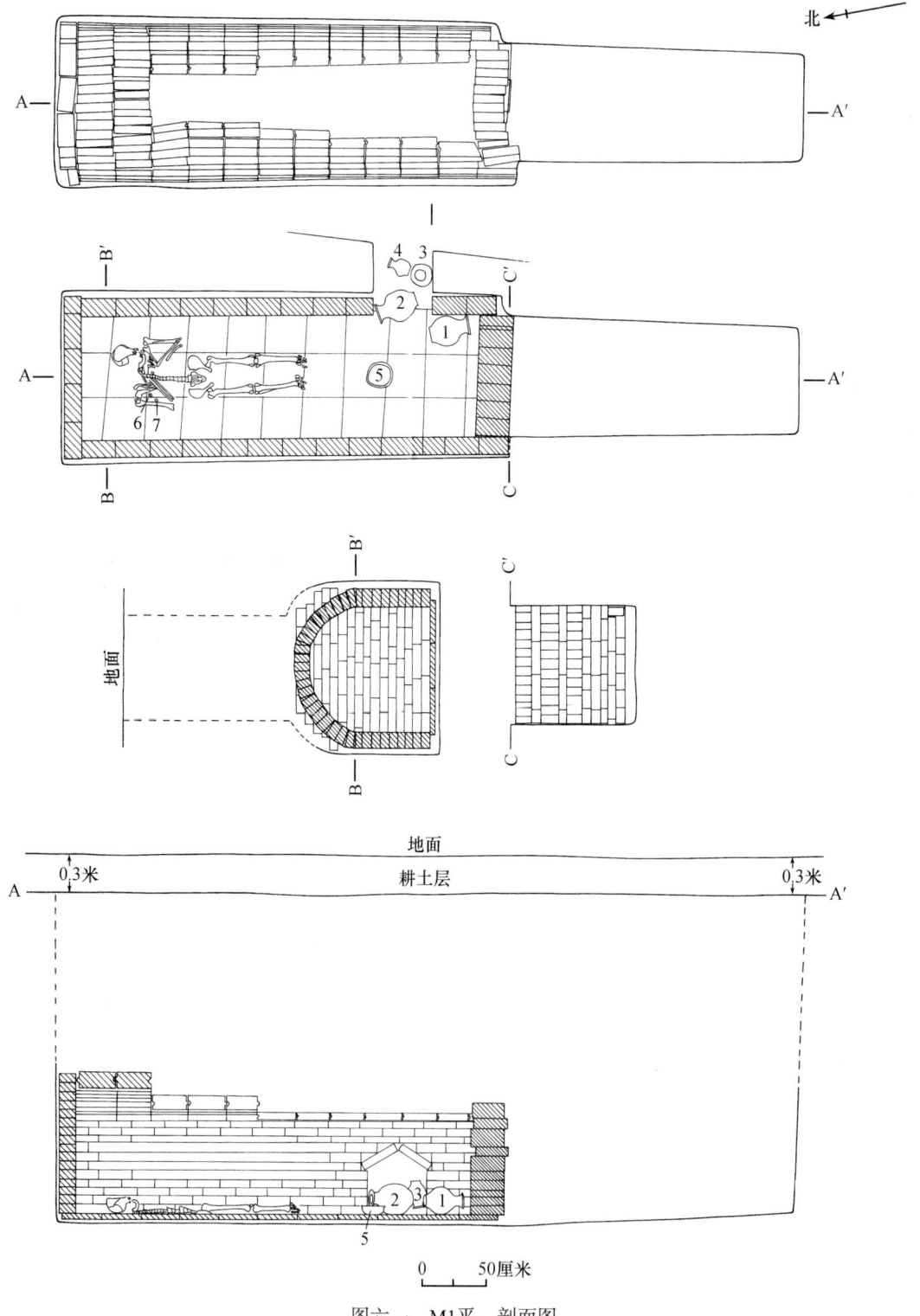

图六一 M1平、剖面图

1、2. 陶罐 3、4. 陶小壶 5. 铜釜 6、7. 铜钱

第二章 墓葬形制

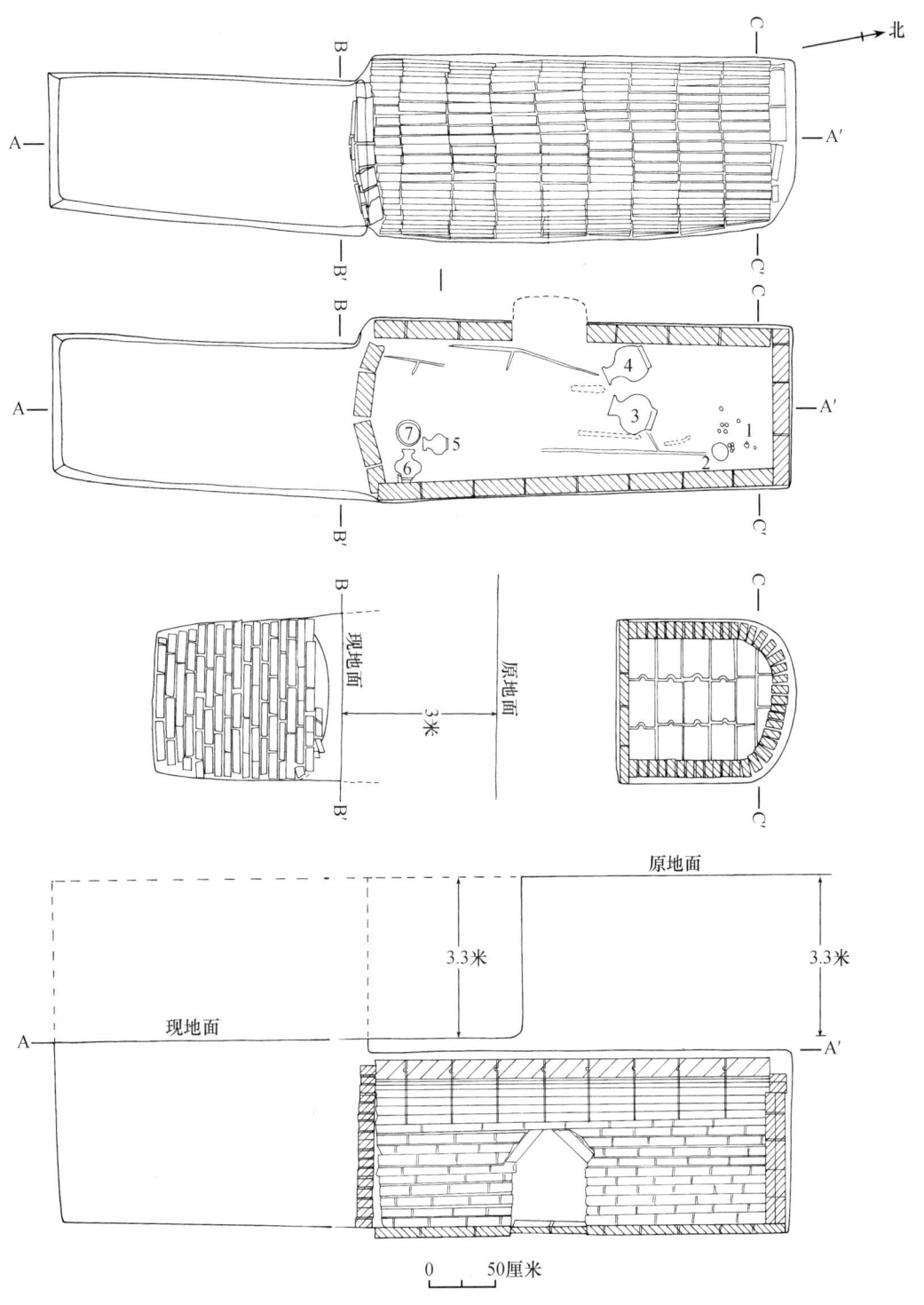

图六二 M12平、剖面图
1.铜钱 2.铜镜 3、4.陶壶 5、6.陶小壶 7.铜釜

单木棺，长200、宽60厘米、高度不详。人骨1具，仰身直肢，北向。随葬品5件，包括陶壶2、陶罐2、铜釜1件。陶罐位于墓室南端，人骨架脚骨附近；铜釜位于墓室中部，骨架盆骨位置；陶壶位于墓室北端（图六三）。

M243

竖穴墓道洞室小砖墓。方向170°。由长方形竖穴土坑墓道、耳室和墓室组成。墓道位于墓室南端，窄于墓室，口大底小，壁略斜收，底部平整。墓室上部不存，推测应为洞室。墓室

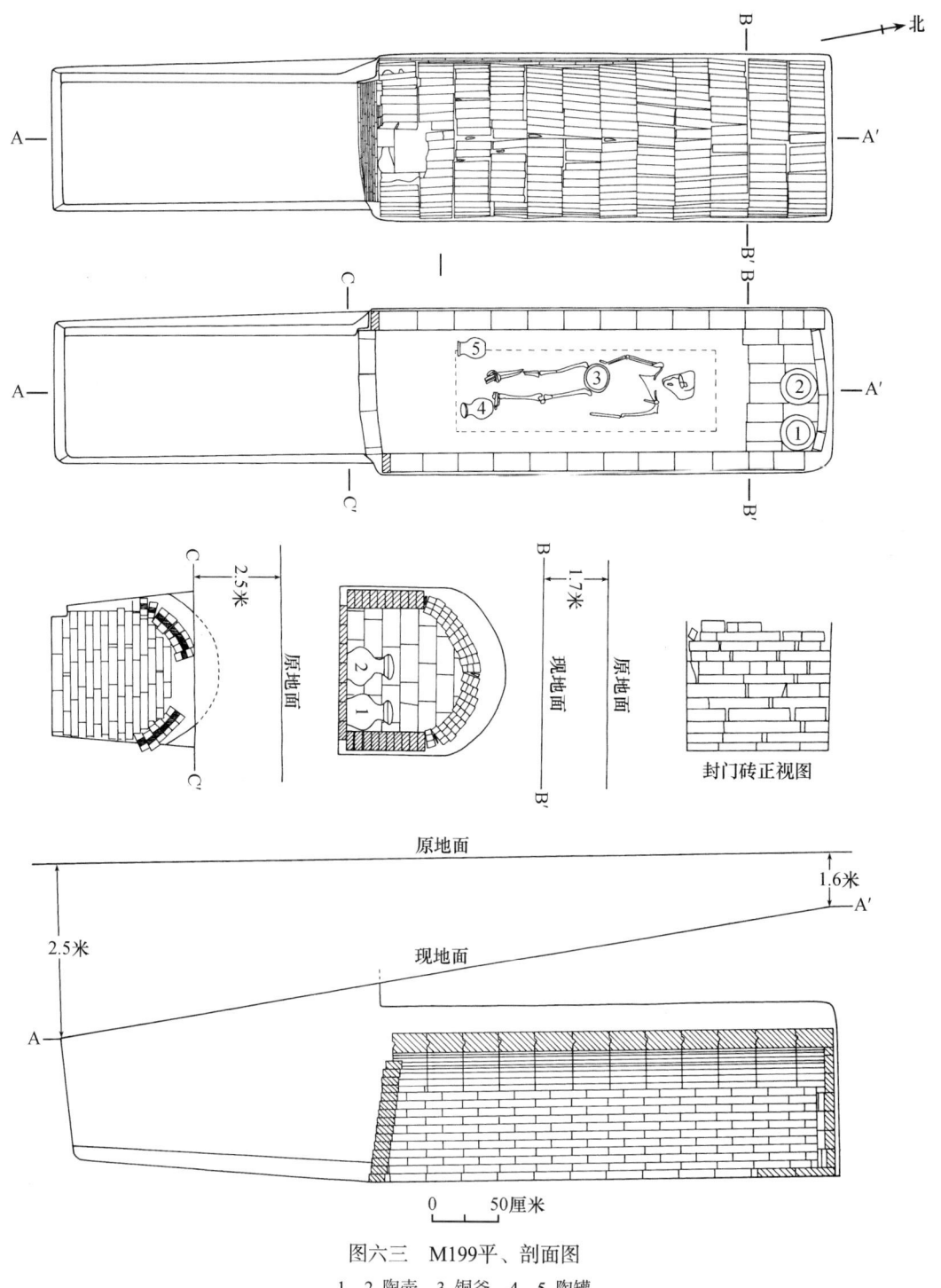

图六三　M199平、剖面图
1、2.陶壶　3.铜釜　4、5.陶罐

底修建砖室：墓壁以长方小砖错缝平铺直砌，东、西两壁由小砖错缝平砌12层后用子母砖竖排对缝起券，共11节；北壁由小砖错缝平砌19层；墓室底部由方砖对缝平铺。墓室西壁近门处设一长方形砖筑耳室，耳室南、北两壁由小砖错缝平砌5层后用子母砖竖排对缝起券，共3节；西壁由小砖错缝平砌11层而成；耳室无铺地砖。封门由小砖错缝平砌，存16层。砖均为素面。

墓道口长230、宽106厘米，底长215、宽96厘米，深106厘米。耳室：洞室宽124、深126、高100厘米，砖室宽118、深124、高85厘米，砖墙高40、券顶高45厘米。墓室：洞室长408、宽170、高176厘米，砖室长380、宽138、高172厘米，砖墙高106、券顶高66厘米。小砖长35、宽15、厚7厘米，子母砖长38、宽13、厚7厘米，铺地砖边长30、厚7厘米。封门高113、宽102厘米，砖长42、宽14、厚8厘米。

有棺灰痕。人骨不明。随葬品4件，包括陶壶2、陶小壶1、铜镜1件。铜镜出自墓室西北角，陶壶均出自耳室内，陶小壶在耳室门口（图六四）。

C型　10座。墓壁、券顶均用子母砖。包括M3（墓室特宽、有甬道、由长方砖及方砖铺地）、M34（墓壁侧砌、无地砖）、M39（方砖铺地、砌壁、壁侧砌、小耳室）、M105（墓道不明、无地砖）、M131（墓道、墓顶不明，长方砖铺地）、M173（斜墓道，底呈斜坡状、方砖铺地、空心砖封门）、M202（有甬道偏向一侧）、M210（墓道不明、长方砖铺地）、M212（有甬道、竖穴墓道底有台阶）、M250（方砖铺地、小耳室）。

墓葬举例如下。

M3

竖穴墓道洞室小砖墓。方向165°。由长方形竖穴土坑墓道、甬道、墓室组成。竖穴墓道位于墓室南端偏西，不在正中位置，四壁竖直，底部呈斜坡状，南高北低。洞室呈长方形，直壁，平底，顶不存。洞室内修建砖室：砖室呈"凸"字形，前部有极短的甬道。墓壁由子母砖错缝平铺直砌，东、西两壁由子母砖错缝平砌21层后用子母砖竖排错缝起券，残余8节；北壁由子母砖错缝平砌；墓室地面用长方砖和方砖对缝平铺，残损，仅见墓底四边残余一圈。由小砖错缝平砌封门，单层，多用残砖铺砌，上半部被破坏，残存12层，底部4层完整。墓砖为素面。

墓道长222、宽118、深270~300厘米。甬道长44、宽115、残高170厘米。墓室：洞室长646、宽268、高304厘米，砖室长642、宽264、高220厘米，砖墙高118、券顶高90厘米。子母砖长44、宽16、厚8厘米，铺地长条砖长40、宽20、厚5厘米，方砖边长40、厚5厘米。封门高95、宽116厘米，封门砖长32、宽18、厚8厘米。

葬具及人骨不明。随葬品22件，包括釉陶壶1、陶罐6、陶樽1、陶灶1、铜钱13件，主要出土于扰土中（图六五）。

M34

竖穴墓道洞室小砖墓。方向5°。墓道位于墓室北部，略窄于墓室，壁略外张，底部略呈斜坡状。洞室呈长方形，直壁，平底，顶不明。砖室东、西两壁用子母砖错缝侧砌4层后用子母砖对缝竖排起券，共7节；由小砖侧立砌后壁，共7层；墓底铺砖情况不详。封门由小砖错缝平砌，存10层，壁面向外鼓出。

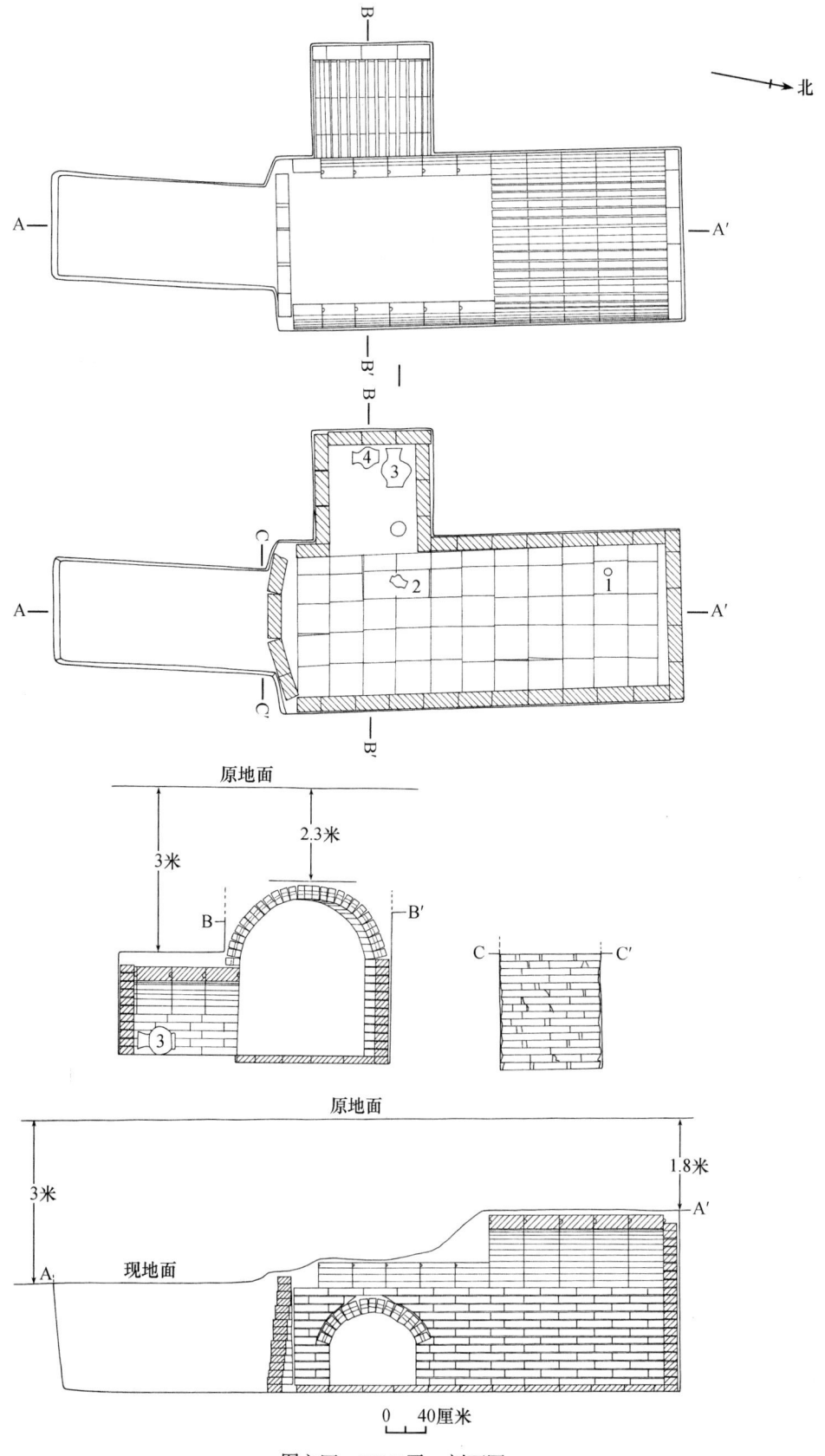

图六四 M243平、剖面图

1. 铜镜 2. 陶小壶 3、4. 陶壶

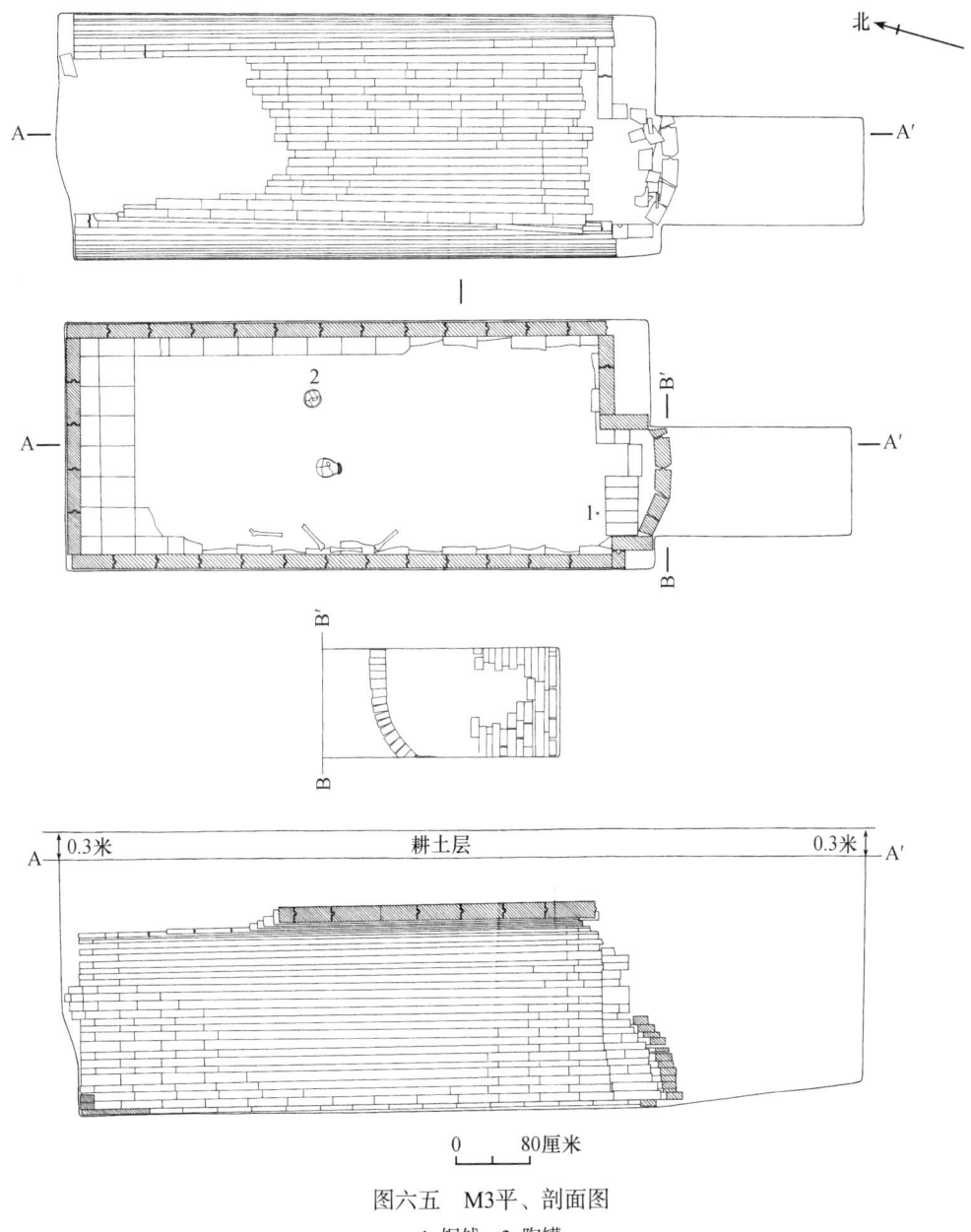

图六五　M3平、剖面图
1. 铜钱　2. 陶罐

墓道口长234、宽98厘米，底长240、宽104厘米，深160～170厘米。墓室：洞室长362、宽130、高175厘米，砖室长340、宽126、高120厘米，砖墙高71、券顶高45厘米。子母砖长46、宽18、厚8厘米。封门高85、宽100厘米，封门砖长32、宽17、厚8厘米。

葬具及人骨不明。无随葬品（图六六）。

M39

竖穴墓道洞室小砖墓。方向185°。全墓由墓道、墓室、耳室组成，平面呈"卜"字形。墓道位于墓室南端，四壁竖直，近平底，北部略低于南部。洞室呈长方形，直壁，平底，顶略弧。洞室内修建砖室：砖室呈长方形，东、西两壁由方形子母砖侧立3层（下面2层对缝，上面1层与下面错缝），其上由长子母砖对缝竖排起券，共10节；后壁（北）以小砖（多碎砖）错

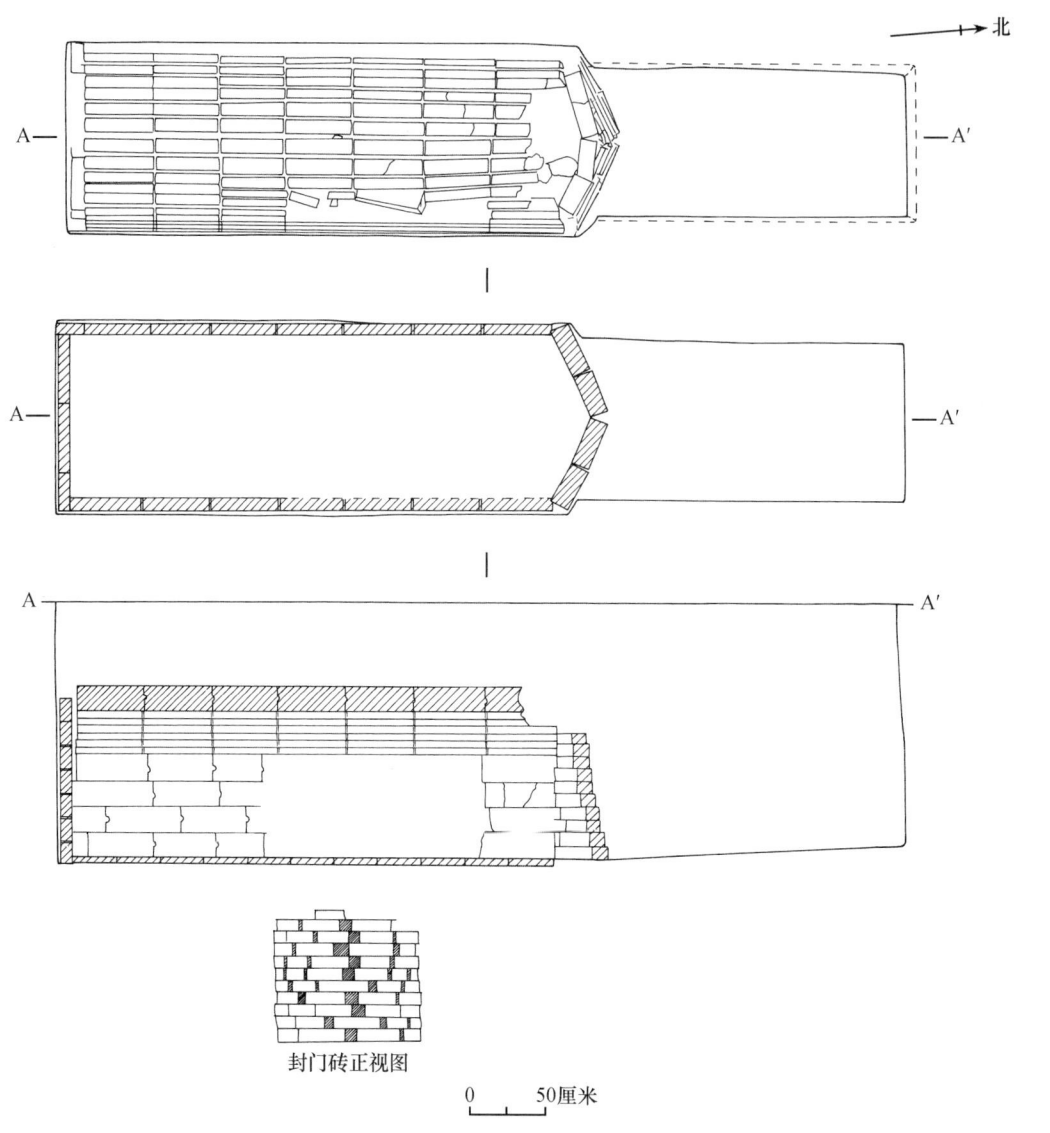

图六六 M34平、剖面图

缝平铺直砌16层；墓底由方形子母砖对缝平铺。墓室东壁近门处设一耳室，耳室仅北壁由方形子母砖侧立砌成。封门由小砖（多碎砖）错缝平砌16层。墓砖为素面。

墓道口长240、宽100厘米，底长240、宽100厘米，深170～180厘米。耳室长40、宽30、高55厘米。墓室：洞室长342、宽120、高208厘米，砖室长330、宽118、高124厘米，砖墙高82、券顶高34厘米。子母砖铺地砖长38、宽30、厚8厘米，壁砖分别长38、宽30、厚8厘米，长38、宽16、厚8厘米。封门高110、宽110厘米，小砖长29、宽18、厚6厘米。

葬具不明。人骨1具，仰身直肢，南向。随葬4件陶器，包括小壶1、罐3件。陶小壶位于墓室西北部，墓室中部偏南出土陶罐2件，耳室内出土陶罐1件（图六七）。

M173

竖穴墓道洞室小砖墓。方向184°。墓道位于墓室南端，窄于墓室，与墓室不在一条直线上，折向西南方向，东、西两壁略有斜收，底部南高北低。洞室呈长方形，平底，顶不存。洞

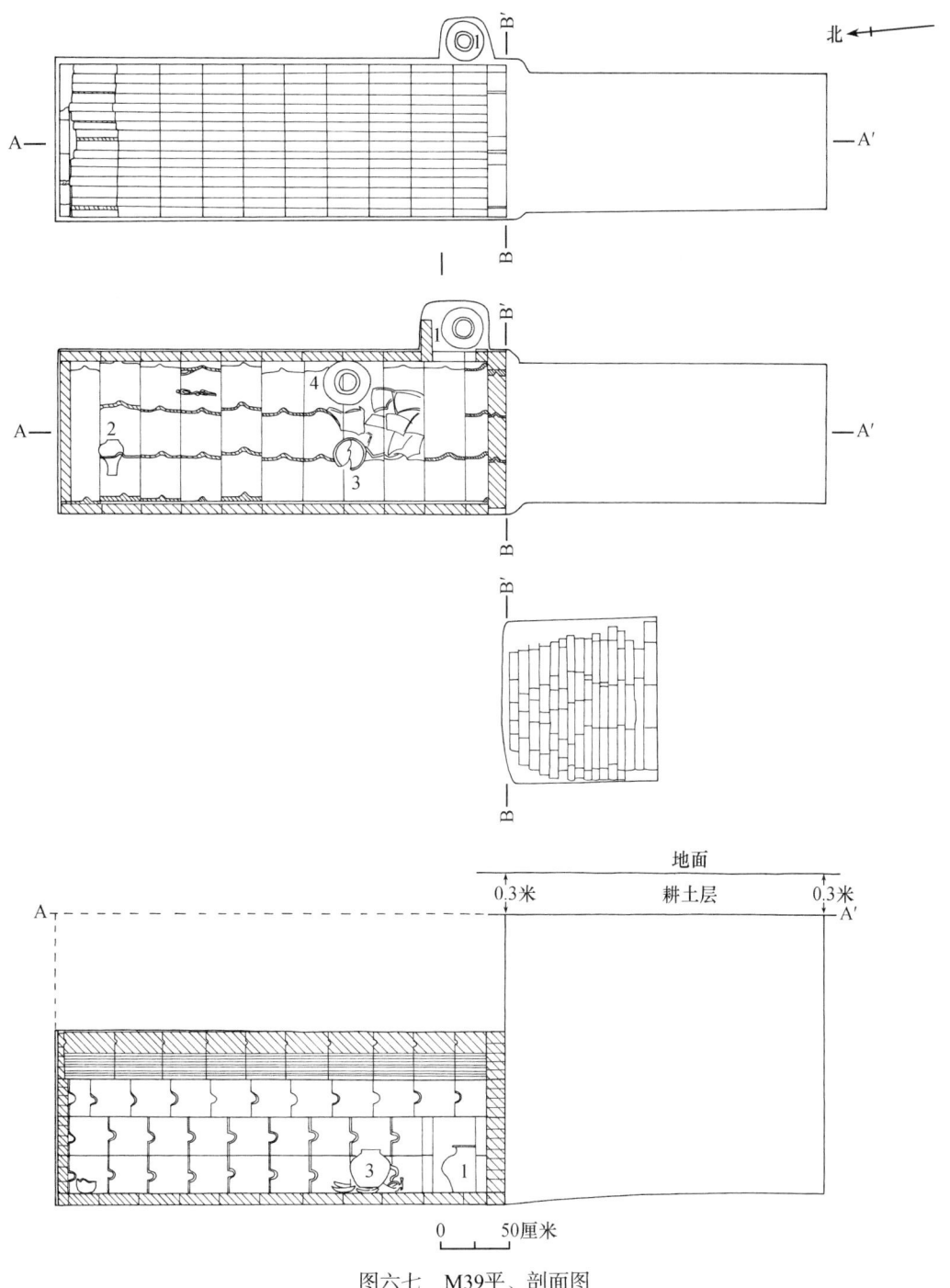

图六七 M39平、剖面图
1、3、4. 陶罐 2. 陶小壶

室内修建砖室：砖室呈长方形，墓壁以子母砖错缝平铺直砌，东、西两壁由子母砖错缝平砌10层后用子母砖竖排对缝起券，共9节；北壁残存13层；墓底由方砖对缝平铺。封门两侧以残砖错缝平砌11层作为门柱，中间竖立2块空心砖封门。

墓道口长220、宽80厘米，底长220、宽75厘米，深190厘米。墓室：洞室长396、宽160厘米、高不详，砖室长372、宽154、高108厘米，砖墙高75、券顶残高33厘米。子母砖长38、宽16、厚6厘米,铺地砖边长30、厚7厘米。封门高98、宽156厘米,封门砖长91、宽40、厚12厘米。

葬具及人骨不明。随葬品12件,包括陶壶4、陶小壶4、陶罐1、陶器盖1、铜镜1、骨片1件,散落于墓室内(图六八)。

M202

竖穴墓道洞室小砖墓。方向12°。竖穴墓道未发掘。洞室呈刀形,直壁,平底,顶不详。洞室内修建砖室:砖室呈刀形,由甬道和墓室组成,甬道偏于东侧,墓壁均用子母砖错缝平铺直砌。甬道东、西两壁由子母砖错缝平砌9层,顶部结构不详。墓室东、西两壁由子母砖错缝平砌19层后用子母砖竖排对缝起券,残余7节;南壁由小砖错缝平砌,存20层。甬道和墓室底部均由小砖横排对缝平铺而成。封门由子母砖错缝平砌,存12层,略向外弧出。

甬道:洞室长114、宽143厘米、高度不详,砖结构残长102、宽138、残高60厘米。墓室:

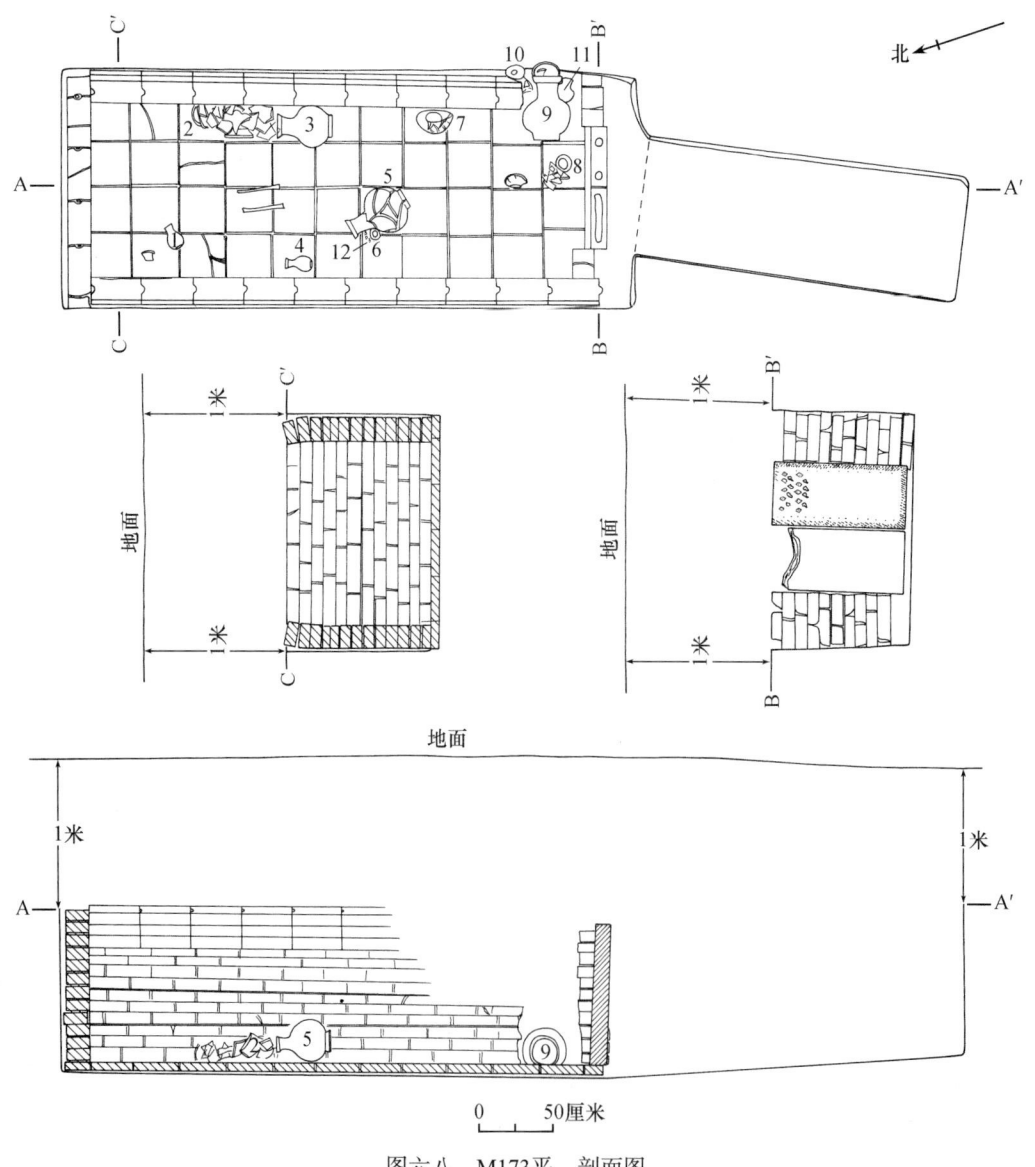

图六八　M173平、剖面图

1、4、10、11.陶小壶　2、3、5、9.陶壶　6.铜镜　7.陶器盖　8.陶罐　12.骨片

洞室长458、宽234厘米、高度不详，砖室长453、宽227、残高162厘米，砖墙高124、券顶残高44厘米。小砖长42、宽14、厚6厘米，子母砖长44、宽14、厚6厘米，铺地砖长42、宽14、厚6厘米。封门残高72、宽124厘米，砖长42、宽14、厚6厘米。

有棺灰痕。人骨不明。随葬陶器12件，包括罐4、灶1、井1、磨1、猪圈1、猪1、狗1、鸡2件，均出于填土中（图六九）。

M212

竖穴墓道洞室小砖墓。方向185°。由墓道、甬道和墓室组成。墓道位于墓室南端，与甬道等宽，平面略呈靴形，两壁竖直，最南端有两级阶梯，底部近平。洞室呈"凸"字形，直壁，平底，顶不明。洞室内修建砖室：砖室呈"凸"字形，由甬道和墓室组成，墓壁均由子母砖错缝平铺直砌。甬道东、西两壁由子母砖错缝平砌10层后用子母砖竖排对缝起券，共4节。墓室东、西两壁由子母砖错缝平砌12层后用子母砖竖排对缝起券，共9节；北壁由子母砖错缝平砌24层。甬道和墓室铺地砖均由小砖竖排错缝平铺，甬道和墓室交界处平置横铺一排小砖。甬道口有内外2层封门，内封门用小砖错缝平砌12层；外封门用小砖和子母砖混合错缝平砌19层，壁面向外鼓出。少数子母砖有斜方格纹和抹断菱形纹两种花纹，余为素面。

墓道长256、宽112～146、深140～190厘米，阶梯下层长130、宽50、高20厘米，上层长146、宽16、高30厘米。甬道长124、宽128、高124厘米。墓室：洞室长420、宽220厘米、高度不详，砖室长400、宽198、高192厘米，砖墙高102、券顶高90厘米。子母砖长46、宽13、厚8厘米，铺地砖长40、宽14、厚8厘米。封门：内封门高104、宽96厘米，砖长38、宽13、厚7厘米；外封门高158、宽109厘米，砖长42、宽13、厚7厘米。

葬具及人骨不明。随葬品127件，包括高温釉陶壶1、陶罐14、陶仓2、陶灶（含模型釜、模型甑、模型盆）1、陶井1、铜削1、铜镞1、琉璃珠1件，以及铜钱105枚。4件陶罐及铜削出土于甬道，4件陶罐及铜镞出土于填土中，其余均出土于墓室内前部（南部）（图七〇）。

四　竖穴墓道洞室小砖与空心砖合筑墓

1座。小砖、空心砖混筑。包括M236。

M236

竖穴墓道洞室小砖与空心砖混筑墓。方向187°。由墓道、墓室和耳室组成。墓道位于墓室南端，窄于墓室，壁竖直，平底。洞室呈长方形，直壁，平底，弧顶。洞室内修建砖室：墓壁以小砖错缝平铺直砌，东、西两壁由小砖错缝平砌10层后用小砖竖排对缝起券，节数不详；北壁结构不明；墓底由长方形砖竖排对缝平铺。墓室东壁近门处设有一长方形空心砖筑耳室，南、北两壁各侧立2层共4块空心砖，东壁由2块空心砖侧立垒叠而成，顶部不详（似无顶）；耳室地面无铺地砖。耳室与墓壁交接处顶部横置1块长条空心砖作为门楣。墓门上方横置1块长条花纹砖作为门楣，门楣上由小砖错缝平砌3层，其下以3块空心砖并列竖立作为封门。门楣砖有花纹：中间为九个菱形横列，每个菱形中央有一圆圈，菱形两侧为水波纹，其外是短斜线

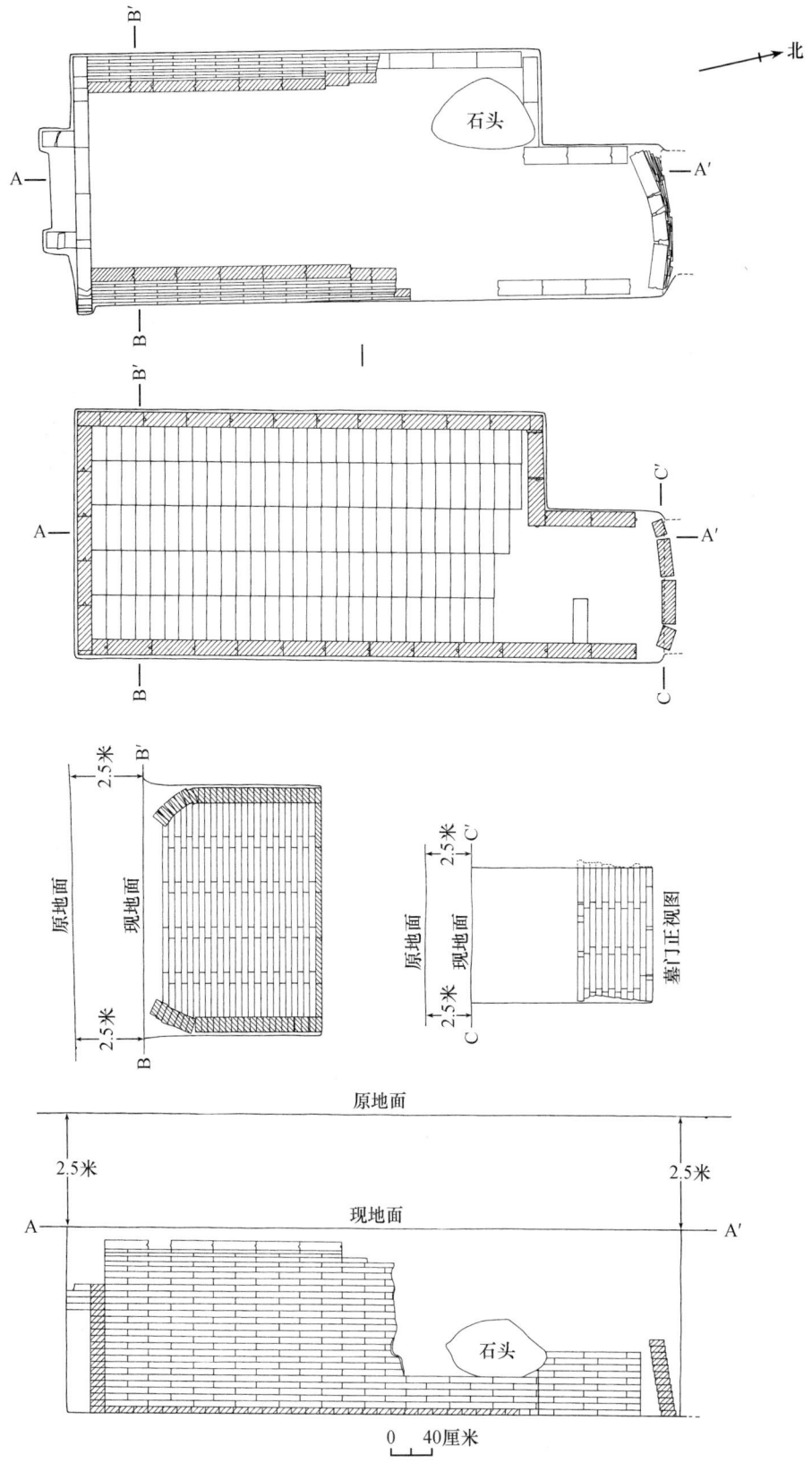

图六九　M202平、剖面图

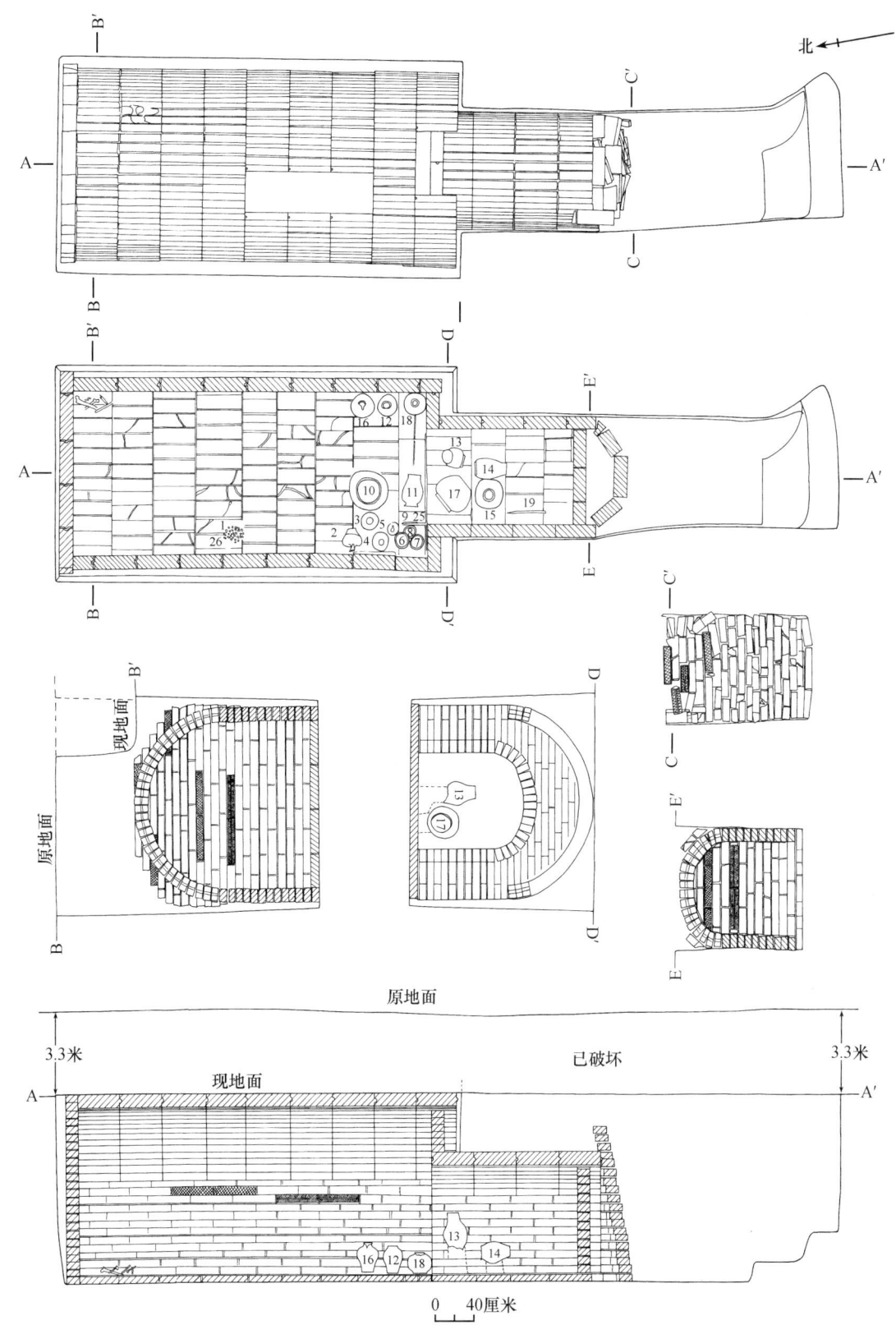

图七〇　M212平、剖面图

1. 铜钱　2、10~18、20、21、23、24. 陶罐　3、4. 陶仓　5. 高温釉陶壶　6. 陶模型釜　7. 陶井　8. 陶模型甑　9. 陶灶　19. 铜削　22. 铜镞　25. 陶模型盆　26. 琉璃珠　（20~24出于填土）

纹。其余砖为素面。

墓道长230、宽90、深260厘米。墓室：洞室长446、宽146、高142厘米，砖室长442、宽143、残高78厘米，小砖长28、宽14、厚8厘米，铺地砖长38、宽23、厚7厘米。耳室：洞室宽122、深302、高96厘米，砖室宽120、深300、残高80厘米。空心砖：南、北壁砖长148、宽38、厚12厘米，东壁砖长102、宽38、厚14厘米，耳室门楣砖长120、宽12、厚10厘米。封门高149、宽116厘米，门楣砖长116、宽16、厚12厘米，小砖长32、宽14、厚7厘米，封门砖长103、宽32、厚12厘米。

有棺灰痕，人骨不详。随葬品10件，包括陶壶4、陶小壶4、铜釜2件。除1件陶壶、1件陶小壶出自墓室中部，1件铜釜出自近门处外，其余出自耳室（图七一）。

五　竖穴墓道洞室小砖与石合筑墓

1座。砖石混筑。M111。

M111

竖穴墓道洞室小砖与石合筑墓。方向193°。由竖穴墓道、甬道和墓室组成。墓道已残，位于墓室南端，窄于甬道，底部与墓室平齐。甬道略呈喇叭形，前端窄，后端宽。甬道中部有内外两层封门：内层封门为石结构，以扁长条青石为门槛，两侧各竖1块青石为柱，柱顶横压青石1块作为门楣，中间竖立2块青石作为门；外层封门为小砖结构，残砖与整砖夹杂错缝平砌15层，墙面呈弧形外鼓。墓室上部已不存。室内修建砖室，东、西壁被挤压变形：墓壁以长方小砖错缝平铺直砌，东、西两壁平砌12层后以子母砖竖排对缝起券，残余8节；墓底由小砖竖排平铺。内封门门楣石上刻双龙衔鱼，墓门右扇正面刻一女子，左扇正面刻朱雀。砖纹饰有斜方格纹和长"S"纹两种。

墓道残长80、宽112、深170厘米。甬道：洞室长64、宽150~206厘米，高度不详，砖结构长44、宽130厘米、高度不详。墓室：洞室长416、宽204厘米，高度不详，砖室长416、宽204、高168厘米，砖墙高110、券顶残高58厘米。小砖长42、宽14、厚7厘米，子母砖长44、宽14、厚7厘米，铺地砖长34、宽14、厚7厘米。封门外高121、宽130厘米，砖长38、宽14、厚7厘米，内高166、宽175厘米，门槛石长160、宽20、厚12厘米，门柱石长114、宽22、厚12厘米，门楣石长130、宽36、厚21厘米，石门长114、宽56、厚6厘米。

葬具不明。人骨1具，已腐朽。随葬品34件，包括陶罐1、陶瓮1、陶仓5、陶灶1、陶井1、陶猪圈1件和铜钱24枚。除2件陶仓位于墓室中部两侧，以及陶仓1件、陶猪圈1件、铜钱位于墓室后部外，其余出土于填土中（图七二）。

第五节　组合墓道土坑墓

2座。阶梯与竖穴组合墓道。包括M48和M238。

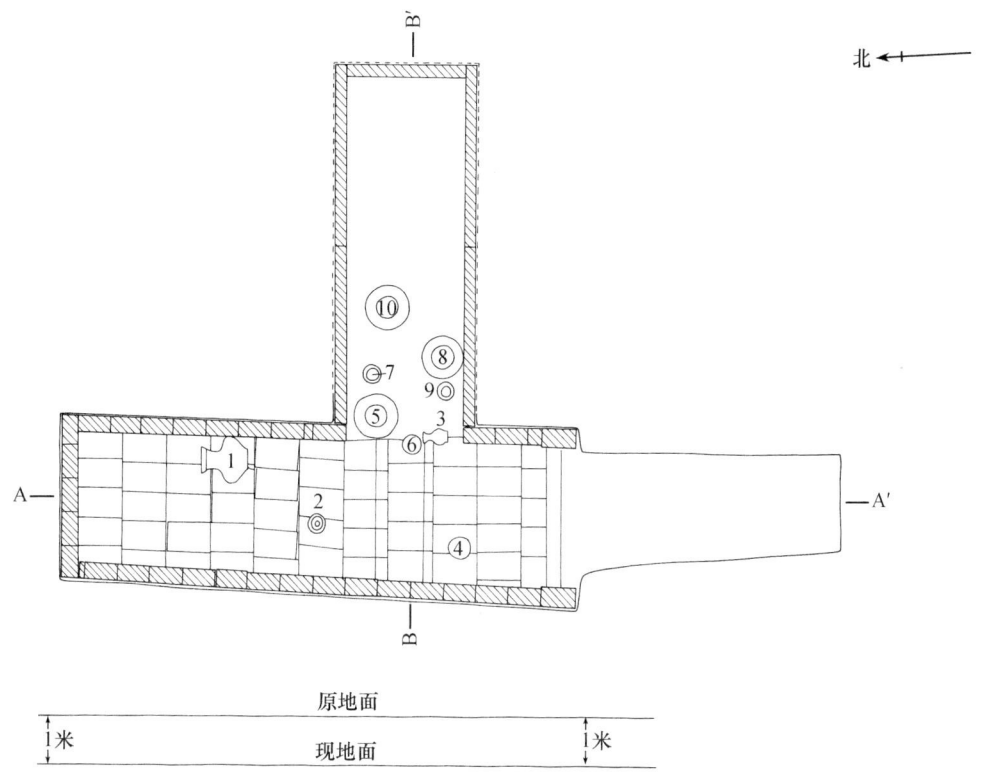

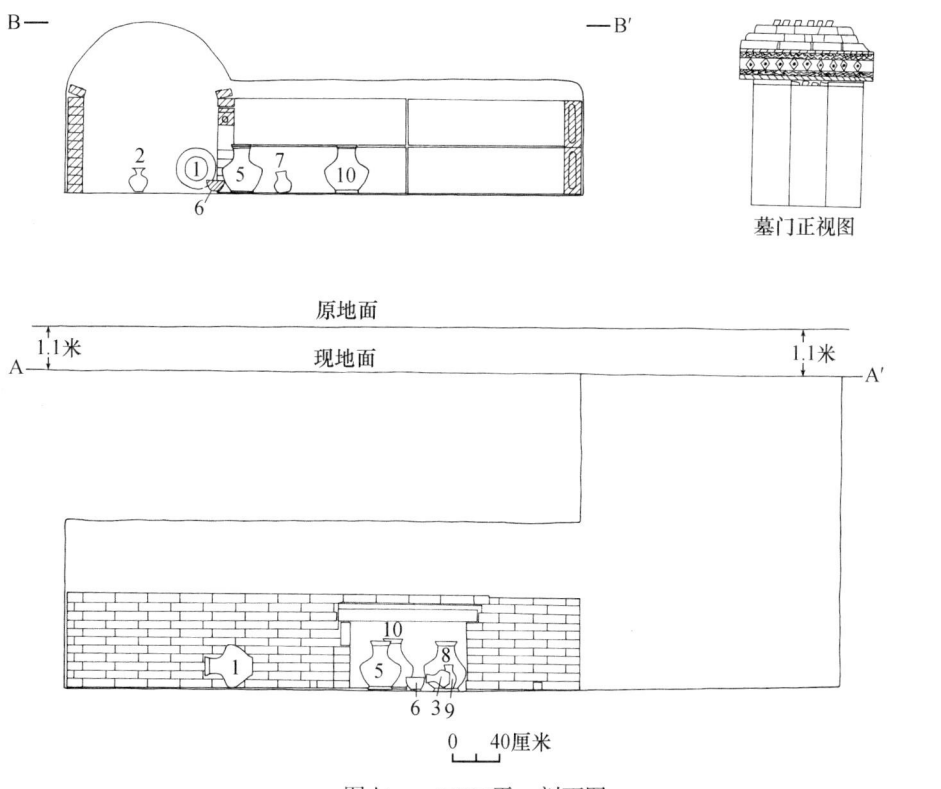

图七一 M236平、剖面图

1、5、8、10.陶壶 2、3、7、9.陶小壶 4、6.铜釜

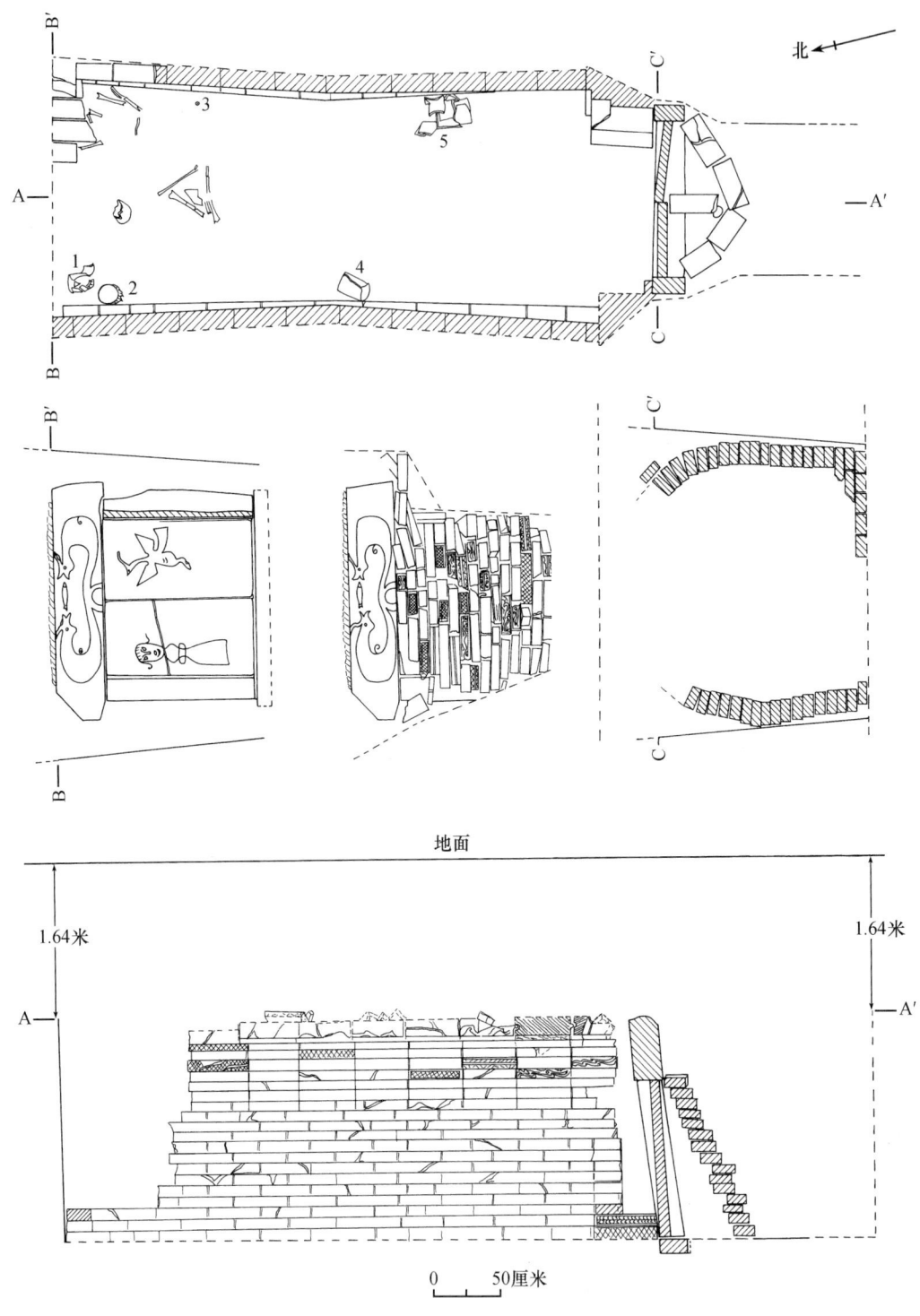

图七二　M111平、剖面图

1、4~6、11.陶仓　2.陶猪圈　3.铜钱　7.陶罐　8.陶瓮　9.陶井　10.陶灶（6~11出于填土中）

M48

竖穴墓道结合阶梯土坑小砖墓。方向95°。全墓由阶梯墓道、竖穴墓道、过洞式甬道和竖穴墓室组成，阶梯墓道与其余各部分不在一条直线上。阶梯墓道位于最东端，由竖穴墓道的东端折向东南方，口略大于底，共6级台阶。竖穴墓道四壁竖直，底部平整，西接甬道，东接阶梯墓道，宽于阶梯墓道而窄于甬道。甬道位于竖穴墓道之后，过洞式。墓室为竖穴土坑，直壁，平底。竖穴土坑内修建砖室：砖室与甬道连为一体，均为长方小砖错缝平铺直砌，甬道和墓室南、北两壁均由小砖错缝平砌8层后用子母砖对缝竖排起券，前者2节，后者10节。甬道和墓室地面均为方砖铺地，甬道为错缝平铺，墓室为对缝平铺。封门位于甬道口，由小砖错缝平砌19层，墙面呈弧形外鼓。墓砖为素面。

阶梯墓道长240～300、宽80厘米，台阶均长80、宽35、高37厘米。竖穴墓道长240、宽111～119、深300厘米。甬道长97、宽146、高126厘米，甬道砖墙高72、券顶高56厘米。墓室：土圹长492、宽248、高305厘米，砖室长486、宽244、高195厘米，墓室砖墙高72、券顶高116厘米。子母砖长47、宽16、厚8厘米，小砖壁砖长47、宽16、厚8厘米，铺地砖长40、宽33、厚4厘米。封门高172、宽128厘米。

墓室内发现4具木棺。其中西北部1号木棺痕为214厘米×70厘米，西南部2号木棺痕为214厘米×80厘米，东部3、4号木棺痕均为198厘米×60厘米。随葬品约291件，包括陶小壶2、陶罐11、陶瓮1、陶灶1、陶釜1、铜镜1件，以及铜钱约272枚、铁钱2枚。1号棺外墓室北壁中部出土陶小壶2件；2号棺内偏北侧中部出土钱币；3号墓棺内中部偏西出土铜镜1件和钱币，棺北侧中部出土陶模型甑1、陶灶1、陶罐3件；4号棺偏西侧上方出土陶罐3件；3、4号棺之间偏东部出土陶釜1件；甬道内出陶瓮1、陶罐5件（图七三、图七四）。

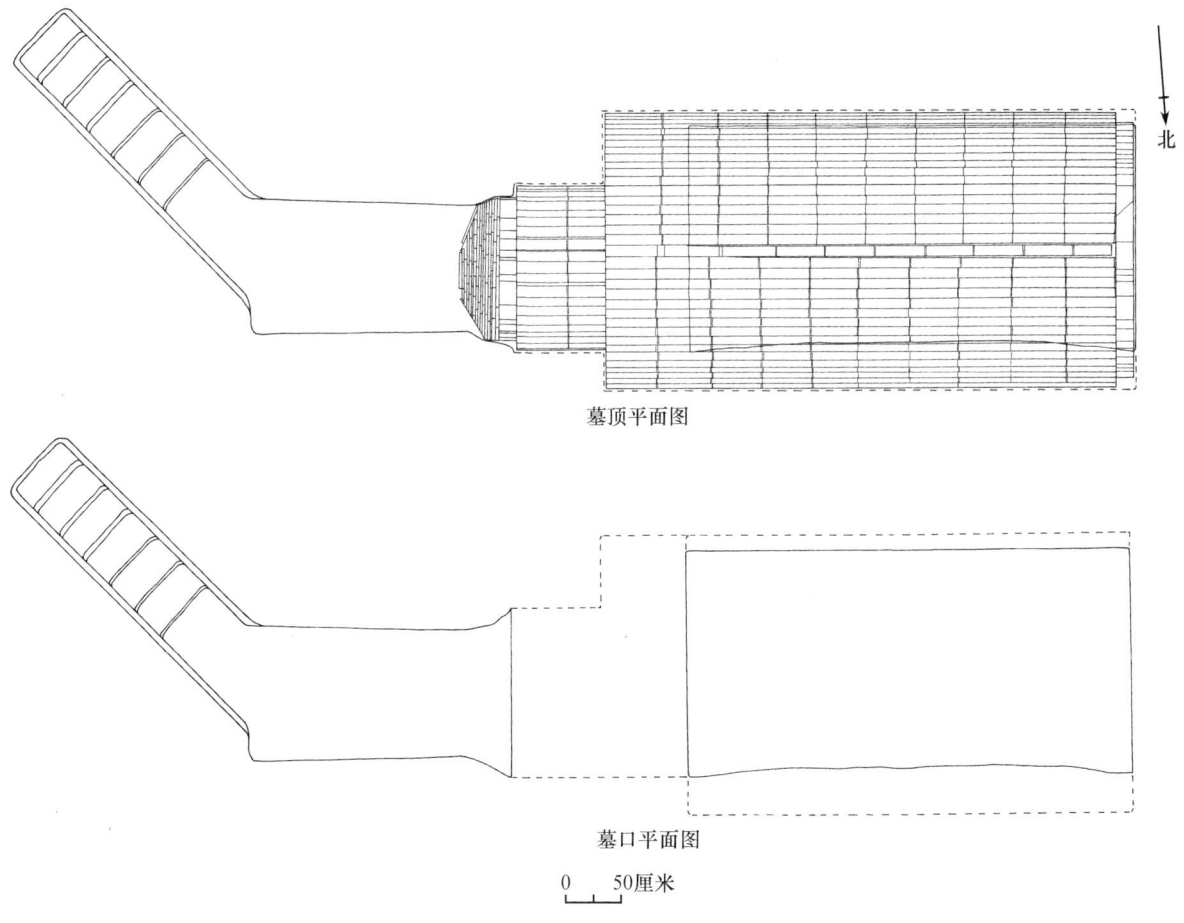

图七三　M48平面图

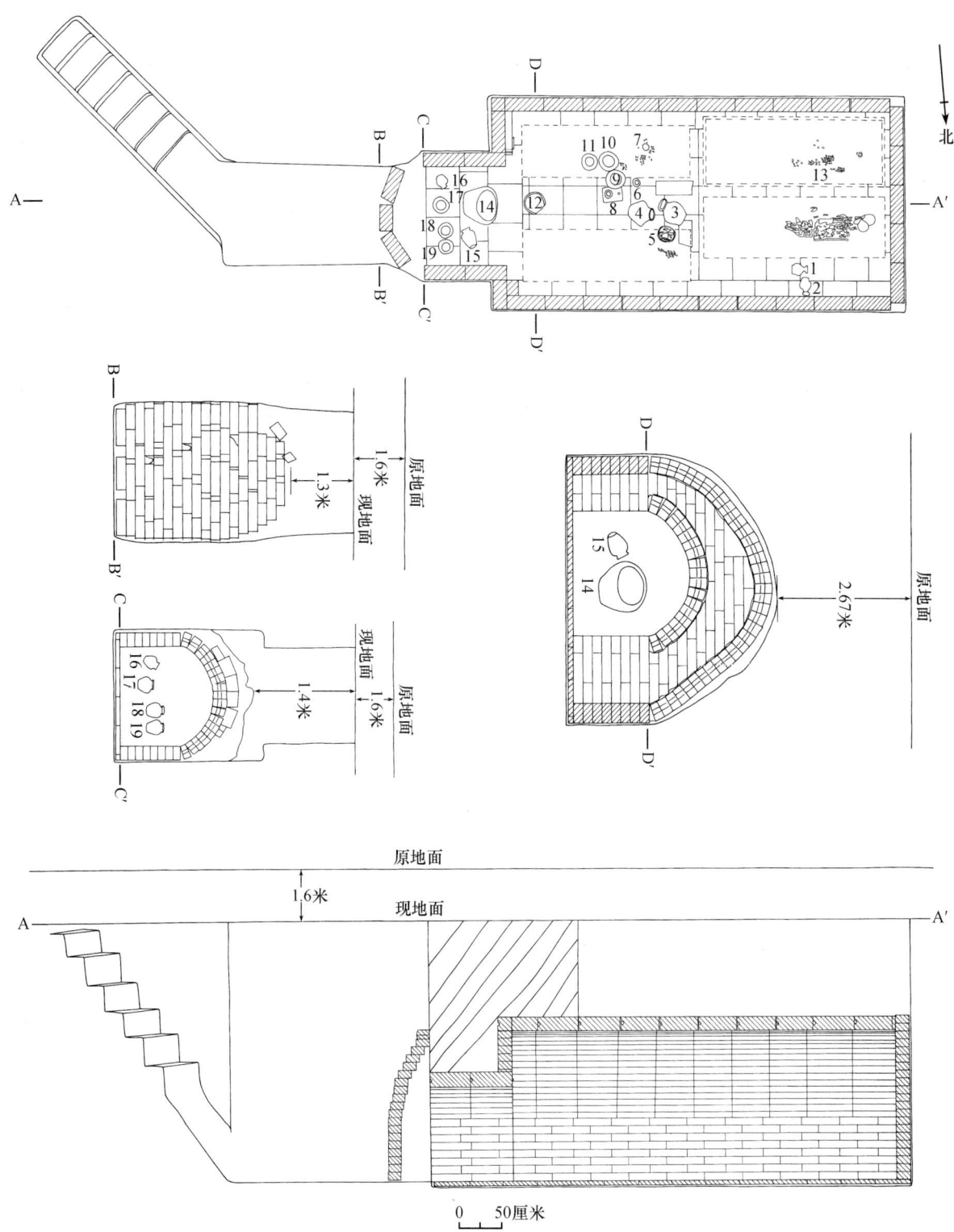

图七四　M48平、剖面图

1、2.陶小壶　3~5、9~11、15~19.陶罐　6.陶模型甑　7.铜镜　8.陶灶　12.陶釜　13.钱币（包括铜钱、铁钱）　14.陶瓮

M238

竖穴墓道结合阶梯洞室小砖墓。由阶梯墓道、竖穴墓道、甬道和墓室组成。方向5°。阶梯墓道位于竖穴墓道北端，北窄南宽，口大底小，窄于竖穴墓道，共存7级台阶。竖穴墓道北接阶梯墓道，南接甬道，长方形，口大底小，南宽北窄，窄于甬道。甬道位于墓室北端，窄于墓室，东、西两壁仅余1层小砖平铺，未见铺地砖。墓室呈长方形，直壁，平底。墓室底修建砖室：墓壁以小砖错缝平铺直砌，东、西两壁残余7层，南壁仅余1层小砖，未见铺地砖。封门位于甬道北端，由小砖错缝平砌22层。

阶梯墓道口长210、宽45~60厘米，底长202、宽39~54厘米，深30~270厘米。竖穴墓道口长256、宽102~120厘米，底长250、宽94~100厘米，深270~280厘米。甬道：洞室长74、宽152厘米、高度不详，砖结构残长46、宽148、残高66厘米。墓室：洞室长376、宽220厘米、高度不详，砖室长368、宽212、残高70厘米。小砖长47、宽15、厚8厘米。封门高185、宽100厘米，砖长35、宽15、厚7厘米。

葬具、人骨及随葬品不详（图七五）。

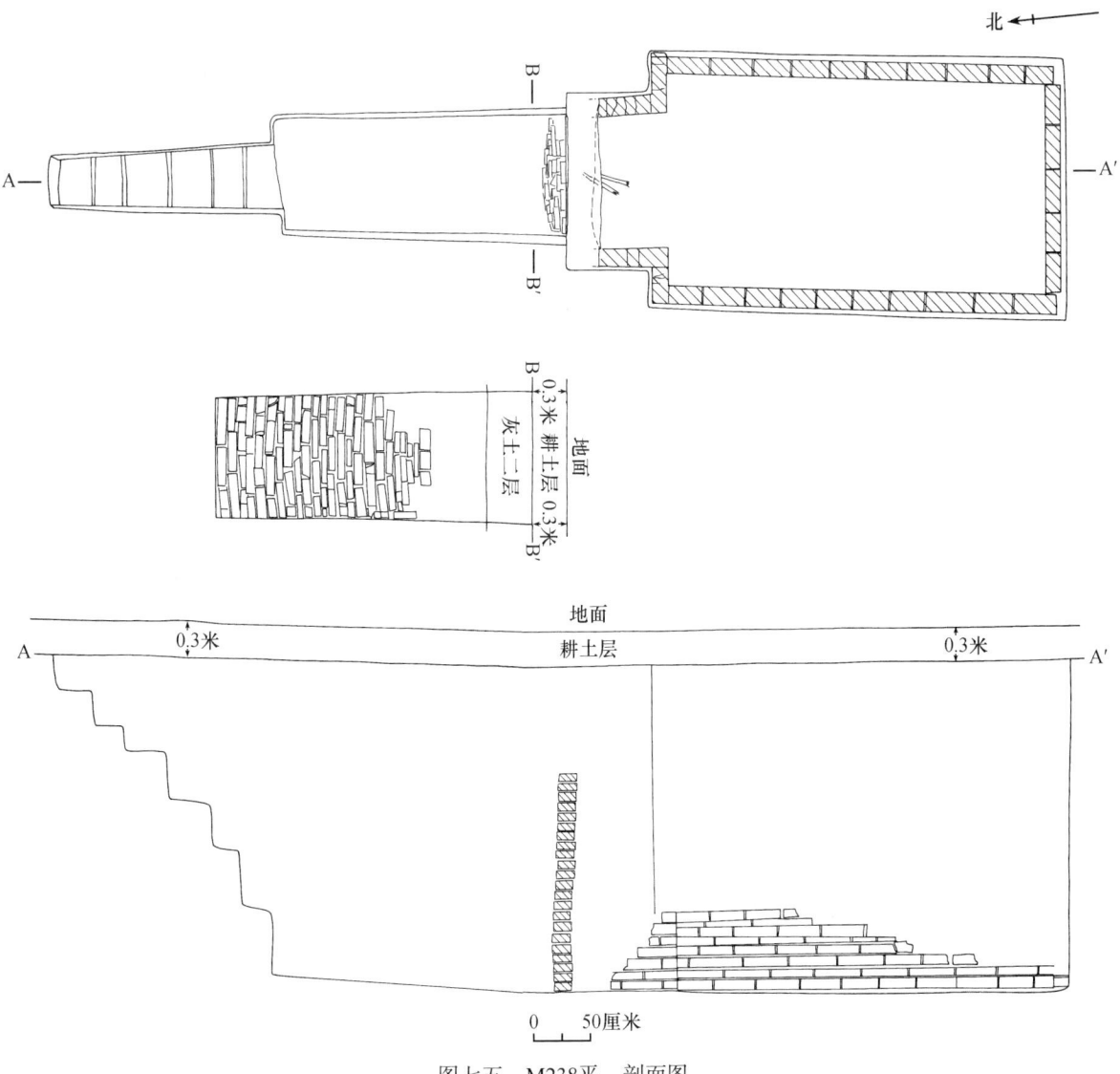

图七五 M238平、剖面图

第三章　出土遗物

双庙墓地共出土各类遗物约3100件，其中钱币约1951枚。质地包括陶器、高温釉陶器、铜器、铁器、铅器、琉璃器、玉器、玛瑙器、石器、骨器、蚌器等。

第一节　陶　　器

登封双庙墓地出土陶器650余件，其中复原623件。器类包括鼎、盒、合碗、壶、豆、钫、钵、盘、匜、盂、三足盂、盆、洗、耳杯、樽、熏、瓮、双耳罐、无耳罐、釜、仓、灶、井、圈、磨、车轮、人俑、狗、鸡、器盖等。

一　鼎

34件，复原33件，出土于33座墓葬中，其中M25出土2件，其余每墓出土1件。据足部特征分为五型。

A型　1件。实心圆蹄足。

M104：2，泥质灰陶。覆钵形盖，方唇，盖面侧立3个圆饼形纽。子口方唇，凸起较高，弧腹，圜底；方附耳折曲、外撇，长条孔贯穿附耳下沿；实蹄足略呈"S"形。盖顶、中部及近沿处各饰一周凹弦纹；腹上部和中部各有一道折棱，腹底部遍饰绳纹。通高23，身高19.1、口径20.5，盖高5、盖径23厘米（图七六，1；图版一，1）。

B型　1件。空心圆蹄足。

M93：3，泥质灰陶。弧顶盖，方唇。子口方唇，略凸起，弧腹，圜底；方附耳略外撇，耳端向内斜削，长方孔，一侧贯穿附耳下沿，一侧仅在附耳中央开孔；圆柱状中空蹄足上粗下细，足根内侧有圆形孔洞。盖顶及中部各饰一周凸弦纹，腹上部、中部各有一道折棱。通高23，身高17.5、口径16.9、盖高5.9、盖径20.3厘米（图七六，2；图版一，2）。

C型　2件。半圆空心足。据足的细节不同分二亚型。

Ca型　1件。足为瓦状，但经捏合，形成内侧有槽的半圆蹄足。

M37：1，夹砂红陶。盖折壁，弧顶，方唇。子口方唇，略凸起，垂腹，圜底近平；附耳残毁，仅存耳根；蹄足略外撇，内侧中空。腹上部、中部各有一道折棱，腹底部遍饰绳纹。通

第三章 出土遗物 ·87·

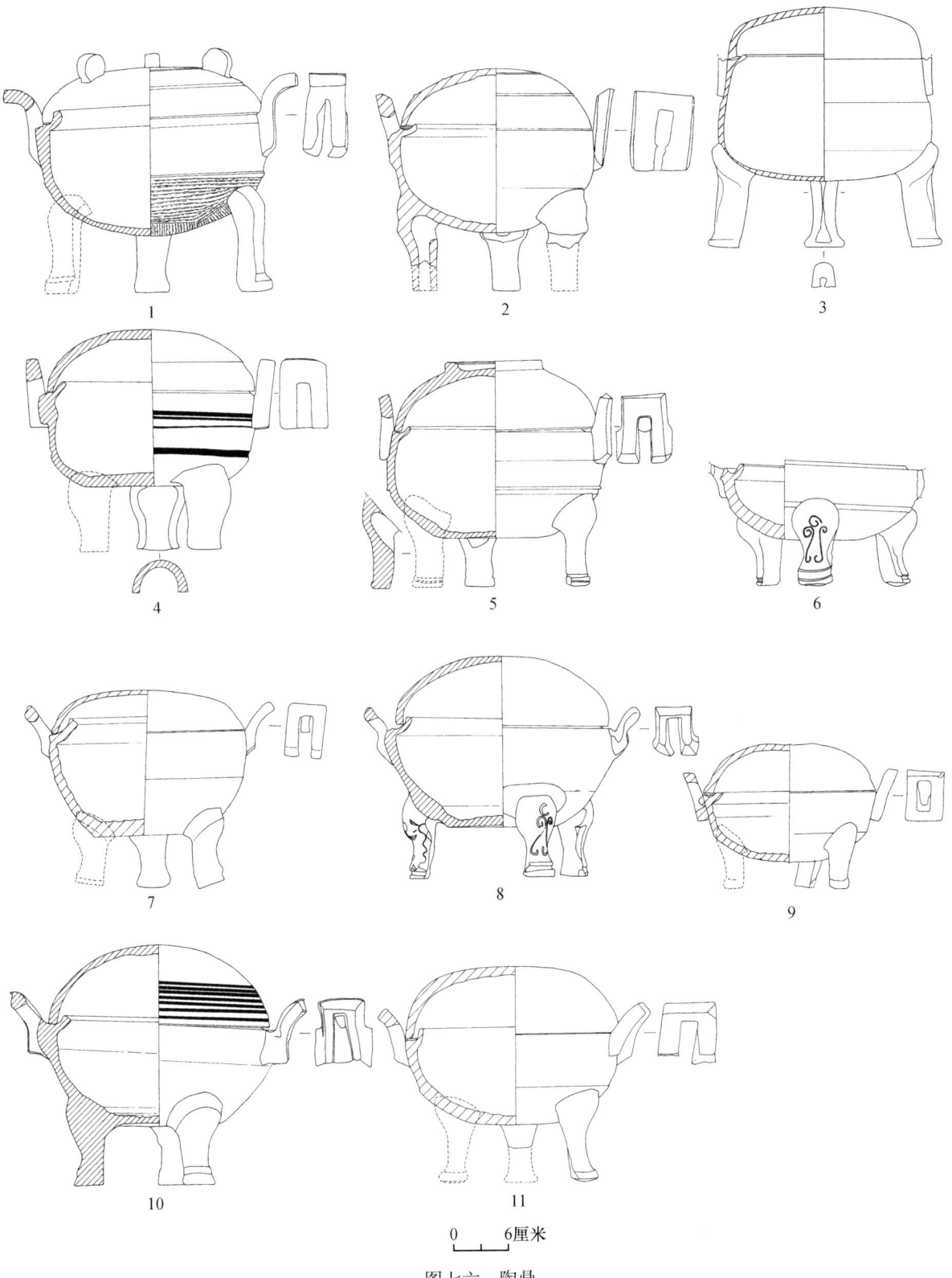

图七六 陶鼎

1. A型（M104：2） 2. B型（M93：3） 3. Ca型（M37：1） 4. Cb型（M28：3） 5. D型（M59：1） 6. Ea型Ⅰ式（M141：5）
7、8、10. Ea型Ⅱ式（M27：1、M207：3、M32：1） 9. Ea型Ⅳ式（M91：4） 11. Ea型Ⅲ式（M127：3）

高23.2，身高19.3、口径18，盖高4.2、盖径21.4厘米（图七六，3；图版一，3）。

Cb型　1件。瓦状空蹄足。

M28∶3，泥质灰陶。器体浑厚。弧顶盖，方唇。子口圆唇，凸起较高，深腹近直，大平底；方附耳稍外敞，长条孔贯穿附耳下沿；瓦状空蹄足竖直、略内敛，足根位置与腹底部平齐。腹上部、中部各有一道折棱。通高22.8，身高17.3、口径19.2、底径14，盖高6.2、盖径22.2厘米（图七六，4；图版一，5）。

D型　1件。半圆蹄足，足极内侧上部挖空。

M59∶1，泥质灰陶。覆钵形盖，方唇，圈足状抓手。子口圆唇，凸起，弧腹较深，平底；方附耳竖直、略外撇，长条孔贯穿附耳下沿；蹄足竖直，足内侧上部中空。腹上部、中部各有一道折棱。通高22.9，身高16.1、口径18.5、底径10.4，盖高7.1、盖径21.3厘米（图七六，5；图版一，4）。

E型　28件。半圆实蹄足。据腹部装饰特征分三亚型。

Ea型　6件。足尖呈马蹄形，小方耳外撇。腹部有一道折棱。据盖、腹、底变化分四式。

Ⅰ式　1件。胎厚重。浅腹，小平底。

M141∶5，泥质灰陶，胎体厚重，器表有白灰。失盖。子口方唇，浅腹，圜平底；附耳残毁，仅存耳根；蹄足竖直、稍外撇。腹中部有一道折棱，足外侧各饰有2～3个"S"纹。高12.9、口径17.6、底径7厘米（图七六，6；图版一，6）。

Ⅱ式　3件。盖隆起，弧顶。腹变深，小平底，蹄足略变高。

M207∶3，泥质灰陶。弧顶盖折壁，盖顶隆起较高，方唇。子口方唇，凸起较高，深斜腹，小平底；方附耳外撇，长条孔贯穿附耳下沿；蹄足略外撇，足根内侧位置略高于器底部。腹下部一道折棱不明显，折棱上饰一周凹弦纹；足外侧各饰有2～3个"S"纹。通高22.8，身高15.9、口径20.3、底径11.5，盖高6.9、盖径22.7厘米（图七六，8；彩版一，1）。

M27∶1，泥质灰陶。弧顶盖，方唇。子口方唇，凸起较高，深腹，小平底；方附耳较小、外撇，长条孔贯穿附耳下沿；蹄足略外撇，足根内侧位置与器底部平齐。腹中部有一道折棱。通高20.5，身高17.3、口径16.5、底径12，盖高4、盖径20.3厘米（图七六，7；图版二，1）。

M32∶1，泥质灰陶。弧顶盖，隆起甚高，方唇。子口方唇，凸起较高，深斜腹，小平底；方附耳外撇，长条孔贯穿附耳下沿；蹄足竖直，足根内侧位置与器底部平齐。腹中部有一道折棱。通高24.4，身高17.4、口径20、底径10.5，盖高7.9、盖径23.8厘米（图七六，10）。

Ⅲ式　1件。盖顶近平。圜底近平，高蹄足。

M127∶3，泥质灰陶。盖顶近平，隆起较高，方唇。子口方唇，凸起较高，弧腹略浅，圜底近平；方附耳外撇，长条孔贯穿附耳下沿；蹄足细高，略外撇。腹中部有一道折棱。通高22.3，身高16.2、口径19.6、底径6，盖高7.2、盖径22.4厘米（图七六，11；图版二，2）。

Ⅳ式　1件。器体变小。盖平顶内凹。浅腹，圜底，矮蹄足。

M91∶4，泥质灰陶。弧盖，平顶内凹，方唇。子口尖唇，略凸起，浅弧腹，圜底；方附耳外撇，长条孔；矮蹄足略内敛，足根扁平，足根内侧位置略高于器底部。腹下部有一道折棱。通高15，身高10.2、口径15.7、底径5、盖高5、盖径18.5厘米（图七六，9；图版二，3）。

Eb型　19件。腹部有两周折棱。据盖、腹、底、耳特征变化分为四式。

Ⅰ式　2件。盖折壁，顶微隆起。腹近直，有两道折棱；大平底；曲耳外撇，长方孔。

M25:10，泥质灰陶。盖折壁，近平顶，方唇；子口方唇，略凸起，近直腹，大平底；方附耳略折曲、外撇，长条孔贯穿附耳下沿；蹄足略外撇。盖顶由中央至折壁处饰数道凹弦纹，腹上部、中下部各有一道折棱。通高19.1，身高15.6、口径14.5、底径9.7，盖高4.1、盖径19厘米（图七七，1；图版二，4）。

Ⅱ式　4件。盖微折壁，顶隆起稍高。弧腹略浅，有两道折棱。余同Ⅰ式。

M31:1，泥质灰陶。盖折壁，弧顶隆起，方唇。子口圆唇，略凸起，浅弧腹，大平底；方附耳略折曲、外撇，长条孔贯穿附耳下沿；蹄足略外撇。盖顶中部及折壁处各饰两道凹弦纹，腹上部、下部各有一道折棱。通高17.5，身高13.5、口径18、底径14.1，盖高4.5、盖径20.2厘米（图七七，2）。

M208:4，泥质灰陶。弧顶盖，方唇。子口圆唇，凸起，浅弧腹略直，腹部较扁，大平底；方附耳略折曲、外撇，长条孔贯穿附耳下沿；蹄足略外撇。盖顶中部及近缘处各饰一周凸弦纹，腹上部、下部各有一道折棱。通高17.5，身高13.9、口径19.2、底径11，盖高4、盖径21.2厘米（图七七，3；图版二，5）。

Ⅲ式　4件。盖顶隆起（仅M203:4为折壁）。深腹，腹部两道折棱开始略凸起。小平底；方附耳长直、略外撇，长方孔。

M203:4，泥质灰陶。盖折壁，弧顶，方唇。子口方唇，略凸起，弧腹较深，平底；方附耳竖直、略外撇，长条孔贯穿附耳下沿；蹄足略外撇，足根内侧位置高于器底部。腹上部、下部各有一道折棱。通高21.1，身高16.5、口径15.9、底径10.9，盖高4.5、盖径19.3厘米（图七七，4）。

M211:1，泥质灰陶。弧顶盖隆起较高，方唇。子口方唇，略凸起，弧腹较深，小平底；方附耳竖直、略外撇，长条孔贯穿附耳下沿；蹄足竖直，足根内侧位置高于器底部。腹上部、中部各有一道折棱，略凸起。通高14.7，口径15.7、底径7.2，盖高6.1、盖径19.5厘米（图七七，5；图版二，6）。

M247:2，泥质灰陶。弧顶盖隆起较高，方唇。子口圆唇，略凸起，弧腹较深，小平底；方附耳竖直、略外撇，长条孔贯穿附耳下沿；蹄足略外撇，足根内侧位置高于器底部。腹上部、中部各有一道折棱，略凸起。通高19.7，身高14.6、口径17.3、底径5.2，盖高5.5、盖径19.8厘米（图七七，6；图版三，1）。

Ⅳ式　9件。深腹，腹部有两道折棱凸起。小平底；方附耳略内敛，耳端向内斜削，耳孔小，不贯穿附耳下沿。

M144:2，泥质灰陶。弧顶盖隆起甚高，方唇。子口圆唇，略凸起，深腹，下腹斜直，小平底；方附耳稍内敛，耳端向内斜削，长方形小孔；蹄足略外撇，足根内侧位置高出器底部甚多。腹上部、中部各有一道折棱。通高20.5，身高14.1、口径17.8、底径7.8，盖高6.5、盖径

图七七　E型陶鼎

1. Eb型Ⅰ式（M25∶10）　2、3. Eb型Ⅱ式（M31∶1、M208∶4）　4～6. Eb型Ⅲ式（M203∶4、M211∶1、M247∶2）
7～9. Eb型Ⅳ式（M144∶2、M195∶2、M229∶5）　10. Ec型Ⅰ式（M231∶7）　11. Ec型Ⅱ式（M86∶1）　12. Ec型Ⅲ式（M24∶1）

21.4厘米（图七七，7；图版三，2）。

M195∶2，泥质灰陶。弧顶盖，顶近平，方唇。子口圆唇，略凸起，深腹，下腹斜直，小平底；方附耳略内敛，耳端向内斜削，长方形小孔；蹄足略外撇，足根变大，足根内侧位置高出器底部甚多。腹上部、中部各有一道折棱。通高21.3，身高15.6、口径17.4、底径8.3、盖高5.6、盖径21.2厘米（图七七，8；图版三，3）。

M229：5，泥质灰陶。弧顶盖隆起甚高，方唇。子口圆唇，略凸起，深腹，下腹斜直，小平底；方附耳近直，耳端向内斜削，长方形小孔；蹄足略外撇，足根较粗大，足根内侧位置高出器底部甚多。腹上部、中部各有一道折棱。通高22，身高15.7、口径18.2、底径8.7、盖高6.6、盖径21.4厘米（图七七，9）。

Ec型　3件。腹部无折棱。圜底。据器足、器底变化分三式。

Ⅰ式　1件。高蹄足，足根部扁平，缓圜底。

M231：7，泥质灰陶。弧顶盖较浅，方唇。子口尖圆唇，凸起较高，弧腹，缓圜底；方附耳略外撇，长条孔贯穿附耳下沿；蹄足竖直、较高，足根扁平。通高18.8，身高14.7、口径18.2、盖高4.5、盖径20.8厘米（图七七，10；图版三，4）。

Ⅱ式　1件。矮蹄足略内聚，足根部圆鼓，尖圜底。

M86：1，泥质灰陶。折壁、弧顶盖，顶近平，方唇。子口方唇，凸起较高，弧腹，尖圜底；矮蹄足略内聚，足根部圆鼓。盖顶和鼎身饰有红、白二色彩绘，纹样模糊不清，似云纹。通高15.6，身高11.6、口径15.8、盖高4.1、盖径19厘米（图七七，11；彩版一，2）。

Ⅲ式　1件。矮蹄足外撇，圜底近平。

M24：1，泥质灰陶。无盖。子口方唇，凸起较高，弧腹，圜平底；方附耳较长且外撇，长条孔贯穿附耳下沿；蹄足略高，足根鼓凸、外撇。高13.3、口径16.8厘米（图七七，12；图版三，5）。

二　盒

34件，其中M25出土2件，其余各墓只出土1件。M37、M59、M125、M144所出盒残，其余30件据器表结构不同分为四型。

A型　8件。腹部有两周折棱。据腹部特征分为二式。

Ⅰ式　1件。盖身均浅，两者相合呈扁圆形。鼓腹，平底。

M141：4，泥质灰陶。圆弧顶盖，略微折壁。子口方唇，鼓腹，腹部有两周折棱，平底。器盖布满土锈。通高12.3，身高7.4、口径17、底径11、盖高5.2、盖径19.6厘米（图七八，1；图版四，3）。

Ⅱ式　7件。器身变深。腹部弧折，下腹斜收，一般为小平底，仅1件略呈假足状（M35：3）。

M35：3，泥质灰陶。圆弧顶盖。子口圆唇，腹部弧折，下腹斜收成假足。腹部有两周折棱，器表饰较密集的暗弦纹。通高16，身高10.8、口径15.7、底径8.8、盖高5.7、盖径19厘米（图七八，2）。

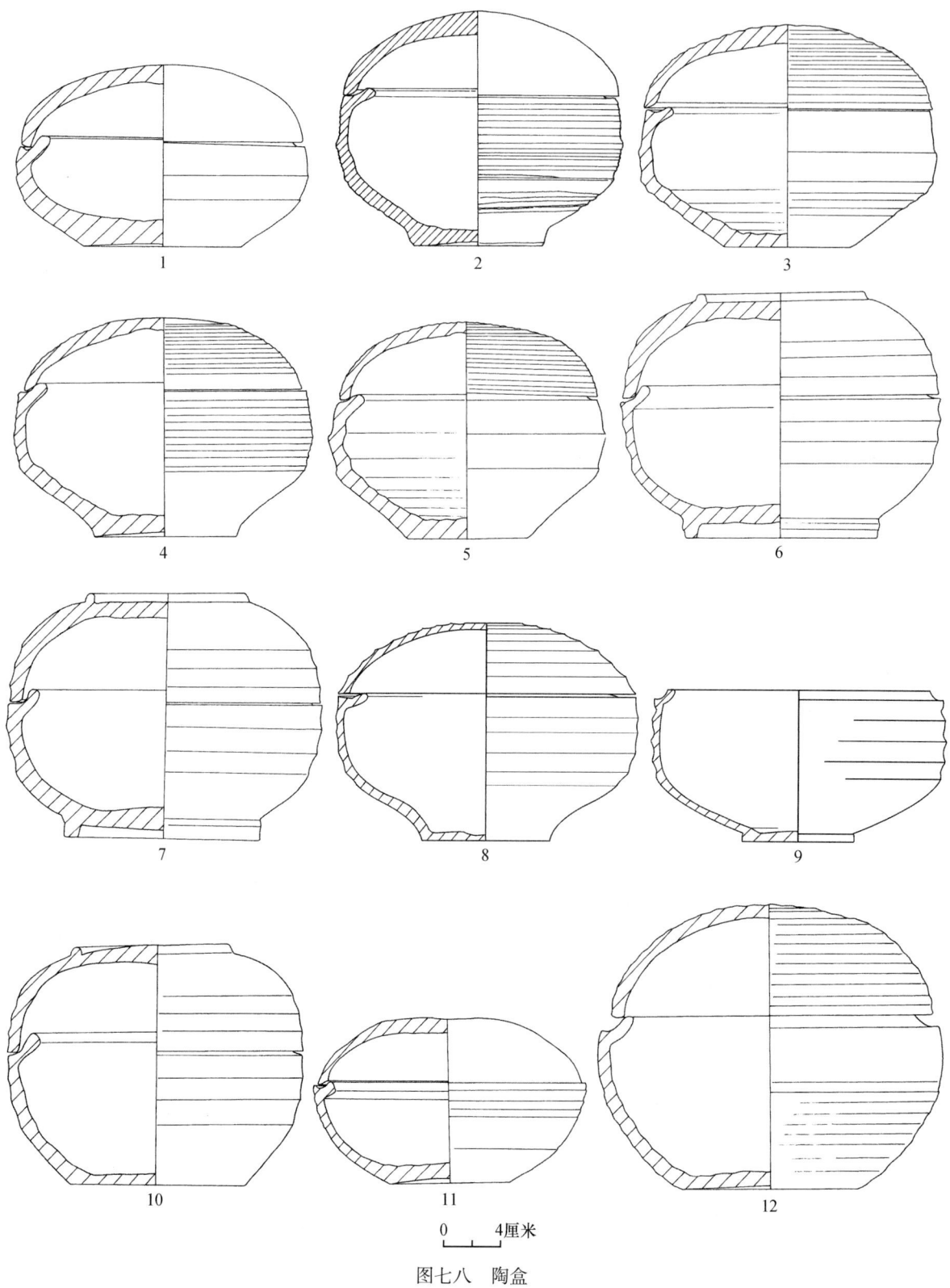

图七八 陶盒

1. A型Ⅰ式（M141∶4） 2~5. A型Ⅱ式（M35∶3、M155∶3、M195∶3、M229∶4） 6、7. Ba型（M25∶7、M25∶11）
8. Bb型Ⅰ式（M208∶3） 9. Bb型Ⅱ式（M231∶1） 10. Bc型（M28∶1） 11. Cb型（M89∶1） 12. Ca型Ⅰ式（M207∶2）

M155：3，泥质灰陶。圆弧顶盖。子口圆唇，腹部弧折，下腹斜收，小平底。腹部有两周宽折棱，器表饰较密集的暗弦纹。通高15、身高9.8、口径16.8、底径9、盖高5.7、盖径20.1厘米（图七八，3）。

M195：3，泥质灰陶。圆弧顶盖。子口圆唇，腹部弧折，下腹斜收，小平底。腹部有两周折棱，器盖和器腹表面饰暗弦纹。通高15、身高10.6、口径17、底径9.8、盖高4.7、盖径19.4厘米（图七八，4；彩版一，3）。

M229：4，泥质灰陶。圆弧顶盖。子口圆唇，腹部弧折，下腹斜收成小平底。腹部有两周折棱，器盖和器腹表面饰暗弦纹。通高15、身高10、口径15.5、底径8.7、盖高5.2、盖径18厘米（图七八，5；彩版一，4）。

B型　5件。器表饰多周宽凹带。据器底特征分为三亚型。

Ba型　2件。圈足。

M25：7，泥质灰陶。弧顶盖，盖顶有一圈足状抓手。子口圆唇，腹部弧折，下腹斜收，圈足。器盖和器身各饰三周宽凹带。通高16.5、身高10.3、口径19.3、底径13.3、盖高9.8、盖径22厘米（图七八，6；图版四，4）。

M25：11，泥质灰陶。弧顶盖，盖顶有一圈足状抓手。子口圆唇，腹部弧折，下腹斜收，圈足。器盖和器身各饰三周宽凹带。通高16.8、身高10.1、口径19.3、底径14、盖高7.3、盖径22.1厘米（图七八，7）。

Bb型　2件。假圈足。据腹、足变化分二式。

Ⅰ式　1件。曲腹，假足不明显。

M208：3，泥质灰陶。弧顶盖。子口圆唇，弧腹，假足。器盖、器身有多周宽凹带。通高15、身高10、口径17.6、底径11、盖高5、盖径20.3厘米（图七八，8；图版四，5）。

Ⅱ式　1件。折腹，饼状假足。

M231：1，泥质灰陶。失盖。子口圆唇，腹部弧折，下腹斜收，圆饼足。腹部有四周宽凹带。高10.2、口径18.2、底径7.8厘米（图七八，9；图版五，1）。

Bc型　1件。平底。

M28：1，泥质灰陶。弧顶盖，盖顶有一圈足状抓手。子口圆唇，弧腹，平底。器盖和器身各有三周宽凹带。通高16.3、身高10.3、口径17.5、底径12.3、盖高7.1、盖径21厘米（图七八，10；图版五，2）。

C型　5件。腹部有一道折棱。据口部有无弦纹分二亚型。

Ca型　4件。腹较深。口部无弦纹。据盖、腹变化分二式。

Ⅰ式　2件。弧盖。弧腹较深，平底内凹。

M207：2，泥质灰陶。弧盖隆起甚高。子口圆唇，弧腹，平底内凹。腹部有一道折棱，器盖及器身饰较密集的暗弦纹。通高19.1、身高11.7、口径20.2、底径12.5、盖高7.4、盖径22.3厘米（图七八，12；图版五，3）。

M27：6，泥质灰陶。弧顶盖。子口方唇，深弧腹，平底内凹。腹部有一道折棱，器身有多处轮修痕迹。通高16.5、身高12.1、口径16、底径10.5、盖高5.7、盖径20.8厘米（图七九，

1；图版五，4）。

Ⅱ式 2件。盖壁弧折，隆起甚高。深腹，平底。

M106：1，泥质灰陶。隆盖，折壁。子口圆唇，深曲腹，平底。器腹表面有一道折棱。通高22、身高14.8、口径19.3、底径12.6、盖高8.6、盖径22.8厘米（图七九，2；图版五，6）。

M200：2，泥质灰陶。隆盖，壁弧折。子口方唇，深曲腹，平底。器腹表面有一道折棱。通高18.2、身高11.5、口径15.8、底径9.5、盖高7.3、盖径19.7厘米（图七九，3；图版五，5）。

Cb型 1件。近口部饰一周凹弦纹。

M89：1，泥质灰陶，器盖表面颜色较深，有轮修痕迹。器盖和器腹均较浅。弧顶盖，顶平、微凹。子口圆唇，弧腹，小平底内凹。近口部饰一周凹弦纹，腹部有一道折棱。通高11.1、身高7.1、口径16.8、底径8.5、盖高4.3、盖径18.8厘米（图七八，11；图版六，1）。

D型 12件。腹部无折棱。据腹、底特征分二亚型。

Da型 9件。曲腹，平底。据盖的变化分二式。

Ⅰ式 1件。浅平盖，盖壁弧折，顶平、微凹。

M127：1，泥质灰陶。浅盖，折壁，盖顶平。子口圆唇，曲腹，平底。器盖和器身饰较密集的暗弦纹。通高14.2、身高10.1、口径20.1、底径10.6、盖高4.9、盖径22.5厘米（图七九，4）。

Ⅱ式 8件。盖弧顶隆起较高（M203：10盖为折壁）。腹略深。

M31：3，泥质灰陶。弧顶盖隆起。子口圆唇，曲腹，小平底微凹。通高14.2、身高9.2、口径16.3、底径8.8、盖高5.5、盖径19.2厘米（图七九，5）。

M32：3，泥质灰陶。器体较大。平顶盖，隆起甚高。子口方唇，曲腹，小平底。器盖和器身饰较密集的暗弦纹。通高17.2、身高10.5、口径19、底径9.5、盖高7.8、盖径22.3厘米（图七九，7；彩版一，5）。

M82：2，泥质灰陶。弧顶盖，隆起。子口圆唇，曲腹，小平底。器盖和器身饰较密集的暗弦纹。通高15.6、身高10.4、口径16.8、底径9.4、盖高6、盖径20.2厘米（图七九，6；彩版一，6）。

M234：7，泥质灰陶。失盖。子口方唇，曲腹，平底。器身饰较密集的暗弦纹。高11.3、口径17.8、底径10.7厘米（图七九，8；图版六，2）。

Db型 3件。弧鼓腹，饼足。据盖腹变化分二式。

Ⅰ式 1件。盖顶隆起，壁斜，腹外鼓。

M211：2，泥质灰陶。器体较大。弧顶盖，隆起。子口圆唇，腹外鼓，下腹斜收成小饼足。器盖和器身饰较密集的暗弦纹。通高16、身高11.3、口径15.6、底径8.8、盖高5.2、盖径18.5厘米（图七九，9；图版六，3）。

Ⅱ式 2件。盖壁鼓，顶平。弧腹。

M86：2，泥质灰陶。器体较小。浅弧盖，略折壁，顶平，顶部有一圈足状抓手。子口方唇，弧腹，浅饼足。器表涂白，有彩绘但已模糊不清。通高14.5、身高9.8、口径15.5、底径

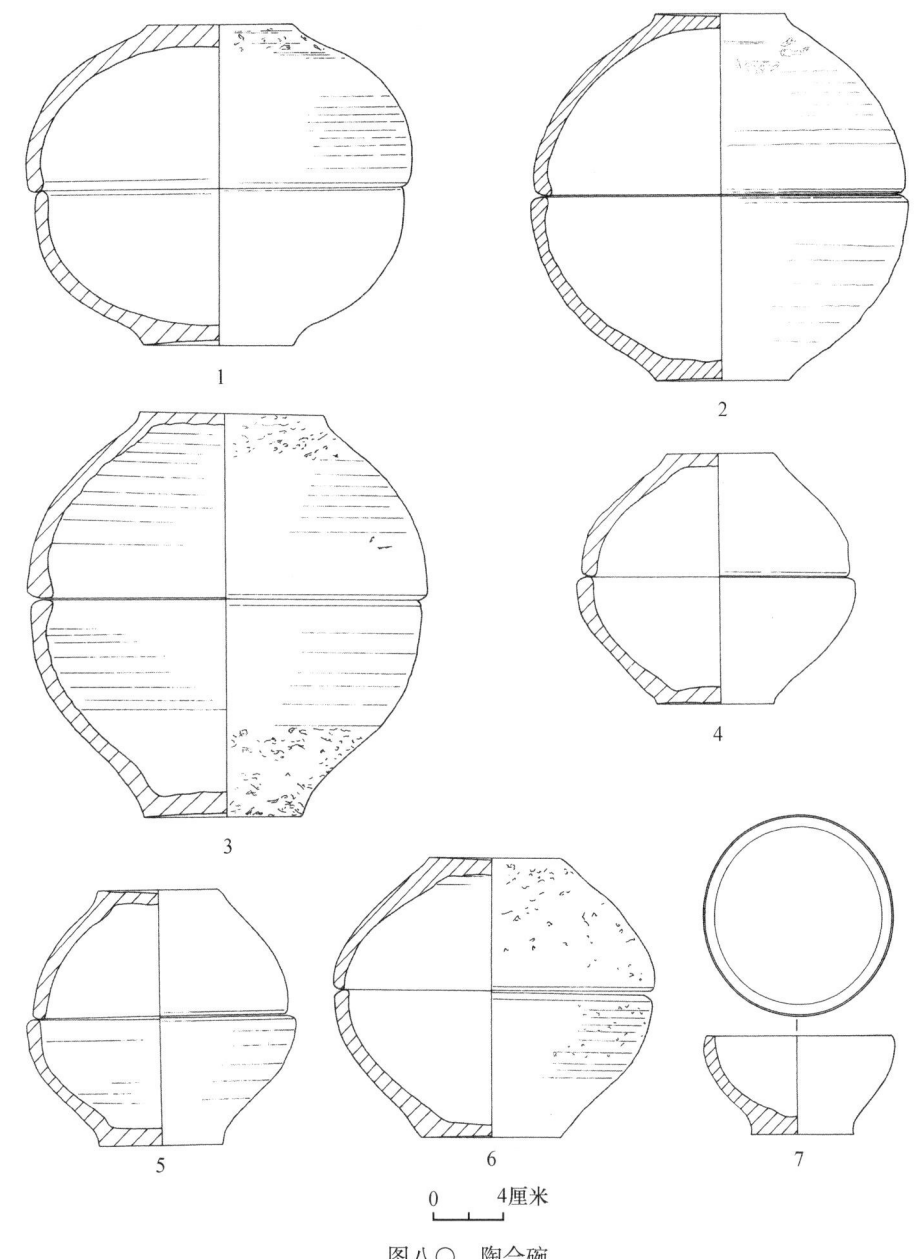

图八〇 陶合碗

1. Ⅰ式（M183∶3、M183∶4） 2、3. Ⅱ式（M142∶1、M61∶2） 4~7. Ⅲ式（M54∶1、M150∶2、M150∶3、M247∶4、M211∶5）

四 壶

155件，其中复原149件，包括大壶、小壶、釉陶壶、高柄小壶、三足壶、双鼻壶。需要说明的是，我们所说的小壶，是指在墓葬中往往与大壶同出而体形偏小者。平底壶中，有相当多的壶，其体形也小，但是由于它们是大壶演变过程中不同阶段的产物，因此，对于此类壶，我们并不视为小壶。下面的分析中，小壶表述为小壶，大壶表述为壶。

1. 壶

93件，其中2件残碎、未复原。出土4件壶的墓葬有M173、M222、M236这3座，出土3件壶的墓葬有M6这1座，出2件壶的墓葬有M12、M22、M25、M26、M28、M75、M107、M116、M144、M145、M181、M199、M200、M237、M239、M243、M245、M248、M250这19座，另有40座墓葬各出土1件壶。修复的91件壶，根据器底特征分为三类。

甲类 37件。平底。此类壶，少数有饼足或假足，但最后都演变为平底，因此，我们将其皆归于平底壶一类。依据器表纹饰不同，分为二型。

A型 26件。敞口。肩、腹饰数周弦纹或折棱。据器表纹饰特征及口底不同分为五亚型。

Aa型 2件。敞口。下腹有一周折棱，肩、腹饰三周凸弦纹。据最大径位置变化分为二式。

Ⅰ式 1件。最大径位于上腹部。

M104：1，泥质红胎黑皮陶。敞口，方唇，唇面由外向内略倾斜，长颈微束，圆肩，鼓腹，下腹斜收，平底残。颈部饰暗纹，下腹部有一周折棱，颈肩交界处、肩腹交界处、上腹部各饰一周凸弦纹。高28.3、口径11.8、腹径21.8、底径9厘米（图八一，1；彩版三，1）。

Ⅱ式 1件。最大径靠近肩部。

M170：2，泥质灰陶。盖顶较鼓，盖舌较长。敞口，方唇，唇面由外向内略倾斜，长颈微束，圆肩，鼓腹，下腹斜收，平底。盖顶饰五道宽凹带纹，下腹部有一周折棱，颈肩交界处、肩腹交界处、上腹部各饰一周凸弦纹。通高30.2，身高27、口径11.7、腹径20.3、底径10.2，盖高5.5、盖径7.6厘米（图八一，2；图版七，1）。

Ab型 2件。敞口，腹略深，最大径靠近肩部。器表肩、腹部有四周折棱。据颈部变化分二式。

Ⅰ式 1件。长颈。

M93：2，泥质灰陶。敞口，方唇，唇面平坦，长颈微束，圆肩，鼓腹，下腹斜收，平底。肩、腹有四周折棱。高26.2、口径11.5、肩径18.4、底径10.3厘米（图八一，3；图版七，2）。

Ⅱ式 1件。颈变短。

M207：5，泥质灰陶。有盖，盖顶较平，盖舌较短。敞口，方唇，唇面由内向外略倾斜，束颈，折肩，斜腹内弧，平底。盖面饰两道特宽凹带纹，口下饰一周细弦纹，肩、腹有四周折棱。通高23.3，身高20.2、口径10.7、腹径16.1、底径8.3，盖高3.2、盖径11.1厘米（图八一，4；图版八，1）。

Ac型 2件。敞口。颈、肩、腹部饰多周凹弦纹。

M28：5，泥质灰陶。有盖，盖顶较平，盖舌较短。敞口，方唇，唇面平坦，束颈，圆肩，斜腹内弧，平底。口下饰一道细凸弦纹，颈中部饰两道凹弦纹，颈肩交界处、肩腹交界处、腹中部各饰一周凹弦纹。通高24.7，身高22、口径11.8、腹径19、底径10.3，盖高3.7、盖径12.3厘米（图八一，5；图版七，4）。

Ad型 19件。敞口。少数颈、肩相交处有一周折棱。据体形大小及颈、肩、腹、足部变化

图八一 甲类A型陶壶

1. Aa型Ⅰ式（M104∶1） 2. Aa型Ⅱ式（M170∶2） 3. Ab型Ⅰ式（M93∶2） 4. Ab型Ⅱ式（M207∶5） 5. Ac型（M28∶5）
6. Ad型Ⅰ式（M25∶5） 7. Ad型Ⅱ式（M149∶7） 8、9. Ad型Ⅲ式（M31∶2、M247∶3）

分为四式。

Ⅰ式　3件。器体大。长束颈，圆肩较宽，弧腹，假足多附饼足。颈、肩交界处有一周折棱。

M25：5，泥质灰陶。有盖，盖顶较平，盖舌较短。敞口，方唇，唇面平坦，长束颈，圆肩较宽，弧腹，假足附饼足，平底。颈、肩交界处有一周折棱。通高29.7、身高27.5、口径13.5、腹径21.3、底径11.2、盖高3.4、盖径13.8厘米（图八一，6）。

M25：2，泥质灰陶。形制同M25：5。通高28.3、身高5.9、口径13.4、腹径21.1、底径11.7、盖高3.5、盖径13.8厘米（图版七，3）。

Ⅱ式　3件。器体变小。束颈多变短，圆肩，器腹变深，多平底（M127：2假足）。颈、肩交界处有一周折棱。

M149：7，泥质灰陶。盖顶较平，方唇较宽，盖舌较短。敞口，方唇，唇面平坦，束颈，圆肩，斜腹内弧，平底。颈、肩交界处饰一道凹弦纹。通高23、身高20.3、口径11、腹径18.8、底径9.1、盖高3.5、盖径10.9厘米（图八一，7）。

M127：2，泥质灰陶。有盖，盖顶较平，方唇较窄，盖舌较短。敞口，方唇，唇面平坦，长束颈，溜肩微折，弧腹，假足，平底。盖顶靠近中间和边缘各饰两道凹弦纹，颈、肩交界处有一周折棱，通体饰暗纹。通高21.9、身高20、口径11、腹径16.5、底径8.5、盖高2.5、盖径11厘米（彩版三，2）。

Ⅲ式　4件。器体较Ⅱ式变瘦小。束颈，窄溜肩，斜腹，平底。颈、肩相交处折棱消失。

M31：2，泥质灰陶。盖顶平，盖舌较短。敞口，方唇，唇面平坦，束颈，窄溜肩，斜腹，平底。盖顶饰四道宽凹带纹，器表有暗弦纹但已不清晰。通高22.7、身高20.3、口径11.3、腹径14.1、底径7.8、盖高3、盖径11.2厘米（图八一，8；图版八，2）。

M247：3，泥质灰陶。敞口，方唇，唇面略斜，束颈，窄溜肩，斜腹，平底。通体饰暗弦纹。高19.6、口径10.5、腹径15.1、底径7.7厘米（图八一，9）。

Ⅳ式　9件。器体小。斜颈，上腹鼓，下腹内弧收，平底。

M82：5，泥质灰陶。弧顶盖，盖舌较短。敞口，方唇，唇面平坦，斜颈，上腹鼓，下腹内弧收，平底。通体饰暗纹。通高17.3、身高14.9、腹径12、底径6.8、盖高2.9、盖径9.5厘米（图八二，1）。

M155：5，泥质灰陶。盖平顶，盖舌较短。敞口，方唇，唇面平坦，斜颈，上腹鼓，下腹弧收，平底。通高15.3、身高13.8、口径9.5、腹径12.4、底径5.5、盖高2.5、盖径9.9厘米（图八二，2；图版八，3）。

M229：1，泥质灰陶。盖顶平，盖舌较短。敞口，方唇，唇面平坦，斜颈，上腹鼓，下腹斜收，平底。器表饰暗纹。通高16.1、身高13.8、口径9.4、腹径11.1、底径5.1、盖高2.5、盖径9.8厘米（图八二，3）。

Ae型　1件。喇叭形侈口，大平底。

M218：6，泥质灰陶。喇叭形侈口，尖圆唇，唇外侧面有半周凹槽，长束颈，圆肩，圆鼓腹，大平底。肩部饰四周凹弦纹，腹中部饰三周抹断绳纹带。高38.7、口径17.6、腹径32、底径22.3厘米（图八二，4；图版九，3）。

B型　11件。盘口。据器表装饰不同分二亚型。

8.7，盖高5.3、盖径18.7厘米（图七九，11；彩版二，1）。

M24∶3，泥质灰陶。盖失。子口方唇，弧腹较深，假足。高12、口径17.6、底径9.6厘米（图七九，10；图版六，4）。

三　合　碗

12件，其中，5件只剩一半，7件上下两部分完整（图一二五，13、14）。半体合碗形态接近钵，因其下腹内弧收而与钵有别。据器物形态变化分三式。

Ⅰ式　1件。器体大。鼓腹，上下合体略扁。

M183∶3、M183∶4，泥质灰陶。近直口，圆唇，弧鼓腹，浅饼足，底略凹。器身、器盖形制相同。器表饰暗纹。通高17.6，器身高9、口径21.6、底径8.2，器盖高8.7、口径20.3、顶径8.4厘米（图八〇，1；图版六，5）。

Ⅱ式　5件。器体一般都大。深弧腹，上下合体高隆。

M61∶2，泥质灰陶。方唇略圆，唇面较平，口内壁敛、外壁直，深腹呈"S"形曲收，平底内凹。器身深于器盖，上下合体高隆。器表饰弦纹。通高22.5，器身高12.1、口径22.1、底径8.9，器盖高10.2、口径22.2、顶径10.4厘米（图八〇，3；彩版二，2）。

M142∶1，泥质灰陶。口内壁敛、外壁微敞，圆唇，深弧腹，平底。上下合体高隆。器表饰暗弦纹。通高20.5，器身高10.5、口径22.1、底径7.8，器盖高10.1、口径21.6、顶径7.8厘米（图八〇，2）。

Ⅲ式　6件。器体小。腹较浅，上下合体略扁。

M54∶1，泥质灰陶。口内、外壁直，圆唇，腹较浅，腹略呈"S"形，平底。盖较身略小，上下合体略扁。通高14，器身高7、口径16.3、底径6.6，器盖高7、口径15.3、顶径6.1厘米（图八〇，4）。

M150∶2、M150∶3，泥质灰陶。微敞口，圆唇，深弧腹，腹呈"S"形曲收，平底，假圈足。盖略小于器身，上下合体高隆。器表饰粗暗弦纹。通高14.1，器身高7、口径15.9、底径7，器盖高7、口径14.9、顶径6.8厘米（图八〇，5；彩版二，3）。

M211∶5，半个。泥质灰陶。敞口，方圆唇，弧腹，饼状足。高5.4、口径10.8、底径5.8厘米（图八〇，7；图版六，6）。

M247∶4，泥质灰陶。口内壁微敛、外壁微敞，斜方唇，腹较浅，腹呈"S"形曲收，平底。上下合体略扁。器表饰暗弦纹。通高15.5，器身高8.2、口径18.5、底径8，器盖高7.6、口径18.6、顶径7.6厘米（图八〇，6）。

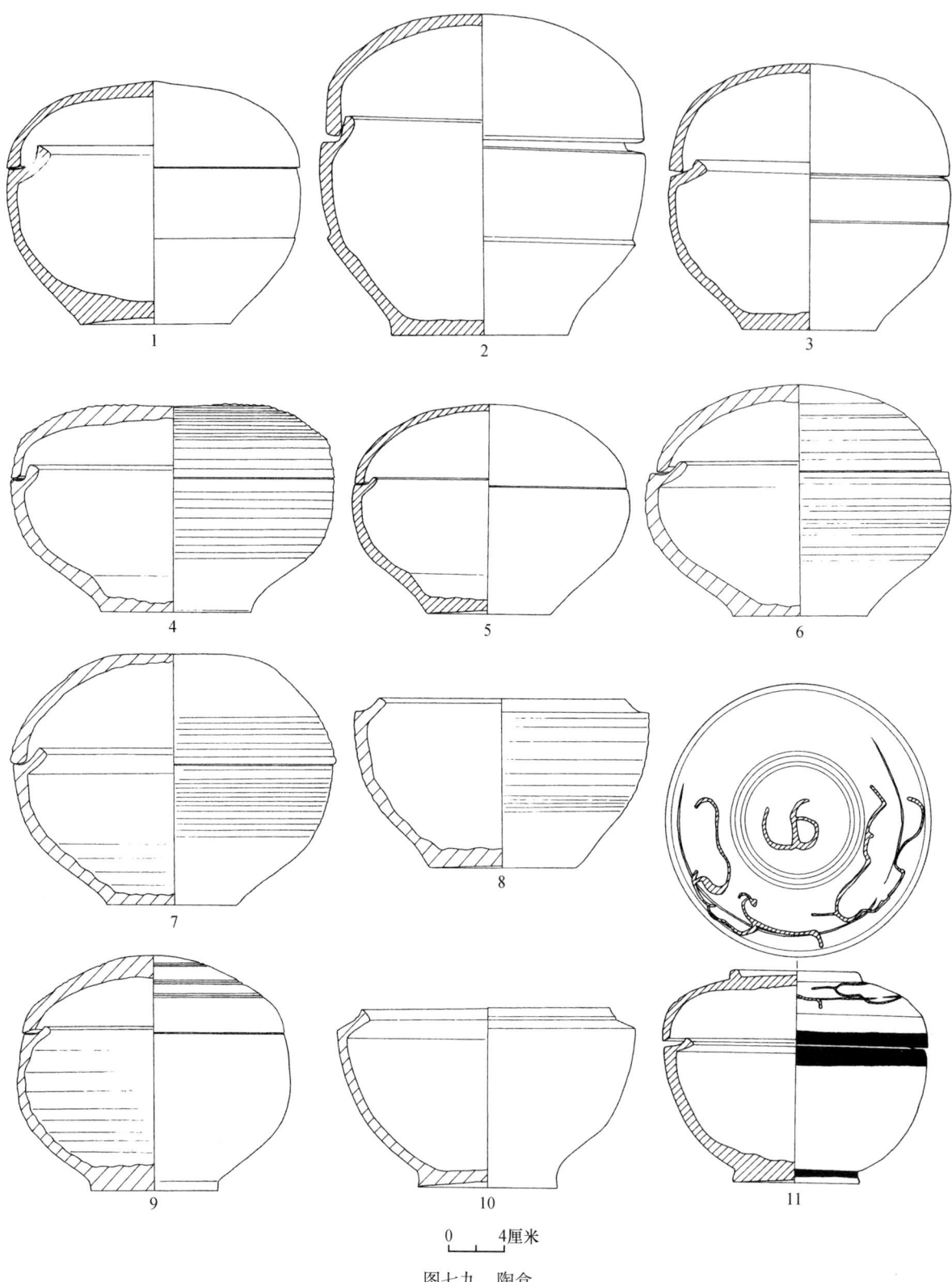

图七九 陶盒

1. Ca型Ⅰ式（M27:6） 2、3. Ca型Ⅱ式（M106:1、M200:2） 4. Da型Ⅰ式（M127:1） 5~8. Da型Ⅱ式（M31:3、M82:2、M32:3、M234:7） 9. Db型Ⅰ式（M211:2） 10、11. Db型Ⅱ式（M24:3、M86:2）

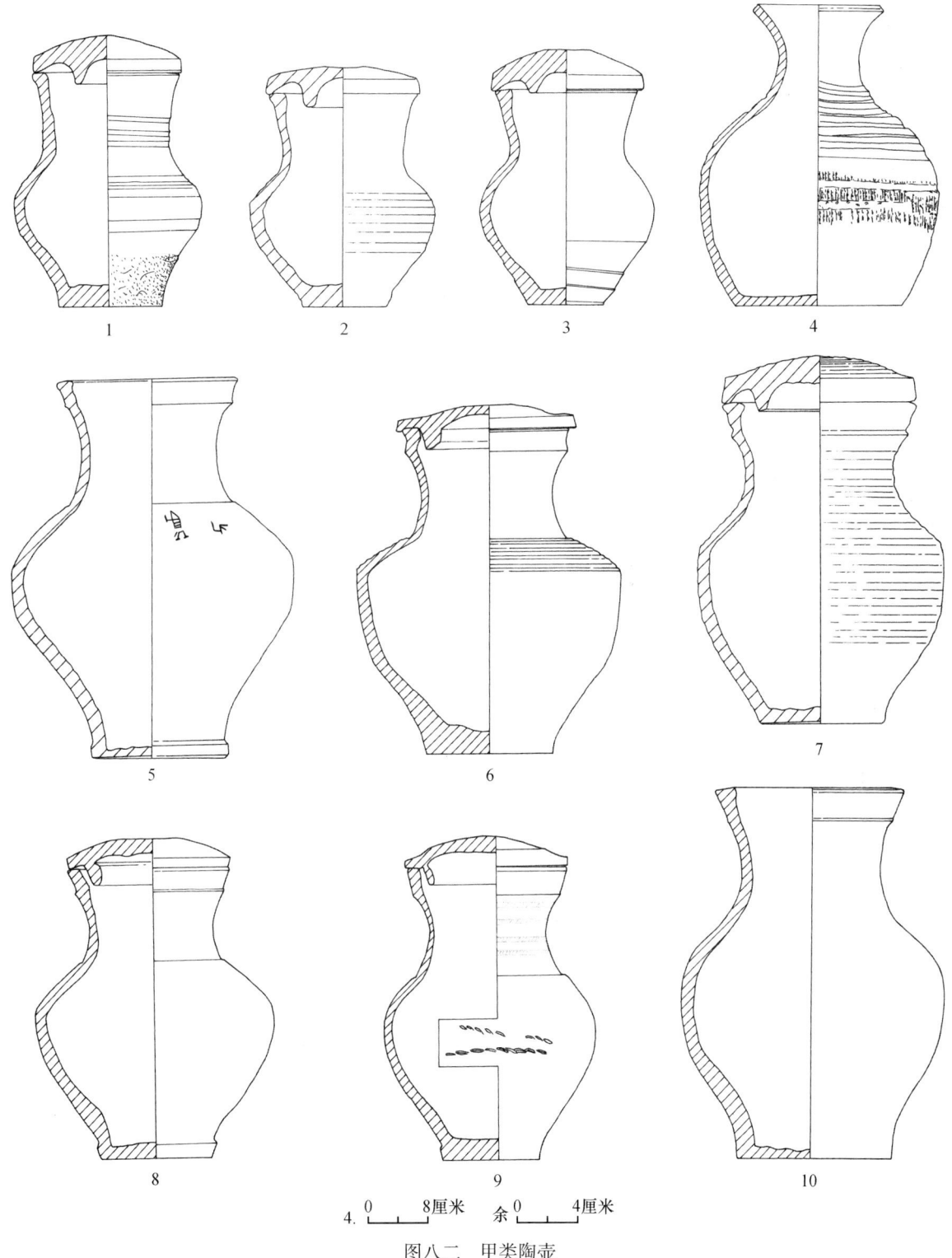

图八二 甲类陶壶

1~3. Ad型Ⅳ式（M82：5、M155：5、M229：1） 4. Ae型（M218：6） 5. Ba型Ⅱ式（M30：2） 6~8. Ba型Ⅲ式（M27：5、M32：8、M201：3） 9. Ba型Ⅳ式（M203：3） 10. Bb型（M234：6）

Ba型 10件。盘口，肩由折变圆，腹部弧折。颈、肩相交处有一周折棱。据器体大小及肩、腹、底变化分四式。

Ⅰ式　4件。器体大。宽折肩，假圈足接饼足。

M141：3，泥质灰陶。盘口，方唇，唇面平坦，束颈，宽折肩，腹部弧折，假圈足下接饼足，平底边缘斜削掉一周。颈、肩相交处有一周折棱，颈中部、颈肩交界处、肩腹交界处各饰两周凹弦纹。肩部饰暗纹，为"S"纹与三角云纹相间。高25.9、口径12.8、腹径21.2、底径9.5厘米（图八三，1；彩版三，3）。

M252：1，盘口，方唇，唇面平坦，束颈，宽折肩，腹部弧折，假圈足下接饼足，平底边缘斜削掉一周。颈、肩交界处有一周折棱；肩、腹交界处及上腹部各饰两周凹弦纹；肩部饰一周暗纹，为四个三角云纹，其中两个云纹间以"S"纹；腹部饰两道凹弦纹。高27.1、口径12.4、腹径21.4、底径9.5厘米（图八三，2；彩版三，4）。

Ⅱ式　2件。器体略变小。溜折肩，饼足。

M30：2，泥质灰陶。盘口，方唇，唇面平坦，束颈，肩弧折，腹部弧折，平底，饼足。颈、肩交界处饰一道凹弦纹，肩部刻三字铭文（图一二五，6），器表饰暗纹。高24.4、口径11.5、腹径19、底径8.7厘米（图八二，5；图版八，4）。

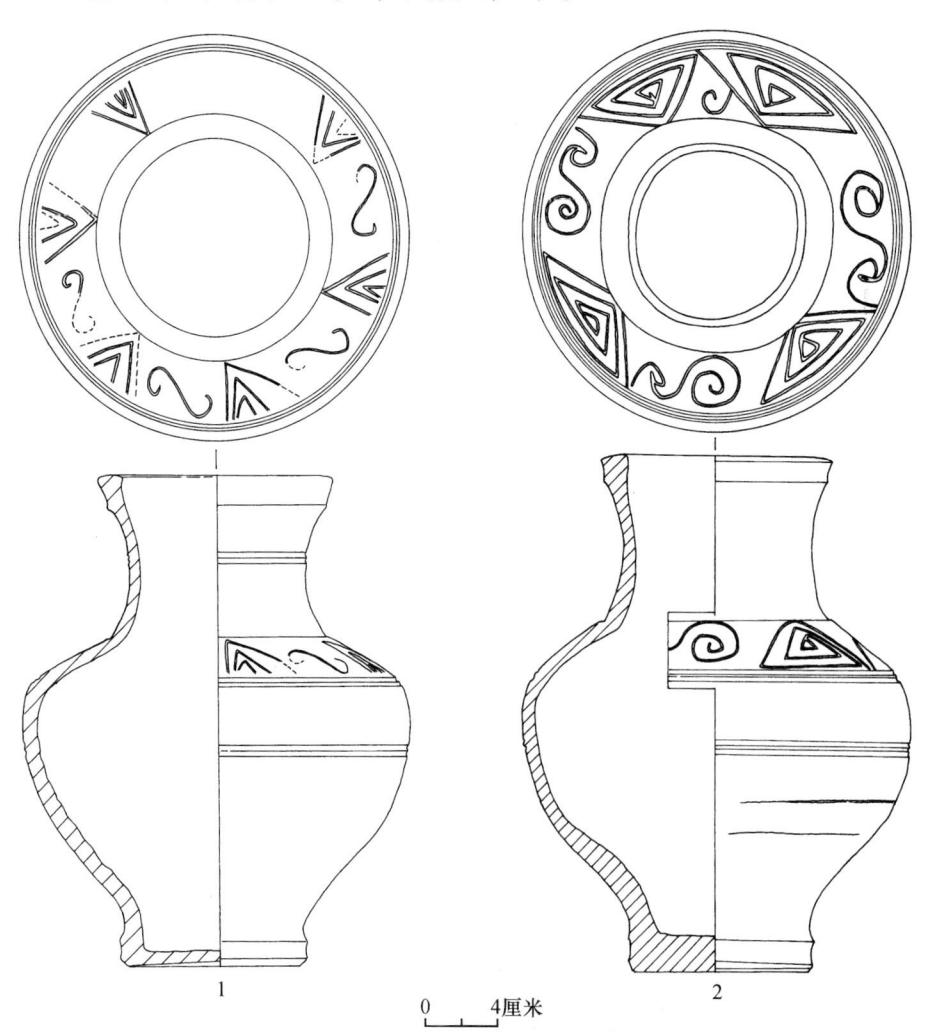

图八三　甲类Ba型Ⅰ式陶壶
1. M141：3　2. M252：1

Ⅲ式　3件。器体较小，折肩多变窄，平底。

M27：5，泥质灰陶。有盖，盖顶近平，盖舌较短。盘口，方唇，唇面平坦，短束颈，宽折肩，腹部弧折，平底。颈、肩交界处有一周凸棱。通高22.1，身高20.8、口径11、腹径17.4、底径8.3、盖高2.7、盖径11.6厘米（图八二，6；图版九，1）。

M32：8，泥质灰陶。有盖，盖弧顶，盖舌较短。盘口，方唇，唇面平坦，束颈粗短，窄折肩，腹部弧折，平底。器表饰暗纹。通高23.6，身高20.5、口径12.7、腹径16.8、底径8.1，盖高3.4、盖径13厘米（图八二，7）。

M201：3，泥质灰陶。有盖，盖平顶，盖舌较短。盘口，方唇，唇面平坦，束颈，肩弧折，弧腹，平底，饼足。颈、肩交界处有一周折棱，器表饰暗纹。通高20.3，身高18.5、口径10.7、腹径16.2、底径7.4、盖高2.6、盖径10.5厘米（图八二，8）。

Ⅳ式　1件。器体小。溜肩，平底。

M203：3，泥质灰陶。有盖，盖弧顶，盖舌较短。盘口，方唇，唇面平坦，束颈较长，溜肩，腹略弧，平底，假圈足。盖顶边缘饰一道宽凹带纹，颈、肩交界处有一周折棱，器表饰暗纹。通高20.5，身高18.5、口径10.2、腹径14.1、底径6.6、盖高2.6、盖径10.6厘米（图八二，9；图版九，2）。

Bb型　1件。肩、腹弧折，颈、肩相交处无折棱。余与Ba型相同。

M234：6，泥质橙黄陶。盘口，方唇，束颈较长，弧折肩较窄，腹部弧折，平底，假圈足。盘底为凸棱。高23.5、口径12.5、腹径17.6、底径10.5厘米（图八二，10）。

乙类　16件。圈足。依口部特征不同分二型。

A型　14件。盘口。依据盘口、颈部、腹部的变化分为四式。

Ⅰ式　2件。浅盘口竖直，长斜颈，扁圆腹。

M47：8，泥质灰陶，表面似泛一层银色。浅盘口，盘壁竖直、略向内凹陷，盘壁下沿折棱明显且向下凸出；方唇，唇面向内倾斜，唇面外缘有一周凸起；长斜颈上细下粗，圆肩，扁鼓腹；曲折状圈足，折棱部分较矮、中部内凹且外撇。颈部与肩部各饰两周凸弦纹。高45.3、口径19.1、腹径36.1、底径20.5厘米（图八四，1；图版九，4）。

M49：2，泥质灰陶，表面似泛银色。浅盘口，盘壁较竖直，盘壁下沿折棱明显且向下凸出；方唇，唇面向内倾斜，长束颈，圆肩，扁鼓腹；曲折状圈足，折棱部分较矮、中部内凹且外撇。颈部饰一周、肩部饰两周凸弦纹。高45.5、口径19.6、腹径34.5、底径16.5厘米（图八四，2；图版一〇，1）。

Ⅱ式　5件。喇叭状盘口略深，束颈较长，圆鼓腹。

M200：5，泥质灰陶。盔形盖，盖内有不明显盖舌。喇叭状盘口，盘壁下沿略有折棱；方唇，唇面水平，束颈，圆鼓腹；曲折状圈足，折棱部分较高、中部向内凹且略微外撇；一对衔环铺首。盘口中部和下部各饰一周凹弦纹，颈、肩交界处及上腹部各饰两周宽凹带纹，腹中部饰三周粗绳纹。通高41.5，身高36.5、口径16.7、腹径27.5、底径15.1，盖高4.2、盖径16.7厘米（图八四，3；图版一〇，2）。

M222：1，泥质灰陶。覆钵形盖，盖内有短舌。浅盘口，盘壁下沿折棱明显；方唇，唇面

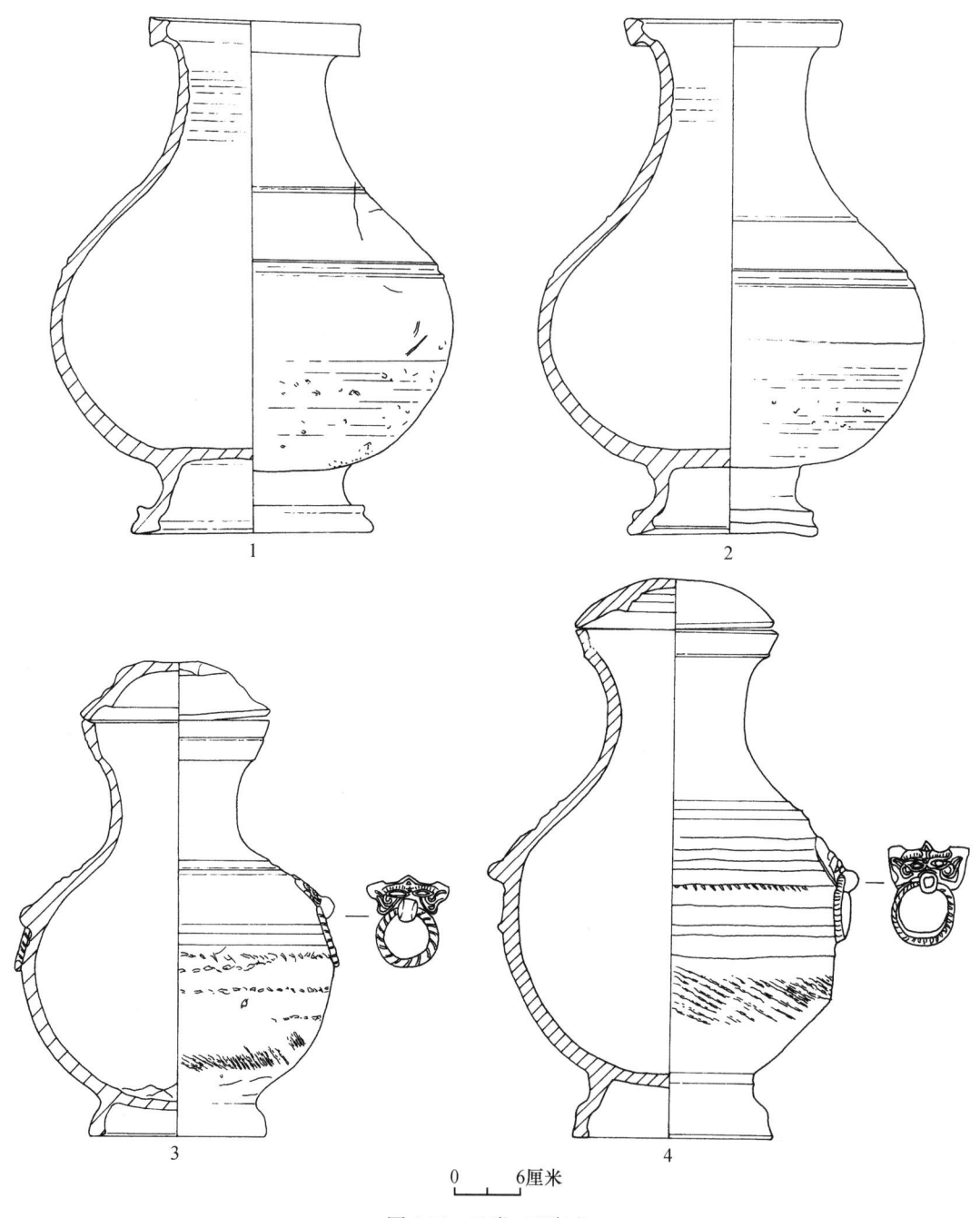

图八四 乙类A型陶壶
1、2. Ⅰ式（M47∶8、M49∶2） 3、4. Ⅱ式（M200∶5、M222∶1）

向外倾斜，长束颈，球形腹，下腹斜收；曲折状圈足，折棱部分较矮、中部向内凹且略微外撇；一对衔环铺首。盘口下部饰一周凹弦纹，颈部和肩部交界处至腹中下部饰数周宽凹带纹，下腹部饰斜绳纹。通高48.1，身高43.4、口径18、腹径30.6、底径16.2、盖高4.1、盖径17.5厘米（图八四，4；图版一〇，3）。

Ⅲ式 6件。喇叭状深盘口，长束颈，扁鼓腹。

M236∶8，泥质灰陶。盔形盖，盖内有短舌。喇叭状深盘口，盘壁下沿略有折棱；方唇，唇面水平且有一周凹槽；长束颈，扁鼓腹；高圈足外撇；一对铺首。盘口折棱处上下两侧均饰一周凹弦纹，颈部和肩部交界处及下腹部各饰三周宽凹带纹。通高48.8，身高41.5、口径21.2、腹径30.3、底径20.3、盖高6.2、盖径22.6厘米（图八五，1；图版一〇，4）。

M248∶2，泥质灰陶。盔形盖，盖内有短舌。喇叭状深盘口，盘壁下沿折棱明显；方唇，唇面向内倾斜；长束颈，扁鼓腹；曲折状圈足外撇，折棱部分高；一对铺首。盖顶部、中部和近沿处各饰一周凹弦纹；颈部和肩部交界处及下腹部各饰两周宽凹带纹。通高52.7，身高46.5、口径20.3、腹径34.4、底径20.3、盖高5.8、盖径21.7厘米（图八五，2；图版一一，1）。

Ⅳ式　1件。博山盖。深盘口，盘壁略外撇，扁鼓腹。盘底折棱不凸出。

M107∶1，泥质灰陶。博山盖，方盖沿，略向上翘起。盘口深，盘壁略斜，下沿稍显折棱；方唇，唇面向外倾斜；长束颈，扁圆腹；曲折状圈足，折棱部分较高、中部向内凹且竖直；一对铺首。博山盖上模印纹饰分为三层，由下至上第一层印有人物、骆驼、野猪、象等，第二层印有个别小动物，第三层无纹饰。颈、肩交界处及上腹部各饰两周宽凹带纹。通高50.8，身高42.4、口径17.1、腹径32.2、底径16.3、盖高9.1、盖径16厘米（图八五，3；图版一一，2）。

B型　2件。侈口。依据口、颈、圈足的不同，分为二亚型。

Ba型　1件。大喇叭口，束颈略长，高圈足外撇。

M89∶3，泥质灰陶。弧顶盖（M89∶4），盖内近顶部有短盖舌。喇叭形侈口，方唇，唇面水平，长束颈，圆肩，鼓腹，高圈足外撇；一对铺首。盖上有红色彩绘痕迹。颈、肩交界处及上腹部各饰两周宽凹弦纹。通高39.8，身高35.2、口径17.1、腹径25.5、底径16.5、盖高4.2、盖径18.8厘米（图八五，4；图版一一，3）。

Bb型　1件。敞口，短颈，曲折状圈足竖直。

M144∶4，泥质灰陶。敞口，方唇，唇面稍向外倾斜，短束颈，溜肩，圆鼓腹；曲折状圈足，折棱部分不明显且较竖直；一对铺首。肩部饰三周不明显的绳纹带。高38.8、口径15.7、腹径31.5、底径18.2厘米（图八五，5；图版一一，4）。

丙类　38件。假圈足，盘口。据器表有无铺首分二型。

A型　34件。模印铺首。据有无衔环分为二亚型。

Aa型　31件。模印铺首，无衔环。据口、颈、腹变化分为四式。

Ⅰ式　4件。器体较小。浅斜盘口，短颈较粗，深鼓腹。

M210∶1，泥质灰陶。浅盘口，外撇较大，盘口与颈部交界处折曲明显；方唇，唇面平坦，短束颈，腹部较鼓，略扁，最大径在腹中部；假圈足较高；上腹部有一对铺首。纹饰由上到下分三组，第一组在肩部，由三条凹弦纹夹两周水波纹组成；第二组在腹中部，为一周凹弦纹，穿过铺首中部；第三组在下腹部，为三条宽带纹。唇面中间饰一周凸弦纹。高35.3、口径18.2、腹径30.5、底径16.5厘米（图八六，1；图版一二，1）。

M243∶4，泥质灰陶。浅盘形盖。浅盘口，外撇较大，盘口与颈部交界处折曲明显；方唇，唇面由内向外倾斜；束颈特短，腹部圆鼓，最大径在腹中部，腹部与假圈足交界处凹进，假圈足向内斜收；肩部有一对铺首。铺首上下各饰一组凹弦纹，每组两条。通高34，身高31、

图八五 乙类陶壶

1、2. A型Ⅲ式（M236∶8、M248∶2） 3. A型Ⅳ式（M107∶1） 4. Ba型（M89∶3、M89∶4） 5. Bb型（M144∶4）

图八六 丙类Aa型陶壶

1~3. Ⅰ式（M210：1、M243：4、M22：2） 4~6. Ⅱ式（M10：4、M145：3、M243：3）

口径16、腹径25.9、底径15.3、盖高3.1、盖径15厘米（图八六，2；图版一二，2）。

M22∶2，泥质灰陶。盘口较浅，外撇较大，盘口与颈部交界处折曲明显；方唇，唇面平坦；束颈较短，腹部圆鼓，最大径在腹中部；假圈足内收；肩部有一对铺首。铺首上下各饰两周凹弦纹。通高41，身高36、口径17.4、腹径28.4、底径16.8、盖高5、盖径17厘米（图八六，3；图版一二，3）。

Ⅱ式　15件。器体变大。深盘口，盘壁多斜，颈略细长，圆鼓腹多较Ⅰ式略扁。

M6∶1，泥质灰陶。盔形盖，盖顶有数圈轮削痕迹。深盘口外斜，平唇，唇面稍向内倾斜，束颈较粗，圆腹，最大径在腹中部；足较高，与腹底无明显转折折棱；肩部有一对铺首。盘壁饰一周凹弦纹，铺首上方饰两周凹带纹，器身有多处轮削痕迹。通高48.1，身高42.3、口径19.2、腹径31.4、底径16.2、盖高5.9、盖径18.8厘米（图八七，1；图版一三，3）。

M10∶4，灰色。圆弧顶盖。深盘口外斜，平唇，束颈较细长，圆腹，最大径在腹中部，矮假圈足，与腹部有明显转折折棱；肩部有一对铺首。盘壁下方饰一周凹弦纹，铺首上方饰两周凹带纹，腹中部以下有多出轮制刮痕。通高45.6，身高40.2、口径20、腹径32、底径18.9、盖高4.5、盖径20.7厘米（图八六，4；图版一二，4）。

M145∶3，灰色。盔形盖。深盘口稍外斜，平唇口，束颈较细长，圆腹，最大径在腹中部；假圈足与腹区分明显，无明显折棱；肩部有一对铺首。铺首上方饰两周凹带纹。通高44.3，身高39.3、口径19.1、腹径31、底径18.4、盖高5、盖径20.5厘米（图八六，5；图版一三，1）。

M243∶3，泥质灰陶。盔形盖。深盘口外斜，平唇口，细束颈，圆腹，最大径在中部；假圈足较高，与腹区分明显，有明显折棱；肩部有一对铺首。唇面饰两圈凹弦纹。铺首上方饰两周凹带纹，器身布满土锈。通高41.9，身高38.2、口径18.2、腹径29.4、底径17.8、盖高3.9、盖径17.3厘米（图八六，6；图版一三，2）。

Ⅲ式　10件。器体大。盘壁外斜程度多数较大，盘底多不如Ⅱ式突出，细长束颈，扁鼓腹，最大径多靠上部。

M26∶5，泥质灰陶。盘口较深、外撇，盘底不显，与颈部交界处较平滑，方唇，唇面平坦，颈部较长，微束，扁鼓腹，最大径在腹上部，假圈足；上腹部有一对铺首。肩部饰一周凸起的宽带纹。高39.6、口径18.2、腹径29.5、底径16.7厘米（图八七，3；图版一四，2）。

M173∶9，泥质灰陶。盔形盖，隆起甚高。深盘口，外撇较大；方唇，唇面平坦；细长束颈，扁鼓腹，最大径在腹上部；假圈足；肩部有一对铺首。铺首上方饰两周凹带纹。通高49.8，身高42.4、口径20.6、腹径31.1、底径17.2、盖高7.5、盖径19.6厘米（图八七，4；图版一三，4）。

M181∶1、M181∶6，泥质灰陶。M181∶1为器盖，盔形盖，顶微凹。M181∶6为壶身，深盘口外斜较凸出，平唇口，细长束颈，扁圆腹，最大径近中部，假圈足内收；肩部有一对铺首。铺首上方有两周凹带纹，器身布满土锈。通高47，身高40.1、口径21.8、腹径29.8、底径17.3、盖高5.8、盖径21.5厘米（图八七，2；图版一四，1）。

Ⅳ式　2件。盘口变浅，腹更扁。

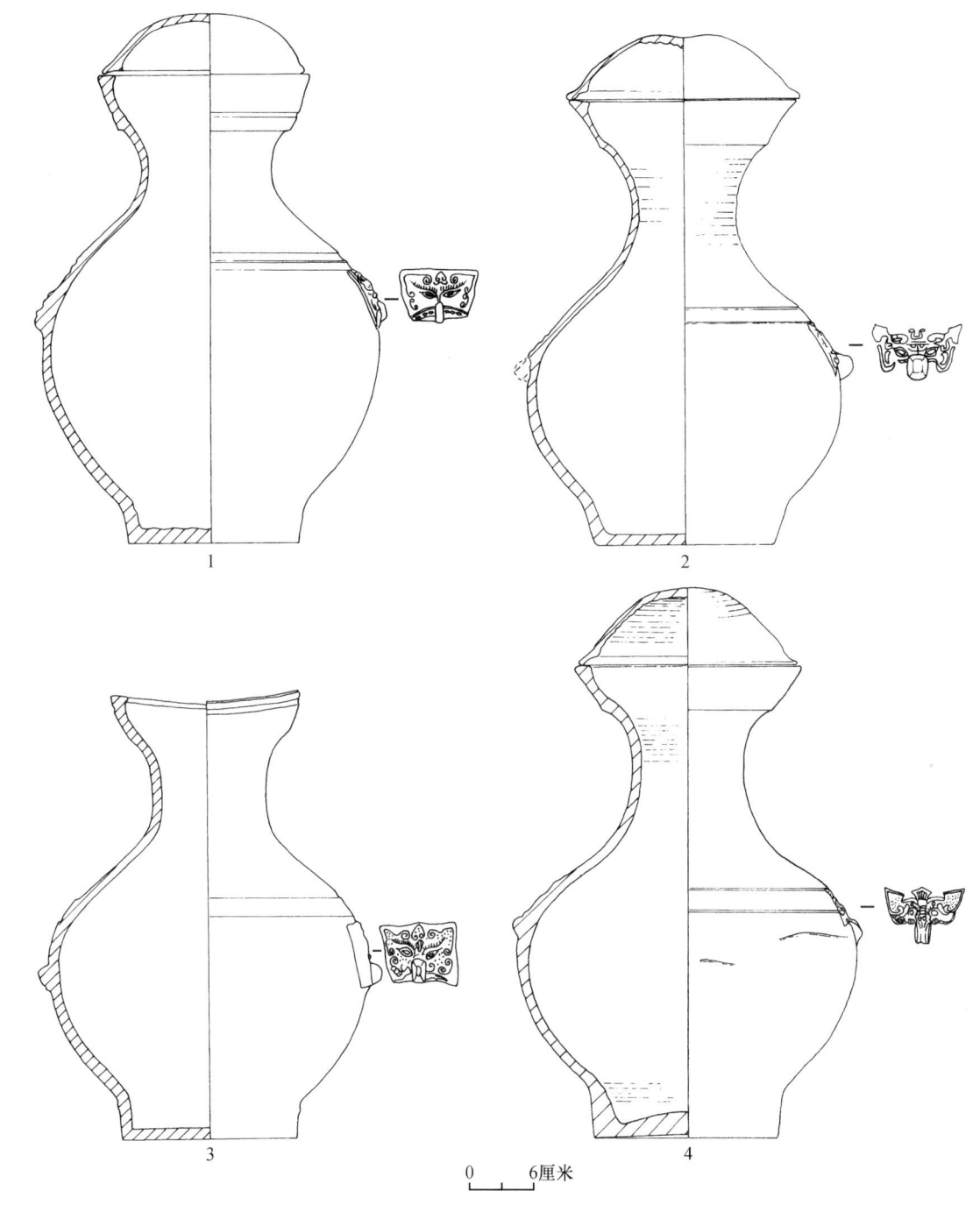

图八七 丙类Aa型陶壶
1. Ⅱ式（M6∶1） 2~4. Ⅲ式（M181∶1、M181∶6、M26∶5、M173∶9）

M199∶2，泥质灰陶。浅弧顶盖。浅盘口微外撇，盘口与颈部交界处折曲明显；方唇，斜颈较粗长，扁鼓腹，假圈足；肩部有一对铺首。唇面和盘口下部各饰一周凹弦纹；铺首上方饰两组、每组三周凹弦纹。通高38.2，身高33.8、口径18.2、腹径26.6、底径18.6，盖高5、盖径19.8厘米（图八八，1；图版一四，3）。

Ab型 3件。模印铺首衔环。据颈、腹变化分二式。

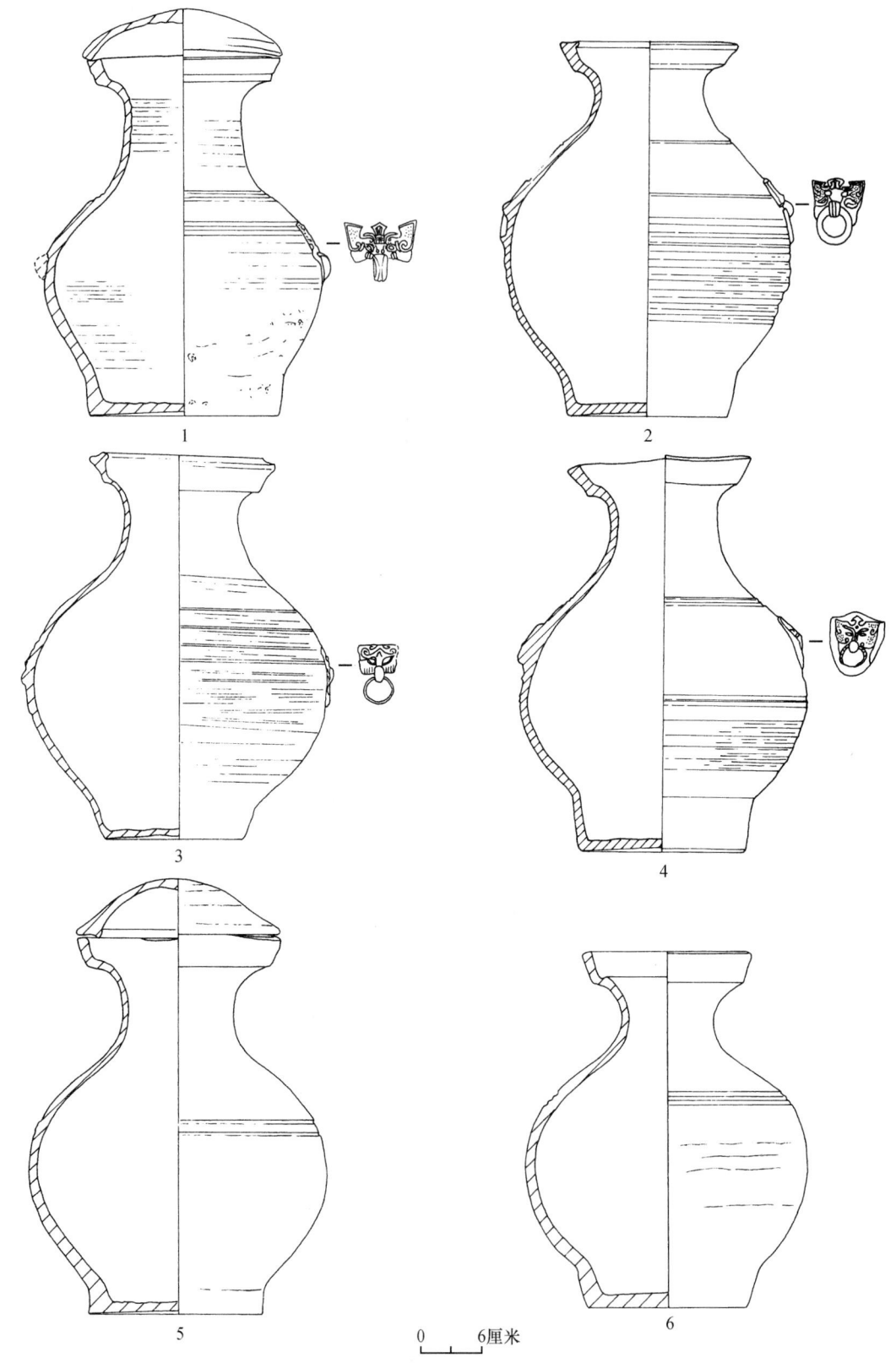

图八八 丙类陶壶

1. Aa型Ⅳ式（M199：2） 2. Ab型Ⅰ式（M239：2） 3、4. Ab型Ⅱ式（M163：9、M244：4） 5、6. B型（M75：5、M12：4）

Ⅰ式　1件。短束颈，椭长腹。

M239∶2，泥质灰陶。浅盘口，外撇较大；方唇，唇面平坦；短束颈，椭鼓腹，假圈足；肩部有一对模印铺首衔环。器表饰三周凹弦纹，其中，一周在颈、肩相交处，一周在肩穿过铺首衔环，一周位于铺首衔环下部。高35.2、口径17.1、腹径27.5、底径15.3厘米（图八八，2；图版一四，4）。

Ⅱ式　2件。长束颈，扁鼓腹。

M163∶9，泥质灰陶。浅盘口，外撇较大；方唇，唇面凹，由内向外倾斜；束颈较长，腹部略扁鼓，假圈足斜收；肩部有一对模印铺首衔环。肩部饰三周凹弦纹，其中一周穿过铺首衔环。高36、口径17.8、腹径29、底径14.8厘米（图八八，3；图版一五，1）。

M244∶4，泥质灰陶。浅盘口，外撇较大；方唇，唇面平坦；束颈较长，腹部略扁鼓，假圈足较高；肩部有一对模印铺首衔环。颈、肩相交处饰一组三周凹弦纹，腹中部饰一组两周凹弦纹。高36.9、口径17.3、腹径27.7、底径16.3厘米（图八八，4；图版一五，2）。

B型　4件。无铺首。

M75∶5，泥质灰陶。盔形盖。盘口较浅，略外撇；方唇，唇面平坦；束颈，腹部圆鼓，假圈足较矮。腹中部饰一组两周凹弦纹。通高41.4、身高35.8、口径19.8、腹径28.2、底径18.3、盖高4.1、盖径19.8厘米（图八八，5；图版一五，3）。

M12∶4，泥质灰陶。盘口较浅，略外撇；方唇，唇较窄，唇面平坦；短束颈，腹部圆鼓，假圈足内收。肩部饰一组三周凹弦纹，腹中下部饰两周凹弦纹。高33.6、口径16、腹径27.4、底径15.5厘米（图八八，6；图版一五，4）。

2. 小壶

56件，其中3件残碎、未修复。出土于33座墓中，出土4件的墓葬有M173、M236这2座，出土3件的墓葬有M10，出土2件的墓葬有M1、M12、M26、M48、M49、M75、M86、M163、M181、M200、M209、M237、M245、M248、M250这15座。修复的53件据器底特征不同分为两类。

甲类　16件。平底。据口部特征分三型。

A型　1件。折沿。

M219∶3，泥质灰陶。敞口，折沿，方唇，短束颈，广溜肩，斜腹，大平底。沿面内侧有一周凸棱。高13.3、口径8.5、腹径12.9、底径8.7厘米（图八九，1；图版一六，1）。

B型　3件。敞口，方唇。据肩、腹、底变化分三式。

Ⅰ式　1件。广溜肩，斜腹，大底。

M80∶2，泥质灰陶。敞口，方唇，唇面有一圈凹槽，束颈细长，广溜肩，浅斜腹，大底。腹上部有数周按压弦纹。高19.7、口径9.3、腹径19.2、底径11.6厘米（图八九，2；图版一六，2）。

Ⅱ式　1件。溜肩变窄，底略变小。

M216∶6，泥质灰陶。有盖，盖弧顶，舌极短。敞口，方唇，短束颈，溜肩，斜腹，平底。通高15、身高13.7、口径9.2、腹径13.8、底径7.8、盖高1.1、盖径9.4厘米（图八九，3；图

图八九　陶小壶

1. 甲类A型（M219：3）　2. 甲类B型Ⅰ式（M80：2）　3. 甲类B型Ⅱ式（M216：6）　4. 甲类B型Ⅲ式（M173：11）
5、6. 甲类Ca型Ⅰ式（M6：4、M75：2）　7、8. 甲类Ca型Ⅱ式（M107：3、M173：4）　9. 甲类Cb型Ⅰ式（M200：6）
10. 甲类Cb型Ⅱ式（M112：5）　11. 乙类A型Ⅰ式（M24：7）　12. 乙类A型Ⅱ式（M49：3）

版一六，3）。

Ⅲ式　1件。圆肩，小底。

M173：11，泥质灰陶。敞口，斜方唇，唇面略凹，束颈，圆肩，斜腹，小平底。器腹有刮削痕迹。高18.8、口径9.8、腹径16.2、底径6.8厘米（图八九，4；图版一六，4）。

C型　12件。盘口。分二亚型。

Ca型　9件。浅腹弧鼓。据口、肩、腹变化分二式。

Ⅰ式　5件。盘口较浅，圆肩，鼓腹。

M6：4，泥质灰陶。圆弧顶盖，短舌。浅盘口，束颈，圆肩，弧腹，大平底内凹。肩部饰两周凹弦纹，腹部有修削痕。通高23.1，身高20.1、口径10.3、腹径17.2、底径10.1、盖高3.5、盖径10.1厘米（图八九，5；图版一七，1）。

M75：2，泥质灰陶。弧顶盖，盖舌近无。浅盘口，盘口直，唇面外斜，短束颈，圆肩，弧鼓腹，平底。盖顶饰一周凹弦纹。通高19.4，身高17.4、口径8.3、腹径14.8、底径8.2，盖高2、盖径9厘米（图八九，6）。

Ⅱ式　4件。盘口变深，溜肩，浅弧腹。

M107：3，泥质灰陶。盘口，唇面内斜，短束颈，溜肩，斜弧腹，平底。肩部饰一周宽凹带纹。高15.5、口径8.3、腹径12.1、底径7.9厘米（图八九，7）。

M173：4，泥质灰陶。盘口较深，唇面有一周凹槽，短束颈，溜肩，弧腹，平底微凹。肩部饰两周宽凹弦纹，腹部有多周旋削痕迹。高15.5、口径7.8、腹径13.1、底径8.5厘米（图八九，8；图版一七，2）。

Cb型　3件。长斜腹。据口部变化分二式。

Ⅰ式　2件。浅盘口。

M200：6，泥质灰陶。浅盘口，唇面略弧，束颈，斜肩，长斜腹，平底。腹部有多周抹宽带。高14.9、口径7.2、腹径10.6、底径5.9厘米（图八九，9；图版一七，3）。

Ⅱ式　1件。盘口变大变深。

M112：5，泥质灰陶。大盘口，唇面外斜，束颈，斜肩，长斜腹，平底。高17.4、口径9.5、腹径11.6、底径6.4厘米（图八九，10；图版一七，4）。

乙类　37件。有足。据足部特征不同分二型。

A型　3件。圈足。据颈、肩、腹、足变化分二式。

Ⅰ式　1件。长束颈，长溜肩，扁腹，高圈足。

M24：7，泥质灰陶。弧顶盖，长舌。外盘口，内盘口不明显，方唇，长束颈，长溜肩，扁腹，小圈足较高、略外撇。盘底有凸棱。通高19.2，身高17.3、口径7.2、腹径13.8、底径7，盖高3.7、盖径7.4厘米（图八九，11；图版一八，1）。

Ⅱ式　2件。短束颈，短溜肩，近圆鼓腹，矮圈足。

M49：3，泥质灰陶。弧顶盖，短舌。浅盘口，方唇，束颈较粗短，溜肩，扁鼓腹，折曲状小圈足较矮。通高17，身高14.7、口径8.8、腹径14.3、底径7.2、盖高2、盖径10.2厘米（图八九，12；图版一八，2）。

B型　34件。假圈足。据口部特征分二亚型。

Ba型　2件。敞口。据颈、腹变化分为二式。

Ⅰ式　1件。短束颈，扁鼓腹。

M91:3，泥质灰陶，制作粗糙。盖弧顶近平，短舌。敞口，束颈，扁鼓腹，平底，假圈足。高12.3、口径7.9、腹径9.8、底径6.6厘米（图九〇，1；图版一八，3）。

Ⅱ式　1件。束颈略长，圆鼓腹。

M113:2，泥质灰陶。盖弧顶近平，短舌。敞口，束颈，圆腹，平底，假圈足。器表有彩绘但已不明。通高15.3、身高13.6、口径6.4、腹径10.4、底径6.1、盖高1.6、盖径7.2厘米（图九〇，5；图版一八，4）。

Bb型　32件。盘口。据口、腹特征变化分为二式。

Ⅰ式　2件。浅盘口，内盘不显，短颈，扁鼓腹。

M243:2，泥质灰陶。浅盘口，短束颈，扁鼓腹，平底内凹，假圈足较高。肩部饰一组两周、腹部饰一组一周凹弦纹。高17.5、口径8.7、腹径15.3、底径7.7厘米（图九〇，2）。

Ⅱ式　30件。盘口变深，内盘口明显，少数细长颈，腹椭长或近圆鼓。

M10:3，泥质灰陶。弧壁、平顶盖，舌极短。盘口，短束颈，腹近圆鼓，平底，假圈足较矮。肩、腹部各饰一组、每组两周凹弦纹。通高19.9，身高18、口径9.8、腹径15.6、底径9厘米，盖高2、盖径9.2厘米（图九〇，4；图版一九，1）。

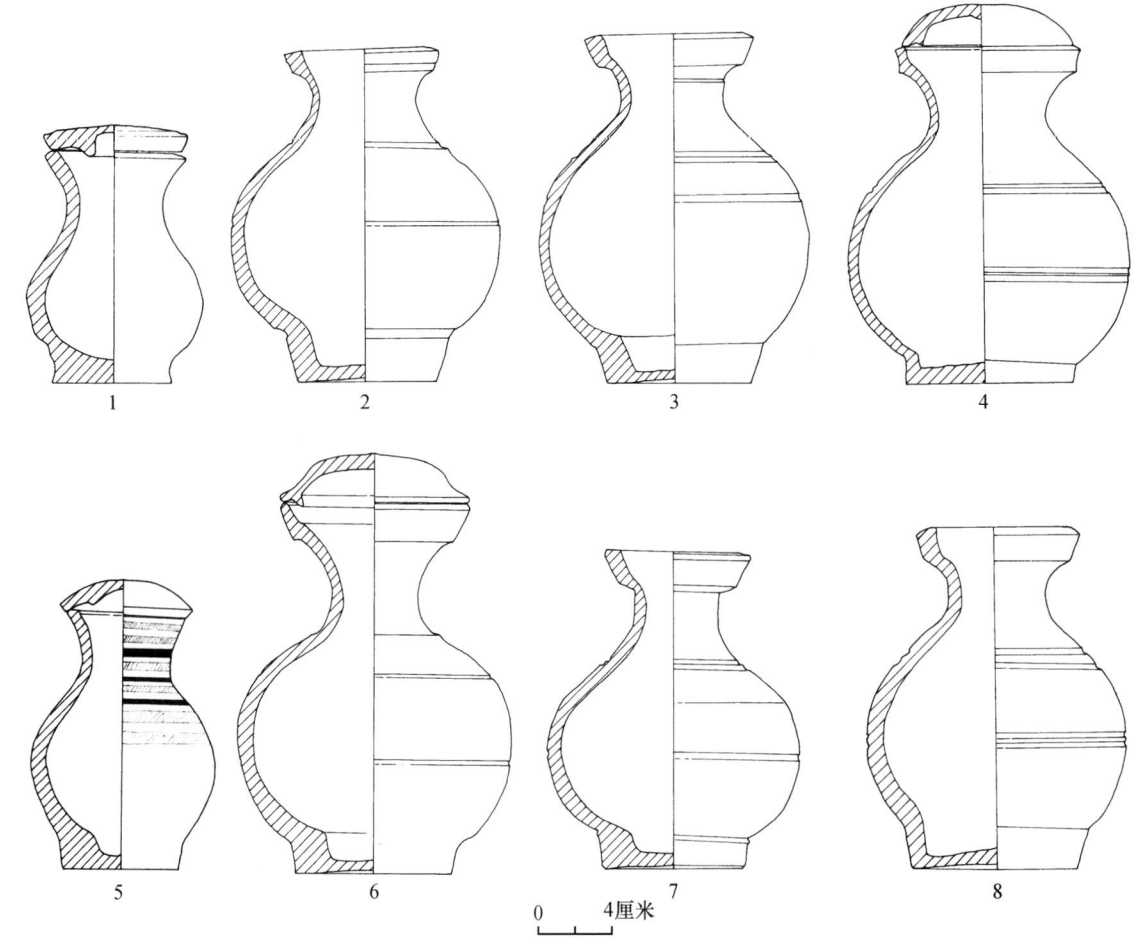

图九〇　乙类B型陶小壶
1. Ba型Ⅰ式（M91:3）　2. Bb型Ⅰ式（M243:2）　3、4、6~8. Bb型Ⅱ式（M245:3、M10:3、M236:7、M209:4、M48:1）
5. Ba型Ⅱ式（M113:2）

M39：2，泥质灰陶。盘口略外张，方唇，唇面略外斜，长直颈略束，溜肩，圆鼓腹，平底较大，假圈足略外撇。颈、肩交界处饰两道较宽凹弦纹。高25.7、口径10.3、腹径21.1、底径13.9厘米（图版一九，3）。

M236：7，泥质灰陶。器表为灰黑色，打磨平整光洁。盔形盖，顶略平，盖舌较短。盘口，圆唇，细束颈，腹扁鼓，平底微凹，假圈足较矮。颈、肩相交处有一周折棱，肩、腹部各饰一周凹弦纹。通高22.1，身高19.5、口径10.6、腹径15.5、底径8.6、盖高2.6、盖径10.6厘米（图九〇，6；彩版二，4）。

M245：3，泥质灰陶。盘口，方唇，唇面略外斜，短束颈，椭腹，平底，假圈足较高。肩部饰两周、腹部饰一周凹弦纹。高18.4、口径9.2、腹径15.9、底径7.9厘米（图九〇，3；图版一九，2）。

M209：4，泥质灰陶。深盘口，方唇，细颈较长，溜肩，扁鼓腹，平底内凹，假圈足竖直。颈、肩相交处饰两周、腹部饰一周凹弦纹。高16.7、口径8、腹径14.2、底径7.7厘米（图九〇，7；图版一九，4）。

M48：1，泥质灰陶。盘口，方唇较厚，唇面外斜，短颈略束，圆鼓腹，平底内凹，假圈足较高。肩、腹部各饰一组、每组两周凹弦纹。高18、口径9、腹径14.5、底径9厘米（图九〇，8）。

M48：2，泥质灰陶。盘口，方唇较厚，唇面外斜，短颈略束，圆鼓腹，平底内凹，假圈足较高。肩部饰两周凹弦纹。高18.7、口径8.9、腹径14.9、底径8厘米（图版二〇，1）。

3. 釉陶壶

1件。

M3：3，泥质红陶，器表施棕红色釉。深盘口，盘壁略外斜，方唇，束颈，溜肩，圆腹，平底内凹，假圈足。盘壁下端饰一周凹弦纹，肩、颈交界处及腹中部各饰两周凹弦纹。高22.5、口径9、腹径16.9、底径9.3厘米（图九一，1；彩版二，5）。

4. 高柄小壶

2件。据器体及颈、足变化分为二式。

Ⅰ式　1件。器体瘦高。长斜颈，高柄，高足。

M25：3，泥质灰陶。圆弧顶盖，长舌。敞口，方唇，斜直颈，扁圆腹，高柄中部略鼓起，高喇叭足。肩部饰一周锯齿状暗纹，腹部饰两圈凹弦纹。通高21.8，身高20、口径6、腹径9、底径7.5厘米（图九一，2；图版二〇，2）。

Ⅱ式　1件。器体矮胖，颈变短，短柄，矮足。

M208：2，泥质灰陶。圆弧顶盖，短舌。敞口，方唇，短斜颈，扁鼓腹，短柄外撇，矮喇叭足。盖顶饰四圈凸同心圆纹，颈、肩部残存暗弦纹。通高15.2，身高13.5、口径7、腹径8.6、底径7.5，盖高2.3、盖径7.4厘米（图九一，3；图版二〇，3）。

图九一 陶器

1. 釉陶壶（M3∶3） 2. Ⅰ式高柄小壶（M25∶3） 3. Ⅱ式高柄小壶（M208∶2） 4. 三足壶（M103∶3） 5. 双鼻壶（M213∶2）
6. 无盖豆（M176∶2） 7. A型盖豆（M170∶1） 8. B型盖豆（M93∶1） 9. 钫（M86∶4）

5. 三足壶

1件。

M103∶3，泥质灰陶。圆弧顶盖，短舌。敞口，圆唇，斜颈，窄折肩，扁圆腹，圜底，极矮的截锥状蹄足，足根凸出。通高15.6、高13.8、口径9、腹径13.4、盖高2.4、盖径9.8厘米（图九一，4；图版二〇，4）。

6. 双鼻壶

1件。

M213：2，泥质灰陶。颈部及以上残毁不存。细颈，扁鼓腹，腹上部有一对鼻耳，平底略内凹，假圈足。耳面饰三道凹弦纹，颈下部饰一周凹弦纹，腹上部饰一周折线纹。残高17.8、腹径22.7、底径13.2厘米（图九一，5）。

五 豆

3件。包括盖豆和无盖豆两种。

1. 盖豆

2件。据盖、腹、足特征分为二型。

A型　1件。盖浅。深腹微折，短柄，矮足。

M170：1，泥质灰陶。子口承盖。盖方唇，折壁，弧顶，盖顶有带孔圆饼状抓手。器身子口圆唇，深腹弧折，短柄，喇叭状足。器表及器内壁均呈黑褐色，器表饰暗弦纹。通高19.3、身高13.5、口径14.5、腹径17.7、底径13.1、盖高6.5、盖径17.1、盖纽径4.7厘米（图九一，7；图版四，1）。

B型　1件。盖隆。深弧腹，高柄，高喇叭足。

M93：1，泥质灰陶。子口承盖。盖方唇，弧壁，弧顶，盖顶有带孔圆饼状抓手。器身子口方唇，深弧腹，圜底，高柄，喇叭状高足。器表有暗弦纹痕迹。通高26.6、身高19、口径16.6、腹径19.1、底径13.1、盖高7.8、盖径18.7、盖纽径7厘米（图九一，8；图版四，2）。

2. 无盖豆

1件。

M176：2，泥质灰陶。残存豆盘。敞口，圆唇，壁弧折，盘较深。残高5、口径14.1厘米（图九一，6）。

六 钫

1件。

M86：4，泥质灰陶。器体轻薄。四面坡尖顶方盖，盖顶四条脊中部各有一方形小孔，平沿，方盖舌。器身口部外张，方唇，束颈细长，长弧腹，平底，方圈足较高、外撇。颈部和腹部有红白彩绘，可辨有火焰、山峰、云气状纹饰等。通高44、身高40.3、口长12、宽11.8、腹宽20.1、底长13、宽13、盖高4、宽11.8、长12厘米（图九一，9；彩版五，3）。

七 钵

　　45件，出土于31座墓中。出土3件钵的墓葬有M81、M138这2座，出土2件钵的墓葬有M12、M91、M114、M133、M137、M152、M153、M159、M164、M194这10座，其余均出土1件。其中明确作为罐盖的有14件（M20∶1、M49∶5、M80∶5、M81∶1、M81∶2、M91∶1、M114∶1、M137∶1（图一二六，2~4）、M138∶4、M156∶7、M164∶5、M164∶6、M194∶1、M194∶2），作为壶盖的有2件（M12∶3、M12∶4），作为釜盖的有1件（M114∶2）。据器底特征分为二型。

　　说明：出土钵的34座墓葬，其中1座只出钵；4座墓葬同出壶；其余均有罐同出，少量同时还伴出釜。从发掘现场观察，有相当一部分钵在出土时盖在罐、壶、釜的器口上。因此，被我们称为"钵"的这类遗存，在当时的主要功能可能是器盖。

　　A型　42件。平底或内凹。据口、腹特征变化分为三式。

　　Ⅰ式　2件。器体小。口微敛，圆唇，腹微曲。

　　M11∶1，泥质褐胎灰皮陶。器体小。微敛口，圆唇，腹微曲，小平底内凹。高5.9、口径14.9、底径5.9厘米（图九二，1）。

　　M183∶2，泥质灰陶。器体小。微敛口，圆唇，腹微曲，小平底。高6、口径13.7、底径5.7厘米（图九二，2；图版二一，1）。

　　Ⅱ式　37件。器体多较大，敛口，弧腹。

　　M44∶4，泥质灰陶。器体略小。敛口，圆唇，弧腹，平底内凹。腹部饰数道宽带纹。高7.3、口径17.3、底径7.8厘米（图九二，3）。

　　M86∶5，泥质灰陶。器体较大。敛口，尖圆唇，弧腹，平底内凹。高7.4、口径20、底径8.2厘米（图九二，4）。

　　M91∶5，泥质灰陶。器体大。敛口，斜方唇，弧腹，下腹斜收，平底。腹部饰数道凹弦纹。高9、口径20.8、底径8.3厘米（图九二，7；图版二一，2）。

　　M109∶3，泥质灰陶。器体小。敛口，尖圆唇，弧腹，平底内凹。腹部饰两道宽带纹。高5.3、口径15.5、底径7.4厘米（图九二，5）。

　　M132∶6，泥质灰陶。器体较小。敛口，方唇，上腹微折，下部斜收，平底。高7.5、口径16.8、底径6.9厘米（图九二，8）。

　　M138∶2，泥质灰陶。器体较大。敛口，圆唇，上腹弧折，下腹斜收，平底。唇下有一周凹痕。高7.7、口径19、底径10.1厘米（图九二，6）。

　　Ⅲ式　3件。敞口或直口，圆唇。

　　M216∶9，泥质灰陶。小而浅。敞口，圆唇，折腹，平底微凹。高4.4、口径15.3、底径8.6厘米（图九二，9；图版二一，3）。

　　B型　3件。饼足。分二亚型。

　　Ba型　2件。小底。

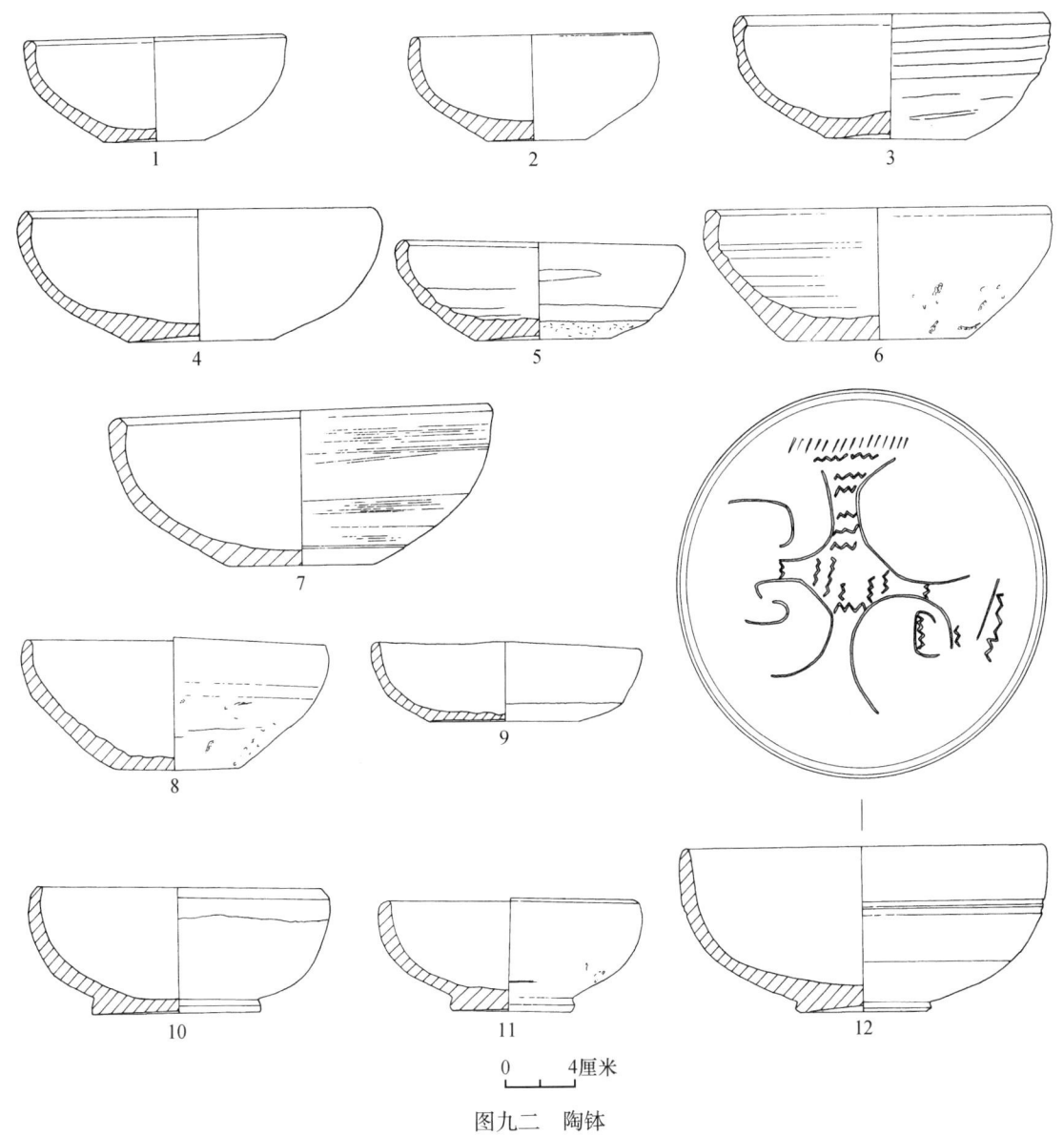

图九二 陶钵

1、2. A型Ⅰ式（M11∶1、M183∶2） 3~8. A型Ⅱ式（M44∶4、M86∶5、M109∶3、M138∶2、M91∶5、M132∶6）
9. A型Ⅲ式（M216∶9） 10. Bb型（M58∶3） 11、12. Ba型（M30∶1、M252∶2）

M30∶1，泥质灰陶。较小。口部微敞，圆唇，圆鼓腹，饼足。足侧面刮削一圈、有凸棱。器表有轮制刮削痕迹。高6.1、口径14.7、底径6.6厘米（图九二，11）。

M252∶2，泥质灰陶。较大。口部微敞，圆唇，圆鼓腹，饼足内凹。足边缘刮削一圈、有凸棱。腹部饰两周凹弦纹；器内壁饰暗纹，为四个大"C"形纹，其中三个各套一个小"C"形纹，其间有锯齿状纹。高6.1、口径21、底径7.8厘米（图九二，12）。

Bb型 1件。大底。

M58∶3，泥质灰陶。口微敛，圆唇，弧鼓腹，饼足较大，足面经刮削。器表有多处轮制刮削痕迹。高6.8、口径16.5、底径9.7厘米（图九二，10；图版二一，4）。

八 盘

22件，出土于20座墓葬中，其中M231出土3件，其余每墓出土1件。除2件（M32、M201）残碎外，其余20件据口沿特征分为二型。

A型 17件。宽折沿，方唇。据沿、腹、底变化分四式。

Ⅰ式 1件。平折沿略下仰，折腹，饼足。

M141：6，泥质灰陶，胎体厚重。平折沿略下仰，方唇，折腹，上腹内凹，下腹斜收，饼状底。高6.1、口径20.7、底径8.3厘米（图九三，1；图版二一，5）。

Ⅱ式 3件。平折沿略下仰，壁弧折，腹部弧曲略呈"S"形，平底。

M25：4，夹砂灰陶。平折沿略下仰，方唇，腹弧折，弧曲呈"S"形，平底。高8.6、口径26.2、底径10.2厘米（图九三，2；图版二一，6）。

Ⅲ式 5件。折沿平或略上仰，上腹微弧折。余同Ⅱ式。

M27：3，泥质灰陶。高平折沿，沿面外侧有凹槽，方唇，腹部弧曲呈"S"形，平底。高5、口径16.3、底径5.8厘米（图九三，3；图版二二，1）。

M211：6，泥质灰陶。折沿略仰，方唇近圆，腹部略呈"S"形，平底。高6.2、口径19.6、底径7.2厘米（图九三，4）。

Ⅳ式 8件。仰折沿，沿面略变窄。

M144：7，泥质灰陶。仰折沿，方唇，腹部弧曲呈"S"形，平底。高6、口径18.4、底径7.2厘米（图九三，5；图版二二，2）。

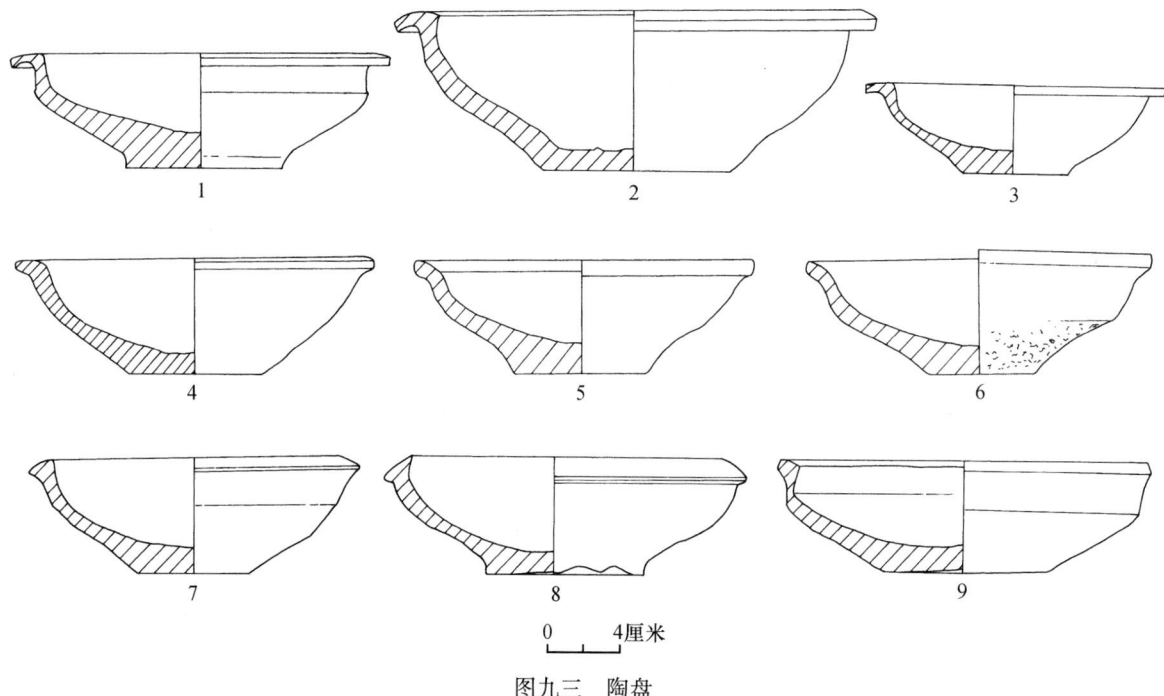

图九三 陶盘

1. A型Ⅰ式（M141：6） 2. A型Ⅱ式（M25：4） 3、4. A型Ⅲ式（M27：3、M211：6） 5、6. A型Ⅳ式（M144：7、M155：2）
7. Ba型Ⅰ式（M207：19） 8. Ba型Ⅱ式（M247：5） 9. Bb型（M28：8）

M155：2，仰折沿，方唇，腹部弧曲呈"S"形，平底。高6、口径18.7、底径6厘米（图九三，6；图版二二，3）。

B型　3件。窄折沿。据沿、唇部特征分二亚型。

Ba型　2件。窄折沿下仰，尖唇。据沿、腹变化分为二式。

Ⅰ式　1件。折沿下仰，腹部弧折。

M207：19，泥质灰陶。窄俯折沿，尖唇，弧腹微折，平底。高6.2、口径18.1、底径6厘米（图九三，7；图版二二，4）。

Ⅱ式　1件。窄折沿下仰更甚，曲腹。

M247：5，泥质灰陶。俯折沿，尖唇，曲腹，饼足。高6.3、口径19.9、底径8.6厘米（图九三，8；图版二二，5）。

Bb型　1件。窄仰折沿，折腹。

M28：8，泥质灰陶。仰折沿甚窄，方唇，折腹，上腹竖直，下腹斜收，平底。高6.1、口径20.2、底径9厘米（图九三，9；图版二二，6）。

九　匜

21件，每座墓只出土1件。其中M11、M231所出土者残碎，其余19件据平面形状及流部特征不同分为二型。

A型　11件。平面多为近圆形。流部小，凸出不明显。依据大小变化分为二式。

Ⅰ式　2件。器体大。

M28：7，泥质灰陶。近圆形，敞口，方圆唇，弧腹，小平底。捏尾，小流。器壁有刮削痕。高5、长15.3、宽14.8、底径7.3厘米（图九四，1；图版二三，1）。

Ⅱ式　9件。器体较小。

M27：2，泥质灰陶。近圆形，口微敛，方圆唇，弧腹，略带饼状足。捏尾，小流微凸出。高4.5、长9.5、宽10.2、底径6.1厘米（图九四，2；图版二三，2）。

M155：1，泥质灰陶。近圆形，口近直，方圆唇，弧腹，小平底。捏尾，小流微凸出。高5.2、长10.9、宽11.9、底径5.5厘米（图九四，3）。

M195：4，泥质灰陶。扁桃形，口微敞，方圆唇，弧腹，略带饼状足。捏尾稍高；流不明显，仅于器沿上有捏痕。高5.4、长9.4、宽12.4、底径5.2厘米（图九四，4；图版二三，3）。

B型　8件。平面呈桃心形。流部凸出明显，有的流两侧因被挤压而内凹。据流部变化分为二式。

Ⅰ式　3件。流较小，两侧不捏。

M25：8，泥质灰陶。桃心形，敞口，方圆唇，流部凸出、两侧不捏，弧腹，略带饼状足。高4.5、长11.2、宽11.6、底径4.8厘米（图九四，5；图版二三，4）。

M141：7，泥质灰陶。桃心形，口微敞，方圆唇，流部凸出，弧腹，略带饼状足。高5.3、

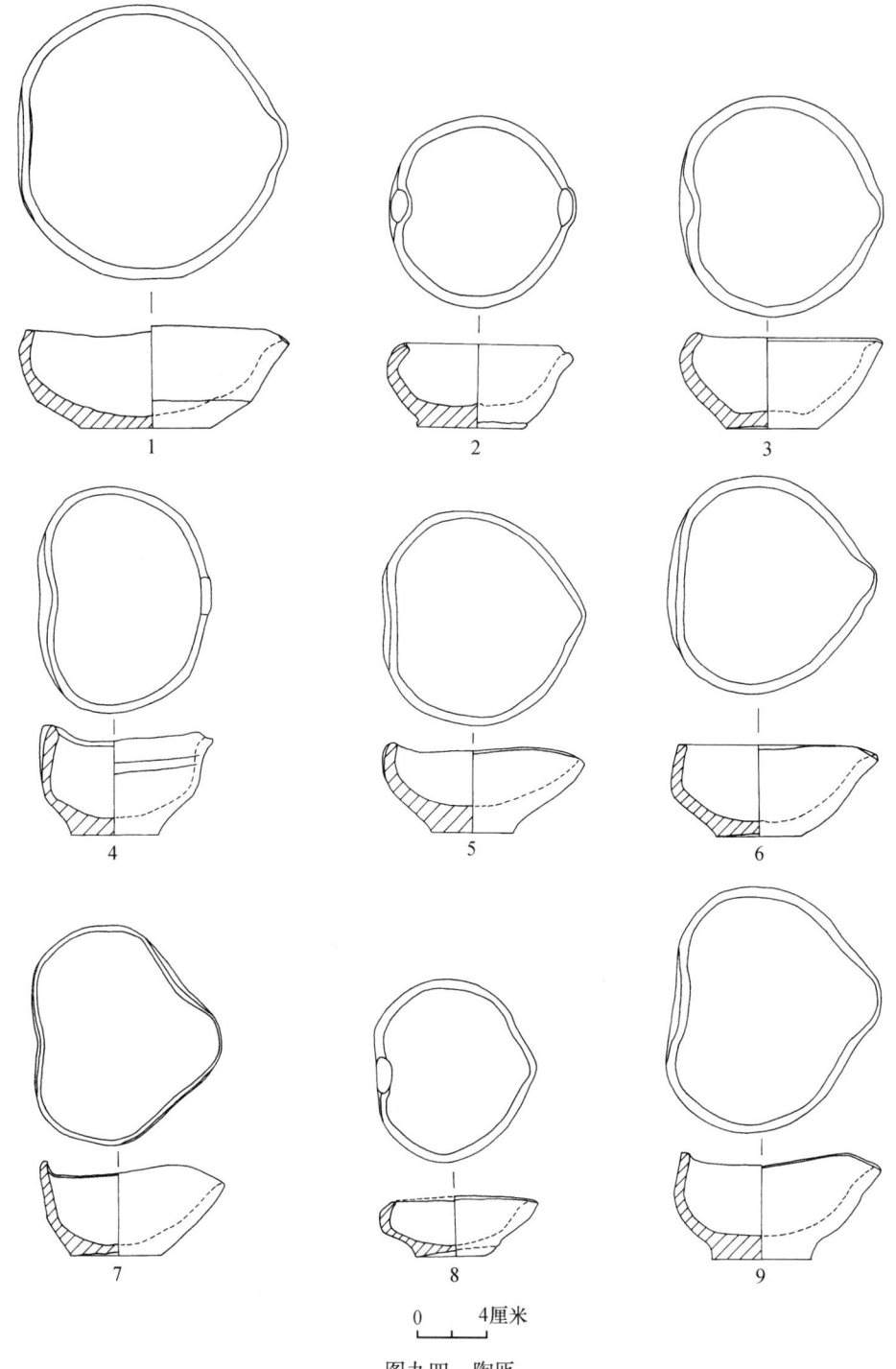

图九四 陶匜
1. A型Ⅰ式（M28：7） 2~4. A型Ⅱ式（M27：2、M155：1、M195：4） 5、6. B型Ⅰ式（M25：8、M141：7）
7~9. B型Ⅱ式（M31：5、M207：4、M247：6）

长11.5、宽11.7、底径5厘米（图九四，6）。

Ⅱ式 5件。流明显，两侧捏凹。

M31：5，泥质灰陶。桃心形，敞口，尖圆唇，流部凸出、两侧捏凹，弧腹，小平底。高

4.4、长10.6、宽11.8、底径5.3厘米（图九四，7；图版二三，6）。

M207：4，泥质灰陶。桃心形，敞口，方圆唇，流部凸出、两侧捏凹，浅弧腹，略带饼状足。高3.2、长9.2、宽9.6、底径4.7厘米（图九四，8）。

M247：6，泥质灰陶。桃心形，敞口，方圆唇，流部凸出、两侧捏凹，弧腹略深，饼状足。高5.3、长11.3、宽13.5、底径5.3厘米（图九四，9；图版二三，5）。

十 盂

3件。其中，1件残碎不明，另外2件形制相同，一大一小。泥质灰陶。敛口，折沿下仰，沿面略弧，曲腹，平底。腹部有一道折棱。

M88：6，高8.7、口径16.1、底径7.2厘米（图九五，1；图版二四，1）。

M92：1，高11、口径19.5、底径7.9厘米（图九五，2；图版二四，2）。

十一 三足盂

1件。

M126：5，泥质红陶。敛口，圆唇，扁圆腹，平底，底部有三个乳突状小足。器腹表面和器内底部有数圈轮修痕迹。高5.9、口径9.5、腹径16.8厘米（图九五，3；图版二四，3）。

十二 盆

7件。据口、腹部特征不同分为三型。

A型　2件。平折沿较宽，浅斜腹，大平底。

M224：2，泥质灰陶。平折沿，方唇，斜腹微弧，大平底内凹。器表上腹部有一周短斜压划痕迹，器内壁有轮制刮削痕迹。高7、口径23.9、底径15.5厘米（图九五，4；图版二四，4）。

B型　4件。窄仰卷沿，弧鼓腹。据腹、底变化分二式。

Ⅰ式　1件。短束颈，大平底。

M158：5，泥质灰陶。口略侈，窄仰卷沿，圆唇，短束颈，弧鼓腹，大平底。高8.9、口径24.3、底径12.8厘米（图九五，5；图版二四，5）。

Ⅱ式　3件。沿更窄，无颈，底变小。

M47：7，泥质灰陶。口近直，极窄的卷沿，圆唇，弧腹，平底。高7、口径20、底径9.2厘米（图九五，6）。

M132：5，泥质灰陶。窄仰卷沿，圆唇，弧鼓腹，平底内凹。腹部饰六周宽凹带纹。高

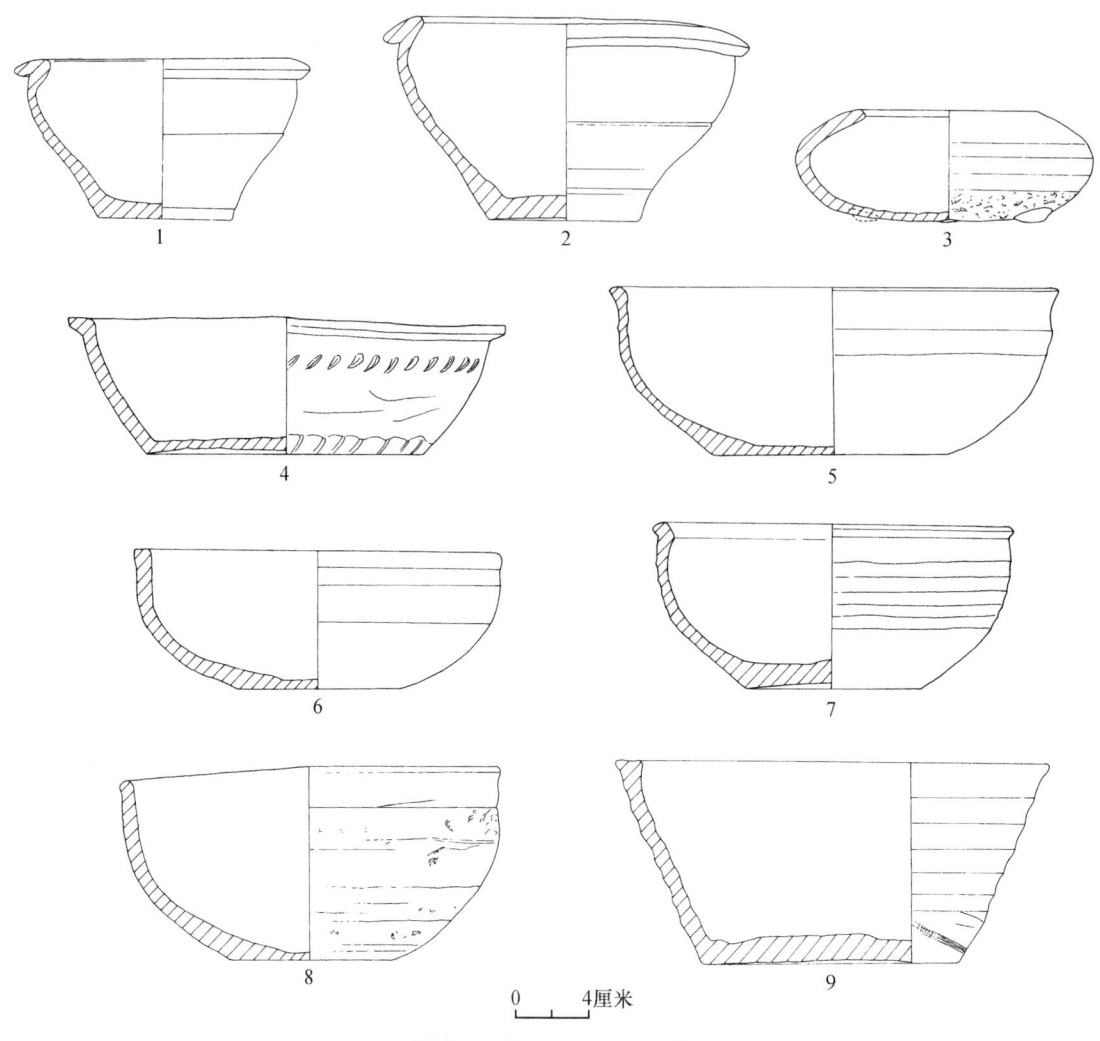

图九五 陶盂、三足盂、盆
1、2. 盂（M88：6、M92：1） 3. 三足盂（M126：5） 4. A型盆（M224：2） 5. B型Ⅰ式盆（M158：5）
6~8. B型Ⅱ式盆（M47：7、M132：5、M189：5） 9. C型盆（M206：7）

8.7、口径19.8、底径9.5厘米（图九五，7；图版二四，6）。

M189：5，泥质灰陶。敞口，口略侈，卷沿近无，圆唇，弧鼓腹较深，平底。腹上部饰一周凹弦纹，下腹部有刮削痕迹。高10.2、口径20.2、底径9.2厘米（图九五，8）。

C型　1件。无沿，斜腹，大平底。

M206：7，泥质灰陶。敞口，方唇，唇面凹，斜腹，平底。腹表面有六圈凹带纹，器内底有漩涡状刮削痕迹。高10.4、口径23.6、底径13.6厘米（图九五，9；图版二五，1）。

十三　洗

2件。形制基本相同。泥质灰陶。方唇，唇面凹，仰折沿，长颈微束，弧鼓腹，饼足。

M75：1，高10.4、口径20.2、底径9.6厘米（图九六，1；图版二五，2）。

M145：1，上腹部饰三周宽凹弦纹。高11.9、口径22.3、底径10厘米（图九六，2；图版二五，3）。

十四 耳 杯

1件。

M198：12，泥质灰陶。椭圆形，敞口，薄方唇，双耳平折，浅弧腹，饼足。高3.8、口长13.2、宽11.2，底长8.8、宽4.2厘米（图九六，4；图版二五，5）。

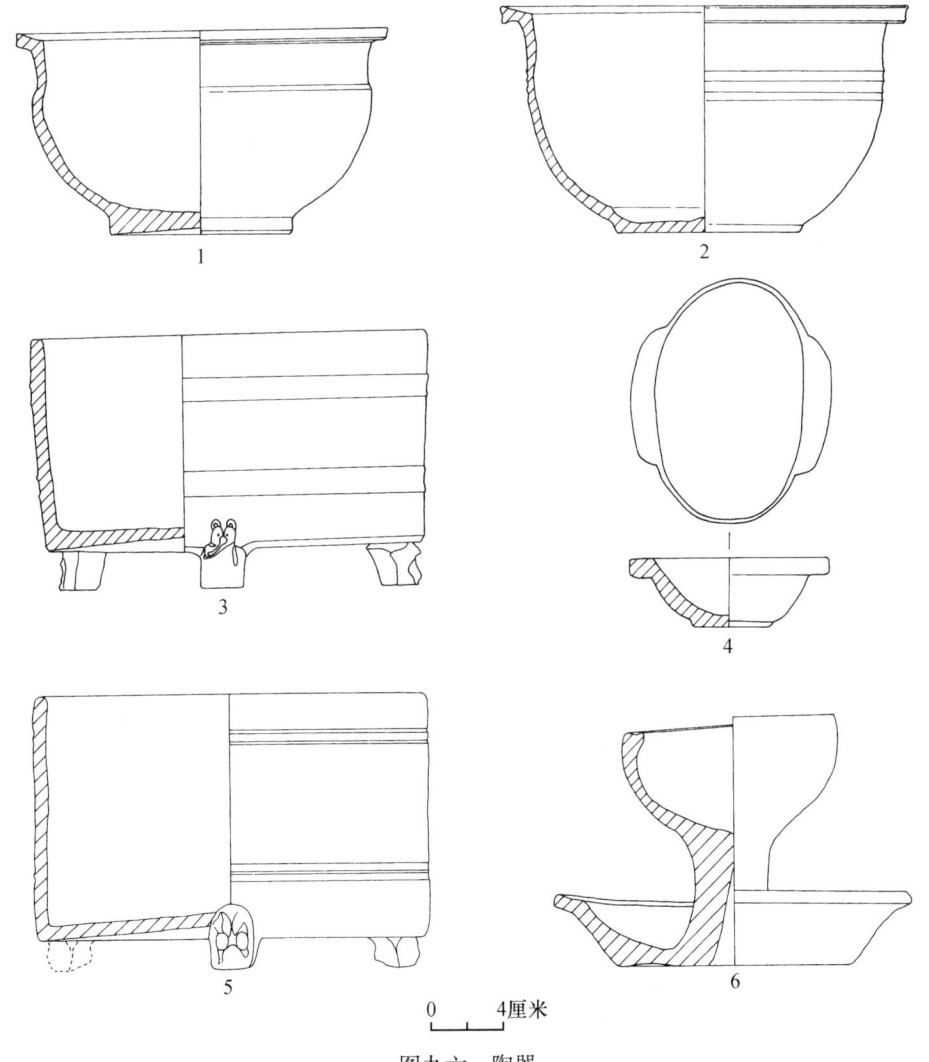

图九六 陶器

1、2.洗（M75：1、M145：1） 3、5.樽（M3：9、M198：10） 4.耳杯（M198：12） 6.熏（M198：13）

十五 樽

2件。形制基本相同。直筒腹，平底内凹，三蹲熊足。

M3：9，泥质灰陶。直口，方唇，直筒腹，平底内凹，三蹲熊足。器腹上下各饰一周宽凸带。高13.5、口径21.4、底径20.4厘米（图九六，3；图版二五，4）。

M198：10，泥质灰陶。直口，圆唇，直筒腹，平底内凹，三蹲熊足。器腹上下各饰一组、每组两周凹弦纹。高14.1、口径21.5、底径21.5厘米（图九六，5；图版二五，6）。

十六 熏

1件。

M198：13，泥质灰陶。失盖。器形不太规则；子口短，圆唇，弧腹较深，高柄微束，柄下承盘；盘方唇，仰折沿，沿面略凹，斜腹，大平底。通高13.3、口径11.3，盘高4.2、盘口径20、盘底径13.2厘米（图九六，6；图版二六，1）。

十七 瓮

6件。器体大，均为大口，有领无沿。据领部特征分二型。

A型 3件。矮领。据底部特征分二亚型。

Aa型 1件。圜底。

M91：2，泥质黄褐陶。圆唇，矮领，溜折肩，弧腹较直，大圜底。腹下部及底部饰交错绳纹。高30.8、口径21.3、腹径38.6厘米（图九七，1；图版二六，2）。

Ab型 1件。平底。

M48：14，泥质灰陶。大口，圆唇，矮领，圆肩，斜腹，上腹部略弧鼓，平底内凹。上腹饰一周不规则戳点纹，腹部饰抹绳纹。高34.9、口径35.2、腹径44.6、底径37厘米（图九七，2；图版二六，3）。

另1件，M111：8，泥质灰陶。极大。卷沿，厚圆唇，斜颈极短，斜肩，弧鼓腹，底残。唇面下部有一圈凹槽，肩部有三周折三角纹。残高36.8、口径29.8、腹径47.5厘米（图九七，3）。

B型 3件。高斜领，长斜折肩，斜腹，平底。据器体、沿、唇、腹部特征分为三式。

Ⅰ式 1件。器体略瘦高。弧面方唇，斜领，仰角较大，腹斜直。

M188：2，泥质灰陶。高斜领无沿，方唇，唇面略弧，唇内缘凸出，长斜折肩，斜腹，平底。肩部及折肩处各饰一周凹弦纹，上腹部饰三周凹弦纹。高31.7、口径17.4、腹径31.9、底径17.7厘米（图九七，4）。

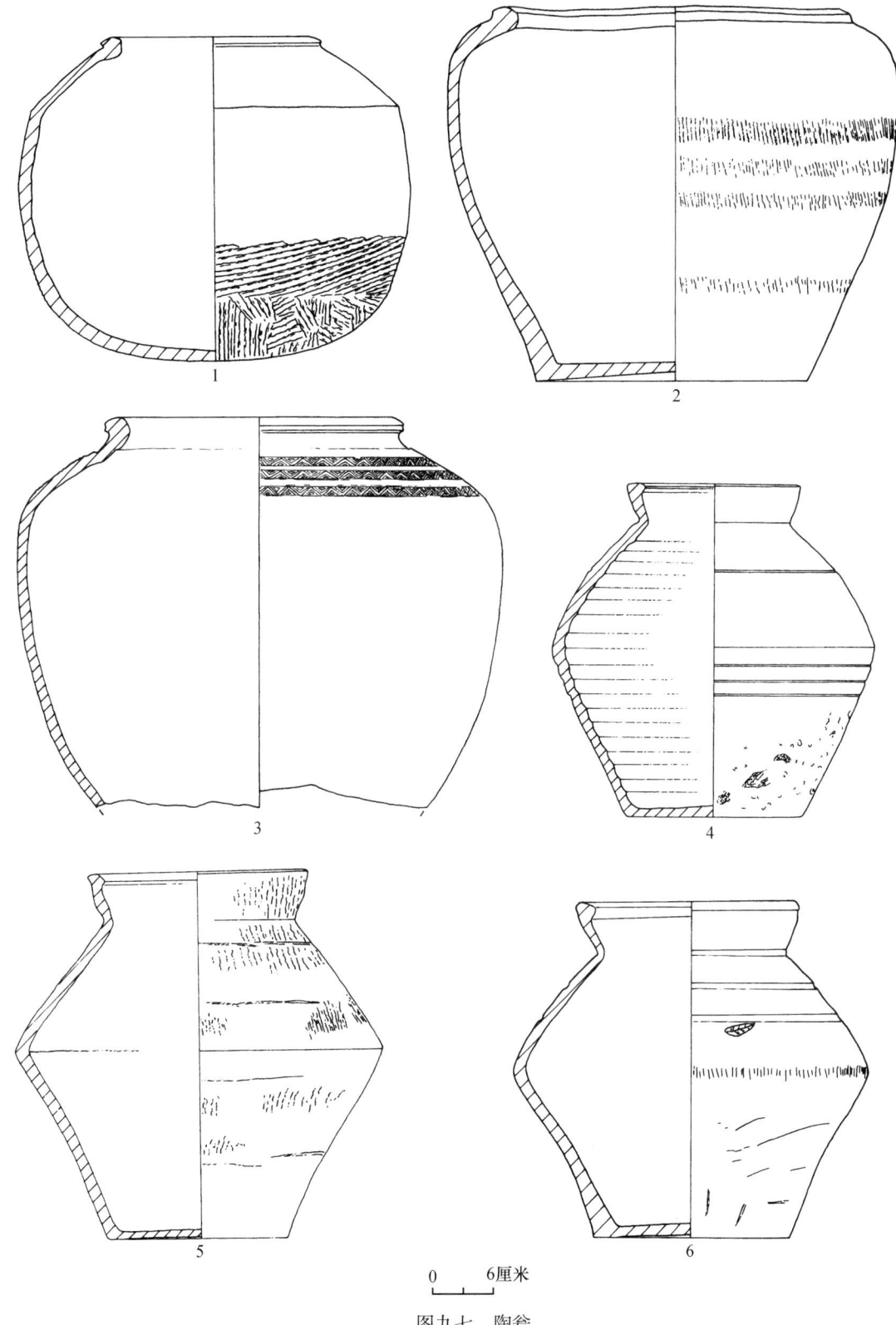

图九七 陶瓮

1. Aa型（M91∶2） 2. Ab型（M48∶14） 3. A型（M111∶8） 4. B型Ⅰ式（M188∶2） 5. B型Ⅱ式（M206∶3）
6. B型Ⅲ式（M40∶6）

Ⅱ式　1件。腹内弧收。余同Ⅰ式。

M206∶3，泥质灰陶。无沿，方唇，唇面略弧，唇内缘凸出，高斜领，长斜折肩，腹部内弧，平底。器表有间断绳纹。高35.4、口径21.6、腹径36、底径17.7厘米（图九七，5；图版二六，4）。

Ⅲ式　1件。器体略矮胖。斜方唇，仰角略小，腹内弧收。

M40∶6，泥质灰陶。无沿，斜方唇，唇内缘凸出，高斜领，长斜折肩，腹部内弧，平底。肩部饰两周宽凹弦纹，腹部有抹绳纹。高31.8、口径22.2、腹径35、底径19.7厘米（图九七，6；图版二六，5）。

十八　双　耳　罐

2件。据耳、底部特征分为二型。

A型　1件。圜底内凹，腹上部有一对牛鼻耳。

M240∶5，泥质灰陶。仰折沿，沿面有凹槽，斜方唇，喇叭状短斜颈，球形腹，腹上部有一对牛鼻耳，圜底内凹。颈部至下腹部饰六道抹断绳纹，底部饰满横绳纹。高26.3、口径15.8、腹径26.1、底径7厘米（图九八，1；图版二七，1）。

B型　1件。肩下有一对半环耳，平底内凹。

M213∶5，泥质灰陶。卷沿，圆唇，束颈，窄折肩，肩下饰一对半环耳，圆形耳孔，弧腹，平底内凹。耳面纹饰似乎为文字。高18.8、口径17.5、腹径19.9、底径10.5厘米（图九八，2；图版二七，2）。

十九　无　耳　罐

231件，复原220件。据形态结构特征不同分为重沿罐、折沿高领折肩罐、折沿高领圆肩罐、卷沿矮领折肩圜底罐、无沿矮领罐。

1. 重沿罐

3件。

M126∶1，泥质红胎灰皮陶。残。外沿不存，系有意敲去，内沿敛口，方唇，唇内侧凸起明显，斜直领，圆肩，斜腹稍弧，平底较大，略内凹。肩部饰两周凹弦纹，通体绳纹抹去、隐约可见。高24、口径15.6、腹径29.7、底径16厘米（图九八，3；图版二七，6）。

M212∶24，泥质灰陶。口部外张，沿壁弧形，外沿方唇，内沿方唇，唇内侧凸起明显，斜直领较短，领口内敛，圆肩，斜腹，近底处稍内弧，平底较大、内凹。肩部饰一周较宽的凹弦纹，近底处饰一周较细的凹弦纹，通体绳纹抹掉、隐约可见。高26.5、外沿径28、内沿径16.5、腹径31.2、底径17.8厘米（图九八，4；图版二七，3）。

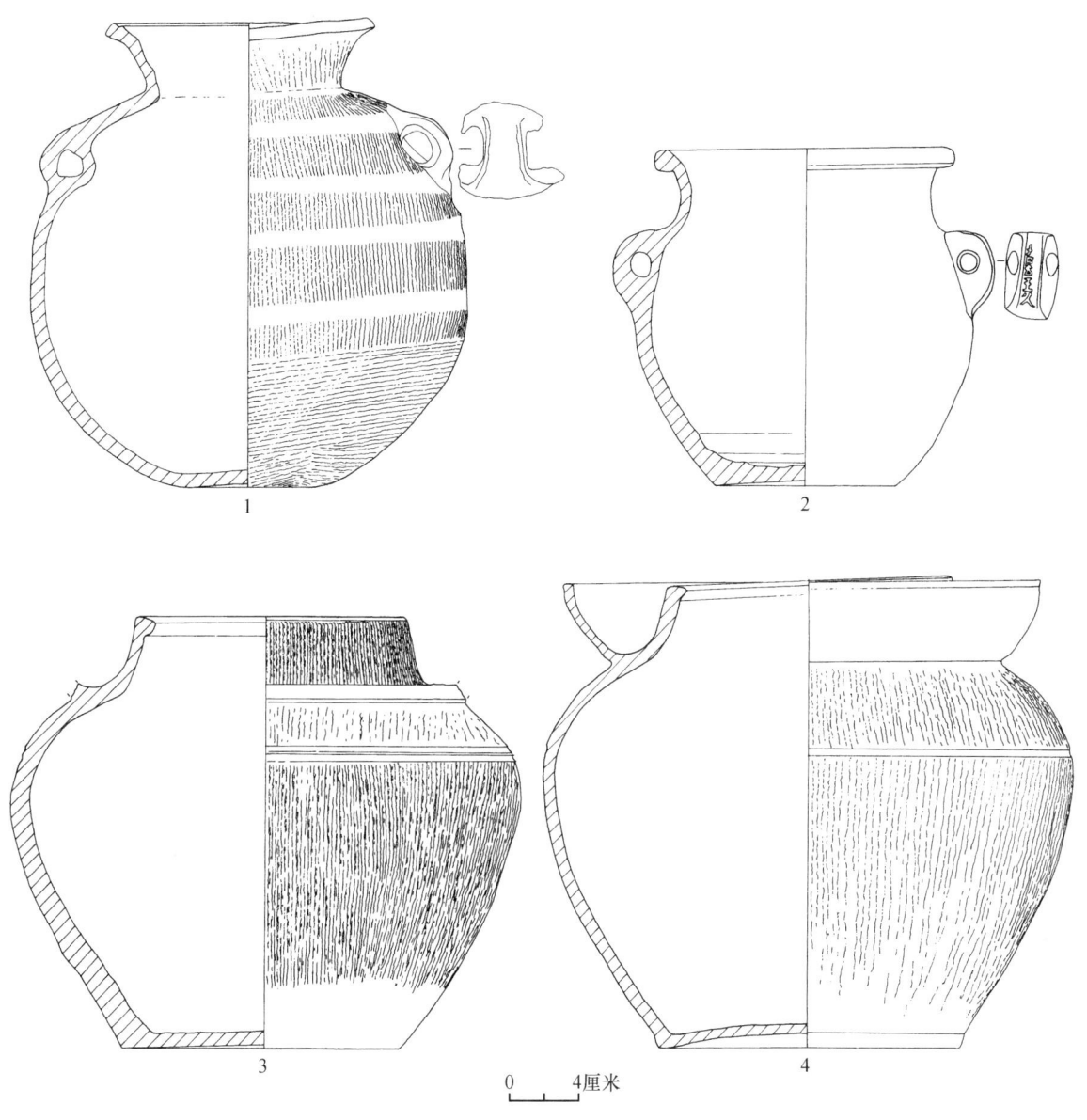

图九八　陶双耳罐、重沿罐
1.A型双耳罐（M240∶5）　2.B型双耳罐（M213∶5）　3、4.重沿罐（M126∶1、M212∶24）

2. 折沿高领折肩罐

12件。据底部特征分二型。

A型　2件。平底。宽卷折沿，高领，折肩，弧腹，平底。据肩、腹变化分二式。

Ⅰ式　1件。肩部锐折，斜弧腹。

M88∶5，泥质灰陶。宽卷折沿，高斜领上粗下细，折肩，斜弧腹，平底，最大径在肩部。腹上部有两周模糊的凹弦纹。高20.2、口径12.5、肩径19.6、底径9.1厘米（图九九，1；图版二七，5）。

Ⅱ式　1件。肩部弧折，腹上部弧鼓，下腹内弧收。

图九九 陶折沿高领折肩罐

1. A型Ⅰ式（M88:5） 2. A型Ⅱ式（M141:1） 3. Ba型Ⅰ式（M84:1） 4. Ba型Ⅱ式（M79:2）
5、6. Ba型Ⅲ式（M18:1、M184:1）

M141：1，泥质灰陶，器表光洁。宽卷折沿，高斜领上细下粗，圆折肩，上腹略弧鼓，下腹内弧收，平底。颈、肩部饰暗弦纹。高21.4、口径15.1、肩径18.4、底径10.5厘米（图九九，2；图版二七，4）。

B型　10件。圜底。据腹部特征分三亚型。

Ba型　6件。折沿略宽，直腹。据口、腹变化分三式。

Ⅰ式　1件。窄折沿，浅腹。

M84：1，泥质灰陶。窄折沿下仰，厚方唇，高领微束，折肩，直腹较浅，圜底。肩部饰暗弦纹，下腹及器底饰绳纹。高23.1、口径12、腹径22.4厘米（图九九，3；彩版四，1）。

Ⅱ式　2件。宽折沿，腹变深。

M79：2，泥质灰陶。平折沿，沿面弧，方唇较厚，唇面凹，高领微束，折肩，直腹较深，圜底。肩部饰细密的暗弦纹，器腹中部饰横绳纹，但被抹断为均匀的九段，下腹及底饰交错绳纹。高24.9、口径12.5、腹径22.6厘米（图九九，4；彩版四，2）。

Ⅲ式　3件。器腹深，器体显瘦高。

M18：1，泥质灰陶。器体瘦高。窄折沿下仰，沿面深凹，方唇，束高领，折肩，深腹稍弧鼓，圜底。器腹饰数周抹宽带纹，下腹饰斜绳纹，底饰交错绳纹。高26.7、口径12.7、腹径21.1厘米（图九九，5；图版二八，1）。

M184：1，泥质灰陶。仰折沿，沿面深凹，方唇，束颈较短，折肩，深直腹，圜底。圜底饰交错绳纹。高26、口径12.7、腹径19.3厘米（图九九，6）。

Bb型　3件。器体较宽大。沿极窄，斜腹外张。据口部变化分二式。

Ⅰ式　1件。折沿下仰，沿面深凹，薄方唇。

M152：1，泥质灰陶。折沿下仰，沿面深凹，薄方唇，领较短，折肩，斜弧腹略外张，圜底。底部饰交错绳纹。高27、口径12.7、腹径26.9厘米（图一〇〇，1）。

Ⅱ式　2件。卷沿，沿面及唇面均凹。

M18：2，泥质灰陶。卷沿，斜方唇内凹，束领，折肩，斜腹外张，最大径位于腹、底相交处，圜底近平。上腹部有一周折痕，器腹下部及底部饰交错绳纹。高30.5、口径14、腹径29.2厘米（图一〇〇，2；图版二八，3）。

M137：2，泥质灰陶。卷沿，沿面深凹，斜方唇内凹，束领，折肩，斜腹外张，最大径位于腹、底相交处，圜底近平。腹部有数周宽抹痕，器腹下部及底部饰交错绳纹。高30.6、口径13.5、腹径29.2厘米（图一〇〇，3）。

Bc型　1件。器腹内斜。

M157：1，泥质灰陶。窄折沿下仰，沿面微凹，厚方唇内凹，长斜折肩，直腹斜收，圜底，最大径在肩部。肩部有刻铭（图一二六，7），腹部饰抹绳纹，底部饰交错绳纹。高34.9、口径14、肩径37厘米（图一〇一；图版二八，4）。

3. 折沿高领圆肩罐

72件。据器体大小分为两类（图一二五，8；图一二六，12）。

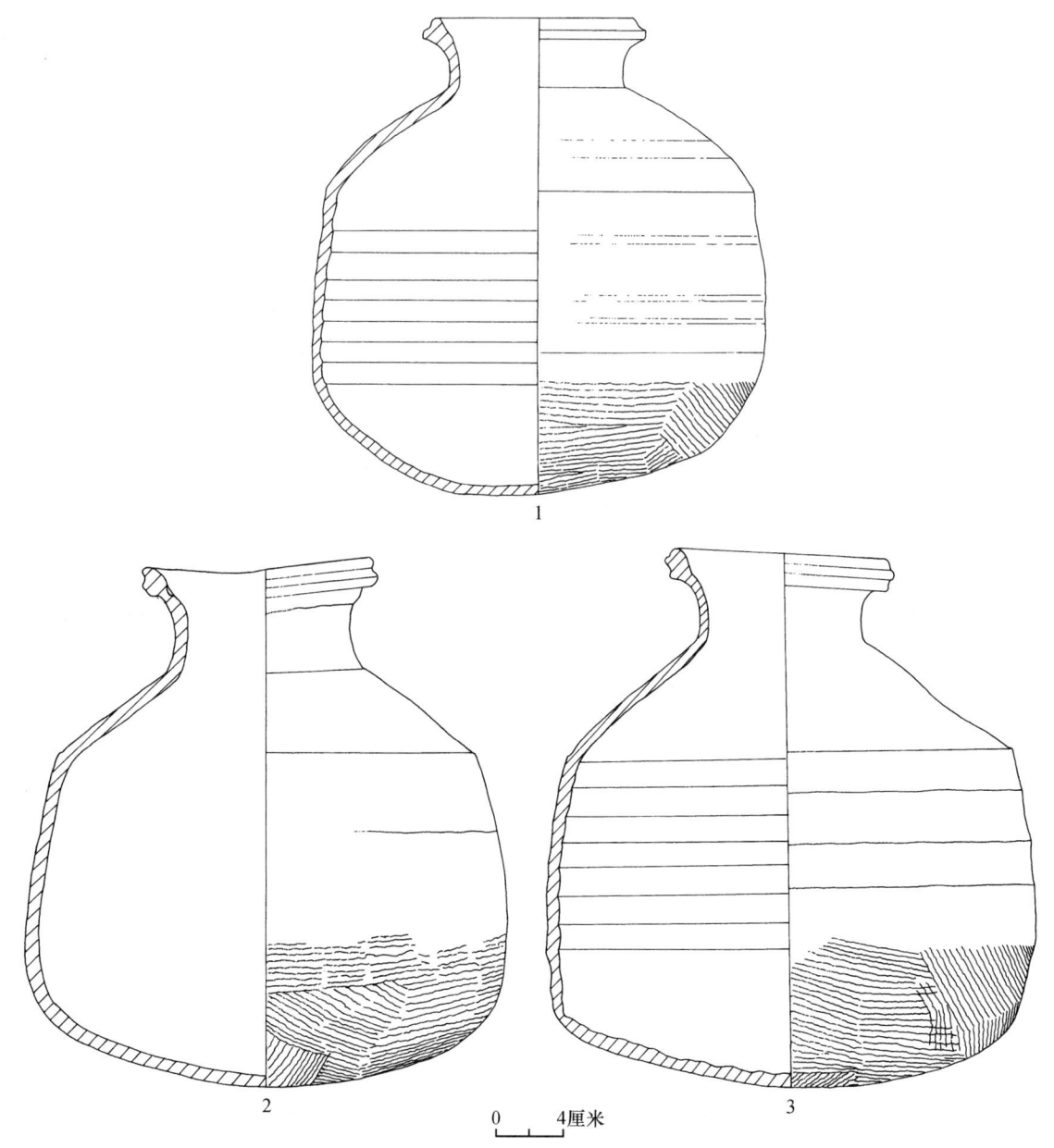

图一〇〇 Bb型陶折沿高领折肩罐
1. Ⅰ式（M152∶1） 2、3. Ⅱ式（M18∶2、M137∶2）

甲类 59件。出土于39座墓中。器体大。高领，圆肩。据肩、腹特征分为二型。

A型 57件。圆肩，深腹。出土于38座墓中。据整体器形特征分为三亚型。

Aa型 37件。器体高大。肩部圆鼓，大底。据沿、肩、腹、底变化分为九式。

Ⅰ式 1件。折沿较厚，圆鼓肩，斜腹，底较大。

M152∶3，泥质灰陶。厚平折沿，方唇，高直领，圆鼓肩，斜腹，大平底。肩部至腹部饰八周抹断绳纹。高37.4、口径15、肩径33.9、底径18.2厘米（图一〇二，1）。

Ⅱ式 1件。圆肩较Ⅰ式瘦。

M144∶6，泥质灰陶。表面泛黄。厚平折沿，方唇，唇面有凹槽，束领，圆肩，斜腹，平

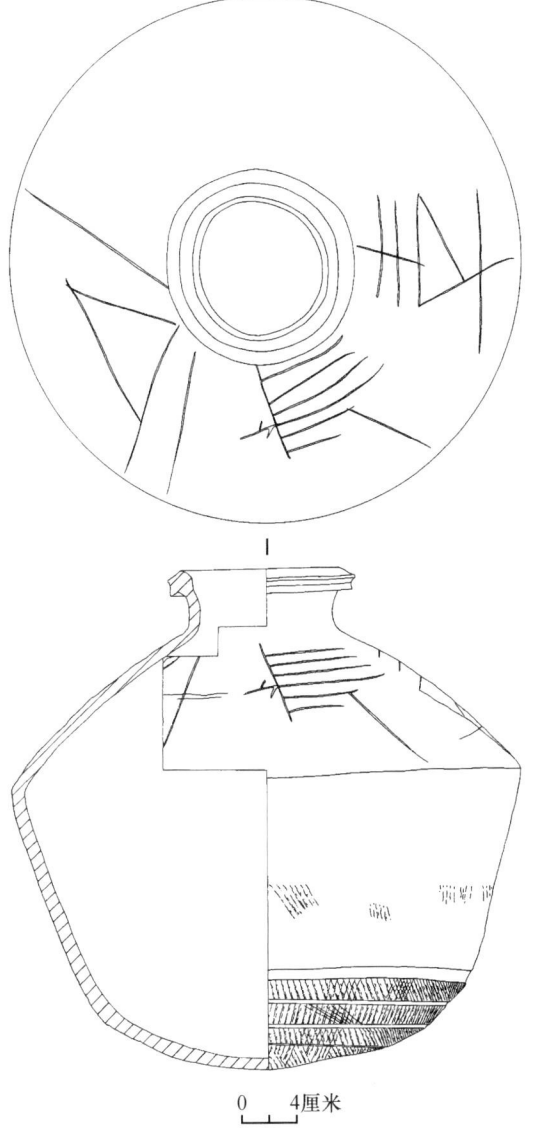

图一〇一 Bc型陶折沿高领折肩罐（M157∶1）

底较大。肩部有刻字（图一二六，5），腹部有抹带纹。高34、口径16.8、肩径27.8、底径17.2厘米（图一〇二，2；图版二八，2）。

Ⅲ式 4件。溜肩。

M91∶1，泥质灰陶。有陶钵作为盖，为A型Ⅱ式陶钵。平折沿较厚，方唇，唇面凹，高束领，广溜肩，斜腹，平底稍内凹。肩部有刻字（图一二五，9），肩部饰五周宽凹弦纹。高32.5、口径14.9、肩径29.5、底径15.6厘米（图一〇二，3）。

M109∶4，泥质灰陶。平折沿较厚，窄方唇，高束领，溜肩，斜腹，平底。高32.5、口径14、肩径27.6、底径15.6厘米（图一〇二，4；图版二八，5）。

Ⅳ式 5件。薄折沿，下腹微内弧收。

M44∶2，泥质灰陶。薄平折沿，方唇，唇面凹，高束领，溜肩，斜腹，下腹稍内弧，平

图一〇二　甲类Aa型陶折沿高领圆肩罐
1. Ⅰ式（M152：3）　2. Ⅱ式（M144：6）　3、4. Ⅲ式（M91：1、M109：4）　5、6. Ⅳ式（M44：2、M80：5）

底。肩、腹部饰四道较宽凹弦纹。高31.4、口径14.9、肩径26.5、底径12.8厘米（图一〇二，5；图版二八，6）。

M80：5，泥质灰陶。以A型Ⅱ式陶钵为盖。折沿下仰，沿面弧，薄方唇，唇面凹，束颈，广溜肩，斜腹稍内弧，平底。肩部饰三组、每组两道凹弦纹。身高38.4、口径16.7、肩径34.1、底径19.8，盖高5.7、口径15.3、底径6.2厘米（图一〇二，6）。

Ⅴ式 6件。器体显宽胖。溜肩圆鼓凸出，下腹内弧收。

M194：1，泥质灰陶。折沿略下仰，沿面弧，方唇，唇面凹，高束领，圆溜肩外鼓，腹弧内收，平底略内凹。肩部有刻字（图一二六，8），肩部饰两道略宽的凹弦纹，腹部有绳纹抹痕。高42.1、口径17.6、肩径38.3、底径19.6厘米（图一〇三，1）。

M216：5，泥质灰陶。折沿略下仰，沿面弧，方唇，唇面凹，高束领，圆溜肩，腹弧内收，平底。肩部饰两组、每组两周凹弦纹。有刻字（图一二六，9~11）。高39.3、口径17.4、肩径34.8、底径20.4厘米（图一〇三，2；图版二九，1）。

Ⅵ式 6件。器体变瘦长。厚方唇，唇面凹，束领变短，圆肩不鼓，腹部略内弧收。

M23：3，泥质灰陶。器体瘦长。折沿略下仰，厚方唇，唇面凹，短束领，圆肩，斜腹略内弧收，平底。肩部饰一周、腹部饰两周较宽的凹弦纹。高36.1、口径16.5、肩径28.5、底径14.5厘米（图一〇三，3；图版二九，2）。

M240：1，泥质灰陶。器体瘦长。折沿略下仰，厚方唇，唇面凹，短束领，圆肩，斜腹略内弧收，平底内凹。肩、腹部饰多周宽抹带纹。高33.6、口径16、肩径27.6、底径15.3厘米（图一〇三，4）。

Ⅶ式 6件。腹部内弧收明显。余同Ⅵ式。

M105：10，泥质灰陶。器体瘦长。折沿略下仰，厚方唇，唇面凹，短束领，圆肩，腹内弧收，平底内凹。肩部至腹部饰数道宽凹弦纹。高33.3、口径15.2、肩径27.2、底径14.7厘米（图一〇三，5）。

M244：5，泥质灰陶。器体瘦长。折沿略下仰，厚方唇，唇面凹，短束领，圆肩，腹内弧收，平底内凹。肩、腹部饰多周宽抹带纹。高34.8、口径15.4、肩径27.3、底径15.3厘米（图一〇三，6；图版二九，3）。

Ⅷ式 4件。沿不及前两式厚，方唇或圆唇，鼓肩凸出，下腹弧收成筒状，器底变小。

M48：5，泥质灰陶。器体较小。折沿略下仰，方圆唇，短束领，鼓肩，下腹弧收剧烈、呈筒状，小平底稍内凹。肩部饰三周凹弦纹。高25、口径12.8、肩径21.8、底径10.7厘米（图一〇四，1；图版三〇，3）。

M212：16，泥质灰陶。折沿略下仰，方唇略厚，唇底缘下垂，高束领，鼓肩凸出，下腹弧收剧烈、呈筒状，近底处稍外撇，小平底。肩部饰一周细凹弦纹，肩部至腹部饰宽窄不等的抹带纹。高33.3、口径15.5、肩径26.1、底径13.5厘米（图一〇四，2；图版二九，4）。

M198：9，泥质灰陶。平折沿较厚，方唇，斜领，溜肩，腹部内弧收明显，小平底。肩部至腹部饰若干周宽修削纹带。高33.1、口径14.7、肩径26.8、底径12.8厘米（图一〇四，3）。

Ⅸ式 4件。器体瘦长。一般为仰折沿，溜肩不及前几式丰满，腹部内弧收，器底较小。

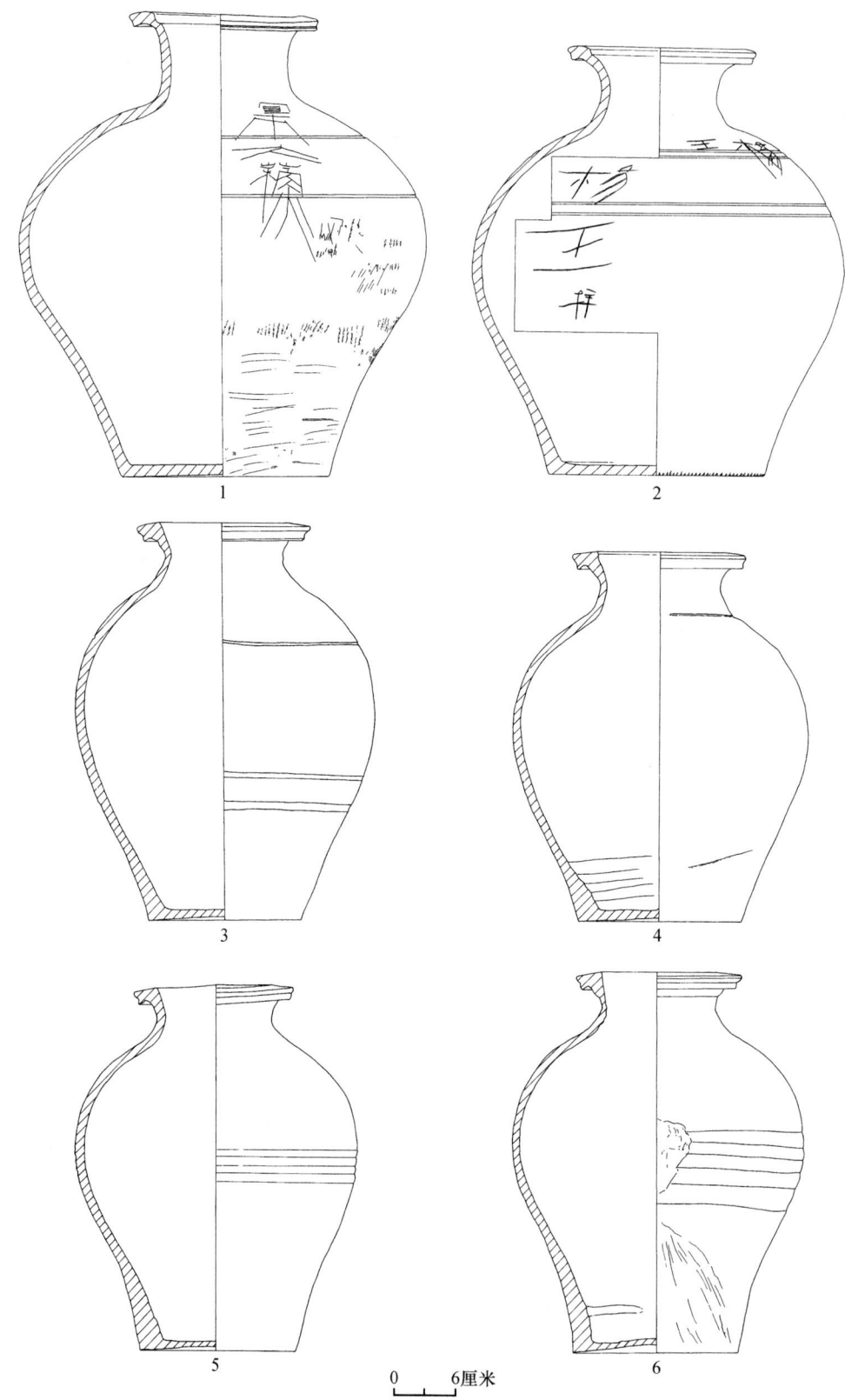

图一〇三 甲类Aa型陶折沿高领圆肩罐

1、2. Ⅴ式（M194∶1、M216∶5） 3、4. Ⅵ式（M23∶3、M240∶1） 5、6. Ⅶ式（M105∶10、M244∶5）

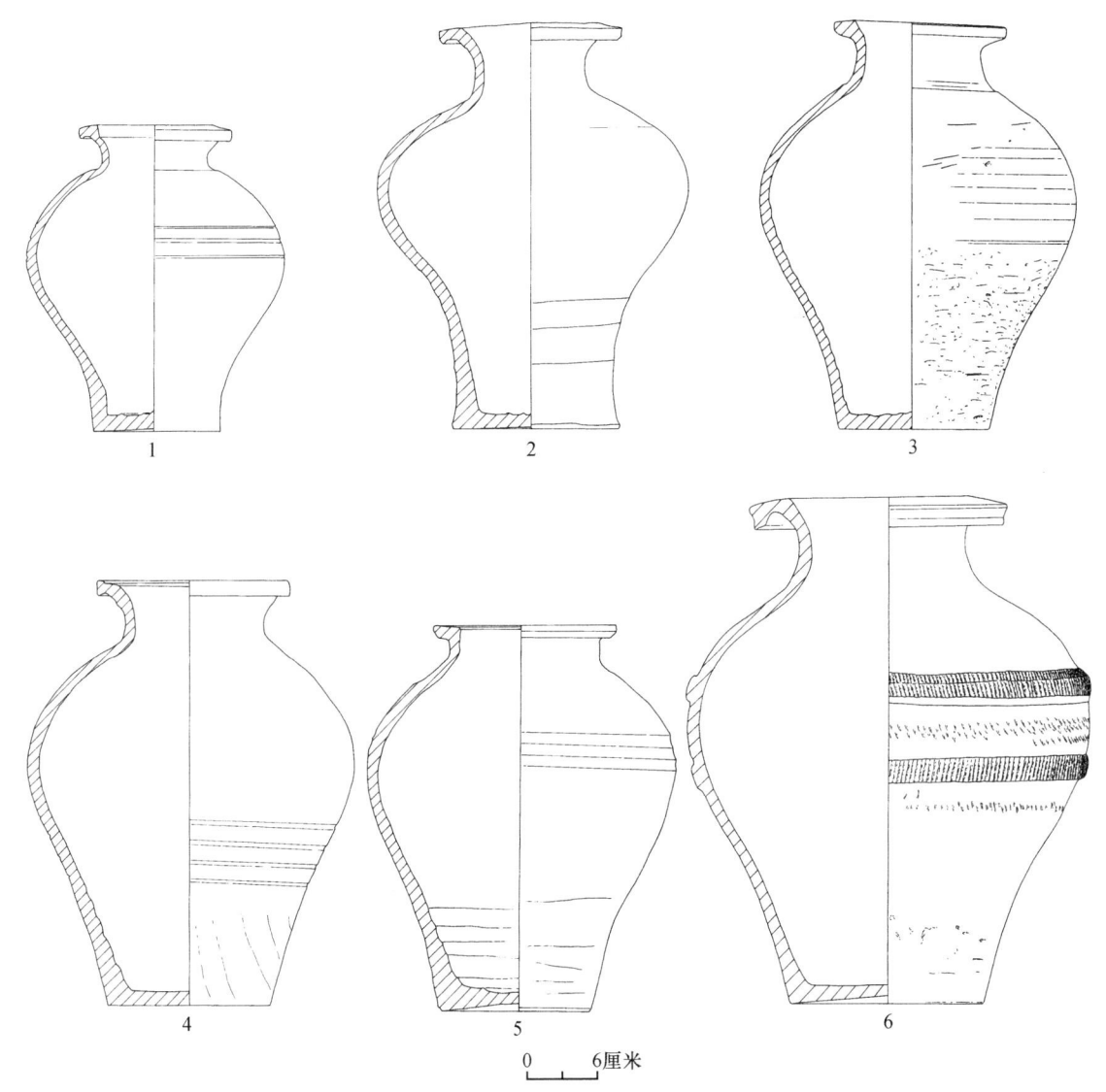

图一〇四 甲类Aa型陶折沿高领圆肩罐
1~3. Ⅷ式（M48:5、M212:16、M198:9） 4~6. Ⅸ式（M212:12、M212:11、M50:23）

M212:11，泥质灰陶。折沿略仰，斜方唇较厚，唇面略凹，矮领，溜肩，腹部略内弧收，小平底。肩部及上腹部饰若干周抹带纹。高31.4、口径15.5、肩径26、底径12.9厘米（图一〇四，5）。

M212:12，泥质灰陶。仰折沿，沿面凹，厚方唇，束领，溜肩，腹部略内弧收，小平底。下腹部饰四道较宽凹弦纹。高34.4、口径16、肩径27.2、底径13.3厘米（图一〇四，4；图版三〇，1）。

M50:23，泥质灰陶。形态与结构略为特殊。宽折沿略下仰，方唇极厚，唇面凹，唇底缘下垂极甚，高束领，圆肩，腹部内弧收，平底内凹。肩部饰两周附加堆纹带，带面饰绳纹，肩、腹部有抹绳纹痕。高41.5、口径21.7、肩径34、底径16.5厘米（图一〇四，6；图版三〇，2）。

Ab型　15件。器体瘦长。圆溜肩，斜腹，小平底。据口沿及最大径位置变化分为六式。

Ⅰ式　1件。厚宽折沿下仰，溜肩，最大径靠上部。

M124：1，平折沿略下仰，沿面内侧向上凸起一周，厚方唇，束领，溜肩，斜腹，平底微凹。肩部有抹痕。高32.3、口径16.1、腹径23、底径10.8厘米（图一〇五，1）。

Ⅱ式　1件。厚宽折沿下仰，圆肩，最大径靠上部。

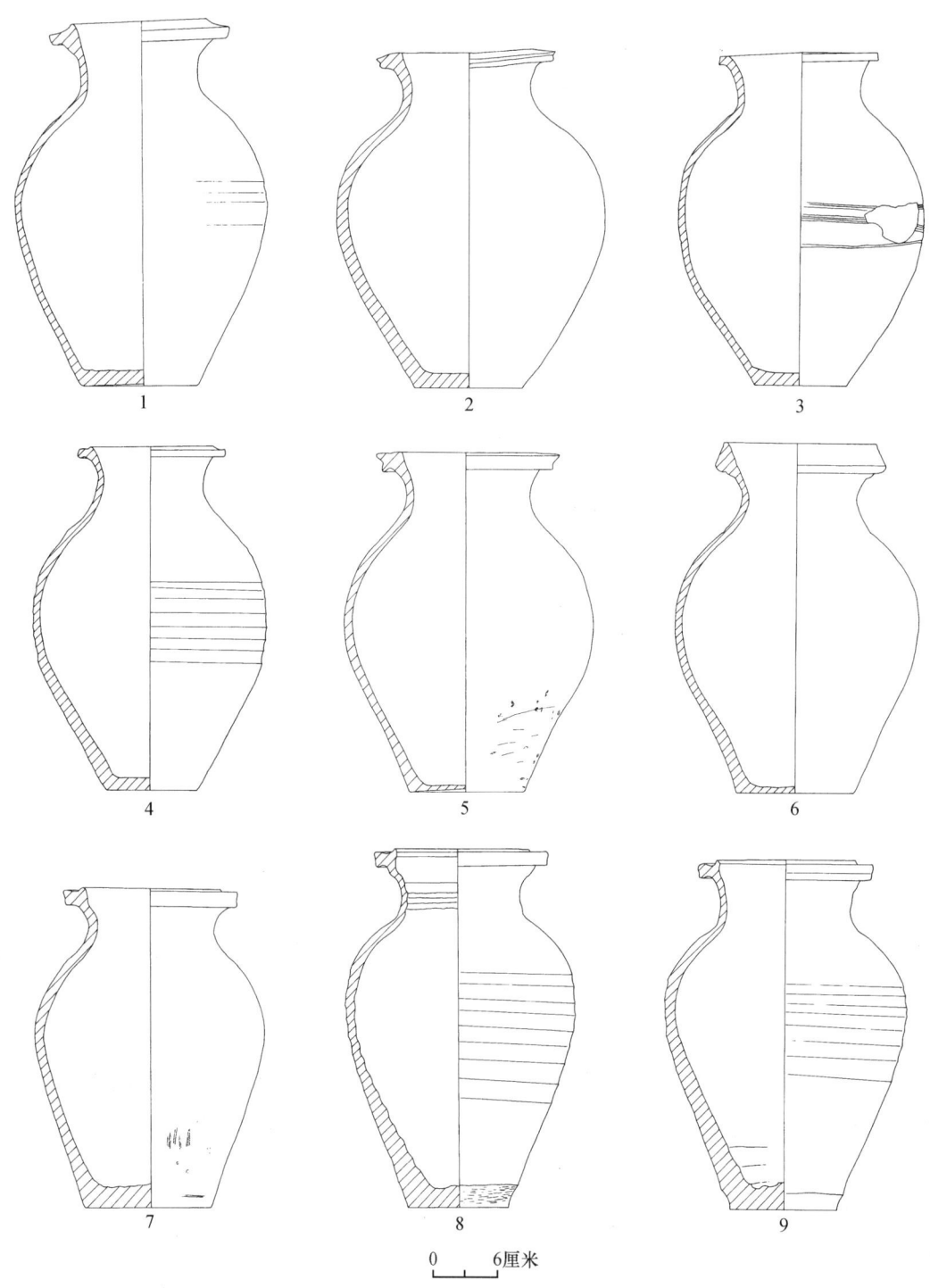

图一〇五　甲类Ab型陶折沿高领圆肩罐
1. Ⅰ式（M124：1）　2. Ⅱ式（M144：5）　3、4. Ⅲ式（M102：2、M132：1）　5. Ⅳa式（M1：2）　6. Ⅳb式（M48：19）
7. Ⅴ式（M186：3）　8、9. Ⅵ式（M212：2、M212：14）

M144∶5，折沿略下仰，方唇，唇面凹，束领，圆肩，斜腹，小平底。高29.6、口径16.5、腹径24.4、底径9.8厘米（图一〇五，2；图版三〇，4）。

Ⅲ式　3件。窄平折沿薄，窄溜肩，上腹略鼓，下腹斜收，最大径位于器中部。

M102∶2，窄平折沿，沿面凹，薄方唇，束领，溜肩，上腹微鼓，下腹斜收，平底。腹部有几周扫刷痕。高29.7、口径14.3、腹径22.5、底径8.7厘米（图一〇五，3）。

M132∶1，窄平折沿，沿面内侧向上凸起一周，薄方唇，束领，溜肩，上腹微鼓，下腹斜收，平底。器表有多周抹宽带纹。高30.4、口径13.6、腹径21.7、底径8.4厘米（图一〇五，4；图版三一，1）。

Ⅳ式　5件。溜肩，上腹微鼓，下腹内弧收。据口沿特征不同分为二亚式。

Ⅳa式　4件。厚平折沿，唇面凹。

M1∶2，平折沿，厚斜方唇，唇面深凹，唇底缘下垂，束领，溜肩，上腹略鼓，下腹内弧收，小平底内凹，最大径略靠上部。器表饰多周较宽的凹带。高30.3、口径16.5、腹径22.4、底径10.4厘米（图一〇五，5；图版三一，2）。

Ⅳb式　1件。内敛盘口。

M48∶19，泥质灰陶。内敛盘口，束领粗短，溜肩，上腹鼓，下腹略内弧斜收，平底，最大径略靠上部。肩及上腹部饰多周较窄的抹带纹。高31、口径15.4、腹径22、底径10.6厘米（图一〇五，6；图版三一，3）。

Ⅴ式　1件。溜肩，斜腹，最大径上移。

M186∶3，厚平折沿，沿面凹，沿面内侧向上凸起，厚方唇内凹，溜肩，斜腹，平底，最大径位于器上部。高28.4、口径16、腹径21.2、底径12厘米（图一〇五，7）。

Ⅵ式　4件。器体瘦长。圆肩，长斜腹，最大径位于肩部。宽厚的平折沿，沿面凹，沿内侧向上凸起一周，厚方唇，唇面微凹，束领，圆肩，斜腹，平底。器表饰多周宽抹带纹。

M212∶2，高31.8、口径15.6、腹径21.5、底径9.2厘米（图一〇五，8）。

M212∶14，高31、口径16、腹径22.4、底径9.6厘米（图一〇五，9；图版三一，4）。

Ac型　5件。器体矮胖。圆肩。据肩、腹特征变化分为三式。

Ⅰ式　2件。圆肩较瘦，弧腹。

M23∶4，泥质灰陶。厚折沿略下仰，方唇，唇面凹，束领粗短，圆肩，弧腹，平底。高23.3、口径12.8、腹径21、底径11.6厘米（图一〇六，2）。

M181∶9，泥质灰陶。厚折沿略下仰，方唇，领粗短，圆肩，弧腹，平底。腹部饰八周宽凹带纹。高22.4、口径12.8、腹径19.6、底径8.8厘米（图一〇六，1；图版三二，1）。

Ⅱ式　2件。圆肩较Ⅰ式丰满，斜腹，下腹微弧内收。

M105∶1，泥质灰陶。宽厚平折沿，方唇，唇面凹，束领粗短，圆肩，斜腹，下腹微内弧收，平底内凹。肩、腹部饰较密集的窄凹带纹。高29.1、口径15、腹径26.5、底径13.1厘米（图一〇六，3；图版三二，2）。

Ⅲ式　1件。圆鼓肩，下腹内弧收。

M48∶3，泥质灰陶。宽厚平折沿，厚方唇，唇面凹，束领粗短，圆鼓肩，上腹鼓，下腹

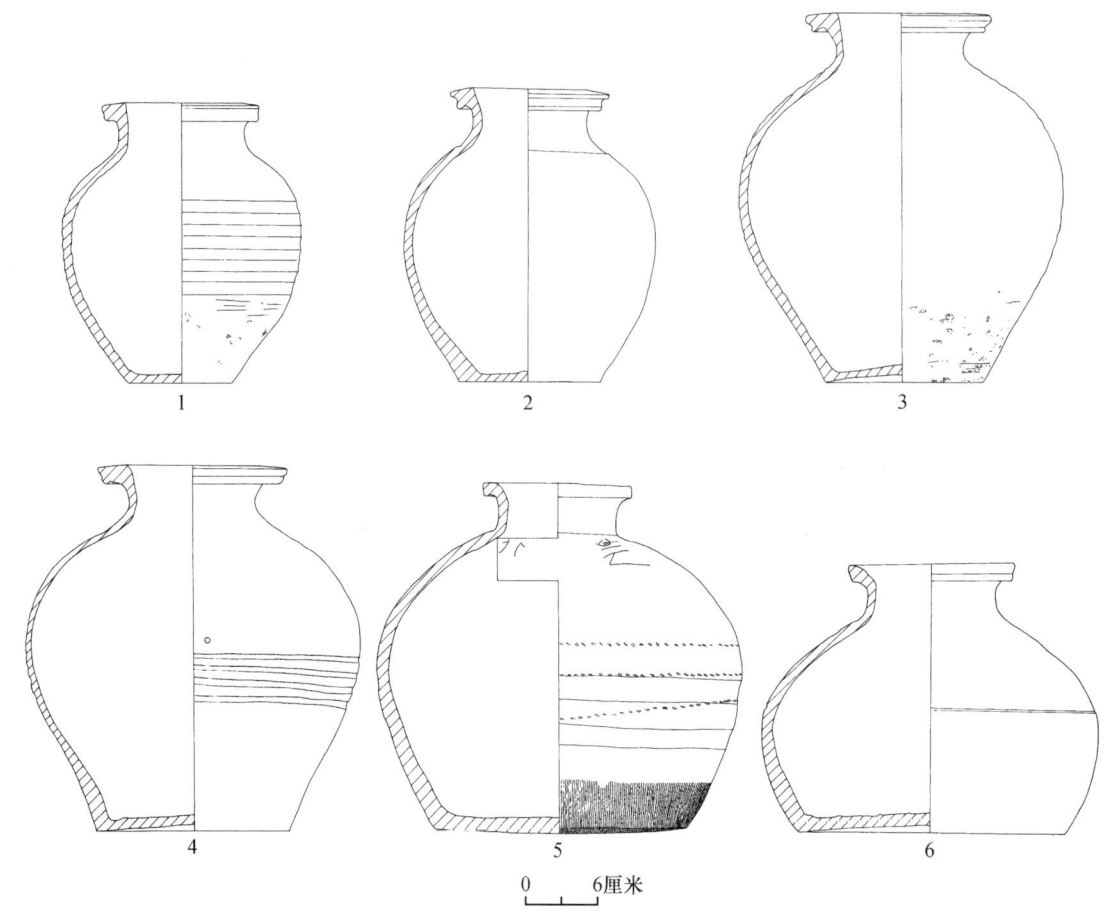

图一〇六 甲类陶折沿高领圆肩罐
1、2. Ac型Ⅰ式（M181：9、M23：4） 3. Ac型Ⅱ式（M105：1） 4. Ac型Ⅲ式（M48：3） 5. B型Ⅰ式（M109：5）
6. B型Ⅱ式（M212：15）

内弧收，平底内凹。肩、腹部饰较密集的窄凹带纹。高28.7、口径15.7、腹径27.7、底径16厘米（图一〇六，4；图版三二，3）。

B型 2件。广肩，扁腹，大平底。据腹部变化分二式。

Ⅰ式 1件。腹略深。

M109：5，泥质灰陶。平折沿，方唇，领较直，广溜肩，扁斜腹，大平底。肩部阴刻文字（图一二五，11、12），腹上部饰三周不太规则的戳点纹，腹部饰数周宽抹带纹，下腹部饰竖绳纹。高27.6、口径12.5、腹径29.9、底径20.5厘米（图一〇六，5；图版三二，4）。

Ⅱ式 1件。腹极浅，底部更大。

M212：15，泥质灰陶。仰折沿，方唇，唇面凹，广溜肩，扁斜腹极浅，大平底内凹，肩、腹交界处饰一周凹弦纹。高21.1、口径13.7、腹径27.4、底径21.4厘米（图一〇六，6；图版三二，5）。

乙类 13件。器体小。鼓腹。据口沿、腹部变化分为五式。

Ⅰ式 3件。器体很小。薄折沿，球腹，均有盖。

M158：2，泥质灰陶。器体很小。弧顶盖近平，盖舌较长。平折沿较薄，方唇，唇面凹，束领，圆鼓腹，平底。通高13.8、身高12.8、口径7.7、腹径13.6、底径7.9、盖高2、盖径7.2厘米（图一〇七，1；图版三二，6）。

M188：3，泥质灰陶。器体很小。盖弧壁，平顶，盖舌较短。平折沿略外斜，圆唇稍尖，短颈略束，球形腹，平底微凹。器表饰较密的凹带纹。通高16.2、身高14.5、口径9.9、腹径15.6、底径6.8、盖高2.1、盖径8.7厘米（图一〇七，2；图版三三，1）。

Ⅱ式　2件。器体较大。折沿较厚，扁鼓腹，最大径略靠上，大平底。

M103：7，泥质灰胎黄皮陶。器体较大。折沿较宽厚、略下仰，沿内侧有凹槽，斜方唇，唇面凹，高领微束，扁鼓腹，平底。腹部饰数周抹带纹。高18.5、口径11.3、腹径19.7、底径12厘米（图一〇七，3；图版三三，2）。

Ⅲ式　3件。器体较大。腹变深，最大径在上腹部。

M47：4，泥质灰陶。器体较大。折沿上仰，沿内侧有深凹槽，斜方唇，唇面有深凹槽，领略束，圆肩，弧鼓腹，平底。高20、口径11.8、腹径18.5、底径9厘米（图一〇七，4）。

M248：5，泥质灰陶。器体较大。折沿宽厚、略下仰，厚方唇，唇面凹，束领，圆肩，弧鼓腹，平底内凹。腹部约有十周浅宽凹带纹。高19、口径10.5、腹径18.5、底径10.4厘米（图版三三，3）。

Ⅳ式　2件。器体较大。球腹。

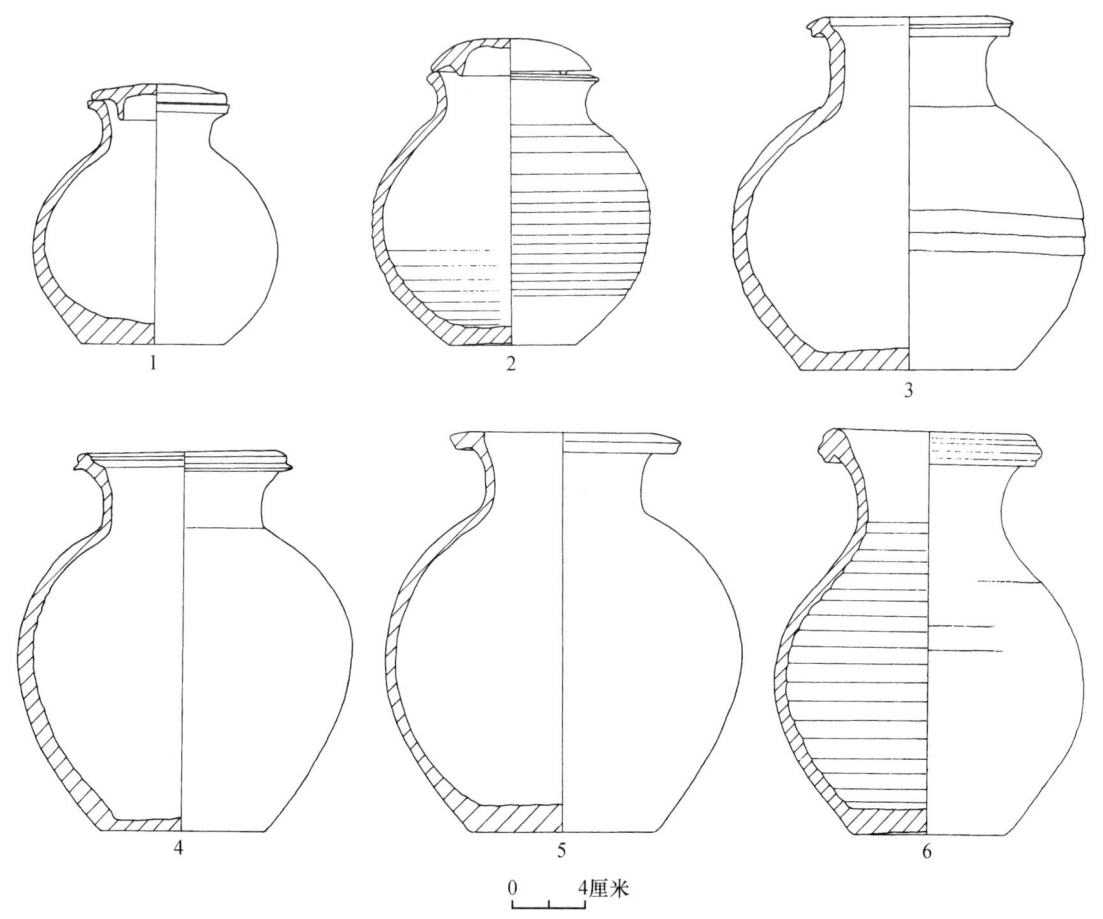

图一〇七　乙类陶折沿高领圆肩罐
1、2. Ⅰ式（M158：2、M188：3）　3. Ⅱ式（M103：7）　4. Ⅲ式（M47：4）　5. Ⅳ式（M173：8）　6. Ⅴ式（M199：4）

M173:8，泥质灰胎黄褐皮陶。器体较大。折沿较宽、下仰，斜方唇，唇面微凹，领微束，球腹，平底。高21.4、口径12.5、腹径19.5、底径10厘米（图一〇七，5；图版三三，4）。

Ⅴ式　2件。束长颈，椭腹。

M199:4，厚折沿下仰，沿面有凹槽，斜方唇，唇面凹，长束领，椭腹，平底内凹。腹部有多周宽抹带纹（图一〇七，6；图版三三，5）。

另，M195:5，属乙类，器形不明。

4. 卷沿矮领折肩圜底罐

4件。

M28:2，泥质灰陶。卷沿，方唇，矮领，折肩，直腹微弧鼓，圜底。肩部有刻字（图一二五，1~3），腹上部绳纹抹去，中部以下及底饰满斜绳纹。高22.2、口径17.9、腹径25.9厘米（图一〇八，2）。

M28:4，泥质灰陶。卷沿稍仰，方唇，唇面微凹，矮领，折肩，直腹微弧鼓，圜底。肩部有刻字（图一二五，4、5），肩部及上腹部饰暗弦纹，腹中部以下饰满竖绳纹。高23.5、口

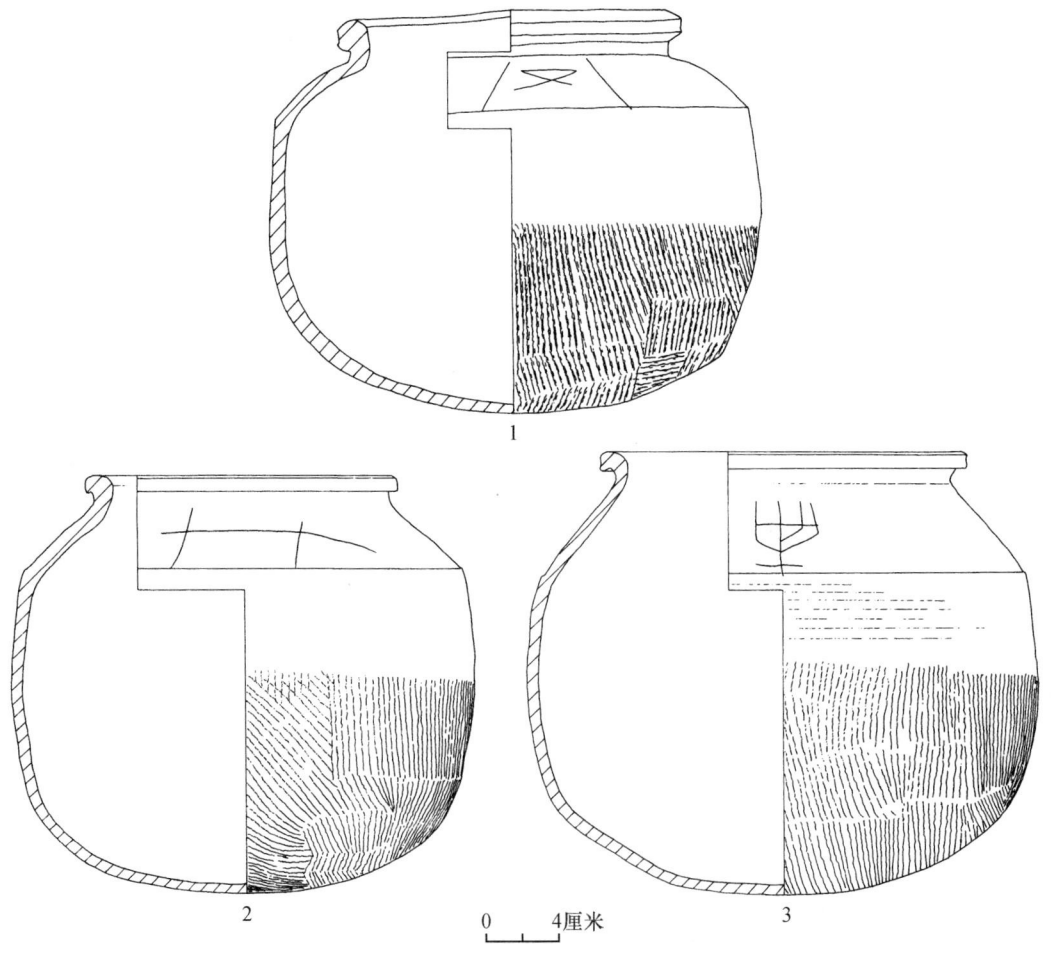

图一〇八　陶卷沿矮领折肩圜底罐
1. M207:1　2. M28:2　3. M28:4

径19.9、腹径28.1厘米（图一〇八，3；彩版四，3）。

M207：1，泥质灰陶。厚卷沿，方唇，唇面凹，矮领，折肩，直腹微弧鼓，圜底。腹上部饰暗弦纹，腹下部及底饰斜绳纹。高21.1、口径18.9、腹径27.5厘米（图一〇八，1；彩版四，4）。

5. 无沿矮领罐

129件。据口、领部特征分为两类。

甲类　123件。器体多较大。矮直领或矮斜领。出土于60座墓葬中（图一二五，15、16），最多的出土18件（M50），其次出土7件（M48）、6件（M3）、5件（M212）、4件（M2、M202），出土3件的有M126、M132、M198、M206、M244，出土2件的有M39、M57、M103、M126、M133、M156、M158、M159、M167、M171、M187、M189、M190、M213、M219。其余各墓只出土1件。据腹部特征分为二型。

A型　3件。领部有对穿孔，折腹。据肩、腹特征变化分为二式。

Ⅰ式　1件。肩、腹近锐折。

M61：1，器体小。矮领，斜方唇，领部有对穿孔，折肩，折腹，平底。器表饰暗弦纹。高13.9、口径11.5、腹径18.6、底径10.4厘米（图一〇九，1；图版三四，1）。

Ⅱ式　2件。肩、腹圆折。

M86：6，器体极小。方唇，矮领，领部对穿双孔，肩、腹弧折，平底。高6.7、口径6.3、腹径8.4、底径4.6厘米（图一〇九，2）。

B型　120件。领部无孔，斜腹或弧腹。据领内壁特征不同分三亚型。

Ba型　78件。唇内侧凸起，领内壁直或略斜。据领、肩、腹部特征不同分为八式。

Ⅰ式　2件。器体较大。方唇，唇面内斜，唇内侧凸起，矮领，领内壁略内斜、外壁弧鼓，折肩，底大。

M195：1，泥质灰陶。方唇，唇面内斜，唇内侧凸出，领内壁略斜、外壁呈弧形，圆肩微折，斜腹，平底内凹。上腹部饰两周抹断绳纹带。高25.5、口径19.1、腹径31、底径18.7厘米（图一〇九，3；图版三四，2）。

M253：2，泥质灰陶。方唇，唇面内斜，唇内侧凸出，领内壁略斜、外壁呈弧形，折肩，斜弧壁，平底微凹。上腹部有一道折棱。高20.5、口径16.3、腹径25.6、底径13.6厘米（图一〇九，4；图版三四，3）。

Ⅱ式　3件。器体大。高领，领内、外壁较直，圆唇，唇内侧修削一周、凸起较弱，圆肩，底大。

M86：3，泥质灰陶。器体较大。高领略斜，圆唇、内侧修削一周，唇内侧凸出部较细，圆肩，斜腹，大平底。腹部饰零星的绳纹。高29.2、口径18.5、腹径32.5、底径20.6厘米（图一〇九，5；图版三四，4）。

M138：4，泥质灰陶。器体大。以A型Ⅱ式陶钵为盖。圆唇，唇内侧略凸起，高直领，圆肩，斜腹，大平底。局部有抹绳纹痕迹。身高31.1、口径21、腹径37.4、底径21.3、盖高8.6、

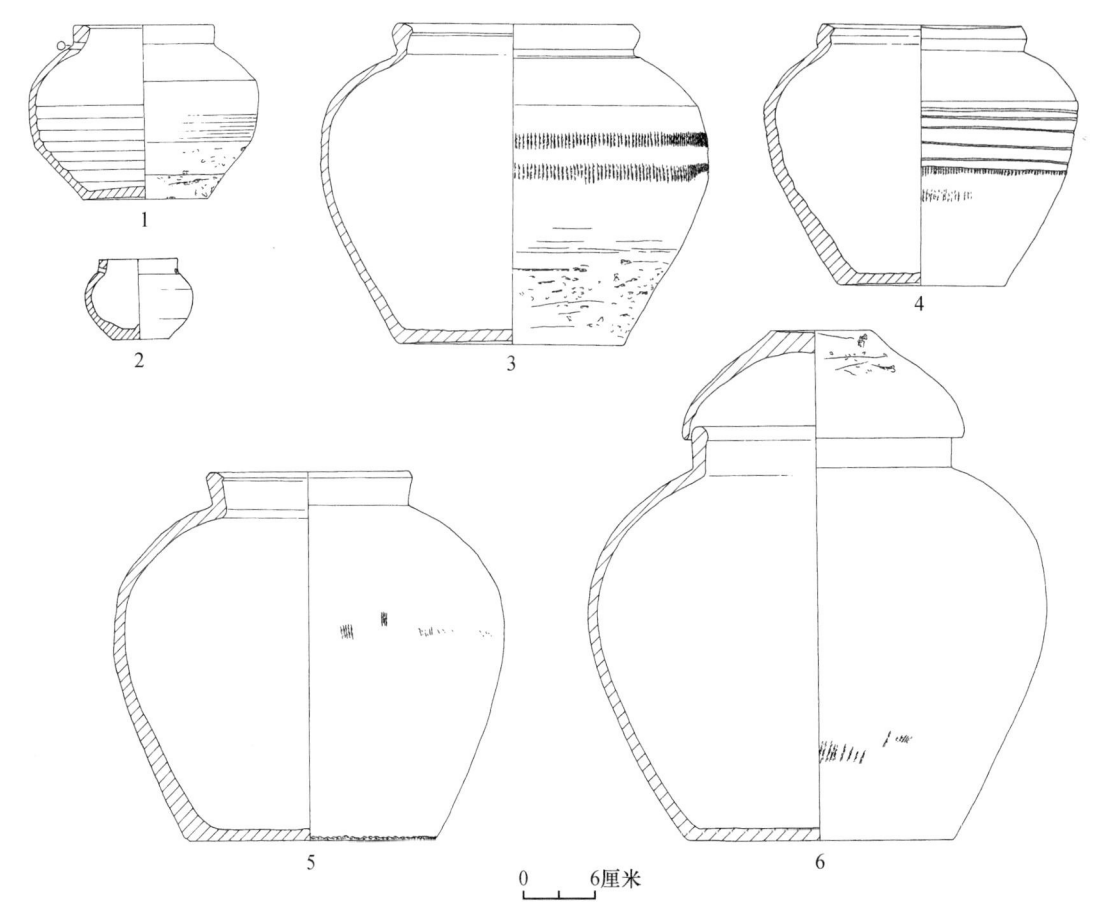

图一〇九 甲类陶无沿矮领罐

1. A型Ⅰ式（M61∶1） 2. A型Ⅱ式（M86∶6） 3、4. Ba型Ⅰ式（M195∶1、M253∶2） 5、6. Ba型Ⅱ式（M86∶3、M138∶4）

口径22.5、底径8.2厘米（图一〇九，6；图版三四，5）。

Ⅲ式 14件。器体大。领较Ⅱ式略矮，领口内斜，方唇，唇面内斜，唇内侧凸出明显，多溜肩，大底。

M24∶4，泥质灰陶。器体大。矮领微内斜，方唇，唇面内斜，唇内侧凸出，溜肩，斜腹，平底内凹。上腹部有抹绳纹痕。高31.5、口径21.7、腹径37.1、底径21.5厘米（图一一〇，1；图版三四，6）。

M187∶11，泥质灰陶。器体大。矮领内斜，方唇，唇面内斜，唇内侧凸出，溜肩，斜腹，下部略内收，大平底内凹。器表有抹绳纹痕。高28.4、口径19.3、腹径22.3、底径20.4厘米（图一一〇，2）。

M206∶2，泥质灰陶。器体大。矮领内斜，方唇，唇面内斜，唇内侧凸出，溜肩，斜腹，大平底内凹。肩部有两周不太清晰的凹弦纹，肩、腹部有抹绳纹痕迹。高32.7、口径27.7、腹径35.8、底径22.9厘米（图一一〇，3；图版三五，1）。

Ⅳ式 16件。器体多略变小，少数变得很小（M132出土的3件）；矮直领（M132∶3、M219∶1略内斜，M140∶5口微敞），领内壁上下两端凸起，中圈形成凹带；多为圆唇，或内侧略平，少数为方唇，往往唇面内斜；大底。

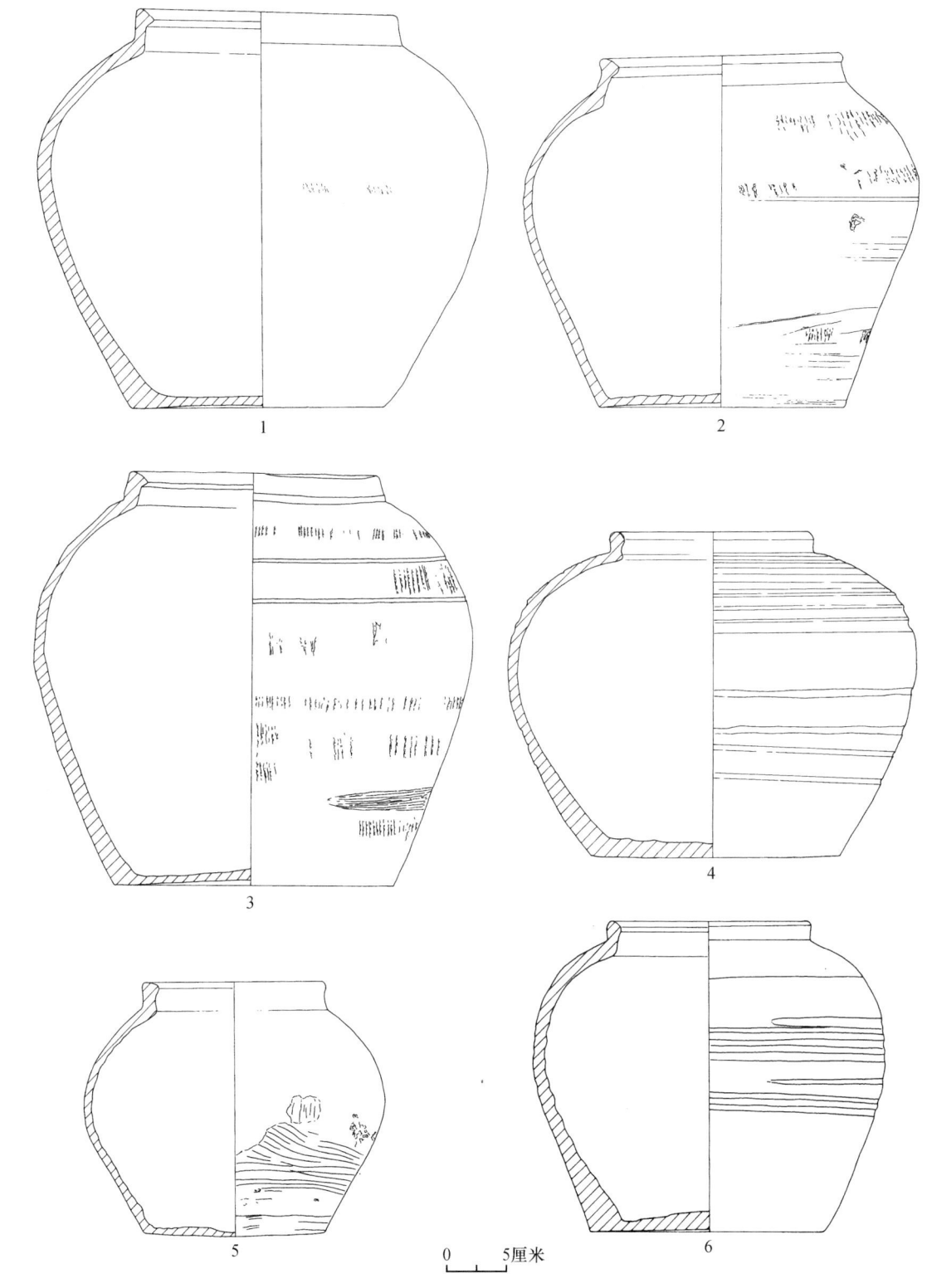

图一一〇 甲类Ba型陶无沿矮领罐
1~3.Ⅲ式（M24:4、M187:11、M206:2） 4~6.Ⅳ式（M44:3、M171:3、M216:2）

M44:3，泥质灰陶。器体较大，略矮。圆唇，矮领，领内壁上下凸起、中圈形成凹带，领口稍内收，圆肩较广，斜弧腹，大平底。肩部及腹部饰数周宽凹弦纹。高25.5、口径16.8、腹径34、底径20.6厘米（图一一○，4；图版三五，3）。

M171：3，泥质灰陶。器体较小。矮直领微束，领内壁上下凸起、中圈形成凹带，方唇，唇面内斜，溜肩，斜腹，下部略内收，平底略外凸。高20、口径14.7、腹径24.7、底径14.9厘米（图一一○，5；图版三五，4）。

M216：2，泥质灰陶。器体较大。矮直领，领内壁上下凸起、中圈形成凹带，圆唇、内侧较平，圆肩，斜腹、下部略内收，大平底微凹。肩部饰数周宽凹弦纹。高24.6、口径16.6、腹径29.3、底径19.5厘米（图一一○，6；图版三五，2）。

Ⅴ式　8件。5件器体较大，3件器体小（M105：9、M244：2、M244：3）。方唇，唇面平（M40：7唇面有凹槽）；束矮领或微敞口（M105：9），领内壁上下缘尤其是下缘凸起程度多数弱化，中圈形成的凹带较浅；器体小者底亦明显变小。

M40：7，泥质灰陶。较大。方唇，唇面凹，矮领略束，领内壁上下稍凸起、中圈形成浅凹带，圆肩，斜腹，下腹略内收，平底微凹。高30、口径17.8、腹径32.9、底径19.5厘米（图一一一，1）。

M105：9，泥质灰陶。小。上口略敞，方唇，矮领，领内壁上下稍凸起、中圈形成浅凹带，圆肩，斜腹，近底处略内收，平底内凹。肩部饰两周窄凹弦纹。高17.5、口径12.7、腹径21.8、底径10.4厘米（图一一一，2；图版三五，5）。

Ⅵ式　10件。器体小。方唇，唇面外斜，敞口，矮领或束矮领（M48：18、M161：2），领内侧上缘或下缘凸起不明显，小平底。

M3：2，泥质灰陶。小。敞口，矮领，领内侧上下缘微凸起、中圈形成浅凹带，方唇，唇面外斜，圆肩，斜弧腹，小平底内凹。肩部饰两组（每组两周）凹弦纹，腹部饰一周凹弦纹。高18.1、口径11.6、腹径22、底径11厘米（图一一一，3；图版三五，6）。

M48：16，泥质灰陶。小。矮领微敞，领内侧上下缘凸起、中圈形成凹带，方唇，唇面外斜，圆肩，斜弧腹，近底处略内收，小平底内凹。肩部有较宽的抹带纹。高17.6、口径11.7、腹径20、底径9.2厘米（图一一一，4）。

Ⅶ式　8件。器体大小参半（M198：5、M198：7、M198：8、M202：7大）。矮直领或微束（M198：7），唇面平（M126：4、M198：5、M198：8、M202：7）或内斜，领内侧上缘凸出极宽，多溜肩（M198：5、M198：7圆肩）。

M126：6，泥质灰陶，器表为黑色。较小，较矮。厚方唇，唇面略内斜，矮领近直，领内侧上缘凸起极宽，斜溜肩，斜腹，近底处略内收，平底较大、内凹。高20.2、口径16、腹径28、底径14.5厘米（图一一一，6；图版三六，1）。

M198：8，泥质灰陶。器体较大。矮直领，领内侧上缘凸起极宽，厚方唇，唇面凹，斜溜肩，斜腹，平底内凹。肩及上腹饰数周宽抹带。高27.1、口径17.4、腹径31.4、底径14.3厘米（图一一一，7；图版三六，2）。

Ⅷ式　17件。厚方唇，个别为圆唇，矮直领或微束，领内侧上下缘或下缘凸起不明显，领内侧多较短，多耸肩。

M50：13，泥质灰陶。器体小。方唇较厚，唇面平，矮直领，领内壁上下缘凸出、中圈

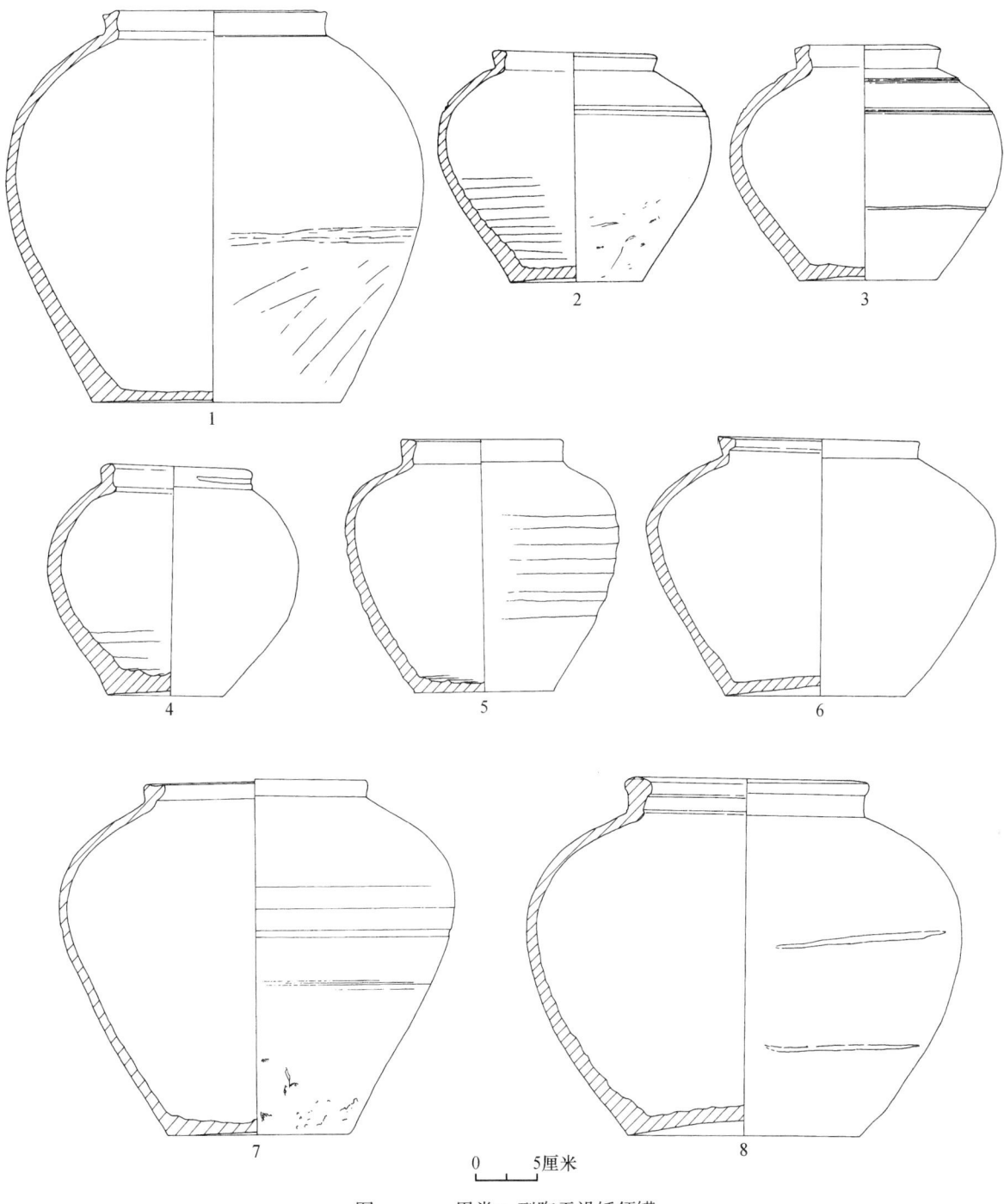

图一一一 甲类Ba型陶无沿矮领罐

1、2. Ⅴ式（M40：7、M105：9） 3、4. Ⅵ式（M3：2、M48：16） 5、8. Ⅷ式（M50：13、M212：18）
6、7. Ⅶ式（M126：6、M198：8）

形成凹带，耸肩，斜直腹略弧，平底。肩部至腹部饰数周宽抹带纹。高19.5、口径12.7、腹径21.7、底径11.1厘米（图一一一，5；图版三六，4）。

M212：18，泥质灰陶。器体较大。厚圆唇，束矮领，领内壁上下缘凸出、中圈形成凹带，圆肩稍广，斜直腹略弧，平底内凹。腹部饰一周凹弦纹。高27.2、口径19.7、腹径35.1、底径18.7厘米（图一一一，8）。

Bb型　23件。方唇或圆唇，领内侧唇下即开始斜收，故唇部多显厚。据体形大小、唇、领、肩变化分为五式。

Ⅰ式　5件。圆唇，唇面略外卷，矮束领，圆肩多微折，大平底。

M158：3，泥质灰陶。大。圆唇面外卷，矮领微束，领内壁急斜收，圆肩微折，弧腹，大平底。高27、口径19.3、腹径34.7、底径19.6厘米（图一一二，1；图版三六，3）。

M159：1，泥质灰陶。较小。圆唇略外卷，矮束领，内壁急斜收，圆肩微折，弧腹，大平

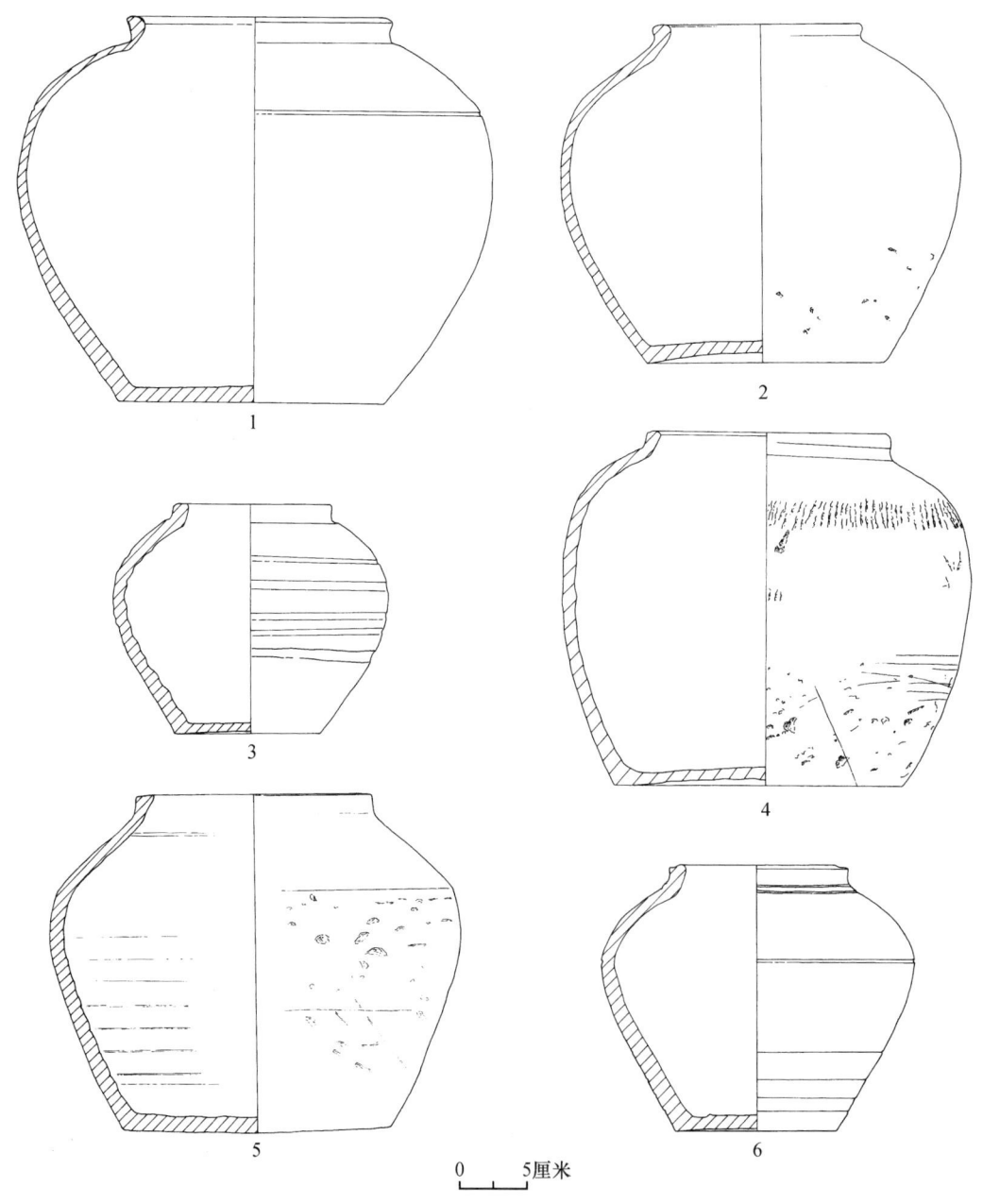

图一一二　甲类Bb型陶无沿矮领罐

1、2. Ⅰ式（M158：3、M159：1）　3、5. Ⅲ式（M2：2、M90：1）　4. Ⅱ式（M156：8）　6. Ⅳ式（M48：10）

底内凹。高23.6、口径15、腹径29.6、底径17.3厘米（图一一二，2）。

Ⅱ式　1件。圆唇内侧略平，矮斜领，圆肩，大平底。

M156：8，泥质灰陶。较大。方圆唇，唇内侧略平，矮斜领，圆肩，斜弧腹，大平底内凹。器表有抹绳纹痕迹。高24.7、口径17.5、腹径29.4、底径20.7厘米（图一一二，4；图版三六，6）。

Ⅲ式　6件。方唇，矮直领，圆肩或折肩。

M2：2，泥质灰陶。器体小。方唇，矮直领，圆肩，斜腹，平底内凹。腹部饰数周刮弦纹。高16.1、口径11.1、腹径20.2、底径10.8厘米（图一一二，3；图版三六，5）。

M90：1，泥质灰陶。中大。方唇，矮领，斜折肩，斜腹，大平底。高23.7、口径18、腹径30.4、底径20.5厘米（图一一二，5；图版三七，1）。

Ⅳ式　5件。器体小。斜方唇或圆唇，多溜肩，

M48：10，泥质灰陶。器体小。方唇，唇面外斜，矮领，溜肩，斜腹，平底。肩、腹相交处饰一周凹弦纹，器腹下部有多处轮制刮削痕迹。高18.6、口径12.7、腹径22.5、底径11.8厘米（图一一二，6；图版三七，2）。

M202：9，泥质灰陶。器体小。口沿内侧斜收，圆唇，溜肩，弧腹，下腹斜收成平底，最大径在腹部偏上。器腹饰七处凹带纹。高20、口径11.7、腹径22.4、底径13厘米（图一一三，1；图版三七，3）。

Ⅴ式　6件。器体小。厚方唇。

M50：3，泥质灰陶。器体小。厚方唇，矮领，圆肩微耸，斜弧腹，平底。器腹饰抹带纹。高19.4、口径14.1、腹径24.6、底径12.7厘米（图一一三，2；图版三七，4）。

Bc型　19件。领内壁直或略弧。据领、肩、腹变化分六式。

Ⅰ式　1件。圆唇，矮束领，折肩，折腹，大平底。

M150：5，泥质灰陶。器体较小。圆唇，矮束领，领内壁外斜，圆折肩，折腹，上腹较直，下腹内弧收，大平底。肩部阴刻文字（图一二六，6），肩、腹交界处饰两周凹弦纹。高14.7、口径18.6、腹径23.8、底径14.8厘米（图一一三，4；图版三七，5）。

Ⅱ式　2件。圆唇，领外壁弧鼓，内壁直，折肩，折腹。

M58：1，泥质灰陶。器体较小。圆唇，矮领，领外上缘弧鼓，领内壁直，溜折肩，折腹，上腹较直，下腹斜收，平底，最大径在腹部。肩部阴刻文字（图一二五，7）。高19.8、口径18.9、腹径27.7、底径15.7厘米（图一一三，3；图版三七，6）。

Ⅲ式　6件。器体大。唇方或圆，领较高，圆肩。

M157：4，泥质灰陶。器体较大。圆唇，高直领，圆肩，斜腹，大平底。下腹部有横向刮削痕迹。高27.4、口径21.6、腹径33.8、底径20.8厘米（图一一三，5）。

Ⅳ式　4件。器体大。圆唇，矮领，领内壁弧鼓，耸肩或圆肩。

M39：4，泥质灰陶。器体较高。厚圆唇，领极矮，圆肩微斜，斜腹深，平底内凹。肩部饰两周凹弦纹，器身布满土锈。高28.9、口径16.2、腹径31.5、底径17.7厘米（图一一三，6；图版三八，1）。

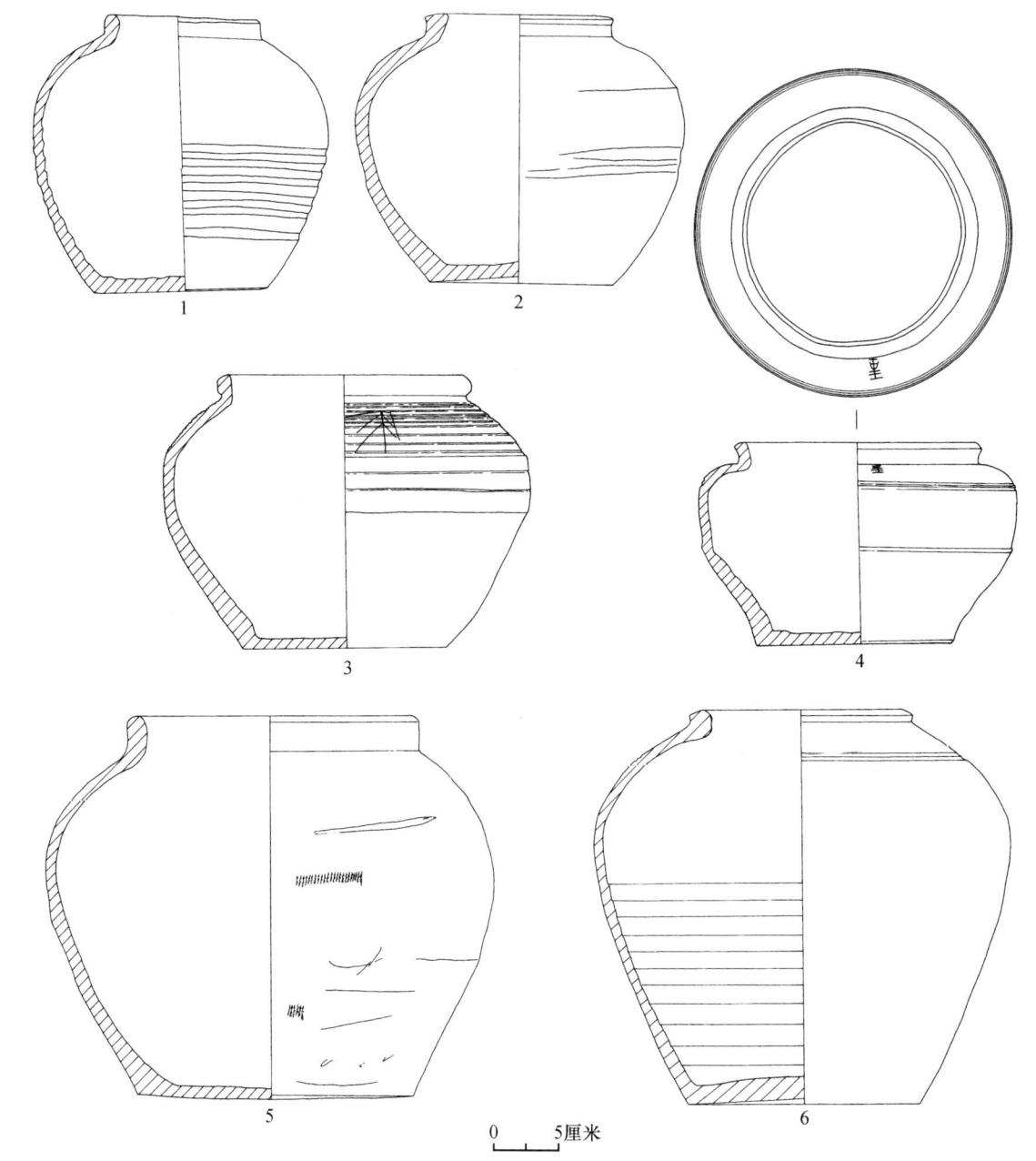

图一一三 甲类B型陶无沿矮领罐
1.Bb型Ⅳ式（M202:9） 2.Bb型Ⅴ式（M50:3） 3.Bc型Ⅱ式（M58:1） 4.Bc型Ⅰ式（M150:5） 5.Bc型Ⅲ式（M157:4）
6.Bc型Ⅳ式（M39:4）

M47:6，泥质灰陶。较大。器口变形，圆唇，矮领，耸肩，上腹鼓，下腹斜收，平底内凹。器表肩部有刮旋纹，器腹有刷扫痕迹。高26、口径19.5、腹径34.2、底径19.3厘米（图一一四，1；图版三八，3）。

Ⅴ式 4件。器体小。方唇，矮领，圆肩。

M3:7，泥质灰陶。小。方唇，矮领，领内壁较直，圆肩，斜弧腹，平底。肩部饰两组（每组两周）凹弦纹。高17.4、口径10.1、腹径19.8、底径10厘米（图一一四，2；图版三八，2）。

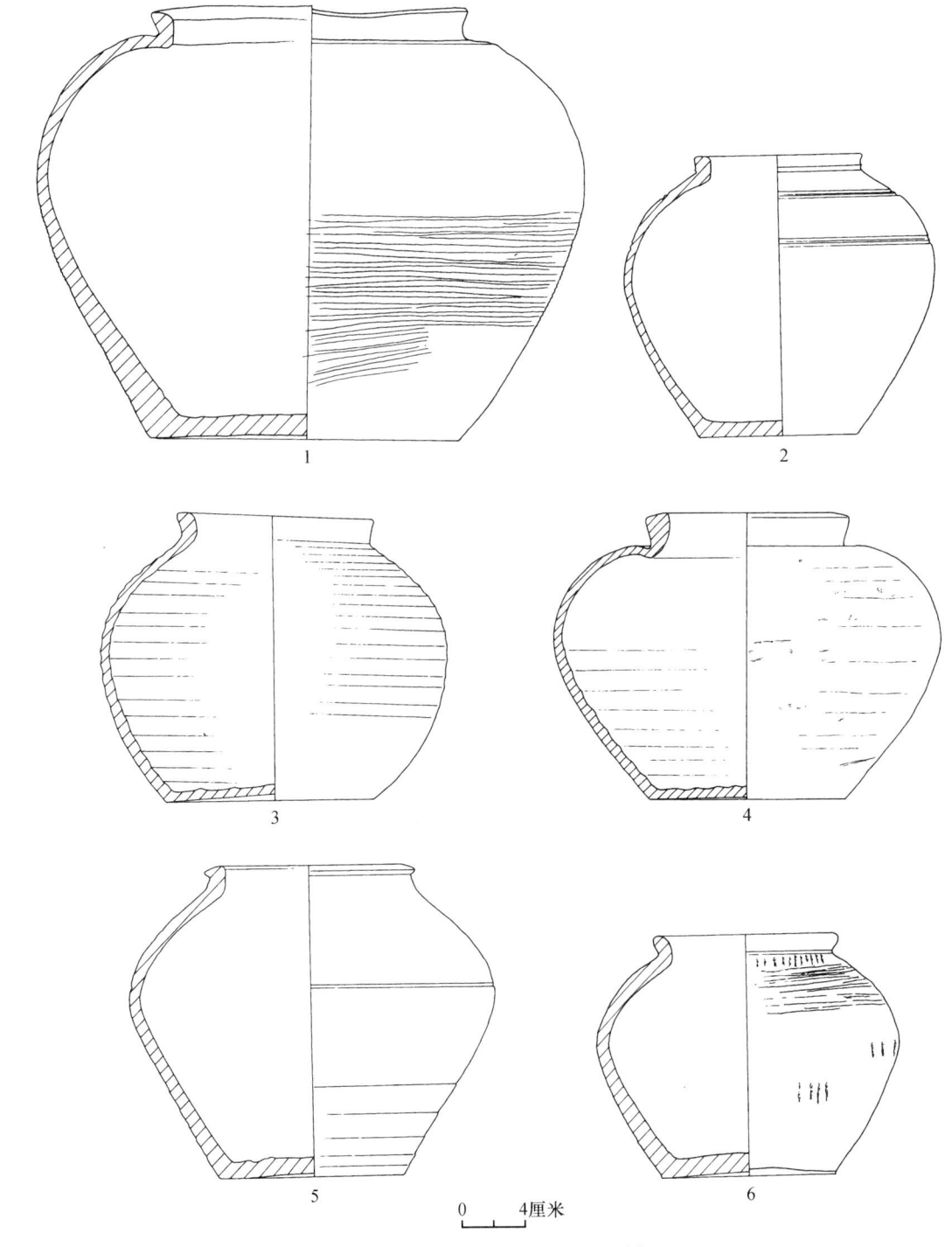

图一一四 甲类Bc型陶无沿矮领罐

1. Ⅳ式（M47∶6） 2~4. Ⅴ式（M3∶7、M45∶1、M213∶1） 5、6. Ⅵ式（M48∶9、M48∶11）

M45∶1，泥质灰陶。器体较小。方唇，矮领微敞，领内壁弧鼓，圆肩，弧鼓腹，平底。肩及上腹有刮削形成的暗弦纹。高17.5、口径12.1、腹径21.7、底径12.7厘米（图一一四，3）。

M213∶1，泥质灰陶。器体小，且扁。厚方唇，唇面微外斜，矮领，领内壁弧鼓，领、肩交界处凹陷，耸肩较圆，斜弧腹，平底。高17.2、口径13.1、腹径24.5、底径12.6厘米（图

——四,4;图版三八,4)。

Ⅵ式 2件。器体小。矮领,溜肩。

M48:9,泥质灰陶。器体小。斜方唇,领外侧极短、内侧直而稍长,溜肩,斜腹,平底微凹。肩、腹转折处饰一圈凹弦纹,器身有多处轮制刮削痕迹。高18.8、口径13、腹径22.9、底径11.5厘米(图一一四,5;图版三八,5)。

M48:11,泥质灰陶。小。圆唇,矮领外卷,溜肩,斜腹,平底。高14.6、口径11.5、腹径19.3、底径10.9厘米(图一一四,6;图版三八,6)。

乙类 6件。器体小。敞口,束颈。据口、肩、腹部特征分三型。

A型 2件。厚圆唇,圆肩,斜腹。

M187:8,泥质灰陶。器体较小。敞口,厚圆唇,短领,圆肩,浅弧腹,平底。颈部饰两周凹弦纹,肩部饰较宽的抹带纹,腹部有刮削痕迹。高14、口径8、腹径15.4、底径9厘米(图一一五,1)。

M206:6,泥质灰陶。器体较小。敞口,圆唇稍厚,束颈,圆肩,斜弧腹,平底较小。唇面饰一道凹弦纹,肩部饰两周、腹部饰三周宽凹弦纹,肩、腹部饰抹带纹,下腹部有修削痕。高16.2、口径8、腹径16.7、底径7.1厘米(图一一五,2;图版三九,1)。

B型 3件。尖唇,扁腹。据腹部变化分二式。

Ⅰ式 1件。扁鼓腹。

M81:3,泥质灰陶。器体较小。敞口,尖唇,束颈,扁鼓腹,平底内凹。高11.6、口径8.9、腹径14.7、底径8.5厘米(图一一五,3;图版三九,3)。

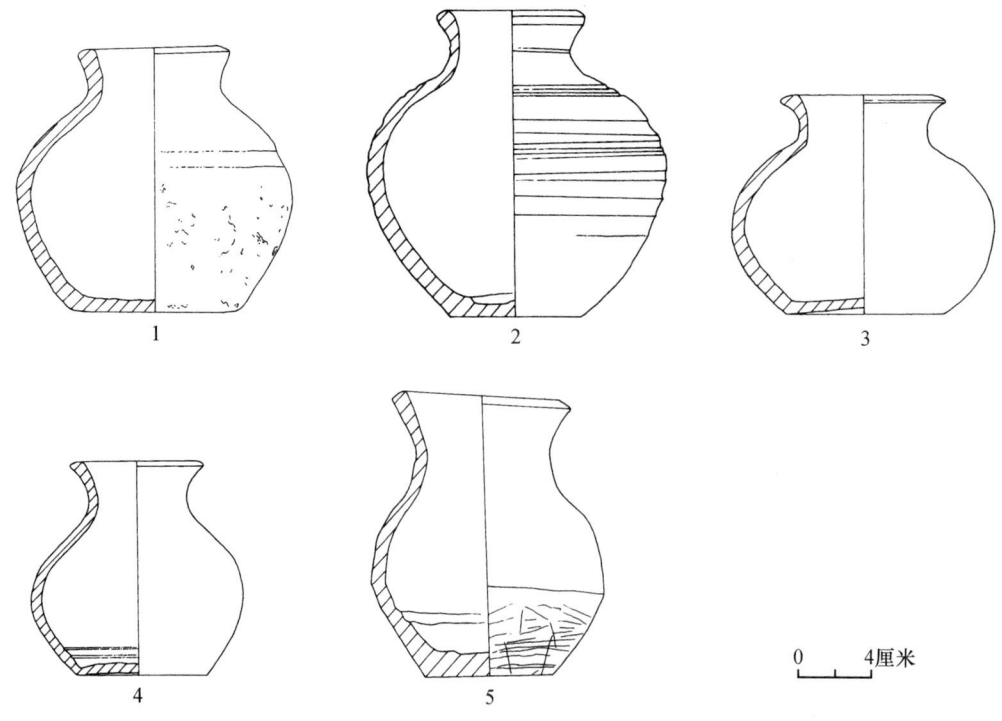

图一一五 乙类陶无沿矮领罐

1、2.A型(M187:8、M206:6) 3.B型Ⅰ式(M81:3) 4.B型Ⅱ式(M171:2) 5.C型(M206:4)

Ⅱ式　2件。溜肩，弧腹。

M171：2，泥质灰陶。器体较小。敞口，尖唇，短束颈，溜肩，浅弧腹，平底略内凹。腹部饰数周凹带。高11.5、口径7.2、腹径11.9、底径6.9厘米（图一一五，4）。

C型　1件。方唇，溜肩，折腹。

M206：4，泥质灰陶。器体较小。敞口，斜方唇，束颈，溜肩稍折，折腹，平底。颈部饰两周凹弦纹。高15、口径9.3、腹径13、底径7.1厘米（图一一五，5；图版三九，2）。

二十　釜

22件，出土于18座墓中（图一二六，1），其中4座墓（M66、M89、M136、M138）各出土2件，其余各墓出各出土1件。皆圜底。据有无耳分为两类。

甲类　18件。无耳。据口、腹特征分为三型。

A型　15件。卷沿或折沿，垂腹。绝大部分颈部有对穿小孔。据肩部特征分为二亚型。

Aa型　10件。窄折肩。据腹部深浅变化分为二式。

Ⅰ式　5件。浅腹。

M138：8，夹细砂灰陶。仰折沿，方唇，斜颈，窄折肩，垂腹，圜底，最大径在腹、底交界处。器腹饰绳纹。高12.9、口径12.3、腹径18.1厘米（图一一六，1；图版三九，4）。

Ⅱ式　5件。腹略深。

M66：4，夹砂灰陶。仰折沿，沿面内凹，方唇，唇面凹，斜颈，颈部有一对穿孔，窄折肩，垂腹，圜底，最大径在腹、底交界处。底部有烟炱痕迹。高13.1、口径13.3、腹径17.9厘米（图一一六，3；图版三九，5）。

M194：4，泥质灰陶，器表为银灰色。折沿略仰，斜方唇，斜颈，颈部有一对穿孔，窄折肩，垂腹，圜底，最大径在腹、底交界处。腹部饰多周宽带纹。高13.3、口径14.1、腹径18.4厘米（图一一六，2；图版三九，6）。

Ab型　5件。无肩。据腹部深浅变化分为二式。

Ⅰ式　2件。浅腹。

M44：1，泥质灰陶。仰卷沿，斜方唇，束颈极短，颈下有一对穿孔，扁圆腹，圜底，最大径在腹中部。底部饰满绳纹。高12.8、口径13.4、腹径18.5厘米（图一一六，4；图版四〇，1）。

M159：5，夹砂灰陶。卷沿，圆唇，短束颈，颈部有一对穿孔，斜弧腹，圜底，最大径在腹、底交界处。底部有烟炱痕迹。高12.5、口径12.6、腹径18厘米（图一一六，5；图版四〇，2）。

Ⅱ式　3件。腹较深。

M47：5，夹砂灰陶。仰卷沿微折，圆唇，无颈，圆鼓腹，圜底，最大径在腹、底交界处。底部饰满绳纹。高13.9、口径13.7、腹径18厘米（图一一六，6）。

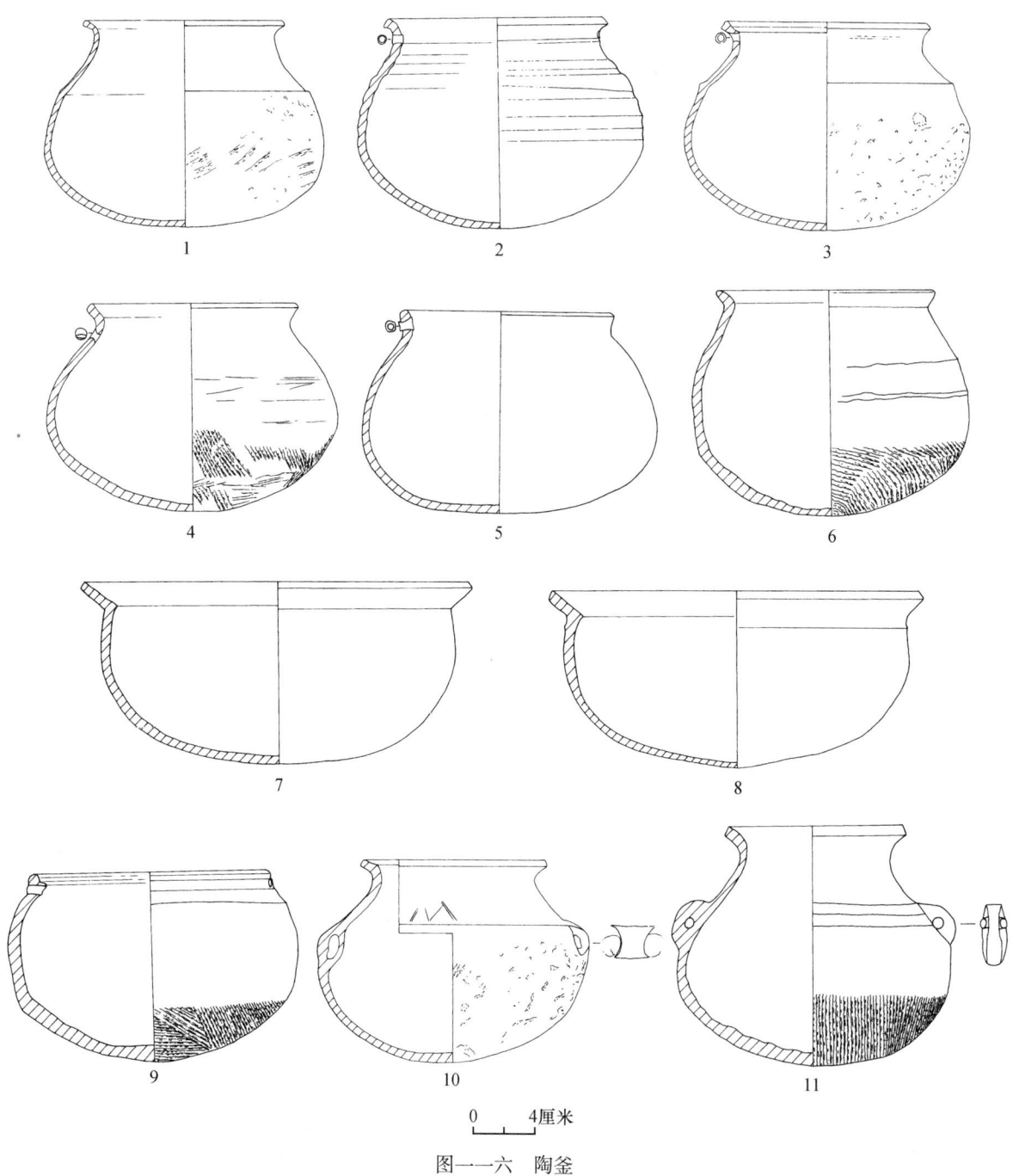

图一一六 陶釜

1. 甲类Aa型Ⅰ式（M138∶8） 2、3. 甲类Aa型Ⅱ式（M194∶4、M66∶4） 4、5. 甲类Ab型Ⅰ式（M44∶1、M159∶5）
6. 甲类Ab型Ⅱ式（M47∶5） 7、8. 甲类C型（M48∶12、M105∶2） 9. 甲类B型（M216∶7） 10. 乙类Ⅰ式（M89∶6）
11. 乙类Ⅱ式（M66∶2）

B型 1件。敛口，无沿，垂腹。

M216∶7，夹细砂灰陶。敛口，圆唇，口下有一对穿孔，无颈，短斜肩，弧鼓腹，腹、底交界处有折棱，尖圜底。最大径在腹中部。唇内外两侧均有一周凹槽，内侧凹槽较深。底部饰满绳纹。高11.7、口径15.1、腹径18.7厘米（图一一六，9；图版四〇，3）。

C型 2件。泥质灰陶。宽仰折沿，浅鼓腹。皆方唇，无颈，圜底。

M48：12，高11、口径25.1厘米（图一一六，7）。

M105：2，高10.8、口径23.5厘米（图一一六，8；图版四〇，4）。

乙类　4件。有双耳。据沿部特征分二式。

Ⅰ式　3件。仰折沿，最大径在器体中上部。

M89：6，泥质灰陶，器表泛银色。仰折沿，沿面凹，斜方唇，斜颈，肩部有一对桥形耳，扁鼓腹，圜底，最大径在器上部。底部有烟炱痕迹。高12.5、口径11.8、腹径16.8厘米（图一一六，10；彩版四，5）。

M114：2，夹砂灰陶。器体大。以A型Ⅱ式陶钵为盖。仰折沿，沿面内凹，斜方唇，斜颈，肩有一对桥形耳，扁鼓腹，圜底，最大径在器体上部。肩部有印文（图一二五，10），腹部饰较粗的横绳纹。高23、口径20.3、腹径27.3厘米（图版四〇，5）。

Ⅱ式　1件。仰卷沿，长溜肩，最大径在器下部。

M66：2，泥质灰陶。仰卷沿，斜方唇，斜长颈，肩部有一对半环耳，耳孔为圆形，扁鼓腹，圜底，最大径在器体中部。耳孔以上饰三周凹弦纹，底部饰满绳纹、似有烟炱痕迹。高14.7、口径11.3、腹径17.5厘米（图一一六，11；图版四〇，6）。

二十一　仓

14件，出土于5座墓中，其中M111出土5件，M198、M240各出土3件，M212出土2件，M131出土1件。皆为筒状，唇圆或方，多有矮领，肩圆或折，腹直或斜收，平底内凹，器表饰抹断绳纹、凹弦纹等。据肩部不同分为二型。

A型　6件。折肩较宽。据肩部变化分为二式。

Ⅰ式　3件。器体较小。圆唇，矮领，耸肩锐折，斜腹。

M240：4，泥质灰陶。小口，方圆唇，矮斜领，领口内敛，折肩，斜直腹，平底内凹。腹部饰五道较宽凹弦纹。高19.5、口径8、肩径16.1、底径10.5厘米（图一一七，1；图版四一，1）。

Ⅱ式　3件。圆或方唇，矮领，肩圆折。余同Ⅰ式。

M198：1，泥质灰陶。小口，方唇，矮领，领外壁内凹，圆肩微折，斜直腹，平底略内凹。领下至下腹部饰七道抹断绳纹。高22.4、口径12.5、肩径21、底径14.1厘米（图一一七，3）。

M198：11，泥质灰陶。小口，方唇，矮领，领外壁内凹，圆肩微折，斜直腹，平底略内凹。领下至下腹部饰七道抹断绳纹。高22、口径12.5、肩径21.4、底径13.6厘米（图一一七，2）。

B型　8件。肩部圆折、较窄。据口、肩、腹部变化分为三式。

Ⅰ式　1件。器体较小。矮领较高。

M131：1，泥质灰陶。小口，圆唇，矮领，圆肩，直腹稍斜，平底略内凹。腹上部饰

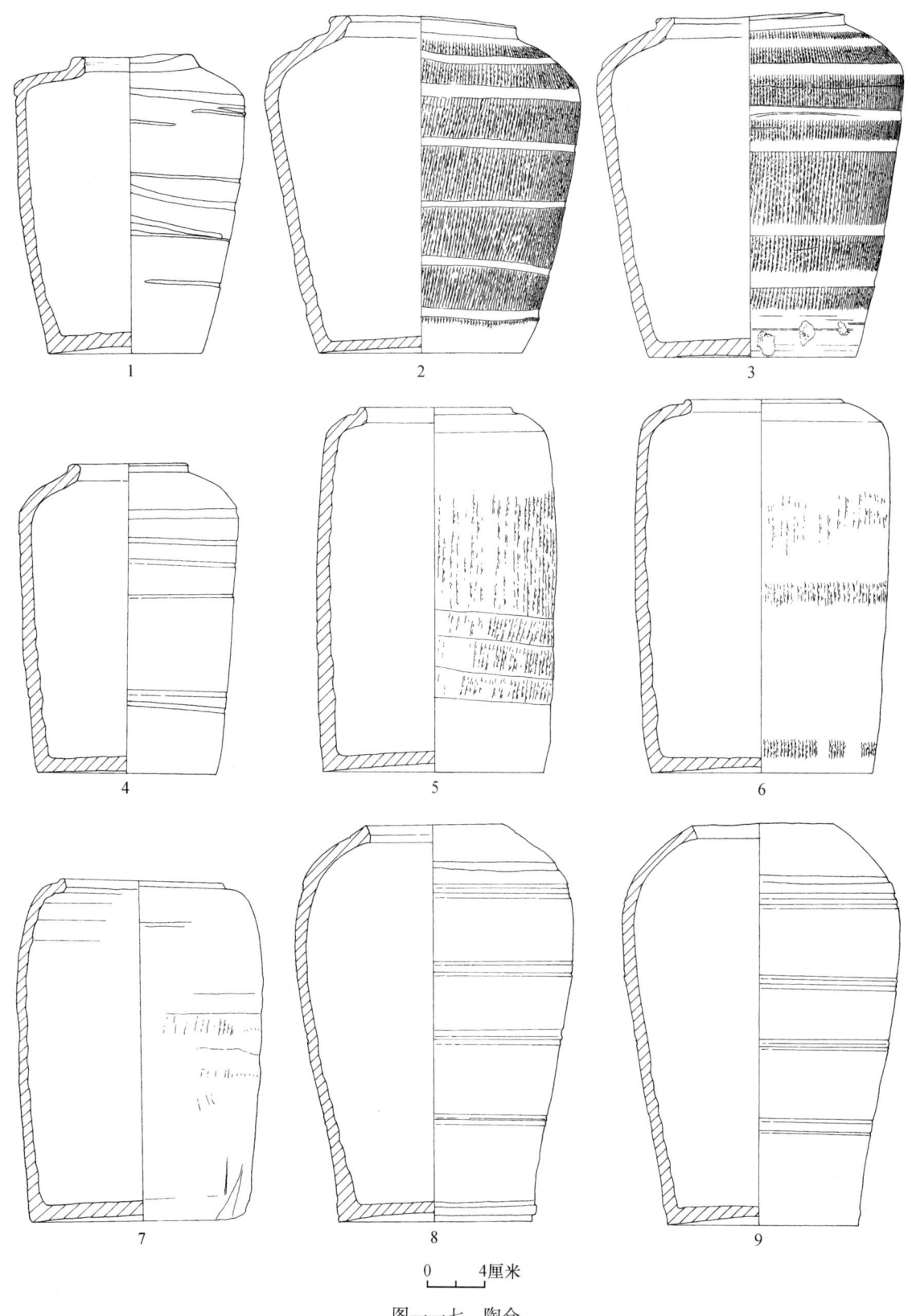

图一一七 陶仓

1. A型Ⅰ式（M240：4） 2、3. A型Ⅱ式（M198：11、M198：1） 4. B型Ⅰ式（M131：1） 5~7. B型Ⅱ式（M111：1、M111：5、M111：6） 8、9. B型Ⅲ式（M212：3、M212：4）

四周、下腹饰两周宽带纹。高20.1、口径8.2、腹径15、底径12.2厘米（图一一七，4；图版四一，2）。

Ⅱ式　5件。器体变大。领极矮。

M111：1，泥质灰陶。大口，圆唇，矮领，领下有凹槽，圆肩，直筒腹，腹中部略外弧，平底内凹。腹部饰七道抹断绳纹。高23.8、口径10.3、腹径16.5、底径15.1厘米（图一一七，5）。

M111：5，泥质灰陶。大口，圆唇，矮领，领下有凹槽，圆肩，直筒腹，腹中部略外弧，平底内凹。器表有被抹掉的绳纹痕迹。高24.5、口径10.7、腹径17.5、底径14.8厘米（图一一七，6）。

M111：6，泥质灰陶。大口，圆唇，矮领，领下有凹槽，圆肩，直筒腹，腹中部略外弧，平底内凹。腹部饰零星抹断绳纹。高22.5、口径11.2、腹径16.8、底径14.5厘米（图一一七，7；图版四一，3）。

Ⅲ式　2件。无领，圆溜肩，腹斜收较甚。

M212：3，泥质灰陶。小口，方唇，无领，圆肩，斜腹，腹下部稍内弧收，平底内凹。从肩部至下腹部饰五组较宽凹弦纹，除第一组一道外，其余均由两道组成。高26、口径9.5、腹径18.9、底径13.4厘米（图一一七，8）。

M212：4，泥质灰陶。小口，方唇，无领，圆溜肩，斜腹，腹下部稍内弧收，平底内凹。从肩部至下腹部饰五组较宽凹弦纹，除第一组一道外，其余均由两道组成。高26.3、口径9.5、腹径18.8、底径13.2厘米（图一一七，9；图版四一，4）。

二十二　灶

7件，出土于7座墓中，其中M182出土的1件未修复，其余6件据火眼数量不同分为二型。

A型　1件。双火眼，釜、灶连体。

M3：4，泥质灰陶。残。平面形状不明，似为长方形。双火眼，釜、灶连体。台面四周模印有网格纹带，两釜周围模印有双鱼、鸡、肉串、铁钩、削、碗、耳杯等。通高12，灶台高9.9、残长27.8、残宽15，釜口径3.8厘米（图一一八，1；图版四二，1）。

B型　5件。单火眼。据平面形状及结构不同分二亚型。

Ba型　2件。灶体四角弧，单火眼位于中央。据灶面变化分二式。

Ⅰ式　1件。灶面比灶体宽。

M202：4、M202：5，泥质灰陶。灶体烟囱一端呈弧形，灶面四周出沿，前端最长。单火眼位于中央，方形火门，灶壁竖直。模型甑：平折沿，圆唇，斜腹，平底，底部有孔，腹部有抹带纹。通高11.9，灶台高5.7，灶底长25.3、宽17.2，灶面长27.5、宽19.3厘米。模型甑高6.1、口径17.7、底径7.7厘米（图一一八，2；图版四二，2）。

Ⅱ式　1件。灶面与灶体同宽。

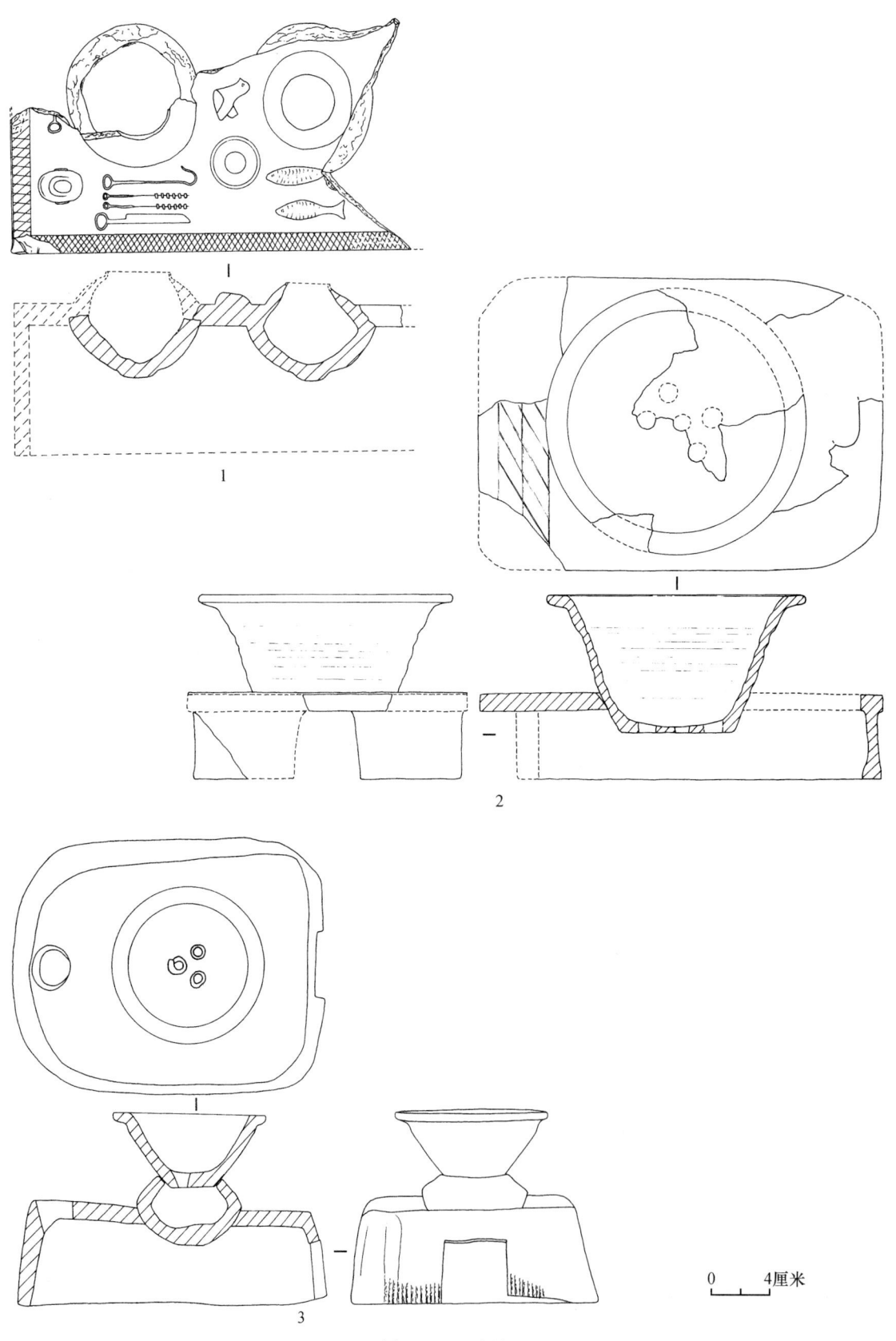

图一一八 陶灶
1. A型（M3∶4） 2. Ba型Ⅰ式（M202∶4、M202∶5） 3. Ba型Ⅱ式（M126∶3）

M126：3，泥质灰陶。灶体烟囱一端呈弧形，略高；火门一端呈圆角方形，略低。单火眼位于中央，弧形一端有烟囱孔，方形落地火门。灶壁斜直，转角处有修削痕。模型釜：敛口，方唇，折腹，小平底。模型甑：平折沿，圆唇，斜腹，平底，底部有三孔。通高12.5，灶台高6.3~7，灶面长11.6、宽11~14.7，灶底长19.2、宽14.8~17，火眼径6.9厘米。模型甑高4.9、口径10.3、底径2.8厘米。模型釜高4.6、口径4.6、腹径7.2、底径1.8厘米（图一一八，3；图版四二，3）。

Bb型　3件。灶体呈长方形。据细节变化分为二式。

Ⅰ式　2件。火眼位于一端，落地火门，灶面前后无挡墙。

M48：6（甑）、M48：8（灶），泥质灰陶。灶体呈长方形。单火眼位于火门一端，圆孔形烟囱，方形落地火门。灶壁斜直，饰有绳纹。模型釜：方唇，折腹，平底内凹。模型甑：仰折沿，斜方唇，斜腹，平底，底部有六孔。模型盆：敞口，圆唇，斜腹，下腹部略内收，平底。通高14.7，灶台高5.9，灶底长23.3、宽18.5，灶面长22.6、宽18.1，火眼径8.4厘米。模型甑高5.5、口径11.8、底径5.1厘米。模型釜高5、口径6、腹径9.1、底径4.8厘米。模型盆高3、口径9.7、底径4.7厘米（图一一九，2；图版四二，4）。

M111：10，泥质灰陶。灶体呈长方形。单火眼位于火门一端，圆管形烟囱，弧顶落地火门，灶壁斜直。通高10，灶台高7.5，灶底长25、宽19.5，灶面长23.9、宽19.2，火眼径9.8厘米（图一一九，1）。

Ⅱ式　1件。火眼略近中央，火门不落地，灶面火门一端有长方形挡火墙。

M212：6、M212：8、M212：9、M212：25，泥质灰陶。灶体呈长方形，灶壁竖直。单火眼略近灶面中央，火门一端有矮而窄的挡墙，另一端为圆形烟囱孔，弧顶火门未落地。挡墙外侧饰网格纹。模型釜：方唇，矮直领，折腹，圜底。模型甑：平折沿稍仰，斜方唇，斜直腹，平底，底部有五孔，腹部饰几周凹带纹（图一二〇，2）。模型盆：平折沿，方圆唇，斜直腹，平底（图一二〇，3）。通高17.1，挡火墙高2.2，灶台高7，灶底长27、宽21.4，灶面长26.2、宽21.1，火眼径10厘米。模型甑高8、口径14.8、底径5厘米。模型釜高6.1、口径7.5、腹径11.5厘米。模型盆高5.4、口径13.7、底径5.1厘米（图一二〇，1；图版四二，5）。

附：

模型甑　1件。

M198：2，泥质灰陶。宽平折沿，方唇，斜直腹，小平底，底部有五个圆孔。腹部饰四道凹带纹，腹下部有修削痕迹。高7.4、口径14.9、底径3.2厘米（图一二〇，4）。

二十三　井

5件，出土于5座墓中。据形态与结构不同分为三型。

A型　3件。折沿，筒腹，沿上有一对小孔以设井架。据沿、腹变化分为二式。

Ⅰ式　2件。折沿薄，井体较深。

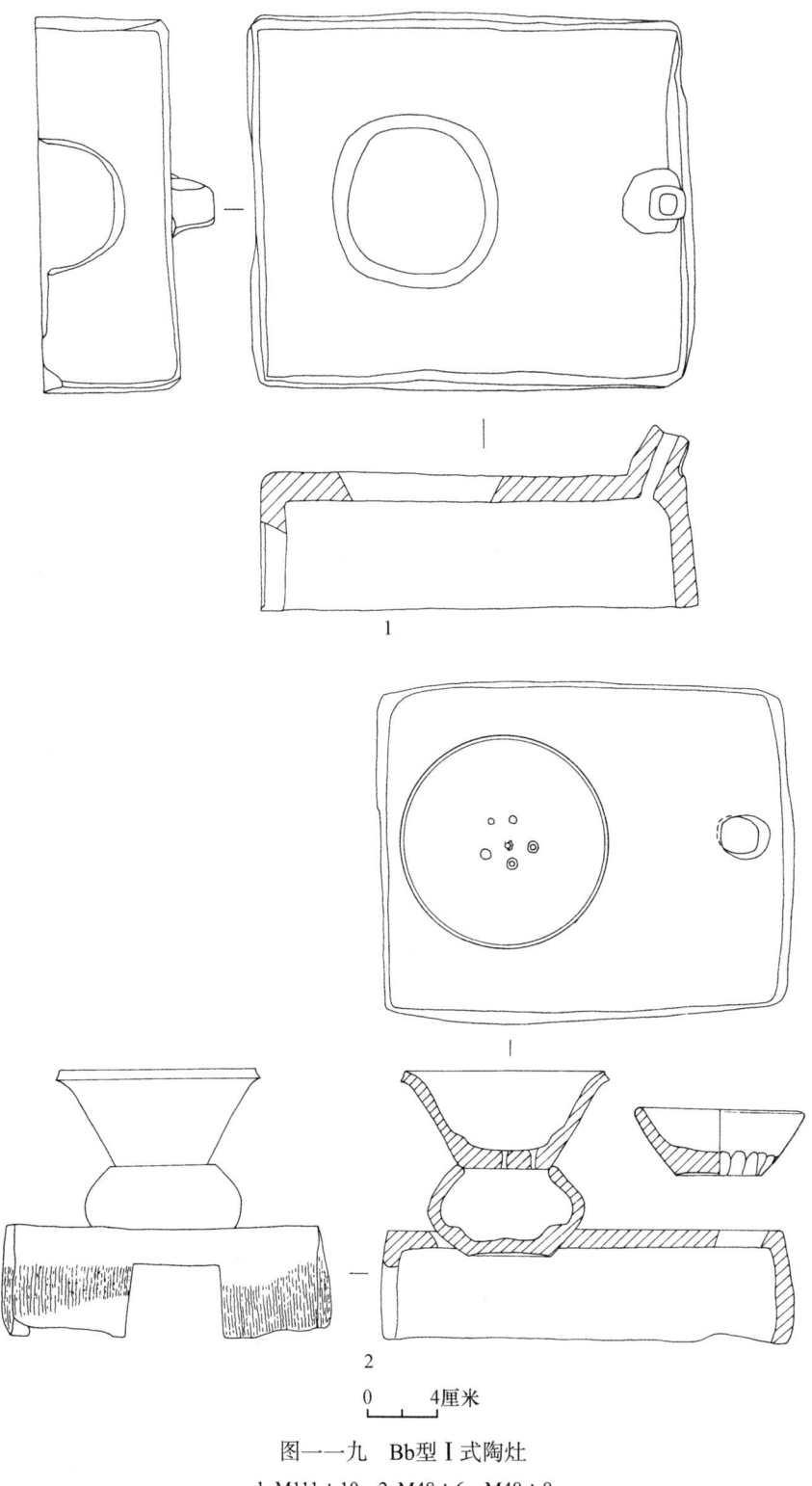

图一一九　Bb型Ⅰ式陶灶
1. M111:10　2. M48:6、M48:8

M111:9，泥质灰陶。折沿稍仰，厚方唇，唇面内凹，筒腹近直、较深，平底内凹。腹部饰斜绳纹。高14.7、口径20.3、底径16.4厘米（图一二一，1；图版四三，1）。

M198:3，泥质灰陶。薄平折沿，方唇，唇面内凹，沿上有一对小孔以设井架，深筒腹外

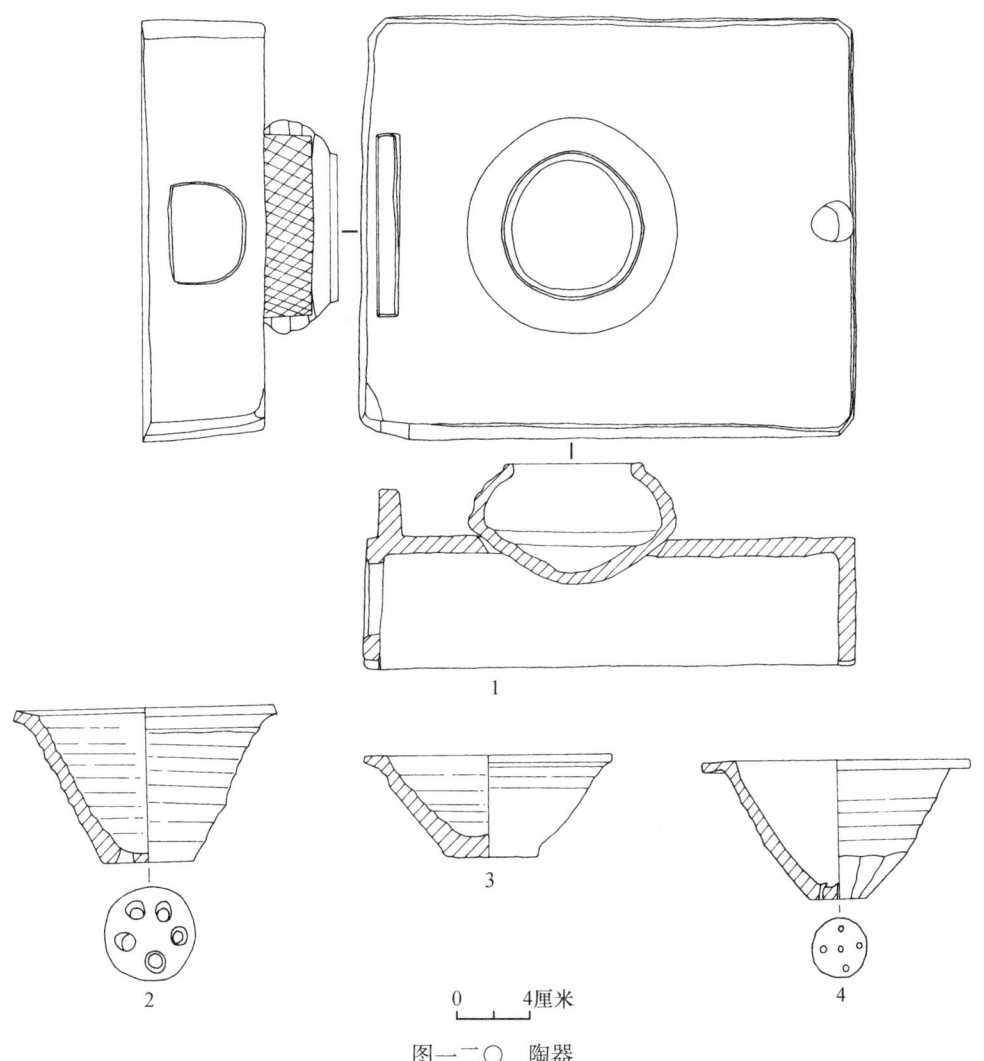

图一二○ 陶器

1. Bb型Ⅱ式灶（M212：6、M212：8、M212：9、M212：25） 2、4. 模型甑（M212：8、M198：2） 3. 模型盆（M212：25）

张，腹微弧鼓，平底微凹。腹中部饰两周宽凹弦纹。井内有一腰鼓形小辘轳，中间有孔贯穿。高14.5、口径15.2、底径13.9厘米，辘轳长2.5、径2.2厘米（图一二一，2；图版四三，2）。

Ⅱ式　1件。折沿厚，井体浅。

M212：7，泥质灰陶。厚平折沿，沿上有一对小长方孔以设井架，沿下缘下垂，方唇，唇面内凹，筒腹较浅，腹略外张，平底。高8.1、口径14、底径10.7厘米（图一二一，3；图版四三，3）。

B型　1件。有井亭。

M202：6，泥质灰陶。方唇，折肩，弧腹内凹，平底。井亭与井身连为一体，亭架上窄下宽，亭顶为两面坡的硬山顶，两面各有六条和七条瓦垄。通高23.3，井身高9.5、口径5.7、底径13.7，亭高13.8，亭顶长8.3、宽7厘米（图一二一，4）。

C型　1件。有肩，呈上细下粗圆柱体，有盔形盖。

M50：15，泥质灰陶。盔形盖，沿残。井体分上下两部分，上下均为直筒形，上细下粗，

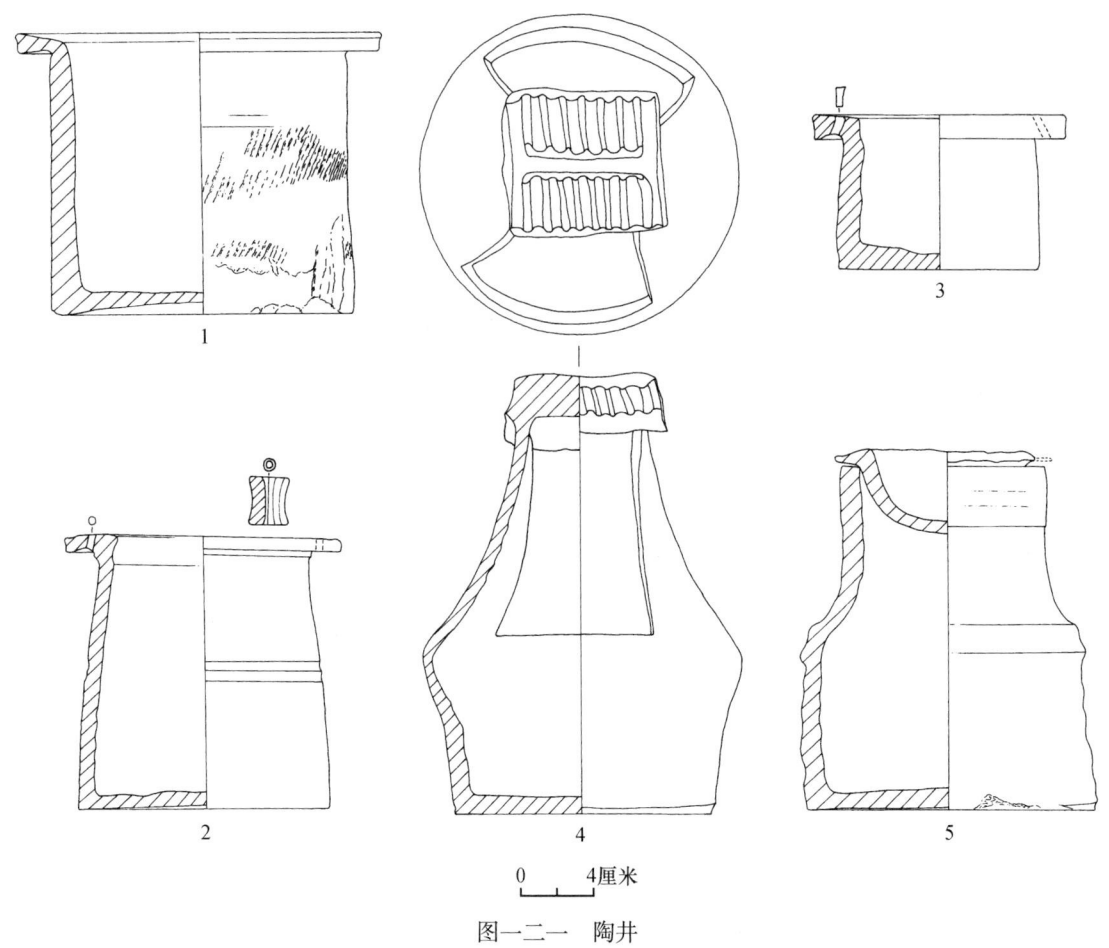

图一二一　陶井

1、2. A型Ⅰ式（M111∶9、M198∶3）　3. A型Ⅱ式（M212∶7）　4. B型（M202∶6）　5. C型（M50∶15）

中间有折肩相连，平底。井身有数周抹槽。身高18.3、口径11.2、底径16.3、盖高4.2、盖径10.5厘米（图一二一，5；图版四三，4）。

二十四　圈

2件。

M202∶14，圆形，方唇，直腹，腹上部内凹、中部有一圈凸棱，平底内凹。高5.4、口径26.2、底径26.6厘米（图一二二，1；图版四三，5）。

M111∶2，圆形，方唇，唇面内斜，短束颈，斜腹微弧，平底内凹。腹壁约五分之一的一段被向内按倒，形似棚顶。高6.5、口径28.6、底径25.2厘米（图一二二，2；图版四三，6）。

附：

猪　1件。

M202∶1，泥质灰陶。四肢着地站立。头部较大、前伸，眼睛直视前方，短颈，躯干肥

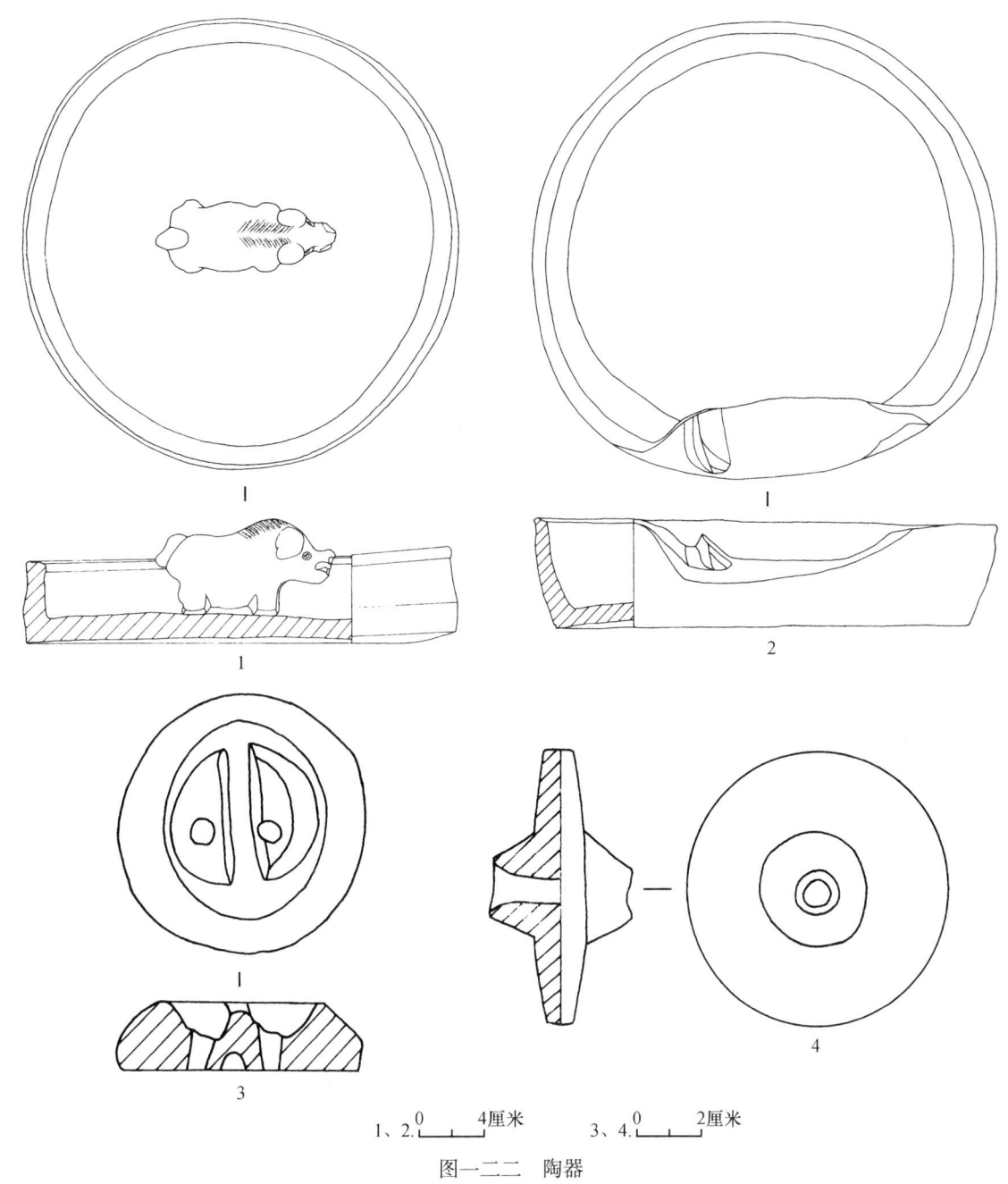

图一二二 陶器
1、2. 圈（M202：14、M202：1、M111：2） 3. 磨（M202：12） 4. 车轮（M68：2）

硕，腹大，短尾，四肢短小，背部有一行猪鬃。高5.5、长11.1、宽4.5厘米（图版四三，5）。

二十五 磨

1件。

M202：12，泥质灰陶。仅存磨上扇。圆形，顶中部有梁，梁两侧各有一小磨眼。器表有修削痕。高2.1、径7.3厘米（图一二二，3；图版四四，6）。

二十六 车　　轮

1件。

M68：2，圆饼形，有轮毂。轮缘略薄，轮心略厚。毂呈腰鼓形，两端细，中间粗，两端有对穿孔。轮径8.3、轮厚0.8、毂长4.4厘米（图一二二，4；图版四四，3）。

二十七 人　　俑

2件。据人物动作不同分为二型。

A型　1件。跽坐俑。

M182：2，泥质灰陶。表面有一层白色，原来可能有彩绘。头、双臂均残，跽坐状。残高8.6、底宽6.6厘米（图一二三，1；图版四四，4）。

B型　1件。伎乐俑。

M182：5，泥质灰陶，厚重。残，存腰以下。应为伎乐俑。大肚，翘臀，左腿站立，右腿抬起。残高10.1、两腿宽7.6厘米（图一二三，2；图版四四，5）。

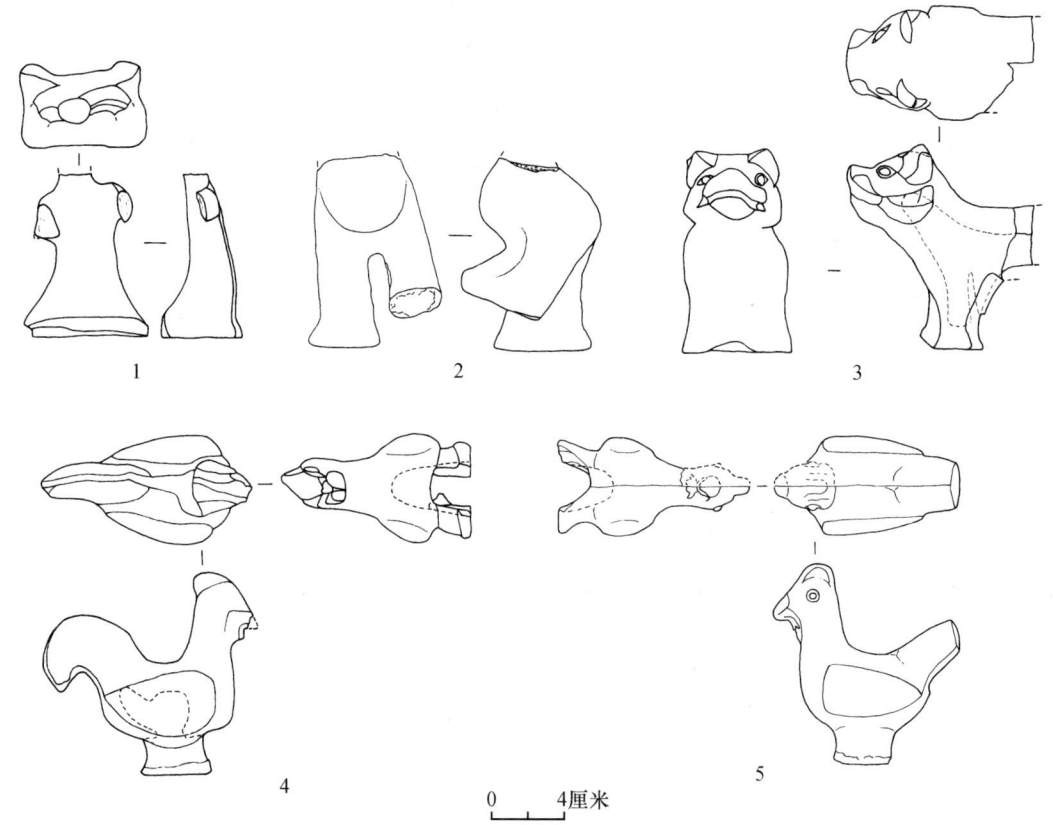

图一二三　陶俑

1. A型人俑（M182：2）　2. B型人俑（M182：5）　3. 狗（M202：2）　4. A型鸡（M202：3-1）　5. B型鸡（M202：3-2）

二十八 狗

1件。

M202：2，泥质灰陶。后半身缺失。昂首，嘴部上翘，粗短颈，两前腿直立。高10.6、长10.5、宽6.7厘米（图一二三，3；图版四四，1）。

二十九 鸡

2件。据雄雌特征分二型。

A型　1件。公鸡。器体稍大。高冠，项下有肉垂，卷垂尾。

M202：3-1，泥质灰陶。分腿站立状。头部上扬，冠部明显，竖颈，圆鼓腹，卷垂尾，足部系一圆柱一分为二。高10.7、长11.7、宽5.6厘米（图一二三，4；图版四四，7）。

B型　1件。母鸡。器体稍小。小冠，无肉垂，直翘尾。

M202：3-2，泥质灰陶。分腿站立状。头部上扬，冠部、嘴部明显，竖颈，圆鼓腹，直尾上扬，足部系一圆柱一分为二。高10.4、长10.3、宽5.1厘米（图一二三，5；图版四四，7）。

三十 器　盖

10件。依据形态、结构不同分三型。

A型　1件。有纽盖。

M182：3，泥质灰陶。方唇，折壁，平顶，顶中央有一圆形尖顶纽。纽周围和盖顶中部各饰一周凹弦纹，折壁处饰一周宽凹带。高5、口径14.6厘米（图一二四，1；图版四四，2）。

B型　2件。盔形盖。

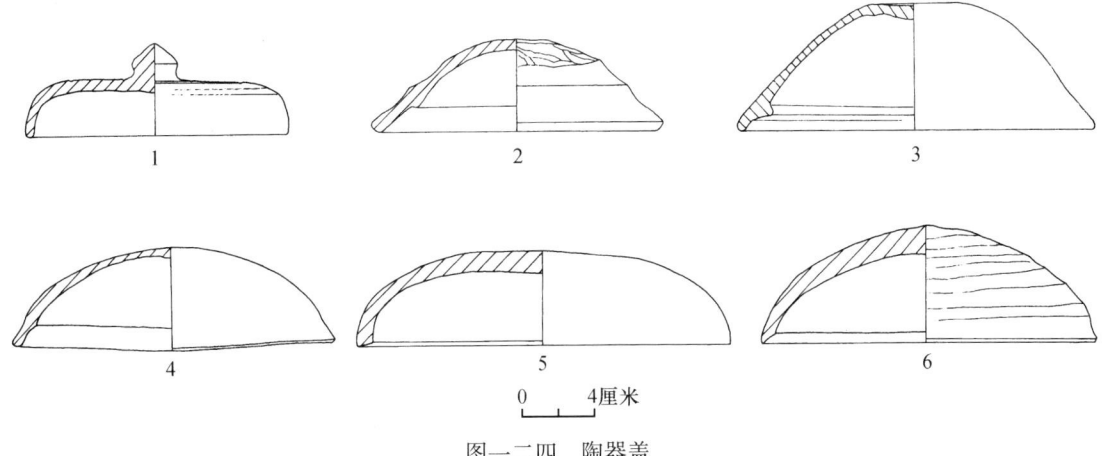

图一二四　陶器盖

1. A型（M182：3）　2、3. B型（M182：7、M173：7）　4. Ca型（M22：6）　5、6. Cb型（M27：4、M229：3）

M182：7，泥质灰陶。圆唇、内有短舌，弧壁，顶近平。盖顶近沿处饰一道凸棱。高5、口径16厘米（图一二四，2）。

M173：7，泥质灰陶。圆唇、内有短舌，斜壁，平顶略凹。高6.4、口径19.5厘米（图一二四，3）。

C型 7件。弧顶盖。据盖内有无盖舌分为二亚型。

Ca型 4件。盖内有短舌。

M22：6，泥质灰陶。弧顶盖，盖面近沿处略内凹，圆唇、内有短舌。高5.4、口径17.3厘米（图一二四，4）。

Cb型 3件。盖内无舌。

M27：4，泥质灰陶。弧顶盖，顶较平，方唇。高5、口径20.3厘米（图一二四，5）。

M229：3，泥质灰陶。弧顶盖，斜方唇。盖面有明显轮修痕迹。高6、口径18.7厘米（图一二四，6）。

三十一 陶器刻铭

上述共计30类陶器中，有合碗、壶、钵、无耳罐（折沿高领折肩罐、折沿高领圆肩罐、卷沿矮领折肩圜底罐、无沿矮领罐）、釜这5类8种18件陶器上有阴刻文字，以及1件陶器（釜）上有印文。

第二节 高温釉陶器

2件。均为高温釉陶壶。

M112：6，灰色硬胎，胎体表面为赭红色。器表所施釉已氧化，从口沿内侧可辨所施为青釉。体形较大。口外侈，外壁略呈盘口状，斜颈微束，溜肩，肩部有一对鼻耳，斜腹略弧，极矮的圈足，足底有按窝纹使圈足呈花边状。耳面饰叶脉纹。颈下部饰一圈十一组篦划细线水波纹，肩部饰两组每组两周凹弦纹，腹部饰九周划纹。高29.4、口径13.5、腹径21.4、底径10.3厘米（图一二七，1；彩版五，1）。

M212：5，灰色硬胎。器体上半部施青黄釉。体形较小。侈口，圆唇，束颈，溜肩，肩部有一对鼻耳，弧腹，极矮的圈足，底边缘凸起。颈部饰一圈七组篦划水波纹，肩部饰两组每组两周凹弦纹，腹部饰七周划纹。高18.5、口径9.8、腹径13.6、底径7.2厘米（图一二七，2；彩版五，2）。

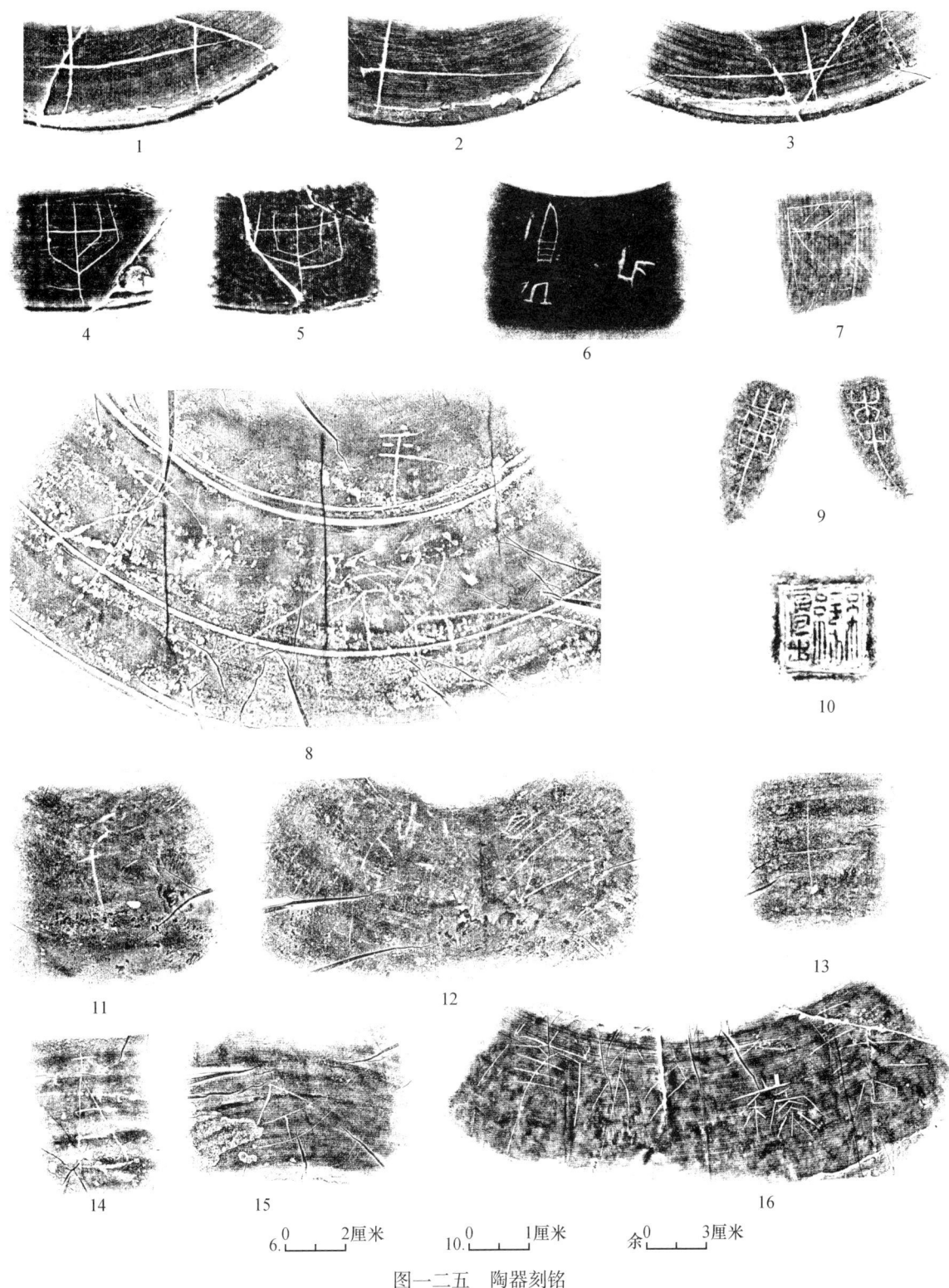

图一二五 陶器刻铭

1~3. M28:2（卷沿矮领折肩圜底罐） 4、5. M28:4（卷沿矮领折肩圜底罐） 6. M30:2（壶） 7. M58:1（无沿矮领罐） 8. M66:3（折沿高领圆肩罐） 9. M91:1（折沿高领圆肩罐） 10. M114:2（釜） 11、12. M109:5（折沿高领圆肩罐） 13. M128:1（合碗外壁） 14. M128:1（合碗内壁） 15. M132:2（无沿矮领罐） 16. M136:2（无沿矮领罐）

图一二六　陶器刻铭

1. M136:6（釜）　2~4. M137:1（钵）　5. M144:6（折沿高领圆肩罐）　6. M150:5（无沿矮领罐）
7. M157:1（折沿高领折肩罐）　8. M194:1（折沿高领圆肩罐）　9~11. M216:5（折沿高领圆肩罐）
12. M221:1（折沿高领圆肩罐）

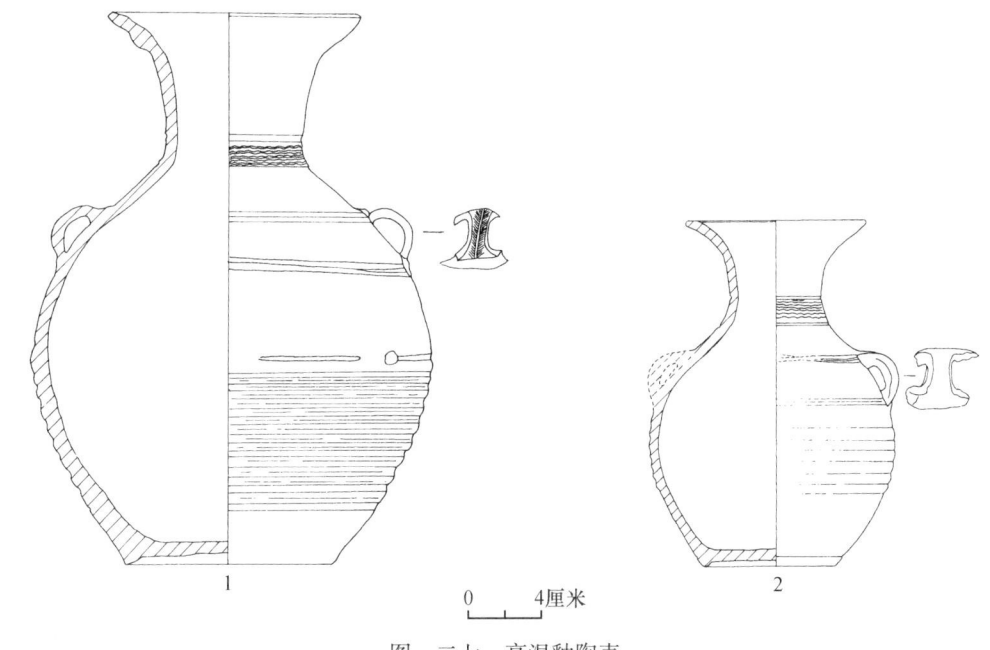

图一二七 高温釉陶壶
1. M112∶6 2. M212∶5

第三节 铜 器

双庙墓地出土铜器300件左右，器形可辨者276件。器类包括鍪镂、鍪、釜、鋗、洗、盆、盘、勺、带钩、印章、顶针、铺首、环、柿蒂叶饰、釦、铃、璜、削、镞、鐏、衡末、管等。

一 鍪 镂

1件。

M187∶9，直口，圆唇，直颈微束，窄折肩，扁圆腹，上腹部有一对桥形耳，圜底，底部有三蹄足，足根扁。颈下部饰凹弦纹一周。高20.2、口径8.1、腹径20.8厘米，胎厚0.2厘米左右（图一二八，1；彩版六，1）。

二 鍪

1件。

M156∶4，敞口，方唇，短束颈，圆溜肩，肩部有一对环形耳，扁圆腹略方，圜底近平。底部有烟炱痕迹。高15.8、口径12.8、腹径18.1厘米，胎厚0.2厘米左右（图一二八，2；彩版六，2）。

三 釜

28件。其中M236出土2件,其余各墓各出土1件。仰折沿,弧腹略鼓,圜底。此类器在铜器中为最轻薄者,其沿部厚0.1厘米左右,上腹部厚0.05厘米左右,下腹及底厚0.02～0.03厘米。除3件(M81、M109、M113)呈碎片外,其余25件据沿、腹、底变化分三式。

Ⅰ式　2件。窄仰折沿,腹较浅,大圜底。

M158:1,仰折沿,弧腹略鼓,圜底较平缓。残高8.8、口径19.3厘米(图一二八,3)。

Ⅱ式　18件。窄仰折沿,腹较深,多尖圜底。

M156:3,窄仰折沿,深弧腹,尖圜底。底部有烟炱痕迹。高9.5、口径19厘米(图

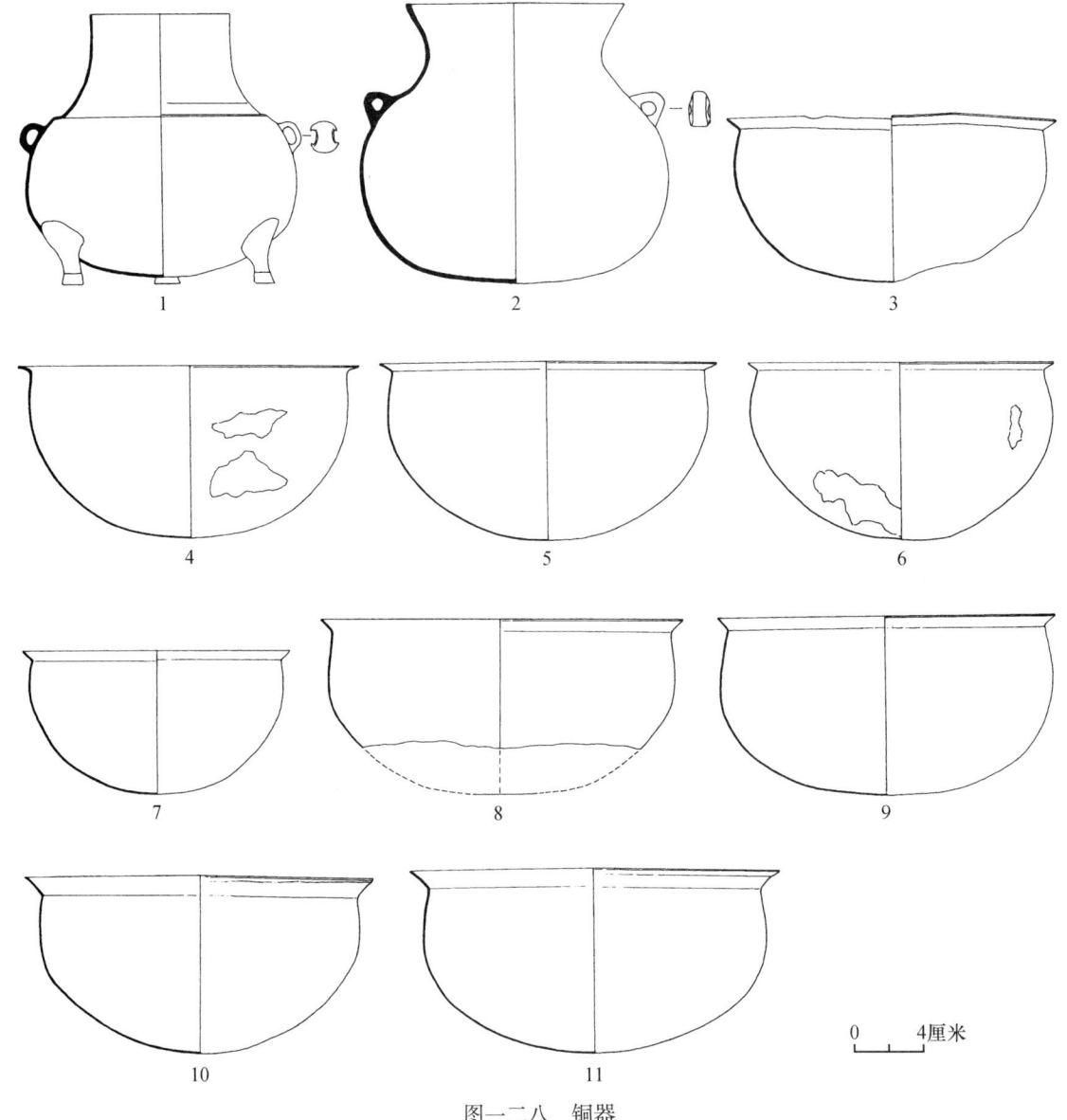

图一二八　铜器

1. 鍀镂(M187:9)　2. 鍪(M156:4)　3. Ⅰ式釜(M158:1)　4～9. Ⅱ式釜(M57:4、M156:3、M189:3、M220:5、M181:8、M236:6)　10、11. Ⅲ式釜(M22:4、M199:3)

一二八，5）。

M189∶3，窄仰折沿，深弧腹，上腹鼓出，尖圜底。高9.5、口径17.7厘米（图一二八，6；彩版六，3）。

M57∶4，窄折沿略仰，弧腹较深，圜底。高10、口径20.1厘米（图一二八，4）。

M181∶8，窄仰折沿，弧腹，底不存。残高6、口径20.7厘米（图一二八，8）。

M217∶2，窄仰折沿，深弧腹，圜底。高7.8、口径19.4厘米。

M220∶5，窄仰折沿，深弧腹，尖圜底。高8.1、口径15.4厘米（图一二八，7；彩版六，4）。

M236∶6，窄仰折沿，鼓腹，圜底近平。高10、口径19.3厘米（图一二八，9）。

Ⅲ式　5件。宽仰折沿。

M22∶4，宽仰折沿，上腹鼓，尖圜底。底部有烟炱痕迹。高10.1、口径20厘米（图一二八，10；彩版六，5）。

M199∶3，宽仰折沿，鼓腹，圜底略尖。高10.3、口径21.4厘米（图一二八，11；彩版六，6）。

四　鋗

1件。

M220∶4，较厚重。窄仰折沿，方唇近圆，长颈微束，弧鼓腹，浅圈足，底内凹。上腹部有一圈带凸弦纹的宽凸带，带上饰两个对称的铺首衔环，圈足内有一横杠。高10.8、口径24.2、底径13.2厘米，沿部厚0.2厘米左右（图一二九，1；彩版七，1）。

五　洗

2件。宽仰折沿，深腹。据腹部装饰分为二型。

A型　1件。腹饰一对铺首衔环。

M186∶4，较轻薄。宽仰折沿，薄圆唇，深腹上部较直，下腹弧鼓，腹部有两个对称的铺首，衔环缺失，平底内凹。底部有烟炱痕迹。高11.8、口径25.1、底径10.5厘米，厚0.1厘米左右（图一二九，3；图版四五，1）。

B型　1件。腹饰三周凸弦纹。

M50∶16，宽仰折沿，薄方唇，弧腹，大平底微凹。器腹饰三周凸弦纹，底有两圈凸棱，内圈凸棱内有"十"字形凸棱。高10.8、口径25.1、底径14.4厘米，沿厚0.2、腹厚0.15厘米左右（图一二九，2；彩版七，2）。

六 盆

7件。其中M187出土2件。宽折沿，多平底。器表往往有烟炱痕迹，说明其也直接用于灶火之上。除M109的1件残碎外，其余6件据腹、底特征分为二型。

A型　1件。鼓腹，矮假圈足。

M157∶2，仰折沿，薄唇，扁鼓腹较浅，矮假圈足。腹上部有一圈凸棱。高10.6、口径27.7、腹径27.1、底径13.4厘米，器沿、上腹厚0.1厘米，下腹、底厚不足0.05厘米（图一二九，4；彩版七，3）。

B型　5件。斜弧腹。厚度为0.1厘米左右。

M133∶2，器体略小（配铜勺）。宽折沿略仰，薄唇，浅斜腹微弧，大平底。上腹部有一周细折棱，器表布满烟炱痕迹。高6.9、口径26.5、底径15.3厘米（图一二九，5；彩版七，4）。

M187∶5，器体较大，厚重。宽平折沿，薄圆唇，斜弧腹较深，大平底内凹。器表有烟炱痕迹。高10、口径31.8、底径15.9厘米（图一二九，6；彩版七，5）。

七 盘

1件。

M156∶9，仰折沿，斜折腹较浅，略带假圈足，平底。高4.7、口径20.5、底径10.5厘米，厚0.1厘米左右（图一二九，7；彩版七，6）。

八 勺

1件。

M133∶1，勺斗较深，平面近梨形，斜壁稍弧，尖圆底。长勺柄呈槽状，尾端伸出一扁平舌，舌尖弯曲，应是用于悬挂的结构。斗深3.7、长10.5、宽9.2、柄长23.8、宽3、舌宽1.9厘米（图一二九，8；彩版八，1）。

九 带 钩

双庙墓地共出土铜、铁带钩69件。这69件带钩出土于63座墓葬中，除M10、M28、M30、M36、M101、M122各出土2件（其中M10、M122出铜、铁带钩各1件）外，其余墓各出土1件。铁带钩将在铁器中详细介绍。

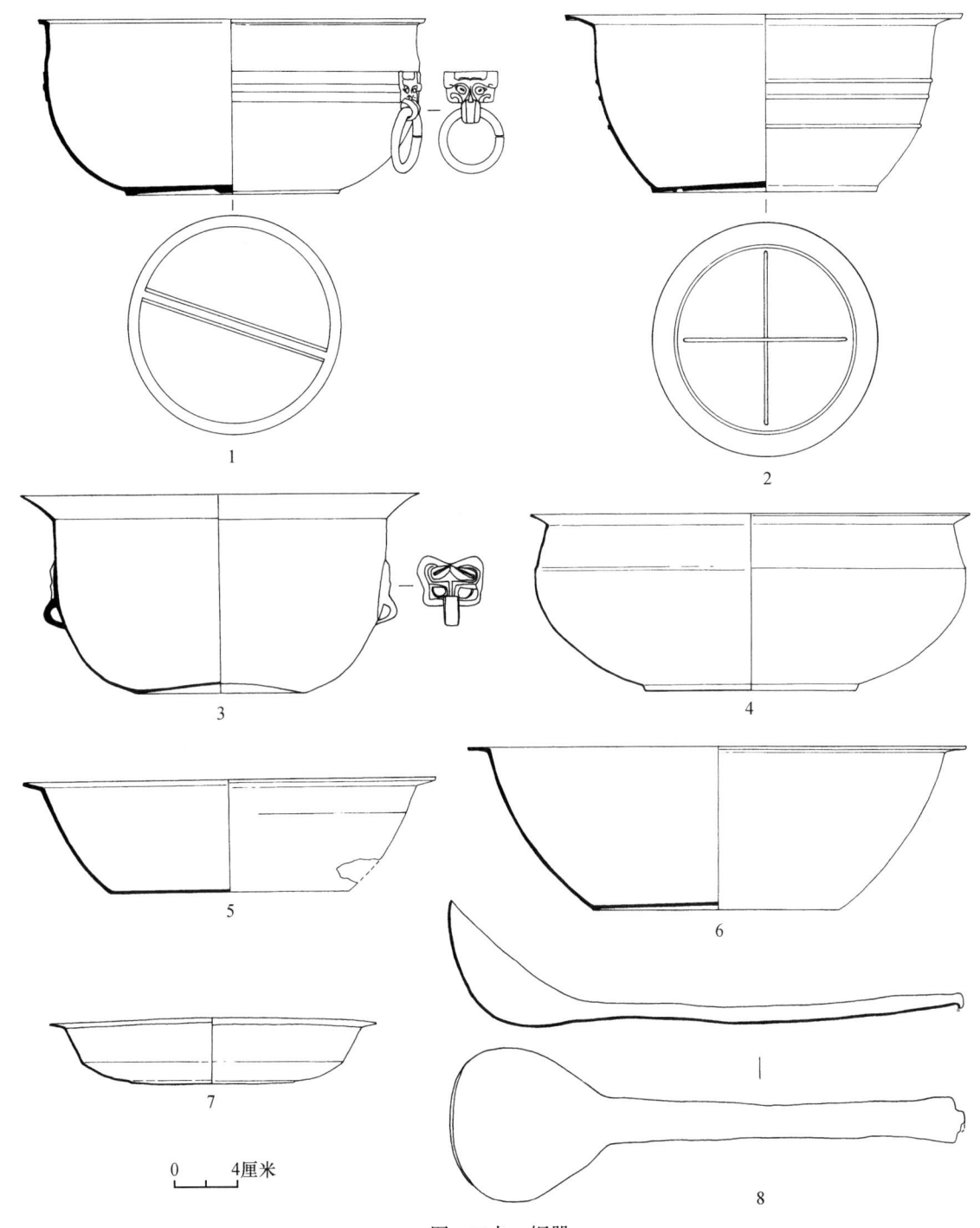

图一二九 铜器

1. 鋗（M220：4） 2. B型洗（M50：16） 3. A型洗（M186：4） 4. A型盆（M157：2） 5、6. B型盆（M133：2、M187：5） 7. 盘（M156：9） 8. 勺（M133：1）

铜带钩　54件。除5件锈残不可辨外，其余49件据形态特征不同分为五型。

A型　8件。宽扁长大型。钩体长大。钩首为回望螭首；钩体后部宽扁，前部较细。钩面有两道凸脊。据造型不同分为二亚型。

Aa型　6件。琵琶形。

M128∶4，钩纽呈圆形，位于钩背靠近尾部的三分之一处。长16.5、宽0.7~3.1厘米（图一三〇，1；彩版八，4）。

M195∶6，钩首残。钩体曲度大；钩纽为圆形，约位于钩背靠近尾部的三分之一处。残长19.3、宽1.2~3.9厘米（图一三〇，2）。

Ab型　2件。卧兽形。钩体呈长方形，两端塑方形兽首，一端兽首吐出卷尾长舌成钩首。

M197∶1，钩纽为圆形，位于钩背靠近尾部的三分之一处。长15.7、宽0.7~2.6厘米（图一三〇，3；彩版八，3）。

M54∶3，前部残。形态结构与M197∶1同。残长9.5、宽0.8~1.7厘米（图一三〇，4）。

B型　12件。圆棒形。钩体截面呈圆形，曲体，钩首作回望螭首，首端略细，尾端略粗，尾部平齐。钩面偶有纹饰。据长短不同分为二亚型。

Ba型　4件。长度在12厘米以上。

M28∶9，钩首残。钩纽呈圆形，位于钩体中部略偏尾部一侧。长16.7、宽0.8~1.3厘米（图一三一，1；彩版八，2）。

Bb型　8件。长度多在10厘米以下。

M55∶1，钩首残。钩纽呈圆形，位置大致接近中部。钩面铸"S"形虺纹，钩面的前部有两道凸棱，棱不及于钩背。残长8.3、宽0.8~1.1厘米（图一三一，2；彩版八，5）。

M211∶4，钩首残。钩纽呈圆形，位置在钩体中部稍偏钩尾处。钩面的前部有两道凸棱，棱不及于钩背。长9、宽0.7~1.2厘米（图一三一，3；彩版八，6）。

C型　16件。琵琶形，钩体较厚，截面多呈近半圆形。曲体，前部较细，后部较宽，钩首作回望螭首，钩首椭长。据器体大小分二亚型。

Ca型　3件。器体长大，长度在13厘米以上。

M70∶1，钩首残。钩体截面呈梯形。钩纽略残，位于尾部。残长12.5、宽0.7~1.8厘米（图一三一，4；图版四五，2）。

M83∶1，钩首残。钩背有二纽，其一靠尾端，较大；其一靠首端，较小。钩面有四道纵向凸棱。器表有织物痕迹。长18.7、宽0.9~2.1、厚0.8~0.9厘米（图一三一，5；图版四五，3）。

Cb型　13件。器体多短小，长度在10厘米以下。

M10∶10，钩纽呈圆形，位于尾部。长4.9、宽0.3~1.1厘米（图一三二，1；图版四五，4）。

M149∶9，钩首尖残；钩纽呈圆形，位于钩中部。钩面线刻"S"形卷云纹，局部填充小圆点。长9.5、宽0.5~1.8厘米（图一三二，2；彩版八，7）。

M218∶2，螭首刻划较清晰；钩纽呈圆形，位置略偏尾部。长8.1、宽0.6~1.8厘米（图一三二，3；图版四五，5）。

M229∶6，断成两截。钩纽呈圆形，位置略偏尾部。钩首细节清晰，颈部铸鳞纹。长8.5、宽0.3~1.2厘米（图一三二，4；彩版八，8）。

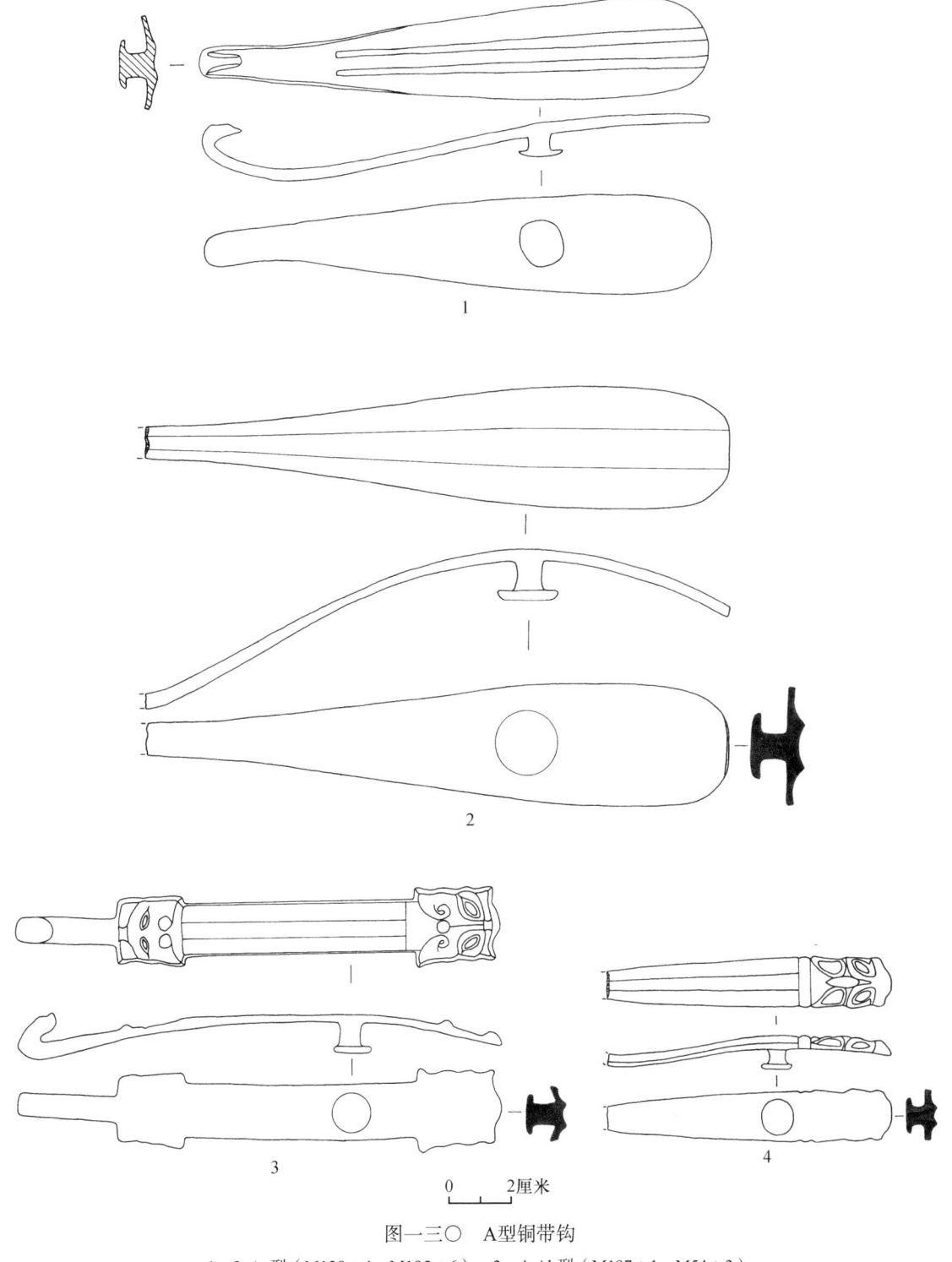

图一三〇　A型铜带钩
1、2. Aa型（M128∶4、M195∶6）　3、4. Ab型（M197∶1、M54∶3）

D型　11件。禽形。据具体形态不同分为三亚型。

Da型　5件。飞雁形。略有差异。其中3件（M67∶1、M151∶1、M155∶6）尾端雁身呈半圆形，另外2件尾端雁身呈椭圆形。

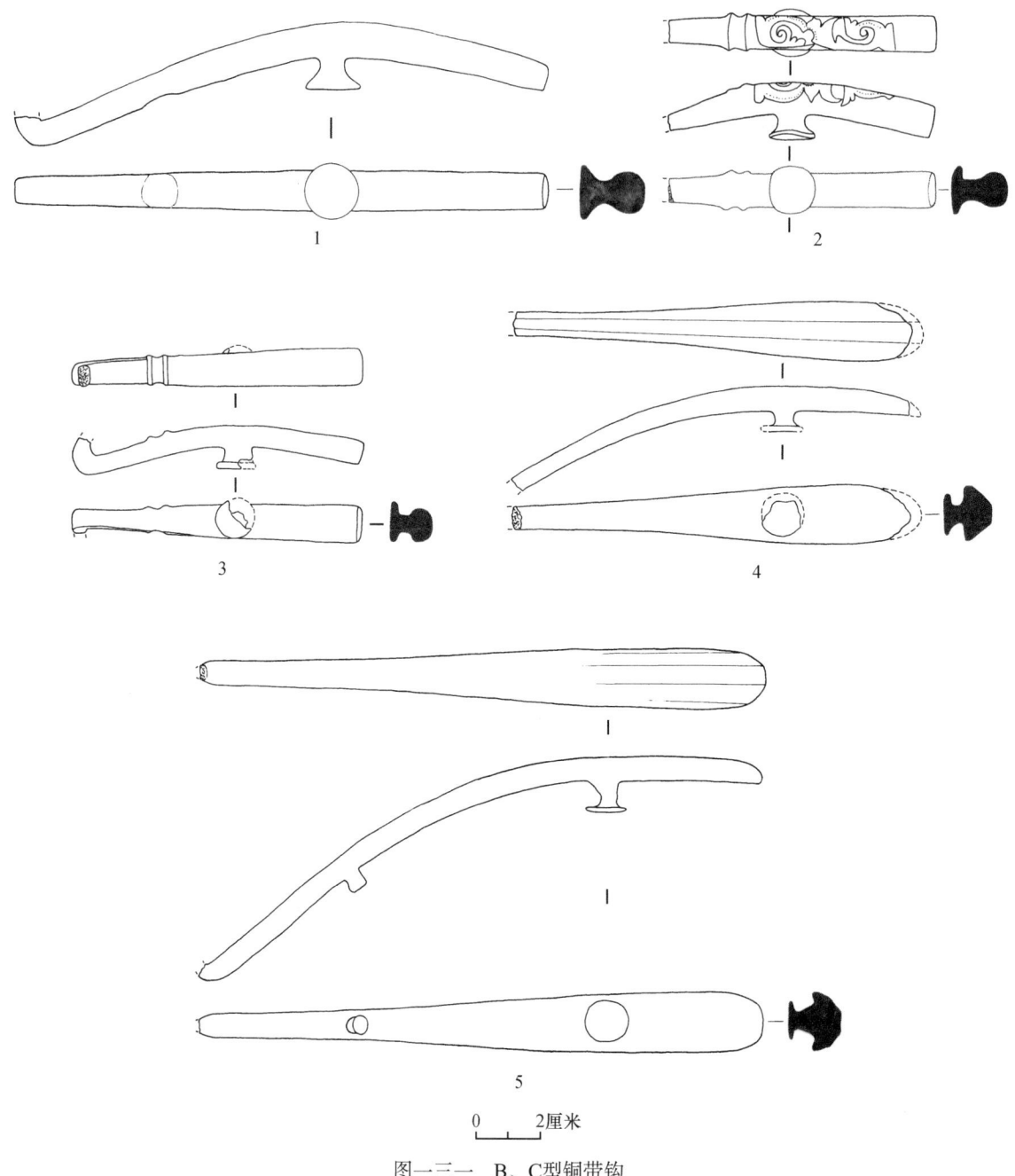

图一三一 B、C型铜带钩
1. Ba型（M28：9） 2、3. Bb型（M55：1、M211：4） 4、5. Ca型（M70：1、M83：1）

M49：6，曲背大雁形。前端细长，螭首，尾端呈椭圆形，钩面有镂孔；钩纽呈圆形，大，位于尾部。表面有织物痕迹。长6.6、宽0.6~2.9厘米（图一三二，6；图版四五，6）。

M151：1，曲背大雁形。前端细长，螭首，尾端半圆形，隆脊，钩纽呈圆形，位于尾部。钩面有几何纹，因锈蚀而不太清楚。长8.8、宽0.6~4.8厘米（图一三二，5；彩版九，1）。

Db型　2件。驻雁形。

M87：1，曲背立雁形，钩首略残。细长颈，椭腹，方尾；钩面铸连续的圆点以表示收拢的双翼，以及叉开呈三角形的双足；钩纽为圆纽，位于雁的腹部，靠近尾端。长7.1、宽

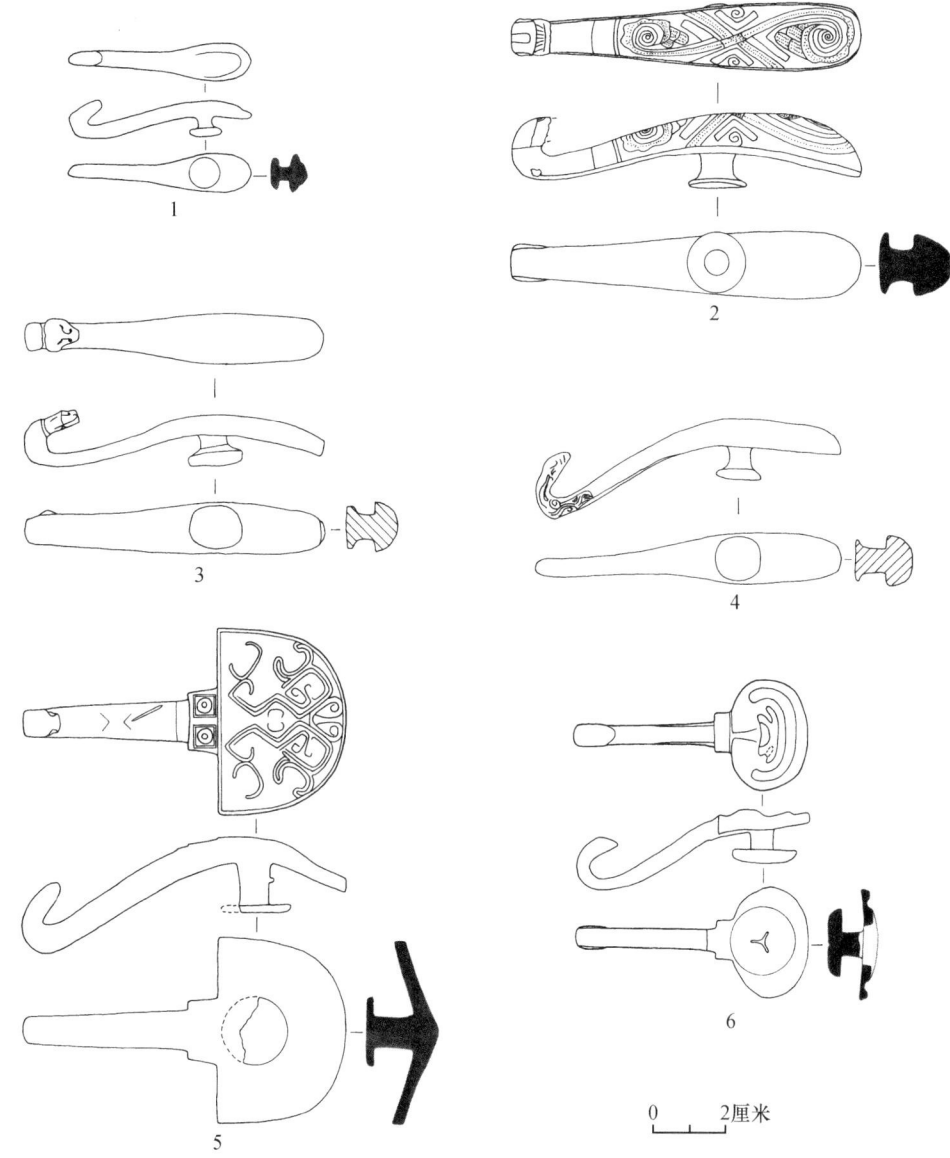

图一三二 C、D型铜带钩

1~4. Cb型（M10:10、M149:9、M218:2、M229:6） 5、6. Da型（M151:1、M49:6）

0.6~2.4厘米（图一三三，1；彩版九，2）。

Dc型 4件。鹅形。钩形多短促；钩首作回望鹅首，颈多粗短，身躯呈近圆形；钩纽呈圆形，位于尾端，多与身躯同大或略大于身躯。

M63:2，颈细长。长3.6、宽0.25~1.5厘米（图一三三，2；彩版九，5）。

M101:1，钩形短促；钩纽略大于身躯。长2.3、宽0.3~1.3厘米（图一三三，3；彩版九，6）。

M133:3，钩形极短。长2.7、宽0.4~1.6厘米（图一三三，4）。

E型 2件。双龙形。依具体结构不同分为二亚型。

Ea型 1件。双龙分体合铸。

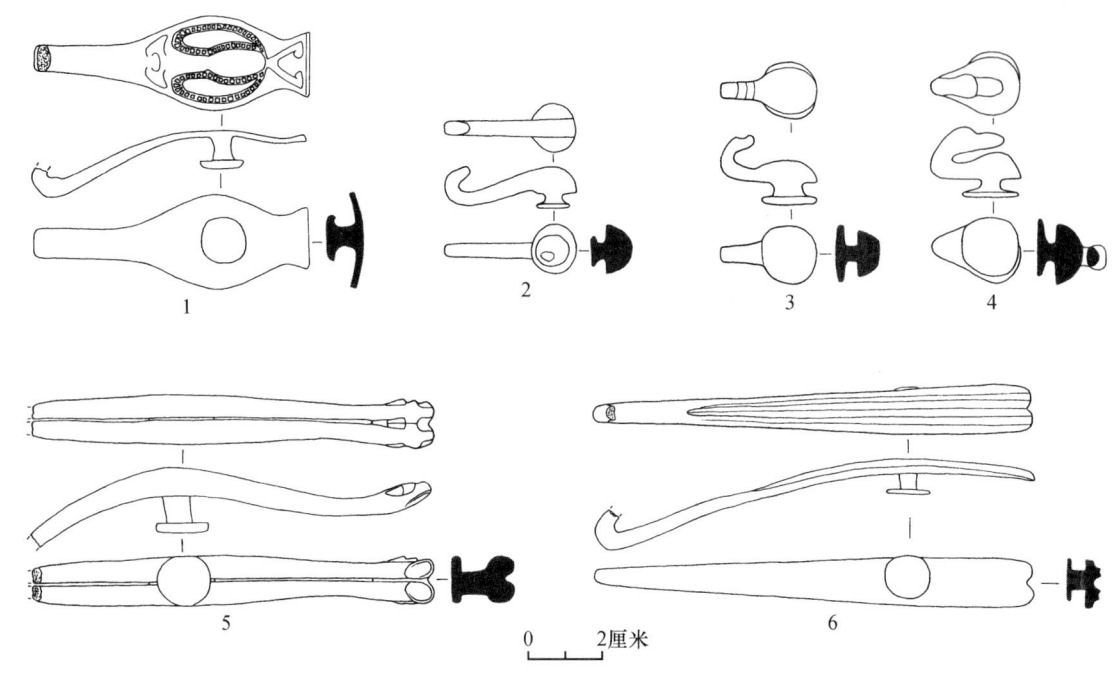

图一三三　D、E型铜带钩
1. Db型（M87∶1）　2~4. Dc型（M63∶2、M101∶1、M133∶3）　5. Ea型（M30∶3）　6. Eb型（M160∶1）

M30∶3，昂首曲背双龙并铸形，尾残。钩纽为圆纽，位于中部稍偏尾端。鎏金。长11.5、宽1~1.8厘米（图一三三，5；彩版九，3）。

Eb型　1件。双龙分尾合首。

M160∶1，螭首尖残。曲背，钩面后部双股、至前部合为曲颈回望螭首，每股钩面有两条竖棱；钩纽呈圆形，位于钩体近尾端的三分之一处。长12、宽0.4~1.3厘米（图一三三，6；彩版九，4）。

十　印　章

2件。

M124∶5，正方形印，盝顶，桥形纽，印面阳文。通高0.9、边长1、印厚0.3厘米（图一三四，1；图版四六，1）。

M196∶1，圆柱形印，桥形纽，印面阳文。通高1.1、底径1、印厚0.6厘米（图一三四，2；图版四六，2）。

十一　顶　针

1件。

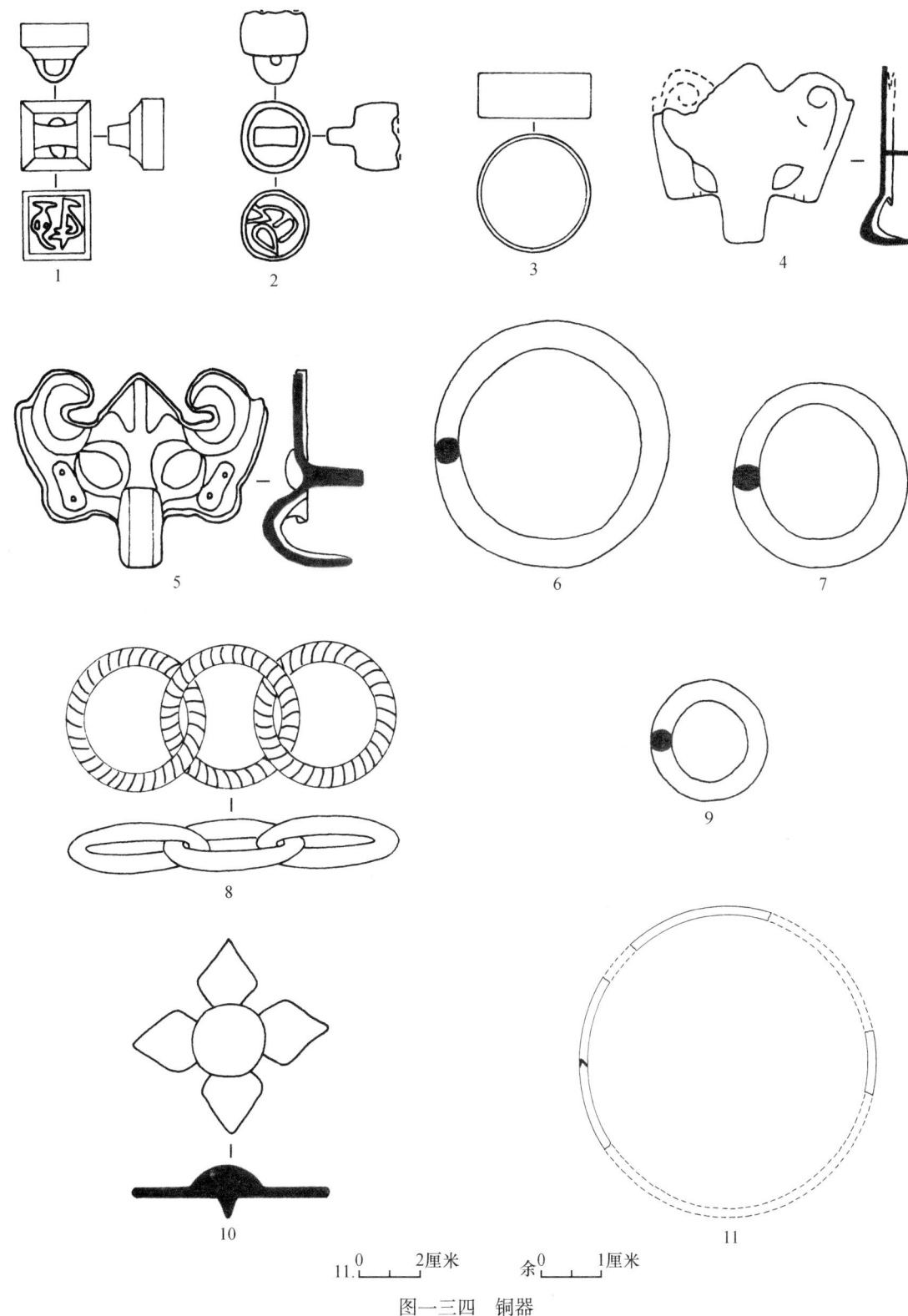

图一三四 铜器

1、2. 印章（M124∶5、M196∶1） 3. 顶针（M26∶2） 4、5. 铺首（M163∶10、M10∶11） 6. Aa型环（M207∶15） 7. Ab型环（M10∶8） 8. B型环（M170∶4） 9. Ac型环（M187∶6） 10. 柿蒂叶饰（M220∶1） 11. 钏（M182∶8）

M26：2，圆环形，环身宽扁，环表面布满小凹坑。径1.8、宽0.7、环厚0.1厘米（图一三四，3；彩版九，7）。

十二　铺　首

2件。

M163：10，1件。锈蚀，残，兽面为近梯形，圆三角耳，三角额，半环形鼻，背面中部有扁方形钉。整器高2.9、宽2.6～3.6、厚0.5、鼻长0.8、鼻宽0.6～0.8厘米（图一三四，4）。

M10：11，1件。锈蚀，兽面为近梯形。卷耳，尖角，桃叶额，凸目圆睛，半环形鼻凸起。背面中部有扁方形钉。整器高3.3、宽3.1～4.2，鼻长1.1、鼻宽0.7厘米（图一三四，5；彩版九，8）。

十三　环

18件。出自8座墓中，M187、M170各出土6件，M10、M163共出土2件，其余各出土1件。据组合关系分为二型。

A型　17件。单环。圆形，环肉呈圆柱体。据大小分三亚型。

Aa型　5件。大型。直径在3厘米以上。

M207：15，1枚。截面呈圆形。直径3.9、肉径0.45厘米（图一三四，6；图版四六，3）。

Ab型　5件。中型。直径2～3厘米。

M10：8，1枚。截面呈圆形。直径2.9、肉径0.4厘米（图一三四，7；图版四六，4）。

Ac型　7件。小型。直径在2厘米以下。

M187：6，6枚。截面呈圆形。等大，直径1.3、肉径0.25厘米（图一三四，9；图版四七，1）。

B型　1件。套环。

M170：4，3枚。互套，等大，截面呈圆形。表面饰凹弦纹。直径2.3、肉径0.3厘米（图一三四，8；彩版一〇，1）。

十四　柿蒂叶饰

皆残，据帽钉有6枚。完整者由圆形帽、锥形钉、四柿蒂叶组成。

M220：1，柿蒂叶长1.5、宽1.1、厚0.1、帽钉径1.2、高0.3厘米（图一三四，10）。

十五　釦

1件。

M182：8，漆器口部釦。圆形，截面呈"U"形。高5、直径19.6、宽6厘米（图一三四，11）。

十六　铃

28件。出土于5座墓葬，其中M207出土15件，M203出土6件，M169出土3件，M149、M234各出土2件。据铃的形态不同分为二型。

A型　13件。器体较长，斜直边，前、后两面亦斜直。据形态特征分二亚型。

Aa型　1件。器体瘦长，两边斜度小。环纽，平顶，边稍斜，弧口。素面。

M203：2-1，器表有布纹痕迹。高4.5、宽2.1、壁厚1厘米（图一三五，1；彩版一〇，6）。

Ab型　12件。器体稍短，两边斜度大。环纽，平顶，斜边，弧口。铃腔内有长条匙形舌。器表有的有纹饰。

M207：16-8，完整，有舌。有网状纹。通高3.4，身高2.5、宽1.9、厚1.0～1.5，裆距2.9、裆高0.5厘米（图一三五，2；图一三七，1；彩版一〇，2）。

M207：16-9，纽残，有舌。残高2.8，身高2.5、宽2.1、厚1～1.3，裆距2.2、裆高0.3厘米（图一三五，3）。

M207：16-14，完整，有舌。铃面有斜纹。通高3.5，身高2.4、宽1.5、厚0.9～1.2，裆距2、裆高0.8厘米（图一三五，4；彩版一〇，5）。

M207：16-15，裆略残。有舌。通高3.3，身高2.4、宽1.6、厚0.9～1.4，裆距2.6、裆高1.2厘米（图一三五，5）。

B型　15件。器体宽扁，两边及铃面皆外弧。环纽，平顶，弧口。铃腔内有长条匙形舌。器表多有纹饰。据纹饰情况不同分为三亚型。

Ba型　4件。素面。

M169：5-2、M169：5-3，相同，均残。通高3.4，身高2.7、宽2.5、厚0.8～2，裆距4.2、裆高0.7厘米。

M203：9-1、M203：9-2，相同，均残。通高4.1，身高3.3、宽2、厚0.9～1.5，裆距4.3、裆高1.2厘米。

Bb型　2件。器表中心饰太阳纹，两侧饰卷云纹。

M203：9-3，残，长条舌。整器残高3、宽2、厚0.8～1.5，裆距4.1、裆高1厘米（图

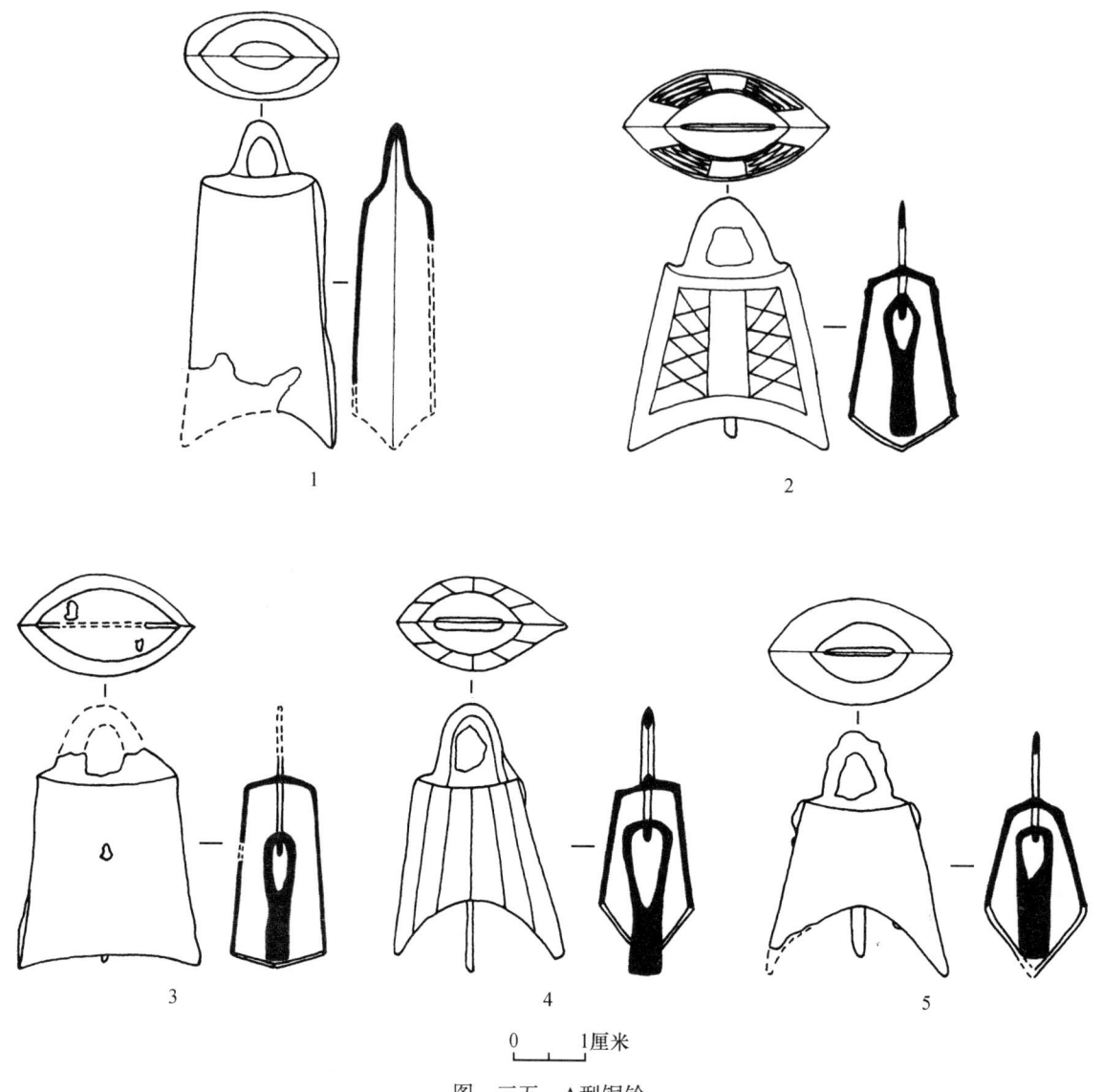

图一三五 A型铜铃
1. Aa型（M203：2-1） 2~5. Ab型（M207：16-8、M207：16-9、M207：16-14、M207：16-15）

一三六，1；图一三七，2；彩版一〇，3）。

Bc型 9件。器表饰几何纹。

M149：2-2，有长条形舌，弧形裆。通高3.4，身高2.9、宽2.5、厚0.9~1.6，裆距4.8、裆高0.8厘米（图一三六，2；图一三七，3；彩版一〇，4）。

M207：16-1，有长条形舌。通高4，身高3、宽2.1、厚1.4~2.3，裆距3.4、裆高0.8（图一三六，3；图一三七，4；彩版一一，1）。

M207：16-4，通高3.5，身高2.9、宽2.5、厚0.8~1.4，裆距4.3、裆高1.2厘米（图一三六，4；彩版一一，2）。

图一三六 B型铜铃

1. Bb型（M203：9-3） 2~4. Bc型（M149：2-2、M207：16-1、M207：16-4）

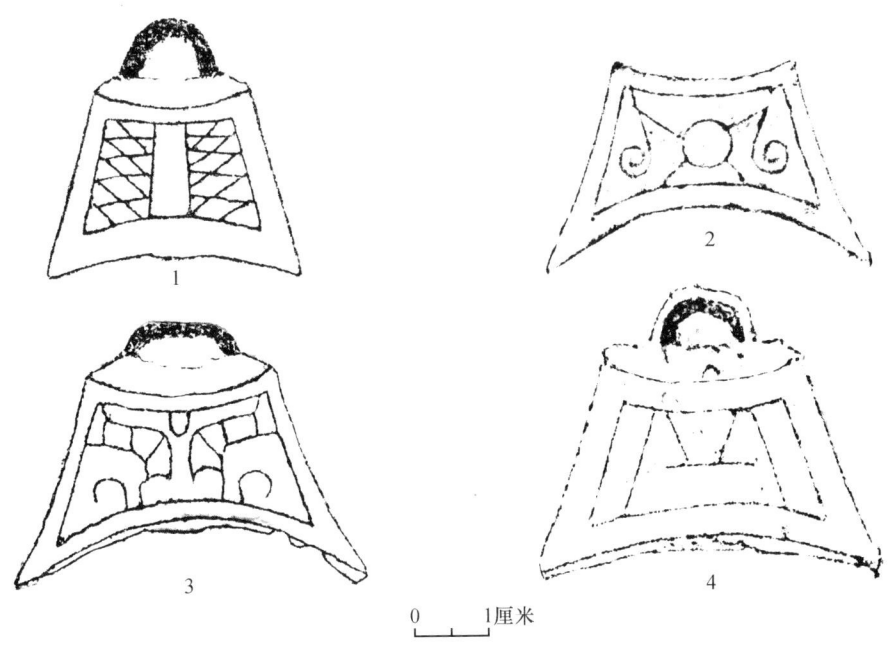

图一三七 铜铃纹饰拓片

1. Ab型（M207：16-8） 2. Bb型（M203：9-3） 3、4. Bc型（M149：2-2、M207：16-1）

十七　璜

130件，出土于12座墓中。M207出土88件，M203出土11件，M169出土6件，M82、M87各出土5件，M180出土4件，M62出土3件，M32、M76、M88各出土2件，M170、M200各出土1件。M88所出土者中1件残碎，另有6座墓葬所出铜璜残碎，不可辨个体及形状。据璜的形态结构分为两类。

甲类　15件。连体双头龙形，背部两侧均出沿，腰部正中靠近背部有一圆孔。根据整体形态的不同分为三型。

A型　3件。弓背，曲颈，昂首，双角。

M207：17-1，弓背有圆孔，背部两侧出沿较高；龙首昂起，曲颈，张口较小，有凸线圆眼，头部有双角，上角高耸呈云朵状，下角较小、呈三角形；裆部下垂二对称相连双钩形尾。反面平素，正面铸细线纹：边缘饰一周细线，细线在圆孔两侧形成卷云纹；穿孔下一道竖线将璜面纹饰分割成对称的两组，每组由两个直角"S"形纹和一个不规则方形组成；裆下尾部饰双线钩形纹。长12.3、高5.5厘米（图一三八，1；图一四〇，1、2；彩版一二，5）。

B型　11件。弧背，直颈，低首，单角。

M207：17-2，残。背部有圆孔，背部两侧出沿较高；龙首低垂，嘴部特大，下颚呈砍刀形，上颚顶端半圆形隆起作为鼻，角呈扇形，有圆眼。璜两面饰相同的细线纹。龙身以细线围成磬形，其内有两"C"形纹；龙首边缘以细线形成卷云。整器复原长11.2、高5.5，裆高2.85，腰宽2.65厘米（图一三八，2；图一四〇，5、6；彩版一二，6）。

M207：17-3，弧背有圆孔，背部两侧出沿较高；龙首嘴部较大，下颚呈砍刀形，上颚顶端有一圆形隆起作为鼻，角呈方形，下部有圆眼。龙身两面纹饰相同，均为龙身上下两层长方格纹，整体呈弧形，上层七个、下层五个长方格。整器长9.9、高3.6，裆高1.7，腰宽1.9厘米（图一三八，3；图一四〇，7、8；彩版一二，7）。

M87：4-1，残。弧背有孔，背部两侧出沿略窄，龙首嘴部较大，下颚呈砍刀形，上颚顶端有一圆形隆起作为鼻，角呈方形，下部有圆眼。璜两面纹饰相同，均为龙身以细线构成一狭长扇面形，细线在圆孔两侧形成三角云纹；圆孔下方为三角纹，两侧为不规则方形网纹。整器复原长10.4、高4.1，裆高2.5，腰宽1.6厘米（图一三八，4；图一四〇，3、4）。

C型　1件。折背，低首，单角。

M207：17-4，残。折背有孔，背部两侧出沿较矮；龙首嘴部较大，上下颚基本呈方形，三角形角，角下部有圆眼。素面无纹。整器复原长11.4、高5.7，裆高3，腰宽2.7厘米（图一三八，5）。

乙类　114件。磬形，背部仅单侧出沿（出沿一侧视为正面），腰部正中靠近背部有一圆孔。根据背部不同分二型。

A型　82件。弧背。根据裆部宽窄分为三亚型。

Aa型　19件。开裆大。

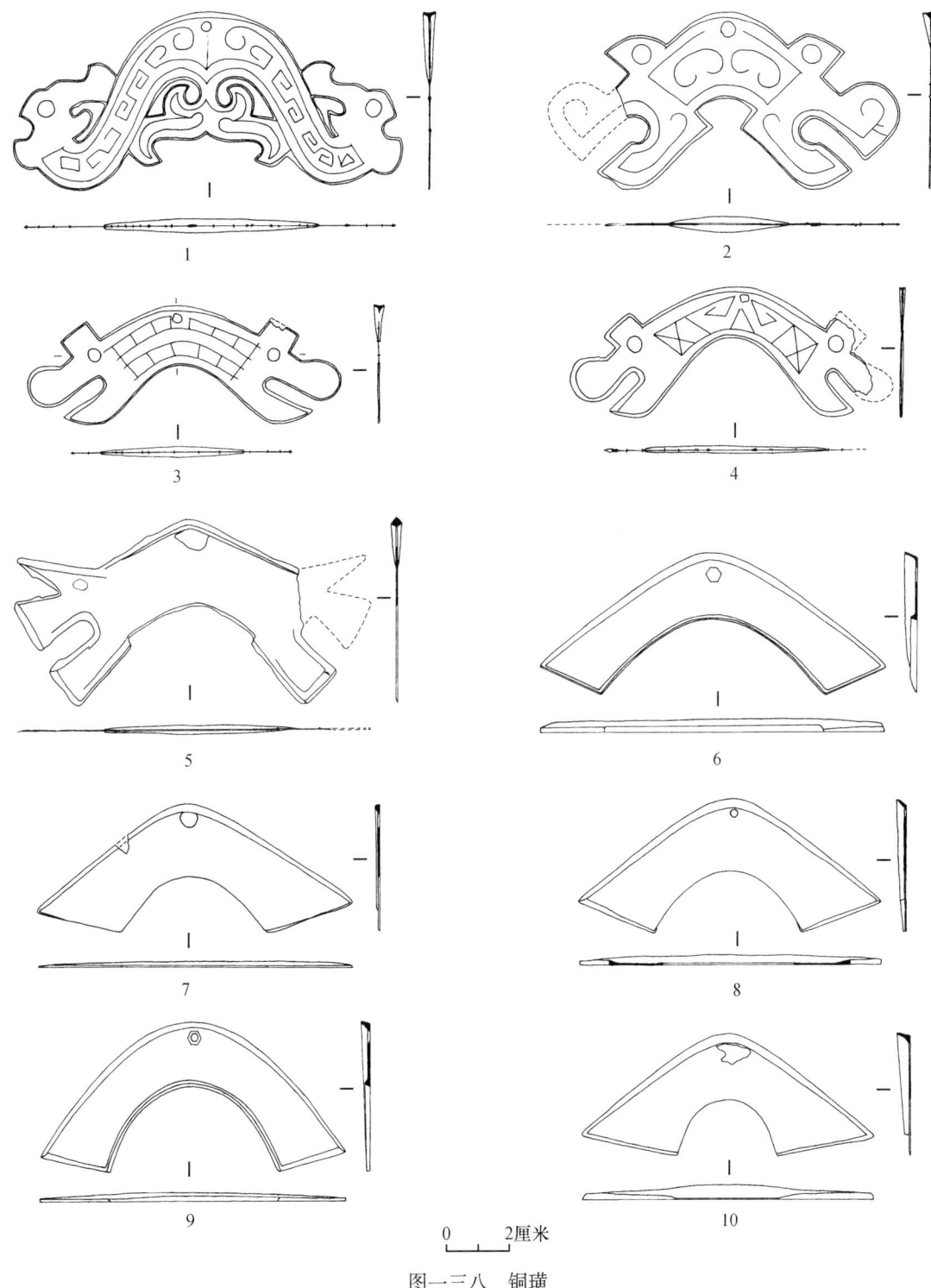

图一三八 铜璜

1. 甲类A型（M207：17-1） 2~4. 甲类B型（M207：17-2、M207：17-3、M87：4-1） 5. 甲类C型（M207：17-4）
6~8. 乙类Aa型（M207：17-5、M207：17-13、M203：8-2） 9、10. 乙类Ab型（M207：17-6、M180：1-1）

M207∶17-5，正面四边均出沿，背部出沿较高，裆部出沿较矮，两脚出沿很矮。素面无纹。通长11、两脚边长2.1、裆宽7.2、裆高2.3、腰宽2.1厘米（图一三八，6；彩版一一，3）。

M207∶17-13，背部出沿很矮，裆部不出沿，两脚出沿特矮、仅为一条凸起细线。素面无纹。通长10、两脚边长2.7、裆宽4.6、裆高1.7、腰宽2.2厘米（图一三八，7）。

M203∶8-2，背部出沿较高，裆部出沿特矮、仅为一条凸起细线，两脚出沿较矮。素面无纹。通长9.6、两脚边长2.7、裆宽4.7、裆高1.9、腰宽2.2厘米（图一三八，8；彩版一一，4）。

Ab型　40件。开裆较大。

M207∶17-6，四边均出沿，背部出沿较矮，裆部和两脚出沿均很矮。素面无纹。通长9.6、两脚边长2.2、裆宽5.1、裆高2.6、腰宽2厘米（图一三八，9；彩版一一，5）。

M180∶1-1，背部出沿较高，裆部不出沿，两脚出沿较矮。素面无纹。通长9.4、两脚边长3.2、裆宽3.2、裆高1.7、腰宽2厘米（图一三八，10）。

Ac型　23件。开裆较小。

M207∶17-9，背部出沿较矮，裆部和两脚均不出沿。素面无纹。通长9、两脚边长3.35、裆宽3.35、裆高2、腰宽1.95厘米（图一三九，1；彩版一一，6）。

M87∶4-2，四边均出沿，背部出沿较矮，裆部和两脚出沿均很矮。素面无纹。通长8.9、两脚边长2.3、裆宽4.2、裆高2.3、腰宽1.85厘米（图一三九，2；彩版一一，7）。

M82∶6-1，背部出沿较高，裆部和两脚均不出沿。素面无纹。通长9.5、两脚边长3.6、裆宽2.7、裆高2.1、腰宽2.4厘米（图一三九，3）。

M207∶17-10，残。背部仅凸起细线，裆部和两脚均不出沿。一面素面无纹，另一面有简单的细线卷云纹。复原后通长11、两脚边长3.7、裆宽3.6、裆高2.2、腰宽2.4厘米（图一三九，4；彩版一一，8）。

B型　32件。折背，根据裆部大小分为四亚型。

Ba型　4件。开裆大。

M207∶17-12，背部出沿较高，裆部不出沿，两脚出沿较矮。素面无纹。通长13.2、两脚边长4、裆宽5.4、裆高1.9、腰宽2.7厘米（图一三九，5；彩版一二，1）。

Bb型　9件。开裆较大。

M207∶17-17，四边均不出沿。素面无纹。通长12.2、两脚边长4.3、裆宽3.5、裆高1.45、腰宽2.6厘米（图一三九，6；彩版一二，2）。

Bc型　13件。开裆较小。

M207∶17-16，背部出沿较矮，裆部和两脚不出沿。素面无纹。通长12.6、两脚边长4.9、裆宽2.8、裆高1.7、腰宽2.7厘米（图一三九，7；彩版一二，3）。

Bd型　6件。开裆小。

M207∶17-14，背部出沿较高，裆部和两脚不出沿。素面无纹。通长11.2、两脚边长4.8、裆宽2.1、裆高1.55、腰宽2.25厘米（图一三九，8；彩版一二，4）。

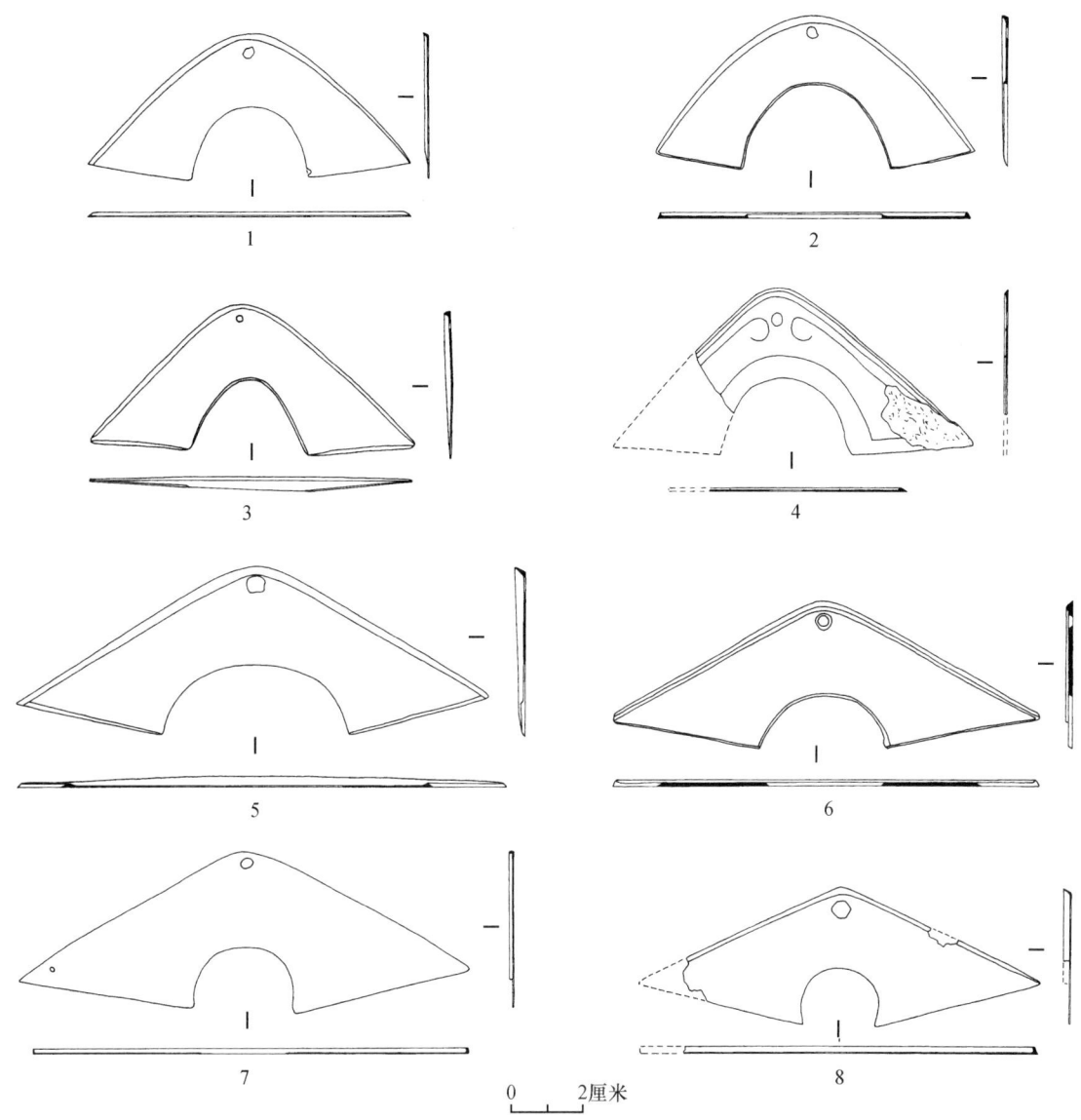

图一三九　乙类铜璜

1~4. Ac型（M207∶17-9、M87∶4-2、M82∶6-1、M207∶17-10）　5. Ba型（M207∶17-12）　6. Bb型（M207∶17-17）
7. Bc型（M207∶17-16）　8. Bd型（M207∶17-14）

十八　削

1件。

M212∶19，残存削身。单面刃。残长33.6、宽1.5~2、厚0.2厘米（图一四一，1）。

十九　镞

2件。

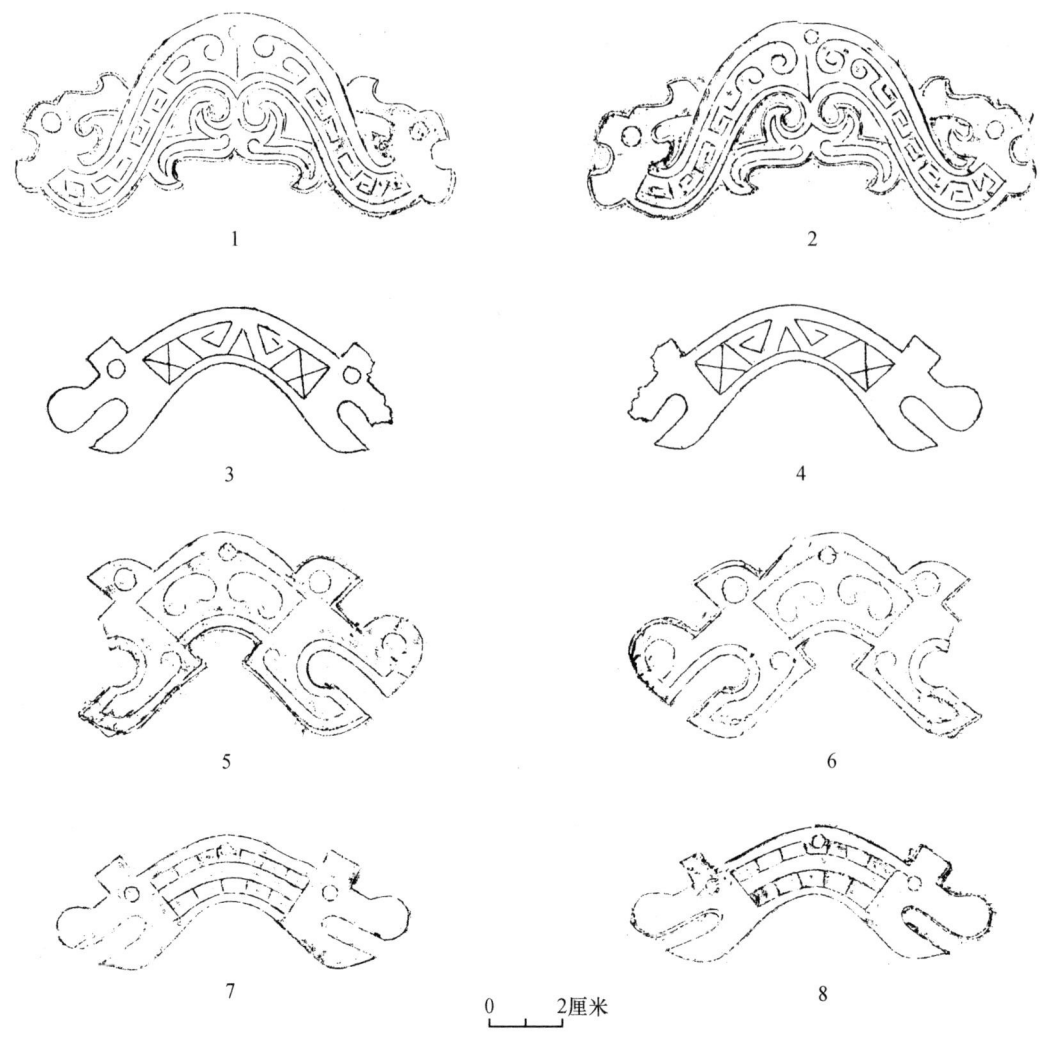

图一四〇　甲类铜璜纹饰拓片

1、2.A型（M207∶17-1）　3、4.B型（M87∶4-1）　5、6.B型（M207∶17-2）　7、8.B型（M207∶17-3）

M103∶1，弧刃凹面三棱形，圆铤末端略残。现存全长15.7，镞长3.8、宽1.05，铤径0.3厘米（图一四一，2；彩版一三，1）。

二十　镈

3件。据形态不同分为二型。

A型　1件。截面呈圆角菱形。口部略粗，尾部略细，圜底。

M133∶4，长7.3、口宽2.1、厚1.6、尾宽1.6、管壁厚0.1厘米（图一四一，3；彩版一三，3）。

B型　2件。圆筒形，平底，其内有一截朽木。

M140∶1，长5.85、直径3.1、壁厚0.1厘米（图一四一，4；彩版一三，4）。

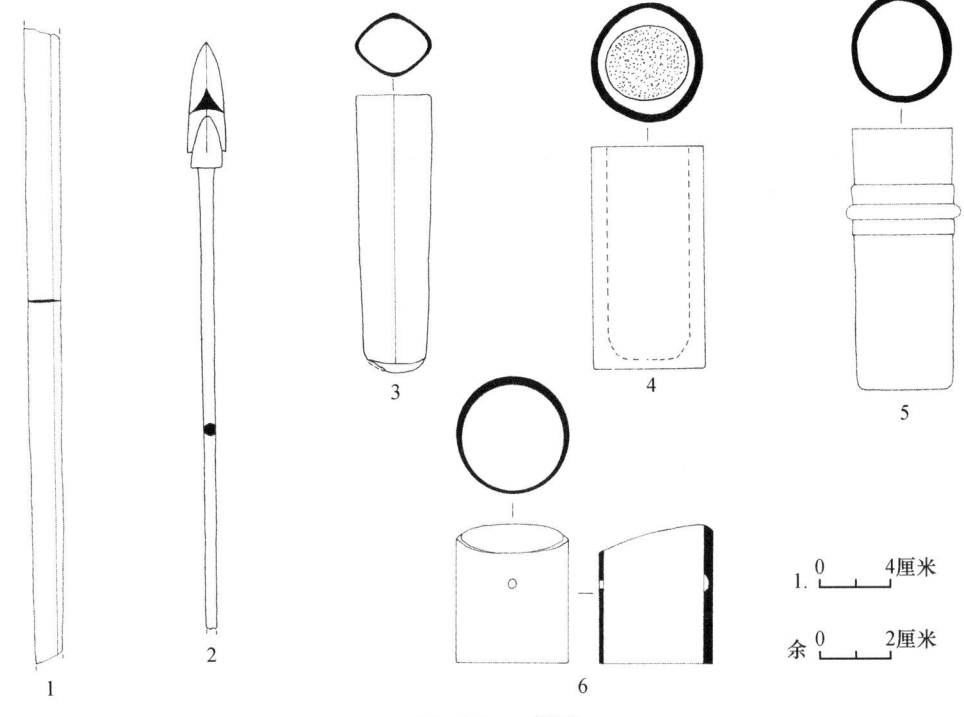

图一四一 铜器

1. 削（M212∶19） 2. 镞（M103∶1） 3. A型镦（M133∶4） 4. B型镦（M140∶1） 5. 衡末（M218∶1-1） 6. 管（M218∶1-2）

二十一 衡　末

1件。圆筒形，平底，前部有箍。

M218∶1-1，长6.9、直径2.8、壁厚0.15厘米（图一四一，5；彩版一二，8）。

二十二　管

1件。

M218∶1-2，较短、较粗，两端均未封口，一端为斜截面，管面有小圆孔。高2.9～3.6、直径3.1、壁厚0.15厘米（图一四一，6；彩版一三，2）。

二十三　残　片

1件。

M187∶3，"J"形，锈蚀。长1.8、宽1厘米。

第四节 铁 器

双庙墓地出土铁器50件，其中器形可辨者47件。器类包括鼎、壶、鍪、熏、勺、轮、鉴、钁、削、剑、剪、带钩等。

一 鼎

1件。
M220∶3，残朽。

二 壶

3件。
M49∶1，锈残。
M220∶6、M220∶7，锈残。

三 鍪

1件。
M49∶7，敞口，束颈，扁鼓腹，上腹有一对半环耳，圜底。高17.4、口径13.8、腹径20.5厘米（图一四二，1；彩版一三，5）。

四 熏

1件。
M164∶4，锈蚀严重，盖无法打开。博山盖，斜折壁，镂空弧顶，盖顶中央有桥形纽。子口承盖，弧鼓腹，腹部有折曲状柄，圜底，三蹄足，其中一只足锈断。腹部饰一道凸弦纹。盖面堆塑纹饰已锈蚀、不明。通高9.7、口径8.6、柄长5.4厘米（图一四二，2；彩版一三，6）。

五 勺

3件。

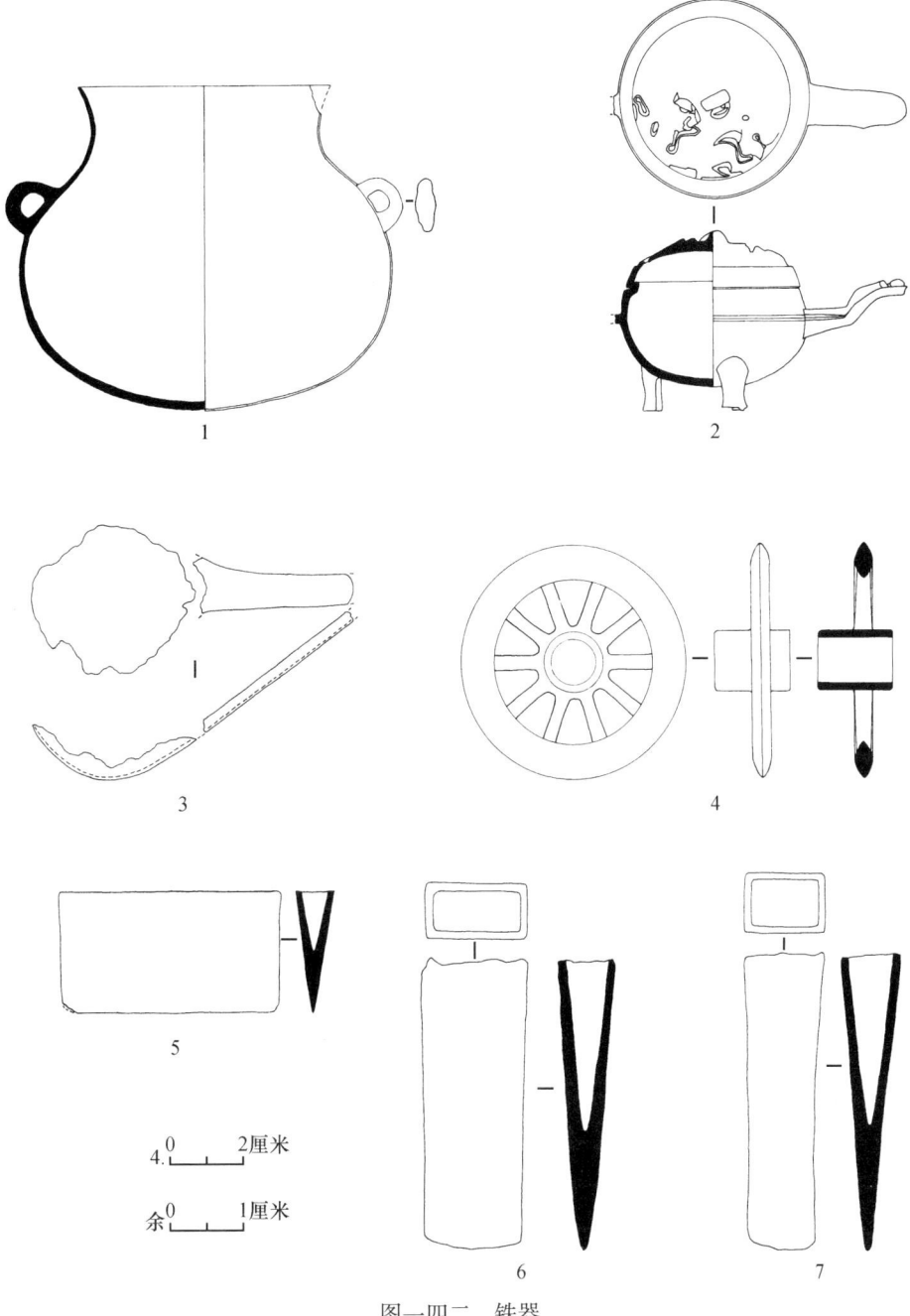

图一四二 铁器

1.鍪（M49∶7） 2.熏（M164∶4） 3.勺（M140∶7） 4.轮（M47∶1） 5.鐾（M36∶3） 6、7.镬（M35∶4、M120∶1）

M140∶7，残，断成两截。勺柄截面呈"U"形。柄长9.9、宽1.5~2.5、厚0.6，斗残长8.3、残宽7.7、残深1.7厘米（图一四二，3）。

六 轮

1件。

M47：1，锈蚀严重。圆形。有短毂；牙扁圆形，外侧两面斜削；牙、毂间有十根辐条。直径6.5、毂长2、毂径1.2、牙厚0.5厘米（图一四二，4；彩版一四，1）。

七　錾

2件。正面呈"一"字形横长方形，截面呈"V"形。长方銎中空，平刃。

M36：3，长12.3、宽6.3、厚1.7厘米（图一四二，5；彩版一四，2）。

八　镬

3件。正面呈长方形，截面呈"V"形。长方銎，弧刃。

M35：4，长14.7～15.2、宽5.5、厚2.8厘米（图一四二，6）。

M120：1，长15.3～15.7、宽4.3、厚3.2厘米（图一四二，7；彩版一四，3）。

九　削

9件。出土于7座墓中，其中M140、M216各出土2件。环首，削身刃部略宽于柄，背厚刃薄，削尖圆弧。

M140：3，椭圆环首，方背，圆尖，削尾部穿过环首。通长35.6、宽2，刃长34，背厚0.7，环径3～4.5厘米（图一四三，1；彩版一四，4）。

M140：4，椭圆环首，方背，圆尖，削尾部略微穿过环首。通长33.3、宽1.8，刃长31，背厚0.5，环径2.9～4.5厘米（图一四三，2）。

十　剑

7件。出土于7座墓中，每墓出土1件。

M136：4，锈蚀严重。有木质剑鞘。铜质菱形"凹"字形剑格。剑柄细长，刃薄身厚，剑尖略残。残长95.3，剑身最宽处3.5，残存最窄处1.4，剑格长4.8、宽0.7，剑柄长12、宽0.8～1.7厘米（图一四三，3；彩版一四，5）。

M156：6，锈蚀严重。有木质剑鞘。铜质菱形"凹"字形剑格。剑柄细长，刃薄身厚。长91.5，剑身宽最窄处2、最宽处4.5，剑格长5.3、宽1，剑柄长21、宽1～2.2厘米（图一四三，4）。

M181：7，锈蚀严重。有木质剑鞘痕迹。铜质菱形"凹"字形剑格。柄残，剑刃较宽，前部残。残长61.5，剑身残宽4，剑格长5.5、宽1.2，剑柄宽1.8厘米（图一四三，5）。

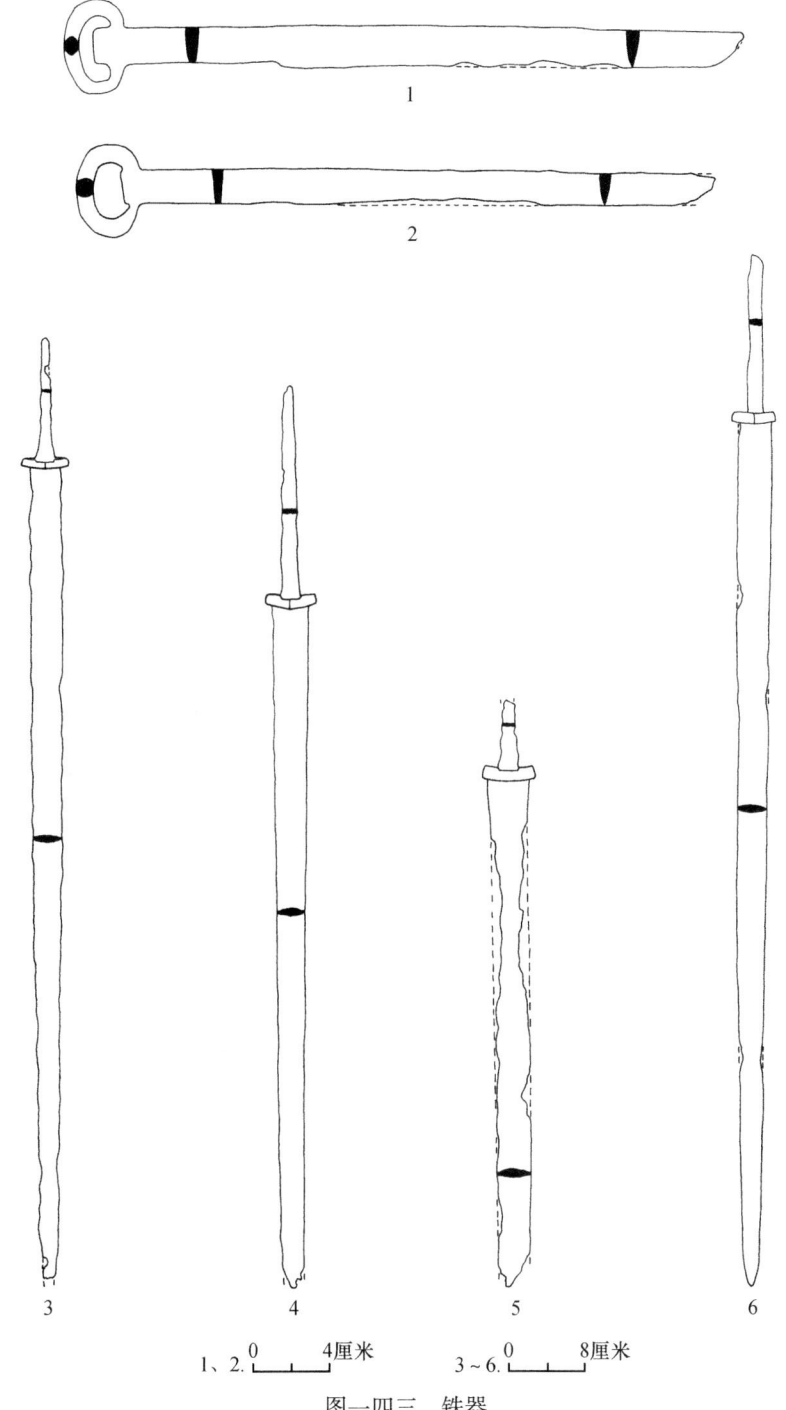

图一四三 铁器

1、2.削（M140：3、M140：4） 3~6.剑（M136：4、M156：6、M181：7、M187：4）

M187：4，锈蚀严重。有木质剑鞘。铜质菱形剑格。剑柄细长，剑尖尖圆。残长104，剑身最宽处3.4、最窄处0.8，剑格长4.7、宽0.8，剑柄长16、宽1.5厘米（图一四三，6；彩版一四，6）。

十一 剪

1件。

M116：2，锈蚀严重，断成数截，仅可辨识为铁剪。

十二 带　钩

15件。均锈蚀严重。其中6件残甚，不可辨细节，其余9件据钩体形态不同分为三型。

A型　4件。琵琶形。据具体细节不同分为三亚型。

Aa型　1件。器体较短而厚。

M130：1，琵琶形。圆尾较宽，截面呈半圆形；钩首略残，较细，截面呈近方形；钩纽为近圆形，位于靠近尾部的三分之一处。长8.3、宽0.8~2厘米（图一四四，1；彩版一五，1）。

Ab型　1件。器体长而窄。

M247：1，钩首残。细长琵琶形，截面呈近梯形；钩尾略宽，钩身、钩首细窄；钩纽残，位于靠近尾端的四分之处。残长16.8、宽0.5~1.5厘米（图一四四，2）。

Ac型　2件。器体长而宽扁。

M31：4，琵琶形，器体宽而薄。钩尾宽，钩身略窄，钩首残；钩纽残，位于钩尾、钩身相接处靠近尾端一侧。表面金饰似贴以金箔。残长13.8、宽1.2~3.3厘米（图一四四，3；彩版一五，2）。

B型　3件。圆棍形。

M122：2，钩体略扁。尾端略粗；首端略细；钩纽为圆形，位于靠近尾端的三分之一处。长9.9、宽0.7~1.9厘米（图一四四，4；彩版一五，3）。

C型　2件。雁形。

M41：4，钩尾塑成雁身躯，呈宽大半圆形；钩身细长；钩首已残；钩纽为圆形，略残，位于钩尾部。器表面金饰似贴以金箔。残长9.7、宽2~6.1厘米（图一四四，5）。

十三 残　器

3件。

M40：5，残，锈蚀严重，长条形，一端为环形。残长7.9、宽0.7，环宽0.5厘米。

M112：3，断成数截，锈蚀严重。不可测量。

M176：1，一片，锈蚀严重。不规则形。长4.6~4.8、宽2.3~4.1，口厚0.3厘米。

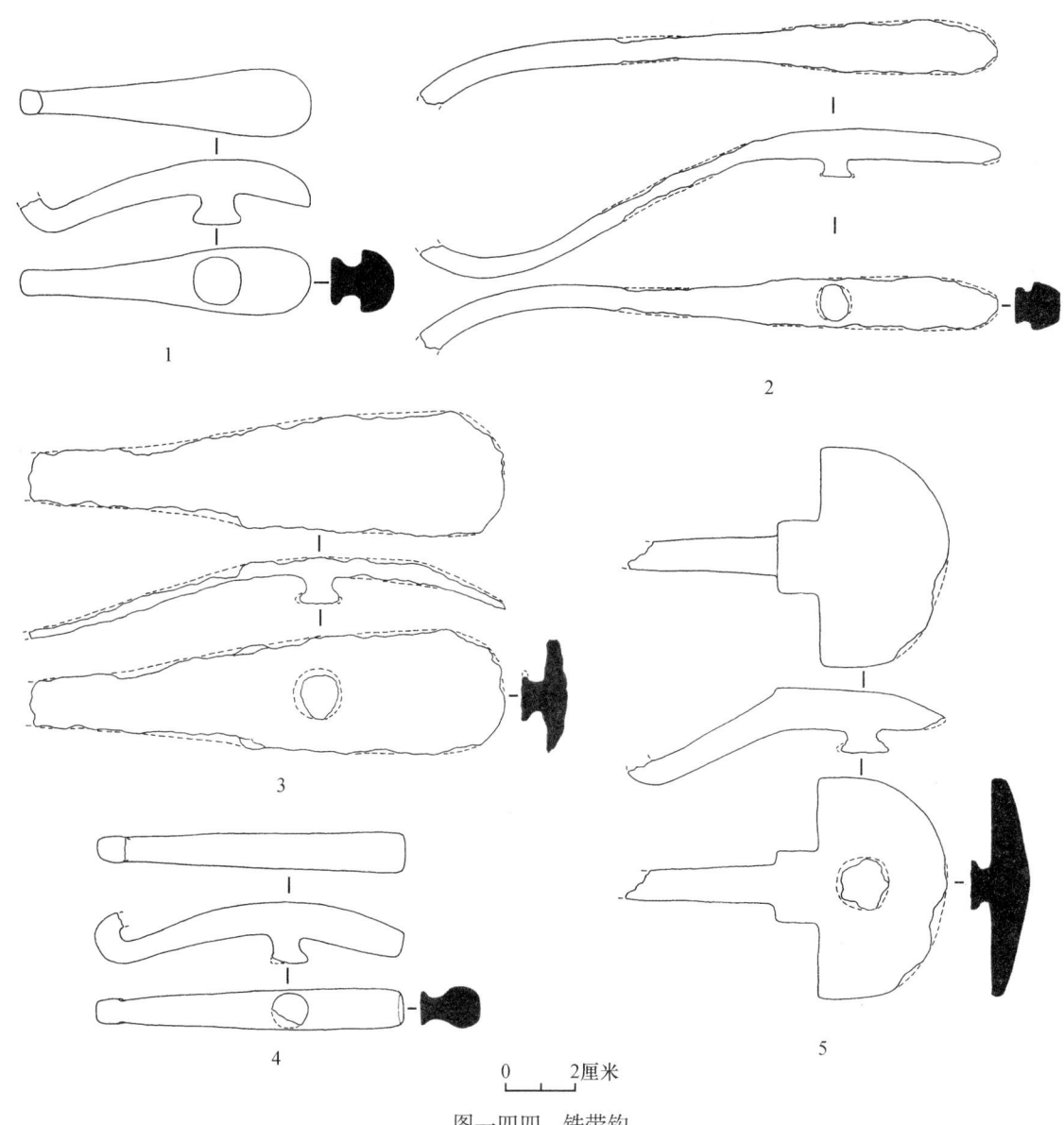

图一四四 铁带钩

1. Aa型（M130:1） 2. Ab型（M247:1） 3. Ac型（M31:4） 4. B型（M122:2） 5. C型（M41:4）

第五节 铅 器

双庙墓地出土铅器2件，器类只有梳一种。

梳

2件。均为马蹄形。7齿或8齿。梳两面有朱彩。

M216:10，七扁圆尖齿。全长7.2、宽5、厚0.5、齿长4厘米（图一四五，1；彩版一五，4）。

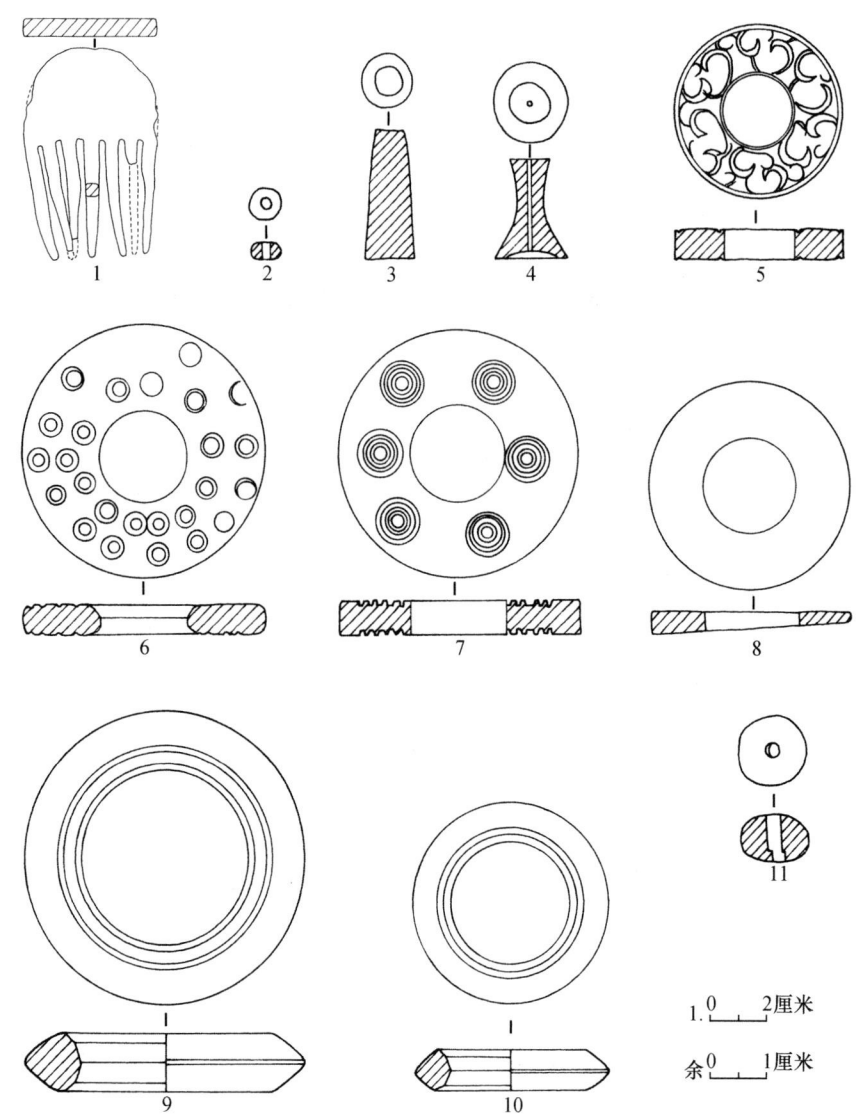

图一四五 铅、琉璃、玉、玛瑙器
1.铅梳（M216∶10） 2.琉璃珠（M212∶26） 3.琉璃塞（M23∶6-1） 4.琉璃耳珰（M105∶8）
5~7.A型玉环（M207∶11、M139∶1、M149∶1） 8.B型玉环（M139∶6）
9.A型玛瑙环（M234∶1） 10.B型玛瑙环（M76∶1） 11.玛瑙珠（M207∶10）

第六节 琉璃器

双庙墓地出土琉璃器7件，器类包括珠、塞、耳珰等。

一 珠

1枚。

M212∶26，深蓝色，半透明，有光泽。扁圆形，两面有对穿孔。高0.3、直径0.5、孔径

0.15厘米（图一四五，2；彩版一五，7）。

二 塞

3件。表面氧化呈灰白色。截锥体。

M23：6-1，器表布满土锈。粗糙不平。高2.2、底面直径0.8、顶面直径0.6厘米（图一四五，3；彩版一五，6）。

三 耳珰

3件。表面呈灰白色或浅绿色。上小下大束腰形。上下面穿孔贯通。器表布满土锈。

M105：8，浅绿色。上表面较小，面平；下表面较大，内凹。高1.6、上表面直径0.7、下表面直径1.3、束腰处最细处0.5、孔径0.1厘米（图一四五，4；彩版一七，1）。

第七节 玉 器

双庙墓地出土玉器5件，器类仅环一种。

环

5件。其中，4件完整，1件破损。圆形。其中3件正反面均刻有一圈纹饰。根据有无纹饰分为二型。

A型 3件。有纹饰。

M207：11，完整。表面呈黄褐色，色泽均匀，不透明，有光泽。正反面各剔地浅浮雕一周"S"形虺纹，每面6个。正反面均有内外郭，除一面内郭一段宽0.15厘米外，其余均宽0.1厘米。直径2.8、环厚处0.5、薄处0.35、肉宽0.8厘米（图一四五，5；图一四六，1、2；彩版一五，5）。

M139：1，青灰色，不透明，表面布满白色小斑点。正反面各刻有两周阴线圆圈纹，阴线内涂朱，一面可辨认22个，另一面可辨认26个。两面内外沿都经打磨，边缘处较为圆钝。直径4.3、环厚0.4、肉宽1.4厘米（图一四五，6；图一四六，3、4；彩版一六，3）。

M149：1，青灰色，不透明，表面斑驳粗糙。正反面各刻有双圈纹，每面6个。两面各有少许切削划痕。内孔壁面有明显的钻孔痕迹。直径4.2、环厚0.5、肉宽1.2厘米（图一四五，7；图一四六，5、6；彩版一六，4）。

B型 2件。灰白色、黄褐色。圆形。无纹饰。

图一四六　A型玉环正背面纹饰拓片
1、2. M207：11　3、4. M139：1　5、6. M149：1

M139：6，灰白色，不透明，两面均见灰色交错纹理，表面较为光滑，无光泽。完整，一侧厚，一侧薄。直径3.5，环厚处0.35、薄处0.2，肉宽1厘米（图一四五，8；彩版一六，1）。

第八节　玛瑙器

双庙墓地共出土玛瑙器6件，器类包括环、珠两类。

一　环

5件。依据直径大小，分为二型。

A型　2件。直径大。

M234∶1，通体呈乳黄色，半透明，略杂褐色斑块。截面六条棱、六个面，六面两两对称，类似水滴形。内侧四面略窄，外侧上下两面较宽且打磨光滑。外径4.9、宽0.9、厚1厘米（图一四五，9；彩版一六，2）。

B型　3件。直径小。

M76∶1，通体呈乳白色，泛黄，半透明。截面六条棱、六个面，六面两两对称，类似水滴形。内侧上下两面最窄，中间两面次之，外侧上下两面最宽且打磨光滑。外径3.4、宽0.7、厚0.7厘米（图一四五，10；彩版一六，5）。

二　珠

1件。

M207∶10，通体呈暗红色，夹杂灰色斑块。扁圆形，有穿孔。高0.8、直径1.2、孔径0.2厘米（图一四五，11；彩版一五，8）。

第九节　石　器

双庙墓地共出土石器11件（套）。器类包括砚、黛板、石片等。

一　砚

1件。灰色。圆饼形。

M140∶8，残破。灰色。圆饼形。砚面光滑，中部略内凹。砚面布满白色絮状纹理，边缘处有多处残破。砚背布满开裂纹，边缘处有多处残破，粗糙不平。直径12.5、厚2厘米（图一四七，1；彩版一六，6）。

二　黛　板

2套（4件）。每套由一研磨石和一研磨板组成。其中3件有破损。灰色。4件表面均附有土锈和白色印痕。

M237∶6-1，黛板。一角破损。灰色。粗糙。长方形。一面其一端右上角有两处黑色印痕，另一面布满白色斑状印痕，表面凹凸不平。长13.5、宽4.9、厚0.4厘米（图一四七，2；图版四七，3）。

M237∶6-2，研石。完整。灰色。表面粗糙。分为两层，上层为圆形，下层为方形，俯视则上层圆形为方形内切圆，圆直径即方形边长。边长3、厚1厘米（图一四七，3；图版四七，2）。

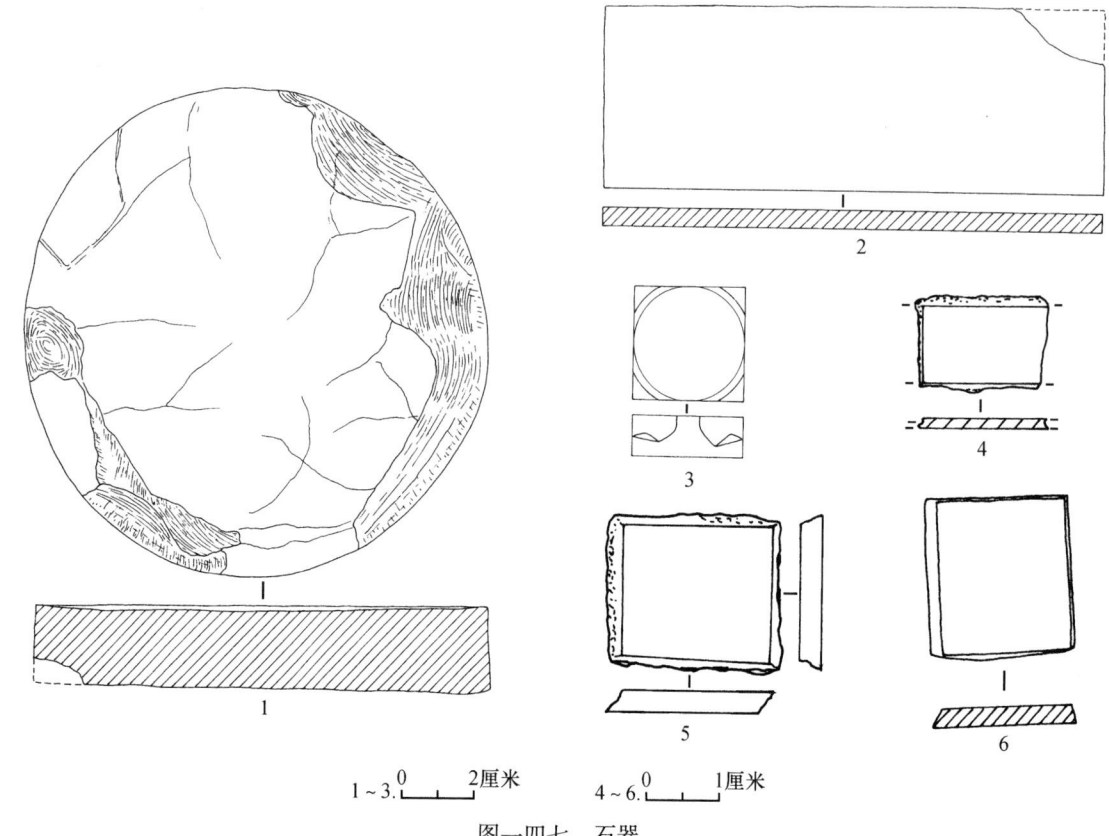

图一四七 石器

1. 砚（M140：8）　2. 黛板（M237：6-1）　3. 研石（M237：6-2）　4、5. A型石片（M94：2、M139：11-2）
6. B型石片（M207：14-2）

三　石　片

8件。其中，7件完整，1件可基本拼合完整。青灰色。表面粗糙。近正方形和长方形。7件石片侧面均有数量不等的切割划痕。每件石片正反面均有少许线状纹理。断面形状有梯形、平行四边形、不规则形。石片长1.8～2.8、宽1.1～1.9、厚0.2～0.4厘米。根据形状不同，分为二型。

A型　6件。青灰色。表面基本上都有纹理或印痕。长方形。

M94：2，青灰色。长方形片状，光滑平整。正反两面均有土锈，侧面有切割痕迹。残长1.7、宽1.1、厚0.1厘米（图一四七，4）。

M139：11-2，完整。长方形。一面有白色印痕。长2.3、宽1.9、厚0.3厘米（图一四七，5）。

B型　2件。青灰色。表面都有线状纹理。近正方形。

M207：14-2，完整。近正方形。两面均有线状纹理和加工划痕。长2、宽1.9、厚0.2厘米（图一四七，6）。

第十节　骨　器

随葬骨制品共42件，出土于12座墓中。其中骨琀1件；骨装饰品40件，包括骨珠、骨环、骨饰件、骨片等；龟甲1件。大部分骨制品表面带有铜锈，呈绿色。

一 琀

1件。蝉形。骨化石质地。

M23：5，表面灰白色，布满土锈。蝉形。腹部平素。背部中央凸起成脊，两边呈一对蝉翅状；前部两道横线，显示出头部；头部两端各有一圆形突起，为蝉眼；背面布满小孔，光滑，有些许光泽。长5.3、最宽处3、最厚处0.9厘米（图一四八，1；彩版一七，2）。

二 珠

10件。整体呈圆柱形，上下部穿孔贯通，长短不等。其中1件形态不明。其余9件根据形态差异分为二型。

A型　2件。上下两端均有打磨加工痕迹，使其中部略粗、呈腰鼓状。

M207：12-1，完整。高1.1、中部直径0.8、两端直径0.7、孔径0.3厘米（图一四八，2；彩版一七，3）。

B型　7件。上下两端无明显打磨加工痕迹，呈圆柱形。高低不等，0.5~1.9厘米。

M207：12-2，完整。高0.8、直径1、孔径0.2厘米（图一四八，3）。

三 环

15件。浅绿至深绿不等。圆形和椭圆形。M87：3较完整，其余均残，其中3件残碎不可辨。其余12件根据形状不同，分为二型。

A型　5件。椭圆形。

M87：3，1件。略残。深绿色。近椭圆形。外径最大处3.1、最小处2.3、内径最大处2.4、最小处1.7、肉宽最大处0.9、厚0.2~0.5厘米（图一四八，4；图版四七，4）。

B型　7件。均残。均为浅绿色。圆形。环外侧两面修削。

M207：8-1，外径3.1、环宽0.8、环厚0.5厘米（图一四八，5）。

四 饰 件

14件。浅绿色。长条形。除2件完整外，其余均残。完整者于器身前、中、后部各钻一个圆孔。其中11件根据钻孔位置及断面厚度差异，分为二型。

A型　10件。钻孔均位于侧面。断面较厚，厚0.3~0.6厘米。其中，1件完整，4件拼对，5

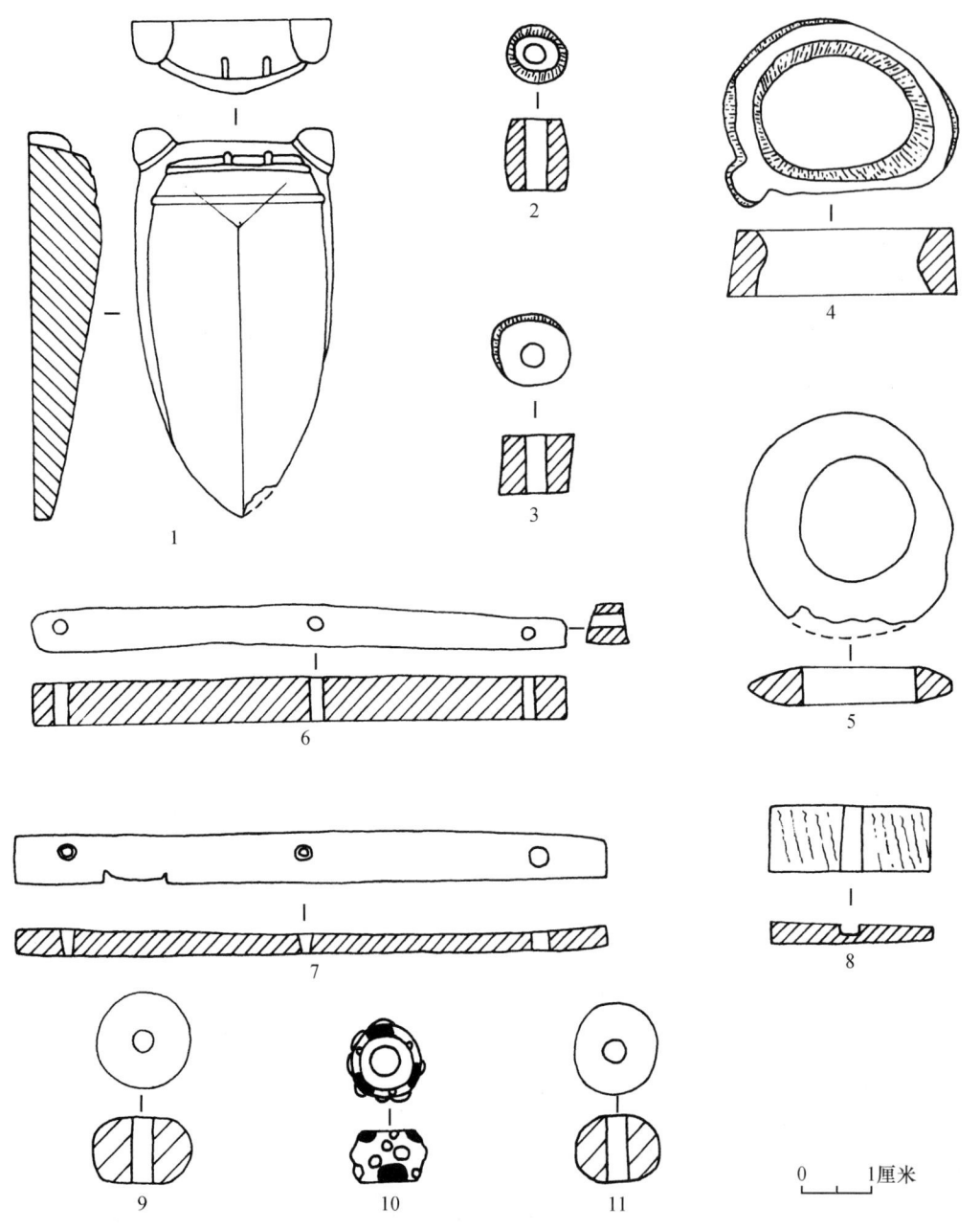

图一四八　骨、蚌器

1. 骨玲（M23：5）　2. A型骨珠（M207：12-1）　3. B型骨珠（M207：12-2）　4. A型骨环（M87：3）　5. B型骨环（M207：8-1）
6. A型骨饰件（M207：18-1）　7. B型骨饰件（M203：11）　8. 骨片（M173：12）　9~11. 蚌珠（M149：3-1、M207：9-1、M207：9-2）

件残且不可拼对。

M207：18-1，完整。长7.6、孔径0.2、断面厚0.3厘米（图一四八，6；图版四七，5）。

B型　1件。钻孔位于正面。断面较薄。

M203：11，完整。在其一端有两个凹痕。长8.3、孔径0.3、断面厚0.1~0.2厘米（图一四八，7；图版四七，6）。

五 骨 片

1件。

M173∶12，长条形。一端略薄，另一端略厚。一面粗糙，另一面打磨光滑。粗糙的一面中部有一条凹槽。长2.3、宽0.8、厚0.1~0.3厘米（图一四八，8）。

六 龟 甲

1件。

M139∶5，灰白色。残片，不可拼对。

第十一节 蚌 器

双庙墓地共出土蚌器42件，包括珠、环。另有蚌壳2件。

一 珠

40件。扁圆腰鼓形。

M149∶3-1，扁圆腰鼓形。高0.9、直径1.4厘米（图一四八，9）。

M207∶9-1，扁圆腰鼓形，器表有多个小凹坑，原或镶嵌有其他装饰。高0.7、腹径1.1、面径0.8厘米（图一四八，10；图版五〇，2）。

M207∶9-2，扁球形。高0.9、直径1.2厘米（图一四八，11）。

二 环

2件。

M195∶8，白色。表面粉化严重。环形。直径4.5、环宽1.4、厚0.7厘米。

三 蚌 壳

2件。

M43∶1，两片，扇形。长4.5、宽5.7、厚3厘米。

M204∶1，残碎。

第十二节 漆 器

7件。均腐朽不可辨。其中M18出土漆耳杯2件，M167出土漆耳杯1件，M156出土的3件和M162出土的1件器形不明。

第十三节 铜 镜

双庙墓地出土铜镜21件。除M137出土2件外，其余均出土1件。除1件不明外，其余20件据纹饰分为七类。

一 羽 纹 镜

1件。

M137∶6，圆形，三弦纽，圆形纽座，座外饰两周凹面环带，主纹为羽状纹。素宽缘。直径9.6、缘厚0.15厘米（图一四九，1；图版四八，1）。

二 星 云 纹 镜

2件。主纹为星云纹。根据纽座的不同，分为二型。

A型　1件。纽座上凸起弧线、三角相间装饰。

M220∶2，圆形。连峰式纽，圆形纽座，座上三条凸起弧线和三个凸起三角形相间分布。座外饰一圈十六个连弧纹；连弧外饰一周短斜线；短斜线外四枚较大带座乳丁将星云纹平分为四组，每组由五枚小乳丁和三线弧线构成，乳丁呈中间一枚、两旁各两枚斜线并列状分布；星云纹外为一周短斜线；内外两周短斜线间，有四条射线穿星云纹中间的小乳丁而过，与镜缘连弧纹相接。镜缘饰一周十六个内向连弧纹。直径10.7、缘厚0.4厘米（图一四九，2；图版四八，2）。

B型　1件。纽座饰四瓣花瓣。

M40∶2，圆形。连峰式纽，圆形花瓣形纽座，座上饰四瓣阳线花瓣。座外一圈十六个连弧纹；连弧纹外四枚较大带座乳丁将星云纹平分为四组，每组由五枚小乳丁和双线弧线构成，乳丁呈中间一枚、两旁各两枚斜线并列状分布。镜缘饰一周十六个内向连弧纹。直径10.7、缘厚0.45厘米（图一四九，3；图版四八，3）。

图一四九 铜镜

1. 羽纹镜（M137∶6） 2. A型星云纹镜（M220∶2） 3. B型星云纹镜（M40∶2） 4、5. A型四虺纹镜（M72∶2、M216∶1）
6、7. B型四虺纹镜（M137∶5、M135∶1）

三 四虺纹镜

4件。主纹为四个"S"形虺纹。依据乳丁的有无，分为二型。

A型 2件。虺纹间无乳丁。

M72∶2，圆形。三弦纽，圆形纽座，座外四个"S"形虺纹，虺纹下有方向不同的斜线作为底纹。主纹带外为一周十六个内向连弧纹，其外一周宽凹弦纹。素卷缘。直径8.8、缘厚0.2

厘米（图一四九，4；图版四八，4）。

M216：1，圆形。三弦纽，圆形纽座，座外4个"S"形虺纹，以卷云为底纹。主纹带外为一周十六个内向连弧纹，其外一周宽凹弦纹。素卷缘。直径8.6、缘厚0.2厘米（图一四九，5；图版四八，5）。

B型　2件。虺纹间有乳丁。

M137：5，圆形。三弦纽，圆形纽座，座外四个小乳丁将纹饰带平分为四组，每组一个"S"形虺纹，以方向不同的短斜线作为底纹。纹带外为一周十六个内向连弧纹，其外为一周宽凹弦纹。素卷缘。直径7.9、缘厚0.2厘米（图一四九，6；图版四八，6）。

M135：1，圆形。三弦纽，圆形纽座，座外四个小乳丁将纹饰带平分为四组，每组一个"S"形虺纹，以方向不同的短斜线作为底纹。纹带外为一周十六个内向连弧纹，其外为一周宽凹弦纹。素卷缘。直径8.1、缘厚0.2厘米（图一四九，7；图版四九，1）。

四　草叶纹镜

2件。以草叶纹为主纹。

M156：1，圆形。圆纽，方形纽座。座外饰一周方形铭文带，铭文"见日之光天下大明"，字体方正。铭文带四角各伸出一双叶枝条，将纹饰区分为四组。每组纹饰，中央饰一乳丁，其上有一花蕾，乳丁两侧各有一单层草叶。镜缘为一周十六个内向连弧纹。直径11.4、缘厚0.35厘米（图一五〇，1；彩版一八，1）。

M136：3，残破。圆形。圆纽，方形纽座。座外饰一周方形铭文带，铭带四角各有一个斜线方块间隔铭文。铭文锈蚀，应为"见日之光长毋相忘"，字间有三横纹。铭文带四角各伸出一双叶枝条，枝条尖部饰一个花蕾，将纹饰区分为四组。每组纹饰，中央饰一乳丁，其上有一花蕾，乳丁两侧各有一双层草叶。镜缘为一周十六个内向连弧纹。直径13.8、缘厚0.35厘米（图一五〇，2；图版四九，2）。

五　铭　文　镜

7件。以铭文为主纹。据铭文内容不同分二型。

A型　5件。"日光"铭文镜。依据纽座和连弧纹之间纹饰及字体的不同，分为二亚型。

Aa型　2件。纽座和连弧纹之间的纹饰为四组三条短线，字体相对方正。

M48：7，圆形。圆纽，圆形纽座，座外饰一周八个内向连弧纹，连弧纹与纽座之间有四个一组三短线各与四斜线相间。连弧纹外为一周短斜线，斜线外为铭文带，有铭文八字，内容为"见日之光天下大明"，铭文间交替夹以"の"形和侧立"田"字图样，字体方正。铭文带外饰一周短斜线。宽平素缘。直径8.2、缘厚0.5厘米（图一五〇，3；彩版一八，2）。

M245：1，圆形。纽残破、不详，圆形纽座，座外饰八个内向连弧纹一周，连弧纹与纽座

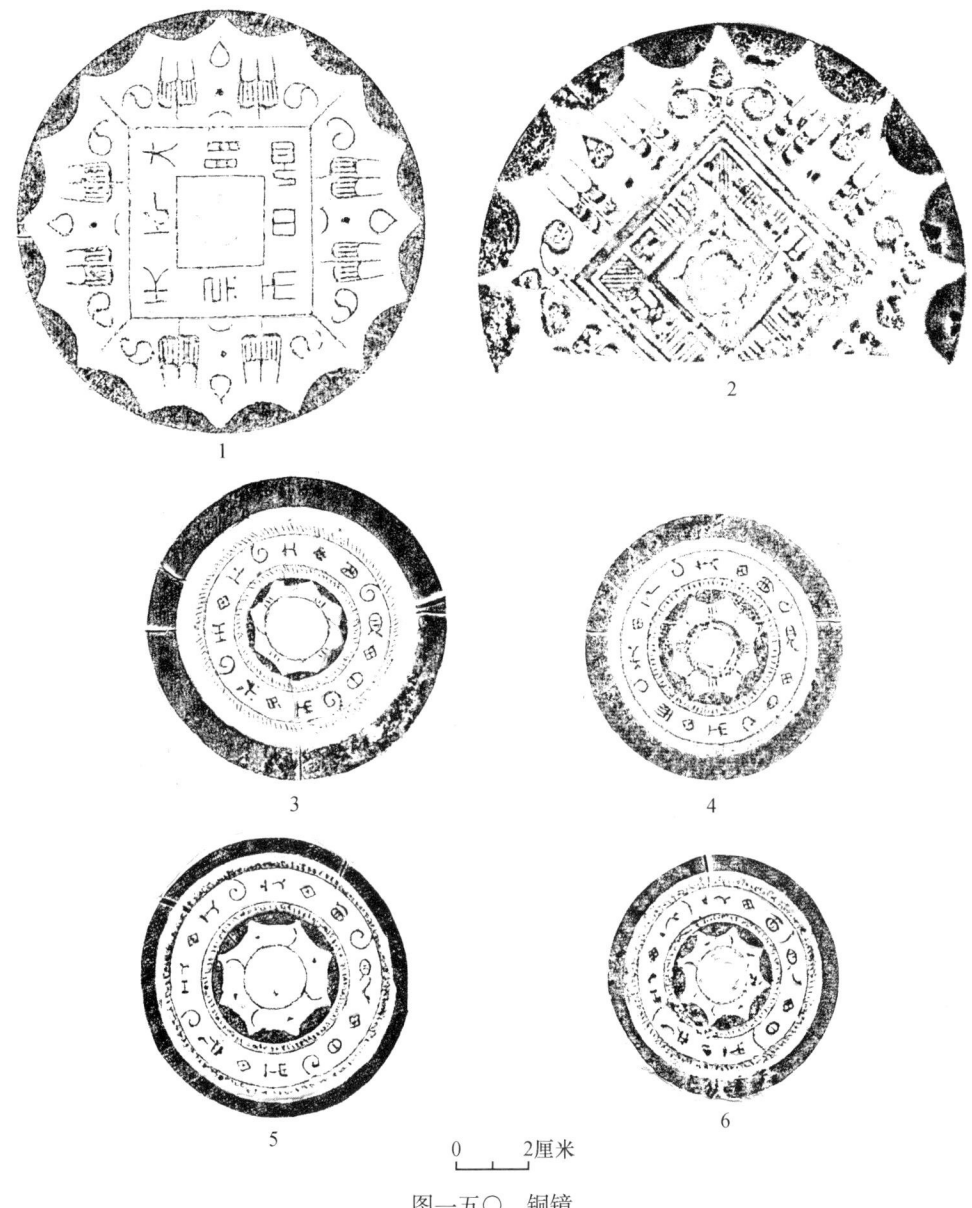

图一五〇 铜镜

1、2. 草叶纹镜（M156∶1、M136∶3） 3、4. Aa型铭文镜（M48∶7、M245∶1） 5、6. Ab型铭文镜（M175∶2、M173∶6）

之间有四个一组三短线各与四斜线相间。连弧纹外为铭文带，有铭文八字，内容为"见日之而天下大明"，字形略长，铭文间交替夹以"の"形和侧立"田"字图样。铭文带内外两侧各饰一周方向相同的短斜线。宽平素缘。直径7.3、缘厚0.2厘米（图一五〇，4；图版四九，3）。

Ab型　3件。纽座和连弧纹之间的纹饰为相间分布的弧线和三角形，字体相对瘦长。

M175∶2，圆形。圆纽，圆形纽座。座外饰八个内向连弧纹一周，连弧纹与纽座之间，四条弧线和四个小三角形点相间分布。连弧纹外为铭文带，有铭文八字，内容为"见日之光天下大明"，铭文间交替夹以"の"形和侧立"田"字图样，字体瘦长。铭文带内外两侧各饰一周方向相同的短斜线。平素缘较窄。直径7.7、缘厚0.2厘米（图一五〇，5；彩版一八，3）。

M173∶6，圆形。圆纽，圆形纽座，座外饰八个内向连弧纹一周，连弧纹与纽座之间，四条弧线和四个小三角形点相间分布。连弧纹外为铭文带，有铭文八字，内容为"见日之光天下大明"，铭文间交替夹以短弧线和侧立"田"字图样，字体瘦长。铭文带内外两侧各饰一周方向相同的短斜线。平素缘较窄。直径6.5、缘厚0.2厘米（图一五〇，6；图版四九，4）。

M244：1，圆形。圆纽，圆形纽座，座外饰八个内向连弧纹一周，连弧纹与纽座之间，四条弧线和四个小三角形点相间分布。连弧纹外为铭文带，有铭文八字，内容为"见日之光天下大□"，铭文间交替夹以短弧线和侧立"田"字图样，字体瘦长。铭文带内外两侧各饰有一周方向相同的短斜线。平素缘较窄。直径7.75、缘厚0.25厘米。

B型　2件。"昭明"铭文镜。依据铭文内容及字体的不同，分为二亚型。

Ba型　1件。字体瘦长，铭文篇幅长。

M12：2，圆形。圆纽，连珠式纽座，座外饰一周宽带，其外饰八个内向连弧纹一周，宽带与连弧纹之间均匀分布八个带座小乳丁，其中四个小乳丁座外一侧伸出一条弧线，与弧线相对的另一侧为两条短线；另外四个小乳丁座外一侧伸出"八"字形弧线，相邻两侧各有一条内向弧线。两组乳丁相间排列。连弧纹之外为铭文带，有铭文二十三字，内容为"内清质以昭明光辉象夫日而月心而忽而扬忠然而不泄"，字体瘦长。铭文带内外两侧各饰一周方向相同的短斜线。平沿较窄。直径12.4、缘厚0.65厘米（图一五一，1；彩版一八，4）。

Bb型　1件。字体方正，铭文篇幅短。

M26：1，圆形。圆纽，圆形纽座，座外一周宽带，宽带内外两侧各均匀装饰八段小弧线，其外饰八个内向连弧纹一周。连弧纹之外为铭文带，有铭文十五字，内容为"内而清而以而昭而明而光而象日月"，字体方正，铭文开头与结尾的"内""月"字之间有一凸起短横线。铭文带内外两侧各饰一周方向相同的短斜线。平素缘较窄。直径9.8、缘厚0.45厘米（图一五一，2；图版四九，5）。

六　博局四神镜

3件。以四神、博局纹为主纹。依据乳丁的多寡分为二型。

A型　2件。八枚乳丁。

M105：4，圆形。圆纽，圆形纽座。座外方框，方框四角有短线与纽座相连。方框四边中央各向外伸出一"T"形符号，与"L"形符号相对，方框四角各与"V"形符号相对，将镜内区分为四方八等分。每个"T"形两侧各饰一带座乳丁，共八枚。青龙、白虎、朱雀、玄武四神各踞一等分，其余四等分配以不同的鸟、兽纹样。主纹外为一周短斜线。宽平缘，缘面饰一周三角锯齿纹和一周水波纹。直径12、缘厚0.45厘米（图一五一，3；图版四九，6）。

M112：2，圆形。圆纽，圆形纽座。座外方框。方框内四角有几何纹，方框四边中央各向外伸出一"T"形符号，与"L"形符号相对，方框四角各与"V"形符号相对，将镜内区分为四方八等分。每个"T"形两侧各饰一带座乳丁，共八枚。青龙、白虎、朱雀、玄武四神各踞一等分，其余四等分配以不同的鸟、兽纹样。主纹外饰一周短线。宽平缘，缘面内层饰一周三

第三章 出土遗物

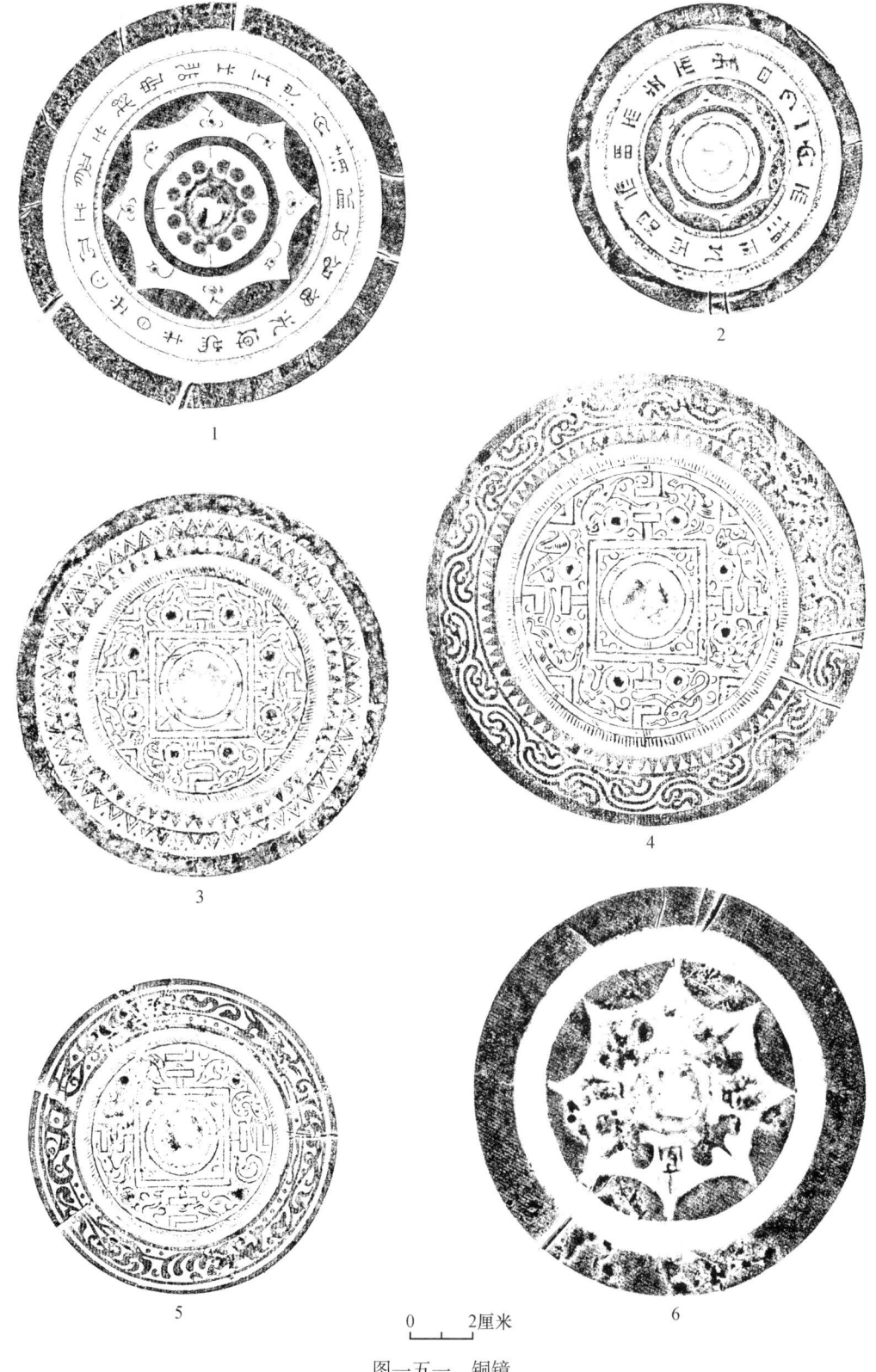

图一五一 铜镜

1. Ba型铭文镜（M12:2） 2. Bb型铭文镜（M26:1） 3、4. A型博局四神镜（M105:4、M112:2）
5. B型博局四神镜（M243:1） 6. 连弧纹镜（M50:12）

角锯齿纹，外层饰一周流云纹。直径14.3、缘厚0.45厘米（图一五一，4；彩版一八，5）。

B型　1件。八枚乳丁。

M243∶1，圆形。圆纽，圆形纽座。座外方框。方框内四角均有一内向弧线，方框四边中央各向外伸出一"T"形符号，与"L"形符号相对，方框四角外各有一乳丁，将镜内区分为四方八等分。青龙、白虎、朱雀、玄武四神各踞一等分，其余四等分配以不同的鸟、兽纹样。其外饰一周短斜线。宽平缘，缘面饰一周动物纹样，可辨识的有龙纹、凤纹、鹿纹、蛇缠鱼纹。直径9.9、缘厚0.4厘米（图一五一，5；彩版一八，6）。

七　连弧纹镜

1件。

M50∶12，残破。圆形。圆纽，四蝠形叶纽座，四叶间填有四字铭文，锈蚀，仅知为"□宜□□"，纽外为八个内向连弧纹一周。素宽缘。直径13.1、缘厚0.3厘米（图一五一，6；图版五〇，1）。

第十四节　铜　　钱

双庙墓地出土铜钱约1947枚，包括五铢钱、新莽钱等。

一　五　铢　钱

1155枚。其中695枚文字可辨。依学术界一般共识，西汉五铢钱"铢"字的"朱"旁上部方折，东汉五铢钱"铢"字的"朱"旁上部圆折。

1. 西汉五铢钱

433枚。此类五铢钱钱文"铢"字的"朱"旁，上部呈方折特征。据钱形完整程度分两类。

甲类　409枚。钱形完整，未经剪凿、切削。据"五"字交笔曲直程度分三型。

A型　10枚。"五"字长，交笔近斜直。"五"字上下两横不出头。"铢"字的"金"旁头呈箭镞形，"金"旁高于"朱"旁。

M1∶7-1，直径2.55厘米（图一五二，1）。

M38∶3-1，直径2.55厘米（图一五二，2）。

B型　275枚。"五"字略短，交笔弧曲，于上下两横相交处外放。

M182∶1-2，直径2.55厘米（图一五二，3）。

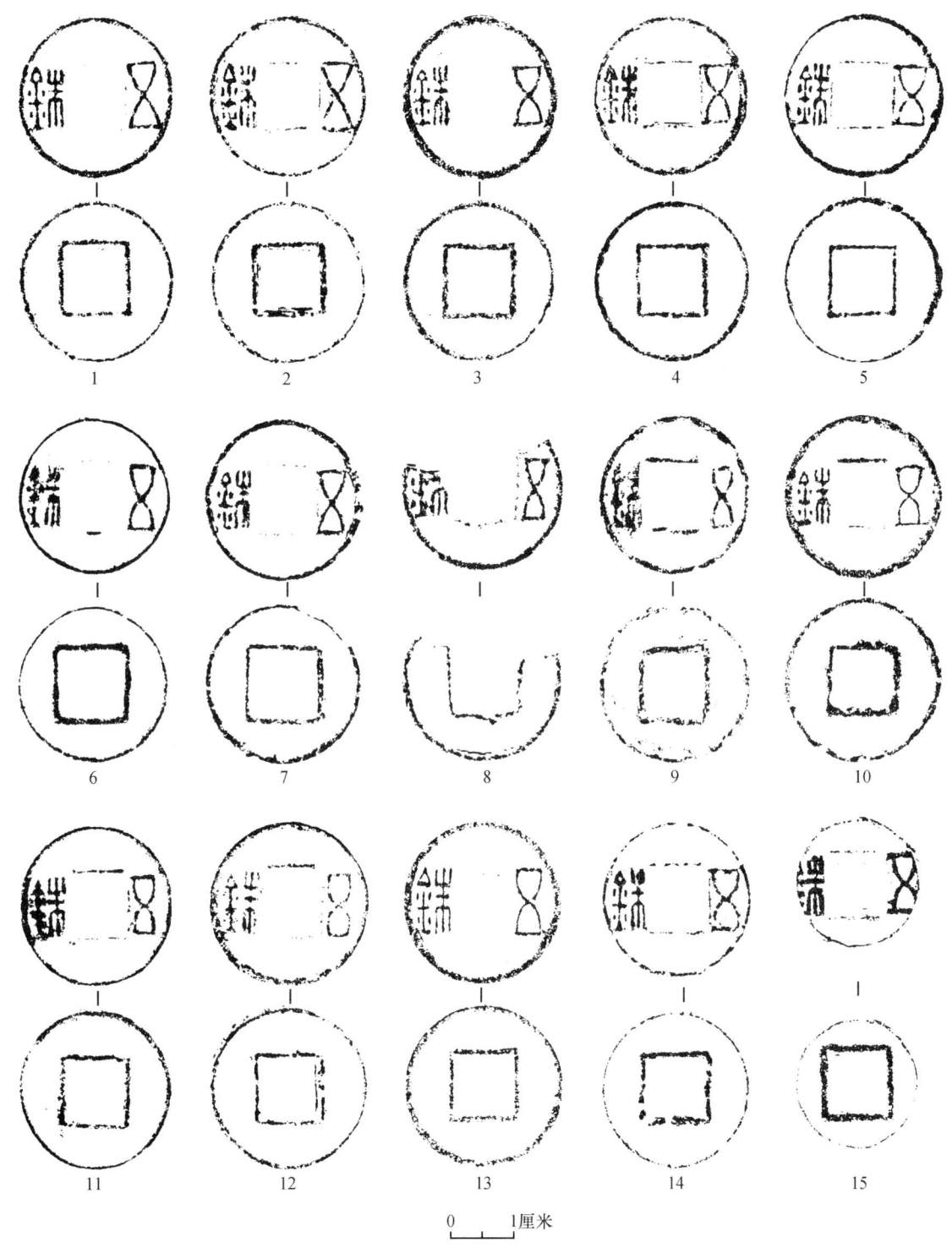

图一五二 西汉五铢钱

1、2. 甲类A型（M1：7-1、M38：3-1） 3~5. 甲类B型（M182：1-2、M212：1-2、M111：3-3） 6. 甲类C型Ⅰ式（M23：7-1） 7. 甲类C型Ⅱ式（M38：3-2） 8、9. 甲类C型Ⅲ式（M177：2-1、M182：1-1） 10~12. 甲类C型Ⅳ式（M12：1-1、M23：7-2、M147：1-1） 13. 甲类C型Ⅴ式（M212：1-4） 14. 乙类A型（M23：7-4） 15. 乙类B型（M38：3-3）

M212：1-2，直径2.5厘米（图一五二，4）。

M111：3-3，直径2.5厘米（图一五二，5）。

C型　124枚。"五"字多较长、较窄，交笔曲度大，与两横相交处垂直或接近垂直。据边郭及"五"字笔画变化分五式。

Ⅰ式　2枚。细郭，"五"字窄而长，交笔与两横相交处接近垂直，上下两横基本不出头。

M23：7-1，穿下月纹。直径2.43厘米（图一五二，6）。

Ⅱ式　21枚。此式以下边郭均变宽。"五"字交笔略曲，上下两横某一端略出头。

M38：3-2，直径2.55厘米（图一五二，7）。

Ⅲ式　11枚。"五"字窄，中间交笔极窄，上下两横出头，与两横相交处略外放。

M177：2-1，略残。直径2.65厘米（图一五二，8）。

M182：1-1，直径2.5厘米（图一五二，9）。

Ⅳ式　63枚。字形短。"五"字仍窄，中间交笔与两横相交处呈垂直或内敛状。

M12：1-1，穿上横郭。直径2.6厘米（图一五二，10）。

M23：7-2，穿上横郭。直径2.5厘米（图一五二，11）。

M147：1-1，穿上横郭。直径2.6厘米（图一五二，12）。

Ⅴ式　27枚。"五"字较长、略宽，交笔与两横相交处略外放，上下两横不出头。

M212：1-4，直径2.55厘米（图一五二，13）。

乙类　24枚。钱体经过切磨、剪凿，钱形不完整。据切磨程度分二型。

A型　19枚。磨郭。

M23：7-4，直径2.4厘米（图一五二，14）。

B型　5枚。剪边。

M38：3-3，直径2厘米（图一五二，15）。

2. 东汉五铢钱

262枚。此类五铢钱钱文"铢"字的"朱"旁，上部呈弧折特征。据钱形完整程度分两类。

甲类　207枚。钱形完整，没有切磨、剪凿痕迹。据"五"字结构特征分四型。

A型　121枚。"五"字宽大；"五"字中间交叉两笔与上下两横相交处外放较甚；上下两横一般不出头。据"铢"字变化分三式。

Ⅰ式　11枚。"铢"字的"朱"旁上部短，交角略圆折。

M111：3-2，直径2.6厘米（图一五三，1）。

M212：1-6，直径2.6厘米（图一五三，2）。

Ⅱ式　108枚。"铢"字的"朱"旁上部变长。

M50：22-26，直径2.55厘米（图一五三，5）。

M182：1-5，直径2.55厘米（图一五三，3）。

M212：1-9，直径2.6厘米（图一五三，4）。

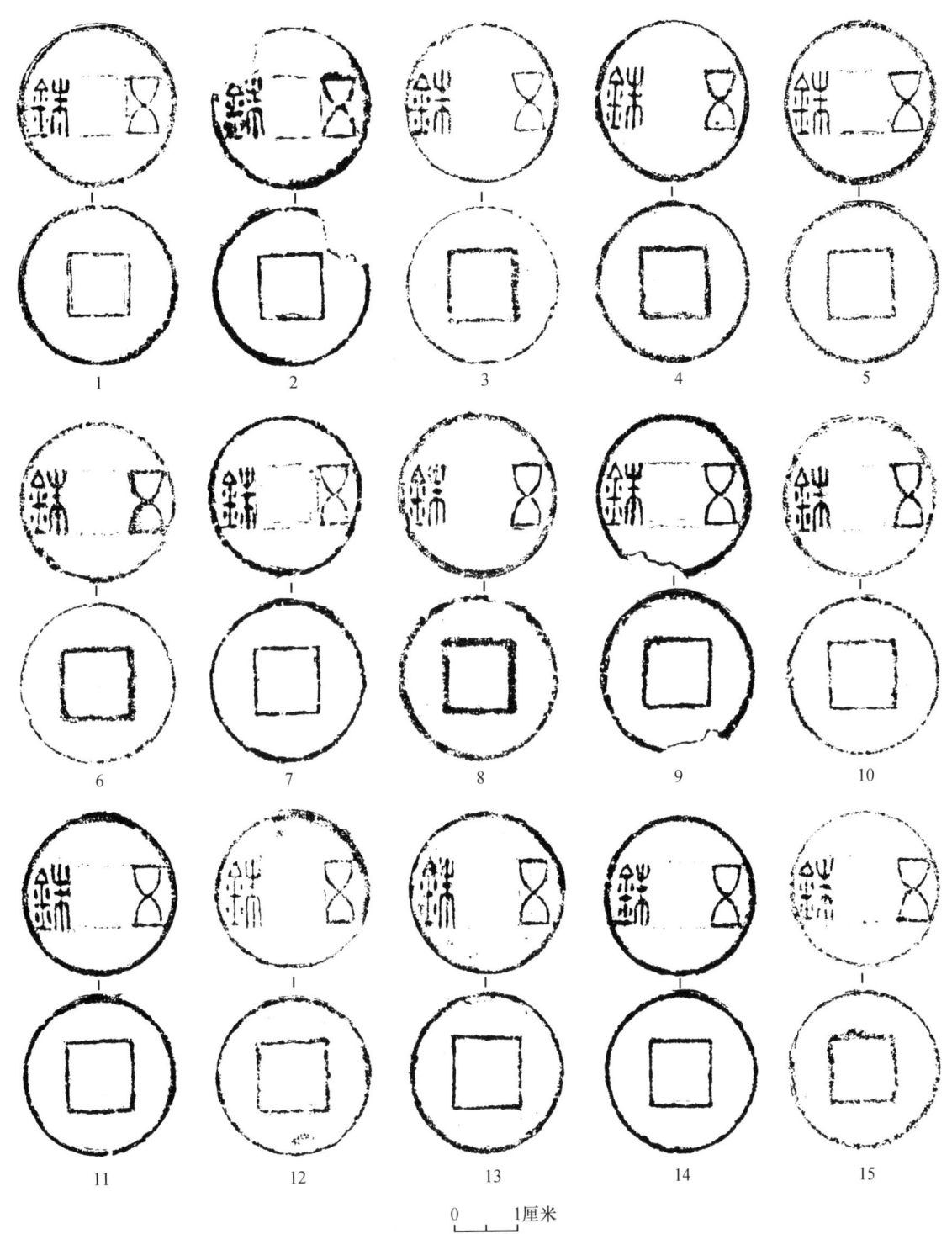

图一五三 甲类东汉五铢钱

1、2. A型Ⅰ式（M111∶3-2、M212∶1-6）　3～5. A型Ⅱ式（M182∶1-5、M212∶1-9、M50∶22-26）　6. A型Ⅲ式（M50∶22-25）
7、8. B型（M111∶3-5、M182∶1-7）　9. C型Ⅰ式（M182∶1-8）　10、11. C型Ⅱ式（M212∶1-12、M212∶1-13）
12、13. C型Ⅲ式（M212∶1-14、M212∶1-15）　14. C型Ⅳ式（M182∶1-10）　15. D型（M50∶22-31）

Ⅲ式 2枚。"铢"字的"朱"旁上部呈倒抛物线状。

M50：22-25，直径2.55厘米（图一五三，6）。

B型 25枚。"五"字略窄；"五"字中间交叉两笔与上下两横相交处外放程度较A型小；上下两横出头。"铢"字的"朱"旁上部较长。

M111：3-5，直径2.55厘米（图一五三，7）。

M182：1-7，直径2.6厘米（图一五三，8）。

C型 60枚。"五"字略窄；"五"字中间交叉两笔与上下两横相交处接近垂直；上下两横多出头。据"铢"字特征分四式。

Ⅰ式 3枚。"铢"字的"朱"旁上部短。

M182：1-8，直径2.6厘米（图一五三，9）。

Ⅱ式 51枚。"铢"字的"朱"旁上部变长。

M212：1-12，直径2.55厘米（图一五三，10）。

M212：1-13，直径2.58厘米（图一五三，11）。

Ⅲ式 4枚。"五铢"二字长。

M212：1-14，直径2.5厘米（图一五三，12）。

M212：1-15，直径2.55厘米（图一五三，13）。

Ⅳ式 2枚。"铢"字的"金"旁竖划断续不连。"朱"旁窄，下部较短，因此上下两部分长度接近相等。

M182：1-10，直径2.55厘米（图一五三，14）。

D型 1枚。"五"字不正。

M50：22-31，直径2.5厘米（图一五三，15）。

乙类 55枚。钱形不完整，有切磨、剪凿痕迹。

A型 32枚。磨郭钱。

M50：22-20，直径2.4厘米（图一五四，1）。

M50：22-21，直径2.4厘米（图一五四，2）。

B型 23枚。剪轮钱。

M50：22-22，直径2.2厘米（图一五四，3）。

M50：22-23，直径2.35厘米（图一五四，4）。

二 新 莽 钱

约792枚。其中646枚可辨。包括大布黄千、货布、大泉五十、小泉直一、货泉五类。

1. 大布黄千

2枚。面、背均有外郭，首部一穿，面、背中部皆有一道竖线，由裆部抵穿孔处。正面悬

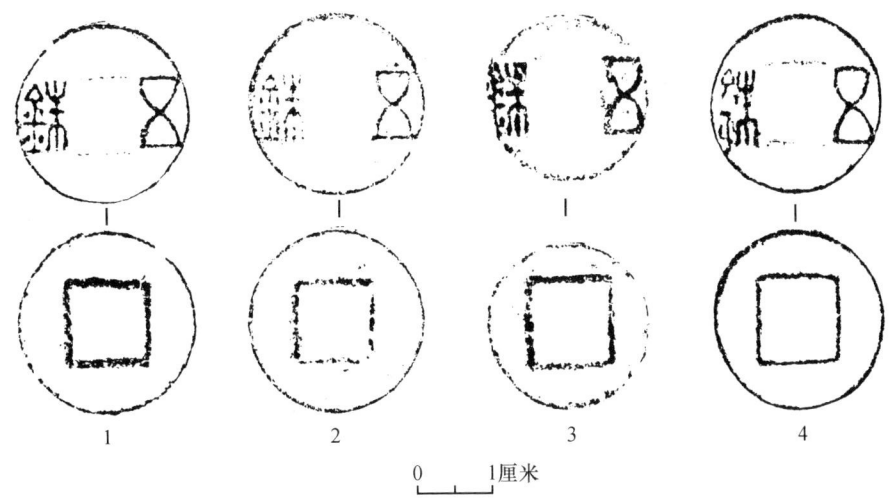

图一五四 乙类东汉五铢钱
1、2. A型（M50：22-20、M50：22-21） 3、4. B型（M50：22-22、M50：22-23）

针篆"大布黄千"四字。

M105：7-1，通长5.75、首宽1.7、肩宽2.15、足宽2.65厘米（图一五五，1）。

2. 货布

2枚。面、背均有外郭，首部一穿，面、背中部皆有一道竖线，由裆部抵穿孔处。正面悬针篆"货布"二字。

M48：13-1，通长5.8、首宽1.9、肩宽2.2、足宽2.3厘米（图一五五，2）。

3. 大泉五十

约171枚。其中100枚可辨型式。据钱形完整情况分二型。

A型 99枚。完整，未经切磨、剪凿。据直径大小分四亚型。

Aa型 4枚。特大型。面内郭较宽。直径2.9厘米左右。

M48：20-1，直径2.9厘米（图一五五，3）。

Ab型 56枚。大型。面内郭略细。直径2.6~2.7厘米。

M48：13-3，直径2.6厘米（图一五五，4）。

M48：13-4，直径2.6厘米（图一五五，5）。

M50：22-19，直径2.6厘米（图一五五，6）。

Ac型 36枚。中型。面内郭多细窄。直径2.4~2.5厘米。

M48：13-5，直径2.4厘米（图一五五，7）。

M48：13-6，直径2.4厘米（图一五五，8）。

Ad型 3枚。小型。直径2.2~2.3厘米。

M3：1-1，直径2.25厘米（图一五五，9）。

B型 1枚。磨郭。

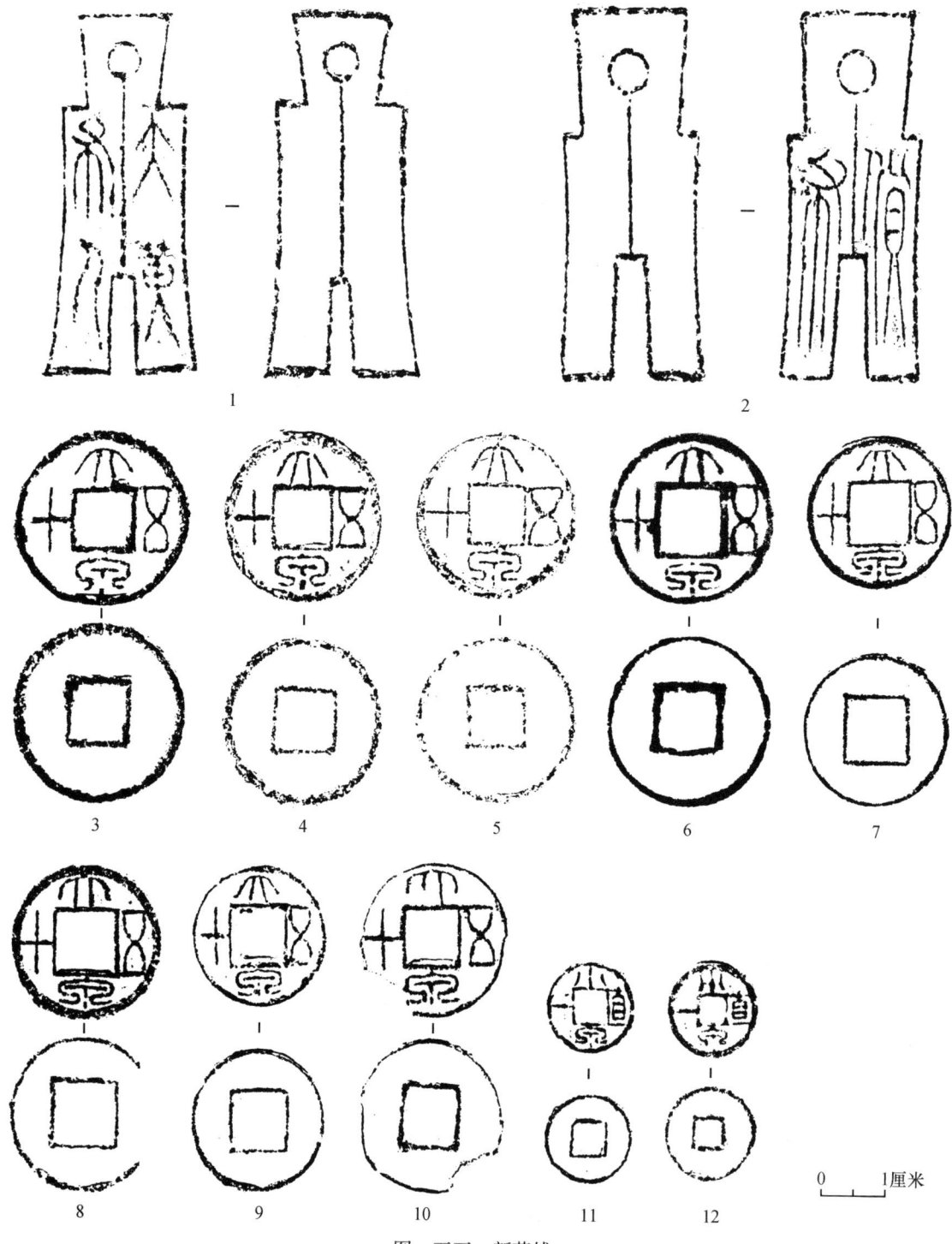

图一五五 新莽钱

1. 大布黄千（M105：7-1） 2. 货布（M48：13-1） 3. Aa型大泉五十（M48：20-1） 4~6. Ab型大泉五十（M48：13-3、M48：13-4、M50：22-19） 7、8. Ac型大泉五十（M48：13-5、M48：13-6） 9. Ad型大泉五十（M3：1-1） 10. B型大泉五十（M105：5-1） 11、12. A型小泉直一（M105：6-1、M105：6-2）

M105：5-1，直径2.35厘米（图一五五，10）。

4. 小泉直一

25枚。直径小，但未锈蚀者笔画纤细，清晰可辨。面、背均有内外郭。"小泉直一"四字直读。据直径大小分二型。

A型　14枚。直径1.4～1.5厘米。

M105：6-1（图一五五，11）。

M105：6-2（图一五五，12）。

B型　11枚。直径1.6～1.7厘米。

M105：6-3（图一五六，1）。

5. 货泉

592枚。其中517枚型式可辨。据钱形完整情况分两类。

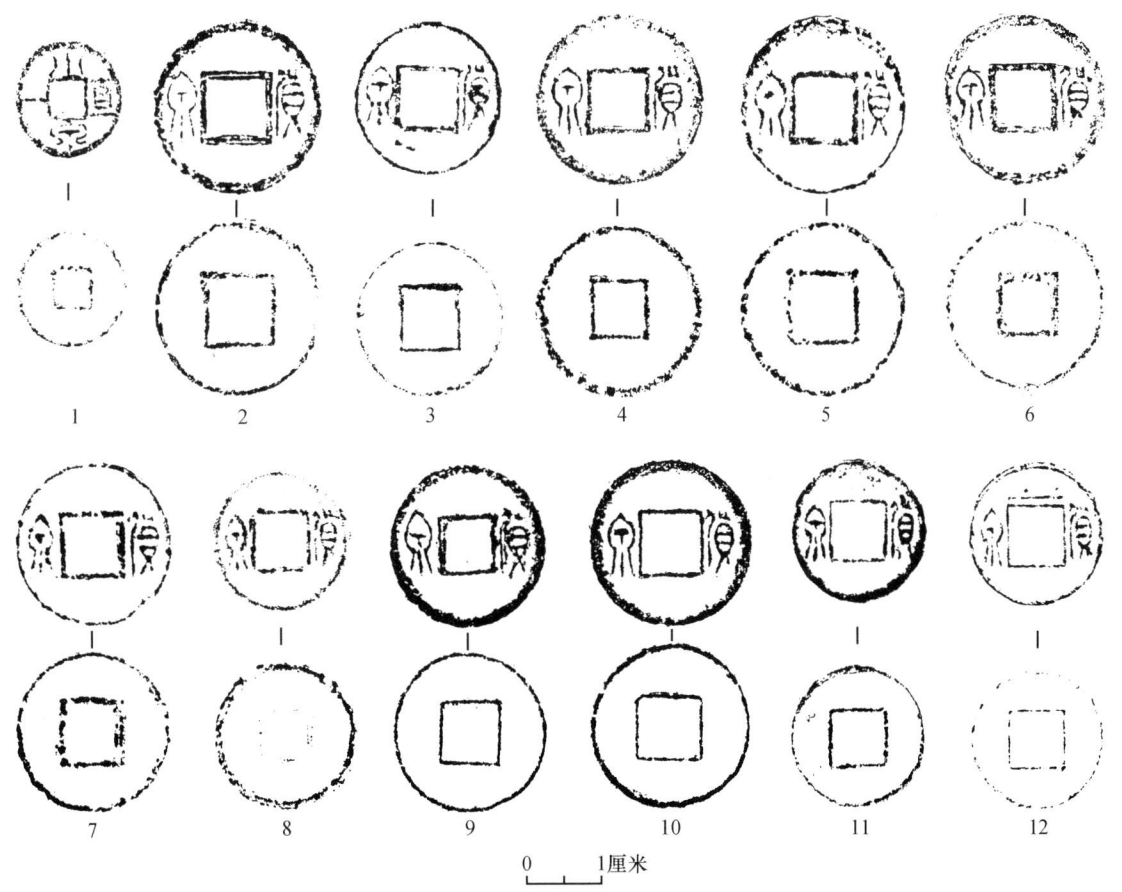

图一五六　新莽钱

1. B型小泉直一（M105：6-3）　2. 甲类Aa型货泉（M48：20-3）　3. 甲类Ab型货泉（M112：1-2）
4~6. 甲类Ba型货泉（M105：5-2、M48：20-4、M48：20-5）　7、8. 甲类Bb型货泉（M48：20-6、M112：1-5）
9、10. 甲类Ca型货泉（M48：20-8、M112：1-7）　11、12. 甲类Cb型货泉（M112：1-12、M112：1-13）

甲类　314枚。钱形完整，未经切磨、剪凿。据面内郭情况分四型。

A型　9枚。双重面内郭。据直径大小分二亚型。

Aa型　6枚。直径2.3厘米左右。

M48：20-3，直径2.3厘米（图一五六，2）。

Ab型　3枚。直径2厘米左右。

M112：1-2，直径2厘米（图一五六，3）。

B型　67枚。单面内郭较宽。据直径大小分二亚型。

Ba型　41枚。直径2.3厘米左右。

M48：20-4，直径2.3厘米（图一五六，5）。

M48：20-5，直径2.3厘米（图一五六，6）。

M105：5-2，直径2.25厘米（图一五六，4）。

Bb型　26枚。直径1.9~2.2厘米。其中1枚直径1.9厘米。

M48：20-6，直径2.15厘米（图一五六，7）。

M112：1-5，直径1.9厘米（图一五六，8）。

C型　84枚。单面内郭较窄。据直径大小分二亚型。

Ca型　46枚。直径2.1~2.2厘米。

M48：20-8，直径2.2厘米（图一五六，9）。

M112：1-7，直径2.2厘米（图一五六，10）。

Cb型　38枚。直径1.8~2厘米。

M112：1-12，直径1.9厘米（图一五六，11）。

M112：1-13，直径1.9厘米（图一五六，12）。

D型　154枚。无面内郭。据直径大小分三亚型。

Da型　49枚。直径2.1~2.3厘米。

M48：20-9，直径2.2厘米（图一五七，1）。

M112：1-16，直径2.1厘米（图一五七，2）。

M112：1-17，直径2.2厘米（图一五七，3）。

Db型　99枚。直径1.8~2厘米，多在1.8~1.9厘米。

M112：1-18，直径1.85厘米（图一五七，4）。

M112：1-19，直径1.9厘米（图一五七，5）。

Dc型　6枚。直径小，穿孔大。

M112：1-21，直径1.8厘米（图一五七，6）。

M112：1-31，直径1.85、穿径0.9厘米（图一五七，7）。

乙类　203枚。钱体经过切磨、穿凿，钱形不完整。据切磨情况分三型。

A型　128枚。磨郭。甲类B型、C型、D型货泉均见有。

M112：1-23，直径1.95厘米（图一五七，8）。

M112：1-25，直径1.9厘米（图一五七，9）。

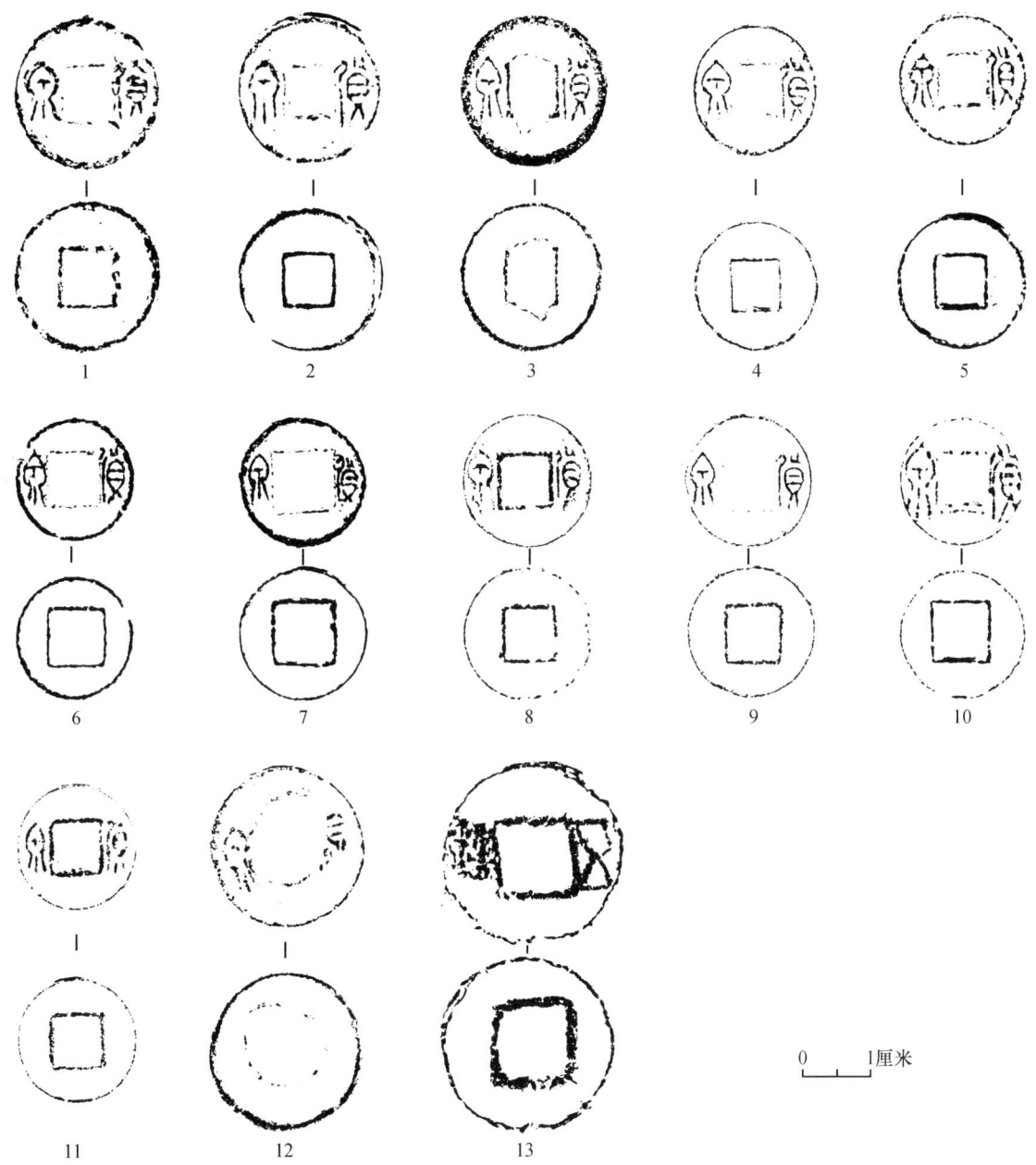

图一五七　新莽钱、铅钱

1～3. 甲类Da型货泉（M48：20-9、M112：1-16、M112：1-17）　4、5. 甲类Db型货泉（M112：1-18、M112：1-19）
6、7. 甲类Dc型货泉（M112：1-21、M112：1-31）　8、9. 乙类A型货泉（M112：1-23、M112：1-25）
10、11. 乙类B型货泉（M112：1-28、M112：1-29）　12. 乙类C型货泉（M112：1-30）　13. 铅钱（M182：1-12）

B型　74枚。剪轮。

M112：1-28，直径1.85厘米（图一五七，10）。

M112：1-29，直径1.8厘米（图一五七，11）。

C型　1枚。綖环。

M112：1-30，直径2.3厘米（图一五七，12）。

三 磨 字 钱

2枚。其正面外郭及钱文皆被磨去。
M50∶22-36，直径2.5厘米。

第十五节 铁 钱

3枚。
M48∶13，有2枚铁钱与大泉五十锈结在一起，无法取出，从其直径略大于Ab型大泉五十分析，这两枚铁钱也应为大泉五十。
M50∶22，与五铢钱夹杂锈结在一起，有铁钱1枚，已残朽、不能辨识。

第十六节 铅 钱

1枚。铅质五铢钱。
M182∶1-12，直径2.6厘米（图一五七，13）。

第四章 分期与年代

双庙墓地发掘的241座战国秦汉墓葬，出土陶器并且部分或全部复原的墓葬有147座（只出土器盖者未计），本章我们即以这147座墓葬为核心，建立双庙墓地的年代构架。

第一节 陶器组合分析

上述147座墓葬，据其器类结构关系，可分为仿铜陶礼器组合，仿铜陶礼器与日用陶器组合，日用陶器组合，仿铜陶礼器与生活用器组合，模型明器组合（含仿铜陶礼器、日用陶器、生活用器）等五类不同的组合。

其中模型明器组合，是指组合结构中出现仓、灶、井、磨、圈，以及各种人俑、动物俑等。由于此类墓葬往往被扰，组合的完整性遭到破坏，因此，在大的组合类别下，我们不细分。

我们所说的生活用器，在本报告中指洗、樽、耳杯、熏等几类器物。

合碗这类遗存，既见于仿铜陶礼器组合，也大量地与日用陶器同出，还有只出合碗者。从M247鼎、合碗、壶、盘、匜的组合结构看，我们将其理解为仿铜陶礼器。

钵类器因往往以器盖的形式出现，因此，对其定性以同出的其他器类为依据。仅出钵的墓葬，则归属于日用陶器。

以下我们所进行的组合分析，为求清晰简明，以陶器为核心，保留铜钱、铜镜、铜容器，其余器类不显示。

一 仿铜陶礼器组合

共计48座。据器类组合结构不同分为九类。

甲类　1座。以鼎、壶为核心的组合。
M104：鼎A型，壶甲类Aa型Ⅰ式。
乙类　2座。以鼎、盖豆、壶为核心的组合。据具体组合结构不同分为两组。
A组　1座。盖豆、壶的组合。
M170：盖豆A型，壶甲类Aa型Ⅱ式。
B组　1座。鼎、盖豆、壶的组合。

M93：鼎B型，盖豆B型，壶甲类Ab型Ⅰ式。

丙类 19座。以鼎、盒、壶为核心的组合。其基本组合形态为鼎、盒、壶、盘、匜，偶见高柄小壶，盘、匜常不全。据鼎的类型不同分为三组。

A组 1座。以C型鼎为核心器类。

M37：鼎Ca型，盒，壶甲类Ad型Ⅰ式，盘A型Ⅱ式。

B组 1座。以D型鼎为核心器类。

M59：鼎D型，盒，壶甲Ad型Ⅲ式。

C组 17座。以E型鼎为核心器类。据E型鼎的类型不同分三亚组。

Ca组 3座。以Ea型鼎为核心器类。据鼎的型式不同分为二小组。

Ⅰ组 2座。以Ea型Ⅱ式鼎为核心。

M27：鼎Ea型Ⅱ式，盒Ca型Ⅰ式，壶甲类Ba型Ⅲ式，盘A型Ⅲ式，匜A型Ⅱ式，器盖Cb型。

M32：鼎Ea型Ⅱ式，盒Da型Ⅱ式，壶甲Ba型Ⅲ式，盘，匜A型Ⅱ式。

Ⅱ组 1座。以Ea型Ⅲ式鼎为核心。

M127：鼎Ea型Ⅲ式，盒Da型Ⅰ式，壶甲Ad型Ⅱ式。

Cb组 13座。以Eb型鼎为核心器类。据鼎的型式不同分为四小组。

Ⅰ组 1座。以Eb型Ⅰ式鼎为核心。

M25：鼎Eb型Ⅰ式2，盒Ba型2，壶甲类Ad型Ⅰ式2，高柄小壶Ⅰ式，盘A型Ⅱ式，匜B型Ⅰ式。

Ⅱ组 3座。以Eb型Ⅱ式鼎为核心。

M31：鼎Eb型Ⅱ式，盒Da型Ⅱ式，壶甲类Ad型Ⅲ式，匜B型Ⅱ式。

M149：鼎Eb型Ⅱ式，盒Da型Ⅱ式，壶甲类Ad型Ⅱ式，器盖Cb型。

M201：鼎Eb型Ⅱ式，盒Da型Ⅱ式，壶甲类Ba型Ⅲ式，盘，匜B型Ⅰ式。

Ⅲ组 2座。以Eb型Ⅲ式鼎为核心。

M203：鼎Eb型Ⅲ式，盒Da型Ⅱ式，壶甲Ba型Ⅳ式，盘A型Ⅲ式，匜B型Ⅱ式。

M234：鼎Eb型Ⅲ式，盒Da型Ⅱ式，壶甲类Bb型。

Ⅳ组 7座。以Eb型Ⅳ式鼎为核心。

M35：鼎Eb型Ⅳ式，盒A型Ⅱ式，壶甲类Ad型Ⅳ式，盘A型Ⅳ式。

M36：鼎Eb型Ⅳ式，盒A型Ⅱ式，壶甲类Ad型Ⅳ式，盘A型Ⅳ式，匜A型Ⅱ式。

M82：鼎Eb型Ⅳ式，盒Da型Ⅱ式，壶甲类Ad型Ⅳ式，盘A型Ⅳ式，匜A型Ⅰ式。

M155：鼎Eb型Ⅳ式，盒A型Ⅱ式，壶甲类Ad型Ⅳ式，盘A型Ⅳ式，匜A型Ⅱ式。

M196：鼎Eb型Ⅳ式，盒A型Ⅱ式，壶甲类Ad型Ⅳ式，盘A型Ⅳ式，匜A型Ⅱ式。

M229：鼎Eb型Ⅳ式，盒A型Ⅱ式，壶甲类Ad型Ⅳ式，匜A型Ⅱ式，器盖Cb型。

M230：鼎Eb型Ⅳ式，盒A型Ⅱ式，壶甲类Ad型Ⅳ式，匜A型Ⅱ式。

Cc组 1座。以Ec型鼎为核心器类。

M231：鼎Ec型Ⅰ式，盒Bb型Ⅱ式，壶甲类Ba型Ⅱ式，盘A型Ⅲ式2、A型Ⅳ式，匜。

丁类　1座。以鼎、盒、高柄小壶为核心的组合。

M208：鼎Eb型Ⅱ式，盒Bb型Ⅰ式，高柄小壶Ⅱ式，盘A型Ⅱ式，匜B型Ⅱ式。

戊类　1座。以鼎、盒、合碗、壶为核心的组合。

M211：鼎Eb型Ⅲ式，盒Db型Ⅰ式，合碗Ⅲ式，壶甲类Ad型Ⅲ式，盘A型Ⅲ式，匜。

己类　1座。以鼎、合碗、壶为核心的组合。

M247：鼎Eb型Ⅲ式，合碗Ⅲ式，壶甲类Ad型Ⅲ式，盘Ba型Ⅱ式，匜B型Ⅱ式。

庚类　3座。以合碗、壶为核心的组合（其中1座只出合碗）。据合碗型式不同分为三组。

Ⅰ组　1座。以Ⅰ式合碗为核心。

M183：合碗Ⅰ式，壶甲类Ba型Ⅰ式，钵A型Ⅰ式。

Ⅱ组　1座。以Ⅱ式合碗为核心。

M142：合碗Ⅱ式。

Ⅲ组　1座。以Ⅲ式合碗为核心。

M54：合碗Ⅲ式，壶甲Ad型Ⅳ式。

辛类　1座。以盒为核心的组合。

M106：盒Ca型Ⅱ式。

壬类　19座。以壶为核心的组合。据壶的类型不同分为六组。

A组　2座。以甲类Ba型壶为核心器类。据壶的型式不同分为二小组。

Ⅰ组　1座。以甲类Ba型Ⅰ式壶为核心。

M252：壶甲类Ba型Ⅰ式，钵Ba型。

Ⅱ组　1座。以甲类Ba型Ⅱ式壶为核心。

M30：壶甲类Ba型Ⅱ式，钵Ba型，铜带钩Bb型、Ea型。

B组　2座。以乙类A型壶为核心器类。据壶的型式不同分为二小组。

Ⅰ组　1座。以乙类A型Ⅱ式壶为核心。

M222：壶乙类A型Ⅱ式3，另1残。

Ⅱ组　1座。以乙类A型Ⅲ式壶为核心。

M236：壶乙类A型Ⅲ式4，小壶乙类Bb型Ⅱ式4，铜釜Ⅱ式2。

C组　12座。以丙类壶为核心器类。据丙类壶的类型不同分为二亚组。

Ca组　11座。以丙类Aa型壶为核心器类。据其型式不同分为三小组。

Ⅰ组　2座。以丙类Aa型Ⅰ式壶为核心。

M210：壶丙类Aa型Ⅰ式，小壶乙类Bb型Ⅰ式。

M22：壶丙类Aa型Ⅰ式2，小壶乙类Bb型Ⅱ式2，器盖Ca型2，铜釜Ⅲ式，铜五铢钱西汉甲类B型2、甲类C型Ⅱ式、甲类C型Ⅲ式2、甲类C型Ⅳ式4、乙类A型2，铁剑。

Ⅱ组　7座。以丙类Aa型Ⅱ式壶为核心。

M6：壶丙类Aa型Ⅱ式3，小壶甲类Ca型Ⅰ式，铜釜Ⅱ式。

M10：壶丙类Aa型Ⅱ式，小壶甲类Ca型Ⅰ式、乙类Bb型Ⅱ式、另1残，铜五铢钱西汉甲类B型。

M116：壶丙类Aa型Ⅱ式2，铜五铢钱西汉甲类C型Ⅲ式、甲类C型Ⅳ式2、另铜五铢钱6残。

M237：壶丙类Aa型Ⅱ式2，小壶乙类Bb型Ⅱ式2，铜釜Ⅲ式，铜五铢钱西汉甲类A型、甲类C型Ⅳ式6。

M239：壶丙类Aa型Ⅱ式、丙类Ab型Ⅰ式。

M243：壶丙类Aa型Ⅰ式、丙类Aa型Ⅱ式，小壶乙类Bb型Ⅰ式，铜博局四神镜B型。

M245：壶丙类Aa型Ⅱ式2，小壶乙类Bb型Ⅱ式2，铜铭文镜Aa型，铜五铢钱西汉甲类C型Ⅲ式2、甲类C型Ⅳ式2。

Ⅲ组　2座。以丙类Aa型Ⅲ式壶为核心。

M26：壶丙类Aa型Ⅲ式2，小壶乙类Bb型Ⅱ式2，铜铭文镜Bb型，铜五铢钱西汉乙类A型。

M250：壶丙类Aa型Ⅲ式2，小壶乙类Bb型Ⅱ式2，铜釜Ⅱ式。

Cb组　1座。以丙类B型壶为核心器类。

M12：壶丙类B型2（盖均为A型Ⅲ式陶钵），小壶乙类Bb型Ⅱ式2，铜釜Ⅲ式，铜铭文镜Ba型，铜五铢钱西汉甲类B型8、甲类C型Ⅲ式、甲类C型Ⅳ式6、乙类A型3、乙类B型4、另铜五铢钱12残。

D组　1座。以乙类A型壶、丙类Aa型壶为核心器类。

M107：壶乙类A型Ⅳ式、丙类Aa型Ⅱ式，小壶甲类Ca型Ⅱ式，铜釜Ⅱ式。

E组　1座。以小壶为核心器类。

M113：小壶乙类Ba型Ⅱ式，铜釜。

F组　1座。以高温釉陶壶为核心器类。

M112：高温釉陶壶，小壶甲类Cb型Ⅱ式，铜博局四神镜A型，铜大泉五十Ac型2，铜货泉甲类Aa型3、Ab型3、甲类Ba型10、甲类Bb型17、甲类Ca型29、甲类Cb型36、甲类Da型21、甲类Db型83、甲类Dc型6、乙类A型128、乙类B型74、乙类C型。

二　仿铜陶礼器与日用陶器组合

共计35座。据仿铜陶礼器器类结构不同分为七类。

甲类　5座。以鼎、盒、壶为仿铜陶礼器核心器类。据鼎的类型不同分为两组。

A组　1座。以Cb型鼎为核心器类。

M28：鼎Cb型，盒Bc型，壶甲类Ac型2，盘Bb型，匜A型Ⅰ式，卷沿矮领折肩圜底罐2。

B组　4座。以E型鼎为核心器类。据鼎的类型不同分为三亚组。

Ba组　2座。以Ea型鼎为核心器类。据鼎的型式不同分为二小组。

Ⅰ组　1座。以Ea型Ⅰ式鼎为核心。

M141：鼎Ea型Ⅰ式，盒A型Ⅰ式，壶甲类Ba型Ⅰ式，盘A型Ⅰ式，匜B型Ⅰ式，折沿高领折肩罐A型Ⅱ式。

Ⅱ组　1座。以Ea型Ⅱ式鼎为核心。

M207：鼎Ea型Ⅱ式，盒Ca型Ⅰ式，壶甲类Ab型Ⅱ式，盘Ba型Ⅰ式，匜B型Ⅱ式，卷沿矮领折肩圜底罐。

Bb组　1座。以Eb型鼎为核心器类。

M144：鼎Eb型Ⅳ式，盒，壶甲类Ad型Ⅳ式、乙类Bb型，盘A型Ⅳ式，匜A型Ⅱ式，折沿高领圆肩罐甲类Aa型Ⅱ式、甲类Ab型Ⅱ式、另1残。

Bc组　1座。以Ec型鼎为核心器类。

M24：鼎Ec型Ⅲ式，盒Db型Ⅱ式，壶，小壶乙类A型Ⅰ式，无沿矮领罐甲类Ba型Ⅲ式，钵A型Ⅱ式，铜釜Ⅰ式。

乙类　1座。以鼎、盒、钫为仿铜陶礼器核心器类。

M86：鼎Ec型Ⅱ式，盒Db型Ⅱ式，钫，小壶，无沿矮领罐甲类A型Ⅱ式、甲类Ba型Ⅱ式，钵A型Ⅱ式，盂。

丙类　1座。以鼎、盒、合碗为仿铜陶礼器核心器类。

M195：鼎Eb型Ⅳ式，盒A型Ⅱ式，合碗Ⅳ式，盘A型Ⅳ式，匜A型Ⅱ式，折沿高领圆肩罐残，无沿矮领罐甲类Ba型Ⅰ式。

丁类　5座。以合碗为仿铜陶礼器核心器类。据合碗的型式不同分为三小组。

Ⅰ组　3座。以Ⅱ式合碗为核心。

M61：合碗Ⅱ式，无沿矮领罐甲类A型Ⅰ式。

M128：合碗Ⅱ式，卷沿矮领折肩圜底罐。

M253：合碗Ⅱ式，无沿矮领罐甲类Ba型Ⅰ式。

Ⅱ组　1座。以Ⅱ式、Ⅲ式合碗为核心。

M150：合碗Ⅱ式、Ⅲ式，无沿矮领罐甲类Bc型Ⅰ式。

Ⅲ组　1座。以Ⅲ式合碗为核心。

M79：合碗Ⅲ式，折沿高领折肩罐Ba型Ⅱ式。

戊类　3座。以盒、壶为仿铜陶礼器核心器类。据盒、壶的类型不同分为三组。

A组　1座。以Da型Ⅱ式盒，甲类Ad型Ⅱ式壶为核心。

M124：盒Da型Ⅱ式，壶甲类Ad型Ⅱ式，折沿高领圆肩罐甲类Ab型Ⅰ式。

B组　1座。以Cb型盒，乙类Ba型壶为核心。

M89：盒Cb型，壶乙类Ba型，无沿矮领罐甲类Ba型Ⅱ式，釜乙类Ⅰ式2。

C组　1座。以Ca型Ⅱ式盒，乙类A型Ⅱ式壶为核心。

M200：盒Ca型Ⅱ式，壶乙类A型Ⅱ式2，小壶甲类Cb型Ⅰ式2，匜B型，无沿矮领罐甲类Bc型Ⅳ式。

己类　1座。以鼎为仿铜陶礼器核心器类。

M91：鼎Ea型Ⅳ式，小壶乙类Ba型Ⅰ式，折沿高领圆肩罐甲类Aa型Ⅲ式（盖为A型Ⅱ式钵），瓮Aa型，钵A型Ⅱ式。

庚类　19座。以壶为仿铜陶礼器核心器类。此类组合中，罐的线索更为清晰，因此，我们以罐为核心器类、结合壶进行分组。据罐的类型不同分为四组。

A组　7座。以折沿高领圆肩罐为日用陶器核心器类。据折沿高领圆肩罐类型不同分为四亚组。

Aa组　2座。以甲类Aa型折沿高领圆肩罐为核心器类。参照小壶的型式不同分为二小组。

Ⅰ组　1座。以甲类Aa型Ⅶ式折沿高领圆肩罐，乙类Bb型Ⅱ式小壶为核心。

M163：壶丙类Ab型Ⅱ式，小壶乙类Bb型Ⅱ式2，折沿高领圆肩罐甲类Aa型Ⅶ式、甲类Ac型Ⅱ式，铜五铢钱西汉乙类A型2、另铜五铢钱2残。

Ⅱ组　1座。以甲类Aa型Ⅶ式折沿高领圆肩罐，乙类Bb型Ⅱ式小壶为核心。

M209：小壶乙类Bb型Ⅱ式、另1残，折沿高领圆肩罐甲类Aa型Ⅶ式2，铜五铢钱西汉甲类C型Ⅳ式3，铜大泉五十Aa型、Ab型17。

Ab组　1座。以甲类Ab型折沿高领圆肩罐为核心器类。

M1：小壶乙类Bb型Ⅱ式2，折沿高领圆肩罐甲类Ab型Ⅳa式2，铜釜Ⅲ式，铜五铢钱西汉甲类A型、甲类C型Ⅰ式、甲类C型Ⅱ式2。

Ac组　1座。以甲类Ac型折沿高领圆肩罐为核心器类。

M181：壶丙类Aa型Ⅲ式2，小壶乙类Bb型Ⅱ式2，折沿高领圆肩罐甲类Ac型Ⅰ式，铜釜Ⅱ式。

Ad组　3座。以乙类折沿高领圆肩罐为核心器类。据罐的型式不同分为三小组。

Ⅰ组　1座。以乙类Ⅲ式折沿高领圆肩罐为核心。

M248：壶乙类A型Ⅲ式2，小壶乙类Bb型Ⅱ式2，折沿高领圆肩罐乙类Ⅲ式。

Ⅱ组　1座。以乙类Ⅳ式折沿高领圆肩罐为核心。

M173：壶丙类Aa型Ⅲ式4，小壶甲类B型Ⅲ式、甲类Ca型Ⅱ式3，折沿高领圆肩罐乙类Ⅳ式，器盖B型，铜铭文镜Ab型。

Ⅲ组　1座。以乙类Ⅴ式折沿高领圆肩罐为核心。

M199：壶丙类Aa型Ⅳ式2，折沿高领圆肩罐乙类Ⅴ式2，铜釜Ⅲ式。

B组　7座。以折沿高领圆肩罐、无沿矮领罐为日用陶器核心器类的组合。据折沿高领圆肩罐类型的不同分为二亚组。

Ba组　5座。以甲类Aa型折沿高领圆肩罐为核心器类。据其型式不同分为四小组。

Ⅰ组　1座。以甲类Aa型Ⅳ式折沿高领圆肩罐为核心。

M80：小壶甲类B型Ⅰ式，折沿高领圆肩罐甲类Aa型Ⅳ式（盖为A型Ⅱ式钵），无沿矮领罐甲类Bc型Ⅲ式，釜甲类Ab型Ⅱ式，铜釜Ⅱ式。

Ⅱ组　1座。以甲类Aa型Ⅴ式折沿高领圆肩罐为核心。

M216：小壶甲类B型Ⅱ式，折沿高领圆肩罐甲类Aa型Ⅴ式、乙类Ⅲ式，无沿矮领罐甲类Ba型Ⅳ式，釜甲类B型，钵A型Ⅲ式，铜四乳纹镜A型。

Ⅲ组　1座。以甲类Aa型Ⅵ式折沿高领圆肩罐为核心。

M39：小壶乙类Bb型Ⅱ式，折沿高领圆肩罐甲类Aa型Ⅵ式，无沿矮领罐甲类Bc型Ⅳ式2。

Ⅳ组　2座。以甲类Aa型Ⅶ式折沿高领圆肩罐为核心。

M105：小壶乙类Bb型Ⅱ式，折沿高领圆肩罐甲类Aa型Ⅶ式、甲类Ac型Ⅱ式，无沿矮领罐甲类Ba型Ⅴ式，釜甲类C型，铜博局四神镜A型，铜五铢钱西汉甲类A型3、甲类C型Ⅱ式、甲类C型Ⅴ式、另铜五铢钱3残，铜大泉五十Ab型5、B型，铜小泉直一A型7、B型11，铜货泉甲类Ba型3，铜大布黄千2。

M244：壶丙类Ab型Ⅱ式，折沿高领圆肩罐甲类Aa型Ⅶ式，无沿矮领罐甲类Ba型Ⅴ2、甲类Bc型Ⅴ式，铜铭文镜Ab型。

Bb组　2座。以乙类折沿高领圆肩罐为核心器类。据其型式不同分为二小组。

Ⅰ组　1座。以乙类Ⅱ式折沿高领圆肩罐为核心。

M103：三足壶，折沿高领圆肩罐乙类Ⅱ式，无沿矮领罐甲类Ba型Ⅳ式2，钵A型Ⅱ式，铜釜Ⅱ式。

Ⅱ组　1座。以乙类Ⅲ式折沿高领圆肩罐为核心。

M47：壶乙类A型Ⅰ式，折沿高领圆肩罐乙类Ⅲ式，无沿矮领罐甲类Bc型Ⅳ式，盆B型Ⅱ式，釜甲类Ab型Ⅱ式，铜釜Ⅱ式。

C组　4座。以无沿矮领罐为日用陶器核心器类的组合。据罐的型式不同分为三小组。

Ⅰ组　1座。以甲类Ba型Ⅲ式无沿矮领罐为核心。

M219：小壶甲类A型，无沿矮领罐甲类Ba型Ⅲ式、甲类Bb型Ⅰ式。

Ⅱ组　2座。以甲类Ba型Ⅳ式无沿矮领罐为核心。

M49：壶乙类A型Ⅰ式，小壶乙类A型Ⅱ式2，无沿矮领罐甲类Ba型Ⅳ式（盖为A型Ⅱ式钵）。

M218：壶甲类Ae型，无沿矮领罐甲类Ba型Ⅳ式，铜釜Ⅱ式。

Ⅲ组　1座。以甲类Ba型Ⅶ式无沿矮领罐为核心。

M213：双鼻壶，无沿矮领罐甲类Ba型Ⅶ式、甲类Bc型Ⅴ式，双耳罐B型，铜五铢钱西汉甲类B型17、甲类C型Ⅱ式、乙类A型2、东汉甲类B型2、甲类C型Ⅱ式2、另铜五铢钱9残。

D组　1座。以壶、盆为核心器类的组合。

M224：壶甲类Ba型Ⅰ式，盆A型2。

三　日用陶器组合

共计52座。据核心器类不同分为九类。

甲类　1座。以盂为核心的组合。

M92：盂。

乙类　4座。以折沿高领折肩罐为核心器类的组合。据折沿高领折肩罐类型的不同分为两组。

A组　1座。以A型折沿高领折肩罐为核心。

M88：折沿高领折肩罐A型Ⅰ式，盂。

B组　3座。以Ba型折沿高领折肩罐为核心。据罐的型式不同分为二小组。

Ⅰ组　1座。Ba型Ⅰ式折沿高领折肩罐。

M84：折沿高领折肩罐Ba型Ⅰ式。

Ⅱ组　2座。以Ba型Ⅲ式折沿高领折肩罐为核心。

M18：折沿高领折肩罐Ba型Ⅲ式2、Bb型Ⅱ式。

M184：折沿高领折肩罐Ba型Ⅲ式。

丙类　9座。以折沿高领圆肩罐为核心器类的组合。据折沿高领圆肩罐的类型不同分为两组。

A组　7座。以甲类Aa型折沿高领圆肩罐为核心器类。据罐的型式不同分为四小组。

Ⅰ组　3座。以甲类Aa型Ⅲ式折沿高领圆肩罐为核心。

M99：折沿高领圆肩罐甲类Aa型Ⅲ式。

M109：折沿高领圆肩罐甲类Aa型Ⅲ式、甲类B型Ⅰ式，钵A型Ⅱ式，铜盆，铜釜。

M153：折沿高领圆肩罐甲类Aa型Ⅲ式、乙类Ⅱ式，钵A型Ⅱ式2。

Ⅱ组　1座。以甲类Aa型Ⅴ式折沿高领圆肩罐为核心。

M194：折沿高领圆肩罐甲类Aa型Ⅴ式（盖为A型Ⅱ式钵）、另2罐残（其一盖为A型Ⅱ式钵），釜甲类Aa型Ⅱ式。

Ⅲ组　2座。甲类Aa型Ⅵ式折沿高领圆肩罐为核心。

M23：折沿高领圆肩罐甲类Aa型Ⅵ式2、甲类Ac型Ⅰ式、乙类Ⅳ式，铜五铢钱西汉甲类B型、甲类C型Ⅰ式、甲类C型Ⅱ式、甲类C型Ⅲ式、甲类C型Ⅳ式2、乙类A型8、另铜五铢钱3残。

M38：折沿高领圆肩罐甲类Aa型Ⅵ式2，铜五铢钱西汉甲类A型、甲类C型Ⅱ式2、乙类A型、乙类B型。

Ⅳ组　1座。以甲类Aa型Ⅶ式折沿高领圆肩罐为核心。

M186：折沿高领圆肩罐甲类Aa型Ⅶ式、甲类Ab型Ⅴ式，铜洗A型，铜货泉甲类Ca型4、甲类Db型13。

B组　2座。以甲类Ab型折沿高领圆肩罐为核心器类。

M179：折沿高领圆肩罐甲类Ab型Ⅳa式，器盖Ca型。

M215：折沿高领圆肩罐甲类Ab型Ⅳa式，釜甲类Ab型Ⅱ式。

丁类　22座。以无沿矮领罐为核心器类的组合。据无沿矮领罐的类型不同分为两组。

A组　1座。以甲类A型无沿矮领罐为核心器类。

M176：豆，无沿矮领罐甲类A型Ⅱ式。

B组　21座。以甲类B型无沿矮领罐为核心器类。据甲类B型无沿矮领罐的类型不同分为三亚组。

Ba组　16座。以甲类Ba型无沿矮领罐为核心器类。据罐的型式不同分为六小组。

Ⅰ组　1座。以甲类Ba型Ⅱ式无沿矮领罐为核心。

M138：无沿矮领罐甲类Ba型Ⅱ式（盖为A型Ⅱ式钵），釜甲类Aa型Ⅰ式2，钵A型Ⅱ式2。

Ⅱ组　5座。以甲类Ba型Ⅲ式无沿矮领罐为核心。

M133：无沿矮领罐甲类Ba型Ⅲ式2（盖为A型Ⅱ式钵），铜盆B型，铜勺。

M136：无沿矮领罐甲类Ba型Ⅲ式，釜甲类Aa型Ⅰ式2，铜草叶纹镜。

M159：无沿矮领罐甲类Ba型Ⅲ式、甲类Bb型Ⅰ式，釜甲类Ab型Ⅰ式，钵A型Ⅱ式2。

M187：无沿矮领罐甲类Ba型Ⅲ式2、乙类A型，铜锸镂，铜盆B型2。

M206：无沿矮领罐甲类Ba型Ⅲ式3、乙类A型、乙类C型，瓮B型Ⅱ式，盆C型。

Ⅲ组　1座。以甲类Ba型Ⅲ式、甲类Ba型Ⅳ式无沿矮领罐为核心。

M189：无沿矮领罐甲类Ba型Ⅲ式、甲类Ba型Ⅳ式，釜甲类Aa型Ⅱ式，盆B型Ⅱ式，铜釜Ⅱ式。

Ⅳ组　3座。以甲类Ba型Ⅳ式无沿矮领罐为核心。

M156：无沿矮领罐甲类Ba型Ⅳ式（盖为A型Ⅱ式钵）、甲类Bb型Ⅱ式，铜鍪，铜釜Ⅱ式，铜盆B型，铜盘，铜草叶纹镜。

M171：无沿矮领罐甲类Ba型Ⅳ式、甲类Bc型Ⅲ式、乙类B型Ⅱ式。

M220：无沿矮领罐甲类Ba型Ⅳ式，铜釜Ⅱ式，铜锅，铜星云纹镜A型。

Ⅴ组　5座。以甲类Ba型Ⅴ式无沿矮领罐为核心。

M2：无沿矮领罐甲类Ba型Ⅴ式、甲类Bb型Ⅲ式3。

M40：无沿矮领罐甲类Ba型Ⅴ式，瓮B型Ⅲ式，铜盆B型，铜星云纹镜B型。

M57：无沿矮领罐甲类Ba型Ⅴ式、甲类Bb型Ⅲ式、乙类B型Ⅱ式，铜釜Ⅱ式。

M167：无沿矮领罐甲类Ba型Ⅴ式、甲类Bb型Ⅲ式。

M217：无沿矮领罐甲类Ba型Ⅴ式、另1不明，铜釜Ⅱ式。

Ⅵ组　1座。以甲类Ba型Ⅵ式无沿矮领罐为核心。

M161：无沿矮领罐甲类Ba型Ⅵ式，铜五铢钱西汉甲类C型Ⅳ2、另铜五铢钱2残。

Bb组　2座。以甲类Bb型无沿矮领罐为核心器类。据罐的型式不同分为二小组。

Ⅰ组　1座。以甲类Bb型Ⅰ式无沿矮领罐为核心。

M190：无沿矮领罐甲类Bb型Ⅰ式、甲类Bc型Ⅲ式。

Ⅱ组　1座。甲类Bb型Ⅲ式无沿矮领罐。

M90：无沿矮领罐甲类Bb型Ⅲ式。

Bc组　3座。以甲类Bc型无沿矮领罐为核心器类。据罐的型式不同分为三小组。

Ⅰ组　1座。以甲类Bc型Ⅱ式无沿矮领罐为核心。

M58：无沿矮领罐甲类Bc型Ⅱ式，钵Bb型。

Ⅱ组　1座。以甲类Bc型Ⅲ式无沿矮领罐为核心。

M94：无沿矮领罐甲类Bc型Ⅲ式。

Ⅲ组　1座。以甲类Bc型Ⅴ式无沿矮领罐为核心。

M45：无沿矮领罐甲类Bc型Ⅴ式，钵A型Ⅱ式。

戊类　3座。以折沿高领圆肩罐、折沿高领折肩罐为核心器类的组合。据罐的类型不同分为两组。

A组　2座。甲Aa型折沿高领圆肩罐、Bb型折沿高领折肩罐。据罐的型式不同分为二小组。

Ⅰ组　1座。以甲类Aa型Ⅰ式折沿高领圆肩罐，Bb型Ⅰ式折沿高领折肩罐为核心。

M152：折沿高领圆肩罐甲类Aa型Ⅰ式，折沿高领折肩罐Bb型Ⅰ式，钵A型Ⅱ式2。

Ⅱ组　1座。以甲类Aa型Ⅴ式折沿高领圆肩罐，Bb型Ⅱ式折沿高领折肩罐为核心。

M137：折沿高领圆肩罐甲类Aa型Ⅴ式（盖为A型Ⅱ式钵），折沿高领折肩罐Bb型Ⅱ式，釜甲类Aa型Ⅱ式，钵A型Ⅱ式，铜羽纹镜，铜四虺纹镜B型。

B组　1座。以甲类Ab型折沿高领圆肩罐，Ba型折沿高领折肩罐为核心。

M102：折沿高领圆肩罐甲类Ab型Ⅲ式，折沿高领折肩罐Ba型Ⅱ式。

己类　10座。以折沿高领圆肩罐、无沿矮领罐为核心器类的组合。据罐的类型不同分为三组。

A组　6座。以甲类Aa型折沿高领圆肩罐为核心器类，结合无沿矮领罐的型式不同分为三小组。

Ⅰ组　3座。以甲类Aa型Ⅳ式折沿高领圆肩罐，甲类Ba型Ⅳ式或甲类Bb型Ⅰ式无沿矮领罐为核心。

M44：折沿高领圆肩罐甲类Aa型Ⅳ式，无沿矮领罐甲类Ba型Ⅳ式，釜甲类Ab型Ⅰ式，钵A型Ⅱ式。

M81：折沿高领圆肩罐甲类Aa型Ⅳ式（盖为A型Ⅱ式钵），无沿矮领罐甲类Bb型Ⅰ式（盖为A型Ⅱ式钵）、乙类B型Ⅰ式，钵A型Ⅱ式，铜釜。

M164：折沿高领圆肩罐甲类Aa型Ⅳ式2（盖为A型Ⅱ式钵），无沿矮领罐甲类Ba型Ⅳ式，铜釜Ⅱ式。

Ⅱ组　1座。甲类Aa型Ⅴ式折沿高领圆肩罐，甲类Ba型Ⅲ式无沿矮领罐。

M221：折沿高领圆肩罐甲类Aa型Ⅴ式，无沿矮领罐甲类Ba型Ⅲ式。

Ⅲ组　2座。以甲类Aa型Ⅴ式折沿高领圆肩罐，甲类Ba型Ⅳ式无沿矮领罐为核心。

M66：折沿高领圆肩罐甲类Aa型Ⅴ式，无沿矮领罐甲类Ba型Ⅳ式，釜甲类Aa型Ⅱ式、乙类Ⅱ式，钵A型Ⅱ式。

M140：折沿高领圆肩罐甲类Aa型Ⅴ式，无沿矮领罐甲类Ba型Ⅳ式，釜甲类Aa型Ⅱ式。

B组　2座。以甲类Ab型Ⅲ式折沿高领圆肩罐为核心器类，结合无沿矮领罐的型式不同分为二小组。

Ⅰ组　1座。以甲类Ba型Ⅲ式无沿矮领罐为核心。

M72：折沿高领圆肩罐甲类Ab型Ⅲ式，无沿矮领罐甲类Ba型Ⅲ式，铜四虺纹镜A型。

Ⅱ组　1座。以甲类Ba型Ⅳ式无沿矮领罐为核心。

M132：折沿高领圆肩罐甲类Ab型Ⅲ式，无沿矮领罐甲类Ba型Ⅳ式3，盆B型Ⅱ式，钵A型Ⅱ式，铜釜Ⅱ式。

C组　2座。以乙类折沿高领圆肩罐为核心器类。

M158：折沿高领圆肩罐乙类Ⅰ式，无沿矮领罐甲类Bb型Ⅰ式、甲类Bc型Ⅱ式，盆B型Ⅰ

式，铜釜Ⅰ式。

M188：折沿高领圆肩罐乙类Ⅰ式2，无沿矮领罐甲类Bc型Ⅲ式，瓮B型Ⅰ式。

庚类　1座。以折沿高领折肩罐、无沿矮领罐为核心器类的组合。

M157：折沿高领折肩罐Bc型，无沿矮领罐甲类Bc型Ⅲ式，釜甲类Aa型Ⅰ式，钵A型Ⅱ式，铜盆A型。

辛类　1座。以钵为核心器类的组合。

M11：钵A型Ⅰ式。

壬类　1座。以罐（未修复不明）为核心器类的组合。

M114：釜乙类Ⅰ式（盖为A型Ⅱ式钵），罐（盖为A型Ⅱ式钵）。

四　仿铜陶礼器与生活用器组合

共计2座。壶、小壶与洗的组合。

M75：壶丙B型2，小壶甲类Ca型Ⅰ式2，洗。

M145：壶丙类Aa型Ⅱ式2，小壶甲类Ca型Ⅰ式，洗。

五　模型明器组合

共计10座。由于被盗扰，此类组合中，仿铜陶礼器仅见壶类一种，发现于3座墓葬中；生活用器发现樽、耳杯、熏等几类，见于2座墓葬；模型明器组合也往往不完整；日用陶器中的罐则常见。因此，此种组合下不再据器类结构进行分类，仅以罐类器的型式为线索，将此类组合的10座墓葬分为四组。

Ⅰ组　1座。以甲类Aa型Ⅵ式折沿高领圆肩罐为核心器类。

M240：折沿高领圆肩罐甲类Aa型Ⅵ式，双耳罐A型，仓A型Ⅰ式3。

Ⅱ组　1座。以甲类Ba型Ⅵ式、甲类Bc型Ⅴ式无沿矮领罐为核心器类。

M3：釉陶壶，无沿矮领罐甲类Ba型Ⅵ式5、甲类Bc型Ⅴ式，樽，灶A型，铜大泉五十Ab型2、Ac型6、Ad型3，铜货泉甲类Ba型、甲类Cb型。

Ⅲ组　6座。以甲类Aa型Ⅷ式、甲类Ab型Ⅵ式折沿高领圆肩罐，甲类Ba型Ⅶ式、甲类Bc型Ⅵ式无沿矮领罐等为核心器类。

M48：小壶乙类Bb型Ⅱ式2，折沿高领圆肩罐甲类Aa型Ⅷ式、甲类Aa型Ⅸ式、甲类Ab型Ⅳb式、甲类Ac型Ⅲ式，无沿矮领罐甲类Ba型Ⅵ式4、甲类Bb型Ⅳ式、甲类Bc型Ⅵ式2，瓮Ab型，灶Bb型Ⅰ式，釜甲类C型，铜铭文镜Aa型，铜五铢钱西汉甲类B型16、东汉甲类B型6、另铜五铢钱9残，铜大泉五十Aa型3、Ab型31、Ac型28、另70余残，铜小泉直一A型7，铜货泉甲类Aa型2、甲类Ba型27、甲类Bb型5、甲类Ca型6、甲类Cb型、甲类Da型21、甲类Db型、另37残，铜货布2，铁大泉五十2。

M198：折沿高领圆肩罐甲类Aa型Ⅷ式2，无沿矮领罐甲类Ba型Ⅶ式3，樽，仓A型Ⅱ式3，井A型Ⅰ式，模型甑，耳杯，熏，铜五铢钱东汉甲类A型Ⅰ式2、甲类A型Ⅱ式7、另铜五铢钱16残。

M131：仓B型Ⅰ式，铜五铢钱东汉甲类A型Ⅱ式，铜货泉甲类Bb型。

M126：无沿矮领罐甲类Ba型Ⅶ式3，重沿罐2，灶Ba型Ⅱ式，三足盂，铜五铢钱西汉甲类B型15、另铜五铢钱8残。

M202：无沿矮领罐甲类Ba型Ⅶ式、甲类Bb型Ⅳ式3，灶Ba型Ⅰ式，井B型，磨，猪圈，猪，狗，鸡A型、B型。

M111：无沿矮领罐甲类Bb型Ⅳ式，瓮A型，仓B型Ⅱ式5，灶Bb型Ⅰ式，井A型Ⅰ式，猪圈，铜五铢钱西汉甲类B型10，铜五铢钱东汉甲类A型Ⅰ式6、甲类A型Ⅱ式2、甲类B型2、另铜五铢钱1残，铜货泉甲类Aa型、甲类Bb型、甲类Ca型。

Ⅳ组　2座。以甲类Aa型Ⅸ式折沿高领圆肩罐，甲类Ba型Ⅷ式14、甲类Bb型Ⅴ式无沿矮领罐为核心器类。

M50：折沿高领圆肩罐甲类Aa型Ⅸ式，无沿矮领罐甲类Ba型Ⅷ式14、甲类Bb型Ⅴ式4，井C型，铜洗B型，铜连弧纹镜，铜五铢钱西汉甲类B型132、甲类C型Ⅱ式10、甲类C型Ⅳ式30、甲类C型Ⅴ式26，铜五铢钱东汉甲类A型Ⅰ式、甲类A型Ⅱ式73、甲类A型Ⅲ式、甲类B型13、甲类C型Ⅰ式2、甲类C型Ⅱ式19、甲类D型、乙类A型23、乙类B型20、另铜五铢钱281残，铜大泉五十Ab，铜磨字钱2，铁钱。

M212：高温釉陶壶，折沿高领圆肩罐甲类Aa型Ⅷ式2、甲类Aa型Ⅸ式、甲类Ab型Ⅵ式4、甲类B型Ⅱ式，无沿矮领罐甲类Ba型Ⅷ式3、甲类Bb型Ⅴ式2，重沿罐，仓B型Ⅲ式2，灶Bb型Ⅱ式，井A型Ⅱ式，铜五铢钱西汉甲类B型39、甲类C型Ⅱ式3、东汉甲类A型Ⅰ式、甲类A型Ⅱ式4、甲类A型Ⅲ式、甲类C型Ⅱ式22、甲类C型Ⅲ式4、乙类B型3、另铜五铢钱21残，铜大泉五十残，铜货泉6残。

第二节　相对年代分析

上节中我们对147座墓葬进行了基础的器物组合分析，本节将基于这些分析作进一步整合，并得出双庙墓地的相对年代。

一　组合整合

上节中，147座墓葬被分为5种27类不同的器物组合结构[1]。本节依据器物的型式、器物型式间的组合关系作进一步整合。组合整合遵循的基本原则有以下几点：前后相邻组别间的关联由同类器物的相邻式别确定；归于同组的墓葬彼此间共出某些器物的同一式别；某类器物的下一式别出现在下一组，因而出现这类器物上一式别的墓葬被列入上一组中。符合上述原则的归并整合不再作说明，个别超出上述原则的情况文中将指出分组原因。

1. 第一组

1座。包括仿铜陶礼器组合甲类。有M104。

2. 第二组

2座。包括仿铜陶礼器组合乙类A组、B组。有M93、M170。组合中甲类Aa型Ⅱ式壶系承继第一组甲类Aa型Ⅰ式壶，而甲类Aa型Ⅱ式壶与甲类Ab型壶最大径接近肩部的特征亦相似。

3. 第三组

2座。包括日用陶器组合甲类，乙类A组。有M88、M92。第三组与第二组之间没有关联性，因第四组与第三组的关联性而暂列于此位置。

4. 第四组

7座。包括仿铜陶礼器组合丙类A组、CbⅠ组，庚类Ⅰ组，壬类AⅠ组；仿铜陶礼器与日用陶器组合甲类A组、BaⅠ组，庚类D组。有M25、M28、M37、M141、M183、M224、M252。

5. 第五组

17座。包括仿铜陶礼器组合丙类B组、CaⅠ组、CaⅡ组、CbⅡ组、Cc组，丁类，庚类Ⅱ组，壬类AⅡ组；仿铜陶礼器与日用陶器组合甲类BaⅡ组，丁类Ⅰ组，戊类A组；日用陶器组合辛类。有M11、M27、M30、M31、M32、M59、M61、M124、M127、M128、M142、M149、M201、M207、M208、M231、M253。其中M11出土A型Ⅰ式钵，A型Ⅰ式钵还见于第四组的M183，但因A型Ⅱ式钵在第六组才开始出现，综合考虑，将M11归在第五组。M61、M128、M142、M253皆出土Ⅱ式合碗，系承继第四组Ⅰ式合碗；M61还出土甲类A型Ⅰ式无沿矮领罐，而甲类A型Ⅱ式无沿矮领罐见于第七组，两者间的距离不应太大；M253还出土甲类Ba型Ⅰ式无沿矮领罐，而甲类Ba型Ⅰ式无沿矮领罐还见于第七组。因此，上述4座墓葬列入第五组或下面的第六组都是可行的。

6. 第六组

8座。包括仿铜陶礼器组合丙类CbⅢ组、CbⅣ组（部分），戊类，己类；仿铜陶礼器与日用陶器组合丁类Ⅱ组；日用陶器组合乙类BⅠ组，戊类AⅠ组。有M82、M84、M150、M152、M203、M211、M234、M247。其中M82出土的Eb型Ⅳ式鼎、甲类Ba型Ⅳ式壶、A型Ⅳ式盘均见于第七组，但考虑到同墓所出Da型Ⅰ式盒已见于第五组，同墓所出A型Ⅰ式匜见于第四组，而A型Ⅱ式匜在第五组已出现，故将其置于第六组。

7. 第七组

19座。包括仿铜陶礼器组合丙类CbⅣ组（大部分），庚类Ⅲ组；仿铜陶礼器与日用陶器组合甲类Bb组，乙类，丙类，丁类Ⅲ组，戊类B组，己类；日用陶器组合丁类A组、BaⅠ组、BcⅠ组，己类C组，壬类。有M35、M36、M54、M58、M79、M86、M89、M91、M114、M138、M144、M155、M158、M176、M188、M195、M196、M229、M230。

8. 第八组

17座。包括仿铜陶礼器组合壬类E组；仿铜陶礼器与日用陶器组合甲类Bc组，庚类CⅠ组；日用陶器组合丙类AⅠ组，丁类BaⅡ组、BbⅠ组、BcⅡ组，戊类B组，己类AⅠ组（部分）、BⅠ组，庚类。有M24、M72、M81、M94、M99、M102、M109、M113、M133、M136、M153、M157、M159、M187、M190、M206、M219。

9. 第九组

12座。包括仿铜陶礼器与日用陶器组合庚类BaⅠ组、BbⅠ组、CⅡ组；日用陶器组合丁类BaⅢ组、BaⅣ组，己类AⅠ组（部分）、AⅡ组、BⅡ组。有M44、M49、M80、M103、M132、M156、M164、M171、M189、M218、M220、M221。

10. 第十组

16座。包括仿铜陶礼器组合辛类，壬类BⅠ组；仿铜陶礼器与日用陶器组合戊类C组，庚类BaⅡ组、BbⅡ组；日用陶器组合乙类BⅡ组，丙类AⅡ组，丁类BaⅤ组（大部分）、BbⅡ组，戊类AⅡ组，己类AⅢ组。有M18、M40、M47、M57、M66、M90、M106、M137、M140、M167、M184、M194、M200、M216、M217、M222。

11. 第十一组

17座。包括仿铜陶礼器组合壬类BⅡ组、CaⅠ组、CaⅡ组（大部分）；仿铜陶礼器与日用陶器组合庚类Ab组、AdⅠ组、BaⅢ组；日用陶器组合丙类B组、丁类BaⅤ组（少部分）；仿铜陶礼器与生活用器组合。有M1、M2、M6、M10、M22、M39、M75、M116、M145、M179、M210、M215、M236、M237、M243、M245、M248。该组中M22、M210、M243出土丙类Aa型Ⅰ式壶，因M243丙类Aa型Ⅰ式壶与丙类Aa型Ⅱ式壶同出，且M22同出乙类Bb型Ⅱ式小壶，故并归于第十一组。M210、M243出土乙类Bb型Ⅰ式小壶，M1、M10、M22、M236、M237、M245、M248出土乙类Bb型Ⅱ式小壶，两者间形态差异很小。M248出土乙类Ⅲ式折沿高领圆肩罐，见于第十组，因同出乙类A型Ⅲ式壶、乙类Bb型Ⅱ式小壶，故列入第十一组。M39所出甲类Aa型Ⅵ式折沿高领圆肩罐，系承继第十组甲类Aa型Ⅴ式折沿高领圆肩罐，所出甲类Bc型Ⅳ式无沿矮领罐，见于第十组，所出乙类Bb型Ⅲ式小壶见于第十二组，综合考虑，列于第十一组。M1、M179、M215皆出甲类Ab型Ⅳ式折沿高领圆肩罐，系承继第八、九组的甲类Ab型Ⅲ式折沿高领圆肩罐，其中M1出土乙类Bb型Ⅱ式小壶，乙类Bb型Ⅰ式小壶与乙类Bb型Ⅱ式小壶均始见于第十一组，故归于第十一组。

12. 第十二组

12座。包括仿铜陶礼器组合壬类CaⅡ组（1座）、CaⅢ组、Cb组、D组；仿铜陶礼器与日用陶器组合庚类Ac组、AdⅡ组、BaⅣ组（部分）；日用陶器组合丙类AⅢ组，丁类BcⅢ组；模型明器组合Ⅰ组。有M12、M23、M26、M38、M45、M107、M173、M181、M239、M240、M244、M250。其中M12出土剪轮五铢，同时还出土乙类Bb型Ⅱ式小壶，故其位置可在第十二或第十三组。

13. 第十三组

8座。包括仿铜陶礼器组合壬类F组；仿铜陶礼器与日用陶器组合庚类AaⅠ组、AaⅡ组、AdⅢ组、BaⅣ组（部分）；日用陶器组合丙类AⅣ组，丁类BaⅥ组；模型明器组合Ⅱ组。有M3、M105、M112、M161、M163、M186、M199、M209。该组中M3、M105、M112、M186、M209等皆出土新莽货币。

14. 第十四组

7座。包括仿铜陶礼器与日用陶器组合庚类CⅢ组；模型明器组合Ⅲ组、Ⅳ组。有M48、M111、M126、M131、M198、M202、M213。该组中M48、M131、M198、M213出土东汉五铢钱，但未见磨郭、剪轮等情况。

15. 第十五组

2座。包括模型明器组合Ⅳ组。有M50、M212。

二 相对年代分析

双庙墓地共有打破关系30组。具体情况如下。

（1）汉代以后墓葬打破战国秦汉墓葬共有3组，它们是：M9（晚）→M11，M74（晚）→M75，M165（晚）→M166。

（2）打破或被打破一方为无随葬品墓葬的12组，它们是：M14→M16（空），M15（空）→M18，M23→M33（空），M51（空）→M34，M53（空）→M54，M59→M56（空），M80→M78（空），M177→M172（空），M184→M185（空），M229→M228（空），M236→M232（空），M236→M233（空）。

（3）打破或被打破一方为仅有带钩、璜、钱币等小件用品的7组，它们是：M21（带钩）→M26，M89→M70（带钩），M75→M76（璜、环），M79→M87（带钩、璜、环），M147（铜钱）→M144（第七组），M167→M162（带钩），M181→M180（璜、骨饰）。

（4）打破及被打破墓葬均出陶器的8组，它们是：M24（第八组）→M25（第四组），M40（第十组）→M37（第四组），M84（第六组）→M93（第二组），M145（第十一组）→M149（第五组），M145（第十一组）→M150（第六组），M157（第八组）→M158（第七组），M239（第十二组）→M240（第十二组），M131（第十四组）→M125，但其中M125陶器未复原。

由8组出土并复原陶器墓葬间的打破关系[2]，可证我们目前排定的15组器物组合前后顺序关系不矛盾。而上述147座墓葬构成的15个器物组，除第二组与第三组间既不出土同型式器物，也无器物式别间的前后相继外，其余前后相邻的各组之间，都有式别间前后相继的器物，部分相邻组别间还出土相同式别器物，进一步证明第一、二组之间，以及第三组以下各组之间，属于前后相继、连续发展的考古学文化各个阶段。通过下面的考证，可知第二组与第三组大致处于同一时间段内。因此，我们将上述15组墓葬划分为14个前后相继、连续发展的考古学文化阶段：

第一段，包括第一组；

第二段，包括第二、三组；

第三段，包括第四组；

第四段，包括第五组；

第五段，包括第六组；

第六段，包括第七组；

第七段，包括第八组；

第八段，包括第九组；

第九段，包括第十组；

第十段，包括第十一组；

第十一段，包括第十二组；

第十二段，包括第十三组；

第十三段，包括第十四组；

第十四段，包括第十五组（图一五八）。

第三节　分期与年代

一　双庙墓地分期与年代推定

前述14个连续发展的考古学文化阶段，其中若干阶段的部分出土遗物具有较强的时间标尺意义。分别叙述如下。

第三段的仿铜陶礼器墓中，普遍伴出陶盒。就目前考古材料看，陶盒的出现不早于战国中期晚段。第三段的墓葬结构出现空心砖墓。空心砖墓，据目前的考古出土材料及学术界的相关

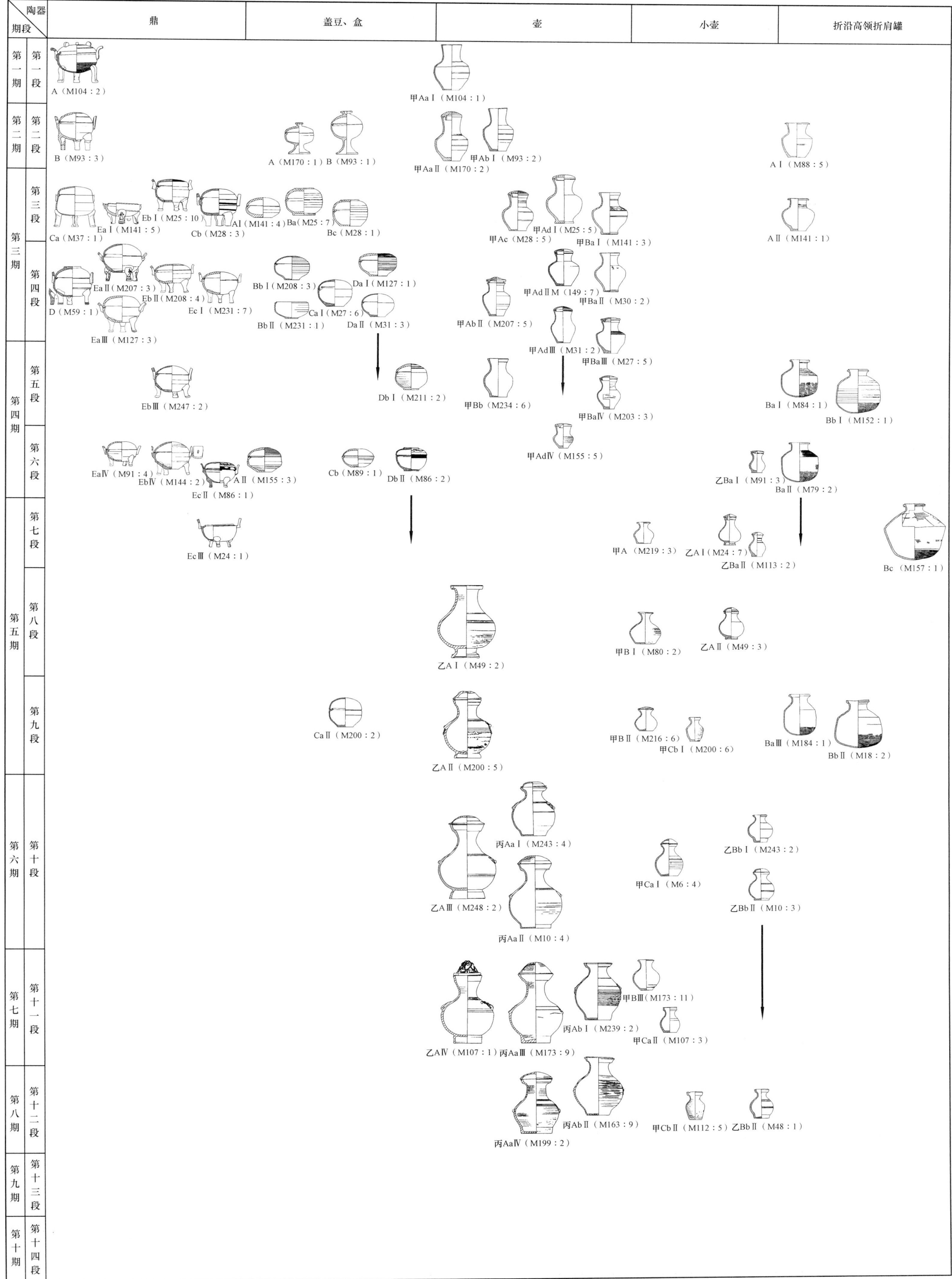

图一五八 双庙墓地主要陶器分期图（一）

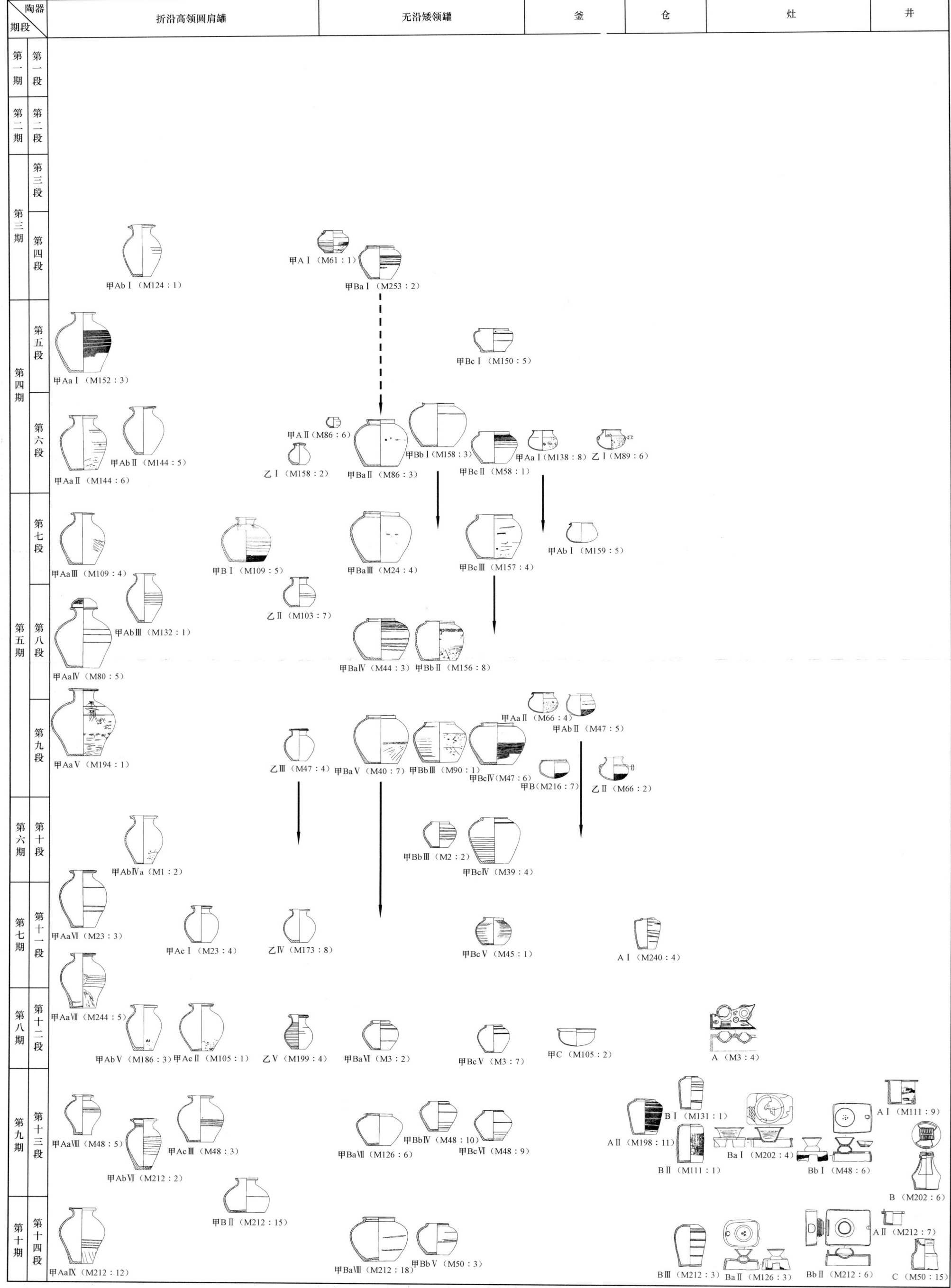

图一五八 双庙墓地主要陶器分期图（二）

研究看，在战国晚期才开始出现并流行。因此，第三段墓葬的年代上限大致在战国晚期。

第七段的M136出土草叶纹铜镜，此类镜出现于西汉早期[3]。M72出土A型四虺纹铜镜，出现并流行于西汉早期[4]。因此，第七段墓葬的年代上限为西汉早期。

第八段墓葬M220出土的A型星云纹铜镜，在河南洛阳、陕西地区出现并流行于西汉武昭宣时期[5]。因此，第八段墓葬的年代上限为西汉中期。

第十段墓葬开始出现五铢钱。其中M1、M237出土甲类A型西汉五铢钱，其钱文特征与满城一号墓中室出土的Ⅰ型五铢钱部分钱文相同，它们被认为是西汉武帝铸行的郡国五铢钱[6]。第十段的M10、M22所出甲类B型西汉五铢钱，其钱文特征与满城一号墓中室出土的Ⅱ型五铢钱部分钱文相同，它们被认为是西汉武帝铸行的郡国五铢钱[7]。第十段的M22所出甲类C型Ⅱ式西汉五铢钱，其钱文特征与满城一号墓后室出土的Ⅳ型五铢钱部分钱文相同，它们被认为是西汉武帝铸行的三官五铢钱[8]。第十段的M22与M245所出甲类C型Ⅲ式西汉五铢钱，其钱文特征与西汉昭帝元凤四年（前77）钱范钱文相近[9]。第十段的M22、M237与M245所出甲类C型Ⅳ式西汉五铢钱，其钱文特征与西汉宣帝元康四年（前62）、神爵二年（前60）等钱范钱文相同[10]。又第十段的M22还出土磨郭五铢钱，此类五铢钱最早出现于西汉宣帝晚期，流行于西汉晚期[11]。因此，第十段墓葬的年代上限约在西汉宣帝时期。

第十一段墓葬开始较为普遍地流行乙类A型西汉五铢钱，并出现乙类B型西汉五铢钱。前者为磨郭五铢钱；而后者为剪轮五铢钱，一般出现并流行于西汉晚期。因此，第十一段墓葬的年代上限为西汉晚期。

第十二段墓葬普遍流行新莽铸币而不见东汉五铢钱，其年代基本可以确定在新莽至东汉初期。

第十三段墓葬的M198所出甲类A型Ⅰ式东汉五铢钱，钱文特征与建武十七年钱范相同，属于东汉光武帝时期[12]。M131、M198、M213所出甲类A型Ⅱ式东汉五铢钱、甲类C型Ⅱ式东汉五铢钱，其出现年代不晚于东汉明帝、章帝时期[13]。因此，第十三段墓葬的年代上限为东汉早期。

第十四段墓葬伴出乙类A型、乙类B型东汉五铢钱，乙类A型东汉五铢钱出现时间不晚于东汉章帝时，乙类B型东汉五铢钱出现时间不晚于东汉桓帝时[14]。因此，第十四段墓葬的年代上限大致在东汉中期。

根据上述部分阶段出土遗物的年代学指征，结合各阶段器类组合结构的动态变化，我们可以就双庙墓地东周秦汉墓葬得出初步的分期结论，并对其中的多数发展阶段给出较为明确的年代判定。

因为第十二段普遍流行新莽货币而不见东汉五铢钱，第十三段则已伴出东汉五铢钱，而第十二段与第十三段前后相继，中间没有缺环。因此，我们基本上可以将第十二段的年代定在新莽时期，而将第十三段推定在东汉早期。由第十二段和第十三段墓葬年代的确定，第三、七、八、十、十一段墓葬年代的上限推定，结合这14段墓葬间前后相继、连续发展、没有明显缺环的事实，我们将双庙墓地东周秦汉墓葬的年代作以下推定，并在其后予以论证、修订。与此同时，结合上述各段墓葬不同器类的兴衰更替，器物组合制度的传承与推陈出新过程，我们将双庙墓地考古学文化的分期方案也在此一并讨论并予以确定。

第一期：包括第一段。仿铜陶礼器为鼎、壶组合，故列为第一期。具体年代后证。

第二期：包括第二段。仿铜陶礼器组合与第一段不同，为鼎、盖豆、壶，或盖豆、壶；日用陶器为罐、盂组合。具体年代后证。

第三期：包括第三段、第四段。仿铜陶礼器的基本组合变为鼎、盒、壶、盘、匜；另有合碗、壶，壶。日用陶器中折沿高领圆肩罐、无沿矮领罐开始出现，均与合碗或其他仿铜陶礼器形成组合（M11有器物未复原，不能确定是壶还是罐）。此期由于空心砖墓及陶盒的出现，其年代大致属战国晚期。

第四期：包括第五段、第六段。仿铜陶礼器组合基本延续前期的制度。但从第五段开始，合碗与盒呈现融合态势，出现鼎、盒、合碗、壶、盘、匜的组合；有的以合碗代盒，形成鼎、合碗、壶、盘、匜组合。罐类器开始出现独立于仿铜陶礼器之外的组合。小壶这种器类在第六段开始出现。其中，第五段的年代推定为秦代，第六段的年代推定为西汉早期前段。

第五期：包括第七段、第八段、第九段。是传统仿铜陶礼器及其组合迅速消亡，新的器类及组合逐渐崛起的过程。第七段合碗消失；传统鼎、盒、壶组合仅见1座；罐及罐、釜组合强势崛起并十分流行。从第八段开始鼎消失，战国以来传统的仿铜陶礼器制度完全解体；大壶与小壶相配的组合制度开始形成，但影响力还有限。其中第七段墓葬伴出草叶纹铜镜、四虺纹铜镜等，第八段墓葬伴出星云纹铜镜，结合此期与前后期段的关系，第七段的年代大致为西汉早期后段，第八段的年代为西汉中期前段，第九段的年代为西汉中期中段。

第六期：包括第十段。流行大壶配小壶的组合制度；仿铜陶礼器盒消失不见；生活用器中的洗开始出现，并产生仿铜陶礼器与生活用器的组合形式；五铢钱随葬开始出现并流行，是本期发生的重大变化。本期墓葬发现的年代最晚的是宣帝五铢钱，据此推定此期的年代约当西汉中期末段，或可包括西汉晚期前段。

第七期：包括第十一段。模型明器（仓）开始出现，是本期的一个重要变化。因部分墓葬出土磨郭与剪轮五铢钱，据此推定本期时代为西汉晚期后段。

第八期：包括第十二段。出现陶樽、高温釉陶器、陶灶及新莽钱币。此期新莽钱币流行而不见东汉五铢钱，年代当可定在新莽至东汉初年。

第九期：包括第十三段。传统仿铜陶礼器基本消失，熏、耳杯等生活用器，井、磨、圈、猪、狗、鸡，东汉五铢钱等进入组合。此期出土东汉五铢钱，但还不见磨郭、剪轮等特征，其年代当属东汉早期。

第十期：包括第十四段。出现磨郭及剪轮五铢钱。其年代为东汉中期。

二 双庙墓地各期段具体年代考证

前面对双庙墓地的分期及若干阶段的时间点进行了讨论，双庙墓地的基本时间框架就已经大体成形，下面我们将进一步深入地对若干时段进行年代学考证，并据此最终建立起较为准确的双庙墓地东周秦汉考古学文化时间序列。

1. 第一段年代考证

双庙墓地第一段M104所出A型鼎，与新郑新禹公路M10所出鼎近似，其时代大致定在战国早中期之际[15]。M104所出甲类Aa型Ⅰ式壶，与洛阳王城广场ZM127所出C型Ⅰ式壶属同一类型，其时代定在战国早期中段[16]；与洛阳中州路M2702所出ⅠA式壶形态相近，其时代为战国早期[17]。但两者均为溜肩，最大径位于腹中部，应略早于双庙M104。与新郑西亚斯M196所出Ab型Ⅰ式壶相同，其时代为战国中期[18]。

综合判断，双庙第一段墓葬的年代，应在战国早中期之际至战国中期前段。

2. 第二段年代考证

双庙墓地第二段M93所出B型鼎，圆蹄足中空，与郑州二里冈M215所出Ⅰ式鼎鼎足风格一致，两者形态亦相近，只是M215所出者盖有三纽，时代为战国中期或早期[19]；与新郑西亚斯M104所出D型鼎形态相似，西亚斯D型鼎盖有纽，时代为战国中期[20]；与新郑双楼东周墓地出土的乙类Aa型Ⅰ式鼎相类，流行于战国早期晚段至战国中期早段[21]。这种中空足的特征，还见于山西长治分水岭墓地，该墓地M21、M28所出Bb型Ⅲ式鼎，与双庙B型鼎相近，其中M28时代属战国中期，M21时代定在战国晚期早段[22]。

双庙墓地M93所出A型盖豆，与洛阳王城广场东周墓地所出A型Ⅲ式、A型Ⅳ式豆相近，时代为战国早期至战国中期前段[23]。与新郑西亚斯M174所出Ba型Ⅰ式盖豆相近，唯西亚斯盖豆柄略细略高，时代为战国早期后段[24]。双庙M170所出B型盖豆，略与洛阳中州路M1702所出ⅣB式盖豆相近，属第六期战国中期后段[25]；与洛阳西工区C1M4028所出盖豆基本相近，时代定在战国中期[26]；与洛阳王城广场ZM46、ZM149所出B型Ⅱ式豆相近，时代为战国早期晚段[27]。

双庙墓地M93所出甲类Ab型Ⅰ式壶，与郑州二里冈M396所出Ⅵ式壶近似，时代为战国末期至汉初[28]；与河南省邮电器材公司M2所出Ⅳ式壶相近，时代据二里冈报告定在战国晚期[29]；与郑州岗杜M54所出壶形态相同，时代为战国末至汉初[30]。双庙墓地甲类Aa型Ⅱ式壶与郑州纺织机械厂M2所出Ⅳ式壶基本相同，时代为战国晚期[31]。

双庙墓地M88、M92所出盂，与河南新郑兴弘花园墓地M46所出Ab型Ⅵ式盂相近，其时代为战国中期[32]；与新郑西亚斯墓地M22所出A型Ⅲ式盂相同，时代为战国中期[33]；与新郑郑国祭祀遗址战国中期B型Ⅰ式、B型Ⅱ式盂相同[34]。

双庙墓地M88所出A型Ⅰ式折沿高领折肩罐，与新郑西亚斯M96所出Ba型Ⅱ式罐相近，时代为战国早期后段[35]。但新郑西亚斯Ba型Ⅱ式罐为宽溜折肩，腹下部呈内弧收，细节上与双庙A型Ⅰ式折沿高领折肩罐有所不同。

根据上述对比材料考证，可知双庙墓地第二段的遗物中，壶在周边地区的材料中均晚至战国晚期以后，其余均属战国中期或略早。结合第二段与第一段的关系，我们认为双庙墓地第二段的年代当在战国中期后段至战国中晚期之际。

3. 第三段年代考证

双庙墓地第三段M28所出Cb型鼎鼎足呈瓦状，具有这种特征的鼎足还见于河南郑州。其中，郑州二里冈M97所出此足鼎（Ⅵ式鼎）的时代为战国中期或早期[36]；郑州纺织机械厂M7所出Ⅰ式鼎，河南省邮电器材公司M5所出Ⅲ式鼎，亦为此类足，机械厂M7年代定在战国中期早段[37]，邮电器材公司M5的时代据二里冈报告定在战国中期或稍早[38]。但上述各鼎皆为圜底，足的位置较高，与双庙Cb型鼎呈大平底、三足聚于器底不同。双庙墓地第三段M141的Ea型Ⅰ式鼎，与咸阳任家咀M182所出B型Ⅰ式鼎非常接近，其年代为战国晚期。第三段M25的Eb型Ⅰ式鼎，与咸阳任家咀M126所出B型Ⅰ式鼎相近，但M126为矮蹄足，盖有三纽，时代为战国晚期[39]。

双庙墓地第三段M141所出A型Ⅰ式盒，与西安南郊茅坡光华胶鞋厂M44、M45所出C型盒形态略近似，但光华胶鞋厂C型盒器腹略深，器壁饰两周凹弦纹（从有照片的器物看，似应为两道折棱），其中M45的时代为战国晚期后段，M44的时代为战国末至秦[40]。双庙M25所出Ba型盒，与西安南郊茅坡邮电学院南区M109所出Bb型Ⅱ式盒基本相同，时代为战国晚期晚段[41]；与西安半坡M89所出盒完全相同，时代定在战国晚期[42]；与西安北郊98交校Ⅰ区M5所出Bb型Ⅰ式盒相近，时代为战国晚期前段[43]。双庙M28所出Bc型盒，与陕西凤翔高庄M39所出壶形态相近，时代为战国晚期[44]。

双庙M28所出甲类Ac型壶，与郑州二里冈M39所出Ⅴ式壶相近，时代为战国中期[45]，但二里冈的Ⅴ式壶下腹内弧收程度较双庙甲类Ac型壶更甚；与新郑双楼墓地Ab型Ⅲ式壶相似，时代为战国中期晚段[46]。双庙M141所出甲类Ba型Ⅰ式壶，与河南省邮电器材公司M10所出Ⅴ式壶基本相同，时代定在战国晚期[47]；与新郑西亚斯M185所出Aa型Ⅲ式壶形态相同，时代为战国晚期[48]；与新郑双楼墓地B型Ⅰ式壶相同，时代为战国晚期晚段[49]。

双庙M141所出A型Ⅱ式折沿高领折肩罐，与郑州二里冈M442所出Ⅹ式壶形态基本相同，时代为战国末至汉初[50]；与新郑郑国祭祀遗址H1867所出C型Ⅱ式罐及M842所出壶形制基本相同，前者时代为战国晚期前段，后者时代为战国晚期[51]；与新郑西亚斯M167所出Bb型罐基本相同，时代为战国晚期[52]。

据此，双庙墓地第三段的年代，可以定在战国晚期。

4. 第四段年代考证

双庙墓地第四段M59所出D型鼎有足根内侧中空的特征，见于河南郑州、新郑、洛阳，山西侯马等地。见于郑州二里冈M44、M427所出Ⅱ式鼎，M56、M405、M409所出Ⅲ式鼎，其中与M56所出Ⅲ式鼎的形态较为接近，各墓时代均属战国中期或早期[53]。见于郑州纺织机械厂M3所出Ⅰ式鼎，但其为圜底，盖上三方纽而非抓手，足截面为圆形，时代为战国中期早段[54]。见于新郑蔡庄M23，其为浅盖浅腹，时代为战国中期[55]。见于洛阳37工区M1的ⅢA式鼎，但其为圜平底，盖面三纽，时代据中州路定在战国晚期[56]。见于侯马乔村M46所出B型Ⅱ式鼎，为圜底，时代为战国中期[57]。双庙D型鼎浅腹大平底的特征，要晚于上述各鼎的时代。双庙地第四段所出Ea型Ⅱ式鼎的形态结构,与西安南郊茅坡邮电学院南区M109所出Aa型Ⅰ式鼎相近,唯盖有三纽,时代约当战国晚期[58]。与西安南郊潘家庄世家星城M194的Ba型Ⅰ式鼎亦近似[59]。双庙墓地第四段所出Eb型Ⅱ式鼎,与世家星城M187所出Ca型Ⅰ式鼎相近,唯其盖有三纽,时代为战国晚期至秦代[60]。

双庙墓地第四段M32所出Da型Ⅱ式盒,与陕西临潼刘庄M1所出盒形态基本相同,时代为战国晚期[61];与西北农林科技大学M58所出盒相同,从简报内容推测,其年代大约在战国晚期[62]。

双庙墓地第四段M207所出甲类Ab型Ⅱ式壶,与郑州二里冈M396所出Ⅵ式陶壶相近,时代为战国末至汉初[63]。双庙墓地第四段M31及第五段M211、M247所出甲类Ad型Ⅲ式壶,与新郑西亚斯墓地Bb型壶相近,时代为战国中期[64],但西亚斯Bb型壶下腹内弧收程度较双庙甲类Ad型Ⅲ式壶更甚;与洛阳西工区M14所出Ⅳ式壶相同,时代据中州路定在战国晚期[65];与郑州市政公司墓地M47所出A型Ⅱ式壶相同,时代为战国晚期[66]。

双庙墓地M124所出甲类Ab型Ⅰ式折沿高领圆肩罐,在三门峡司法局墓地也有发现,其M16所出Ⅰ式罐与前者十分接近[67]。

双庙墓地M253所出甲类Ba型Ⅰ式无沿矮领罐,与西安尤家庄00明珠11#M24所出B型Ⅰ式大口大罐在器形整体特征上相近,纹饰及肩、腹各一道折棱的风格也相同,时代为战国晚期晚段[68];与山西侯马乔村M4311甲类B型Ⅱ式陶罐亦十分相似,年代为战国晚期[69]。

综合第四段器物形态演变线索、器物组合关系,以及上述对比分析,双庙墓地第四段的年代也当在战国晚期,时间上略晚于第三段。

5. 第五段年代考证

双庙墓地第五段所出Eb型Ⅲ式鼎,与西安南郊潘家庄世家星城M125所出Ca型Ⅱ式鼎接近,时代为西汉初[70],唯世家星城M125的Ca型Ⅱ式鼎盖有三纽;与西安尤家庄M99明珠蓄水池M8所出Bb型Ⅳ式鼎相似,但其为矮蹄足,盖有三纽,时代为秦末汉初[71]。

双庙墓地第五段M84所出Ba型Ⅰ式折沿高领折肩罐,其形态特征与新郑郑国祭祀遗址战国晚期后段A型Ⅰ式罐相近[72]。与新郑双楼墓地M187所出高领圜底罐相同,时代为战国晚期晚段[73]。

双庙墓地第五段M152所出甲类Aa型Ⅰ式折沿高领圆肩罐,与宝鸡建河M45所出Ca型Ⅱ式罐相近,但建河M45的Ca型Ⅱ式罐沿较窄、颈略短、肩略瘦,时代定在战国晚期晚段;与建河墓地M25所出Cb型Ⅶ式罐更接近,时代为战国中期晚段[74],但或者要略晚[75]。山西侯马乔村墓地亦有相同遗存,乔村M4255所出乙类D型Ⅲ式罐,形态结构也与双庙甲类Aa型Ⅰ式折沿高领圆肩罐相同,其年代定在西汉初[76]。

双庙墓地第五段M150所出甲类Bc型Ⅰ式无沿矮领罐,与西安尤家庄01纬四小区车库所出C型大口大罐M28∶1非常相似,时代为秦末至西汉初[77]。

综合分析,双庙墓地第五段的年代应该在战国末至秦代。

6. 第六段、第七段年代考证

双庙墓地第六段M91所出Ea型Ⅳ式鼎，与西安北郊99乐百氏M10、M39所出D型鼎形态相近，但其盖有三纽，时代为秦代[78]；与西安南郊茅坡光华胶鞋厂M44所出Bb型Ⅲ式鼎相近，时代为战国末至秦代[79]。

双庙墓地第六段M86所出Ec型Ⅱ式鼎、Db型Ⅱ式盒，与洛阳北郊C8M574所出鼎、盒的形态、纹饰几乎完全相同[80]，年代为西汉早期。

双庙墓地第六段的M79所出折沿高领折肩罐Ba型Ⅱ式，与郑州二里冈M15所出尊形态基本相同，时代为战国末至汉初[81]。

双庙墓地第六段M158、M188所出乙类Ⅰ式折沿高领圆肩罐，与西安北郊98交校Ⅲ区M49所出A型带盖罐、01中财M56所出B型带盖罐的器盖相同、器型相似，唯后两者体形稍椭长，且A型带盖罐为小底，两墓时代分别为战国晚期后段、秦末汉初[82]。似可认为双庙乙类Ⅰ式折沿高领圆肩罐较上述西安地区带盖罐略晚。

双庙墓地第六段所出甲类Bc型Ⅱ式无沿矮领罐，与西安北郊99乐百氏M2所出A型Ⅵ式大口罐相同，时代为秦末汉初[83]。

双庙墓地第七段M72与M136，分别出土A型四虺纹铜镜和草叶纹铜镜，它们均出现于西汉早期。

综合分析，双庙墓地第六段与第七段的年代，分属西汉早期的前、后段。

7. 第八段、第九段年代考证

双庙墓地第八段的M220出土A型星云纹铜镜，在河南洛阳、陕西地区流行于西汉武昭宣时期[84]。

双庙墓地第九段M184所出Ba型Ⅲ式折沿高领折肩罐，其形态特征与河南禹州新峰墓地M423所出Aa型Ⅴ式折肩罐基本相同，时代为西汉中期前段[85]。

因此，双庙墓地第八、九段的年代属西汉中期。

8. 第十段、第十一段年代考证

第十段出现的乙类A型Ⅲ式壶，其形态结构与洛阳烧沟一型一式壶基本相同，流行于西汉宣帝末至元帝时期[86]。

第十段墓葬开始出现五铢钱，钱文特征中最晚者与西汉宣帝元康四年（前62）、神爵二年（前60）等钱范钱文相同[87]。同时，第十段的M22还出土磨郭五铢钱，此类五铢钱最早出现于西汉宣帝晚期，流行于西汉晚期[88]。

第十一段开始出现并流行的甲类Aa型Ⅶ式折沿高领圆肩罐，与洛阳烧沟一型一式罐相同，主要流行于西汉武帝至宣帝时期[89]。

第十一段出现并流行的丙类Aa型Ⅲ式壶，与洛阳烧沟一型二式壶形态结构基本相同，其在烧沟流行于第二期及第三期前段，亦即西汉宣帝后期至西汉末[90]。

第十一段流行的甲类Ac型Ⅰ式折沿高领圆肩罐,与洛阳烧沟一型三式罐相同。烧沟此类罐主要流行于第二期,少量到第三期前段,其年代为西汉宣帝后期至西汉末[91]。

第十一段流行的A型双耳罐,与南阳丰泰墓地的Ab型双耳罐形态相近,流行于西汉晚期[92]。

因此,第十段的年代约当西汉宣帝末至元帝,第十一段的年代应当在西汉末,约当成帝、哀帝、平帝。

三 双庙墓地合葬墓年代分析

双庙墓地确定的合葬墓4座,包括M48、M50、M126、M186,这4座墓葬因葬具、人骨等残存而知其为合葬墓。另有M105、M202、M212虽葬具、人骨不存,但遗物间略有早晚,可能亦为合葬墓。

(一)合葬墓年代分析

1. M48

竖穴墓道结合阶梯洞室小砖券墓,墓内木棺4具。该墓出土陶器16件,依位置大致分为三组。第一组,包括乙类Bb型Ⅱ式小壶2件,位于1号棺外北侧。第二组,包括甲类Aa型Ⅷ式折沿高领圆肩罐1件(M48:5)、甲类Aa型Ⅸ式折沿高领圆肩罐1件(M48:4)、甲类Ac型Ⅲ式折沿高领圆肩罐1件(M48:3)、甲类Bb型Ⅳ式无沿矮领罐1件(M48:10)、甲类Bc型Ⅵ式无沿矮领罐2件(M48:9、M48:11)、Bb型Ⅰ式灶1件(M48:6、M48:8)等7件陶器,位于3号棺与4号棺之间的西端。第三组,包括甲类Ab型Ⅳb式陶折沿高领圆肩罐1件(M48:19)、甲类Ba型Ⅵ式陶无沿矮领罐4件(M48:15、M48:16、M48:17、M48:18)、Ab型陶瓮1件(M48:14)、甲类C型陶釜1件(M48:12),位于墓门及附近。Aa型铭文铜镜位于4号棺内。钱币据性质不同亦分三组:第一组,甲类B型西汉五铢钱(出土于2号棺);第二组,甲类B型东汉五铢钱(出土于2号棺);第三组,新莽钱(出土于2、4号棺)。

关于4具棺木的相对位置,1、2号棺位于墓室内侧,3、4号棺靠近墓门。位于内侧西南角的2号棺内同出西汉五铢钱、新莽钱、东汉早期五铢钱,可知其时代不早于东汉早期。3、4号棺位于2号棺外,可知其入墓时间要晚于2号棺。

所出陶器中,乙类Bb型Ⅱ式小壶见于第十段至第十二段。考虑到M48的陶器主要属第十三段,少数属第十二段或第十四段,可认为此器在M48中属第十二段。

甲类Ba型Ⅵ式陶无沿矮领罐见于第十二段;而甲类Ba型Ⅴ式陶无沿矮领罐见于第九、十、十一段;甲类Ba型Ⅶ式陶无沿矮领罐除见于合葬墓M126、M202外,还见于第十三段的M198、M213。可认为此器在M48中属第十二段。

甲类Aa型Ⅷ式陶折沿高领圆肩罐，除见于M48外，还见于M198、M212，其中M198属第十三段，M212遗物有早有晚，或亦属合葬墓；而甲类Aa型Ⅶ式陶折沿高领圆肩罐见于第十一、十二段。可认为此器在M48中属第十三段。

甲类Aa型Ⅸ式陶折沿高领圆肩罐，除见于M48外，还见于M50、M212，其中M50属合葬墓，M212疑似为合葬墓。考虑到其与甲类Aa型Ⅷ式陶折沿高领圆肩罐的前后关系，可认为此器在M48中属第十四段。

甲类Ab型Ⅳb式陶折沿高领圆肩罐见于M48，出土Ab型Ⅳa式的M1、M179、M215皆属第十段，两者形态基本一致，而甲类Ab型Ⅴ式陶折沿高领圆肩罐见于第十二段的M186。结合M48未发现早于第十二段的事实，故此器可定在第十二段。

甲类Ac型Ⅲ式陶折沿高领圆肩罐只见于M48，而甲类Ac型Ⅱ式陶折沿高领圆肩罐既见于第十一段的M163，又见于疑似为合葬墓的M105，在M105中考定在第十二段，考虑到甲类Ac型Ⅲ式陶折沿高领圆肩罐在形态上较甲类Ac型Ⅱ式陶折沿高领圆肩罐有一定变化，故此器在M48中以定在第十三段为宜。

甲类Bb型Ⅳ式陶无沿矮领罐除见于M48外，还见于M111、M202，M111属第十三段，M202疑似为合葬墓。故可认为此器在M48中属第十三段。

甲类Bc型Ⅵ式陶无沿矮领罐仅见于M48，而甲类Bc型Ⅴ式陶无沿矮领罐见于第十一、十二段。故此器在M48中可定在第十三段。

Bb型Ⅰ式陶灶还见于第十三段的M111，故将M48所出Bb型Ⅰ式陶灶亦定在第十三段。

由此，M48出土的陶器大致可以分为时代早晚不同的三组。甲组：乙类Bb型Ⅱ式小壶、甲类Ab型Ⅳb式折沿高领圆肩罐、甲类Ba型Ⅵ式无沿矮领罐，时代约当第十二段。乙组：甲类Aa型Ⅷ式折沿高领圆肩罐、甲类Ac型Ⅲ式折沿高领圆肩罐、甲类Bc型Ⅵ式无沿矮领罐、甲类Bb型Ⅳ式无沿矮领罐、Bb型Ⅰ式灶，时代约当第十三段。丙组：甲类Aa型Ⅸ式折沿高领圆肩罐，时代约当第十四段。

2. M186

竖穴墓道土洞墓，墓内木棺2具。出土甲类Aa型Ⅶ式陶折沿高领圆肩罐1件，甲类Ab型Ⅴ式陶折沿高领圆肩罐1件，A型铜洗1件，铜货泉17枚。

其中甲类Aa型Ⅶ式陶折沿高领圆肩罐出现于第十一段，流行于第十二段。

甲类Ab型Ⅴ式陶折沿高领圆肩罐仅见于M186，而甲类Ab型Ⅳa式陶折沿高领圆肩罐流行于第十段。铜钱出土于西棺内，只见新莽钱，陶器的位置显示其与西棺墓主密切。

因此，M186遗存的年代可以确定在第十二段。

3. M126

竖穴墓道洞室小砖墓，人骨2具。出土甲类Ba型Ⅶ式陶无沿矮领罐3件，陶重沿罐2件，Ba型Ⅱ式陶灶1件，陶三足盂1件，甲类B型西汉五铢钱15枚。

其中甲类Ba型Ⅶ式陶无沿矮领罐流行于第十三段。

Ba型Ⅰ式陶灶见于第十三段，因此M126的Ba型Ⅱ式陶灶可定在第十四段。

据此，M126遗存年代分属于第十三段和第十四段，其中甲类Ba型Ⅶ式陶无沿矮领罐属第十三段，Ba型Ⅱ式陶灶属第十四段。陶重沿罐、陶三足盂则都有可能。

4. M50

斜坡墓道土坑小砖券墓，墓内木棺2具。出土甲类Aa型Ⅸ式陶折沿高领圆肩罐1件，甲类Ba型Ⅷ式陶无沿矮领罐14件，甲类Bb型Ⅴ式陶无沿矮领罐4件，C型陶井1件，B型铜洗1件，铜连弧纹铜镜1件，西汉五铢钱，新莽大泉五十，甲类、乙类A型、乙类B型东汉五铢钱。

其中，甲类Aa型Ⅸ式陶折沿高领圆肩罐还见于M48和M212，据前面M48中所作推定，属第十四段。

甲类Ba型Ⅷ式陶无沿矮领罐、甲类Bb型Ⅴ式陶无沿矮领罐还见于M212。由于甲类Ba型Ⅶ式陶无沿矮领罐流行于第十三段，甲类Bb型Ⅳ式陶无沿矮领罐亦流行于第十三段，因此，甲类Ba型Ⅷ式陶无沿矮领罐、甲类Bb型Ⅴ式陶无沿矮领罐可定在第十四段。

据此，M50随葬的几类陶器，未见明显早晚差异，据陶器形态及组合链关系，参考同出五铢钱的情况，遗物的时代确定在第十四段。

（二）疑似合葬墓年代分析

1. M105

竖穴墓道洞室小砖墓。葬具、人骨不存，出土乙类Bb型Ⅱ式陶小壶，甲类Aa型Ⅶ式、甲类Ac型Ⅱ式陶折沿高领圆肩罐，甲类Ba型Ⅴ式陶无沿矮领罐，甲类C型陶釜，A型铜博局四神镜，甲类A型、甲类C型Ⅱ式、甲类C型Ⅴ式西汉铜五铢钱，Ab型、B型铜大泉五十，A型、B型铜小泉直一，甲类Ba型铜货泉，铜大布黄千，琉璃耳珰。

乙类Bb型Ⅱ式陶小壶见于第十、十一、十二段。

甲类Aa型Ⅶ式陶折沿高领圆肩罐见于第十一、十二段。

甲类Ac型Ⅱ式陶折沿高领圆肩罐还见于第十二段的M163，而甲类Ac型Ⅰ式陶折沿高领圆肩罐见于第十一段。

甲类Ba型Ⅴ式陶无沿矮领罐见于第九、十、十一段，而甲类Ba型Ⅵ式陶无沿矮领罐见于第十二段，M105中的甲类Ba型Ⅴ式陶无沿矮领罐应定在第十一段。

据此，M105的主要陶器大致可分为两组。甲组：甲类Ba型Ⅴ式无沿矮领罐，第十一段。乙组：甲类Ac型Ⅱ式折沿高领圆肩罐、甲类C型釜（此型釜就M105而言，第十一、十二段皆可能，但M48亦出土甲类C型釜，而M48最早一组遗物是第十二段），第十二段；另乙类Bb型Ⅱ式小壶、甲类Aa型Ⅶ式折沿高领圆肩罐则既可能属第十一段，也可能属第十二段。

2. M202

竖穴墓道洞室小砖墓。出土甲类Ba型Ⅶ式、甲类Bb型Ⅳ式陶无沿矮领罐，Ba型Ⅰ式陶灶，B型陶井，陶磨，陶猪圈，陶猪，陶狗，A型、B型陶鸡。

甲类Ba型Ⅶ式陶无沿矮领罐，除见于M202外，还见于M126、M198、M213，其中M198、M213属第十三段。故M202中的甲类Ba型Ⅶ式陶无沿矮领罐亦定在第十三段。

甲类Bb型Ⅳ式陶无沿矮领罐，除见于M202外，还见于M48、M111，M111属第十三段，故此器在M48中属第十三段。

据此，M202所出陶器应属第十三段。

3. M212

竖穴墓道洞室小砖墓。出土高温釉陶壶，甲类Aa型Ⅷ式、甲类Aa型Ⅸ式、甲类Ab型Ⅵ式、甲类B型Ⅱ式陶折沿高领圆肩罐，甲类Ba型Ⅷ式、甲类Bb型Ⅴ式陶无沿矮领罐，陶重沿罐，B型Ⅲ式陶仓，Bb型Ⅱ式陶灶，A型Ⅱ式陶井，甲类B型、甲类C型Ⅱ式西汉铜五铢钱，甲类A型Ⅰ式、甲类A型Ⅱ式、甲类A型Ⅲ式、甲类C型Ⅱ式、甲类C型Ⅲ式、乙类B型东汉铜五铢钱，铜大泉五十，铜货泉，铜削，铜镞，琉璃珠。

M212所出高温釉陶壶，其大喇叭口、长颈、溜肩的特征，在长江下游地区流行于西汉晚期至新莽时期[93]。

甲类Aa型Ⅷ式陶折沿高领圆肩罐，除见于M212外，还见于M48、M198，其中M198属第十三段，而甲类Aa型Ⅶ式陶折沿高领圆肩罐见于第十一、十二段。可认为此器在M212中亦属第十三段。

甲类Aa型Ⅸ式陶折沿高领圆肩罐，除见于M212外，还见于M48、M50，这些墓均属合葬墓，其中所出土的甲类Aa型Ⅸ式陶折沿高领圆肩罐均被定在第十四段。因此，可认为M212所出的甲类Aa型Ⅸ式陶折沿高领圆肩罐亦属第十四段。

甲类Ab型Ⅵ式陶折沿高领圆肩罐仅见于M212，甲类Ab型Ⅴ式陶折沿高领圆肩罐见于M186，被定在第十二段。故此器应属第十三段。

甲类Ba型Ⅷ式陶无沿矮领罐见于M50、M212，由于甲类Ba型Ⅶ式陶无沿矮领罐流行于第十三段，因此，M50中的甲类Ba型Ⅷ式陶无沿矮领罐被定在第十四段，M212所出的甲类Ba型Ⅷ式陶无沿矮领罐亦可作如此推定。

甲类Bb型Ⅴ式陶无沿矮领罐见于M50和M212，而甲类Bb型Ⅳ式陶无沿矮领罐流行于第十三段，因此，M50中的甲类Bb型Ⅴ式陶无沿矮领罐被定在第十四段，M212中的甲类Bb型Ⅴ式陶无沿矮领罐当亦可作如此判定。

B型Ⅱ式陶仓见于第十三段，因此，M212所出的B型Ⅲ式陶仓应属第十四段。

Bb型Ⅰ式陶灶见于M48、M111，其中M111属第十三段，故M212的Bb型Ⅱ式陶灶可定在第十四段。

A型Ⅱ式陶井仅见于M212，而A型Ⅰ式陶井见于第十三段的M111、M198，故A型Ⅱ式陶井可定在第十四段。

据此，M212的陶器可分为两组。甲组：高温釉陶壶、甲类Aa型Ⅷ式折沿高领圆肩罐、甲类Ab型Ⅵ式折沿高领圆肩罐，第十三段。乙组：甲类Aa型Ⅸ式折沿高领圆肩罐、甲类Ba型Ⅷ式无沿矮领罐、甲类Bb型Ⅴ式无沿矮领罐、B型Ⅲ式仓、Bb型Ⅱ式灶、A型Ⅱ式井，第十四段。甲类B型Ⅱ式折沿高领圆肩罐属第十三段或第十四段皆有可能。

四　双庙墓地考古学文化的分期与年代

由前述对双庙墓地各段时间的整体推断，对各段年代的具体考证，以及对合葬墓所出陶器组群的分析，我们就双庙墓地的分期与年代得出以下结论。

第一期：包括第一段。战国早中期之际至战国中期前段。

第二期：包括第二段。战国中期后段至战国中晚期之际。

第三期：包括第三、四段。战国晚期。第三段为战国晚期前段，第四段为战国晚期后段。

第四期：包括第五、六段。第五段为秦代；第六段为西汉早期前段，约当高祖至吕后时期。

第五期：包括第七、八、九段。第七段为西汉早期后段，约当西汉文帝、景帝时期；第八段为西汉中期前段，约当武帝元狩以前；第九段为西汉中期中段，约当武帝元狩以后至宣帝前期。

第六期：包括第十段。西汉中期后段至西汉晚期前段，约当宣帝后期至元帝时期。

第七期：包括第十一段。西汉晚期后段，约当成帝至平帝时期。

第八期：包括第十二段。约当新莽至东汉初年。

第九期：包括第十三段。东汉早期，约当光武帝至和帝时期。

第十期：包括第十四段。东汉中期，约当安帝至桓帝时期。

第四节　双庙墓地各期文化内涵

本章前三节讨论了双庙墓地考古学文化的分期与年代，并得出10期共14段的结论。本节将双庙墓地各期文化的具体内涵呈现如下。

第一期：包括第一段，战国早中期之际至战国中期前段。1座墓葬，为M104。墓型为甲类Ba型土坑竖穴墓。器物组合为甲类仿铜陶礼器组合。流行A型陶鼎和甲类Aa型Ⅰ式陶壶。

第二期：包括第二段，战国中期后段至战国中晚期之际。4座墓葬，包括M88、M92、M93、M170。此段流行土坑竖穴墓，墓型有甲类Ab型、甲类Ba型土坑竖穴墓。器物组合为乙类A组、B组仿铜陶礼器组合；甲类，乙类A组日用陶器组合。流行B型陶鼎，A型、B型陶盖豆，甲类Aa型Ⅱ式、甲类Ab型Ⅰ式陶壶，陶盂，A型Ⅰ式陶折沿高领折肩罐；铜璜，铜环；骨环，骨珠；蚌珠等。

第三期：包括第三、四段，战国晚期。24座墓葬。分为两段。

第三段：战国晚期前段。7座墓葬，包括M25、M28、M37、M141、M183、M224、M252。此段开始出现洞室空心砖墓，墓型主要是甲类Ba型土坑竖穴墓，少量为甲类Bb型土坑竖穴墓，Ⅰ式竖穴墓道洞室空心砖墓开始出现。器物组合为丙类A组、CbⅠ组，庚类Ⅰ组，壬类AⅠ组仿铜陶礼器组合；甲类A组、BaⅠ组，庚类D组仿铜陶礼器与日用陶器组合。流行Ca型、Cb型、Ea型Ⅰ式、Eb型Ⅰ式陶鼎，A型Ⅰ式、Ba型、Bc型陶盒，Ⅰ式陶合碗，甲类Ac型、甲类Ad型Ⅰ式、甲类Ba型Ⅰ式陶壶，Ⅰ式陶高柄小壶，A型Ⅰ式、A型Ⅱ式、Bb型陶盘，A型Ⅰ式、B型Ⅰ式陶匜，A型Ⅱ式陶折沿高领折肩罐，A型陶盆，A型Ⅰ式、Ba型陶钵；Bb型铜带钩；铁带钩，铁锸。

第四段：战国晚期后段。17座墓葬，包括M11、M27、M30、M31、M32、M59、M61、M124、M127、M128、M142、M149、M201、M207、M208、M231、M253。此段墓型有甲类Ba型、甲类Bb型土坑竖穴墓，土坑竖穴空心砖墓，流行Ⅰ式竖穴墓道土洞墓，Ⅱ式竖穴墓道土洞墓开始出现。器物组合为丙类B组、CaⅠ组、CaⅡ组、CbⅡ组、Cc组，丁类，庚类Ⅱ组，壬类AⅡ组仿铜陶礼器组合；甲类BaⅡ组，丁类Ⅰ组，戊类A组仿铜陶礼器与日用陶器组合；辛类日用陶器组合。流行D型、Ea型Ⅱ式、Ea型Ⅲ式、Eb型Ⅱ式、Ec型Ⅰ式陶鼎，Bb型Ⅰ式、Bb型Ⅱ式、Ca型Ⅰ式、Da型Ⅰ式、Da型Ⅱ式陶盒，Ⅱ式陶合碗，甲类Ab型Ⅱ式、甲类Ad型Ⅱ式、甲类Ad型Ⅲ式、甲类Ba型Ⅱ式、甲类Ba型Ⅲ式陶壶，Ⅱ式陶高柄小壶，A型Ⅱ式、A型Ⅲ式、A型Ⅳ式、Ba型Ⅰ式陶盘，A型Ⅱ式、B型Ⅰ式、B型Ⅱ式陶匜，Cb型陶器盖，A型Ⅰ式、Ba型陶钵，甲类Ab型Ⅰ式陶折沿高领圆肩罐，陶卷沿矮领折肩圜底罐，甲类A型Ⅰ式、甲类Ba型Ⅰ式陶无沿矮领罐；Aa型、Ba型、Bb型、Cb型铜带钩，铜印章，铜铃，铜环，铜璜；Ac型、C型铁带钩；玉环；玛瑙环，玛瑙珠；骨环，骨珠，骨饰；蚌珠，蚌环；石片等。

第四期：包括第五、六段。秦代至西汉早期前段。27座墓葬。分为两段。

第五段：秦代前后。8座墓葬，包括M82、M84、M150、M152、M203、M211、M234、M247。此段墓型流行甲类Ba型、甲类Bb型土坑竖穴墓，常见Ⅰ式竖穴墓道土洞墓，Ⅲ式竖穴墓道洞室空心砖墓开始出现。器物组合为丙类Cb组Ⅲ组、Cb组Ⅳ组，戊类，己类仿铜陶礼器组合；丁类Ⅱ组仿铜陶礼器与日用陶器组合；乙类BⅠ组，戊类AⅠ组日用陶器组合。流行Eb型Ⅲ式陶鼎，Eb型Ⅳ式陶鼎开始出现，Da型Ⅱ式、Db型Ⅰ式陶盒，Ⅲ式陶合碗，甲类Ad型Ⅲ式、甲类Ad型Ⅳ式、甲类Ba型Ⅳ式、甲类Bb型陶壶，A型Ⅲ式、A型Ⅳ式、Ba型Ⅱ式陶盘，A型Ⅰ式、B型Ⅱ式陶匜，A型Ⅱ式陶钵，Ba型Ⅰ式、Bb型Ⅰ式陶折沿高领折肩罐，甲类Aa型Ⅰ式陶折沿高领圆肩罐，甲类Bc型Ⅰ式陶无沿矮领罐；Aa型、Bb型、Cb型铜带钩，铜铃，铜璜；Ab型铁带钩；玉环；玛瑙环；骨饰；蚌珠。

第六段：西汉早期前段，约当高祖至吕后时期。19座墓葬，包括M35、M36、M54、M58、M79、M86、M89、M91、M114、M138、M144、M155、M158、M176、M188、M195、M196、M229、M230。此段墓型的土坑竖穴墓，主要是甲类Ba型、甲类Bb型，另有个别甲类Ab型；洞室墓主要是Ⅰ式竖穴墓道土洞墓和Ⅳ式竖穴墓道洞室空心砖墓，另有少量Ⅱ式竖穴墓道土洞墓及Ⅰ式、Ⅱ式、Ⅲ式竖穴墓道洞室空心砖墓。器物组合为丙类CbⅣ组，庚类Ⅲ组仿铜陶礼器组合；甲类Bb组、乙类、丙类、丁类Ⅲ组、戊类B组、己类仿铜陶礼器与日用陶器组合；丁类A组、BaⅠ组、BcⅠ组、己类C组、壬类日用陶器组合。流行Ea型Ⅳ式、Eb型Ⅳ式、Ec型Ⅱ式陶鼎，A型Ⅱ式、Cb型、Db型Ⅱ式陶盒，Ⅲ式、Ⅳ式陶合碗，甲类Ad型Ⅳ式、乙类Ba型、乙类Bb型陶壶，陶钫，乙类Ba型Ⅰ式陶小壶，A型Ⅳ式陶盘，A型Ⅱ式陶匜，A型Ⅱ式、Bb型陶钵，B型Ⅰ式陶盆，Ba型Ⅱ式陶折沿高领折肩罐，甲类Aa型Ⅱ式、甲类Aa型Ⅲ式、甲类Ab型Ⅱ式、乙类Ⅰ式陶折沿高领圆肩罐，甲类A型Ⅱ式、甲类Ba型Ⅰ式、甲类Ba型Ⅱ式、甲类Bb型Ⅰ式、甲类Bc型Ⅱ式、甲类Bc型Ⅲ式陶无沿矮领罐，Aa型、B型Ⅰ式陶瓮，甲类Aa型Ⅰ式、乙类Ⅰ式陶釜，Cb型陶器盖；Ⅰ式铜釜，Aa型、Ab型、Bb型、Cb型、Da型铜带钩，铜印章，铜璜，铜镈；铁勺、铁镬、铁鏊、铁削；蚌环。

第五期：包括第七、八、九段，西汉早期后段至西汉中期中段。45座墓葬。分为三段。

第七段：西汉早期后段，约当西汉文帝、景帝时期。17座墓葬，包括M24、M72、M81、M94、M99、M102、M109、M113、M133、M136、M153、M157、M159、M187、M190、M206、M219。此段墓型的土坑竖穴墓，仅有个别甲类Aa型、甲类Ba型，个别为Ⅰ式、Ⅱ式竖穴墓道土洞墓，大量流行Ⅲ式、Ⅳ式竖穴墓道洞室空心砖墓。器物组合为壬类E组仿铜陶礼器组合；甲类Bc组、庚类CⅠ组仿铜陶礼器与日用陶器组合；丙类AⅠ组、丁类BaⅡ组、BbⅠ组、BcⅡ组，戊类B组，己类AⅠ组、BⅠ组，庚类日用陶器组合。流行Ec型Ⅲ式陶鼎，Db型Ⅱ式陶盒，甲类A型、乙类A型Ⅰ式、乙类Ba型Ⅱ式陶小壶，A型Ⅱ式陶钵，C型陶盆，Ba型Ⅱ式、Bc型陶折沿高领折肩罐，甲类Aa型Ⅲ式、甲类Aa型Ⅳ式、甲类Ab型Ⅲ式、甲类B型Ⅰ式、乙类Ⅱ式陶折沿高领圆肩罐，甲类Ba型Ⅲ式、甲类Bb型Ⅰ式、甲类Bc型Ⅲ式、乙类A型、乙类B型Ⅰ式、乙类C型陶无沿矮领罐，B型Ⅱ式陶瓮，甲类Aa型Ⅰ式、甲类Ab型Ⅰ式陶釜；铜鍪，A型、B型铜盆，铜勺，Ⅰ式铜釜，Cb型、Db型、Dc型铜带钩，铜镈，铜环，铜草叶纹镜，A型铜四螭纹镜；铁剑，铁削；石黛板（附研石），石片。

第八段：西汉中期前段，约当武帝元狩以前。12座墓葬，包括M44、M49、M80、M103、M132、M156、M164、M171、M189、M218、M220、M221。此段墓型仅有个别竖穴墓道土坑墓和Ⅱ式竖穴墓道土洞墓，流行Ⅲ式、Ⅳ式竖穴墓道洞室空心砖墓。器物组合为庚类BaⅠ组、BbⅠ组、CⅡ组仿铜陶礼器与日用陶器组合；丁类BaⅢ组、BaⅣ组，己类AⅠ组、AⅡ组、BⅡ组日用陶器组合。流行甲类Ae型、乙类A型Ⅰ式陶壶，陶三足壶，甲类B型Ⅰ式、乙类A型Ⅱ式陶小壶，甲类Aa型Ⅳ式、甲类Aa型Ⅴ式、甲类Ab型Ⅲ式、乙类Ⅱ式陶折沿高领圆肩罐，甲类Ba型Ⅲ式、甲类Ba型Ⅳ式、甲类Bb型Ⅱ式、甲类Bc型Ⅲ式、乙类B型Ⅱ式陶无沿矮领罐，B型Ⅱ式陶盆，A型Ⅱ式陶钵，甲类Aa型Ⅱ式（出现）、甲类Ab型Ⅰ式、甲类Ab型Ⅱ式陶釜；铜锏，B型铜盆，铜盘，Ⅱ式铜釜，铜草叶纹镜，A型铜星云纹镜，Cb型、Da型铜带钩，铜衡末，铜管，铜镞；铁鼎，铁壶，铁熏，铁鏊，铁勺，铁削，铁带钩，铁剑；铅梳；漆器。

第九段：西汉中期中段，约当武帝元狩以后至宣帝前期。16座墓葬，包括M18、M40、M47、M57、M66、M90、M106、M137、M140、M167、M184、M194、M200、M216、M217、M222。此段墓型的土坑竖穴墓较少，只有个别甲类Aa型、甲类Ab型、甲类Ba型土坑竖穴墓，洞室墓中流行Ⅱ式竖穴墓道土洞墓和Ⅳ式竖穴墓道洞室空心砖墓，另有个别Ⅰ式、

Ⅲ式竖穴墓道洞室空心砖墓。器物组合为辛类，壬类BⅠ组仿铜陶礼器组合；戊类C组，庚类BaⅡ组、BbⅡ组仿铜陶礼器与日用陶器组合；乙类BⅡ组，丙类AⅡ组，丁类BaⅤ组（大部分）、BbⅡ组，戊类AⅡ组，己类AⅢ组日用陶器组合。流行Ca型Ⅱ式陶盒，乙类A型Ⅰ式、乙类A型Ⅱ式陶壶，甲类B型Ⅱ式、甲类Cb型Ⅰ式陶小壶，B型陶匜，Ba型Ⅲ式、Bb型Ⅱ式陶折沿高领折肩罐，甲类Aa型Ⅴ式、乙类Ⅲ式陶折沿高领圆肩罐，甲类Ba型Ⅳ式、甲类Ba型Ⅴ式、甲类Bb型Ⅲ式、甲类Bc型Ⅳ式、乙类B型Ⅱ式陶无沿矮领罐，B型Ⅲ式陶瓮，B型Ⅱ式陶盆，A型Ⅱ式、A型Ⅲ式陶钵，甲类Aa型Ⅱ式、甲类Ab型Ⅱ式、甲类B型、乙类Ⅱ式陶釜；B型铜盆，Ⅱ式铜釜，铜羽纹镜，B型铜星云纹镜，A型、B型铜四虺纹镜，Da型铜带钩，铜璜，铜鐏；铁勺，铁削，铁剑，铁车轮；铅梳；石砚；漆耳杯。

第六期：包括第十段，西汉中期后段至西汉晚期前段，约当宣帝后期至元帝时期。17座墓葬，包括M1、M2、M6、M10、M22、M39、M75、M116、M145、M179、M210、M215、M236、M237、M243、M245、M248。此段墓型未见土坑竖穴墓，出现小砖墓。土洞墓仅见1座Ⅱ式竖穴墓道土洞墓；少量Ⅲ式、Ⅳ式竖穴墓道洞室空心砖墓；流行A型竖穴墓道洞室小砖墓，并见个别B型、C型竖穴墓道洞室小砖墓；另有竖穴墓道洞室小砖与空心砖合筑墓。器物组合为壬类BⅡ组、CaⅠ组、CaⅡ组（大部分）仿铜陶礼器组合；庚类Ab组、AdⅠ组、BaⅢ组仿铜陶礼器与日用陶器组合；丙类B组，丁类BaⅤ组日用陶器组合；仿铜陶礼器与生活用器组合。流行乙类A型Ⅲ式、丙类Aa型Ⅰ式、丙类Aa型Ⅱ式、丙类B型陶壶，甲类Ca型Ⅰ式、乙类Bb型Ⅰ式、乙类Bb型Ⅱ式陶小壶，陶洗，甲类Aa型Ⅵ式、甲类Ab型Ⅳa式、乙类Ⅲ式陶折沿高领圆肩罐，甲类Ba型Ⅴ式、甲类Bb型Ⅲ式、甲类Bc型Ⅳ式陶无沿矮领罐，甲类Ab型Ⅱ式陶釜；Ⅱ式、Ⅲ式铜釜，Cb型铜带钩，Aa型铜铭文镜，B型铜博局四神镜，甲类A型、甲类B型、甲类C型Ⅰ式、甲类C型Ⅱ式、甲类C型Ⅲ式、甲类C型Ⅳ式、乙类A型西汉铜五铢钱；铁带钩，铁剪，铁削；石黛板。

第七期：包括第十一段，西汉晚期后段，约当成帝至平帝时期。13座墓葬，包括M12、M23、M26、M38、M45、M105（墓及甲组器物）、M107、M173、M181、M239、M240、M244、M250。此段墓型偶见甲类Ba型土坑竖穴墓；土洞墓仅见Ⅱ式、Ⅲ式竖穴墓道土洞墓各1座；空心砖墓衰落，仅见Ⅳ式竖穴墓道洞室空心砖墓1座；流行A型、B型、C型竖穴墓道洞室小砖墓。器物组合为壬类CaⅡ组（1座）、CaⅢ组、Cb组、D组仿铜陶礼器组合；庚类Ac组、AdⅡ组、BaⅣ组仿铜陶礼器与日用陶器组合；丙类AⅢ组，丁类BcⅢ组日用陶器组合；Ⅰ组模型明器组合。流行乙类A型Ⅳ式、丙类Aa型Ⅱ式、丙类Aa型Ⅲ式、丙类Ab型Ⅰ式、丙类Ab型Ⅱ式、丙类B型陶壶，甲类B型Ⅲ式、甲类Ca型Ⅱ式、乙类Bb型Ⅱ式陶小壶，甲类Aa型Ⅵ式、甲类Aa型Ⅶ式、甲类Ac型Ⅰ式、乙类Ⅳ式陶折沿高领圆肩罐，甲类Ba型Ⅴ式、甲类Bc型Ⅴ式陶无沿矮领罐，A型陶双耳罐，A型Ⅱ式、A型Ⅲ式陶钵，A型Ⅰ式陶仓；Ⅱ式、Ⅲ式铜釜，铜顶针，Ab型、Ba型、Bb型铜铭文镜，甲类A型、甲类B型、甲类C型Ⅰ式、甲类C型Ⅱ式、甲类C型Ⅲ式、甲类C型Ⅳ式、乙类A型、乙类B型西汉铜五铢钱；铁剑；骨玲；琉璃塞。

第八期：包括第十二段，约当新莽至东汉初年。9座墓葬，包括M3、M48（墓及甲组器物）、M105（乙组器物）、M112、M161、M163、M186、M199、M209。此段墓型有土坑竖穴小砖墓，Ⅱ式、Ⅲ式竖穴墓道土洞墓，A型、B型、C型竖穴墓道洞室小砖墓，竖穴墓道结合阶梯土坑小砖券墓（M48）。器物组合为壬类F组仿铜陶礼器组合；庚类AaⅠ组、AaⅡ组、AdⅢ组、BaⅣ组（部分）仿铜陶礼器与日用陶器组合；丙类AⅣ组，丁类BaⅥ组日用陶器组合；Ⅱ组模型明器组合。流行高温釉陶壶，丙类Aa型Ⅳ式、丙类Ab型Ⅱ式陶壶，甲类Cb型Ⅱ式、乙类Bb型Ⅱ式陶小壶，甲类Aa型Ⅶ式、甲类Ab型Ⅳb式、甲类Ab型Ⅴ式、甲类Ac型Ⅱ式、乙类Ⅴ式陶折沿高领圆肩罐，甲类Ba型Ⅵ式、甲类Bc型Ⅴ式陶无沿矮领罐，陶樽，甲类C型陶釜，A型陶灶；A型铜洗，Ⅲ式铜釜，Aa型铜铭文镜（M48），A型铜博局四神镜，铜环，铜铺首，甲类C型Ⅳ式、乙类A型西汉铜五铢钱，Aa型、Ab型、Ac型、Ad型、B型铜大泉五十，A型、B型铜小泉直一，铜大布黄千，铜货布（M48），甲类Aa型、甲类Ab型、甲类Ba型、甲类Bb型、甲类Ca型、甲类Cb型、甲类Da型、甲类Db型、甲类Dc型、乙类A型、乙类B型、乙类C型铜货泉；铁大泉五十（M48），铁器；琉璃耳珰。

第九期：包括第十三段，东汉早期，约当光武帝至和帝时期。8座墓葬，包括M48（乙组器物）、M111、M126（墓及甲组器物）、M131、M198、M202、M212（墓及甲组器物）、M213。此段墓型有甲类Ba型土坑竖穴墓，竖穴墓道（M48结合阶梯）土坑小砖墓，A型、C型竖穴墓道洞室小砖墓，竖穴墓道洞室小砖与石合筑墓（不含M48的墓型）。器物组合为庚类CⅢ组仿铜陶礼器与日用陶器组合；Ⅲ组、Ⅳ组模型明器组合。流行高温釉陶壶（M212），陶双鼻壶，甲类Aa型Ⅷ式、甲类Ab型Ⅵ式、甲类Ac型Ⅲ式（M48）、甲类B型Ⅱ式（M212）陶折沿高领圆肩罐，B型陶双耳罐，甲类Ba型Ⅶ式、甲类Bb型Ⅳ式、甲类Bc型Ⅴ式、甲类Bc型Ⅵ式（M48）陶无沿矮领罐，陶重沿罐，A型陶瓮，陶三足盂，陶樽，陶耳杯，陶熏，A型Ⅱ式、B型Ⅰ式、B型Ⅱ式陶仓，Ba型Ⅰ式、Bb型Ⅰ式陶灶，A型Ⅰ式、B型陶井，陶磨，陶猪圈，陶猪，陶狗，A型、B型陶鸡；铜削（M212），铜镞（M212），甲类B型、甲类C型Ⅱ式、乙类A型西汉铜五铢钱，甲类Aa型、甲类Bb型、甲类Ca型铜货泉，甲类A型Ⅰ式、甲类A型Ⅱ式、甲类A型Ⅲ式（M212）、甲类B型、甲类C型Ⅱ式、甲类C型Ⅲ式（M212）东汉铜五铢钱；琉璃珠（M212）。

第十期：包括第十四段，东汉中期，约当安帝至桓帝时期。4座墓葬，包括M48（丙组器物）、M50、M126（乙组器物）、M212（乙组器物）。此段墓型有斜坡墓道土坑小砖券墓（不包括M48、M126、M212）。器物组合为Ⅳ组模型明器组合。流行甲类Aa型Ⅸ式陶折沿高领圆肩罐，甲类Ba型Ⅷ式（M212）、甲类Bb型Ⅴ式陶无沿矮领罐，B型Ⅲ式陶仓（M212），Ba型Ⅱ式（M126）、Bb型Ⅱ式陶灶（M212），A型Ⅱ式（M212）、C型陶井；B型铜洗，铜连弧纹镜，甲类B型、甲类C型Ⅱ式、甲类C型Ⅳ式、甲类C型Ⅴ式西汉铜五铢钱，Ab型铜大泉五十，甲类A型Ⅰ式、甲类A型Ⅱ式、甲类A型Ⅲ式、甲类B型、甲类C型Ⅰ式、甲类C型Ⅱ式、甲类D型、乙类A型、乙类B型东汉铜五铢钱，铜磨字钱；铁钱。

注　释

[1]　第四种及第五种组合结构下，未再分组，各统计为1类。

[2] 未包括M131与M125一组，但包括M147与M144一组。M147只出土铜五铢钱，发现最晚的是西汉宣帝后期五铢，故其时间上限为第十组。

[3] A. 杨平：《陕西出土汉镜研究》，《文博》1993年第5期。
B. 孔祥星：《中国古代铜镜》，文物出版社，1984年。

[4] A. 杨平：《陕西出土汉镜研究》，《文博》1993年第5期。
B. 程林泉、韩国河：《长安汉镜》，陕西人民出版社，2002年。

[5] A. 杨平：《陕西出土汉镜研究》，《文博》1993年第5期。
B. 程林泉、韩国河：《长安汉镜》，陕西人民出版社，2002年。
C. 孔祥星：《中国古代铜镜》，文物出版社，1984年。

[6] 李建丽、赵卫平、陈丽凤：《满城汉墓钱币新探》，《中国钱币》1991年第2期。

[7] 李建丽、赵卫平、陈丽凤：《满城汉墓钱币新探》，《中国钱币》1991年第2期。

[8] 李建丽、赵卫平、陈丽凤：《满城汉墓钱币新探》，《中国钱币》1991年第2期。

[9] 陕西省钱币学会：《秦汉钱范》，三秦出版社，1992年。

[10] 陕西省钱币学会：《秦汉钱范》，三秦出版社，1992年。

[11] 蒋若是：《秦汉钱币研究》，中华书局，1997年，第107页。

[12] 徐承泰、范江欧美：《东汉五铢钱的分期研究》，《文物》2010年第10期。

[13] 徐承泰、范江欧美：《东汉五铢钱的分期研究》，《文物》2010年第10期。

[14] 徐承泰、范江欧美：《东汉五铢钱的分期研究》，《文物》2010年第10期。

[15] 赵清、王文华、刘松根：《河南新郑新禹公路战国墓发掘简报》，《考古》1994年第5期。

[16] 洛阳市文物工作队：《洛阳王城广场东周墓》，文物出版社，2009年。

[17] 中国科学院考古研究所：《洛阳中州路（西工段）》，科学出版社，1959年。

[18] 河南省文物考古研究所：《新郑西亚斯东周墓地》，大象出版社，2012年。

[19] 河南省文化局文物工作队：《郑州二里冈》，科学出版社，1959年。需要说明的是：二里冈报告中，同此一件鼎，图叁贰标为M125：2，图版贰壹标为M215：2，核墓葬登记表无M125，可知图叁贰的M125：2为M215：2之误。

[20] 河南省文物考古研究所：《新郑西亚斯东周墓地》，大象出版社，2012年。

[21] 河南省文物考古研究院：《新郑双楼东周墓地》，大象出版社，2016年。

[22] 山西省考古研究所、山西博物院、长治市博物馆：《长治分水岭东周墓地》，文物出版社，2010年。

[23] 洛阳市文物工作队：《洛阳王城广场东周墓》，文物出版社，2009年。

[24] 河南省文物考古研究所：《新郑西亚斯东周墓地》，大象出版社，2012年。

[25] 中国科学院考古研究所：《洛阳中州路》，科学出版社，1959年。

[26] 洛阳市文物工作队：《洛阳市西工区东周墓》，《文物》1995年第8期。

[27] 洛阳市文物工作队：《洛阳王城广场东周墓》，文物出版社，2009年。

[28] 河南省文化局文物工作队：《郑州二里冈》，科学出版社，1959年。

[29] 郑州市文物考古研究所：《郑州市两处战国墓发掘报告》，《中原文物》1997年第3期。

[30] 张辛：《中原地区东周陶器墓葬研究》，科学出版社，2002年，第26页。

[31] 郑州市文物考古研究所：《郑州纺织机械厂战国墓葬发掘简报》，《中原文物》1997年第3期。

[32] 河南省文物考古研究所：《郑韩故城兴弘花园与热电厂墓地》，文物出版社，2007年。

[33] 河南省文物考古研究所：《新郑西亚斯东周墓地》，大象出版社，2012年。

[34] 河南省文物考古研究所：《新郑郑国祭祀遗址》，大象出版社，2006年。

[35] 河南省文物考古研究所：《新郑西亚斯东周墓地》，大象出版社，2012年。

［36］河南省文化局文物工作队：《郑州二里冈》，科学出版社，1959年。
［37］郑州市文物考古研究所：《郑州纺织机械厂战国墓葬发掘简报》，《中原文物》1997年第3期。
［38］郑州市文物考古研究所：《郑州市两处战国墓发掘报告》，《中原文物》1997年第3期。
［39］咸阳市文物考古研究所：《任家咀秦墓》，科学出版社，2005年。
［40］西安市文物保护考古所：《西安南郊秦墓》，陕西人民出版社，2004年。
［41］西安市文物保护考古所：《西安南郊秦墓》，陕西人民出版社，2004年。
［42］金学山：《西安半坡的战国墓葬》，《考古学报》1957年第3期。
［43］陕西省考古研究所：《西安北郊秦墓》，三秦出版社，2006年。
［44］雍城考古队：《陕西凤翔高庄秦墓地发掘简报》，《考古与文物》1981年第1期。
［45］河南省文化局文物工作队：《郑州二里冈》，科学出版社，1959年。
［46］河南省文物考古研究院：《新郑双楼东周墓地》，大象出版社，2016年。
［47］郑州市文物考古研究所：《郑州市两处战国墓发掘报告》，《中原文物》1997年第3期。
［48］河南省文物考古研究所：《新郑西亚斯东周墓地》，大象出版社，2012年。
［49］河南省文物考古研究院：《新郑双楼东周墓地》，大象出版社，2016年。
［50］河南省文化局文物工作队：《郑州二里冈》，科学出版社，1959年。
［51］河南省文物考古研究所：《新郑郑国祭祀遗址》，大象出版社，2006年。
［52］河南省文物考古研究所：《新郑西亚斯东周墓地》，大象出版社，2012年。
［53］河南省文化局文物工作队：《郑州二里冈》，科学出版社，1959年。
［54］郑州市文物考古研究所：《郑州纺织机械厂战国墓葬发掘简报》，《中原文物》1997年第3期。
［55］郑州市文物考古研究所新郑工作站：《新郑县蔡庄东周墓葬发掘简报》，《中原文物》1987年第4期。
［56］余扶危、赵振华：《洛阳发现随葬空首布的东周墓葬》，《考古》1987年第8期。
［57］山西省考古研究所：《侯马乔村墓地（1959—1996）》，科学出版社，2004年。
［58］此鼎的线图为圜底，文字描述为圜底近平。西安市文物保护考古所：《西安南郊秦墓》，陕西人民出版社，2004年，第292页。
［59］西安市文物保护考古所：《西安南郊秦墓》，陕西人民出版社，2004年。
［60］西安市文物保护考古所：《西安南郊秦墓》，陕西人民出版社，2004年。
［61］陕西省考古研究所秦陵工作站、临潼县文物管理委员会：《陕西临潼刘庄战国墓地调查清理简报》，《考古与文物》1989年第5期。
［62］陕西省考古研究所：《西北农林科大战国秦墓发掘简报》，《考古与文物》2006年第5期。
［63］河南省文化局文物工作队：《郑州二里冈》，科学出版社，1959年。
［64］河南省文物考古研究所：《新郑西亚斯东周墓地》，大象出版社，2012年。
［65］余扶危、赵振华：《洛阳发现随葬空首布的东周墓葬》，《考古》1987年第8期。
［66］郑州市文物考古研究所：《郑州市市政工程总公司战国墓葬发掘简报》，《中原文物》2006年第3期。
［67］三门峡市文物工作队：《三门峡市司法局、刚玉砂厂秦人墓发掘简报》，《华夏考古》1993年第4期。
［68］陕西省考古研究院：《西安尤家庄秦墓》，陕西科学技术出版社，2008年。
［69］山西省考古研究所：《侯马乔村墓地（1959—1996）》，科学出版社，2004年。
［70］西安市文物保护考古所：《西安南郊秦墓》，陕西人民出版社，2004年。
［71］陕西省考古研究院：《西安尤家庄秦墓》，陕西科学技术出版社，2008年。
［72］河南省文物考古研究所：《新郑郑国祭祀遗址》，大象出版社，2006年，第613页。
［73］河南省文物考古研究院：《新郑双楼东周墓地》，大象出版社，2016年。
［74］陕西省考古研究所：《宝鸡建河墓地》，陕西科学技术出版社，2006年。

[75] 马亮:《宝鸡建河墓地分期再研究》,待刊。
[76] 山西省考古研究所:《侯马乔村墓地(1959—1996)》,科学出版社,2004年。
[77] 陕西省考古研究院:《西安尤家庄秦墓》,陕西科学技术出版社,2008年。
[78] 陕西省考古研究所:《西安北郊秦墓》,三秦出版社,2006年。
[79] 西安市文物保护考古所:《西安南郊秦墓》,陕西人民出版社,2004年。
[80] 洛阳市文物工作队:《洛阳北郊C8M574西汉墓发掘简报》,《考古与文物》2002年第5期。
[81] 河南省文化局文物工作队:《郑州二里冈》,科学出版社,1959年。
[82] 陕西省考古研究所:《西安北郊秦墓》,三秦出版社,2006年。
[83] 陕西省考古研究所:《西安北郊秦墓》,三秦出版社,2006年。
[84] A.杨平:《陕西出土汉镜研究》,《文博》1993年第5期。
B.程林泉、韩国河:《长安汉镜》,陕西人民出版社,2002年。
C.孔祥星:《中国古代铜镜》,文物出版社,1984年。
[85] 河南省文物局:《禹州新峰墓地》,科学出版社,2013年。
[86] 洛阳区考古发掘队:《洛阳烧沟汉墓》,科学出版社,1959年。
[87] 陕西省钱币学会:《秦汉钱范》,三秦出版社,1992年。
[88] 蒋若是:《秦汉钱币研究》,中华书局,1997年,第107页。
[89] 洛阳区考古发掘队:《洛阳烧沟汉墓》,科学出版社,1959年。
[90] 洛阳区考古发掘队:《洛阳烧沟汉墓》,科学出版社,1959年。
[91] 洛阳区考古发掘队:《洛阳烧沟汉墓》,科学出版社,1959年。
[92] 河南省南阳市文物考古研究所、武汉大学历史学院考古系:《南阳丰泰墓地》,科学出版社,2011年。
[93] A.胡继根:《浙江汉墓综述》,《汉代西域考古与汉文化》,科学出版社,2014年。
B.黎毓馨:《论长江下游地区两汉吴西晋墓葬的分期》,《浙江省文物考古研究所学刊》,长征出版社,1997年。

第五章 相关研究

双庙墓地规模不大，等级也不高，但是沿用时间较长，遗存相对丰富，序列完整，而且有一定特点，对于区域考古学文化研究颇有价值。

第一节 双庙墓地周秦时期文化结构及其形成

双庙墓地从战国中期一直延续到东汉中期，又位于洛阳与豫中南的交通要道上，在东周时期尤为要冲，因而也成为各方文化辐辏之地。

一 双庙墓地周秦时期主要文化因子讨论

1. 周文化因子

双庙墓地A型、B型结构形态的盖豆，广泛流行于传统的三晋两周地区，考虑到周、晋出现盖豆的时间不相上下，而告城距洛阳之近，我们将此遗存定性为周文化传统。

双庙墓地所出甲类Aa型陶壶具有仿铜壶的特征，此类陶壶在河南洛阳、郑州、新郑等地均有发现，在张辛的《中原地区东周陶器墓葬研究》一书中，属洛阳地区L1组的A型陶壶，被归属为周文化遗存[1]。因此，其周边地区的此类陶壶大致应是受到洛阳地区的影响。但洛阳地区的此类陶壶，其口唇部为平方唇。而新郑地区的此类陶壶，口唇部为唇面内斜的方唇，唇内侧侈出，与双庙甲类Aa型Ⅰ式陶壶特征相同。因此，双庙的Aa型陶壶，其渊源虽是周文化，但直接的来源倒应该是郑文化。

2. 韩文化因子

双庙墓地所出B型陶鼎，圆蹄足中空，这种风格的陶鼎在河南郑州、新郑及山西长治等地均有发现。此类陶鼎在《中原地区东周陶器墓葬研究》中，见于郑州区的Z5组，被认为是魏文化遗存[2]，而《新郑双楼东周墓地》的作者，则主张其属于韩文化[3]；见于洛阳区的L2组，被认为属于受周、秦、楚文化影响下的魏文化；还见于邯郸区的D2组，被认为属赵文化。由此可知，此类陶鼎具有晋文化的血统，并随三家分晋而开枝散叶，流传到各地，成为新文化的组成部分。如果考虑到告城地区这类遗存的时间范围及历史背景，则其应属韩文化。

双庙墓地所出D型陶鼎,有足根内侧中空的特征,见于河南郑州、新郑、洛阳,山西侯马等地。可见,与B型陶鼎一样,此类陶鼎也具有晋文化的遗风,而在不同区域又各有特点,同样具备告城地区这类遗存的时间范围及历史背景,故也应属韩文化。

陶合碗这种遗存,流行在以郑州、新郑为中心的区域,且出现的时间一般在战国晚期,因此,当为韩文化遗存。陶钵的情形与此相似。

双庙墓地所出甲类Ba型陶壶,多见于河南郑州、新郑一带,在《中原地区东周陶器墓葬研究》中,属郑州地区的D型壶,分类为郑州区组Z6组,被认为是受韩文化影响的战国中晚期以后郑人遗存[4]。而《新郑双楼东周墓地》的作者,主张其属于韩文化[5]。

双庙墓地有2件陶高柄小壶,同类遗存见于山西、河北、河南等地,在《中原地区东周陶器墓葬研究》中,分属侯马区的H2组,郑州区的Z5组,安阳区的A2、A3组,邯郸区的D2、D3组。其中侯马区H2组的陶高柄小壶年代最早,约当春秋晚期,属魏文化;其他最早出现于战国早期;郑州区Z5组的陶高柄小壶出现于战国早期晚段,属韩文化影响下的魏文化[6]。新郑地区发现的此类遗存,目前最早也在战国早期晚段[7]。双庙墓地的陶高柄小壶首见于战国晚期早段,从直接的来源看,可视为韩文化的影响。

3. 郑文化因子

双庙墓地所出A型陶鼎,流行于以河南郑州、新郑为中心的地区。此类陶鼎盖面多为圈足状抓手,在《中原地区东周陶器墓葬研究》中,分类为郑州区Z3组的Ca型陶鼎,属郑文化遗存[8]。

双庙墓地的C型陶鼎为半圆空心瓦状足,在河南郑州的二里冈[9]、家世界购物广场[10]、纺织机械厂[11]、电器材公司[12]等墓地,新郑的西亚斯[13]、蔡庄[14]等墓地均有发现,在时代上,早的为春秋晚期,晚的可到战国中期。具有此类足的陶鼎,在《中原地区东周陶器墓葬研究》中,分别列入郑州区的Z2、Z4组,前者被认为是郑文化遗存、后者被认为是韩文化遗存[15]。

双庙墓地所出甲类Ab型陶壶,主要发现于郑州、新郑一带,且年代基本在战国晚期以后。在《中原地区东周陶器墓葬研究》中,属郑州地区的E型陶壶,分类为郑州区Z7组,被认为是受韩文化影响下的战国晚期以后郑人遗存[16]。如果考虑到这种陶壶的整体形态、结构及纹饰与Aa型陶壶颇为相似,那么其更可能是受来自洛阳地区的上述Aa型陶壶影响的地方变体,我们暂时认为其属于郑文化。

双庙墓地的甲类Ac陶壶,在郑州二里冈[7]、新郑双楼墓地也有出土[18],时代略早,仍可视为甲类Aa型陶壶在本地的变化,为郑文化遗存。

双庙墓地所出甲类Ad型陶壶,见于河南新郑、洛阳、郑州等地,但新郑地区出现得较早,故视其为郑文化。

双庙墓地所出陶盂,于河南新郑、郑州等地均有发现,时代较早,我们视其为郑文化遗存。

双庙墓地所出A型陶折沿高领折肩罐,集中发现于河南郑州、新郑一带,而以新郑地区出现早，故应属郑文化。此类陶罐在《中原地区东周陶器墓葬研究》中被列入郑州区的Z7组，被认为是受韩文化影响下的战国晚期以后邰人遗存[19]；《新郑双楼东周墓地》作者的观点，则摇摆于韩文化与邰文化之间[20]。

双庙墓地所出Ba型陶折沿高领折肩罐，自西周末以来就屡见于新郑地区，流行于河南郑州、新郑，在许昌、平顶山、南阳等地亦时有发现。张辛认为此类遗存是郑文化的典型器类[21]。Bb型、Bc型可视为Ba型的变体。

双庙墓地所出陶卷沿矮领折肩圜底罐，常见于新郑地区东周时期的遗址中，应属郑文化遗存。

4. 秦文化因子

双庙墓地的E型陶鼎为半圆蹄足，其中的Ea型、Eb型陶鼎的突出特征为平底，腹部有一周或两周折棱。腹部饰折棱的陶鼎，在新郑一带也有发现，如新郑双楼墓地的各类陶鼎，但其形态特征与双庙E型陶鼎相差甚远。有类似装饰及器物形态特征的陶鼎，在关中地区的西安南郊潘家庄世家星城墓地、茅坡光华胶鞋厂墓地[22]，西安北郊乐百氏公司墓地、中财印务公司墓地[23]，西安尤家庄纬四小区墓地、明珠花园墓地[24]，咸阳任家咀墓地[25]皆有发现，尤其是Eb型陶鼎早期腹部轻折、折棱不凸起的特征，与咸阳任家咀同类遗物如出一辙。因此Ea型、Eb型陶鼎属秦文化遗存。

双庙墓地A型陶盒的突出特征是腹部有两周折棱，B型陶盒的突出特征是腹部饰多周宽凹带，C型陶盒的突出特征是腹部有一周折棱。有类似装饰及器物形态特征的陶盒，在关中地区的西安南郊茅坡光华胶鞋厂墓地、茅坡邮电学院墓地[26]，西安北郊交通学校墓地[27]，凤翔高庄墓地[28]等多有发现，因此此类遗存属秦文化。

双庙Da型陶盒，在陕西临潼刘庄[29]、西北农林科技大学[30]等地的战国晚期墓葬中有发现，当属秦文化。

双庙墓地甲类Aa型陶折沿高领圆肩罐，在宝鸡建河墓地可以找到同类遗存[31]；甲类Ab型陶折沿高领圆肩罐在三门峡一带有发现，并被判定为秦文化遗存[32]；乙类陶折沿高领圆肩罐，在西安北郊交通学校墓地、中财印务公司墓地发现同类遗存[33]。因此双庙墓地陶折沿高领圆肩罐应属于秦文化遗存。

双庙墓地的甲类陶无沿矮领罐，在西安尤家庄明珠花园墓地、纬四小区墓地[34]，西安南郊茅坡邮电学院墓地[35]，西安北郊乐百氏公司墓地[36]等，皆有发现，属秦文化遗存。

与此同时，双庙墓地甲类Aa型陶折沿高领圆肩罐、陶无沿矮领罐，在山西侯马乔村墓地也发现有相似器类[37]。但正如《侯马乔村墓地》考古报告所指出："墓地遗存在各个发展阶段反映出来的文化面貌不同：战国中期秦文化开始植入该墓地；战国晚期秦文化因素占据了主要地位，晋文化因素居于附属地位；到西汉早期晋秦文化因素基本消失，完全被一种在继承发展上述两种文化及其他地域文化基础上形成的新型文化所代替。"[38]

双庙墓地出土的陶釜，无疑是关中秦文化传播的结果。

二 双庙墓地周秦时期动态文化结构

双庙墓地开始于战国中期前段,这一阶段的墓葬只有1座(M104),器物特征、组合结构显示出典型的郑文化风格。

战国中期后段的墓葬有4座,其中2座(M88、M92)仍属典型郑文化传统,另外2座(M93、M170)则呈现出周、郑、韩文化影响下的新的器类组合及器物形态,反映出周、郑、韩文化在此地的交汇影响,以及在这一背景下文化的交融。

战国晚期前段的墓葬有7座。这一阶段除传统的郑、韩文化外,秦文化也开始影响到这一地区,呈现出更加多元的文化格局。这种影响,不仅体现在器物形态、器类结构上,还体现在墓葬的形态与结构上,那就是新兴的空心砖椁墓开始出现,而且与受秦文化影响的洞室墓结合在一起(1座)。其中韩文化的墓葬3座(M183、M224、M252),郑、秦文化交融的墓葬2座(M28、M37),郑、韩、秦文化交融的墓葬2座(M25、M141)。这种郑、秦、韩文化交融形成的新型考古学文化,此时还仅局限在仿铜陶礼器上,即以秦式鼎、盒配以郑或韩式壶为核心器类组合。

战国晚期后段的墓葬有17座,空心砖墓只见于1座土坑竖穴墓中,洞室墓大行其道(8座),已可与竖穴墓分庭抗礼。这个阶段,郑、韩文化的墓葬有5座,其余12座墓葬皆为秦文化与郑、韩文化共存。值得一提的是,秦式的罐类陶器在这个阶段开始进入到组合之中。

秦代墓葬8座,有1座墓葬为纯秦文化遗存(M84),其余各墓均为秦文化与郑、韩文化的组合。由此可见,到了秦代,秦文化在双庙墓地已占据统治地位。

西汉早期前段陶釜的出现,显示秦文化有进一步加强之势。自此以后,双庙墓地在秦、郑、韩文化的基础上融合形成的新型考古学文化,薪火相传,绵延不绝,并不断受到以来自于洛阳地区为主的汉文化洗礼,间或有其他地区如东南文化的刺激,最终在西汉晚期完成了考古学文化上周文化向汉文化的转变。

三 双庙墓地周秦时期考古学文化变迁反映的区域历史

告城在先秦、秦汉时期为阳城所在地,位于嵩山山脉南麓、颍水北岸,南望箕山,东倚具茨山,号称"九州之中",是洛阳沿嵩山南麓东达新郑(郑韩故都)、南下许昌的门户,地理位置十分重要。在东周列国纵横捭阖、逐鹿中原的大背景下,这一带是周、郑、韩、秦等反复争夺的要冲,文献对此多有记载,也因此成为周、郑、韩、秦文化碰撞、交替、融汇、发展的地方。

告城在春秋至战国早期的多数时间里应该属郑。1995年在登封告城铝厂、袁窑村等地发掘了3座春秋前期墓葬,其中M3所出铜鼎有"郑伯公子子耳作盂鼎,其万年眉寿无疆,子子孙孙永宝用"铭文,推测墓主即为郑伯公子子耳。其余2座墓葬的墓主身份也是郑国贵族[39]。说明其时郑委之亲信，非常重视对告城地区的控制。春秋时期对这一带的争夺，主要在郑、周及以勤王为名插手的晋之间展开，《春秋左传集解》"定公六年"条："周儋翩率王子朝之徒，因郑人将以作乱于周。郑于是乎伐冯、滑、胥靡、负黍、狐人、阙外。六月，晋阎没戍周，且城胥靡。"《集解》："郑伐周六邑，在鲁伐郑取匡前，于此见者，为成周起也。阳城县西南有负黍亭。"[40]据《史记正义》引《括地志》，记负黍在阳城西南35里[41]。随着周王室的衰落，三家分晋以后，郑面对的则主要是韩国。《史记》卷42《郑世家》："缪公十六年（前407），郑伐韩，败韩兵于负黍。""郑君乙立二年（前394），郑负黍反，复归韩。十一年（前385），韩伐郑，取阳城。"[42]《史记》卷45《韩世家》记上述事件云："景侯虔元年（前408），伐郑，取雍丘。二年，郑败我负黍。""文侯二年（前385），伐郑，取阳城。"

公元前375年韩灭郑，告城地区应该彻底由韩控制，其时进入战国中期。从双庙墓地的材料观察，这一时期呈现出周、郑、韩文化融合的态势，器物组合则是你中有我、我中有你的局面，这是在经历了自春秋以来长期的缠斗、交流、融汇以后形成的结果。但是并没有看到郑灭以后韩文化大举进入的情况，这或许与当时的军事态势有关。因为此时进入嵩山与箕山间颍水谷地走廊西端的门户——宜阳，还在韩国手中，秦的兵锋无法直达远在走廊东端的告城。告城处在相对平静的后方，自然无须特别守护。

但是好景不长，随着秦的日益强大及其东向战略的贯彻实施，为逐鹿中原，秦不断向韩、魏施压。秦孝公时，秦已控制函谷关，随后又对韩控制的宜阳进行了反复争夺。《史记》卷45《韩世家》："昭侯元年（前362），秦败我西山。""二十四年（前339），秦来拔我宜阳。"但进展应该很不顺利，据《史记》卷5《秦本纪》载："（武王三年）其秋，使甘茂、庶长封伐宜阳。四年，拔宜阳。"时当公元前307年，显然双方都很重视这一战略要点，有过反复的争夺。而且正因为宜阳不稳，故秦的势力未能由此深入到告城一线。

在秦控制函谷关、宜阳以后，东进即无后顾之忧。《史记》卷5《秦本纪》："（昭襄王）五十一年（前256），将军摎攻韩，取阳城、负黍，斩首四万。"《正义》云："今河南府县也。负黍亭在阳城县西南三十五里，本周邑，亦时属韩也。"《史记》卷45《韩世家》："（桓惠王）十七年（前256），秦拔我阳城，负黍。……二十四年，秦拔我成皋、荥阳。"从双庙墓地的材料观察，战国晚期前段，秦文化因素开始大量出现，表明秦已在相当程度上控制了告城地区。到战国晚期后段，秦一举拿下阳城、荥阳，完全打开东出的大门，彻底控制告城一线，双庙墓地秦文化进一步持续增长。

可以说，双庙墓地战国时期考古学文化发展变迁的过程，从一个侧面直观地见证了那个波澜壮阔的时代。

第二节 文化特征与埋葬制度

主要就墓向、墓型、葬具、葬式、随葬品等几个方面进行分析和归纳。

一 墓葬方向

双庙墓地241座战国秦汉墓葬，北向者149座，南向者81座，西向者5座，东向者4座，西北向者2座。

北向的墓葬中，竖穴土坑墓105座，其中9座墓葬葬具、人骨不明，其方向的判定没有绝对依据；竖穴墓道洞室墓42座；组合墓道土坑墓1座；竖穴墓道土坑墓1座。时代分布比较均匀，没有明显变化。其中：正北0°者有6座，2°~9°者29座，10°~20°者101座，22°~25°者3座，335°者1座，345°~355°者8座。

南向的墓葬中，竖穴土坑墓6座，竖穴墓道洞室墓72座，竖穴墓道土坑墓2座，斜坡墓道土坑墓1座。时代分布比较均匀，没有明显变化。其中，165°~170°者5座，175°者1座，180°者5座，184°~189°者16座，190°者29座，192°~200°者25座。

西向的墓葬均为竖穴土坑墓。

东向的墓葬包括组合墓道土坑墓1座和竖穴土坑墓3座。

西北向的墓葬均为竖穴土坑墓。

由此可知如下几点。

（1）双庙墓地竖穴土坑墓以北向为主，共计106座（含带墓道者），占全部竖穴土坑墓（含带墓道者）的83.5%。

（2）双庙墓地洞室墓以南向为主，共计72座，占全部洞室墓的63.2%。其次为北向者，有42座，占全部洞室墓的36.8%。也就是说，尽管双庙墓地在战国晚期以后，秦文化已占据了主导的地位，但秦文化以西向为主的墓向，在双庙墓地中并无体现。

（3）无论是南、北还是东、西的朝向，皆以10°~20°的偏角为多，约占总数的70.3%（不计西北向的2座），这或者与当时的磁偏角有关。

二 墓葬形制、结构

双庙墓地241座战国秦汉墓中，竖穴土坑墓118座，竖穴土坑空心砖室墓2座，竖穴土坑小砖室墓1座；竖穴墓道土坑墓1座，竖穴墓道土坑小砖券墓2座，斜坡墓道土坑小砖券墓1座；竖穴墓道土洞墓32座，竖穴墓道洞室空心砖墓50座，竖穴墓道洞室小砖墓30座，竖穴墓道洞室小砖与空心砖合筑墓1座，竖穴墓道洞室小砖与石合筑墓1座；阶梯与竖穴组合墓道土坑砖室墓2座。

（1）竖穴土坑墓的规格普遍不高，3米以下者计有92座，占比77.3%

竖穴土坑墓流行二层台。双庙墓地有二层台的墓葬计44座，其中竖穴土坑墓42座、竖穴墓道土坑墓1座、竖穴墓道洞室墓1座（墓道底部有生土二层台）。绝大部分为生土，只有2座熟土二层台。有四面二层台者13座，有三面二层台者7座，有两面二层台者23座，单面二层台者1座。

（2）洞室墓及空心砖墓从战国晚期前段开始出现

洞室墓及空心砖墓从战国晚期前段开始出现，结合同时出现的陶器和墓地布局变化（详后），可知是韩文化与秦文化同时向本地渗透的结果。其后洞室墓贯穿墓地始终，而空心砖墓一直流行到新莽前后。

洞室墓中，墓道宽于墓室的结构从战国晚期前段出现，可以延续到西汉晚期前段。墓道与墓室大致等宽的结构从战国晚期后段开始出现，但主要流行在西汉时期。墓道窄于墓室的结构在西汉初开始出现，流行至东汉时期。墓顶有平顶、弧顶两种，两者在战国晚期晚段皆已出现，与烧沟汉墓中弧顶洞室墓出现较晚不同。

洞室墓流行耳室。双庙墓地有耳室的墓葬43座，占此类墓型的37.7%。西汉初开始出现，流行于西汉早期晚段至西汉晚期。主要见于空心砖墓（24座，55.8%）和小砖墓（11座，25%）中。一般为单耳室，个别为双耳室。

空心砖墓共52座，其中3～4米规格者46座，占比88.5%，3米以下和4米以上者各3座，各占比约5.8%。

空心砖室的结构与中原地区常见的同类墓葬基本相同：底部绝大多数横向平铺空心砖5～12块，以9块最为多见，其次为8块，其他偶见5、6、7、10、12块。偶见有以方砖铺地者。极少数墓葬底部不用铺地砖。两侧壁的砌法有两种。一种是绝大部分侧立空心砖2层，每层视墓室长短不同为2～3块不等，一般是2块，且侧壁所用空心砖一般比其他部位所用砖长。另一种是少数墓壁后部侧立空心砖，前部竖置1～2块空心砖，后壁侧立空心砖2层，每层1块。封门情况有三种。第一种是与后壁相同。第二种是并列竖立空心砖2块。第三种是两侧各竖立1根长条空心砖作为门柱，顶部横置1根长条空心砖作为门楣，中间竖置2块空心砖作为封门。顶部结构可见者大部分与底部相同，偶见有不盖顶砖者。凡有耳室者，皆在墓室的前半部。为留出耳室口，有两种处理方式，其一是于墓壁的下层只用半块空心砖垒壁，以留出耳室口；其二是用更小的空心砖残块垒筑于耳室两侧，以留出耳室口。

（3）小砖砌筑的墓葬从西汉晚期前段开始出现并流行

小砖砌筑的墓葬从西汉晚期前段开始出现并流行，应该是洛阳地区同类遗存的影响所致。小砖结构的墓葬，主要是洞室墓，墓道均窄于墓室。均为单主室，部分有耳室。所用墓砖，有墓壁、券顶皆用长条砖，墓壁用长条砖、券顶用子母砖，墓葬、券顶均用子母砖等三种情况，并行于各个时期。墓壁绝大部分为小砖错缝平铺直砌，极少数有以小砖或方砖侧砌者（见于西汉末至新莽时期）。顶均为小砖对缝纵向起券。铺地砖有方砖和长方砖两类，少数墓葬不用铺地砖。其中的组合墓道出现于新莽时期，斜坡墓道出现于东汉中期。

（4）部分墓葬还有壁龛及脚窝

双庙墓地21座墓葬有壁龛。其中有头龛者18座、有边龛者3座。17个头龛出现在竖穴土坑墓中，1个头龛出现在洞室墓中；3个边龛集中在洞室墓中。有龛的墓葬数量虽然不多，只占总数的8.7%，但在前期各段所占比例较大，如第一段1座墓葬，占比100%；第二段2座，占比50%；第三段2座，占比28.6%；第四段5座，占比29.4%；第五段1座，占比12.5%；第六段5座，占比26.3%。因此，龛的结构在战国中期至西汉初年较为流行，而且是由郑、韩文化传统影响到秦文化传统，这从第三段的2个头龛都出在韩文化墓葬中、第四段的5个头龛墓有3个属郑、韩文化可以得到印证。

有脚窝的墓葬7座，其中，5座甲类Ba型竖穴土坑墓，1座Ⅰ式竖穴墓道土洞墓，1座Ⅲ式竖穴墓道洞室空心砖墓。

（5）双庙墓地的墓葬，还有一些比较特殊的结构

1）M1、M2均为竖穴墓道洞室小砖墓，形制、大小基本相同，东西并列，相距不足1米。两墓共用一个土洞耳室（耳室内有陶器），彼此相通。两墓的年代均为第六期第十段。

2）M186为竖穴墓道土洞墓，双人合葬。墓室结构不规整，有明显的二次改造扩建痕迹。

3）并列双室土坑墓。双庙墓地M139是一座极为罕见的竖穴土坑双室并列墓，平面为近长方形，东西并列双室。西室平面为长方形，三壁略有收分，平底，墓底高于东室约20厘米。东室平面为直角梯形，东壁略长，壁略斜收，平底。西室单人仰身屈肢葬，无葬具痕迹。随葬品有铜环、铜璜、石片、玉环、骨环、骨珠、蚌珠等15件。东室无骨架葬具，随葬品有龟甲1件。

4）椭圆坑葬，伴出猪骨。双庙墓地M19是一座平面略呈不规椭圆形的竖穴土坑墓。直壁，近底处为弧形，平底。单人仰身直肢葬，墓底北部人骨架腿下出有兽骨，似为猪骨。这一遗存或许与祭祀有关。

5）头坑。双庙墓地2座竖穴土坑墓（M94、M169）有头坑的结构。M94的头坑为半圆形，位于棺外，坑内有陶无沿矮领罐1件半埋于其中。M169的头坑为长方形，在头部下方，坑内有头骨残片。

三 葬 具

竖穴土坑墓中，葬具可见者有一棺一椁墓和单棺墓。其中一椁一棺墓共有13座。

空心砖与小砖结构的墓葬有葬具者，皆为单棺。空心砖结构的墓葬，一般认为空心砖室即为传统的椁，因此往往称其为"空心砖椁墓"。从双庙墓地看，空心砖室的空间并不大，一般仅可容棺，其内发现有木棺或棺灰痕迹的共有28座（其中1座为竖穴土坑墓，其余为洞室墓）。因此，传统上将空心砖墓称为空心砖椁墓是可以成立的，也即空心砖结构的墓葬，可以理解为传统的一棺一椁墓。

四 葬 式

双庙墓地人骨可辨者，仰身直肢葬122座，另有24座屈肢葬（表一）。这些屈肢葬中，出土陶器的墓葬有10座，出土带钩等小件者有8座，不出土遗物者6座。土坑竖穴墓17座，竖穴墓道土洞墓7座。8座时代可辨的墓葬显示，屈肢葬集中出现在战国晚期后段至西汉早期前段之间。对8座墓葬的有复原陶器属性的分析显示，其中6座具有秦文化因素，因此，基本可认为双

庙墓地屈肢葬的风俗来源于关中秦文化。

表一　屈肢葬墓详情表

墓号	墓型	出土遗物	陶器性质	时代
M14	甲类Ba型土坑竖穴墓	陶器残		
M16	甲类Ba型土坑竖穴墓			
M67	甲类Ba型土坑竖穴墓	铜带钩Da型		
M78	Ⅰ式竖穴墓道土洞墓			
M79	甲类Ba型土坑竖穴墓	陶合碗Ⅲ式，陶折沿高领折肩罐Ba型Ⅱ式，铜带钩Bb型	郑、韩	四期六段
M101	甲类Aa型土坑竖穴墓	铜带钩Dc型		
M110	甲类Bb型土坑竖穴墓	陶器残		
M118	甲类Ab型土坑竖穴墓	铁带钩B型		
M120	甲类Bb型土坑竖穴墓	铜带钩Cb型，铁镰		
M124	Ⅰ式竖穴墓道土洞墓	陶盒Da型Ⅱ式，陶壶甲类Ad型Ⅱ式，陶折沿高领圆肩罐甲类Ab型Ⅰ式，铜带钩Aa型，铜印章	秦、郑	三期四段
M130	甲类Ab型土坑竖穴墓	铁带钩Aa型		
M139	乙类土坑竖穴墓	铜环Ab型，铜璜，石片A型，玉环A型、B型，骨环A型，骨珠A型、B型，蚌珠，龟甲		
M142	Ⅰ式竖穴墓道土洞墓	陶合碗Ⅱ式，铜带钩Ba型	韩	三期四段
M148	Ⅰ式竖穴墓道土洞墓			
M149	Ⅰ式竖穴墓道土洞墓	陶鼎Eb型Ⅱ式，陶盒Da型Ⅱ式，陶壶甲类Ad型Ⅱ式，陶器盖Cb型，铜带钩Cb型，铜铃Bc型，玉环A型，骨环B型，蚌珠	秦、郑	三期四段
M151	甲类Bb型土坑竖穴墓	铜带钩Da型		
M154	甲类Bb型土坑竖穴墓			
M191	甲类Bb型土坑竖穴墓	铜带钩Bb型		
M193	甲类Aa型土坑竖穴墓			
M195	甲类Ba型土坑竖穴墓	陶鼎Eb型Ⅳ式，陶盒A型Ⅱ式，陶合碗Ⅳ式，陶盘A型Ⅳ式，陶匜A型Ⅱ式，陶折沿高领圆肩罐残，陶无沿矮领罐甲类Ba型Ⅰ式，铜带钩Aa型，铜璜，蚌环	秦、韩	四期六段
M196	Ⅰ式竖穴墓道土洞墓	陶鼎Eb型Ⅳ式，陶盒A型Ⅱ式，陶壶甲类Ad型Ⅳ式，陶盘A型Ⅳ式，陶匜A型Ⅱ式，铜印章	秦、郑	四期六段
M201	甲类Ba型土坑竖穴墓	陶鼎Eb型Ⅱ式，陶盒Da型Ⅱ式，陶壶甲类Ba型Ⅲ式，陶盘，陶匜B型Ⅰ式，铁带钩C型	秦、韩	三期四段
M229	Ⅰ式竖穴墓道土洞墓	陶鼎Eb型Ⅳ式，陶盒A型Ⅱ式，陶壶甲类Ad型Ⅳ式，陶匜A型Ⅱ式，陶器盖Cb型，铜带钩Cb型	秦、郑	四期六段
M235	甲类Ba型土坑竖穴墓			

五　出土遗物与器用制度

双庙墓地的出土遗物主要是陶器，另有少量铜、铁、石、玉、玛瑙、琉璃及骨器。陶器在战国时期，主要是在郑文化基础上，不断受到周、韩及秦文化影响形成的多元文化。其中，战国中期的外来影响主要源自于周；战国晚期则主要来自于秦、韩，而且以秦文化为主。汉代以后，不可避免地受到了来自于作为政治、经济、文化中心的洛阳的汉文化持续不断的影响，并最终成为大一统汉文化的一个组成部分。在这一过程中，双庙墓地也展现出一定的特点。主要表现在以下方面。

（1）战国至秦代比较流行铜璜、铜铃及玉、玛瑙、骨、蚌饰，汉代以后极为罕见。

（2）战国中期陶器组合制度并不十分严谨，3座仿铜陶礼器墓，其组合各不相同，分别为鼎、盖豆、壶，鼎、壶，盖豆、壶，而且一般仿铜陶礼器墓中常见的盘、匜一概不见；2座日用陶器墓的器类也不完全一致，分别为盂，盂、罐。

从战国晚期开始，仿铜陶礼器组合制度定型为以鼎、盒、壶为核心，配以盘、匜；另有鲜明韩文化特征的合碗、壶，或壶，或合碗的组合，其中的壶常以钵（偶见盆）为盖。这一制度主要流行于战国晚期至西汉早期前段，这一阶段的51座墓葬中，出土鼎、盒、壶组合的墓葬共计25座（其中17座配盘、匜，3座配匜，2座配盘），合计占此阶段墓葬总数的49%；此外有出土鼎、盒、钫、小壶组合者1座，出土鼎、盒、合碗、盘、匜组合者1座，出土鼎、合碗、壶、盘、匜组合者1座，出土鼎、小壶组合者1座，出土盒、壶组合者2座。具有韩文化组合特征的墓葬则有10座（其中3座中合碗与无沿矮领罐同出），占这一阶段墓葬总数的19.61%。

从秦代开始出现的独立于仿铜陶礼器之外的罐类器组合（或配釜等），逐渐壮大。此类墓葬，秦代只有2座，占这一时期墓葬总数（8座）的25%；西汉早期前段6座，占这一时期墓葬总数（19座）的31.58%。西汉早期后段，前述兴起于战国晚期、盛行至西汉早期前段的仿铜陶礼器组合制度迅速走向没落，以各种罐类器为核心的组合强势崛起，一举占据了统治地位。这一阶段的17座墓葬中，出土此类组合者共有14座，占据了总数的82.35%之多。出土传统的鼎、盒、壶组合者只见1座，另有2座出土以小壶为核心器类配以罐的组合。

从西汉中期开始，战国以来传统的仿铜陶礼器制度完全解体，鼎已消失，盒偶尔可见，壶得以保留，这一变化远早于其他地区的类似进程。与此同时，新的以大壶配小壶为核心组合的制度在西汉中期开始出现，在西汉晚期十分盛行，并一直延续到新莽前后。

陶模型明器在双庙墓地的出现是在西汉晚期后段，且非常弱势，仅有仓一类器物，仅见于1座墓葬，只占同期墓葬总数（13座）的7.69%，直到东汉早期，灶、井、圈、磨、狗、鸡等才较多地开始出现。双庙墓地陶模型明器的使用，较大幅度地落后于周边地区。

双庙墓地鼎、盒、壶陶器组合在战国晚期至西汉早期前段大量且稳定地存在，具有秦文化传统的罐类器组合在西汉早期后段的异军突起，一方面说明，作为整体的秦文化在这一阶段对这一地区影响和控制的稳定；另一方面也表明，秦文化内部结构在变化，这种变化的背景还不十分明确。西汉中期以后大壶与小壶的组合制度盛行，西汉晚期后段陶模型明器的出现，则反映新兴的汉代考古学文化的逐渐形成。

（3）在以鼎、盒、壶为核心的仿铜陶礼器组合中，少数是郑式鼎、秦式盒、郑或韩式壶的形态，多数是秦式鼎、秦式盒、郑或韩式壶的结构。这种组合结构的形成，应该与战国关中秦文化的陶壶类器不发达有很大关系。从《西安尤家庄秦墓》《西安南郊秦墓》《西安北郊秦墓》《任家咀秦墓》等关中战国秦墓报告报道的情况看，鼎、盒组合多与蒜头壶、细颈壶同出，有的不见壶，即便有壶的组合，其壶类器的形态也多似罐。因此，当秦文化与中原腹心地带的传统文化融合以后，该区域发达的壶类器便成为组合中的重要器类。

（4）在三分之一左右的仿铜陶礼器组合中，有罐类器的搭配。

（5）所出陶器，无论是礼器还是日用器，直到秦代，除M25为2套外，其余都是1套。西汉早期至中期，罐、釜类器出现2件同类型器者逐渐增多，偶见3~4件者。从西汉中期开始出现、流行至新莽时期的大小陶壶组合（共计18组，另有只出大壶者4座），以2件1套（8座）为主，另有2大1小（3座）、1大2小（2座）、4件1套（2座）、3大1小（1座）、1大3小（1座）、1大1小（1座）等形式。以大小陶壶各2件为组合的8座墓葬，均属于西汉晚期，占同期同类墓葬的57.14%，说明这类组合制度在西汉晚期最为稳定。西汉晚期以后，罐类器也常见2~4件者，新莽以后甚至有常见10余件的现象。

六 墓主身份等级

双庙墓地随葬品的情况，大致可以分为以下九类。

第一类，仿铜陶礼器。

第二类，仿铜陶礼器＋铜容器。

第三类，日用陶器（或有模型明器）。

第四类，日用陶器＋铜容器。

第五类，仿铜陶礼器＋日用陶器（或有模型明器）。

第六类，仿铜陶礼器＋日用陶器＋铜容器（或铁容器）。

第七类，日用陶器＋漆器。

第八类，铜、玉、骨、蚌等小件器物。

第九类，无任何随葬品。

结合墓葬结构、墓葬规格、葬具、随葬品及分布时段的相关情况，见表二~表五。

表二 一椁一棺葬具与墓葬规格、出土遗物及时序关系表

遗物、时序 规格	仿铜陶礼器				陶礼器＋日用器	小件器	无遗物	合计
	三段	四段	五段	六段	三段	时代不明	时代不明	
2~3米			1			1		2
3~4米	1	3	1	1	1	2	1	10
4~5米	1							1
合计	2	3	2	1	1	3	1	13

表三　空心砖墓规格与出土遗物关系表

遗物\规格	陶礼器	陶礼器+铜容器	日用陶器	日用陶器+铜容器	陶礼器+日用陶器	陶礼器+日用陶器+铜容器	铜容器	小件器物	无随葬品	合计
2～3米	1（土坑）				1				1	3
3～4米	4	1	13	14	2	8	1	2	1	46
4～5米	1	1		1						3
合计	6	2	13	15	3	8	1	2	2	52

说明：1、3米规格墓葬中，陶礼器与日用陶器共出者，有1座墓出铁容器；2、3米规格墓葬中，出土陶礼器者、出土铜容器者、出土小件器物者，各有1座墓葬规格是接近3米，即距3米差2～4厘米。

表四　出土陶器墓葬一览表

时序	类型	规格	陶礼器	陶礼器+铜容器	日用陶器	日用陶器+铜容器	陶礼器+日用陶器	陶礼器+日用陶器+铜容器	日用陶器+漆器	陶礼器+日用陶器+铁容器	其他	不明	合计
第一段	竖穴土坑	4～5米	1										1
第二段	竖穴土坑	2～3米	1		2								3
第二段	竖穴土坑	3～4米	1										1
第三段	竖穴土坑	2～3米	1				1						2
第三段	竖穴土坑	3～4米	1（椁）				1（椁）						2
第三段	竖穴土坑	4～5米	2（椁）										2
第三段	洞室空心砖	2～3米					1						1
第四段	竖穴土坑	2～3米	1				2						3
第四段	竖穴土坑	3～4米	4（3椁）										4
第四段	竖穴土坑	不明			1								1
第四段	土坑空心砖	2～3米	1										1
第四段	土洞	1～2米	1										1
第四段	土洞	2～3米	4				3						7
第五段	竖穴土坑	2～3米	1（椁）										1
第五段	竖穴土坑	3～4米	3（1椁）										3
第五段	土洞	2～3米	1				1						2
第五段	洞室空心砖	3～4米			2								2

续表

时序	类型	规格	陶礼器	陶礼器+铜容器	日用陶器	日用陶器+铜容器	陶礼器+日用陶器	陶礼器+日用陶器+铜容器	日用陶器+漆器	陶礼器+日用陶器+铁容器	其他	不明	合计
第六段	竖穴土坑	2~3米	3		1		2						6
		3~4米	1（椁）		1		1						3
	土洞	2~3米	3										3
		3~4米			1								1
	洞室空心砖	3~4米			2	1	3						6
第七段	竖穴土坑	2~3米			2								2
		3~4米			1								1
	土洞	2~3米			1								1
		3~4米			1								1
	洞室空心砖	3~4米		1	4	5	1	1					12
第八段	竖穴墓道土坑	3~4米			1								1
	土洞	2~3米			1								1
	洞室空心砖	3~4米			1	6		2		1			10
		4~5米				1							1
第九段	竖穴土坑	2~3米	1		1				1				3
		3~4米			1								1
	土洞	2~3米			1		1		1				3
	洞室空心砖	3~4米			3	3	1	1					8
		4~5米	1										1
第十段	土洞	2~3米	1										1
	洞室空心砖	3~4米	3		1								4
		4~5米		1									1
	洞室小砖	3~4米	1	1	1		1	1					5
		4~5米	2	1	1		1						5
	小砖与空心砖	4~5米			1								1
第十一段	竖穴土坑	2~3米			1								1

续表

时序	类型	规格	陶礼器	陶礼器+铜容器	日用陶器	日用陶器+铜容器	陶礼器+日用陶器	陶礼器+日用陶器+铜容器	日用陶器+漆器	陶礼器+日用陶器+铁容器	其他	不明	合计
第十一段	土洞	2~3米			1								1
第十一段	土洞	3~4米			1（＋仓）								1
第十一段	洞室空心砖	3~4米	1										1
第十一段	洞室小砖	3~4米	1	3	1		2						7
第十一段	洞室小砖	4~5米					1	1					2
第十二段	土坑砖墓	3~4米	1										1
第十二段	组合墓道	4~5米					1（＋灶）						1
第十二段	土洞	3~4米			1								1
第十二段	洞室小砖	3~4米			1		2	1					4
第十二段	洞室小砖	6米以上					1（＋灶）						1
第十三段	竖穴土坑	2~3米			1								1
第十三段	竖穴墓道土坑小砖	5~6米			1（＋仓、井、樽、熏等）								1
第十三段	洞室小砖	3~4米									1仓		1
第十三段	洞室小砖	4~5米			1（＋灶、井圈、磨等）		1（＋仓、灶、井）						2
第十三段	洞室小砖	5~6米			1（＋灶）								1
第十三段	洞室砖石混	4~5米			1（＋仓、灶、井圈等）								1
不明	竖穴土坑	1~2米			1							2	3
不明	竖穴土坑	2~3米										1	1

续表

时序	类型	规格	陶礼器	陶礼器+铜容器	日用陶器	日用陶器+铜容器	陶礼器+日用陶器	陶礼器+日用陶器+铜容器	日用陶器+漆器	陶礼器+日用陶器+铁容器	其他	不明	合计
不明	洞室空心砖	3~4米									1铜釜		1
	土洞	2~3米	1										1
	竖穴墓道土坑小砖	3~4米									1灶、人俑		1
	合计		43	8	43	16	28	7	2	1	3	3	154

说明：

（1）竖穴土坑墓中，第三段3~4米规格者出陶礼器者1座（M37）、出陶礼器与日用器者1座（M28），4~5米规格者出陶礼器者1座（M25）；第四段3~4米规格者与陶礼器同出者3座（M31、M32、M201）；第五段与陶礼器同出的，2~3米规格者1座（M82）、3~4米规格者1座（M203）；第六段3~4米规格者与陶礼器同出者1座（M36）。共9座墓葬，它们是一椁一棺墓。

（2）铜容器一般指有铜釜者，少数还有其他铜容器。但第七段洞室空心砖3~4米规格者，有3座与日用陶器同出的铜容器不是铜釜而是铜盆、铜鍪鍪；第九段洞室空心砖墓3~4米规格者，有1座与日用陶器同出的铜容器不是铜釜而是铜盆。

（3）时代不明的7座墓葬（M14、M20、M46、M63、M110、M125、M182）中，M20出陶罐；M63出铜釜；M125出仿铜陶礼器；M182出陶灶、人俑等；M14、M46、M110出陶器，器类不明。

表五 不出土陶器墓葬一览表

类型 遗物	竖穴土坑				土坑小砖	土洞		洞室空心砖	洞室小砖		合计
	1~2米	2~3米	3~4米	4~5米	2~3米	2~3米	3~4米	3~4米	2~3米	3~4米	
饰品		9（2椁）									9
铜带钩		14	3（1椁）								17
铁带钩	1	5									6
铜镜								1			1
铜钱		1				1	1		1		4
镜、钱							1				1
镜、钩、饰品		1									1
无	7	30	2（1椁）	1	1	1	1	1	2	2	48
合计	8	60	5	1	1	1	3	3	2	3	87

说明：

（1）出铜带钩的2~3米规格竖穴土坑墓M62同时还出铜璜，M120同时还出铁镢。

（2）出各类饰品的2~3米规格竖穴土坑墓M132为双室墓。

（3）出饰品的2~3米规格竖穴土坑墓M76、M97，出铜带钩的3~4的米规格竖穴土坑墓M83，无遗物的3~4米规格竖穴土坑墓M223，这4座墓为一椁一棺墓。

由上述各表所示，我们可作如下几点分析。

（1）一般而言，东周墓葬中，能够显示墓主身份的指征，比较重要的有礼乐器的种类及数量、葬具重数、墓葬结构和规格等。

（2）双庙墓地直到西汉中期墓葬规格均偏小，达到4米多的也只有寥寥5座，仅占同时期102座墓葬的4.9%；其余2米以下的1座，3米以下的32座，4米以下的63座，分别占比0.98%、31.4%、61.8%。

出土遗存中未见铜礼器，所出陶器，无论是礼器还是日用器，直到西汉中期，一般多是1套（仅M25为2套），从西汉中期开始出现的大小陶壶组合才呈现出以2件1套为主的制度，罐类器也往往是多件。

双庙墓地发现的葬具主要是单棺，一椁一棺葬具的墓葬共有13座，均为竖穴土坑墓，其中9座出仿铜陶礼器，占比69.2%。空心砖结构的墓葬，一般认为空心砖室即为传统的椁，因此往往称其为"空心砖椁墓"。从双庙墓地看，空心砖室的空间并不大，一般仅可容棺，其内发现有木棺或棺灰痕迹的，共有28座（其中1座为竖穴土坑，其余为洞室）。因此，将空心砖墓视为空心砖椁墓是可以成立的，亦即空心砖结构的墓葬，可以理解为传统的一椁一棺墓。上述各项指标显示，双庙墓地的等级及墓主的身份并不高。

（3）关于先秦的棺椁制度，《礼记》《庄子》《荀子》等文献有简略记载，汉儒就此有些解释，今人也有广泛的讨论。目前学术界对此大致有三种不同的观点。其一，"结合《礼记》对棺椁制度的记载，《荀子·礼论》《庄子·杂篇·天下》的'天子棺椁七重'应为'三椁四棺'，'诸侯五重'应为'二椁三棺'，'大夫三重'应为'一椁二棺'，'士不重'应为'一椁一棺'。这样解释，先秦诸文献中有关棺椁多重制度的记载便融会贯通，无任何矛盾了"[43]。其二，先秦棺椁制度形成于西周晚期至春秋中期，或春秋中晚期至战国早期，其后遭到破坏[44]。其三，"整个先秦时期的墓葬形制和棺椁制度大多与三《礼》记载不符"[45]。具体到本报告涉及的战国中晚期一椁一棺问题，也有两种主要观点，一是认为一椁一棺为士的葬具制度[46]，二是认为战国中晚期使用仿铜陶礼器的平民墓也使用一椁一棺葬具[47]。

从双庙墓地同时期使用葬具的情况来看，战国晚期的24座墓葬中，有23座随葬成套仿铜陶礼器，其中一椁一棺墓葬有6座，墓葬规格均在3米以上，而明确为单棺的6座墓葬（不含空心砖墓，含2座土洞墓），其墓葬规格除1座正好长3米外，其余均在3米以下，显示两者间有一些差异。因此，就双庙墓地而言，我们倾向于一椁一棺墓主在战国晚期的身份大致为士这个级别，而在秦及汉初，他们或者属于民爵（八级以下）中较高爵位或官爵中较低爵位的获得者。

至于空心砖墓，虽然我们赞成其可以等同于传统的一椁一棺墓的观点，但毕竟两者间材质不同，而且战国晚期仅有的2座墓葬规格均在3米以下，与同时期的木质一椁一棺墓略有距离，因此我们认为其等级应略低于传统的一椁一棺墓葬。秦汉以后的空心砖墓规格虽均上升到3米以上，但其性质应该没有改变。

（4）关于东周时期普遍流行的仿铜陶礼器，学术界一般认为，中原地区的此类遗物最初兴起于平民阶层，至战国以后，大量的贵族墓也群起仿效[48]。双庙墓地使用仿铜陶礼器者，大致也包含这两类人群。而在战国中晚期至秦汉时期的历史背景下，其中的平民或为有低爵者。

（5）至于使用日用陶器的墓葬，其墓主身份为普通平民无疑，或者主要是那些没有爵位的平民。

根据以上分析，双庙墓地墓葬大致可以分为三个等级。

第一等级：随葬仿铜陶礼器；一椁一棺；墓葬规格在3米以上。另外，M76只出铜璜、玛瑙环，M83只出铜带钩，M97只出铜璜、骨环，M223无随葬品，因皆为一椁一棺葬具，我们仍将其归入这一等级。这一等级的人群，在战国中晚期相当于士，在秦汉时期则属于民爵（八级以下）中较高爵位或官爵中较低爵位的获得者。其中M25有2套仿铜陶礼器，应是其中身份最高者。

第二等级：随葬仿铜陶礼器；单棺，或空心砖室墓；墓葬规格在2米以上。这一等级的人群属于平民，或有低爵。

第三等级：随葬日用陶器，或小件器物，或无随葬品；单棺或无葬具；墓葬规格或有不足2米者。这一等级的人群，或属于无爵平民。其中无随葬品的墓葬数量并不少，有48座，占比19.9%，不宜简单判定为奴隶或类似身份，我们认为此类墓主当属平民中经济实力较低者。

第三节 双庙墓地布局与形成

双庙墓地共清理东周秦汉墓葬241座，其中年代清楚的147座，另有30座墓葬可以知道其粗略的时间范围。

双庙墓地，根据墓葬分布的规律，可以分为四个小区，分别是西北区、东北区、东南区和南区。其中东北区墓葬数量最多，分布也最密集；东南区墓葬数量最少。

双庙墓地约开始于战国中期，开启于墓地的西北角。其中最早阶段的墓葬只有1座（M104），孤悬于西北区的西南角，也是整个墓地的最西端。年代稍晚的4座墓葬，大致分为两组，其中承袭郑文化的2座墓葬（M88、M92）和1座周、郑、韩文化结合的墓葬（M93）位于西北区的西北角；另1座周、郑文化结合的墓葬（M170），位于西北区东部。这5座墓葬分为三组，在墓地的西北区形成一个"品"字形布局，显示出他们之间有着某种关系。

战国晚期前段，双庙墓地共有7座墓葬。从文化内涵观察，有3座具有韩文化特征，另外4座则是郑、韩、秦文化结合的产物。它们与墓地西北区战国中期葬入的5座墓葬大约并不存在亲缘关系，因此这7座墓葬选择在墓地的东北部开辟了新的墓区。更为有趣的现象是，3座韩文化墓葬（M183、M224、M252）在墓区的北部呈西北—东南向依次展开，而4座具有秦文化传统的墓葬（M25、M28、M37、M141）则在墓区西南部相聚而葬，明显地呈现出因文化背景不同而形成的泾渭分明的排位格局。

战国晚期后段，双庙墓地共有墓葬17座。从文化内涵上观察，其中5座具有以韩文化为主的文化特征，其余12座则是秦、韩、郑文化结合的产物。除1座（M11）新开辟了东南墓区外，其余16座均继续在墓地的东北区择地安葬，显示其与战国晚期前段的墓葬之间有较密切的关系，但排位比较分散，而且前段那种韩文化与秦文化泾渭分明地分布的格局已经有些模糊，说明随着时间的流逝，文化之间的交流促进了相互之间逐渐交融。

秦代墓葬有8座，其中，6座散布在墓地的东北区，2座回到了墓地的西北区。从葬入西北区的M84打破了战国中期晚段的M93来看，此时西北区内的早期墓葬或已成无主荒冢，不为人知了。

西汉早期是双庙墓地的规模成形的阶段，这个阶段，墓地的四个墓区陆续都有墓主葬入，而仍以东北区为主，西北区其次。以后各期则是在此基础上不断延续、发展。

注　释

［1］　张辛：《中原地区东周陶器墓葬研究》，科学出版社，2002年。
［2］　张辛：《中原地区东周陶器墓葬研究》，科学出版社，2002年。
［3］　河南省文物考古研究院：《新郑双楼东周墓地》，大象出版社，2016年。
［4］　张辛：《中原地区东周陶器墓葬研究》，科学出版社，2002年。
［5］　河南省文物考古研究院：《新郑双楼东周墓地》，大象出版社，2016年。
［6］　张辛：《中原地区东周陶器墓葬研究》，科学出版社，2002年。
［7］　河南省文物考古研究院：《新郑双楼东周墓地》，大象出版社，2016年。
［8］　张辛：《中原地区东周陶器墓葬研究》，科学出版社，2002年。
［9］　河南省文化局文物工作队：《郑州二里冈》，科学出版社，1959年。
［10］　郑州市文物考古研究所：《郑州市南阳路家世界购物广场战国墓葬发掘简报》，《华夏考古》2006年第2期。
［11］　郑州市文物考古研究所：《郑州纺织机械厂战国墓葬发掘简报》，《中原文物》1997年第3期。
［12］　郑州市文物考古研究所：《郑州市两处战国墓发掘报告》，《中原文物》1997年第3期。
［13］　河南省文物考古研究所：《新郑西亚斯东周墓地》，大象出版社，2012年。
［14］　河南省文物考古研究所新郑工作站：《新郑县蔡庄东周墓葬发掘简报》，《中原文物》1987年第4期。
［15］　张辛：《中原地区东周陶器墓葬研究》，科学出版社，2002年。
［16］　张辛：《中原地区东周陶器墓葬研究》，科学出版社，2002年。
［17］　河南省文化局文物工作队：《郑州二里冈》，科学出版社，1959年。
［18］　河南省文物考古研究院：《新郑双楼东周墓地》，大象出版社，2016年。
［19］　张辛：《中原地区东周陶器墓葬研究》，科学出版社，2002年。
［20］　河南省文物考古研究院：《新郑双楼东周墓地》，大象出版社，2016年。
［21］　张辛：《中原地区东周陶器墓葬研究》，科学出版社，2002年。
［22］　西安市文物保护考古所：《西安南郊秦墓》，陕西人民出版社，2004年。
［23］　陕西省考古研究所：《西安北郊秦墓》，三秦出版社，2006年。
［24］　陕西省考古研究院：《西安尤家庄秦墓》，陕西科学技术出版社，2008年。
［25］　咸阳市文物考古研究所：《任家咀秦墓》，科学出版社，2005年。
［26］　西安市文物保护考古所：《西安南郊秦墓》，陕西人民出版社，2004年。
［27］　陕西省考古研究所：《西安北郊秦墓》，三秦出版社，2006年。
［28］　雍城考古队：《陕西凤翔高庄秦墓地发掘简报》，《考古与文物》1981年第1期。
［29］　陕西省考古研究所秦陵工作站等：《陕西临潼刘庄战国墓地调查清理简报》，《考古与文物》1989年第5期。
［30］　陕西省考古研究所：《西北农林科大战国秦墓发掘简报》，《考古与文物》2006年第5期。

[31] 陕西省考古研究所：《宝鸡建河墓地》，陕西科学技术出版社，2006年。
[32] 三门峡市文物工作队：《三门峡市司法局、刚玉砂厂秦人墓发掘简报》，《华夏考古》1993年第4期。
[33] 陕西省考古研究所：《西安北郊秦墓》，三秦出版社，2006年。
[34] 陕西省考古研究院：《西安尤家庄秦墓》，陕西科学技术出版社，2008年。
[35] 西安市文物保护考古所：《西安南郊秦墓》，陕西人民出版社，2004年。
[36] 陕西省考古研究所：《西安北郊秦墓》，三秦出版社，2006年。
[37] 山西省考古研究所：《侯马乔村墓地（1959—1996）》，科学出版社，2004年。
[38] 山西省考古研究所：《侯马乔村墓地（1959—1996）》，科学出版社，2004年，第984页。
[39] A. 郑州市文物考古研究所等：《河南登封告成东周墓地三号墓》，《文物》2006年第4期。
B. 郑州市文物考古研究所等：《河南登封告成春秋墓发掘简报》，《文物》2009年第9期。
[40] （唐）杜预：《春秋左传集解》，上海人民出版社，1977年，第1646页。
[41] （西汉）司马迁：《史记》卷4《周本纪》，中华书局，1982年，第168页。
[42] （西汉）司马迁：《史记》，中华书局，1982年，第1776页。
[43] 赵化成：《周代棺椁多重制度研究》，《国学研究》（第五卷），北京大学出版社，1998年。
[44] A. 宋玲平：《晋系墓葬棺椁多重制度的考察》，《考古与文物》2008年第3期。
B. 袁胜文：《棺椁制度的产生和演变述论》，《南开学报》（哲学社会科学版）2014年第3期。
[45] 李玉洁：《试论我国古代棺椁制度》，《中原文物》1990年第2期。
[46] 赵化成：《周代棺椁多重制度研究》，《国学研究》（第五卷），北京大学出版社，1998年。
[47] 宋玲平：《晋系墓葬棺椁多重制度的考察》，《考古与文物》2008年第3期。
[48] 印群：《黄河中下游地区的东周墓葬制度》，社会科学文献出版社，2001年。

附表　双庙墓地墓葬登记表

墓号	方向	墓葬结构		葬具（厘米）	人骨	随葬品（种类、数量）（数量为1者不标"1"字）	分期	备注
		墓葬形制	墓葬尺寸（厘米）					
M1	190°	B竖穴墓道洞室小砖墓。由墓道、耳室和墓室组成。墓道呈长方形，四壁竖直，底呈斜坡状，南端较窄，北端较宽，位于墓室南端。洞室呈长方形，直壁，平底，弧顶。墓东壁墓室近门处设一土洞耳室，与M2相通。耳室东、西壁以小砖平砌而成，顶部以两小砖并合成"八"字形封顶。小砖错缝平砌墓壁，东、西壁以小砖平砌9层后，用子母砖竖排对缝起券，12节。北壁由小砖错缝平砌15层，方砖铺地，对缝平铺。小砖封门，单层。下部5层错缝平砌，上部5层一顺一丁，共10层。墓砖为素面	墓道：口长224、宽84~94、底长228、宽84~94、深224~254 耳室：宽52、深48、高48 墓室长383、宽134、高121、砖室长353、宽125、高112、砖券顶高50 小砖：长24、宽16、厚6 子母砖：长32、宽12、厚8 铺地砖：边长30、厚4 封门：高94、宽90 封门砖：长26、宽12、厚6	不详	1 仰身直肢，北向	陶小壶乙BbⅡ2、陶折沿高领圆肩罐甲AbⅣa2、铜金Ⅲ、铜五铢钱西汉甲A、甲CⅠ、甲CⅡ2	六期十段	
M2	190°	A竖穴墓道洞室小砖墓。由墓道、耳室和墓室组成。竖穴墓道位于墓室南端，呈长方形，四壁竖直，底呈斜坡状。洞室呈长方形，直壁，平底，弧顶。墓室西壁近门处设一长方形土洞耳室，与M1相通。以小砖错缝平砌墓壁，以长方砖铺地，铺地砖残损甚，不可辨识铺砌方法。东、西壁由小砖错缝平砌11层后竖排对缝起券，残余7节。北壁由小砖错缝平砌，仅剩5层。以小砖错缝平砌封门。墓室的墓门一段向外弧形凸出，单墙，5层。铺地砖正面为素面，背面饰绳纹；侧面一面为素面，一面饰有菱形纹	墓道：口长240、宽104~106、底长254、宽104~106、深314~368 耳室：宽52、深48、高48 墓室长398、宽146、高166、砖室长350、宽142、高71~126、砖墙高70、券顶高56 小砖：长32、宽14、厚6 铺地砖：长34、宽30、厚6 封门：残高34、宽120 封门砖：长34、宽14、厚6	不详	1 不详	陶无沿矮领罐甲BaⅤ、甲BbⅢ3	六期十段	扰

附表　双庙墓地墓葬登记表

续表

墓号	方向	墓葬结构		葬具（厘米）	人骨	随葬品（种类、数量）（数量为1者不标"1"字）	分期	备注
		墓葬形制	墓葬尺寸（厘米）					
M3	165°	C竖穴墓道洞室小砖墓。由长方形竖穴土坑墓道、甬道、墓室组成。竖穴墓道位于墓室南端偏西，四壁竖直，底部呈斜坡状，南高北低。墓室地面用长方砖及方砖对缝平铺，仅见墓底四边残余一圈。东、西两壁由子母砖错缝平砌21层后由子母砖咬缝竖排错缝起券，残余8节。北壁由子母砖平砌，长条砖错缝，铺地砖：长条砖长40、宽20、厚5，方砖边长40、厚5 封门：高95、宽116 封门砖：长32、宽18、厚8	墓道：长222、宽118、深270～300 甬道：长44、宽1115、残高170 墓室：洞室长646、宽268、高304，砖长642、宽264、高220，砖端墙高118，券顶高90 子母砖：长44、宽16、厚8	不详	不详	釉陶壶、陶无沿矮领罐甲BaⅥ5、甲BcⅤ、陶灶、陶枕A、铜大泉五十Ab2、Ac6、Ad3、铜货泉甲Ba、甲Cb	八期十二段	扰
M5	15°	长方形竖穴土坑空心砖墓。无墓道，竖穴土坑，口大底小覆斗形。墓室地面平铺1块空心砖，东、西壁各侧立1块空心砖以1块空心砖封顶，南、北壁各由3块小砖封堵，上2块平放，下1块侧放。全室由4块空心砖和6块小砖砌成。空心砖饰"米"字形纹，小砖饰空心"十"字形纹	墓室：洞室口长217、宽103、底长196、宽62、砖室长134、宽58、高50 空心砖：长132～136、宽36、厚15 小砖：长25、宽13、厚10	无	1 腐朽，不详，似是小孩，北向	无		
M6	15°	Ⅲ竖穴墓道洞室空心砖墓。全墓由竖穴墓道、耳室、墓室组成。墓道位于墓室北部，四壁竖直，底部呈斜坡状。北高南低。墓室东壁近门处设一不规则土洞耳室，耳室底部平铺2块空心砖。墓室底部平铺12块铺地砖，西壁侧立6块，东壁侧立2块空心砖，东壁侧为耳室门），后壁为耳室门，东壁侧立2块空心砖，后壁侧立2块空心砖。顶部以空心砖封顶，已塌毁。封门用2块空心砖竖立。墓砖为素面	墓道：口长154、宽96、底长168、宽121、深244 耳室：长106、宽95、高78 墓室：洞室长442、宽106、高142、空心室长434、宽98、高104 空心砖：铺地砖长100、宽32、厚10，西壁砖长118、宽38、厚10，南壁砖长80、宽38、厚10 封门：高96、宽126 封门砖：长86、宽38、厚10	无	不详	陶壶丙AaⅡ3、陶小壶甲CaⅠ、铜釜Ⅱ	六期十段	

续表

墓号	方向	墓葬结构 墓葬形制	墓葬结构 墓葬尺寸（厘米）	葬具（厘米）	人骨	随葬品（种类、数量）（数量为1者不标"1"字）	分期	备注
M10	192°	Ⅳ竖穴墓道洞室空心砖墓。全墓由竖穴墓道、墓室、耳室组成。墓道在墓室南部，口大底小，底呈斜坡状，墓道尽头高出墓底10厘米。洞室呈长方形，直壁，平顶。墓东壁中段设一长方形土洞耳室，塌毁严重。墓室铺地部平铺9块，东壁塌毁，西壁4块竖立1块竖立，后壁侧立2块空心砖，顶塌毁。封门中间2块空心砖竖立，两侧各竖1块连柱砖。墓砖部分饰有菱形方格纹，方格内有两圈同心圆纹	墓道：口长260，底长240，宽80，深120。耳室，塌毁，不可测量。墓室长306，宽115，高91。洞室长299，宽106，高91。空心砖：铺地砖长102，宽34，厚11，西壁砖长120，宽33，厚11，北壁砖长98，宽40，厚11。封门：长84，宽46，厚11。门柱砖：长84，宽46，厚11	单木棺210×72	1 仰身直肢，北向	陶壶丙AaⅡ，陶小壶甲CaⅠ、乙BbⅡ，另1残，铜带钩Cb、铜环Aa、Ab，铜铺首、铁带钩、铁削、铜五铢钱西汉甲B	六期十段	
M11	10°	甲Ba竖穴土坑墓。长方形竖穴土坑，口略大于底，东、西、北三面略斜收，光滑，墓底平整。M9全部破坏，南部被略斜收，光滑，墓底平整	墓口：残长94，宽100。墓底：残长95，宽92，高120	单木棺73×69	1 仰身直肢，北向	陶钵AⅠ，陶罐或壶（残）	三期四段	被M9打破
M12	190°	B竖穴墓道洞室小砖墓。全墓由竖穴墓道、墓室、耳室组成。墓道四壁略收，平底微向北倾斜，墓道尽头略高出墓室底18厘米。洞室呈长方形，直壁，平底、弧顶。墓室西壁中段设一土洞耳室。耳室顶部与墓壁接合处以2块小砖作"人"字形支撑。墓室由小砖铺地，砌法不详。东、西两壁由小砖错缝平砌10层后用子母砖双排竖立对缝起券，共9节。北壁上用子母砖双排侧立4层后，再在其上用小砖错缝平砌1层后平砌2层，由小砖错缝平砌封门，墓砖为素面	墓道：口长242，宽100~116，底长236，宽90~102，深95。耳室：宽58，深30，高72。墓室长318，宽118，高139，券顶高40。小砖：长36，宽14，厚6。子母砖：券砖长38，宽14，厚6。砖长34，宽20，厚8。封门：高120，宽104~120。封门砖长32，宽12，厚6	有棺灰	1 腐朽不详	陶壶丙B2（盖均为AⅢ陶钵），陶小壶乙BbⅡ2，铜釜Ⅲ，铜铭文镜Ba，铜五铢钱西汉甲B8，甲CⅢ，甲CⅣ6，ZA3，ZB4，另铜五铢钱12残	七期十一段	

附表 双庙墓地墓葬登记表

续表

墓号	方向	墓葬结构		葬具（厘米）	人骨	随葬品（种类、数量）（数量为1者不标"1"字）	分期	备注
		墓葬形制	墓葬尺寸（厘米）					
M14	10°	甲Ba竖穴土坑墓。长方形竖穴土坑，四壁略斜收，墓底平整	墓口：长186、宽66 墓底：长180、宽58、残深27	无	1 仰身屈肢 北向	陶器		打破M16
M15	77°	甲Ba竖穴土坑墓。长方形竖穴土坑，口大底小，四壁斜收，其中西壁斜收极甚，上下相差26厘米	墓口：长220、宽93 墓底：长196、宽60、深120	无	1 仰身直肢 北向	无		打破M18
M16	8°	甲Ba竖穴土坑墓。圆角长方形竖穴土坑，口略大于底，四壁斜收，光滑，墓底平整	墓口：长201、宽73 墓底：长190、宽60、深70	无	1 仰身屈肢 北向	无		被M14打破
M17	315°	甲Aa竖穴土坑墓。长方形竖穴土坑，四壁竖直、光滑，墓底较平整	墓口：长120、宽53 墓底：长120、宽53、残深12	无	1 仰身直肢 西北向	无		
M18	20°	甲Aa竖穴土坑墓。长方形竖穴土坑，北端略窄于南端，四壁竖直，墓底平整	墓口：长280、宽76 墓底：长280、宽76、深147	无	1 仰身直肢 北向	陶折沿高领折肩罐BaⅢ2、BbⅡ、漆耳杯2	五期九段	被M15打破
M19	260°	丙竖穴土坑墓。不规则椭圆形竖穴土坑，边不明显，弧壁，平底	墓口：长250、宽210 墓底：长223、宽187、深40	无	1 仰身直肢 西南向	兽骨（似为猪骨）		被现代墓打破
M20	0°	甲Aa竖穴土坑墓。近圆角的长方形竖穴土坑，四壁基本竖直，光滑，底平整	墓口：长135、宽68 墓底：长133、宽66、残深34	无	无	陶罐（盖为AⅡ陶钵）		
M21	20°	甲Aa竖穴土坑墓。长方形竖穴土坑，四壁竖直、光滑，底部较平整	墓口：长180、宽50 墓底：长180、宽50、深65	无	1 仰身直肢 北向	铁带钩		打破M26

续表

墓号	方向	墓葬结构		葬具（厘米）	人骨	随葬品（种类、数量）（数量为1者不标"1"字）	分期	备注
		墓葬形制	墓葬尺寸（厘米）					
M22	350°	B竖穴墓道洞室小砖墓。全墓由竖穴墓道、墓室、耳室组成。墓道四壁竖直，底部呈斜坡状，位于墓室北端。洞室呈长方形，直壁，平底，顶不详。墓室东壁近门处设一砖筑耳室。耳室两壁由小砖错缝平砌6层后用子母砖起券。墓室地面由小砖错缝平铺。东、西两壁由小砖错缝平砌10层后用子母砖竖排对缝起券，共9节。后壁由小砖错缝平砌，封门由小砖错缝平砌而成，有两道。封门砖多用残砖，18层。墓砖为素面	墓道：口长240、宽104、底长230、宽100、深158～174 耳室：长74、宽58、高73 墓室：洞室长412、宽144、高不详，砖室长388、宽140、高130、砖墙高70、券顶高58 子母砖：长42、宽16、厚8 小砖：长27、宽12、厚8，长34、宽16、厚6 铺地砖：长36、宽20、厚5 封门：高126、宽114 封门砖：长30、宽12、厚6	不详	1 仰身直肢 南向	陶壶丙AaⅠ2、陶小壶乙BbⅡ2、陶器盖Ca2、铜釜Ⅲ、铁剑、铜五铢钱西汉甲B2、甲CⅡ、甲CⅢ2、甲CⅣ4、ZA2	六期 十段	
M23	20°	B竖穴墓道洞室小砖墓。墓道四壁竖直，底部呈斜坡状，位于墓室北端。洞室呈长方形，直壁，平底，顶不明。墓底以砖平铺，纵排每排12块，横排每排4块，共48块方砖错缝平铺。东、西两壁由小砖错缝平砌10后用子母砖对缝竖排起券，共9节。后壁小砖错缝平砌，封门小砖从下至上为单排错缝平砌，18层。封门砖竖置4层，顺置3层，顺置5层，竖置1层，顺置2层构筑而成，15层。墓砖为素面	墓道：口长250、宽96、底长224、宽96、深120～162 墓室长356、宽118、高不明，砖室长352、宽114、高124、砖墙高69、券顶高62 子母砖：长38、宽20、厚8 小砖：长31、宽30、厚4，长26、宽14、厚6 铺地砖：边长30、厚4 封门：残高136、残宽104 封门砖：长28、宽14、厚6	单木棺 200×62	1 仰身直肢 南向	陶折沿高领圆肩罐甲AaⅥ式2、甲AcⅠ式、乙Ⅳ式、琉璃塞3、骨玲、铜五铢钱西汉甲B、甲CⅠ、甲CⅡ、甲CⅢ、甲CⅣ2、ZA8，另铜五铢钱3残	七期 十一段	打破M33

续表

墓号	方向	墓葬结构		葬具（厘米）	人骨	随葬品（种类、数量）（数量为1者不标"1"字）	分期	备注
		墓葬形制	墓葬尺寸（厘米）					
M24	190°	IV竖穴墓道洞室空心砖墓。墓道四壁竖直，底部呈斜坡状，南高北低，位于墓室南端，略窄于墓室。洞室平面为长方形，直壁，平底，平顶。洞室内修建空心砖室：底部平铺9块空心砖，底座上垒筑砖壁。东、西两壁结构相同，都是在两端各竖立1块空心砖，中间各以4块空心砖分上下2层，每层2块侧立垒筑。北壁以2块空心砖上下侧立垒筑。墓顶平盖以空心砖8块，已塌毁。封门是以东、西两壁前端的竖砖为门框，其上横置一块空心砖为门楣。门柱间并列竖立2块空心砖为门扉。墓门砖有纹饰，饰方格纹、一丁纹。门柱砖饰有纹饰，其内中间及四角各有一圆圈纹，四边各有一乳丁纹	墓道：口长210，宽118，底长210，宽118，深170 墓室：洞室长320，宽130，高120，空心砖室长302，宽118，高112 空心砖：铺地砖，顶砖长118，宽36，厚14，西壁中间砖及北壁砖长105，宽44，厚14，东、西壁两端砖长84，宽38，厚14 封门：高116，宽114 门楣砖：长118，宽22，厚14 封门砖：长90，宽42，厚14	不详	1 仰身直肢，北向	陶鼎EcⅢ，陶盒DbⅡ，陶壶，陶小壶乙AⅠ，陶无沿矮领罐甲BaⅢ，陶钵AⅡ，铜釜Ⅰ	五期 七段	打破M25
M25	10°	甲Ba竖穴土坑墓。长方形竖穴土坑，口大底小，四壁斜收，平底。北壁东部有3个脚窝。东壁北端有4个脚窝。一棺一椁，棺紧靠于椁的西壁	墓口：长400，宽330 墓底：长304，宽240，深326	棺213×58，椁235×144	1 仰身直肢，北向	陶鼎EbⅠ2，陶盒Ba2，陶壶甲AdⅠ2，陶高柄小壶Ⅰ，陶盘AⅡ，陶匜BⅠ，陶罐，铜带钩Bb，铁镊	三期 三段	被M24打破

续表

墓号	方向	墓葬结构		葬具（厘米）	人骨	随葬品（种类、数量）（数量为1者不标"1"字）	分期	备注
		墓葬形制	墓葬尺寸（厘米）					
M26	0°	Ⅳ竖穴墓道洞室空心砖墓。全墓由墓道、墓室、耳室组成。墓道口略大于底，四壁略斜收、平底，位于墓室北端，略窄于墓室。墓室西壁近门处设有一圆方方形土洞耳室。洞室呈长方形，直壁，平底，顶不明。墓室地面由方砖对缝平铺，东、西两壁各立4块空心砖，后墙不明（似由小砖、空心砖混筑），墓顶平置8块空心砖（残破）。封门由2块空心砖竖立而成。空心砖纹饰：墓顶上饰"十"字类纹饰。第一类为5个实心圆点作"十"字形。第二类为一圈12个实心圆点，中心处有1个较大实心圆点。第三类同心圆纹饰有四片桃叶纹，中心处饰以圆点。第四类为四片树叶纹，中心处饰以"S"纹，第五类为菱线有四个"S"纹，中心处为一圆圈并引四条线至砖面四角	墓道：口长150，宽85，底长150，宽80，深190 耳室：长66，宽42，高42 墓室：洞室长332，宽100，高120，空心砖室长322，宽100，高88 空心砖：铺地砖边长30、厚4，墓顶砖长86、宽28、厚10，东、西壁砖长118、宽44、厚10 封门：高116，宽96 封门砖：长116，宽48，厚10	无	1 仰身直肢，南向	陶壶丙AaⅢ2，陶小壶乙BbⅡ2，铜铭文镜Bb，铜五铢线西汉乙A，铜顶针	七期 十一段	被M21打破
M27	350°	竖穴土坑空心砖墓。无墓道。开口平面为长方形，土圹四壁竖直，墓底平铺7块，东、西两壁各立4块，南、北两壁各侧立2块空心砖，空心砖室顶不详	洞室：口长278，宽154，底长278，宽154，深217 空心砖室：长268，宽116，高91 空心砖：长118，宽36，厚15	单木棺，棺灰散乱	1 仰身直肢，北向	陶鼎EaⅡ，陶盒CaⅠ，陶壶甲BaⅢ，陶盘AⅢ，陶匜AⅡ，陶器盖Cb，铁锸	三期 四段	
M28	10°	甲Ba竖穴土坑墓。长方形竖穴土坑，口大底小，四壁斜收，平底。"工"字形椁	墓口：长300，宽210 墓底：长280，宽180，深175 棺183×72，椁240×182		1 仰身直肢，北向	陶鼎Cb，陶壶Bc，甲Ac2，陶盒Bb，陶盘AⅠ，陶卷沿矮领折肩圆底罐2，铜带钩Ba2	三期 三段	

附表　双庙墓地墓葬登记表

续表

墓号	方向	墓葬结构		葬具（厘米）	人骨	随葬品（种类、数量）（数量为1者不标"1"字）	分期	备注
		墓葬形制	墓葬尺寸（厘米）					
M29	20°	甲Ab竖穴土坑墓。长方形竖穴土坑，四壁竖直，平底。墓底北端和西侧有生土二层台	墓口：长210，宽72 二层台：北宽28，高12，西宽12，高12 墓底：长182，宽60，深200	无	1 仰身直肢 北向	无		
M30	15°	甲Bb竖穴土坑墓。长方形竖穴土坑，墓底东、西、南三面设有生土二层台。墓四壁斜收，至二层台处四壁竖直，平底	墓口：长246，宽165 二层台：东宽38，高88，南宽10，高88，西宽38，高88 墓底：长226，宽80，深198	不详	1 仰身直肢 北向	陶壶甲BaⅡ，陶钵Ba，铜带钩Bb，Ea	三期四段	
M31	10°	甲Ba竖穴土坑墓。近圆角长方形的竖穴土坑，口大底小，四壁斜收，平底。椁为"工"字形。北壁东部有4个脚窝，东壁北端有5个脚窝	墓口：长360，宽270 墓底：长286，宽210，深300	棺211×65×36，椁236×128×56	1 仰身直肢 北向	陶鼎EbⅡ，陶盒DaⅡ，陶壶甲AdⅢ，陶匜BⅡ，铁带钩Ac	三期四段	
M32	17°	甲Ba竖穴土坑墓。长方形竖穴土坑，四壁略斜收，平底，椁为"工"字形	墓口：长298，宽192 墓底：长289，宽184，深250	棺193×78×44，椁218×144×54	1 仰身直肢 北向	陶鼎EaⅡ，陶壶甲BaⅡ，陶盒DaⅡ，陶盘、陶匜AⅡ，铜簪乙Ac2（另有残碎不辨）	三期四段	
M33	20°	甲Aa竖穴土坑墓。长方形竖穴土坑，四壁竖直，平底	墓口：长180，宽62 墓底：长180，宽62，深58	无	1 仰身直肢 北向	无		被M23打破

续表

墓号	方向	墓葬结构		葬具（厘米）	人骨	随葬品（种类、数量）（数量为1者不标"1"字）	分期	备注
		墓葬形制	墓葬尺寸（厘米）					
M34	5°	C竖穴墓道洞室小砖墓。墓道呈长方形，壁略外张，底部略呈斜坡状，位于墓室北部，目略窄于墓室。墓底铺砖情况不详。东、西两壁用子母砖错缝侧砌4层后用子母砖对缝竖排起券，共7节。由小砖错缝砌后壁（估计为错缝平砌）。封门由小砖错缝平砌而成，存10层，向外弧出	墓道：口长234，宽98，底长240，宽104，深160～170 墓室：洞室长362，宽130，高175，砖室长340，宽126，高120，砖墙高71，券顶高45 子母砖：长46，宽18，厚8 封门：高85，宽100 封门砖：长32，宽17，厚8	不详	不详	无		被M51打破
M35	355°	I竖穴墓道土洞墓。墓道宽于墓室。墓道位于墓室北端，呈长方形，口大底小，四壁斜收，北壁东端及东壁北端各有一列3个脚窝，底部北低南高，且宽于墓室。墓室呈长方形，四壁竖直，平底，底部高于墓道底部，顶残	墓道：口长290，宽210，底长260，宽186，深320 墓室：长270，宽150，高120	单木棺 200×76×40	1 仰身直肢 北向	陶鼎EbIV，陶盒AII，陶壶甲AdIV，铁镬	四期 六段	
M36	15°	甲Ba竖穴土坑墓。长方形竖穴土坑，口大底小，四壁斜收，北壁东部有3个脚窝，东壁北端有4个脚窝，平底	墓口：长380，宽316 墓底：长280，宽216，深360	棺200×76×23，椁230×173×40	1 仰身直肢 北向	陶鼎EbIV，陶盒AII，陶盘AIV，陶匜AII，陶壶甲AdIV，铜带钩Cb，残铜带钩，铁鐾	四期 六段	
M37	355°	甲Ba竖穴土坑墓。近长方形竖穴土坑，口大底小，四壁斜收，北壁西端有一列4个脚窝，西壁北端有一列4个脚窝，平底	墓口：长319，宽276 墓底：长296，宽256，深444	棺192×50×50，椁236×171×74	1 仰身直肢 北向	陶鼎Ca，陶盒，陶壶甲AdI，陶盘AII	三期 三段	被M40打破

续表

墓号	方向	墓葬结构		葬具（厘米）	人骨	随葬品（种类、数量）（数量为1者不标"1"字）	分期	备注
		墓葬形制	墓葬尺寸（厘米）					
M38	170°	II竖穴墓道土洞墓。全墓由竖穴墓道、耳室、墓室组成，墓道与洞室基本等宽。墓道位于墓室南端，平面为近长方形，直壁，平底，底比墓室底高。洞室平面为长方形，直壁、平底，顶横断面及纵截面均呈弧形，东壁前部设土洞耳室，耳室平面呈半圆形，弧壁、弧顶	墓道：口长230、宽90、底长220、宽90、深142 耳室：长66、宽26、高65 墓室：长286、宽94、深120	不详	1 仰身直肢，北向	陶折沿高领圆肩罐甲AaⅥ2，铜五铢钱西汉甲A、甲CⅡ2、乙A、乙B	七期 十一段	
M39	185°	C竖穴墓道洞室小砖墓。全墓由墓道、墓室、耳室组成。墓道四壁竖直，近平底，北部略于南部，位于墓室南端。洞室呈长方形，直壁，平底，顶略弧。墓室东壁近门处设一耳室，砖土混筑，仅南北两壁由方形子母砖砌成。墓室由方形子母砖砌成，东、西两壁亦由方形子母砖铺地，上面1层与下面以长子母砖对缝竖起立3层（下面2层对缝），其上以长子母砖对缝（多碎砖）错缝平砌而成，16层。墓砖为素面	墓道：口长240、宽100、底长240、宽100、深170～180 耳室：长40、宽30、高55 墓室：洞室长342、宽120、高208，砖室长330、宽118、高124，砖墙高82，券顶高34 子母砖：铺地砖长38、宽30、厚8，壁砖分别长38、宽30、厚8，长38、宽16、厚8 封门：高110、宽110 小砖：长29、宽18、厚6	不详	1 仰身直肢，南向	陶小壶乙BbⅡ，陶折沿高领圆肩罐甲AaⅥ，陶无沿矮领罐甲BcⅣ2	六期 十段	

续表

墓号	方向	墓葬结构		葬具（厘米）	人骨	随葬品（种类、数量）（数量为1者不标"1"字）	分期	备注
		墓葬形制	墓葬尺寸（厘米）					
M40	15°	Ⅲ竖穴墓道洞室空心砖墓。全墓由墓道、东西两耳室、塞道四壁竖直、底近平、方形、直壁、平底，塞道四壁等宽。洞室呈长方形、直壁、平底、平顶，底与墓道底平。洞室内修建空心砖室：底部横向平铺9块空心砖；东、西两壁各侧立4块空心砖，上下叠放2层；南端上下侧立2块空心砖、墓顶横铺8块空心砖；墓门两边各竖立1块砖连柱空心砖作为门柱，顶端横置2块砖作为门楣，中间竖置2块空心砖平面近方形的土洞耳室，东耳室东南角呈弧形，两耳室北壁各侧立1块空心砖为断面。墓顶、墓底及封门砖均有纹饰，分为三类。第一类，砖面边缘饰一周短斜线交叉纹，正面排有数列菱形格纹，格内填充小圆圈及短线交叉纹，砖面边缘饰一周短斜线交叉纹，四个菱形格纹中饰几何纹一个圆圈纹，其余同第二类	墓道：口长220、宽100、底长221、宽100、深332 耳室：长84、宽64、高40 耳室砖：残长60、宽40、厚16、残长68、宽40、厚16 墓室：洞室长320、宽106、高128、砖室长316、宽100、高101 空心砖：铺地砖、顶砖长100、宽34、厚12，西壁砖长132、宽40、厚10，南壁砖88、宽40、厚12 封门：高112、宽98 门柱砖：长84、宽38、厚12 门楣砖：长98、宽12、厚16 封门砖：长84、宽37、厚12	单木棺	1 南向	陶无沿矮领簋甲BaⅤ，陶瓮BⅢ，铜星云纹簋B型，铜带钩，铁剑，铁器	五期九段	打破M37
M41	20°	甲Ab竖穴土坑墓。长方形竖穴土坑，四壁竖直，斜底，北高南低，底部南、北设有生土二层台	墓口：长226、宽62~72 二层台：南宽16、高22、北宽10、高30 墓底：长200、宽54~60、深82~90	无	1 仰身直肢，北向	铁带钩C		

附表　双庙墓地墓葬登记表

续表

墓号	方向	墓葬结构		葬具（厘米）	人骨	随葬品（种类、数量）（数量为1者不标"1"字）	分期	备注
		墓葬形制	墓葬尺寸（厘米）					
M42	5°	甲Ba竖穴土坑墓。长方形竖穴土坑，口大底小，四壁斜收，平底	墓口：长210，宽80；墓底：长190，宽60，深146	无	1 仰身直肢，北向	无		
M43	330°	甲Aa竖穴土坑墓。竖穴土坑，北端略宽，四壁竖直，平底	墓口：长170，宽（北75，南65）；墓底：长170，宽（北75，南65），残深10	无	1 仰身直肢，西北向	蚌壳2		
M44	9°	Ⅳ竖穴墓道洞室空心砖墓。墓道呈长方形，四壁近竖直，平底，位于墓室北端，窄于墓室。洞室呈长方形，直壁，平底，顶不明。墓室底横铺7块空心砖，东、西两壁各侧置4块空心砖，上下叠放2层；南壁无砖土壁，东、西墙铺7块空心砖，上下叠放2层；墓门两侧各竖立1块连墓顶横铺7块空心砖，中间竖置2块空心砖作柱空心砖作为门柱，中间竖空心砖作封门。墓砖作为素面	墓道：口长182，宽84，底长189，宽90，深180；墓室：洞室长313，宽100，高195，空心砖室长308，宽96，高94；空心砖：铺地砖长104，宽34，厚14，东、西壁砖长140，宽40，厚12；封门：高116，残长90，宽40，厚14；门柱砖：长116，宽38，厚12；封门砖：厚104	无	1 仰身直肢，北向	陶折沿高领圆肩罐甲AaⅣ，陶无沿矮领罐甲BaⅣ，陶盔甲AbⅠ，陶钵甲AⅡ	五期 八段	
M45	0°	甲Ba竖穴土坑墓。墓南端被破坏。墓口北宽南窄，墓底呈长方形，口大底小，北、东、西三壁内斜收，南壁塌陷外张。底部南北高低，不甚平整	墓口：残长210，北宽128，南宽106；墓底：残长230，宽90，深140~171	棺灰，212×90，厚度不详	1 腐朽不详	陶无沿矮领罐甲BcⅤ，陶钵甲AⅡ	七期 十一段	扰
M46	280°	甲Aa竖穴土坑墓。竖穴土坑，东端略宽，四壁竖直，平底	墓口：长164，西宽52，东宽60；墓底：长164，西宽52，东宽60，残深25	不详	1 腐朽不详	陶器残片		扰

续表

墓号	方向	墓葬结构		葬具（厘米）	人骨	随葬品（种类、数量）（数量为1者不标"1"字）	分期	备注
		墓葬形制	墓葬尺寸（厘米）					
M47	190°	Ⅳ竖穴墓道洞室空心砖墓。全墓由墓道、耳室、洞室组成。墓道口略大于底，东、南、西三壁略斜收，底呈斜坡状，位于墓室南端，略窄于墓室。墓道东、西两壁铺各有一行（每行5个）脚窝。洞室平面为长方形，直壁，平顶。底部横铺9块空心方砖，底壁上西壁以4块空心砖分上下两层，每层2块上下侧立垒筑。北壁以2块空心砖上下侧立垒筑。东壁后半部与耳室结构相关联。墓顶横铺7块空心砖，其中后部两块空心砖顶夹铺一根空心砖柱。墓室东壁近门处设一土洞耳室，耳室为横长方形。耳室门两侧各竖立一块空心砖，其中左（南）侧一块为连柱空心砖，右侧（北侧）一块无柱，但在其顶端右侧平置一小根空心砖作为柱，门柱上横置一根空心砖，已残断。墓室封门的左（西）门柱、右（东）门柱为空心砖，门柱间竖置2块空心砖封门。封门上有纹饰。一类为菱形格纹，其内填充九个圆点纹。另一类为四个菱形格中夹一个水滴纹，水滴内填充三个圆点纹	墓道：口长250，宽114，底长244，宽95，深400 耳室：宽110，进深88，高90 墓室：洞室长336，宽117，高380，空心砖垒室长330，宽103，高120 空心砖：铺地砖长104，宽36，厚12 壁砖长130，宽40，厚13 耳室左门柱砖：长80，宽40，厚13 耳室右门柱砖：长68，宽36，厚12 耳室门楣砖长100，宽17，厚12 耳室铺地砖：长104，宽36，厚12 塞门：高126，宽118 封门右门柱：长86，宽39，厚13 门楣：长118，宽17，厚12 封门砖：长86，宽40，厚12	单木棺 190×70	1 葬式不详	陶壶乙AⅠ，陶折沿高领圆肩罐乙Ⅲ，陶无沿矮领罐甲BcⅣ，陶釜甲AbⅡ，陶盆BⅡ，铜釜Ⅱ，铁车轮	五期九段	

续表

墓号	方向	墓葬结构		葬具（厘米）	人骨	随葬品（种类、数量）（数量为1者不标"1"字）	分期	备注
		墓葬形制	墓葬尺寸（厘米）					
M48	95°	竖穴墓道结合阶梯土坑小砖墓。全墓由阶梯墓道、竖穴墓道、过洞式甬道和竖穴墓室组成。阶梯墓道的东端拐向东南方，在竖穴墓道口略成台阶，共6级台阶，东接甬道。甬道四壁竖直，宽于阶梯墓道而窄于甬道。甬道为过洞式。墓室为竖穴土坑，直壁、平底，其内修建砖室。甬道和墓室南、北两壁均由小砖错缝平砌8层后用子母砖对缝竖排起券，前者2节，后者10节。甬道和墓室地面均由小砖平铺，甬道为错缝平铺，墓室为对缝平铺。墓室后壁（西壁）和封门向外弧出，封门向为素面。	阶梯墓道：阶梯墓道长240~300、宽80，台阶均长80、宽35、高37 竖穴墓道：长240、宽111~119、深300 甬道：长97、宽146、高126，甬道砖墙高72，券顶高56 墓室：洞室长492、宽248、高305，室长486、宽244、高195，墓室砖墙高72，券顶高116 子母砖：长47、宽16，厚8 小砖：长47、宽16，厚4 壁砖：长40、宽33、厚4 封门：高172、宽128	四木棺，西北部1号214×70，西南部2号214×80，东部3号和4号均为198×60，高度均不详	4 腐朽不详	陶小壶乙BbⅡ2，陶折沿高领圆肩罐甲AaⅧ，甲AaⅨ，陶无沿矮领罐甲BaⅥ4，甲AbⅣb，甲AcⅢ，陶盌Ab，陶釜甲C，甲BcⅥ2，陶BbⅠ，灶甲BbⅠ，陶釜甲C，铜铭文镜Aa，铜五铢钱西汉甲B16，铜五铢钱东汉甲B6，另铜五铢钱约残，铜大泉五十Aa3，Ab31，Ac28，另铜大泉五十70余残，铜小泉直一A7，铜货泉甲Aa2，甲Ba27，甲Bb5，甲Ca6，甲Cb，甲Da21，甲Db，铜货泉37残，铜货布2，铁大泉五十2	八期十二段，九期十三段，十期十四段	

续表

墓号	方向	墓葬结构		葬具（厘米）	人骨	随葬品（种类、数量）（数量为1者不标"1"字）	分期	备注
		墓葬形制	墓葬尺寸（厘米）					
M49	190°	Ⅲ竖穴墓道洞室空心砖墓。全墓由墓道、洞室组成。墓道口略大于墓底，南高北低。墓西三壁收分，底呈斜坡状。墓道东、西两壁各有一行（每行8个）脚窝。位于墓室南端，与墓室等宽。洞室呈长方形，平底、直壁、平顶。墓室东壁近门处设一土洞耳室。洞室内修建空心砖室：底部横铺8块空心砖；底砖上西壁分2层，每层2块空心砖竖立；北壁2块空心砖分2层上下侧立；东壁北半部以2块空心砖分2层上下侧立，南半部的结构与耳室相关联。砖室顶部亦横向平铺空心砖为顶，应为8块。洞室口两侧各竖立1根空心砖，其上横置1根空心砖作为门楣，门框内并列竖立2块空心砖作为门。耳室呈横长方形，耳室门两侧竖立1块连柱空心砖作为门柱，它们同时也构成了墓室东壁的南半部，门柱上置门楣砖，但已残断；门柱砖后竖立1块空心砖，构成耳室后壁。墓室东、西壁空心砖面饰菱形格纹	墓道：口长290，宽140，底长280，宽130，深476 耳室：宽130，深60，高70 墓室：洞室长344，宽138，高124，空心砖室长331，宽126，高92 空心砖：铺地砖长120，宽40，厚14，北壁砖长114，宽38，厚12，东壁砖长132～170，宽40，厚14 耳室砖：长80，宽40，厚14 墓门：高120，宽128 门柱砖：长80，宽14，厚14 门楣砖：长128，宽20，厚13 封门砖：长86，宽36，厚14	有棺灰	不详	陶壶乙AⅠ，陶小壶乙AⅡ2，陶无沿矮领罐甲BaⅣ（盖为AⅡ陶型），铜带钩Da型，铁镦，铁壶	五期 八段	

附表 双庙墓地墓葬登记表

续表

墓号	方向	墓葬结构		葬具（厘米）	人骨	随葬品（种类、数量）（数量为1者不标"1"字）	分期	备注
		墓葬形制	墓葬尺寸（厘米）					
M50	190°	斜坡墓道竖穴土坑小砖券墓。全墓由折曲状斜坡墓道、甬道和墓室组成。斜坡墓道两壁竖直，在甬道的南端拐地向东南方，窄于甬道。甬道和墓室铺地砖不详，西两壁由小子母砖错缝平砌13层后由大子母砖起券。西两壁由小子母砖错缝平砌17层后由大子母砖错缝竖排起券，共9节。墓室东、墓后壁（北壁）由小子母砖错缝平砌而成。封门由小子母砖错缝平砌而成，封门向外弧出，共24层。墓砖为素面	斜坡墓道：口长394，宽95~114，坡长420，坡深280 甬道：长140，宽122，高145 洞室：长404，宽217，深240~320 砖室：长372，宽215，高220 大子母砖：长56，宽13，厚8 小子母砖：长40，宽13，厚8 小砖：长32，宽14，厚8 封门：高178，宽132	双木棺，西棺214×60，东棺204×66	2 腐朽不详	陶折沿高领圆肩罐甲AaⅨ，陶天沿矮领罐甲BaⅧ14，甲BbⅤ式4，井C型，铜洗B型，铜连弧纹镜，铜五铢钱西汉甲BI32，甲CⅡ10，甲CⅣ30，甲CⅤ26，铜五铢钱东汉甲AⅠ，甲AⅡ73，甲AⅢ，甲B13，甲CⅠ2，甲CⅡ19，甲D，乙A23，乙B20，另铜五铢钱281残，铜大泉五十Ab，铜磨字钱2，铁钱	十期 十四段	扰
M51	25°	甲Aa竖穴土坑墓。长方形竖穴土坑，四壁竖直，底部平整	墓口：长180，宽80 墓底：长180，宽80，残深25	无	1 仰身直肢，北向	无		打破M34
M52	15°	甲Aa竖穴土坑墓。长方形竖穴土坑，四壁竖直，底部平整	墓口：长234，宽160 墓底：长234，宽160，残深32	单木棺 212×56×16	1 仰身直肢，北向	无		
M53	20°	甲Ba竖穴土坑墓。长方形竖穴土坑，口略大于底，四壁略斜收，底部平整	墓口：长250，宽100 墓底：长242，宽92，深150	无	无	无		打破M54

续表

墓号	方向	墓葬结构		葬具(厘米)	人骨	随葬品（种类、数量）（数量为1者不标"1"字）	分期	备注
		墓葬形制	墓葬尺寸（厘米）					
M54	170°	甲Ab竖穴土坑墓。长方形竖穴土坑，口略大于底，四壁略有斜收，南壁设有一半圆形头龛，底部四周有生土二层台，二层台四壁竖直，底部平整	墓口：长244，宽164 二层台：东宽41，高52，南宽15，高52，西宽41，高52，北宽15，高52 墓底：长206，宽74，深212 头龛：长68，宽22，高36	不详	1 仰身直肢，南向	陶合碗Ⅲ，陶亚甲AdⅣ，铜带钩Ab	四期六段	被M53打破
M55	5°	甲Ab竖穴土坑墓。长方形竖穴土坑，四壁竖直，底部东、西、南部设有生土二层台，二层台壁直壁，底部平整	墓口：长310，宽118 二层台：东宽23，高67，西宽23，高67，南宽118，高67 墓底：长212，宽72，深84	无	1 仰身直肢，北向	铜带钩Bb		
M56	20°	甲Ba竖穴土坑墓。长方形竖穴土坑，口大底小，四壁斜收，南壁及四壁斜收较甚，上下相差40~50厘米；底部平整	墓口：长250，宽136 墓底：长200，宽78，深150	无	无	无		被M59打破
M57	193°	Ⅳ竖穴墓道空心砖墓。全墓由墓道、耳室、墓室组成。墓道口略大于墓底，底呈斜坡状，位于墓室南端，略窄于墓室。墓室西壁近门处设一圆方形土洞耳室。洞室呈长方形，直壁，平底，顶不明。墓室底横铺9块空心砖，东、西两壁各侧置4块空心砖，上下叠放2层；北壁上下叠放2块空心砖；墓顶横铺8块空心砖，墓门无空心砖，两边各竖立1块空心砖，上横置1块空心砖作为门楣，下横压1块空心砖。墓砖为素面	墓道：口长253，宽88，底长223，宽80，深280 耳室：长40，宽37，高40 墓室：洞室长324，宽110，高122，空心砖至空心砖长320，宽106，高105 铺地砖：墓顶砖长105，宽32，厚12，东、西壁砖长128，宽38，厚12，北壁砖长103，宽40，厚12 封门：高120，宽104 门柱：高84，宽42，厚12 门楣：长104，宽24，厚10	无	不详	陶无沿矮领瓮Ⅴ，甲BbⅢ、乙BⅡ，铜釜Ⅱ式	五期九段	

附表　双庙墓地墓葬登记表

续表

墓号	方向	墓葬结构		葬具（厘米）	人骨	随葬品（种类、数量）（数量为1者不标"1"字）	分期	备注
		墓葬形制	墓葬尺寸（厘米）					
M58	185°	甲Ba竖穴土坑墓。长方形竖穴土坑，口大底小，四壁斜收，平底	墓口：长300，宽100 墓底：长260，宽72，深180	不详	仰身直肢，南向	陶无沿矮领罐甲BcⅡ，钵Bb	四期六段	
M59	195°	Ⅱ竖穴墓道土洞墓。墓道位于墓室南端，与墓室等宽。呈长方形，四壁竖直，平底。墓道与墓室底部之间有一横向凹槽，以木板封门。墓室底部呈长方形，四壁竖直，弧顶，平底。底部与墓道底部平	墓道：口长162，宽84，底长162，宽84，深150 墓室：长234，宽84，高110	单木棺 180×63×10	1 葬式不详	陶鼎D，陶盒，陶壶甲AdⅢ	三期四段	打破M56
M60	15°	甲Ba竖穴土坑墓。长方形竖穴土坑，口大底小，四壁斜收，平底	墓口：长240，宽150 墓底：长214，宽120，深230	无	无	无		
M61	345°	甲Bb竖穴土坑墓。长方形竖穴土坑，口大底小，四壁斜收，底部东、西两面设有生土二层台，二层台为直壁，底部平整	墓口：长240，宽140 二层台：东宽20，西宽20，高64 墓底：长226，宽80，深160	不详	1 仰身直肢，北向	陶合碗Ⅱ，陶无沿矮领罐甲AⅠ，铜带钩Cb	三期四段	
M62	350°	甲Bb竖穴土坑墓。长方形竖穴土坑，口大底小，底部东、西两面设有土二层台，二层台为直壁，底部平整	墓口：长230，宽110 二层台：东宽20，西宽20，高60 墓底：长210，宽60，深240	不详	1 仰身直肢，北向	铜带钩Aa，铜镞乙Ab3		
M63	190°	Ⅳ竖穴墓道洞室空心砖墓。墓道四壁竖直，底部呈斜坡状，位于墓室南端，略窄于墓室。洞室呈长方形，直壁，平底，顶不明。墓室底部横铺一块空心砖，墓壁、墓顶、塞门已毁坏，均由空心砖花纹为四层菱形纹，均由内向外第一、三层台均填充有纹饰	墓道：口残长150，宽88，底长150，宽88，深120 墓室：洞室长298，宽100，高128，砖室长298，宽100，残高78 空心砖：铺地砖长100，宽40，厚8，壁砖长93，宽40，厚9	无	不详	铜釜Ⅱ，铜带钩Dc		扰

续表

墓号	方向	墓葬结构		葬具（厘米）	人骨	随葬品（种类、数量）（数量为1者不标"1"字）	分期	备注
		墓葬形制	墓葬尺寸（厘米）					
M64	15°	甲Ba竖穴土坑墓。长方形竖穴土坑，口大底小，四壁斜收较甚，平底	墓口：长194，宽80；墓底：长148，宽54，深50	无	1 腐朽不详	无		
M65	15°	甲Ba竖穴土坑墓。长方形竖穴土坑，口大底小，南、北壁斜收较甚，平底	墓口：长240，宽84；墓底：长200，宽74，深50	无	1 仰身直肢，北向	无		
M66	195°	Ⅱ竖穴墓道土洞墓。墓道呈长方形，四壁竖直，底略呈斜坡状，位于洞室南端；与洞室等宽。洞室呈长方形，四壁竖直，弧顶，底部纵向两排对缝平铺4块空心砖。空心砖上饰有菱形纹，其内填充四瓣桃叶纹和同心圆	墓道：口长224，宽88~96，底长228，宽88~96，深196~208；洞室：长254，宽100，高110；空心砖：长118，宽37，厚14	无	1 仰身直肢，北向	陶折沿高领圆肩罐甲AaⅤ，陶无沿矮领罐甲BaⅣ，陶金沿罐甲AaⅡ、乙Ⅱ，钵AⅡ	五期九段	
M67	20°	甲Ba竖穴土坑墓。长方形竖穴土坑，口大底小，四壁斜收，平底	墓口：长270，宽146；墓底：长222，宽122，深120	单木棺 198×72×28	1 仰身屈肢，北向	铜带钩Da		
M68	20°	甲Ba竖穴土坑墓。长方形竖穴土坑，口略大于底，四壁斜收，平底	墓口：长196，宽112；墓底：长188，宽104，深164	单木棺 148×52×10	1 仰身直肢，北向	陶车轮，铜杯Ab		
M69	10°	甲Aa竖穴土坑墓。长方形竖穴土坑，四壁竖直，底部平整	墓口：长220，宽72；墓底：长220，宽72，深200	不详	1 仰身直肢，北向	铜货泉甲Bb2、甲Ca6、甲Da7、甲Db2		
M70	20°	甲Ba竖穴土坑墓。长方形竖穴土坑，口大底小，四壁斜收，平底	墓口：长330，宽218；墓底：长310，宽198，深510	单木棺 246×109×14	1 腐朽不详	铜带钩Ca		被M89打破
M71	10°	甲Ba竖穴土坑墓。长方形竖穴土坑，口大底小，四壁斜收，平底	墓口：长220，宽84；墓底：长200，宽80，深400	无	无	无		

续表

墓号	方向	墓葬结构		葬具（厘米）	人骨	随葬品（种类、数量）（数量为1者不标"1"字）	分期	备注
		墓葬形制	墓葬尺寸（厘米）					
M72	15°	Ⅰ竖穴墓道土洞墓。墓道呈长方形，口大于底，四壁斜收，平底。位于墓室北端，略宽于墓室。墓室呈长方形，四壁竖直，弧顶，平底。底部与墓道底部平	墓道：口长190，宽80，底长170，宽68，深160 墓室：长240，宽64，高82	单木棺	1 仰身直肢，南向	陶折沿高领圆肩罐甲AbⅢ，陶无沿矮领罐甲BaⅢ，铜四曳蟠纹镜A，铁削	五期七段	
M73	20°	甲Ba竖穴土坑墓。长方形竖穴土坑，口大于底，四壁斜收，平底	墓口：长250，宽164 墓底：长230，宽144，深200	单木棺 208×96×34	1 腐朽不详	无		
M75	190°	Ⅳ竖穴墓道洞室空心砖墓。全墓由墓道、耳室、墓室组成。墓道呈长方形大于底，四壁略斜收，平底，位于墓室南端。墓道口与墓室等宽，墓道底窄于墓室。墓室西壁近中部设一半圆形土洞耳室。洞室呈长方形，直壁，平底，顶不明。墓室底横铺9块空心砖，东、西两壁各侧4块空心砖，上下叠放2层；北壁为无砖土壁，墓顶横铺9块空心砖，墓门塌毁，封门不详。封门两边各竖立1块空心砖。下横压1块长条形空心砖为门槛，饰为菱形格纹内填充圆点、圆圈纹（太阳纹?）和水滴滴纹，二者错呈纵排列	墓道：口长240，宽100，底长230，宽80，深284 耳室：宽80，深42，高41 墓室：洞室长296，宽102，高118，空心砖室长292，宽96，高108 空心砖：铺地砖9块空心砖，墓顶砖长100，宽30，厚12，壁砖长116，宽38，厚10 封门：残高94，宽96 门槛砖：长96，宽14，厚14 门柱砖：长80，宽40，厚10	单木棺 190×60	1 仰身直肢，北向	陶壶丙B2，陶小壶甲CaⅠ2，陶洗	六期十段	墓道被M74打破，打破M76
M76	10°	甲Ba竖穴土坑墓。长方形竖穴土坑，口大于底，四壁斜收，平底	墓口：长270，宽186 墓底：长245，宽160，深320	棺186×68×32，椁236×102×40	1 仰身直肢，北向	铜黄甲B2，玛瑙环B		被M74，M75打破
M78	170°	Ⅰ竖穴墓道土洞墓。墓道呈梯形，四壁斜收，平底，位于墓室南端，宽于墓室。墓室平面呈梯形，北宽南窄，四壁竖直，平顶、平底，底部与墓道底平	墓道：口长230，宽140，底长210，宽120，深210 墓室：长200，宽72~104，高82	无	1 仰身屈肢，北向	无		被M80打破

续表

墓号	方向	墓葬结构 墓葬形制	墓葬结构 墓葬尺寸（厘米）	葬具（厘米）	人骨	随葬品（种类、数量）（数量为1者不标"1"字）	分期	备注
M79	25°	甲Ba竖穴土坑墓。长方形竖穴土坑，口大底小，四壁斜收，平底	墓口：长240，宽74 墓底：长220，宽65，深220	有棺灰	1 仰身屈肢 北向	陶合碗Ⅲ，陶折沿高领折肩罐BaⅡ，铜带钩Bb	四期 六段	打破M87
M80	180°	Ⅲ竖穴墓道洞室空心砖墓。墓道呈长方形，口略大于底，四壁略斜收，位于墓室南端，与墓室等宽。墓室底横铺9块空心砖，东、西两壁各侧放2块空心砖，上下叠放2层，北壁上下叠放2块空心砖，墓顶横铺9块空心砖，墓门竖置2块空心砖，两边各竖立1块连柱空心砖，上横置1块方柱空心砖作为门楣，下横压1块方柱空心砖为门槛。空心砖有三类纹饰。第一类为方格内填充方格，第二类为方格内填充四个"S"纹，第三类为方格内填充三个圆圈、圆点纹，圆圈、圆点纹	墓道：长220，宽110，底长196，宽100，深240 墓室：洞室长344，宽112，高112，空砖长338，宽102，高104 心砖长338，宽102，高104 空心砖各侧铺9块空心砖，铺地砖长102，宽34，厚12，空心砖长130，宽40，厚12，北壁砖长105，宽40，厚12，墓顶砖长105，宽36，厚12 封门：高112，宽110 门槛砖：长110，宽12，高13 门柱砖：长84，宽46，厚13 门楣砖：长104，宽14，厚12 封门砖：长84，宽38，厚12	无	不详	陶小壶甲ＢⅠ，陶折沿高领圆肩罐甲AaⅣ（盖为AⅡ陶钵），陶无沿矮领肩罐BcⅢ，陶釜甲AbⅡ，铜釜Ⅱ	五期 八段	打破M78
M81	190°	Ⅲ竖穴墓道洞室空心砖墓。墓道呈长方形，四壁竖直，底壁呈横坡状，与墓室等宽。墓室底横铺9块空心砖，东、西两壁各侧置4块空心砖，上下叠放2层，北壁上下叠放4块空心砖；墓顶横铺11块空心砖，墓门竖置2块空心砖封门，两边连柱空心砖为门柱。墓砖均为素面	墓道：口长182，宽106，宽110，底长180，宽106，深250 墓室：洞室长336，宽110，高110，空心砖长334，宽102，高106 空心砖：铺地砖长102，宽35，厚12，北壁砖长100，宽42，厚13，东、西壁砖长130，宽40，厚12，近门处壁砖长83，宽20，厚12 封门：高102，宽102 门柱砖：长90，宽42，厚10 封门砖：长83，宽40，厚13	不详	不详	陶折沿高领窄肩罐甲AaⅣ，陶无沿矮领罐甲BbⅠ（盖为AⅡ陶钵），陶无沿矮领罐甲BbⅠ（盖为AⅡ陶钵）乙BⅠ，陶钵AⅡ，铜釜	五期 七段	

附表　双庙墓地墓葬登记表　续表

墓号	方向	墓葬结构		葬具（厘米）	人骨	随葬品（种类、数量）（数量为1者不标"1"字）	分期	备注
		墓葬形制	墓葬尺寸（厘米）					
M82	10°	甲Ba竖穴土坑墓。长方形竖穴土坑，口大底小，四壁斜收，平底。北壁设有一不规则头龛，平面略呈半圆形，两侧壁竖直，后壁呈弧线形	墓口：长270，宽191，宽86，深38，高66，龛底距墓底高80；墓底：长250，宽171，深220	棺183×78×68，椁204×110×68	仰身直肢，北向 1	陶鼎EbIV、陶壶DaII、陶盒AdIV、陶盘AIV、陶匜AI、铜镜甲B、乙Ab、乙Ac3	四期五段	
M83	15°	甲Ba竖穴土坑墓。长方形竖穴土坑，口大底小，四壁斜收，平底	墓口：长304，宽200；墓底：长266，宽160，深450	棺200×68×32，椁236×12×68	腐朽不详 1	铜带钩Ca		
M84	195°	III竖穴墓道洞室空心砖墓。墓道呈长方形，位于墓室南端，与墓室等宽。墓室底部平铺9块空心砖；东、西两壁各侧置4块空心砖；北壁上下叠放2块空心砖，墓室顶横铺8块空心砖，墓门竖置2块空心砖封门，两边各竖立1块方柱空心砖为门柱；上横置1块空心砖作为门帽。空心砖纹饰有三类。第一类为方格，其内被纵横垂直阴线划分为若干部分。第二类为方格纹中饰纵向四片桃叶纹。第三类为方格纹中填充"S"纹、漩涡纹等	墓道：未清理完。墓室长348，宽140，高148。空心砖室长342，宽120，高114。空心砖：铺地砖长120，宽38，厚16，东、西壁砖长154，宽46，厚14，北壁砖120，宽46，厚16。封门：高140，宽120。门柱砖：长98，宽18，厚16。封门砖：长95，宽44，厚14	有棺灰 不详 1	陶折沿高领折肩罐BaI	四期五段	打破M93
M85	20°	甲Ba竖穴土坑墓。长方形竖穴土坑，口大底小，四壁斜收，平底	墓口：长254，宽162；墓底：长234，宽142，深395	单木棺180×北（南63、北71）×20	仰身直肢，北向 1	铜镜2		

续表

墓号	方向	墓葬结构		人骨	随葬品（种类、数量）（数量为1者不标"1"字）	分期	备注
		墓葬形制	墓葬尺寸（厘米）	葬具（厘米）			
M86	180°	Ⅰ竖穴墓道洞室空心砖墓。墓道呈长方形，口大于底，四壁斜收，底略呈斜坡状，位于墓室南端，宽于墓室。墓室底横铺9块空心砖，东、西两壁各侧置4块空心砖，上下叠放2层，北壁上下叠放2块空心砖，墓顶横铺8块空心砖，墓门竖立2块空心砖封门。两边各竖立1块空心砖作为门柱，上横置1块空心砖作为门楣。空心砖上饰有近似三类纹饰。第一类为方格，其内四角有饰四个"S"纹，中心处饰有旋涡纹，并引四条放射线至四角，四条线上各饰有一个圆点纹。第二类为方格内饰四角纹和圆点、圆圈纹。第三类为方格中填充四片桃叶纹，中心处为同心圆纹	墓道：口长326，宽206，底长292，宽186，深406 墓室：洞室长324，宽148，高168~228，空心砖长309，宽144，高116 空心砖：铺地砖长144，宽36，厚14，东、西两壁砖长140，宽44，厚16，壁砖长142，宽46，厚15 封门：高130，宽170 门柱砖：长90，宽16，厚16 门楣砖：长170，宽26，厚18 封门砖：长90，宽44，厚16	无	不详	陶鼎EcⅡ，陶盒DbⅡ，陶纺，陶小壶，陶无沿敛领罐甲AⅡ，甲BaⅡ，陶钵AⅡ，陶盂	四期六段	
M87	355°	甲Bb竖穴土坑墓。长方形竖穴土坑，口大底小，四壁斜收，底部四周有生土二层台，二层台为直壁，底部平整	墓口：长290，宽200 二层台：东宽36，南宽24，高70~76，西宽20，北宽20，高70~76 墓底：长200，宽68，深320	无	1 仰身直肢，北向	铜带钩Db，铜璜甲B2，乙Ac3，玛瑙环A，骨环A		被M79打破
M88	20°	甲Ab竖穴土坑墓。长方形竖穴土坑，四壁竖直，底部四周有生土二层台，二层台为直壁，底部平整	墓口：长230，宽144 二层台：东宽43，高30，南宽20，高30，西宽26，高30，北宽20，高30 墓底：长190，宽75，深80	不详	1 仰身直肢，北向	陶折沿高领折肩罐AⅠ2，陶盂，铜璜乙Ab（另1残），蚌珠4	二期二段	

附表　双庙墓地墓葬登记表 续表

墓号	方向	墓葬结构		葬具（厘米）	人骨	随葬品（种类、数量）（数量为1者不标"1"字）	分期	备注
		墓葬形制	墓葬尺寸（厘米）					
M89	190°	Ⅱ竖穴墓道洞室空心砖墓。墓道四壁竖直，底呈斜坡状，位于墓室南端，略宽于墓室。墓室底横向平铺10块空心砖；东、西两壁各侧立4块空心砖，上下叠放2层；北壁上下侧立2块叠放各竖放10块空心砖；墓顶横铺10块空心砖作为门柱；墓门两边方柱空心砖作为门柱；其上侧立1块空心砖作为门楣，中间竖置2块空心砖作为封门。空心砖有纹饰但不详	墓道：口长180、底长180、宽140、深388。墓室：洞室长362、宽120、高118。空心砖底横向平铺长350、宽110、高118。空心砖：长110、宽34、厚14，铺地砖长110、宽45、厚14。墓壁砖长158、宽142、厚12。封门：高162。门柱砖：长98、宽14、厚14。门楣砖：长162、宽30、厚14。封门砖：长98、宽46、厚14	不详	不详	陶盒Cb、陶壶乙Ba、陶无沿矮领罐甲BaⅡ、金乙Ⅰ2	四期六段	打破M70
M90	10°	甲Ba竖穴土坑墓。长方形竖穴土坑，口大底小，四壁斜收，平底。北壁设有一头龛，墓室及顶均已塌毁，形状不明	墓口：长230、宽160。头龛：最宽76、最深40、高112。墓底：长200、宽134、深340	有棺底灰不规则，130×50	无	陶无沿矮领罐甲BbⅢ	五期九段	
M91	10°	Ⅲ竖穴墓道洞室空心砖墓。墓道口大于底，东、西、北三壁略斜收，底壁略呈斜坡状，位于墓室北端，与墓室等宽。东、西两壁各侧立4块空心砖，上下叠放2层，东、南两壁上下侧立8块空心砖；墓底横铺8块空心砖，墓门两边各侧立2块空心砖立1根方柱空心砖作为门柱，其上横置1块空心砖作为门楣，中间竖置2块空心砖作为封门。砖纹饰有三种：第一种为内填四叶云纹的水滴纹，第二种为内填菱格纹的菱格纹，砖边有斜菱格纹和波带纹乳丁纹的菱格纹	墓道：口长278、宽130、底长262、宽104、深200。洞室：长348、宽120、高144。空心砖室：长346、宽102、高138。空心砖立东、西壁砖长112、宽40、厚13，铺地砖长154、宽44、厚14，南壁砖长120、宽45、厚14。封门：高144。门柱砖：长97、宽16、厚16。门楣砖：长144、宽31、厚14。封门砖：长94、宽44、厚14	不详	不详	陶鼎EaⅣ、陶小壶乙BaⅠ、陶折沿高领圆肩罐甲AaⅢ、陶瓮Aa、陶钵AⅡ（罐盖）	四期六段	

续表

墓号	方向	墓葬结构		葬具（厘米）	人骨	随葬品（种类、数量）（数量为1者不标"1"字）	分期	备注
		墓葬形制	墓葬尺寸（厘米）					
M92	20°	甲Ba竖穴土坑墓。长方形竖穴土坑，口大底小，四壁斜收，平底	墓口：长280、宽180 墓底：长268、宽160、深336	单木棺 214×100×46	1 腐朽不详	陶盂	二期二段	
M93	15°	甲Ba竖穴土坑墓。长方形竖穴土坑，口大底小，四壁斜收，平底。北壁设有头龛，龛平面呈长方形，顶由前向后略呈弧收	墓口：长304、宽210 头龛：长45、高36、深26 墓底：长245、宽155、深355	有棺灰 212×（南82、北94）	1 腐朽不详	陶鼎B、陶盖豆B、陶壶甲AbⅠ	二期二段	被M84打破
M94	20°	甲Ba竖穴土坑墓。长方形竖穴土坑，口大底小，四壁斜收，底部平整，底部北端中部设有一半圆形头坑，坑底平整	墓口：长380、宽280 头坑：东西长60、南北宽52、深16 墓底：长275、宽220、深170	有棺灰 193×86	1 仰身直肢 北向	陶无沿敛领罐甲BcⅢ、石片A	五期七段	
M96	10°	甲Ba竖穴土坑墓。长方形竖穴土坑，口大底小，四壁斜收，平底	墓口：长230、宽122 墓底：长210、宽110、深105	无	无	无		
M97	15°	甲Bb竖穴土坑墓。长方形竖穴土坑，口大底小，四壁斜收较甚，平底。"工"字形木椁	墓口：长320、宽220 墓底：长240、宽140、深360	棺170×64×18、椁208×108×22	1 仰身直肢 北向	铜簧、骨环2		
M98	20°	甲Aa竖穴土坑墓。长方形竖穴土坑，四壁斜收，底部南、北两面设有较窄的生土二层台，二层台为直壁，底部平整	墓口：长300、宽240 二层台：北宽05、高50、南宽10、高50 墓底：长245、宽155、深465	有棺灰 220×92	1 仰身直肢 北向	无		
M99	190°	甲Aa竖穴土坑墓。长方形竖穴土坑，四壁竖直，南壁设有一平面呈半圆形的头龛，底部平整	墓口：长220、宽80 头龛：宽36、残高32、深36 墓底：长220、宽80、残深90	有棺灰	1 仰身直肢 南向	陶折沿高领圆肩罐甲AaⅢ	五期七段	
M100	10°	甲Ba竖穴土坑墓。长方形竖穴土坑，口略大于底，四壁略略斜收，平底	墓口：长206、宽76 墓底：长200、宽70、残深30	无	1 仰身直肢 北向	无		

附表 双庙墓地墓葬登记表 续表

墓号	方向	墓葬结构		葬具（厘米）	人骨	随葬品（种类、数量）（数量为1者不标"1"字）	分期	备注
		墓葬形制	墓葬尺寸（厘米）					
M101	15°	甲Aa竖穴土坑墓。长方形竖穴土坑，四壁竖直，平底	墓口：长200，宽80；墓底：长200，宽80，残深30	无	1 侧身屈肢，北向	铜带钩Dc2		
M102	185°	甲Aa竖穴土坑墓。长方形竖穴土坑，四壁竖直，平底	墓口：长220，宽100；墓底：长220，宽100，残深50	单木棺 160×60，高度不详	1 仰身直肢，南向	陶折沿高领圆肩罐甲AbⅢ，陶折沿高领折肩罐BaⅡ	五期七段	
M103	11°	Ⅳ竖穴墓道洞室空心砖墓。全墓由墓道、耳室、墓室组成，墓室东壁近门处设一圆方形土洞耳室。墓道口略大于墓室，底呈斜坡状，位于墓室北端。洞室呈长方形，直壁，平顶。墓室底横铺9块空心砖，东、西两壁各侧置4块空心砖，上下叠放2层，南壁上下叠放2块空心砖，墓顶横铺9块空心砖，墓门两边各立1块连柱空心砖，上横置1块空心砖作为门楣，中间竖置2块空心砖作为封门。砖的纹饰有三种。有的是内填云纹回圆圈凹圆圈纹的水滴纹，有的是内填云纹的菱格纹，有的是内填"S"纹的菱格线纹。砖边为短斜线纹乳丁和"S"纹的菱格纹	墓道：口残长250，宽94，底长244，宽84，深185；耳室：宽82，深44，高不详；洞室：长324，宽116，高120；空心砖室：长324，宽112，高94；铺地砖长112，宽36，厚12，东、西壁砖长130，宽36，厚14，南壁砖长116，宽40，厚14；封门：高118，宽112；门柱砖：长90，宽36，厚14；门楣砖：长112，宽18，厚13；封门砖：长90，宽40，厚14	无	1 葬式不详	陶三足壶，陶折沿高领圆肩罐乙Ⅱ，陶无沿矮领罐甲BaⅣ2，陶杯AⅡ，铜釜Ⅱ，铜镞，铁带钩	五期八段	
M104	20°	甲Ba竖穴土坑墓。长方形竖穴土坑，口大底小，四壁斜收极甚，底部平整，北壁设有头龛，龛平面呈长方形，直壁，平底	墓口：长400，宽270；头龛：宽36，高32，深36，深50，龛底距墓底高50；墓底：长250，宽145，深780	单木棺 227×114×35	1 仰身直肢，北向	陶鼎A，陶壶甲AaⅠ	一期一段	

续表

墓号	方向	墓葬结构		葬具（厘米）	人骨	随葬品（种类、数量）（数量为1者不标"1"字）	分期	备注
		墓葬形制	墓葬尺寸（厘米）					
M105	10°	C竖穴墓道洞室小砖墓。墓道已残，窄于墓室，位于墓室北端。墓室呈长方形，底部与墓室平齐，铺地砖不详，东、西两壁由子母砖错缝平砌10层后由子母砖侧砌10层，封门已被破坏，不详	墓道：残长10、宽100、高140。墓室：洞室长325、宽115、高不详，墙高78、砖直壁，平底，顶不明。顶高60。小砖：长35、宽13、厚7。子母砖：长37、宽13、厚7	不详	不详	陶小壶乙BbⅡ，陶折沿高领圆肩罐甲AaⅦ，甲AcⅡ，陶无沿敛领罐甲BaⅤ，陶釜甲C，铜博局四神镜A型，铜五铢钱西汉甲A3、甲CⅡ、甲CⅤ，另铜五铢钱3残，铜大泉五十Ab5、B，铜货泉甲Ba3、铜小泉直一A7、铜大布黄千2，琉璃耳珰	七期十一段，八期十二段	
M106	193°	甲Ab竖穴土坑墓。长方形竖穴土坑，四壁竖直，底部四周有生土二层台，二层台上设有一长方形头龛	墓口：长224、宽110。头龛：宽30、高23、深33。二层台：东宽27、高35、南宽10、高35、西宽26、高35、北宽14、高35。墓底：长200、宽54、深80	无	1 仰身直肢 南向	陶盒CaⅡ	五期九段	
M107	15°	A竖穴墓道洞室小砖墓。墓道位于墓室北端，长方形，口大底小，壁斜收，平口与墓室等宽，底窄于墓室。洞室内东，洞室呈长方形，直壁，平底，顶不明。西两壁由小砖错缝平砌8层后由小砖竖砌15层。南壁由小砖竖排对缝起券。墓底未见铺地砖。封门不详	墓道：口长260、宽120、底长250、宽92、深110。墓室：洞室长336、宽120、高108、砖墙高58、券顶高50。小砖：壁砖长26、宽14、厚6，券砖长38、宽15、厚6	不详	不详	陶壶乙AⅣ，丙AaⅡ，陶小壶甲CaⅡ，铜釜甲Ⅱ	七期十一段	扰
M108	10°	甲Ba竖穴土坑墓。长方形竖穴土坑，口大底小，四壁斜收，平底	墓口：长235、宽125。墓底：长196、宽76、深180	单木棺 196×74×30	1 仰身直肢 北向	铜带钩		

附表　双庙墓地墓葬登记表 续表

墓号	方向	墓葬结构		葬具（厘米）	人骨	随葬品（种类、数量）（数量为1者不标"1"字）	分期	备注
		墓葬形制	墓葬尺寸（厘米）					
M109	180°	Ⅲ竖穴墓道洞室空心砖墓。全墓由墓道、洞室组成。墓道呈长方形、底呈斜坡状，位于墓室南端。洞室呈长方形、平底，与墓道等宽，墓底低于墓道底北端16厘米。墓顶纵向平顶，横向弧顶。墓室东壁近门处设一长方形土洞耳室。洞室内修建空心砖室：底部横向平铺8块空心砖；东、西两壁各侧立4块空心砖，上下叠放2层；北端并列竖置2块空心砖；墓顶被破坏；墓门并列竖置2块空心砖封门。砖皆素面无纹	墓道：口长240、宽126、底长240、宽126、深100 耳室：宽50、深61、高60 洞室：长312、宽120、高134 空心砖室：长310、宽120、高102 空心砖：铺地砖长120、宽40、厚15、东、西壁砖长154、宽44、厚15，北壁砖长88、宽44、厚14 封门：高102、宽88 封门砖：长88、宽44、厚14	有木棺灰	不详	陶折沿高领圆肩罐甲AaⅢ、甲BⅠ，陶钵AⅡ，铜盆、铜釜	五期七段	扰
M110	15°	甲Bb竖穴土坑墓。长方形竖穴土坑，口大底小，四壁斜收，平底。底部有一周熟土二层台	墓口：长284、北宽210、南宽224 二层台：东宽36、南宽26、高26，西宽36、高26，北宽30、高26 墓底：长250、宽164、深312	有木棺灰 184×90	1 仰身屈肢 北向	陶器残片		

续表

墓号	方向	墓葬结构		葬具（厘米）	人骨	随葬品（种类、数量）（数量为1者不标"1"字）	分期	备注
		墓葬形制	墓葬尺寸（厘米）					
M111	193°	竖穴墓道洞室小砖与石合筑墓。由竖穴墓道、甬道和墓室组成。墓道已残，窄子甬道，底部与墓室平齐，位于墓室南端，略呈喇叭形，前端窄，后端宽。甬道中部有内外两层封门：内层封门为合结构，以扁长条青石为封门槛，两侧各竖一块青石为柱，顶横压青石一块为门楣，中间竖立两块青石为门；外层封门为小砖结构，残砖与墙外敷。墓室上部已不存。室内修建砖室，东、西壁被挤压变形。墓室以长方小砖错缝平砌直砌，东、西两壁平砌12层后以子母砖竖排立券，墓底由小砖竖排平铺；墓底正中双龙衔鱼，墓门右阙正面刻一女子，左阙正面刻朱雀。砖纹饰有斜方格纹和长"S"纹两种	墓道：残长80，宽112，深170；甬道：洞室长64，宽150~206，高不详，砖筑长44，宽130，高不详；墓室：洞室长416，宽204，高不详，砖室长416，宽204，高168，砖顶残高110，券顶残高58；小砖：长42，宽14，厚7；子母砖：长44，宽14，厚7；铺地砖：长34，宽14，厚7；封门：外高121，内高166，宽175，门楣石长114，厚7，宽12，厚22，门槛石长130，宽36，厚21，门阙石长160，宽20，厚12，石门长114，宽56，厚6	不详	1 腐朽不详	陶无沿铁领罐甲BbIV，陶瓮A，陶仓BII5，陶灶BbI，陶井AI，陶猪圈，铜五铢钱东汉甲B10，铜五铢钱东汉甲AI6，甲AII2，甲B2，另铜五铢钱1残，铜货泉甲Aa、甲Bb、甲Ca	九期十三段	扰
M112	15°	竖穴土坑小砖墓。平面呈长方形。墓底由方砖对缝平铺。东、西两壁由小砖错缝平砌8层后小砖竖排对缝起券，券顶塌毁。北壁由小砖错缝平砌4层后错缝侧立3层，南壁由小砖错缝平砌4层后错缝侧立2层	墓室：洞室长332，宽132，残高82，砖室长328，宽128，残高88，砖墙高61，券顶残高27；小砖：长35，宽16，厚7，长26，宽14，厚7；铺地砖：边长34，厚5	有木棺灰210×（北63，南66）	1 仰身直肢北向	高温釉陶壶，陶小壶甲CbII，铜大泉五十甲Ac2、A，铜博局四神镜A，铜货泉甲Aa3、Ab3、甲Ba10，甲Bb17，甲Ca29，甲Cb36、甲Da21，甲Db83，甲Dc6，乙A128，乙B74，乙C，铁片，琉璃耳珰2	八期十二段	

附表　双庙墓地墓葬登记表

续表

墓号	方向	墓葬结构		葬具（厘米）	人骨	随葬品（种类、数量）（数量为1者不标"1"字）	分期	备注
		墓葬形制	墓葬尺寸（厘米）					
M113	197°	Ⅲ竖穴墓道洞室空心砖墓。全墓由竖穴墓道、耳室、墓室组成。墓道底略呈斜坡状，位于墓室南端，与墓室等宽。墓室东壁近门处设一方形土洞耳室。墓室底横铺10块空心砖；东、西两壁各侧置4块空心砖，上下叠放2层；北壁上下叠放2块空心砖；墓顶横铺空心砖，数量不详；墓门竖置2块空心砖封门，两边各竖立1块方柱形空心砖作为门柱，上横置1块空心砖作为门楣	墓道：口残长266、底长226、宽118、深120 耳室：宽62、深50、高40 洞室：长362、宽122、高113 空心砖室：长354、宽116、高93 空心砖：铺地砖长116、宽36、厚12，东、西壁砖长134、宽40、厚12，北壁砖长116、宽40、厚12 封门：高120、宽124 门柱砖：长90、宽44、厚12 门楣砖：长124、宽18、厚14 封门砖：长90、宽42、厚12	单木棺250×60	1 直肢，北向	陶小壶乙BaⅡ，铜釜	五期七段	扰
M114	195°	Ⅳ竖穴墓道洞室空心砖墓。墓道位于墓室南端，窄于墓室。洞室呈长方形，直壁，平底，顶不明。墓室底横铺8块空心砖，东、西两壁各侧置4块空心砖，上下叠放2层；北壁上下叠放2块空心砖，墓顶横铺空心砖，数量不详；墓门竖置2块空心砖封门，两边各竖立1块空心砖为门柱	墓道：长326、宽142、高不详 洞室：长322、宽138、残高100 空心砖室：铺地砖长120、宽40、厚14，壁砖长150、宽43、厚14 封门：残高68、残长96 封门空心砖：残长44、宽44、厚14	单木棺166×70	1 仰身直肢，北向	陶釜乙Ⅰ（盖为AⅡ陶钵），陶罐（盖为AⅡ陶钵）	四期六段	扰
M115	10°	甲Ba竖穴土坑墓。长方形竖穴土坑，口大底小，四壁斜收，平底	墓口：长230、宽70 墓底：长240、宽60、深60	无	1 仰身直肢，北向	铁带钩		

续表

墓号	方向	墓葬结构 墓葬形制	墓葬尺寸（厘米）	葬具（厘米）	人骨	随葬品（种类、数量）（数量为1者不标"1"字）	分期	备注
M116	192°	Ⅳ竖穴墓道洞室空心砖墓。全墓由竖穴墓道、耳室、墓室组成。墓道口略大于墓底，四壁略斜收，平底，位于墓室南端，窄于墓室。洞室呈长方形，直壁，平底，顶不明。洞室西壁近门处设一圆方形土洞耳室。墓室西壁横铺9块空心砖，东、西两壁各5块空心砖，其中南侧置1块空心砖，上下叠放2层；中间竖置1块空心砖（西壁耳室旁又竖置1块方形空心砖）；北壁形无砖，土壁；墓顶横置空心砖，数量不详。墓门两边各竖立1块空心砖作为门柱，上横置1块空心砖作为门楣，中间竖置2块空心砖封门。砖纹饰为中央大乳丁纹，四边小乳丁纹的菱格纹，一排肉饰小乳丁纹的水滴纹相间排列	墓道：口残长294，宽96，底长274，宽90，深130 耳室：宽90，深35，高46 洞室：长334，宽122，高112 空心砖室：长326，宽110，高85 空心砖：铺地砖长110，宽36，厚12，东、西壁砖分别长118，宽40，厚12，长76，宽40，厚12；墓顶：高110 门柱：长76，宽40，厚12 门楣砖：长110，宽20，厚12 封门砖：长76，宽42，厚12	有棺灰	1 葬式不详	陶壶丙AaⅡ2，铜五铢西汉甲CⅢ、甲CⅣ2，另铜五铁钱6残，铁剪	六期十段	扰
M117	8°	甲Bb竖穴土坑墓。长方形竖穴土坑，口大底小，四壁斜收，底部东、西两壁设有生土二层台	墓口：长195，宽126 二层台：东宽20~25，高70，西宽20~25，高70 墓底：长190，宽68，深100	无	1 仰身直肢 北向	无		
M118	11°	甲Ab竖穴土坑墓。方形竖穴土坑，四壁竖直，底部东、西四面设有生土二层台，二层台为直壁，底部平整	墓口：长210，宽114 二层台：东宽20，西宽20，高74，西宽74 墓底：长210，宽56，深114	无	1 仰身屈肢 北向	铁带钩B		
M119	10°	甲Bb竖穴土坑墓。长方形竖穴土坑，南、北两壁竖直，底部东、西两壁斜收，二层台两壁斜收，底部平整	墓口：长220，宽110~112 二层台：东宽16~18，西宽20，高70 墓底：长200，宽64~70，深114	不详	1 仰身直肢 北向	无		

附表　双庙墓地墓葬登记表

续表

墓号	方向	墓葬结构		葬具（厘米）	人骨	随葬品（种类、数量）（数量为1者不标"1"字）	分期	备注
		墓葬形制	墓葬尺寸（厘米）					
M120	7°	甲Bb竖穴土坑墓。长方形竖穴土坑墓，口大底小，四壁斜收，西两壁设有生土二层台，两壁竖直。底部东、西两壁设有生土二层台，两壁竖直	墓口：长231~250，宽140。二层台：东宽30，高80，西宽30，高80。墓底：长198，宽64，深120	无	1 侧身屈肢，北向	铜带钩Cb，铁镬		
M121	285°	甲Bb竖穴土坑墓。长方形竖穴土坑墓，口大底小，四壁斜收，平底。底部南、北两壁设有生土二层台，两壁竖直	墓口：长205，宽107。二层台：南宽16，高80，北宽16，高80。墓底：长198，宽70，深85	不详	1 仰身直肢，西向	无		
M122	255°	甲Bb竖穴土坑墓。近等腰梯形竖穴土坑，口大底小，四壁斜收，平底。底部南、北均宽30，台壁斜收	墓口：长（南231，北250），宽160。二层台：南，北均宽30，高70。墓底：长190，宽64，深170	不详	1 仰身直肢，西向	铜带钩Ca，铁带钩B		
M123	10°	甲Ab竖穴土坑墓。长方形竖穴土二层台，四壁竖直，底部东、西两壁设有生土二层台。台为直壁，底部平整	墓口：长200，宽136。二层台：东宽36，高61，西宽36，高61。墓底：长200，宽64，深108	无	1 仰身直肢，北向	铁带钩B		
M124	189°	Ⅰ竖穴墓道土洞墓。墓道呈长方形，口大底小，四壁斜收，平底。位于洞室南端，宽子洞室。洞室呈梯形，北宽南窄，四壁竖直，弧顶，底部呈斜坡状，南高北低	墓道：口长246~254，宽160~172，底长220~240，宽136~144，深84。洞室：长208~216，宽82~98，高85	无	1 侧身屈肢，北向	陶盒DaⅡ，陶壶AdⅡ，陶折沿高领圆肩罐甲AbⅠ，铜带钩Aa，铜印章	三期四段	
M125	190°	Ⅰ竖穴墓道土洞墓。墓道呈长方形，口大底小，四壁斜收，底呈斜坡状，南高北低，位于洞室南端，宽子洞室。洞室呈长方形，四壁竖直，平顶，底部呈斜坡状，南高北低	墓道：口长278，宽230，底长220，宽172，深120~132。洞室：长240，宽110，高90~98	无	1 仰身直肢，北向	陶鼎，陶盒，陶壶		被M131打破

续表

墓号	方向	墓葬结构		葬具（厘米）	人骨	随葬品（种类、数量）（数量为1者不标"1"字）	分期	备注
		墓葬形制	墓葬尺寸（厘米）					
M126	7°	A竖穴墓道洞室小砖墓。由墓道、甬道和墓室组成。墓道呈长方形，位于甬道北端，壁略斜收，底部北高南低，与甬道等宽。甬道呈近方形，甬道北端由小砖封门，错缝平砌9层，略向外敞出。洞室呈长方形，平底，顶不明，底部由宽长方形小砖长方铺地，南部两排为横排对缝平铺，其北均为竖排对缝平铺。东、西两壁由小砖错缝平砌10层，顶部结构不详；南壁由小砖错缝平砌3层	墓道：口长190，宽92，底长170，宽88，深60~95 甬道：长80，宽103，高不详 墓室：长540，宽192，高不详，砖室长530，宽186，残高80 小砖：长30，宽12，厚7 铺地砖：长38，宽28，厚5 封门：残高65，宽112 封门砖：长30，宽12，厚7	有棺灰 130×71	2 不详	陶天沿矮领罐甲BaⅧ3、残陶罐，陶重沿罐2，陶灶BaⅡ，陶三足盂，铜五铢钱西汉甲B15，另铜五铢钱8残	九期 十三段、十期十四段	
M127	10°	Ⅰ竖穴墓道土洞墓。墓道呈长方形，口大底小，四壁斜收，平底，位于洞室北端。洞室平面呈近长方形，北宽南窄，东、西两壁斜收，弧顶，平底，洞室南高于墓道底。洞室东壁近门处有一头龛	墓道：口长244，宽142，底长230，宽112，深210 头龛：宽70，深20，高46 洞室：长240，宽87~107，高91	无	1 仰身直肢，北向	陶鼎EaⅢ，陶盒DaⅠ，陶壶甲AdⅡ	三期四段	
M128	9°	甲Bb竖穴土坑墓。长方形竖穴土坑，口大底小，四壁斜收，平底。底部东、西两壁设有生土二层台，台壁斜收。北壁设有一近半圆形头龛。头龛弧壁，弧顶	墓口：长210，宽120 头龛：宽52，高40，深30 二层台：东宽20，西宽20，高64 墓底：长200，宽60，深130	无	1 仰身直肢，北向	陶合碗Ⅱ，陶卷沿矮领折肩圆底罐，铜带钩Aa，玛瑙环B	三期四段	
M129	19°	甲Ba竖穴土坑墓。长方形竖穴土坑，东、北三壁斜收，口大底小，平底	墓口：长184，宽58 墓底：长180，宽50，深60	不详	1 仰身直肢，北向	无		
M130	19°	甲Bb竖穴土坑墓。长方形竖穴土坑，东、西两壁斜收，北壁直，底部东、西两壁设有生土二层台，二层台东、西两壁斜收，平底	墓口：长206，宽110 二层台：东宽24~26，西宽24~26，高60 墓底：长184，宽54~59，深122	无	1 仰身屈肢，北向	铁带钩Aa		

附表　双庙墓地墓葬登记表 续表

墓号	方向	墓葬结构		葬具（厘米）	人骨	随葬品（种类、数量）（数量均为1者不标"1"字）	分期	备注
		墓葬形制	墓葬尺寸（厘米）					
M131	335°	C竖穴墓道洞室小砖墓。残破，仅剩一多半墓室。以小砖铺地，铺法杂乱，主要为横排和竖排平铺。东、西两壁由子母砖错缝平砌9层后由子母砖竖排起券，残余6节。南壁由子母砖错缝平砌，残余2层。封门不存	墓室：洞室残长290、宽208、高不详，砖室残长286、宽204、残高150、砖墙高112、券顶残高38；子母砖：长43、宽15、厚7；铺地砖：长28、宽16、厚8	有棺灰	不详	陶仓BⅠ、铜五铢钱东汉甲AⅡ、铜货泉甲Bb	九期十三段	竖穴，被现代墓打破，被盗严重。打破M125
M132	195°	Ⅲ竖穴墓道洞室空心砖墓。全墓由竖穴墓道、耳室、洞室组成。墓道位于墓室南端，呈斜坡状，未清理。墓道西壁近门处设一半圆形土洞耳室。墓室底未铺砖；东、西两壁各侧立4块空心砖，上下叠放2层；北壁上下侧立2块空心砖，墓东壁近门处设一长方形土洞耳室。墓门的左右门柱为上下竖立、右门柱为竖立1块空心砖，中间并列2块空心砖封门	墓道：口长250、宽1110、底长250、宽110、深150；耳室：宽48、深42、高40；洞室：长332、宽120、高122；空心砖室：长330、宽114、高80；空心砖：长130、宽40、厚12，长114、宽40、厚12；封门：高110、宽108；右门柱砖：长80、宽40、厚12；封门砖：残长92、宽42、厚12，残长90、宽40、厚12	不详	不详	陶折沿高领圆肩罐甲AbⅢ、陶无沿矮领罐甲BaⅣ3、陶盆BⅡ、陶钵AⅡ、铜釜Ⅱ	五期八段	
M133	195°	Ⅲ竖穴墓道洞室空心砖墓。全墓由竖穴墓道、耳室、墓室组成。墓道位于墓室南端，未清理。墓道西壁近门处设一半圆形土洞耳室。墓室底未铺砖；东、西两壁各侧立4块空心砖，上下叠放2层；北壁上下叠放2块空心砖，墓顶塌毁，不详；墓门竖立1块空心砖为门柱，两边各竖立1块空心砖为封门	墓道：宽86、深42、高40；耳室：长303、宽108、高不详；洞室：长300、宽104、高80；空心砖室：东、西壁砖长130、宽40、厚12，北壁砖长80、宽40、厚12；封门：高80、宽104；门柱砖：长80、宽12、厚12；封门空心砖：长80、宽40、厚12	不详	陶无沿矮领罐甲BaⅢ2（盖均为AⅡ陶钵），铜盆B型、铜勺，铜带钩Dc，铜镞A	五期七段	

续表

墓号	方向	墓葬结构		葬具（厘米）	人骨	随葬品（种类、数量）（数量为1者不标"1"字）	分期	备注
		墓葬形制	墓葬尺寸（厘米）					
M134	20°	Ⅲ竖穴墓道洞室空心砖墓。全墓由竖穴墓道、耳室、墓室组成。墓道位于墓室南端，未清理。墓室东壁近门处设一长方形土洞耳室。墓室底横铺9块空心砖，东、西两壁各侧置4块空心砖，上下叠放2层；北壁上下叠放2块空心砖；墓顶不详；墓门竖置2块空心砖封门，两边各竖立1块空心砖为门柱，上横置1块空心砖作为门楣	墓道：未清理。耳室：宽70、深30、高40。洞室：长335、宽124、高不详。空心砖室：长330、宽117、高92。空心砖底铺地砖长118、宽40、厚12，东、西壁砖长128、宽40、厚12，北壁砖长102、宽40、厚12。封门：高128、宽110。门柱砖：长100、宽46、厚12。门楣砖：长110、宽16、厚12。封门砖：长100、宽40、厚12	无	不详	无		扰
M135	10°	Ⅳ竖穴墓道洞室空心砖墓。墓道口大于底，四壁斜收，平底，位于墓室北端，窄于墓室。洞室呈长方形，直壁，平底，顶不明。墓室底横铺7块空心砖，东、西两壁各侧铺空心砖120、宽38、厚12，块空心砖，上下叠放2层；北壁上下叠放2块空心砖；墓顶、墓门被破坏，不详	墓道：口残长240、宽110、底长220、宽92～110、深100。洞室：长298、宽128、高不详。空心砖室：残长294、宽120、高82。空心砖底铺地砖长120、宽38、厚12，东、西壁砖长140、宽40、厚12，北壁砖长100、宽40、厚14	有棺灰 123×43	1 葬式不详、南向	铜四虺纹镜B		破坏严重

续表

墓号	方向	墓葬结构		葬具（厘米）	人骨	随葬品（种类、数量）（数量为1者不标"1"字）	分期	备注
		墓葬形制	墓葬尺寸（厘米）					
M136	13°	Ⅳ竖穴墓道洞室空心砖墓。全墓由竖穴墓道、耳室、墓室组成，墓道位于墓室北端，未清理。洞室呈长方形，直壁，平底，顶不明。墓室西壁近门处设一长方形土洞耳室。墓室底铺6块空心砖，四壁砖两顺、两壁各侧置4块空心砖，上下叠放2层，南壁上下叠放2块空心砖，墓顶不详，墓门两边各竖立1块方柱为门楣，上横置2块空心砖封门。砖的纹饰为宽凹圆圈纹叠压的长条空心砖为门楣，中间竖置空心砖封门。砖的纹饰为一排内饰"S"纹的菱格纹和一排内饰宽凹圆圈纹的水滴纹四周为短斜线纹带	墓道：未清理 耳室：宽54、深50、高40 洞室：长312、宽122、高不详 空心砖室：长290、宽120、高100 空心砖室：铺地砖分别长140、宽60、厚12，长120、宽36、厚12；东、西壁砖长134、宽43、厚12，南壁砖长118、宽43、厚12 封门：高140、宽110 门柱砖：长85、宽16、厚10 门楣砖：长110、宽20、厚10 封门砖：长85、宽40、厚10	有棺灰	1 葬式不详	陶无沿矮领罐甲BaⅢ，陶釜甲AaⅠ2，铜草叶纹镜，铁剑	五期七段	
M137	12°	Ⅲ竖穴墓道洞室空心砖墓。墓道口大于底，四壁斜收，底呈斜坡状，位于墓室北端，与墓室等宽。墓室底横铺8块空心砖；东、西两壁各侧置4块空心砖，上下叠放2层，南壁为无砖土壁；墓顶塌毁，不详；墓门立2块空心砖封门，两边置1块长条空心砖为门楣，上横置1块方柱空心砖为门柱，上横置1块方柱空心砖为门楣，砖和壁砖纹饰相同，为一个内饰圆点的水滴纹四周围绕四个内饰四叶纹的菱格纹。另一种壁砖纹饰为菱格纹内饰一个宽凹圆圈纹	墓道：口残长230、宽122、底长210、宽90、深170 洞室：长322、宽130、高不详 空心砖室：长318、宽126、厚14，高94 空心砖室：铺地砖长116、宽38、厚14，壁砖长150、宽40、厚14 封门：高112、宽114 门柱砖：长83、宽14、厚14 封门砖：长83、宽40、厚14 门槛砖：长114、宽20、厚12	有棺灰	1 直肢	陶折沿高领圆肩罐甲AaⅤ（盖为AⅡ陶钵），陶折沿高领折肩罐BbⅡ，陶钵AⅡ，铜羽纹镜，铜四螭纹镜B	五期九段	扰

续表

墓号	方向	墓葬结构		葬具（厘米）	人骨	随葬品（种类、数量）（数量为1者不标"1"字）	分期	备注
		墓葬形制	墓葬尺寸（厘米）					
M138	195°	Ⅳ竖穴墓道洞室空心砖墓。墓道位于墓室南端，窄于墓室。洞室呈长方形，直壁，平底，顶不明。墓室底横铺8块空心砖；东、西两壁各侧置4块空心砖，上下叠放2层；北壁上下叠放2块空心砖；墓项横铺8块空心砖，两边各竖置1块竖方柱形空心砖为门柱，上横置1块空心砖为门楣，中间竖置2块空心砖封门	墓道：未清理。洞室：长363，宽128，高151。空心砖墓室：长346，宽126，高108。铺地砖长116，宽40，厚14。东、西壁砖长148，宽40，厚13，北壁砖长116，宽40，厚12。封门：高126，宽124。门槛砖：长124，宽14，厚14。门柱砖：长86，宽20，厚14。门楣砖：长122，宽24，厚16。封门砖：长86，宽40，厚14	单木棺	1 仰身直肢，北向	陶无沿矮领罐甲BaⅡ（盖为AⅡ陶钵），陶釜甲AaⅠ2，陶钵AⅡ2，铜镞B，铁勺，铁削	四期六段	
M139	10°	乙竖穴土坑墓。平面近长方形。东、西并列双室。西室平面为长方形，平底，壁略斜收，三壁略收，东室约20厘米。东室平面为直角梯形，壁略斜收，平底	西室：墓口长215，宽80，墓底长210，宽75，深105。东室：墓口长215，北宽75，南宽95，墓底：长210，宽80，深135	无	1 仰身屈肢，北向	铜环Ab，铜簧2，石片A5，玉环A、B，骨环A、B2，蚌珠，龟甲		
M140	190°	Ⅳ竖穴墓道洞室空心砖墓。墓道呈长方形，口大于底，四壁斜收，底呈斜坡状，位于墓室南端，窄于墓室。洞室呈长方形，直壁，平底，北壁上下叠放2块空心砖，上下叠放2层；东、西两壁各侧放4块空心砖，上下叠放2层；墓项不详；墓底横铺9块空心砖；墓门两边各竖立1块连在一起空心砖作门柱，上横置1块空心砖为门楣，中间竖置2块空心砖封门。空心砖纹饰为菱形底纹，每个菱形内有圆点纹或水滴纹	墓道：口长250，宽98，底长210，宽78～90，深322。洞室：长350，宽120，高123。空心砖室：长346，宽112，高94。铺地砖长112，宽38，厚12。东、西壁砖长140，宽40，厚12，北壁砖长110，宽40，厚14。封门：高120，宽120。门柱砖：长90，宽44，厚12。门楣砖：长120，宽18，厚12。封门空心砖：长90，宽42，厚12	单木棺 196×56	1 仰身直肢，北向	陶折沿高领圆肩罐甲AaⅤ，陶无沿矮领罐甲BaⅣ，陶釜甲AaⅡ，铜镞甲Da，铁带钩B，铁削，铜勺2，石砚	五期九段	

续表

墓号	方向	墓葬结构		葬具（厘米）	人骨	随葬品（种类、数量）(数量为1者不标"1"字)	分期	备注
		墓葬形制	墓葬尺寸（厘米）					
M141	10°	I竖穴墓道洞室空心砖墓。墓道呈长方形，口大于底，四壁斜收，底呈斜坡状，位于墓室北端，宽于墓室。墓室底横铺6块空心砖；东、西两壁各铺3块空心砖，其中后部2块侧立叠放，前部1块竖置；南壁上下侧各2块侧立叠放空心砖，墓门以3块空心砖上下侧叠压封门。空心砖未铺底，但均以方格纹为底纹。空心砖纹饰有三种，第一种为中心均为方格纹填玉个乳丁纹，其周围四方格内各填四叶纹；第二种为中心均为一个水滴纹，其周围四方格内各填一个乳丁纹，第三种为中心方格内同心圆，其周围四方格内各填一个水滴纹	墓道：口长260，宽192~200，底长234，宽160~170，深150~180。墓室：洞室长260，宽141，高142，空心砖室长265，宽135，高98。空心砖：铺地砖长124，宽42，厚14，南壁砖长116，宽42，厚16，东、西壁砖分别长170，宽42，厚16，长84，宽50，厚16。封门：高134，宽116。封门空心砖长116，宽40，厚16	不详	不详	陶鼎EaI，陶盒AI，陶壶甲BaI，陶盘AI，陶匜BI，陶折沿高领折肩罐AII，铜带钩Bb	三期三段	
M142	180°	I竖穴墓道土洞墓。墓道平面呈近梯形，口大底小，四壁斜收，平底。西壁近门处有一壁龛，壁龛平面呈半圆形，直壁，平顶。位于墓室南端，宽于墓室，墓室呈长方形，四壁竖直，墓顶不详，与墓道底平	墓道：口残长158~167，宽128~158，底长150，宽117~124，深120。壁龛：宽30，深16，高34，壁龛底部距墓室底高42。墓室：长195，宽84，高100	无	1 仰身屈肢，北向	陶合碗II，铜带钩Ba	三期四段	
M143	15°	甲Bb竖穴土坑墓。长方形竖穴土坑，口大底小，四壁斜收，平底。底部四面有生土二层台，二层台成收，西两壁斜收	墓口：长240，宽160。二层台：东宽20~38，高68，南宽18、高68，西宽18、高68，北宽10、高68。墓底：长208，宽74，深162	有棺灰184×50	1 仰身直肢，北向	无		

续表

墓号	方向	墓葬结构		葬具（厘米）	人骨	随葬品（种类、数量）（数量为1者不标"1"字）	分期	备注
		墓葬形制	墓葬尺寸（厘米）					
M144	10°	甲Bb竖穴土坑墓。近长方形竖穴土坑，口略大于底，四壁斜收，平底。西部东、西两壁设有生土二层台，二层台两壁斜收。北壁设两个长方形头龛	墓口：长221，宽120 上头龛：宽70，高35，深40 下头龛：宽89，高40~70，深40 二层台：东宽12，高80，西宽10，高80 墓底：长210，宽84，深140	不明	不详	陶鼎EbⅣ，陶盒、陶壶甲AdⅣ，乙Bb，陶匜AⅣ，陶折沿高领圆肩罐甲AaⅡ，甲AbⅡ，另1残	四期六段	被M147打破
M145	5°	Ⅱ竖穴墓道土洞墓。墓道呈长方形，东、西两壁竖直，北壁斜收，北高南低，位于洞室北端，与洞室等宽。洞室呈长方形，四壁竖直，墓顶不存，与墓道底平。洞室东壁墓道近门处有一土洞耳室。以木板封门，设有木质门槛	墓道：口长232，宽95，底长224，宽95，深100~152 耳室：宽64，深36，高69 洞室：长236，宽90 木门槛灰：高16，厚5，宽不详	单木棺 215×70×5	1 仰身屈肢 南向	陶壶丙AaⅡ2，陶小壶甲CaⅠ，陶洗	六期十段	坑。打破M149、M150
M147	185°	Ⅰ竖穴墓道土洞墓。墓道呈长方形，口大底小，东、西三壁斜收，北壁呈略斜坡状，北高南低。位于墓室南端，开口略宽于墓室。墓室呈长方形，四壁竖直，底呈斜坡状，南高北低，底低于墓道底	墓道：口残长260，宽100，底长246，宽75，深76~82 墓室：长300，宽80	单木棺	1 仰身直肢 北向	铜五铢线西汉甲A，甲CⅣ4，另铜五铢钱3残		打破M144
M148	190°	Ⅰ竖穴墓道土洞墓。墓道呈长方形，四壁竖直，底呈斜坡状，南高北低，位于墓室南端。墓室分两段，南段长60，宽80，北段长140，宽100，四壁竖直，墓顶不详，平底，与墓道底平	墓道：口长240，宽140，深190 墓室：长200，宽80~100，高90	无	1 侧身屈肢 北向	无		

附表　双庙墓地墓葬登记表

续表

墓号	方向	墓葬结构		葬具（厘米）	人骨	随葬品（种类、数量）（数量为1者不标"1"字）	分期	备注
		墓葬形制	墓葬尺寸（厘米）					
M149	15°	Ⅰ竖穴墓道土洞墓。墓道平面略呈梯形，北窄南宽，口略大于底，东、西、北三壁略斜收，底呈斜坡状，北高南低。位于墓室北端，宽于墓室长方向。基呈长方形，四壁竖直，墓顶不详，底呈坡状，北高南低，低于墓道底。墓门有木板封门痕迹	墓道：口长216，宽109～120，底长210，宽103～117，残深150～210。墓室：长220，宽94	单木棺188×82×5	1仰身屈肢，北向	陶鼎EbⅡ，陶盒DaⅡ，陶壶甲AdⅡ，陶器盖Cb，铜带钩Cb，铜铃Bc2，玉环A，骨环B3，蚌珠5	三期四段	被M145打破
M150	190°	Ⅰ竖穴墓道土洞墓。墓道呈长方形，四壁竖直，底略呈斜坡状，南高北低。位于洞室南端，宽于洞室。洞室呈长方形，四壁竖直，弧顶，底略呈斜坡状，南高北低，南与墓道底平。墓门有木板封门痕迹	墓道：口长242，宽122～135，底长242，宽122～135，深138～142。洞室：长204，宽85～104，高85。封门板灰：宽70，厚7	单木棺180×59×4，高不详	1仰身直肢，北向	陶合碗Ⅱ、Ⅲ，陶无沿矮领罐甲BcⅠ，铁带钩	四期五段	被M145打破
M151	12°	甲Bb竖穴土坑墓。长方形竖穴土坑，口大底小，四壁斜收，平底。底部东、西设有生土二层台，二层东	墓口：长204，宽111。二层台：东宽18～20，高60，西宽16，高60。墓底：长190，宽60，深196	无	1仰身屈肢，北向	铜带钩Da		
M152	10°	Ⅲ竖穴墓道洞室空心砖墓。墓道位于墓室北端，与墓室等宽。墓室底东、西两壁各侧置4块空心砖，上下叠放2层，南、西两壁砖上下叠放2块空心砖；墓门置2块空心砖封门，两边各竖立1块方柱空心砖为门柱，上横置1块方柱空心砖为门楣	墓道：未清理。洞室：长314，宽136，高124。空心砖室：长316，宽130，高100。铺地砖长136，宽36，厚14。空心砖：东、西壁砖长146，宽44，厚14，南壁砖长118，宽44，厚14。封门：高116，宽138。门柱砖：长92，宽20，厚14。门楣砖：残长110，宽24，厚14。封门砖：长92，宽46，厚14	无	1仰身直肢，北向	陶折沿高领圆肩罐甲AaⅠ，陶折沿高领折肩罐BbⅠ，陶钵AⅡ2	四期五段	扰

续表

墓号	方向	墓葬结构		葬具（厘米）	人骨	随葬品（种类、数量）（数量为1者不标"1"字）	分期	备注
		墓葬形制	墓葬尺寸（厘米）					
M153	185°	Ⅲ竖穴墓道洞室空心砖墓。墓道位于墓室南端，与墓室等宽。墓室底横铺8块空心砖；东、西两壁各侧置4块空心砖，上下叠放2层；北壁上下叠放2块空心砖，墓顶横铺8块空心砖；墓门竖置2块空心砖封门，两边各竖立1块方柱空心砖为门柱，上横置1块方柱空心砖作门楣	墓道：长330、宽134、高不详 洞室：长326、宽120、高120 空心砖室：铺地砖、墓顶砖长114、宽38、厚14，东、西壁砖长145、宽46、厚15 北壁砖：长124、宽47、厚18 封门：高134、宽150 门柱砖：长92、宽20、厚16 门楣砖：长150、宽24、厚16 封国砖：长92、宽40、厚16	有棺灰	1 仰身直肢 北向	陶折沿高领圆肩罐甲AaⅢ、乙Ⅱ，钵AⅡ2	五期 七段	
M154	8°	甲Bb竖穴土坑墓。长方形竖穴土坑，口大底小，东、西、北三壁斜收，平底。底部东、西、南三面设有生土二层台，二层台东、西两壁斜收。北壁二层台上设有一浅的头龛，头龛呈长条形，平底，平顶，两侧壁略弧，后壁竖直	墓口：长220、宽131 头龛：宽94、高16、深6，龛底距墓底高50 二层台：东宽20、高50，南宽20、高50，西宽20、高50 墓底：长190、宽62、深116	无	1 仰身屈肢 北向	无		
M155	10°	甲Bb竖穴土坑墓。长方形竖穴土坑，口大底小，四壁斜收，平底。底部东、西、南三面设生土二层台，二层台为直壁。北壁底部设一长方形头龛	墓口：长252、宽142 头龛：宽72、高50、深20 二层台：东宽20、高70，南宽15、高70，西宽34、高70 墓底：长220、宽72、深110	有棺灰 180×50	1 仰身直肢 北向	陶鼎EbⅣ、陶盒Ⅱ、陶壶甲AdⅣ、陶盘AⅣ、陶匜AⅡ、铜带钩Da	四期 六段	

附表 双庙墓地墓葬登记表

续表

墓号	方向	墓葬结构		葬具（厘米）	人骨	随葬品（种类、数量）（数量为1者不标"1"字）	分期	备注
		墓葬形制	墓葬尺寸（厘米）					
M156	195°	Ⅳ竖穴墓道洞室空心砖墓。全墓由竖穴墓道、耳室、洞室及墓室组成，墓道位于墓室南端，略窄于墓室。洞室呈长方形，直壁，平底，底低于墓道底部14厘米，顶不明。墓室东壁近门处设一方形土洞耳室，洞室底横向平铺10块空心砖；东、西两壁各侧立4块空心砖，上下叠放2层；北壁无砖；墓顶不明。墓门两边各竖立1块连柱空心砖为门柱，中间横置1根方柱空心砖为门楣，上横置3块方柱空心砖为门楣，空心砖封门。耳室平面略呈长方形，直壁，平底，顶不明。东壁前端下层空心砖截去一段作为耳室门。空心砖花纹有两种，均为斜方格纹宽边，主纹，一种为菱形纹内有纹和水波纹相间排列，另一种为菱形纹内有方格纹和四叶纹相间排列	墓道：仅清理靠近墓室的一部分 耳室：宽116、深84、高不详 洞室：长362、宽118、高不详 空心砖：长356、宽116、高107 墓室空心砖：铺地砖长116、宽40、厚15，东、西壁砖各侧立4块空心砖长150、宽45、厚14，东壁近耳室砖长44、宽14、厚12 封门：高124、宽120 门柱砖：长100、宽44、厚14 门楣砖：长120、宽13、厚12 封门砖：长96、宽45、厚14	有木棺灰	1 仰身直肢 北向	陶无沿矮领罐甲BaⅣ（盖为AⅡ陶钵），甲BbⅡ，铜鏊，铜釜Ⅱ，铜盆B，铜盘、铜草叶纹镜，铜带钩Cb，铁剑，铅饰，漆器3	五期 八段	
M157	197°	Ⅳ竖穴墓道洞室空心砖墓。全墓由竖穴墓道、耳室及墓室组成。墓道位于墓室南端，窄于墓室。洞室呈长方形，直壁，平底，顶不明。墓室底横向铺9块空心砖；东壁北端侧置2块空心砖上下叠压，南部为耳室门。西壁侧置4块空心砖，上下叠放2层；北壁上下叠放2块空心砖；墓顶横铺12块方柱空心砖；墓门两边各竖立1块连柱空心砖为门柱，中间竖置2块空心砖封门。墓室东壁南部设一长方形空心砖筑耳室，耳室底和顶各铺4块空心砖，东、南、北三壁墓横置2块空心砖，上下叠放2层	墓道：未清理 耳室：宽112、深156、高不详，砖室宽108、深153、高108 洞室：长342、宽120、高不详 空心砖：长338、宽116、高114 空心砖：铺地砖长110、宽39、厚13，墓室和耳室壁砖分别长136、宽40、厚13，长140、宽40、厚13，长110、宽20、厚20、厚40，墓顶砖长110、宽111 封门：高94、宽111 门柱砖：长82、宽40、厚13 封门砖：长82、宽40、厚12	单木棺 220×（南65、北41）×4	1 仰身直肢	陶折沿高领折肩罐Bc，陶无沿矮领罐甲BcⅢ，陶釜甲AaⅠ，陶钵AⅡ，铜盆A，铜带钩Db	五期 七段	打破M158

续表

墓号	方向	墓葬结构		葬具（厘米）	人骨	随葬品（种类、数量）（数量为1者不标"1"字）	分期	备注
		墓葬形制	墓葬尺寸（厘米）					
M158	197°	Ⅳ竖穴墓道洞室空心砖墓。全墓由竖穴墓道、耳室、洞室组成。底呈由大于底，东、南、西三壁斜收，底呈斜坡状，位于墓室南端、底部较墓室略窄。洞室呈长方形，直壁、平底、弧顶。墓室西壁近门处设一近半圆形土洞耳室。墓室底部平铺9块空心砖为底砖上东、西两壁以4块空心砖分上下2层，每层2块空心砖竖立砌筑；前端各再竖立1块空心砖。西壁前部下层壁砖截断64厘米一段为耳室入口。北壁以2块空心砖上下竖立砌筑。盖顶及北壁空心砖平铺。砖室前端于地面横置1根空心砖立作门槛，两侧各竖立1块空心砖为门柱，2块空心砖并竖立作为封门。门柱空心砖为门柱，门柱上横置1根空心砖为门楣。一种为一排内填四叶纹的菱格纹和一排内饰实心四叶纹的菱格纹相间排列，砖边缘饰极粗绳纹。另一种为一排内填宽凹圆圈阳线四叶纹的菱格纹和一排内饰实心四叶纹的菱格纹相间排列	墓道：口残长262、宽110、底长240、宽80、深95、高40 耳室：宽120、深95、高40 洞室：长328、宽118、高163 空心砖：长326、宽116、高106 盖顶及北壁砖长110、宽36、厚12，东、西壁砖长136、宽40、厚13 封门：高110、宽114 门柱空心砖：长84、宽40、厚13 门槛、门楣砖：长110、宽14、厚14 封门空心砖：长84、宽40、厚13	单木棺 220×72	1 葬式不详	陶折沿高领圆肩罐乙Ⅰ、陶无沿矮领罐甲BbⅠ、甲BcⅡ式、陶盆BⅠ、铜釜Ⅰ	四期 六段	被M157打破

附表　双庙墓地墓葬登记表

续表

墓号	方向	墓葬结构		葬具（厘米）	人骨	随葬品（种类、数量）（数量为1者不标"1"字）	分期	备注
		墓葬形制	墓葬尺寸（厘米）					
M159	15°	Ⅲ竖穴墓道洞室空心砖墓。墓道位于墓室北端，呈长方形。洞室横铺9块空心砖，东、西两壁各侧置4块空心砖，上下叠放2层，不详。南壁被破坏，墓顶塌毁，不详。墓门竖置2块空心砖，西侧又竖立1块方柱空心砖	墓道：未清理 洞室空心砖室：残长349、宽124、高不详 空心砖室：残长346、宽121、高95 空心砖室：铺地砖长120、宽38、厚10，壁砖长150、宽43、厚12 砖长150、宽43、厚12 封门：高95、宽118 封门空心砖：长85、宽40、厚10，长85、宽30、厚10 方柱空心砖：长85、宽16、厚10	无	1 仰身直肢，北向	陶无沿矮领罐甲BaⅢ、甲BbⅠ、陶瓷甲AbⅠ、陶钵AⅡ2	五期七段	破坏严重
M160	12°	甲Ba竖穴土坑墓。长方形竖穴土坑，口大底小，四壁斜收，平底	墓口：长262、宽100 墓底：长240、宽90、深130	有棺灰	1 仰身直肢，北向	铜带钩Eb		
M161	190°	B竖穴墓道洞室小砖墓。墓道位于墓室南端，呈长方形。洞室南高北低，略窄于墓室。洞室呈长方形，直壁，平底，顶不明。墓底由小砖竖排对缝平铺。东、西两壁由小砖错缝平砌9层后由子母砖竖排对缝起券，共9节。北壁由小砖错缝侧砌9层。封门由小砖错缝平砌7层	墓道：长200、宽100、深120 墓室：洞室长306、宽138、高不详，砖墙高68、券顶高50 室长302、宽132、高118、砖墙高68 小砖：长36、宽13、厚7 子母砖：长34、宽15、厚6 铺地砖：长29、宽12、厚7 封门：残高50、宽120 封门砖：长28、宽11、厚7	无	1 不详	陶无沿矮领罐甲BaⅥ、铜五铢线西汉甲CⅣ2、另铜五铢线2残	八期十二段	结构不明
M162	5°	甲Bb竖穴土坑墓。长方形竖穴土坑，口略大于底，四壁略斜收，平底。底部四面有熟土二层台，二层台台面不规整	墓口：长282、宽180 二层台：东宽22、高40，南宽34、高40，西宽52、高40，北宽22、高40 墓底：长277、宽268、深170	单木棺222×94，高不详	1 不详	铜带钩Aa、漆器		破M167打破

续表

墓号	方向	墓葬结构		葬具（厘米）	人骨	随葬品（种类、数量）（数量为1者不标"1"字）	分期	备注
		墓葬形制	墓葬尺寸（厘米）					
M163	15°	A竖穴墓道洞室小砖墓。由墓道、耳室和墓室组成。墓道位于墓室北端，残余部分呈长方形，两壁竖直，平底，略孥于墓室。墓室西壁近门门处设一近方形土洞耳室。洞室长方形，直壁，平底，顶不明。墓室地面由长方小砖竖排对缝平铺，东、西、南三壁塌毁，均残，西壁10层，东壁不详。顶部结构不详。封门仅知为小砖平砌，砌法不详，层数	墓道：残长65、宽125、深122 耳室：宽30、深48、高30 墓室：洞室长348、宽128、高不详，砖室长344、宽124、残高77 小砖：长28、宽13、厚7 铺地砖：长28、宽13、厚7 封门砖：长28、宽12、厚7	单木棺 197×65	1 仰身直肢，南向	陶壶丙AbⅡ，陶小壶乙BbⅡ2，陶折沿高领圆肩罐甲AaⅦ，甲AcⅡ，铜五铢线西汉乙A2，另铜五铢线2残，铜环Ab2，铜铺首	八期 十二段	破坏严重
M164	15°	Ⅲ竖穴墓道洞室空心砖墓。全墓由竖穴墓道、耳室、墓室组成。墓道位于墓室北端，未清理。墓室西壁近门门处设一圆角长方形土洞耳室。墓室底铺9块横铺空心砖；东、西两壁各侧置4块空心砖，上下叠放2层；南壁置2块空心砖，墓顶塌毁；墓门竖置2块空心砖封门，两侧各1块连柱空心砖为门柱	墓道：未清理 耳室：宽104、深54、高不详 洞室：长324、宽125、高不详 空心砖室：长322、宽112、高90 空心砖：铺地砖长112、宽40、厚12，东、西壁砖长140、宽40、厚12，南壁砖长80、宽50、厚12 封门：高102、宽106 门柱砖：长90、宽32、厚10 封门砖：长90、宽43、厚12	不详	不详	陶折沿高领圆肩罐甲AaⅣ2（盖均为AⅡ陶钵），陶无沿矮领罐甲BaⅣ，铜釜Ⅱ，铜带钩Cb，铁熏，铁削	五期 八段	扰
M166	19°	甲Ba竖穴土坑墓。长方形竖穴土坑，口大底小，四壁斜收，平底	墓口：长270、宽190 墓底：长230、宽140、深365	无	1 仰身直肢，北向	铜镞2	五期 八段	破M165打破
M167	200°	Ⅱ竖穴墓道土洞墓。墓道位于洞室南端，与洞室等宽，未清理。洞室呈长方形，四壁竖直，弧顶，平底，底纵向一列平铺2块空心砖。洞室东壁有一长方形空心砖耳室	墓道：未清理 耳室：宽80、深36、高52 洞室：长270、宽80、高110 空心砖：长120、宽40、厚12	单木棺 194×60，高、厚不详	1 俯身直肢，北向	陶无沿矮领罐甲BaⅤ，甲BbⅢ，漆耳杯	五期 九段	打破M162

续表

墓号	方向	墓葬结构		葬具（厘米）	人骨	随葬品（种类、数量）（数量为1者不标"1"字）	分期	备注
		墓葬形制	墓葬尺寸（厘米）					
M168	12°	甲Ba竖穴土坑墓。长方形竖穴土坑，口略大于底，四壁略斜收，平底	墓口：长205、宽83 墓底：长200、宽76、深65	无	1 仰身直肢，北向	无		
M169	15°	甲Ba竖穴土坑墓。近等腰梯形竖穴土坑，口略大于底，四壁略斜收，平底。墓底北部有一长条方形头坑。头坑方形头坑，头坑弧壁、平底	墓口：长208、南宽80、北宽92 头坑：长74、宽26、深10 墓底：长200、宽70~80、深135	无	1 北向	铜带钩Cb、铜璜乙Aa4、乙Ab2、铜铃Ba2、Bb、骨环B、方形骨饰A5		
M170	15°	甲Ba竖穴土坑墓。长方形竖穴土坑，口略大于底，北、东、西三壁略斜收，平底。北壁有头龛，龛平面呈长方形，弧、后壁竖直	墓口：长260、宽144 头龛：宽82、高33、深30、龛底距墓底高100 墓底：长252、宽144、深140	有棺灰 200×（南68、北92）	1 仰身直肢，北向	陶盖豆A、陶壶甲AaⅡ、铜璜甲B、铜环Aa3、B、骨环A3、骨珠B3、蚌珠18	二期二段	
M171	190°	Ⅱ竖穴墓道土洞墓。墓道位于墓室南端，开口略大于底，底部与墓室同宽，呈长方形，四壁大于底，四壁略斜收，底长斜坡状，南高北低。墓室呈长方形，四壁竖直，墓顶不详，底与墓道底平	墓道：口长157、宽83~88、底长146、宽76~80、深206~210 墓室：长252、宽75	不详	1 葬式不详	陶无沿矮领罐甲BaⅣ、甲BcⅢ、乙BⅡ、铜带钩Cb	五期八段	
M172	10°	甲Ba竖穴土坑墓。长方形竖穴土坑，口大底小，四壁斜收较甚，平底	墓口：长400、宽300 墓底：长278、宽172、深385	有棺灰 200×（南100、北86）	1 腐朽不详	无		被M177打破

续表

墓号	方向	墓葬结构		葬具（厘米）	人骨	随葬品（种类、数量）（数量为1者不标"1"字）	分期	备注
		墓葬形制	墓葬尺寸（厘米）					
M173	184°	C型竖穴墓道洞室小砖墓。墓道位于墓室南端，且拐向西南方向，东、西两壁略有斜收，底部南高北低，顶不存，平底。墓室由南方向北方砖铺平铺，东、西两壁由子母砖铺平缝对缝平砌10层后由子母砖竖排立砌起券，共9节，北壁残存13层，封门由2块空心砖竖立且两侧以残砖错缝平砌11层而成	墓道：口长220、宽80、底长220、宽75、深190。墓室：洞室长396、宽160、高108、砖券顶残高75，券形。墓室372、宽154、高不详，砖平底，顶不存。子母砖：长38、宽16、厚6。铺地砖：边长30、厚7。封门砖：高98、宽40、厚12。封门砖：长91、宽40、厚12	不详		陶壶丙AaⅢ4、陶小壶甲BⅢ、甲CaⅡ3、陶折沿高领圆肩罐乙Ⅳ、陶器盖B、铜铭文镜Ab、骨片	七期十一段	
M174	9°	甲Ba型竖穴土坑墓。长方形竖穴土坑，口大底小，四壁斜收，平底	墓口：长198、宽64。墓底：长190、宽55、深45	无	1 仰身直肢，北向	无		
M175	192°	Ⅰ型竖穴墓道土洞墓。墓道位于墓室南端，开口略宽于墓室。底与墓室同宽，底壁斜坡状大于墓底，东、南、西三壁斜收，口大于底，南高北低。墓室呈长方形，四壁竖直，弧顶，平底。底铺方砖15块，其中14块分两列对缝平铺于墓室底，另有1块残平转45°铺于墓室北边。由几块残小砖封门，砌法凌乱，已残断塌毁	墓道：口长266、宽100、底长265、宽80，深146～160。墓室：长294、宽80、高100。铺地砖：边长30、残高44、宽90。封门：残长23、宽16、厚6。封门砖：残长23、宽16、厚6	单木棺 190×60	1 葬式不详	铜铭文镜Ab型、铜五铢钱西汉甲A、甲CⅢ		
M176	6°	甲Bb型竖穴土坑墓。长方形竖穴土坑，口大底小，东、西两壁斜收，平底。底部东、西三面设有生土二层台，二层台四壁略斜	墓口：长207、宽132。二层台：东宽21、高54、南宽12、高54、西宽20、高54。墓底：长190、宽60、深144	无	1 仰身直肢，北向	陶豆、陶天沿敛领罐甲AⅡ、铁片	四期六段	

续表

墓号	方向	墓葬结构		葬具（厘米）	人骨	随葬品（种类、数量）（数量为1者不标"1"字）	分期	备注
		墓葬形制	墓葬尺寸（厘米）					
M177	185°	Ⅲ竖穴墓道洞室空心砖墓。全墓由竖穴墓道、耳室、墓室组成。墓道位于墓室南端，未清理。墓室西壁近门处设一长方形土洞耳室，被现代墓打破。墓室底横铺9块空心砖；东、西两壁横置4块空心砖，上下叠放2层；北壁上下叠放2块空心砖，墓顶塌毁；墓门竖置2块空心砖封门，两边各竖置1块连柱空心砖为门柱，上横压1块方柱空心砖为门楣，下横压1块方柱空心砖为门槛	墓道：未清理 耳室：宽40、高40、残深21 墓室：长352、宽110、高120 洞室：长324、宽110、高92 空心砖：长102、宽34、厚12、空心砖底横铺长102、宽34、厚12。 壁砖长126、宽34、厚12 封门：高116、宽106 门槛砖：长102、宽18、厚12 门柱砖：长86、宽32、厚12 门楣砖：长106、宽18、厚12 封门砖：长86、宽40、厚12	无	不详	陶器盖Ca，铜五铢钱西汉甲A2，甲CⅢ，另铜五铢钱2残		盗。打破M172
M178	352°	甲Bb竖穴土坑墓。长方形竖穴土坑，口大底小，四壁斜收，平底。底部东、西部面设有生土二层台，二层台四壁竖直	墓口：长239、宽132 二层台：东宽12～28、高56，西宽12～28、高56 墓底：长180、宽47～60、深144	无	1 仰身直肢，北向	无		
M179	11°	B竖穴墓道洞室小砖墓。墓道呈长方形，口大底小，三壁斜收，底部平整，窄于墓室。洞室呈长方形，直壁，平底，顶不明。墓室地面由方砖对缝平铺，东、西两壁小砖错缝平砌9层后由子母砖竖排对缝起券，共12节，南壁由小砖错缝平砌16层，封门被破坏，残余10层，亦为小砖错缝平砌	墓道：口长284、宽96、底长252、宽70、深160 墓室：洞长382、宽152、高160、砖室长376、宽146、高132、砖墙高72、券顶高60 小砖：长28、宽13、厚7 子母砖：长28、宽14、厚8 铺地砖：边长30、厚7 封门：残高106、残宽108 封门砖：长28、宽12、厚7	不详	不详	陶折沿高领高肩圆罐甲AbⅣa，器盖Ca	六期十段	土洞，盗扰

续表

墓号	方向	墓葬结构		葬具（厘米）	人骨	随葬品（种类、数量）（数量为1者不标"1"字）	分期	备注
		墓葬形制	墓葬尺寸（厘米）					
M180	95°	甲Ab竖穴土坑墓。长方形竖穴土坑，四壁竖直，平底。底部四壁有生土二层台	墓口：长241、宽137；二层台：南宽22、北宽22、东宽14、西宽18、高74；墓底：长208、宽88、深154	有棺灰	1 仰身直肢，东向	铜璜乙Aa2、乙Ac、乙Ab、骨饰A		被M181打破
M181	8°	B竖穴墓道洞室小砖墓。墓道长方形，口大底小，三壁斜收，平底，底部低于墓室，位于墓室北端。洞室窄于墓室，呈长方形，直壁，平底，顶不明。墓室铺地砖有两种，南端由小砖横排错缝平铺2排，再竖排平铺1排，其余全为长方砖横排对缝平铺。东、西两壁竖排对缝起券，南壁由小砖错缝平砌10层后由子母砖竖排对缝平砌17层（6层以上散乱）而成。封门由子母砖错缝侧立3层。封门以上不详	墓道：口长204、宽95、底长197、宽83、深157；洞室：长405、宽144、高不详；砖室：长384、宽140、高122；砖墙：高68；券顶：高54；小砖：长28、宽14、厚6；子母砖：长30、宽14、厚6；铺地砖：长28、宽26、厚6，长30、宽14、厚6；封门：残高104、宽120厘米；封门砖：长28、宽14、厚6	有棺灰 220×70	不详	陶壶丙AaⅢ2、陶小壶乙BbⅡ2、陶折沿高领圆肩罐甲AcⅠ、铁剑Ⅱ、铁剑	七期十一段	打破M180
M182	190°	竖穴墓道土坑小砖券墓。墓道位于墓室南端，呈长方形，壁斜收，底部南高北低，且北端高于墓室底部。墓室为竖穴土坑，口大底小，墓壁斜收。墓底以小砖筑墓室，长方形，地面以小砖横排对缝平铺，东、西两壁由小砖错缝平砌11层后由子母砖排竖排起券，残余7节。北壁和封门均不存，结构不详	墓道：口长270、宽180、底长260、宽160、深190~200；洞室：口长390、宽250~270、底长370、宽230~250、深200；砖室：长356、宽172、高184；砖墙：高88；券顶：高76；墙砖：长40、宽12、厚6；子母砖：长44、宽14、厚7；铺地砖：长32、宽13、厚6	有少量棺灰	不详	陶灶，陶人俑A、B，陶器盖A、B，铜五铢钱西汉甲B34、甲CⅢ2、甲CⅣ2、铜五铢钱东汉甲AⅠ、甲AⅡ21、甲B2、甲CⅠ、甲CⅡ8、甲CⅣ2、乙A9，另铜五铢钱82残，铜货泉32残，铅五铢钱、铜环Ac，铜钉		盗扰严重

附表　双庙墓地墓葬登记表

续表

墓号	方向	墓葬结构		葬具（厘米）	人骨	随葬品（种类、数量）（数量为1者不标"1"字）	分期	备注
		墓葬形制	墓葬尺寸（厘米）					
M183	22°	甲Ba竖穴土坑墓。长条方形竖穴土坑，口大底小，四壁斜收，底部北高南低	墓口：长430、宽110~120 墓底：长416、宽90~109、深80~94	无	不明	陶合碗Ⅰ，陶壶甲BaⅠ，陶钵AⅠ	三期 三段	
M184	190°	甲Aa竖穴土坑墓。长条方形竖穴土坑，四壁竖直，平底	墓口：长300、宽70 墓底：长300、宽70、残深50	无	1 仰身直肢，南向	陶折沿高领折肩罐BaⅢ	五期 九段	打破M185
M185	5°	甲Ba竖穴土坑墓。长方形竖穴土坑，口大底小，四壁斜收，平底	墓口：长260、宽160 墓底：长225、宽134、深180	无	1 直肢	无		被M184打破
M186	2°	Ⅲ竖穴墓道土洞墓。墓道呈长方形，四壁竖直，平底，墓室北端，位于洞室北端，未清理。洞室呈长方形，直壁，平底，顶不明。墓室东壁近中部设一圆方形土洞耳室。有一梯形壁龛，多为碎砖，错缝平砌12层	墓道：口长300、底长300、宽100、深210 壁龛：宽24~40、高36、深34 洞室：长310、宽115~156、高不详 封门：宽97、宽107 封门砖：长46、宽17、厚14	双木棺，西棺215×76×30，东棺188×48×25	2 仰身直肢，南向	陶折沿高领圆肩罐甲AaⅦ，甲AbⅤ，残罐，铜洗A，铜货泉甲Ca4，甲Db13	八期 十二段	
M187	13°	Ⅳ竖穴墓道洞室空心砖墓。全墓由竖穴墓道、耳室、洞室组成。墓道位于墓室北端，未清理。耳室呈长方形，直壁，平底，顶不明。墓室东壁近中部设一圆方形土洞耳室。墓室底横铺9块空心砖；东、西两壁各侧置4块空心砖，上下叠放2层；南壁上下叠放2块空心砖；墓顶横铺空心砖为门柱，1块连柱空心砖为门柱，上横压1根长条空心砖为门楣，中间竖置2块空心砖	墓道：未清理 耳室：宽80、高40、深70 洞室：宽324、宽107、高138 空心砖室：长320、宽104、残高92 空心砖：铺地砖长102、宽36、厚12，东、西两壁砖长144、宽40、厚12厘米，南壁砖长102、宽40、厚10 封门：高120、宽106 门柱砖、封门砖：长86、宽40、厚10 门楣砖：长106、宽22、厚10	单木棺	不详	陶无沿矮领罐甲BaⅢ2、乙A，铜盆B2、铜钫Cb、铜环Ac6、铜带钩、铜残片、铁剑、石黛板（附研石）	五期 七段	

续表

墓号	方向	墓葬结构		葬具（厘米）	人骨	随葬品（种类、数量）（数量为1者不标"1"字）	分期	备注
		墓葬形制	墓葬尺寸（厘米）					
M188	12°	Ⅱ竖穴墓道土洞墓。全墓由竖穴墓道、耳室、墓室组成，墓道位于墓室北端。墓室西壁近门处有一半圆形土洞耳室。墓室呈长方形，四壁竖直，墓顶不详，平底，底与墓道平	墓道：未清理 耳室：宽90、高45、深50 墓室：长310、宽80、高150	单木棺190×50	1 直肢	陶折沿高领圆肩罐乙Ⅰ2，陶无沿矮领肩罐甲BcⅢ，陶瓮BⅠ	四期六段	
M189	15°	Ⅳ竖穴墓道洞室空心砖墓。墓道四壁竖直，平底，位于墓室北端，窄于墓室。洞室长方形、直壁，平底，顶不明。墓室底横铺8块空心砖；东、西两壁各侧置2块空心砖（墓室上半部破坏）；南壁被破坏，墓顶塌毁不详；墓门两边各竖置1块空心砖为门柱，中间竖置2块空心砖为门	墓道：口残长243、底长243、宽92、深100 洞室：长339、宽114、高不详 空心砖室：长337、宽110、残高54 空心砖：铺地砖长110、宽37、厚13，壁砖长134、残高85 封门：残长63、残宽53、残厚42、厚14	无	1 葬式不详	陶无沿矮领罐甲BaⅢ，甲BaⅣ，陶矮沿矮领罐甲AaⅡ，陶盆BⅡ，铜釜Ⅱ	五期八段	扰
M190	5°	Ⅲ竖穴墓道洞室空心砖墓。墓道略拐向东面，口大于墓底，四壁斜收，底呈斜坡状，位于墓室北端，略窄于墓室。墓室底横铺空心砖，仅剩7块，东、西两壁各侧置4块空心砖，上下叠放2层；南壁上下叠放2块空心砖；墓顶塌毁，不详；墓门竖置2块空心砖为封门，两边各竖柱空心砖连接为门柱，铺地砖前横置1块空心砖为门槛，砖为素面	墓道：口残长250、宽100、底长230、宽74、深140~110 洞室：长364、宽120、高不详 空心砖室：长362、宽116、残高92 空心砖：铺地砖长116、宽36、厚12，西壁砖长134、宽40、厚14 封门：高102、宽120 门槛砖：长120、宽18、厚12 门柱砖：长90、宽42、厚13 封门空心砖：长86、宽42、厚14	单木棺190×54	1 葬式不详	陶无沿矮领罐甲BbⅠ、甲BcⅢ	五期七段	扰
M191	12°	甲Bb竖穴土坑墓。梯形竖穴土坑，口大底小，四壁斜收，平底。底部四面有生土二层台，二层台四壁斜收	墓口：长250、北宽180、南宽160 二层台：东宽22、高75、南宽34、高75，西宽52、高75，北宽152、高75 墓底：长190、宽64、深170	无	1 侧身屈肢，北向	铜带钩Bb		

附表　双庙墓地墓葬登记表

续表

墓号	方向	墓葬结构		葬具（厘米）	人骨	随葬品（种类、数量）（数量为1者不标"1"字）	分期	备注
		墓葬形制	墓葬尺寸（厘米）					
M192	11°	甲Ab竖穴土坑墓。长条方形竖穴土坑，四壁竖直，平底。底部东、西两壁设有生土二层台，二层台两壁斜收	墓口：长230，宽124 二层台：东宽20、高60、西宽20、高60 墓底：长230、宽66、深100	无	1 仰身直肢，北向	铜带钩		
M193	15°	甲Aa竖穴土坑墓。长方形竖穴土坑，四壁竖直，平底	墓口：长176、北宽55、南宽50 墓底：长176、北宽55、南宽50、残深70	无	1 略侧身屈肢，北向	无		
M194	0°	Ⅰ竖穴墓道洞室空心砖墓。墓道口大于墓底，四壁斜收，平底，位于墓室北端，宽于墓室。墓室底向平铺9块空心砖，东、西两壁各侧立4块空心砖，上下叠放2层；南壁上下叠放2块空心砖；墓顶横铺8块空心砖；墓门两侧各竖置1根长条空心砖作为门柱；顶部横置1根长条空心砖作为门楣，中间竖置2块空心砖封门	墓道：口长320、宽220~253、底长284、宽220~224、深226 洞室：长326、宽145、高142 空心砖墓：长330、宽132、高110 空心砖：铺地砖长120、宽36、厚10、东、西壁砖长150、宽42、厚14、南壁砖长120、宽42、厚12 封门：高122、宽131 门柱空心砖：长88、宽22、厚13 门楣空心砖：长115、宽18、厚14 封门空心砖：长87、宽41、厚14	有棺灰	1 仰身直肢，南向	陶折沿高领圆肩罐甲AaⅤ（盖为AⅡ陶钵），另2陶罐残（其一盖为AⅡ陶钵），陶釜甲AaⅡ	五期九段	
M195	355°	甲Ba竖穴土坑墓。长方形竖穴土坑，口大底小，四壁斜收，平底。北壁设有一长方形矮龛	墓口：长322、宽220 壁龛：宽65、高40、深40 墓底：长260、宽184、深260	有棺灰 210×100	1 直肢稍屈，北向	陶鼎EbⅣ、陶盒合Ⅳ、陶匜AⅡ、陶盘AⅣ、陶折沿高领圆肩罐甲AⅡ、陶无沿矮领罐带钩Aa、铜甲BaⅠ、铜镞、蚌环	四期六段	

续表

墓号	方向	墓葬结构		葬具（厘米）	人骨	随葬品（种类、数量）（数量为1者不标"1"字）	分期	备注
		墓葬形制	墓葬尺寸（厘米）					
M196	185°	Ⅰ竖穴墓道土洞墓。墓道长方形，口略大于底，四壁略斜收，底呈斜坡状，南高北低。位于墓室南端，宽于墓室。墓室呈长方形，四壁微弧，弧顶，底呈斜坡状，南高北低，底与墓道底平	墓道：口残长244，宽136~165，底长237，宽131~160，深85 墓室：长202，宽108，高88	单木棺 194×64×2	1 仰身屈肢 北向	陶鼎EbⅣ，陶壶甲AdⅣ，陶盒甲AⅣ，陶匜AⅡ，铜印章	四期 六段	
M197	5°	甲Aa竖穴土坑墓。长方形竖穴土坑，口略大于底，四壁斜收，平底	墓口：长210，宽64 墓底：长206，宽60，深40	无	1 仰身直肢 北向	铜带钩Ab		
M198	12°	竖穴墓道土坑小砖券墓。由墓道、甬道和墓室组成。墓道呈长方形，口大底小，三壁斜收，底部北高南低，位于墓室北端。甬道平甬道顶于墓室。甬道和墓室底部均由小砖竖排错缝平铺。墓室东，西两壁由子母砖错缝平砌10层后由子母砖竖排对缝起券，共2节。墓室东，西两壁由子母砖错缝平砌13层后由子母砖竖排对缝起券，共10节。北壁子母砖错缝平砌18层，封门位于甬道口，子母砖错缝平砌残余15层。子母砖花纹有绳纹、菱形纹、三角纹三种。余为素面	墓道：口长320，宽180，底长310，宽151，深320 甬道：土圹长44，宽147，砖筑长96，宽100，高76 墓室：洞室长500，宽218，砖室长443，宽200，高150 砖墙：高76 券顶：高74 子母砖：长42，宽13，厚7 铺地砖：长50，宽16，厚7 封门：高133，宽132 封门砖：长45，宽13，厚7	不详	1 不详	陶折沿高领肩罐甲AaⅧ2，陶无沿矮领罐甲BaⅡ3，陶榷，陶仓AⅡ3，陶井甲AⅠ，陶模型甑，陶耳杯，陶熏，铜五铢钱东汉甲AⅠ2，甲AⅡ7，另铜五铁钱16残	九期 十三段	

附表　双庙墓地墓葬登记表 续表

墓号	方向	墓葬结构 墓葬形制	墓葬尺寸（厘米）	葬具（厘米）	人骨	随葬品（种类、数量）（数量为1者不标"1"字）	分期	备注
M199	190°	B竖穴墓道洞室小砖墓。墓道位于墓室南端，高北低，口大底小，壁斜收，呈长方形，底部南平铺，东、西两壁由小砖错缝对缝平铺，窄子墓室。洞室底部由小砖竖排平砌10层后由子母砖竖排对缝起券，共12节，北壁由小砖错缝侧砌7层，封门由小砖方形的土砖错缝平砌15层	墓道：口长250，宽106~113，底长230，宽90，深90~150 洞室：长364，宽124，高130 砖室：长351，宽120，高110 砖顶：高66 券顶：高44 小砖：长28，宽14，厚6 子母砖：长30，宽14，厚6 铺地砖：长28，宽14，厚6 封门：高90，宽95 封门砖：长28，宽14，厚6	单木棺 200×60，高度不详	1 仰身直肢 北向	陶壶丙AaⅣ2，陶折沿高领圆肩罐乙Ⅴ2，铜釜Ⅲ	八期十二段	
M200	189°	Ⅱ竖穴墓道土洞墓。由墓道、耳室、墓室组成。墓道位于墓室南端，呈长方形，口略大于墓室，四壁略斜收，平底，略宽于墓室。墓室呈长方形，四壁竖直，弧顶，平底。耳室东壁前壁设平面呈长方形的土洞耳室，耳室直壁，平底，平顶	墓道：口残长264，宽112，底长260，宽103，深130 耳室：宽80，深44，高60 墓室：长280，宽92，高90	单木棺	1 仰身直肢 北向	陶盒CaⅡ，陶壶乙AⅡ2，陶小壶甲CbⅠ2，陶匜B，陶无沿矮领罐甲BcⅣ，铜黄乙Ab	五期九段	
M201	5°	甲Ba竖穴土坑墓。长方形竖穴土坑，口大底小，四壁斜收，平底。北壁设有一长方形头龛	墓口：长310，宽240~242 头龛：宽88，高38，深48 墓底：长270，宽180~185，深200	棺200×70，榫变形严重	1 侧身屈肢 北向	陶鼎EbⅡ，陶盒DaⅡ，陶壶甲BaⅢ，陶盘，陶匜BⅠ，铁带钩C	三期四段	

续表

墓号	方向	墓葬结构		葬具（厘米）	人骨	随葬品（种类、数量）（数量为1者不标"1"字）	分期	备注
		墓葬形制	墓葬尺寸（厘米）					
M202	12°	C竖穴墓道洞室小砖墓。由墓道、甬道和墓室组成。墓道未发掘。甬道和墓室底部均由小砖横排对缝平铺而成。甬道位于墓室东北端。东、西两壁由子母砖错缝平砌9层，顶部结构不详。墓室东、西两壁由子母砖错缝平砌19层后由子母砖排竖对缝起券，残余7节。南壁由小砖错缝平砌，存20层。封门由子母砖错缝平砌，存12层，略向外孤出	甬道：洞室长114、宽143、高不详，砖室残长102、宽138、残高60 墓室：洞室长458、宽234、高不详，砖墙长453、宽227、残高162，砖墙高124，券顶残高44 小砖：长42、宽14、厚6 子母砖：长44、宽14、厚6 铺地砖：长42、宽14、厚6 封门：残高72、宽124 封门砖：长42、宽14、厚6	有棺灰	不详	陶无沿矮领罐甲BaⅦ、甲BbⅣ3、陶灶甲BaⅠ、陶井B、陶磨、陶猪、陶鸡圈、陶猪、陶狗、陶鸡A、B	九期十三段	扰
M203	10°	甲Ba竖穴土坑墓。长方形竖穴土坑，口大底小，四壁斜收，平底。"工"字形椁	墓口：长310、宽246 墓底：长300、宽240、深110	棺206×60×38，椁220×102×45	1 仰身直肢，北向	陶鼎EbⅢ、陶盒DaⅡ、陶壶甲BaIV、陶盘AⅢ、陶匜BⅡ、铜带钩Aa、Ab、Ba2、Bb、Bc、铜铃Aa、Aa2、ZAb4、ZAc5、玉环B、骨饰B	四期五段	
M204	10°	甲Bb竖穴土坑墓。长方形竖穴土坑。口大底小，四壁斜收，平底。底部东、西两面设有生土二层台，二层台四壁斜收	墓口：长278、南宽160、北宽170 二层台：东宽24、南宽80、西宽24、高80 墓底：长220、宽66~70、深200	无	1 仰身直肢，北向	蚌		
M205	190°	Ⅱ竖穴墓道土洞墓。墓道呈长方形，东、南、西三壁略显斜坡。底略低于墓底，位于墓室南端，墓室呈长方形，开口略宽于墓室。底部与墓室同宽。墓室顶不详，底平。壁竖直，平底，底与墓道底平	墓道：口残长242、宽80~84、底长238、宽74~78、残深102~208 墓室：长317、宽80、高100	有棺灰	1 葬式不详	无		

续表

墓号	方向	墓葬结构		葬具（厘米）	人骨	随葬品（种类、数量）（数量为1者不标"1"字）	分期	备注
		墓葬形制	墓葬尺寸（厘米）					
M206	185°	Ⅱ竖穴墓道土洞墓。由墓道、耳室及墓室组成。墓道呈长方形，口略大于底，底略呈斜坡状，南高北低。西三壁略斜收，与墓室南端。墓室呈长方形，位于墓室南端，与墓道等宽，顶不详，四壁壁直，平底。墓室四壁近门处有一近长方形耳室。耳室略呈横长方形，直壁、平底，顶不明	墓道：口残长250，宽86，底长248，宽82，残深90~202。耳室：宽122，进深40，高60。墓室：长320，宽80~88，高100	单木棺	不详	陶无沿矮领罐甲BaⅢ3、乙A、乙C，陶瓮BⅡ、陶盆C	五期七段	扰
M207	8°	Ⅰ竖穴墓道土洞墓。墓室呈长方形，口大于底，四壁斜收，北高南低，位于墓室北端。宽于墓室。墓室呈长方形，直壁（从上至下略斜收），宽于墓道，纵向呈斜坡状，北高南低，底与墓道底平	墓道：口长250，宽210，底长215，宽150~154，深210~238。墓室：长225，宽107，高151	单木棺	1 仰身直肢，北向	陶鼎EaⅡ、陶盒CaⅠ、陶壶甲AbⅡ、陶盘BaⅠ、陶匜BⅡ、陶卷沿矮领折肩圜底罐，铜铃Ab9、Bc6，铜璜甲A3、甲B5、甲C、乙ZAa11、ZAb27、乙Ac9、乙Ba4、乙Bb9、乙Bc13、乙Bd6，铁带钩Aa、石片B2、玛瑙环A，玛瑙珠B2、骨环B3、骨饰A4、蚌珠11、蚌环	三期四段	
M208	4°	甲Ba竖穴土坑墓。长方形竖穴土坑，口大底小，四壁斜收，平底。东壁有3个脚窝	墓口：长300，宽180。墓底：长240，宽154，深440	有棺灰 206×98	1 仰身直肢，北向	陶鼎EbⅡ、陶盒BbⅠ、陶高柄小壶甲AⅡ、陶匜BⅡ，铜带钩Bb	三期四段	

续表

墓号	方向	墓葬结构		葬具（厘米）	人骨	随葬品（种类、数量）（数量为1者不标"1"字）	分期	备注
		墓葬形制	墓葬尺寸（厘米）					
M209	10°	Ⅱ竖穴墓道土洞墓。墓道呈长方形，口大于底，壁斜收，底呈斜坡状，北高南低，位于洞室北端，与洞室等宽。洞室呈长方形，壁略斜收，顶不详，平底，底与墓道底平。以小砖封门，砌法杂乱，下部错缝平砌11层，其上再平砌2层，中间杂以4层平砌，最上层横向侧立1层	墓道：底长200、宽106~110、深270 洞室：长312、宽96、高不详 封门：高158、宽110 小砖：长37、宽14、厚8	单木棺 212×（北61、南68）×2、高不详	1 仰身直肢、南向	陶小壶乙BbⅡ，另1残，陶折沿高领圆肩罐甲AaⅦ2，铜五铢线西汉甲CⅣ3，铜大泉五十Aa、Ab17	八期 十二段	
M210	10°	C竖穴墓道洞洞室小砖墓。墓道不存。洞室呈长方形，直壁，平底，顶不详。墓底由长方砖竖排对缝平铺，东、西两壁由子母砖对缝起券，残余2平砌12层后由子母砖错缝平砌，封门不存。北壁由小砖错缝平砌11层，结构不详	洞室：长396、宽154、高142 砖室：长380、宽148、高92 砖墙：残高92 券顶：高不详 小砖：长30、宽14、厚7 子母砖：长38、宽15、厚7 铺地砖：长30、宽20、厚7	有棺灰	不明	陶壶丙AaⅠ，陶小壶乙BbⅠ	六期 十段	破坏严重
M211	4°	甲Ba竖穴土坑墓。长方形竖穴土坑，口大底小，四壁斜收，平底	墓口：长300、宽194 墓底：长270、宽174、深100	有椁（棺?）灰 218×106	1 仰身直肢、北向	陶鼎EbⅢ，陶盒DbⅠ，陶合碗Ⅲ，陶壶甲AdⅢ，陶盘AⅢ，陶匜，铜带钩Bb	四期 五段	

续表

墓号	方向	墓葬结构		葬具（厘米）	人骨	随葬品（种类、数量）（数量为1者不标"1"字）	分期	备注
		墓葬形制	墓葬尺寸（厘米）					
M212	185°	C竖穴墓道洞室小砖墓。洞室位于墓室南端，由墓道、甬道和墓室组成。墓道位于墓室南端，平面略呈靴形，两壁竖直，最南端有两级阶梯，底部近平，墓道与甬道等宽。洞室呈"凸"字形，平底，顶不明。洞室内修建砖室：墓室"凸"字形，由甬道和墓室组成，墓壁均由子母砖平铺直砌。甬道东、西两壁由子母砖错缝平砌10层后以子母砖竖排对缝起券，共4节。墓室东、西两壁以子母砖竖排对缝平砌12层后以子母砖竖排错缝平砌9节；北壁由子母砖错缝平砌24层。甬道和墓室铺地砖均由小砖竖排错缝平铺。甬道界处平置横铺一排小砖。甬道口（南端）有内外封门，内封门用小砖错缝平砌12层；外封门用小砖和子母砖混合错缝平砌19层。壁面向外敛出。少数子母砖花纹有斜方格纹和抹断菱形纹两种，余为素面	墓道：长256，宽112~146，深140~190阶梯：下层长130，宽50，高20，上层长146，宽16，高30 甬道：长124，宽128，高124 墓室长420，宽220，高不详，砖室长400，宽198，高192 砖墙：高102 券顶：高90 子母砖：长46，宽13，厚8 铺地砖：长40，宽14，厚8 封门：内封门高104，宽96，砖长38，宽13，厚7，外封门高158，宽109，砖长42，宽13，厚7	不详	高温釉陶壶，陶折沿高领圆肩陶罐甲AaⅧ2，甲AaⅨ，甲AbⅥ4，甲BⅡ，陶无沿矮领陶罐甲BaⅧ3，甲BbⅤ2，陶重沿罐，陶仓BⅢ2，陶灶BbⅡ，陶井AⅡ，铜五铢钱西汉甲B39，甲CⅡ3，甲AⅠ，甲AⅢ，甲CⅡ22，甲CⅢ4，乙B3，另铜五铢钱21残，铜大泉五十残，铜货泉6残，铜削，铜镞，琉璃珠	九期十三段，十期，十四段	扰
M213	15°	甲Ba竖穴土坑墓。长方形竖穴土坑，北端略窄，南端略宽，口大底小，四壁斜收，平底	墓口：长290，宽128~138 墓底：长280，宽123~128，深120	单木棺212×60×50，厚2	1 仰身直肢北向	陶无沿矮领罐甲BaⅦ、甲BcⅤ，陶双耳罐B，陶双鼻壶，汉甲B17，甲CⅡ，乙A2，铜五铢钱东汉甲B2，甲CⅡ2，另铜五铢钱9残	九期十三段	

续表

墓号	方向	墓葬结构 墓葬形制	墓葬尺寸（厘米）	葬具（厘米）	人骨	随葬品（种类、数量）（数量为1者不标"1"字）	分期	备注
M215	190°	Ⅲ竖穴墓道洞室空心砖墓。墓呈长方形，墓道呈斜坡状，位于墓室南端，四壁竖直，底略呈斜坡状，与墓室等宽。墓室底横铺9块空心砖，东、西两壁各侧置4块空心砖，上下叠放2层；北壁为无砖土壁；墓顶横铺12块方柱空心砖；墓门竖置2块空心砖为封门，两边各竖置1砖，墓顶柱空心砖，上横置1块方柱空心砖为门楣。空心门砖表面边缘一周饰宽带麻点纹，里面饰6排圆圈纹和6排水滴纹相间排列，底纹为斜方格纹。门柱砖侧棱饰两列水滴纹。其余砖为素面	墓道：口长255、宽125、底长240、宽80、深320 洞室：长338、宽116、高115 墓室空心砖：长338、宽116、高115 空心砖室：长116、宽38、厚14、铺地砖长116、宽22、厚14、壁砖长134、顶砖长116、宽22、厚14、宽40、厚14 封门：高116、宽120 门柱砖：长88、宽40、厚14 门楣砖：残长116、宽20、厚14 封门空心砖：长86、宽44、厚14	无	1 葬式不详	陶折沿高领圆肩罐甲AbⅣa、陶釜甲AbⅡ	六期 十段	
M216	195°	Ⅳ竖穴墓道洞室空心砖墓。墓道口略大于底，四壁略斜收，底略呈斜坡，位于墓室南端，窄于墓室。洞室呈长方形，平底、平顶。墓室底平横铺9块空心砖，东、西两壁各侧立4块空心砖，上下叠放2层；北壁上下叠放2块空心砖，仅剩6块；墓顶两边各竖置1块长条空心砖作为门柱，上横置2块空心砖作门楣，中间竖置2块空心砖封门。封门空心砖作为砖面为素面	墓道：口长278、宽86、底长250、宽60、深160～172 洞室：长324、宽118、高132 空心砖室：长320、宽110、高106 墓室空心砖：铺地砖长110、宽36、厚12，东、西壁砖长133、宽40、厚12，北壁砖长110、宽40、厚12 封门：高122、宽108 门柱砖：长88、宽35、厚12 门楣砖：长108、宽22、厚12 封门砖：长89、宽40、厚12	单木棺	不详	陶小壶甲BⅡ、陶折沿高领圆肩罐甲AaⅤ、陶无沿敛领圆肩罐甲BaⅣ、陶釜甲B、陶钵AⅢ、铜四虺纹镜A、铅杭、铁削2	五期 九段	

续表

墓号	方向	墓葬结构		葬具（厘米）	人骨	随葬品（种类、数量）（数量为1者不标"1"字）	分期	备注
		墓葬形制	墓葬尺寸（厘米）					
M217	195°	Ⅳ竖穴墓道洞室空心砖墓。墓道呈长方形，四壁竖直，平底，位于墓室南端，窄于墓室。洞室呈长方形，直壁，平底，顶不明。墓室底横铺9块空心砖；东、西两壁各侧置4块空心砖，上下叠放2层；北壁上下叠放2块空心砖；墓顶塌毁不详。上横置1根长条竖砖1块空心砖为门楣，中间竖置2块空心砖为门柱，中间竖置2块空心砖封门。砖为素面	墓道：口长276、宽90、底长276、宽60、深180 洞室：长335、宽112、高114 空心砖室：长334、宽108、高92 空心砖：铺地砖长108、宽32、厚12，北壁砖长98、宽40、厚12，东、西壁砖长130、宽110 封门：长84、宽42、厚12 门柱砖：长84、宽18、厚12 门楣砖：长104、宽40、厚12 封门空心砖：长84、宽40、厚8	无	1 葬式不详	陶无沿矮领罐甲BaⅤ，铜釜Ⅱ，另1件不明	五期九段	
M218	190°	Ⅳ竖穴墓道洞室空心砖墓。墓道呈长方形，四壁大于底，口略斜收，平底，位于墓室南端，窄于墓室。洞室呈长方形，直壁，平底，平顶。墓室底竖排对缝平铺4块空心砖；东、西、北三壁，墓顶不详；墓门竖置2块空心砖封门，两边各竖置1块连柱空心砖为门柱。砖为素面	墓道：口长246、底长246、宽84、深180 洞室：长310、宽146、高120 空心砖室：长291、宽108、高98 空心砖：铺地砖长131、宽42、厚12 封门：高98、宽108 门柱：长98、宽42、厚12 封门空心砖：残长53、宽40、厚12	单木棺	不详	陶壶甲Ae，陶无沿矮领罐甲BaⅣ，铜釜Ⅱ，铜带钩Cb，铜衔末，铁管、铁勺、铁削	五期八段	

续表

墓号	方向	墓葬结构		葬具（厘米）	人骨	随葬品（种类、数量）（数量为1者不标"1"字）	分期	备注
		墓葬形制	墓葬尺寸（厘米）一部分					
M219	190°	Ⅳ竖穴墓道洞室空心砖墓。墓道呈长方形，口略大于墓室，四壁略斜收，底呈斜坡状，位于墓室南端，直壁，平顶。窄干墓室，平顶。墓室西壁近门处设一长方形土洞耳室。墓室西壁各侧置4块空心砖，上下叠放2层；北壁上下叠置2块空心砖，上下叠放各层；墓门处竖置1块连柱空心砖为门柱，上横压1块空心砖为门楣，下横压1块方柱空心砖为门槛	墓道：仅清理一部分。洞室：长340、宽118、高116 洞室：长326、宽112、高113 空心砖室：洞室底横铺8块空心砖。空心砖室：铺地砖长136、宽36、厚14、东、西两壁砖长136、宽42、厚14、北壁砖长110、宽42、厚13、墓顶砖长108、宽34、厚14 封门：高90、宽102 门柱砖：长90、宽40、厚14 封门空心砖：残长84、宽40、厚14	无	不详	陶小壶甲A、陶无沿矮领罐甲BaⅢ、甲BbⅠ	五期七段	
M220	190°	Ⅲ竖穴墓道洞室空心砖墓。全墓由竖穴墓道、耳室、墓室组成。墓道呈长方形，口大干墓室，四壁斜收，底近平，位于墓室南端，窄干墓室。墓室西壁近门处设一长方形土洞耳室。墓室底铺12块空心砖；东壁砖上下叠放2层，上下叠放各4块空心砖；西壁北部上下叠放2块空心砖；南部为耳室门；南壁上下叠放2块空心砖；墓顶横铺15块空心砖；塞门入口处竖置2块空心砖封门，两边各竖置1块连柱空心砖，上横压1块长条空心砖；耳室入口处竖置1块连柱空心砖上横压1块空心砖，与墓门西侧连柱空心砖上横压1块空心砖为同一面	墓道：口长250、宽120~156、底长230、宽90~134、深350~357 耳室：宽92、高66、深71 洞室：长400、宽140、高134 空心砖室：长395、宽120、残高106 空心砖室：铺地砖长120、宽32、厚12、东、西壁北部砖长170、宽45、厚12、耳室入口处竖柱心砖长93、宽45、厚12、耳室门楣砖长150、宽20、厚12、南壁砖长118、宽46、厚12、墓顶砖长15 封门：高134、宽130 门柱砖：长93、宽54、厚12 门楣砖：长130、宽24、厚15 封门空心砖：长93、宽43、厚14	有棺灰	不详	陶无沿矮领罐甲BaⅣ、铜釜Ⅱ、铜铃、铜镜A、铜柿蒂叶饰、铁鼎、铁壶2	五期八段	

附表　双庙墓地墓葬登记表

墓号	方向	墓葬结构		葬具（厘米）	人骨	随葬品（种类、数量）（数量为1者不标"1"字）	分期	备注
		墓葬形制	墓葬尺寸（厘米）					
M221	193°	竖穴墓道土坑墓。竖穴墓道位于墓室南端，平面近长方形，四壁斜收，平底。墓室平面呈长方形，四壁斜收，平底，东、西、北三面设有生土二层台，二层台壁斜收，西壁二层台南端被挖去，用于放置随葬品	墓道：口长270，南宽100，北宽110，底长250，宽90，深200 墓室：口长330，宽190，底长296，宽72，深200 二层台：东宽42，高30，西宽41，高30，北宽10，高30	有棺灰	不详	陶折沿高领圆肩罐甲AaⅤ，陶无沿矮领罐甲BaⅢ	五期八段	
M222	192°	Ⅳ竖穴墓道洞室空心砖墓。墓道呈长方形，四壁竖直，底略呈方形，南端窄于墓室。洞室呈长条形，直壁，平顶。墓室底部低于墓道北端底部10厘米。洞室内修建空心砖室：墓室底呈横向平铺12块空心砖；东壁北段侧立置空心砖分2层上下叠压；南段为耳室的门结构；西壁上下侧立叠放2块空心砖，上下叠放2层；北壁上下侧立叠放6块空心砖。墓顶横向平铺13块空心砖。墓室前端两侧各竖立1块方柱空心砖为门柱，中间竖置一长方形空心砖为门楣，墓室东壁近门处设一长方形空心砖封门。墓室筑耳室，耳室底平铺5块空心砖，耳室各侧置4块空心砖，上下叠放2层，东西壁上下侧叠置2块空心砖，顶部的后部平铺5块空心砖，前部平铺2块方柱空心砖。耳室门的北侧竖置1块方柱空心砖，南侧竖置1块方柱空心砖较短的长条空心砖，两者上方横置1根方柱空心砖，由此构成耳室门。砖均为素面	墓道：口长310，宽100，底长310，宽100，深440～450 甲室门楣砖197，宽103，高120，砖室长195，宽103，高104 甲室铺地砖：长100，宽36，厚12 甲室壁砖：长126，宽40，厚12，长60，宽40，厚12，宽40，厚12 甲室顶砖：长102，厚12，长102，宽12，厚10 甲室门柱砖：长80，宽36，厚12，长64，宽20，厚12 耳室门楣砖：长120，宽14，厚12 洞室：长452，宽109，高105 空心砖室：长448，宽112，高120 墓室空心砖：铺地砖长108，宽36，厚12，西壁、东壁北段砖长122，宽40，厚12，北壁砖长108，宽40，厚12，顶砖长108，宽36，厚12 封门：高120，宽112 门柱楣砖：长94，宽48，厚12 门楣砖：长112，宽16，厚13 封门砖：长94，宽44，厚13	单木棺	不详	陶壶乙AⅡ3，残壶	五期九段	

续表

墓号	方向	墓葬结构		葬具（厘米）	人骨	随葬品（种类、数量）（数量为1者不标"1"字）	分期	备注
		墓葬形制	墓葬尺寸（厘米）					
M223	10°	甲Ba竖穴土坑墓。长方形竖穴土坑，口大底小，四壁斜收，平底	墓口：长300，宽220。墓底：长260，宽180，深240	棺194×56×20，椁230×104×60	1 仰身直肢，北向	无		
M224	8°	甲Bb竖穴土坑墓。长方形竖穴土坑，口大底小，四壁斜收，平底。底部东、南三面设有生土二层台，二层台为斜壁。北壁设有一近长方形头龛。头龛后壁弧，平顶	墓口：长256，宽140。头龛：宽44，高50，深40。二层台：东宽14，西宽13，南宽16，高90。墓底：长216，宽100，深150	有少量棺灰	1 仰身直肢，北向	陶壶甲BaⅠ，陶盆A 2，铁带钩	三期三段	
M225	10°	甲Ab竖穴土坑墓。长方形竖穴土坑，直壁，平底。底部东、西两面设有生土二层台，二层台直壁	墓口：长210，宽100。二层台：东宽15，西宽15，高50。墓底：长210，宽70，深150	无	1 腐朽不详	铜镜1，铜带钩1，铜黄24，玉器2，骨器2，骨环1，骨珠1，骨饰3，蚌器2		
M227	190°	A竖穴墓道洞室小砖墓。墓道呈长方形，三壁斜收，底部北低南高。洞室只残余土圹，土圹大于洞室底小。填土中有大量残砖及河卵石	墓道：口长290，宽110～112，底长270，宽90～113，深194，残高158。洞室：长410，宽158	无	无	无		
M228	0°	Ⅲ竖穴墓道土洞墓。墓道呈长方形，口大于底，壁斜收，平底。位于洞室北端，窄于洞室。洞室呈长方形，东、西壁略斜收，顶不详，平底，底与墓道底不平。洞室东壁近门处有一长方形土洞耳室。弧顶，弧壁，平底	墓道：口长270，宽110，宽160，深150。洞室：长274，宽160，高不明，宽110，高110。耳室：长160，宽110	无	无	无		扰，被M229打破
M229	180°	Ⅰ竖穴墓道土洞墓。墓道呈长方形，四壁斜收，平底。位于墓室南端，宽于墓室。墓室呈长方形，直壁，弧顶，平底，底高于墓室底	墓道：口长290，宽210，底长265，宽188，深310。墓室：长230，宽110，高122	无	1 屈肢，北向	陶鼎EbⅣ，陶盒AdⅣ，陶壶甲AdⅡ，陶器盖Cb，铜带钩Cb	四期六段	打破M228

续表

墓号	方向	墓葬结构		葬具（厘米）	人骨	随葬品（种类、数量）（数量为1者不标"1"字）	分期	备注
		墓葬形制	墓葬尺寸（厘米）					
M230	105°	甲Ba竖穴土坑墓。长方形竖穴土坑，口大底小，四壁斜收，东壁设有一长方形头龛	墓口：长260、宽200；头龛：宽72、高46、深22；墓底：长230、宽170、深200	无	1 仰身直肢东向	陶鼎EbIV、陶盒AII、陶壶甲AdIV、陶匜AII	四期六段	
M231	195°	I 竖穴墓道土洞墓。墓道呈长方形，口大于墓室南端，宽于墓室南端，斜壁，平底。墓室呈长方形，四壁斜收，底呈斜坡状，南高北低，位于墓室南端，宽于墓室，平顶，平底	墓道：口长250、宽162、底长234、宽140、深180~218；墓室：底长210、宽80~85、顶长230、宽120、高120	无	1 仰身直肢北向	陶鼎EcI、陶盒BbII、陶壶甲BaII、陶盘AIII2、AIV、陶匜	三期四段	
M232	11°	甲Ab竖穴土坑墓。长方形竖穴土坑，直壁，平底。底部东、西两面设有生土二层台，二层台为直壁	墓口：长240、宽160；二层台：东宽45、西宽40、高67；墓底：长236、宽74、深150	无	1 腐朽不详	无		被M236打破
M233	12°	甲Bb竖穴土坑墓。长方形竖穴土坑，口大底小，四壁略斜收，平底。底部四面有生土二层台	墓室：长210、宽148；枕木沟：长80、宽16、北深8、南深10；二层台：东宽30、南宽12、西宽32、北宽12、高77；墓底：长180、宽80、深220	无	1 腐朽不详	无		被M236打破
M234	190°	I 竖穴墓道土洞墓。墓道呈长方形，口大于底，四壁斜收，底略呈坡状，南高北低，位于洞室南端，宽于洞室。洞室四面，直壁从下住上外扩，孤顶，平底，底高于墓道底	墓道：口长245、宽155、底长230、宽140、深208~218；洞室：底长210、宽80、顶长220、宽92、高100	无	1 仰身直肢北向	陶鼎EbIII、陶盒DaII、陶壶甲Bb、铜铃甲约Cb、铜带钩A、玛瑙环、蚌珠	四期五段	
M235	0°	甲Ba竖穴土坑墓。近长方形竖穴土坑，北宽南窄，口大底小，四壁斜收，平底	墓口：长208、宽66~76；墓底：长202、宽58~70、深90	无	1 仰身屈肢北向	无		

续表

墓号	方向	墓葬结构		人骨	随葬品（种类、数量）（数量为1者不标"1"字）	分期	备注
		墓葬形制	墓葬尺寸（厘米） / 葬具（厘米）				
M236	187°	竖穴墓道洞室小砖与空心砖合筑墓。由墓道、墓室和耳室组成。墓道位于墓室南端，窄于墓室，呈长方形，壁竖直，平底，弧顶，洞室内修建砖室。墓壁以小砖错缝平铺直砌，东、西两壁由小砖错缝平砌10层后由小砖竖排对缝起券，节数不详；北壁结构不明。墓底用长方形砖竖排对缝平铺。墓室东壁近门处设有一长方形空心砖筑耳室，南、北两壁各立砌2层共4块空心砖，东壁由2块空心砖侧立垒叠而成，顶部不详（似无顶），耳室地面无铺地砖。耳室与墓室交接处顶部横置1块长条空心砖作为门楣。墓门上方横置1块长条花纹砖作为门楣，其下由3块空心砖并列竖立为封门。门楣砖有花纹：中间为九个菱形横列，每个菱形中央有一圆圈，菱形两侧小砖波纹，其余是短斜纹。其余砖为素面	墓道：长230，宽90，深260 耳室：洞室宽122，高96，深302，砖室宽120，残高80，深300 耳室门楣砖：长120，宽12，厚10 空心砖：南、北壁砖长148，宽38，厚12，东壁砖长102，宽38，厚14 墓室：洞室长446，宽142，高146，砖室长442，宽143，残高78，小砖长28，宽14，厚8 铺地砖：长38，宽23，厚7 封门：高149，宽116 门楣砖：长116，宽16，厚12 封门小砖：长32，宽14，厚7 封门砖：长103，宽32，厚12 / 有棺灰	不详	陶壶乙AⅢ4，陶小壶乙BbⅡ4，铜釜Ⅱ2	六期十段	打破M232、M233
M237	15°	A竖穴墓道洞室小砖墓。墓道和墓顶不存。墓室东壁近门处设一长方形土洞耳室，耳室与墓室结合处顶部由2块小砖搭成"人"字形。墓室有铺地砖，情况不详，东、西、南三壁由小砖错缝平砌9层而成，封门亦为小砖，仅余3层，砌法不详，向外弧出。封门砖为素面	耳室：宽48，高55，深24 墓室长334，宽125，残高70 砖墙：长328，宽121，残高64 砖墙：残高64 小砖：长40，宽14，厚7 封门：残高22，宽102 封门砖：长40，宽14，厚7 / 有棺灰	1 直肢 北向	陶壶丙AaⅡ2，陶小壶乙BbⅡ2，铜釜Ⅲ，铜五铢钱西汉甲A，甲CⅣ6，石黛板（附研石）	六期十段	破坏严重

续表

墓号	方向	墓葬结构		葬具（厘米）	人骨	随葬品（种类、数量）（数量为1者不标"1"字）	分期	备注
		墓葬形制	墓葬尺寸（厘米）					
M238	5°	竖穴墓道结合阶梯洞室小砖墓。由阶梯墓道、竖穴墓道、甬道和墓室组成。阶梯墓道位于竖穴墓道北端，平面呈近长方形，口大底小，窄干竖穴墓道，共存7级台阶。竖穴墓道北接阶梯墓道，南接甬道，长方形，口大底小，南宽北窄。窄干墓室，东、西两壁仅余1层小砖平铺，未见铺地砖。墓室呈长方形，无铺地砖，东、西两壁残余7层，南壁残余1层小砖，封门位于甬道北端，由小砖错缝平砌22层而成	阶梯墓道：口长210，宽45~60，底长202，宽39~54，深30~270 竖穴墓道：口长256，宽102~120，底长250，宽94~100，深270~280 甬道：洞室长74，宽152，高不详，砖结构残长46，宽148，残高66 墓室：洞室长376，宽220，高不详，墓室长368，宽212，残高70 小砖：长47，宽15，厚8 封门：高185，宽100 封门砖：长35，宽15，厚7	不详	不详			
M239	200°	A竖穴墓道洞室小砖墓。墓道口略大于底，东、南、西三壁略斜收，平底，窄干墓室南端，位于墓室南端，直壁，平底，顶不明。墓室呈长方形，洞室呈长方形，直壁，从下往上外张，顶不详，墓顶被铲掉，不详，北壁小砖错缝平砌9层，小砖错缝平砌7层。砖为素面	墓道：口长230，宽85~100，底长226，宽77~94 洞室：长378，最宽149，高150 砖室：长358，最宽143，残高74 砖墙：残高74 小砖：长40，宽10，厚6 封门：高60，宽115 封门砖：长25，宽10，厚7	有棺灰	1 直肢	陶壶丙AaⅡ，丙AbⅠ	七期十一段	扰，打破M240
M240	200°	Ⅲ竖穴墓道土洞墓。墓道长方形，口略大于底，东、南、西三壁略斜收，北壁不明，底近平。位于墓室南端，窄干墓室，直壁，从下往上外张，顶不详，平底，底与墓道底平	墓道：口长240，宽100，底长230，宽80，深160 墓室：底长350，宽100，顶长356，宽120	不详	不详	陶折沿高领圆肩罐甲AaⅥ，陶双耳罐A，陶仓aⅠ3	七期十一段	被M239打破
M241	10°	甲Ba竖穴土坑墓。长方形竖穴土坑，口大底小，四壁斜收，平底	墓口：长240，宽110 墓底：长230，宽90，深120	无	不详	无		

续表

墓号	方向	墓葬结构		葬具（厘米）	人骨	随葬品（种类、数量）（数量为1者不标"1"字）	分期	备注
		墓葬形制	墓葬尺寸（厘米）					
M242	10°	甲Bb竖穴土坑墓。长方形竖穴土坑，口大底小，四壁斜收，平底。底部四面有生土二层台，二层台四壁斜收	墓口：长210，宽110 二层台：东宽11，高60，南宽7，高60，西宽8，高60，北宽8，高60 墓底：长178，宽57，深140	无	1 腐朽不详	铜带钩		
M243	170°	B竖穴墓道洞室小砖墓。由竖穴墓道、耳室和墓室组成。墓道呈长方形，口大底小，壁略斜收，底部平整，位于墓室南端，窄于墓室。墓室西壁近门处设一长方形砖砌耳室。耳室无铺地砖，南、北两壁由小砖错缝平砌5层后由子母砖竖排对缝起券，共3节，西壁由小砖错缝平砌11层而成。墓室底部由方砖对缝斜铺，东、西两壁由小砖错缝平砌12层后由子母砖竖排对缝起券，共11节，北壁由小砖错缝平砌19层。封门由小砖错缝平砌存16层。砖均为素面	墓道：口长230，宽106，底长215，宽96，深106 耳室：洞室宽124，高100，深126，砖室宽118，高85，深124，砖墙高40，券顶高45 墓室：洞室长408，宽170，高176，砖室长380，宽138，高172，砖墙高106，券顶高66 小砖：长35，宽15，厚7 子母砖：长38，宽13，厚7 铺地砖：边长30，厚7 封门：高113，宽102 封门砖：长42，宽14，厚8	有棺灰	不详	陶壶丙AaⅠ、丙AaⅡ，陶小壶乙BbⅠ，铜博局四神镜B	六期十段	破坏严重
M244	175°	A竖穴墓道洞室小砖墓。竖穴墓道位于墓室南部，呈长方形，口大底小，底部斜收，底部南高北低，直壁，平底，顶不明。墓室底部由方砖对缝平铺，东、西、北三壁均由小砖错缝侧砌，残存4层，封门2层，上部不存。内门由小砖错缝平砌3层后再侧砌2层，上部不存，外门由小砖错缝平砌，残存7层，向外弧出	墓道：口长210，宽120，底长205，宽100，深100~110 墓室：洞室长340，宽123，高153，砖室长330，宽118，残高76 小砖：长45，宽15，厚8 铺地砖：边长32，厚8 封门：残高66，宽124 封门砖：长30，宽14，厚8	有棺灰	1 仰身直肢，北向	陶壶丙AbⅡ，陶折沿高领圆肩罐甲AaⅦ，陶无沿矮领罐甲BaⅤ2，甲BcⅤ，铜铭文镜Ab	七期十一段	

附表　双庙墓地墓葬登记表

续表

墓号	方向	墓葬结构		葬具（厘米）	人骨	随葬品（种类、数量）（数量为1者不标"1"字）	分期	备注
		墓葬形制	墓葬尺寸（厘米）					
M245	190°	A竖穴墓道洞室小砖墓。由竖穴墓道、耳室和墓室组成。墓道呈长方形，口大底小，壁略斜收，底部平整，位于墓室南端。耳室，洞室呈长方形，窄于墓室，直壁，平底，弧顶。墓室呈长方形。墓西壁近门处设一长方形土洞耳室。墓底由方砖对缝平铺，东、西两壁由小砖错缝起券，10层后由小砖错缝平砌16层。封门不存，残余2节，北壁由小砖错缝平砌。砖皆为素面	墓道：口长230、宽100、底长224、宽90、深200 耳室：宽66、高50、深60 墓室长360、洞室长150、高142、砖室长348、宽142、高130 砖墙：高76 券顶：高54 小砖：长32、宽14、厚6 铺地砖：边长33、厚4	有棺灰	不详	陶壶丙AaⅡ2，陶小壶乙BbⅡ2，铜铭文镜Aa，铜五铢钱西汉甲CⅢ2，甲CⅣ2	六期十段	
M246	7°	A竖穴墓道洞室小砖墓。墓道呈长方形，口大底小，三壁斜收，平底，底部西壁设有生土二层台，使得墓道底部窄于墓室。洞室呈长方形，平底、直壁、弧顶，无铺地砖，仅东、西两壁残余5～6层小砖，小砖为错缝平砌	墓道：口长250、底长235、宽102、深212 二层台：宽26、高148 洞室：长330、宽130、高155 砖墙：残高47 小砖：长36、宽14、厚7	不详	不详	铜钱2		扰
M247	9°	甲Bb竖穴土坑墓。长方形竖穴土坑，口大底小，四壁斜收，平底，底部东、西两面设有生土二层台，二层台两壁斜收	墓口：长320、宽200 二层台：东宽20～26、高20、西宽12～16、高20 墓底：长240、宽90、深200	无	1 仰身直肢北向	陶鼎EbⅢ，陶盒丙Ⅲ，陶壶甲AdⅢ，陶盘BaⅡ，陶匜BⅡ，铁带钩Ab	四期五段	

续表

墓号	方向	墓葬结构		葬具（厘米）	人骨	随葬品（种类、数量）（数量为1者不标"1"字）	分期	备注
		墓葬形制	墓葬尺寸（厘米）					
M248	185°	A竖穴墓道洞室小砖墓。由竖穴墓道、耳室和墓室组成。墓道呈长方形，口大底小，壁略斜收，底部平整，高于墓室。脊子墓室，墓室西侧壁近门处设一长方形土洞耳室，耳室洞顶部与墓壁接合处由2块小砖形成"人"字形支撑。墓室地面由方砖对缝平铺。东、西两壁由小砖错缝平砌12层后由小砖竖排对缝错缝起券，北壁由小砖错缝平砌13层，其上由小砖错缝侧砌2层而成。封门中间残余1块空心砖竖立，两侧小砖单排顺砌（西存10层，东存11层）而成。空心砖有纹饰但不详，其余砖为素面	墓道：口长230、宽100、底长220、宽90、深200 耳室：宽54、高50、深46 墓室：墓室长410、宽166、高146、砖长406、宽160、高140 砖墙：高97 券顶：高44 小砖：长38、宽16、厚7 铺地砖：边长32、厚7 封门：残长88、宽122 空心砖：长85、宽42、厚11 小砖：长36、宽18、厚7	有棺灰	不详	陶壶乙AⅢ2，陶小壶乙BbⅡ2，陶折沿高领圆肩罐乙Ⅲ	六期十段	
M249	5°	甲Ab竖穴土坑墓。长方形竖土坑。平底。底部四周有生土二层台，二层台为斜壁	墓口：长220、宽180 二层台：高42、东宽16、南宽16、高80，西宽46、高80，北宽17、高80 墓底：长180、宽70、深160	无	1 仰身直肢，北向	铜带钩Ba		
M250	184°	C竖穴墓道洞室小砖墓。全墓由竖穴墓道、耳室、墓室组成。墓道口大底小，三壁略有斜收，底部高于墓室底部，北低南高，略窄于墓室。耳室为墓室东壁中偏南端，耳室为长方形土洞耳室，洞室南侧设一长方形土洞耳室，砖室长378、宽140～146、高不详。洞室已毁，顶部不明。墓室地呈长方形、直壁、平底、顶不存。东、西两壁西壁不存，情况不详，仅余6层，顶部不详，其上情况不详。封门北壁由小砖平砌1层，中间竖立2块空心砖，两侧立2根门柱。砖面均为素面	墓道：口长255、宽111、底长244、宽96、深80 耳室：长76、宽32、高不详 墓室：洞长378、宽140～146、高不详，砖室长378、宽140～146、厚7 铺地砖：边长30、厚7 小砖：长40、宽13、厚7 子母砖：长44、宽56、厚12 封门砖：残长98、宽42、厚7 柱砖：残长98、宽28、厚14	无	不详	陶壶丙AaⅢ2，陶小壶乙BbⅡ2，铜釜Ⅱ，铁剑	七期十一段	扰

附表　双庙墓地墓葬登记表　·343·

续表

墓号	方向	墓葬结构		葬具（厘米）	人骨	随葬品（种类、数量）（数量为1者不标"1"字）	分期	备注
		墓葬形制	墓葬尺寸（厘米）					
M251	5°	甲Bb竖穴土坑墓。长方形竖穴土坑，口大底小，四壁斜收，底部东、西两面设有生土二层台，二层台两壁斜收	墓口：长250，宽160二层台：东宽25，高80，西宽24，高80墓底：长220，宽67，深230	无	1仰身直肢北向	无		
M252	285°	甲Bb竖穴土坑墓。长方形竖穴土坑，口大底小，四壁斜收，底部四面有生土二层台，二层台为斜壁。西壁二层台之上设有一长方形头龛，头龛孤顶	墓口：长290，宽204头龛：宽44，高44，深41二层台：东宽6，高90，南宽26，高90，西宽28，高90，北宽90，宽90墓底：长220，宽90	无	1仰身直肢西向	陶壶甲BaⅠ，陶钵Ba	三期三段	
M253	184°	Ⅰ竖穴墓道土洞墓。墓道呈长方形，四壁斜收，平底，位于洞室南端，宽于洞室。洞室呈长方形，东、西两壁外张，北壁内收，顶近平，平底，底与墓道底平。洞室北壁上部有一平面呈方形的头龛。头龛直壁，平底，平顶	墓道：口长240，宽178，底长220，宽140，深160洞室：底长215，宽104，顶长220，宽80，高82头龛：宽26，深30，高17	无	1仰身直肢北向	陶合碗Ⅱ，陶无沿矮领罐甲BaⅠ	三期四段	

后 记

双庙墓地的考古发掘，是在河南省文物考古研究院曹桂岑为领队、黄克映为执行领队主持下进行的。发掘工作得到时任河南省文物考古研究所所长郝本性的关怀，登封县文物保管所，告成镇、双庙村有关领导和群众也给予了大力支持，在此我们表示衷心感谢！

参加考古发掘的工作人员有安利、邓殿章、马全、申战德、徐英、杨文胜、朱如田、朱树玉等。1991年夏季暑假期间，郑州大学考古专业李锋老师带队，学生崔本信、刘晓东、刘占峰、寇川参加了部分墓葬的清理工作。

双庙墓地的资料整理工作由黄克映、徐承泰主持，从2012年开始，至2015年结束。先后参加整理的有河南省文物考古研究院朱树武、申战德、孙全平、朱树政，武汉大学历史学院考古系硕士研究生贾立宝、王少伟、赵路花、谢晓庆，其中赵路花、谢晓庆承担了报告线图及照片的排版工作。

双庙墓地考古发掘报告的编写，由河南省文物考古研究院、武汉大学历史学院考古系共同完成，报告编写由徐承泰、黄克映主持，具体分工如下：第一章、后记，黄克映；第二章，黄克映、朱树政；第三章，徐承泰、黄克映；第四章、第五章，徐承泰。报告的器物线图由朱树武绘制，墓葬遗迹图由李小丽绘制，拓片由朱树武、申战德共同完成，照片由黄克映、聂凡拍摄。

彩版一

1. Ea型Ⅱ式鼎（M207:3）

2. Ec型Ⅱ式鼎（M86:1）

3. A型Ⅱ式盒（M195:3）

4. A型Ⅱ式盒（M229:4）

5. Da型Ⅱ式盒（M32:3）

6. Da型Ⅱ式盒（M82:2）

双庙墓地出土陶鼎、盒

彩版二

1. Db型Ⅱ式盒（M86∶2）

2. Ⅱ式合碗（M61∶2）

3. Ⅲ式合碗（M150∶2、M150∶3）

4. 乙类Bb型Ⅱ式小壶（M236∶7）

5. 釉陶壶（M3∶3）

双庙墓地出土陶器

1. Aa型Ⅰ式（M104:1）

2. Ad型Ⅱ式（M127:2）

3. Ba型Ⅰ式（M141:3）

4. Ba型Ⅰ式（M252:1）

双庙墓地出土甲类陶壶

彩版四

1. Ba型Ⅰ式折沿高领折肩罐（M84:1）

2. Ba型Ⅱ式折沿高领折肩罐（M79:2）

3. 卷沿矮领折肩圜底罐（M28:4）

4. 卷沿矮领折肩圜底罐（M207:1）

5. 乙类Ⅰ式釜（M89:6）

双庙墓地出土陶罐、釜

1. 高温釉陶壶（M112：6）

2. 高温釉陶壶（M212：5）

3. 陶钫（M86：4）

双庙墓地出土高温釉陶壶、陶钫

彩版六

1. 鍺镂（M187∶9）

2. 鍪（M156∶4）

3. Ⅱ式釜（M189∶3）

4. Ⅱ式釜（M220∶5）

5. Ⅲ式釜（M22∶4）

6. Ⅲ式釜（M199∶3）

双庙墓地出土铜器

彩版七

1. 銷（M220∶4）

2. B型洗（M50∶16）

3. A型盆（M157∶2）

4. B型盆（M133∶2）

5. B型盆（M187∶5）

6. 盘（M156∶9）

双庙墓地出土铜器

彩版八

1. 勺（M133∶1）

2. Ba型带钩（M28∶9）

3. Ab型带钩（M197∶1）

4. Aa型带钩（M128∶4）

5. Bb型带钩（M55∶1）

6. Bb型带钩（M211∶4）

7. Cb型带钩（M149∶9）

8. Cb型带钩（M229∶6）

双庙墓地出土铜勺、带钩

彩版九

1. Da型带钩（M151：1）

2. Db型带钩（M87：1）

3. Ea型带钩（M30：3）

4. Eb型带钩（M160：1）

5. Dc型带钩（M63：2）

6. Dc型带钩（M101：1）

7. 顶针（M26：2）

8. 铺首（M10：11）

双庙墓地出土铜器

彩版一〇

1. B型环（M170∶4）

2. Ab型铃（M207∶16-8）

3. Bb型铃（M203∶9-3）

4. Bc型铃（M149∶2-2）

5. Ab型铃（M207∶16-14）

6. Aa型铃（M203∶2-1）

双庙墓地出土铜环、铃

1. Bc型铃（M207∶16-1）

2. Bc型铃（M207∶16-4）

3. 乙类Aa型璜（M207∶17-5）

4. 乙类Aa型璜（M203∶8-2）

5. 乙类Ab型璜（M207∶17-6）

6. 乙类Ac型璜（M207∶17-9）

7. 乙类Ac型璜（M87∶4-2）

8. 乙类Ac型璜（M207∶17-10）

双庙墓地出土铜铃、璜

彩版一二

1. 乙类Ba型璜（M207：17-12）

2. 乙类Bb型璜（M207：17-17）

3. 乙类Bc型璜（M207：17-16）

4. 乙类Bd型璜（M207：17-14）

5. 甲类A型璜（M207：17-1）

6. 甲类B型璜（M207：17-2）

7. 甲类B型璜（M207：17-3）

8. 衡末（M218：1-1）

双庙墓地出土铜璜、衡末

彩版一三

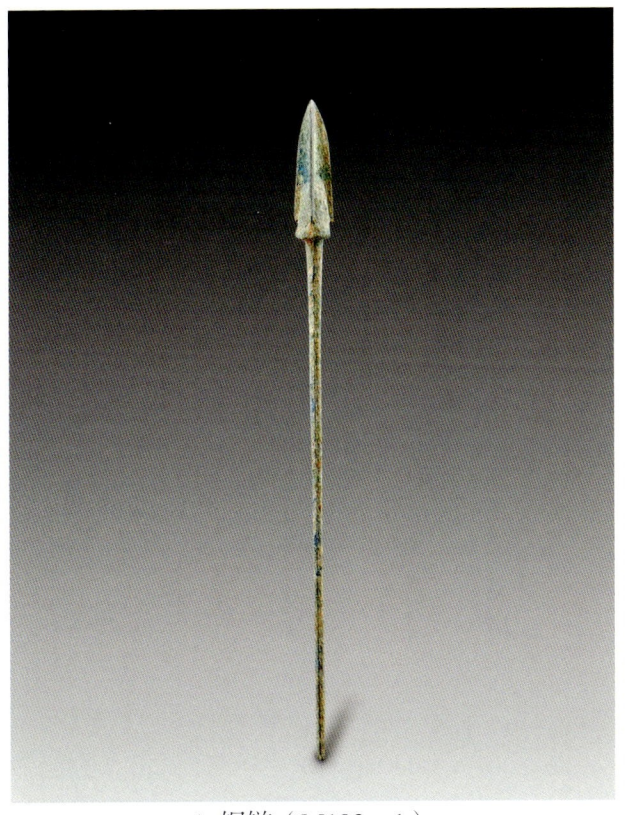

1. 铜镞（M103∶1）

2. 铜管（M218∶1-2）

3. A型铜鐏（M133∶4）

4. B型铜鐏（M140∶1）

5. 铁鍪（M49∶7）

6. 铁熏（M164∶4）

双庙墓地出土器物

彩版一四

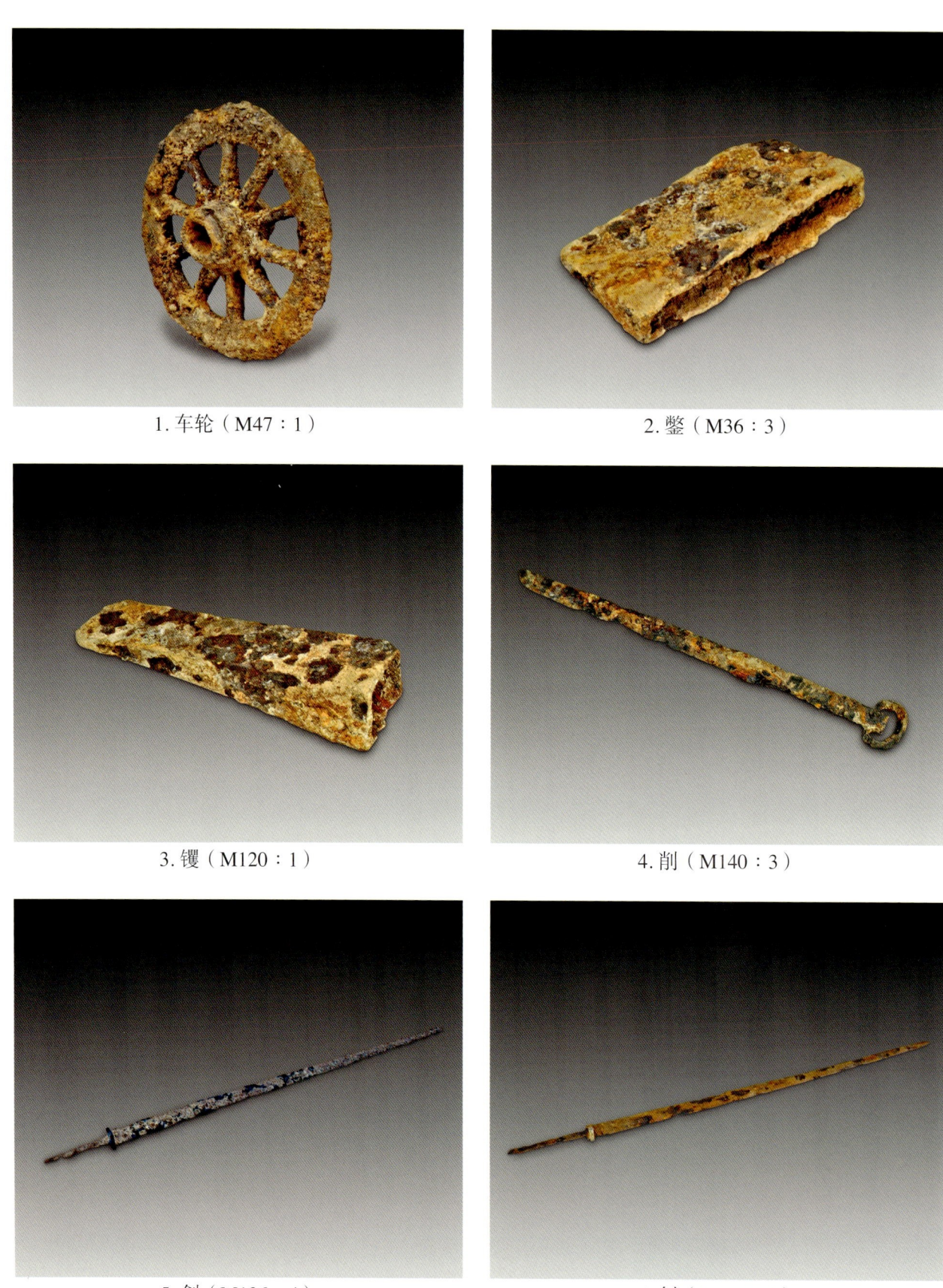

1. 车轮（M47:1）　　2. 錾（M36:3）
3. 镢（M120:1）　　4. 削（M140:3）
5. 剑（M136:4）　　6. 剑（M187:4）

双庙墓地出土铁器

彩版一五

1. Aa型铁带钩（M130∶1）

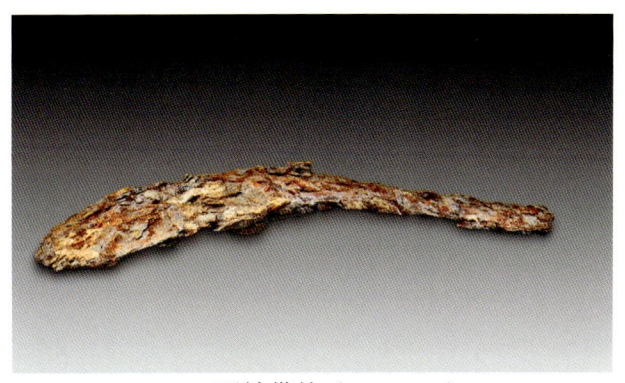
2. Ac型铁带钩（M31∶4）

3. B型铁带钩（M122∶2）

4. 铅梳（M216∶10）

5. A型玉环（M207∶11）

6. 琉璃塞（M23∶6-1）

7. 琉璃珠（M212∶26）

8. 玛瑙珠（M207∶10）

双庙墓地出土器物

彩版一六

1. B 型玉环（M139∶6）

2. A 型玛瑙环（M234∶1）

3. A 型玉环（M139∶1）

4. A 型玉环（M149∶1）

5. B 型玛瑙环（M76∶1）

6. 石砚（M140∶8）

双庙墓地出土器物

彩版一七

1. 琉璃耳珰（M105：8）

2. 骨玲（M23：5）

3. A型骨珠（M207：12-1）

双庙墓地出土器物

彩版一八

1. 草叶纹镜（M156∶1）

2. Aa型铭文镜（M48∶7）

3. Ab型铭文镜（M175∶2）

4. Ba型铭文镜（M12∶2）

5. A型博局四神镜（M112∶2）

6. B型博局四神镜（M243∶1）

双庙墓地出土铜镜

图版一

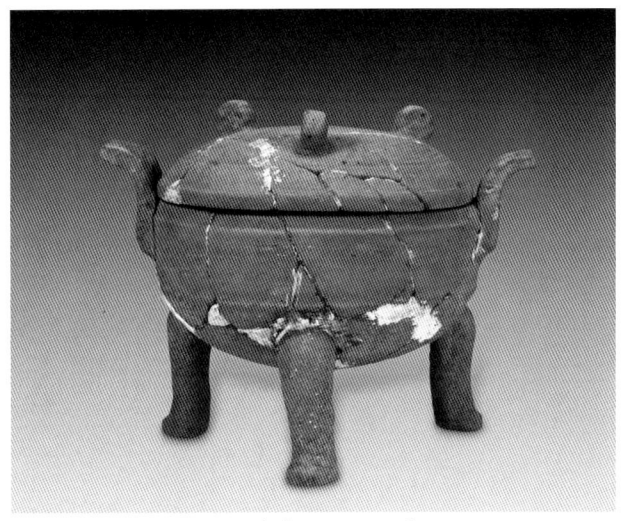

1. A型（M104∶2）

2. B型（M93∶3）

3. Ca型（M37∶1）

4. D型（M59∶1）

5. Cb型（M28∶3）

6. Ea型Ⅰ式（M141∶5）

双庙墓地出土陶鼎

图版二

1. Ea型Ⅱ式（M27:1）

2. Ea型Ⅲ式（M127:3）

3. Ea型Ⅳ式（M91:4）

4. Eb型Ⅰ式（M25:10）

5. Eb型Ⅱ式（M208:4）

6. Eb型Ⅲ式（M211:1）

双庙墓地出土陶鼎

图版三

1. Eb型Ⅲ式（M247:2）

2. Eb型Ⅳ式（M144:2）

3. Eb型Ⅳ式（M195:2）

4. Ec型Ⅰ式（M231:7）

5. Ec型Ⅲ式（M24:1）

双庙墓地出土陶鼎

图版四

1. A型盖豆（M170：1）

2. B型盖豆（M93：1）

3. A型Ⅰ式盒（M141：4）

4. Ba型盒（M25：7）

5. Bb型Ⅰ式盒（M208：3）

双庙墓地出土陶盖豆、盒

图版五

1. Bb型Ⅱ式（M231∶1）　　2. Bc型（M28∶1）

3. Ca型Ⅰ式（M207∶2）　　4. Ca型Ⅰ式（M27∶6）

5. Ca型Ⅱ式（M200∶2）　　6. Ca型Ⅱ式（M106∶1）

双庙墓地出土陶盒

图版六

1. Cb型盒（M89：1）

2. Da型Ⅱ式盒（M234：7）

3. Db型Ⅰ式盒（M211：2）

4. Db型Ⅱ式盒（M24：3）

5. Ⅰ式合碗（M183：3、M183：4）

6. Ⅲ式合碗（M211：5）

双庙墓地出土陶盒、合碗

图版七

1. Aa型Ⅱ式（M170:2）

2. Ab型Ⅰ式（M93:2）

3. Ad型Ⅰ式（M25:2）

4. Ac型（M28:5）

双庙墓地出土甲类陶壶

图版八

1. Ab型Ⅱ式（M207∶5）

2. Ad型Ⅲ式（M31∶2）

3. Ad型Ⅳ式（M155∶5）

4. Ba型Ⅱ式（M30∶2）

双庙墓地出土甲类陶壶

图版九

1. 甲类Ba型Ⅲ式（M27∶5）

2. 甲类Ba型Ⅳ式（M203∶3）

3. 甲类Ae型（M218∶6）

4. 乙类A型Ⅰ式（M47∶8）

双庙墓地出土陶壶

图版一〇

1. Ⅰ式（M49∶2）

2. Ⅱ式（M200∶5）

3. Ⅱ式（M222∶1）

4. Ⅲ式（M236∶8）

双庙墓地出土乙类A型陶壶

图版一一

1. A型Ⅲ式（M248∶2）

2. A型Ⅳ式（M107∶1）

3. Ba型（M89∶3）

4. Bb型（M144∶4）

双庙墓地出土乙类陶壶

图版一二

1. Ⅰ式（M210∶1）

2. Ⅰ式（M243∶4）

3. Ⅰ式（M22∶2）

4. Ⅱ式（M10∶4）

双庙墓地出土丙类Aa型陶壶

图版一三

1. Ⅱ式（M145∶3）

2. Ⅱ式（M243∶3）

3. Ⅱ式（M6∶1）

4. Ⅲ式（M173∶9）

双庙墓地出土丙类Aa型陶壶

图版一四

1. Aa型Ⅲ式（M181：1、M181：6）

2. Aa型Ⅲ式（M26：5）

3. Aa型Ⅳ式（M199：2）

4. Ab型Ⅰ式（M239：2）

双庙墓地出土丙类陶壶

图版一五

1. Ab型Ⅱ式（M163∶9）

2. Ab型Ⅱ式（M244∶4）

3. B型（M75∶5）

4. B型（M12∶4）

双庙墓地出土丙类陶壶

图版一六

1. A型（M219∶3）

2. B型Ⅰ式（M80∶2）

3. B型Ⅱ式（M216∶6）

4. B型Ⅲ式（M173∶11）

双庙墓地出土甲类陶小壶

图版一七

1. Ca型Ⅰ式（M6∶4）

2. Ca型Ⅱ式（M173∶4）

3. Cb型Ⅰ式（M200∶6）

4. Cb型Ⅱ式（M112∶5）

双庙墓地出土甲类陶小壶

图版一八

1. A型Ⅰ式（M24:7）

2. A型Ⅱ式（M49:3）

3. Ba型Ⅰ式（M91:3）

4. Ba型Ⅱ式（M113:2）

双庙墓地出土乙类陶小壶

图版一九

1. M10∶3

3. M39∶2

2. M245∶3

4. M209∶4

双庙墓地出土乙类Bb型Ⅱ式陶小壶

图版二〇

1. 乙类Bb型Ⅱ式小壶（M48∶2）

2. Ⅰ式高柄小壶（M25∶3）

3. Ⅱ式高柄小壶（M208∶2）

4. 三足壶（M103∶3）

双庙墓地出土陶器

图版二一

1. A型Ⅰ式钵（M183：2）

2. A型Ⅱ式钵（M91：5）

3. A型Ⅲ式钵（M216：9）

4. Bb型钵（M58：3）

5. A型Ⅰ式盘（M141：6）

6. A型Ⅱ式盘（M25：4）

双庙墓地出土陶钵、盘

图版二二

1. A型Ⅲ式（M27：3）

2. A型Ⅳ式（M144：7）

3. A型Ⅳ式（M155：2）

4. Ba型Ⅰ式（M207：19）

5. Ba型Ⅱ式（W247：5）

6. Bb型（M28：8）

双庙墓地出土陶盘

图版二三

1. A型Ⅰ式（M28:7）

2. A型Ⅱ式（M27:2）

3. A型Ⅱ式（M195:4）

4. B型Ⅰ式（M25:8）

5. B型Ⅱ式（M247:6）

6. B型Ⅱ式（M31:5）

双庙墓地出土陶匜

图版二四

1. 盂（M88∶6）

2. 盂（M92∶1）

3. 三足盂（M126∶5）

4. A型盆（M224∶2）

5. B型Ⅰ式盆（M158∶5）

6. B型Ⅱ式盆（M132∶5）

双庙墓地出土陶器

图版二五

1. C型盆（M206∶7）

2. 洗（M75∶1）

3. 洗（M145∶1）

4. 樽（M3∶9）

5. 耳杯（M198∶12）

6. 樽（M198∶10）

双庙墓地出土陶器

图版二六

1. 熏（M198∶13）

2. Aa型瓮（M91∶2）

3. Ab型瓮（M48∶14）

4. B型Ⅱ式瓮（M206∶3）

5. B型Ⅲ式瓮（M40∶6）

双庙墓地出土陶熏、瓮

图版二七

1. A 型双耳罐（M240∶5）

2. B 型双耳罐（M213∶5）

3. 重沿罐（M212∶24）

4. A 型 Ⅱ 式折沿高领折肩罐（M141∶1）

5. A 型 Ⅰ 式折沿高领折肩罐（M88∶5）

6. 重沿罐（M126∶1）

双庙墓地出土陶罐

图版二八

1. Ba型Ⅲ式折沿高领折肩罐（M18:1）

2. 甲类Aa型Ⅱ式折沿高领圆肩罐（M144:6）

3. Bb型Ⅱ式折沿高领折肩罐（M18:2）

4. Bc型折沿高领折肩罐（M157:1）

5. 甲类Aa型Ⅲ式折沿高领圆肩罐（M109:4）

6. 甲类Aa型Ⅳ式折沿高领圆肩罐（M44:2）

双庙墓地出土陶罐

图版二九

1. Ⅴ式（M216∶5）

2. Ⅵ式（M23∶3）

3. Ⅶ式（M244∶5）

4. Ⅷ式（M212∶16）

双庙墓地出土甲类Aa型陶折沿高领圆肩罐

图版三〇

1. Aa型Ⅸ式（M212∶12）

2. Aa型Ⅸ式（M50∶23）

3. Aa型Ⅷ式（M48∶5）

4. Ab型Ⅱ式（M144∶5）

双庙墓地出土甲类陶折沿高领圆肩罐

1. Ⅲ式（M132∶1）

2. Ⅳa式（M1∶2）

3. Ⅳb式（M48∶19）

4. Ⅵ式（M212∶14）

双庙墓地出土甲类Ab型陶折沿高领圆肩罐

图版三二

1. 甲类Ac型Ⅰ式（M181∶9）

2. 甲类Ac型Ⅱ式（M105∶1）

3. 甲类Ac型Ⅲ式（M48∶3）

4. 甲类B型Ⅰ式（M109∶5）

5. 甲类B型Ⅱ式（M212∶15）

6. 乙类Ⅰ式（M158∶2）

双庙墓地出土陶折沿高领圆肩罐

图版三三

1. Ⅰ式（M188∶3）

4. Ⅳ式（M173∶8）

2. Ⅱ式（M103∶7）

3. Ⅲ式（M248∶5）

5. Ⅴ式（M199∶4）

双庙墓地出土乙类陶折沿高领圆肩罐

图版三四

1. A型Ⅰ式（M61∶1）

2. Ba型Ⅰ式（M195∶1）

3. Ba型Ⅰ式（M253∶2）

4. Ba型Ⅱ式（M86∶3）

5. Ba型Ⅱ式（M138∶4）

6. Ba型Ⅲ式（M24∶4）

双庙墓地出土甲类陶无沿矮领罐

图版三五

1. Ⅲ式（M206∶2）

2. Ⅳ式（M216∶2）

3. Ⅳ式（M44∶3）

4. Ⅳ式（M171∶3）

5. Ⅴ式（M105∶9）

6. Ⅵ式（M3∶2）

双庙墓地出土甲类Ba型陶无沿矮领罐

图版三六

1. Ba型Ⅶ式（M126∶6）

2. Ba型Ⅶ式（M198∶8）

3. Bb型Ⅰ式（M158∶3）

4. Ba型Ⅷ式（M50∶13）

5. Bb型Ⅲ式（M2∶2）

6. Bb型Ⅱ式（M156∶8）

双庙墓地出土甲类陶无沿矮领罐

图版三七

1. Bb型Ⅲ式（M90：1）

2. Bb型Ⅳ式（M48：10）

3. Bb型Ⅳ式（M202：9）

4. Bb型Ⅴ式（M50：3）

5. Bc型Ⅰ式（M150：5）

6. Bc型Ⅱ式（M58：1）

双庙墓地出土甲类陶无沿矮领罐

图版三八

1. Ⅳ式（M39∶4）
2. Ⅴ式（M3∶7）
3. Ⅳ式（M47∶6）
4. Ⅴ式（M213∶1）
5. Ⅵ式（M48∶9）
6. Ⅵ式（M48∶11）

双庙墓地出土甲类Bc型陶无沿矮领罐

图版三九

1. 乙类A型无沿矮领罐（M206∶6）

2. 乙类C型无沿矮领罐（M206∶4）

3. 乙类B型Ⅰ式无沿矮领罐（M81∶3）

4. 甲类Aa型Ⅰ式釜（M138∶8）

5. 甲类Aa型Ⅱ式釜（M66∶4）

6. 甲类Aa型Ⅱ式釜（M194∶4）

双庙墓地出土陶罐、釜

图版四〇

1. 甲类Ab型Ⅰ式（M44∶1）

2. 甲类Ab型Ⅰ式（M159∶5）

3. 甲类B型（M216∶7）

4. 甲类C型（M105∶2）

5. 乙类Ⅰ式（M114∶2）

6. 乙类Ⅱ式（M66∶2）

双庙墓地出土陶釜

图版四一

1. A型Ⅰ式（M240∶4）

2. B型Ⅰ式（M131∶1）

3. B型Ⅱ式（M111∶6）

4. B型Ⅲ式（M212∶4）

双庙墓地出土陶仓

图版四二

1. A型（M3:4）

2. Ba型Ⅰ式（M202:4、M202:5）

3. Ba型Ⅱ式（M126:3）

4. Bb型Ⅰ式（M48:6、M48:8）

5. Bb型Ⅱ式（M212:6、M212:8、M212:9、M212:25）

双庙墓地出土陶灶

图版四三

1. A型Ⅰ式井（M111∶9）

2. A型Ⅰ式井（M198∶3）

3. A型Ⅱ式井（M212∶7）

4. C型井（M50∶15）

5. 圈、猪（M202∶14、M202∶1）

6. 圈（M111∶2）

双庙墓地出土陶器

图版四四

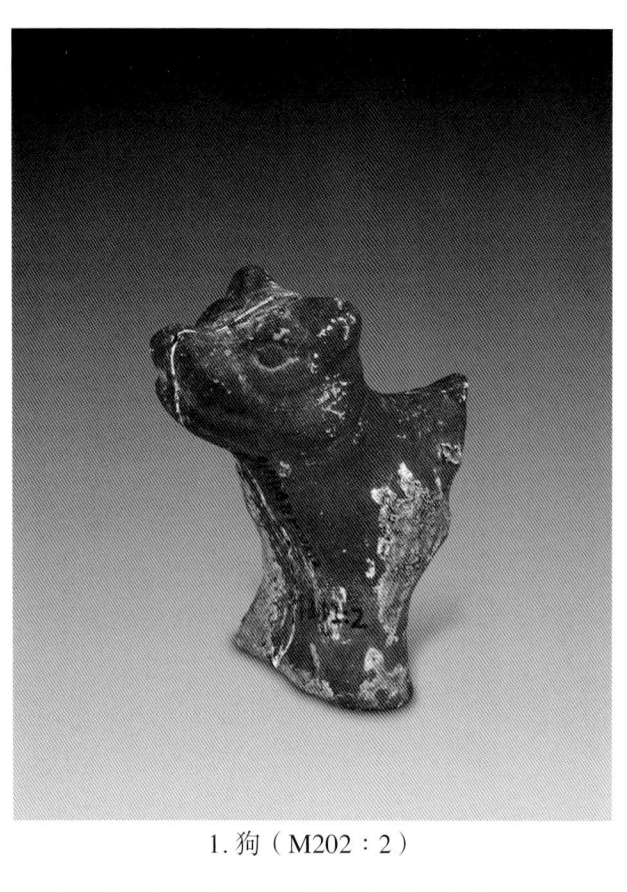

1. 狗（M202∶2）

2. A型器盖（M182∶3）

3. 车轮（M68∶2）

4. A型人俑（M182∶2）

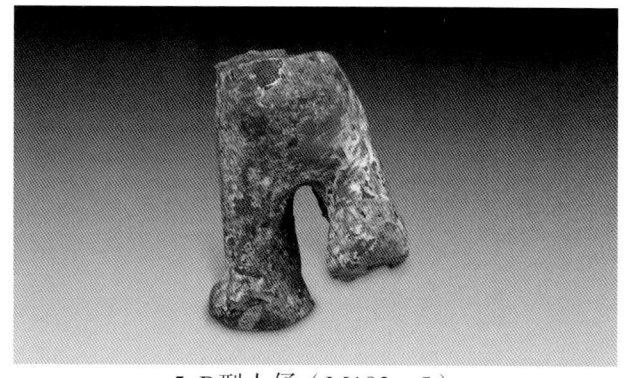

5. B型人俑（M182∶5）

6. 磨（M202∶12）

7. 鸡（M202∶3-1、M202∶3-2）

双庙墓地出土陶器

图版四五

1. A型洗（M186∶4）

2. Ca型带钩（M70∶1）

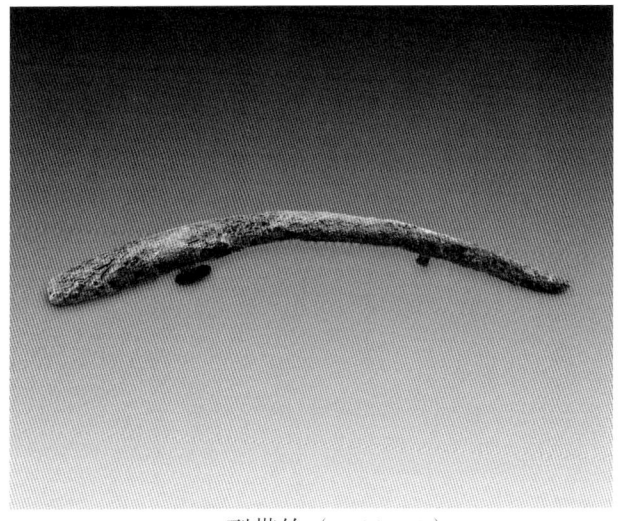

3. Ca型带钩（M83∶1）

4. Cb型带钩（M10∶10）

5. Cb型带钩（M218∶2）

6. Da型带钩（M49∶6）

双庙墓地出土铜洗、带钩

图版四六

1. 印章（M124∶5）

2. 印章（M196∶1）

3. Aa型环（M207∶15）

4. Ab型环（M10∶8）

双庙墓地出土铜印章、环

图版四七

1. Ac型铜环（M187：6）

2. 研石（M237：6-2）

3. 石黛板（M237：6-1）

4. A型骨环（M87：3）

5. A型骨饰件（M207：18-1）

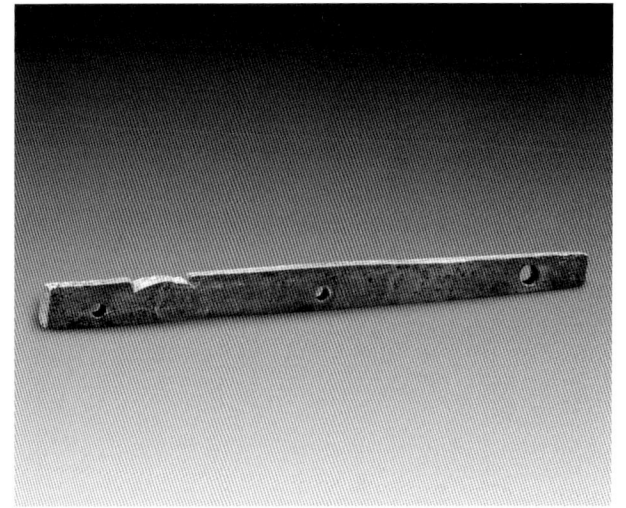

6. B型骨饰件（M203：11）

双庙墓地出土器物

图版四八

1. 羽纹镜（M137:6）

2. A型星云纹镜（M220:2）

3. B型星云纹镜（M40:2）

4. A型四乳纹镜（M72:2）

5. A型四乳纹镜（M216:1）

6. B型四乳纹镜（M137:5）

双庙墓地出土铜镜

图版四九

1. B型四虺纹镜（M135∶1）

2. 草叶纹镜（M136∶3）

3. Aa型铭文镜（M245∶1）

4. Ab型铭文镜（M173∶6）

5. Bb型铭文镜（M26∶1）

6. A型博局四神镜（M105∶4）

双庙墓地出土铜镜

图版五〇

1. 连弧纹铜镜（M50∶12）

2. 蚌珠（M207∶9-1）

双庙墓地出土铜镜、蚌珠